住房城乡建设部土建类学科专业"十三五"规划教材

高等学校工程管理专业系列教材

工程项目管理

王学通　主　编

中国建筑工业出版社

图书在版编目(CIP)数据

工程项目管理 / 王学通主编. — 北京：中国建筑
工业出版社，2020.11（2025.11重印）
住房城乡建设部土建类学科专业"十三五"规划教材
高等学校工程管理专业系列教材
ISBN 978-7-112-25538-2

Ⅰ. ①工… Ⅱ. ①王… Ⅲ. ①工程项目管理—高等学
校—教材 Ⅳ. ①F284

中国版本图书馆 CIP 数据核字（2020）第 185866 号

工程项目管理是工程管理专业的主干课程，基于理论与实践并重的原则，本教材的编写注意介绍项目管理的前沿内容，注意体现新的法律、法规在项目管理上的新要求；注意项目管理理论的实用性，对于一些重要的内容通过例题、案例等帮助读者进一步理解。本教材可用于工程项目管理、土建学科及相关专业的"工程项目管理"课程的教学。

本书是工程管理本科专业的主干教材，可作为土建类其他专业学习工程项目管理知识的教材，还可作为建造师、工程项目经理、工程技术人员和工程管理人员学习工程项目管理知识、进行工程项目管理工作的参考书籍。

为更好地支持相应课程的教学，我们向采用本书作为教材的教师提供教学课件，有需要者可与出版社联系，邮箱：jckj@cabp.com.cn，电话：(010)58337285，建工书院https://edu.cabplink.com。

责任编辑：张　晶
责任校对：张惠雯

住房城乡建设部土建类学科专业"十三五"规划教材
高等学校工程管理专业系列教材
工程项目管理
王学通　主　编

*

中国建筑工业出版社出版、发行（北京海淀三里河路9号）
各地新华书店、建筑书店经销
北京红光制版公司制版
三河市富华印刷包装有限公司印刷

*

开本：787毫米×1092毫米　1/16　印张：28¾　字数：711千字
2021年3月第一版　2025年11月第五次印刷
定价：**68.00**元（赠教师课件）
ISBN 978-7-112-25538-2
（36551）

序　言

全国高等学校工程管理和工程造价学科专业指导委员会（以下简称专指委），是受教育部委托，由住房城乡建设部组建和管理的专家组织，其主要工作职责是在教育部、住房城乡建设部、高等学校土建学科教学指导委员会的领导下，负责高等学校工程管理和工程造价类学科专业的建设与发展、人才培养、教育教学、课程与教材建设等方面的研究、指导、咨询和服务工作。在住房城乡建设部的领导下，专指委根据不同时期建设领域人才培养的目标要求，组织和富有成效地实施了工程管理和工程造价类学科专业的教材建设工作。经过多年的努力，建设完成了一批既满足高等院校工程管理和工程造价专业教育教学标准和人才培养目标要求，又有效反映相关专业领域理论研究和实践发展最新成果的优秀教材。

根据住房城乡建设部人事司《关于申报高等教育、职业教育土建类学科专业"十三五"规划教材的通知》（建人专函〔2016〕3号），专指委于2016年1月起在全国高等学校范围内进行了工程管理和工程造价专业普通高等教育"十三五"规划教材的选题申报工作，并按照高等学校土建学科教学指导委员会制定的《土建类专业"十三五"规划教材评审标准及办法》以及"科学、合理、公开、公正"的原则，组织专业相关专家对申报选题教材进行了严谨细致地审查、评选和推荐。这些教材选题涵盖了工程管理和工程造价专业主要的专业基础课和核心课程。2016年12月，住房城乡建设部发布《关于印发高等教育　职业教育土建类学科专业"十三五"规划教材选题的通知》（建人函〔2016〕293号），审批通过了25种（含48册）教材入选住房城乡建设部土建类学科专业"十三五"规划教材。

这批入选规划教材的主要特点是创新性、实践性和应用性强，内容新颖，密切结合建设领域发展实际，符合当代大学生学习习惯。教材的内容、结构和编排满足高等学校工程管理和工程造价专业相关课程的教学要求。我们希望这批教材的出版，有助于进一步提高国内高等学校工程管理和工程造价本科专业的教育教学质量和人才培养成效，促进工程管理和工程造价本科专业的教育教学改革与创新。

高等学校工程管理和工程造价学科专业指导委员会

前　言

工程项目作为最典型、最特殊的项目类型之一，普遍存在于我们的生活之中并产生着重要的影响。从最初的潜意识管理到经验型的项目管理，从近代项目管理技术的发展到现代以人为本的柔性管理，工程项目管理学科在工程项目管理改革实践的基础上逐步形成了自身的理论体系，成为一门极具活力的新兴学科，同时越来越体现出工程技术、经济学、管理学、社会学、数理科学等诸多学科交叉的特点，并且管理的范围越来越广、管理的理念越来越开放、对管理者专业方面的能力及综合管理的能力要求越来越高。随着工程项目管理的理论和方法越来越多地成功应用于我国工程项目的实践，我国的工程项目管理体制不断完善，并和国际惯例接轨，项目管理向着专业化、规范化的方向发展。现代项目的发展对工程项目管理这一学科提出了更高的要求，工程项目管理的视角不仅要放在项目之内，还要放在项目之外。工程项目管理的任务不仅要包括完成项目本身的各项目标，还要更多地考虑项目与环境的协调发展、项目管理工作对项目未来发展的影响，还要考虑项目全寿命期各阶段的管理要求如何能在项目最终的目标中更好地体现出来，要考虑如何能理智和科学地应对项目中的各种风险及突发情况。

工程项目管理是工程管理专业的主干课程，基于理论与实践并重的原则，本教材的编写注重介绍项目管理的前沿内容，注重体现新的法律、法规在项目管理上的新要求；注重项目管理理论的实用性，对于一些重要的内容通过例题、案例等帮助读者进一步理解。本教材可用于工程项目管理、土建学科及相关专业的"工程项目管理"课程的教学。

本教材由广州大学王学通、于茜薇编写，哈尔滨工业大学王要武教授主审，广州大学工商管理学院薛维锐（第1、2、3、4章）、王亦斌（第5、7、8章）、李军红（第6、7、11章）、郭继华（第9、10、11章）等多位老师对教材进行了核定并提出了宝贵的修改意见。

本教材参考了许多学者的有关研究成果及文献资料。教材中工程项目案例部分，是广州大学工商管理学院工程管理系多位教师在广州大剧院和广东科学中心项目建设过程中经过对项目的长期跟踪调研，通过参加项目日常例会、对项目参与单位和管理人员进行访谈，取得第一手资料，在完成相关课题研究的基础上形成的。广州大剧院项目管理案例编写者为王亦斌、陈德义、李军红、梁红宁、郭继华、于茜薇等，广东科学中心项目管理案例的编写者为王亦斌、陈德义、李军红、于茜薇等。两个项目案例的调研过程中，得到广州大剧院项目代建管理单位广州市建筑集团有限公司及下属广东广建项目管理有限公司、广东科学中心管理主体广东科学中心筹建办公室和参建单位的多方支持和帮助，在此一并表示衷心感谢。

本教材受广州大学教材出版基金资助，特此感谢。

由于编者水平有限，不足及疏漏之处，敬请各位读者及同行批评指正。

目　录

1 工程项目管理概论

本章要点及学习目标：

通过本章的学习，了解工程项目管理的相关概念、产生与发展，熟悉我国的基本建设程序和建设工程的主要管理制度，掌握工程项目采购的模式。

1.1 项目与项目管理

1. 项目及其特征

项目（Project）一词越来越广泛地应用于现代经济社会的各个方面，项目的影响已经无处不在，作用举足轻重。项目的规模可大可小，项目的形式变化多样，最为普遍的项目，经常和工程（Engineering）联系在一起，称为工程项目。

项目管理界公认的全球性标准《项目管理知识体系指南（第六版）》（PMBOK 指南）把项目定义为"为创造独特的产品、服务或成果而进行的临时性工作"。德国 DIN（德国工业标准）69901 认为："项目是指在总体上符合下列条件的唯一性任务：具有预定的目标；具有时间、财务、人力和其他限制条件；具有专门的组织。"《项目管理质量指南》ISO 10006 定义项目为："具有独特的过程，有开始和结束日期，由一系列相互协调和受控的活动组成。过程的实施是为了达到规定的目标，包括满足时间、费用和资源等约束条件。"

简单地说，项目是指在一定约束条件下，具有特定目标的一次性任务。

日常生活中项目是普遍存在的，如科研项目、工程建设项目、产品开发项目等，它们都具有共同的特征：

（1）一次性

项目的一次性（又可称为单件性），指的是任何项目都有自身的目标、完成过程和成果，不会与其他项目相同。这是项目最主要的特征，决定了每个项目都有自己的特点，决定了项目管理的一次性与特殊性，必须进行科学管理，尽可能降低项目的风险，保证项目成功。

（2）目标的明确性

项目的目标有成果性目标及条件性目标。成果性目标是项目的功能性要求等，如建设一个工厂要求达到的生产能力。条件性目标是指项目的约束条件或限制条件，即限定的质量、限定的时间和限定的投资。项目的目标如果发生了较大的或实质上的变动，就成为一个新的项目，而不再是原来的项目。

通常把项目的三个条件性目标称为项目的三大目标，对于工程项目而言，还要有明确的空间要求。

（3）组织的特殊性

项目的组织随项目的确立而产生，项目执行过程中组织的成员和职能可能会发生变化；项目结束时，组织也随之解散，人员会转移。项目组织与企业组织相比，其特殊性还在于它可以由一个或更多的单位和部门通过合同、协议或其他的社会经济联系结合在一起，没有严格的边界。

（4）项目过程的渐进性

每一个项目的独特性决定了项目的全过程是渐进的，任何项目都具有相应的生命周期，都有其开始、发展和结束的时间。在项目各个阶段都有自身的工作内容和要求，不能从已经运作过的某个模式那里完全复制过来，与批量生产过程有着本质区别，其过程不可逆转，决定了项目成果的不可挽回性。同时，项目的资源投入也是渐进的，如资金、人员、时间、技术设备等。

2. 项目与日常运作

日常运作与项目有许多共同特征，如它们都需要由人或组织机构来完成，都在完成的过程中受制于有限的资源，都需要进行计划、执行和控制等。项目与日常运作的区别见表1-1。

项目与日常运作的区别 表 1-1

项　　目	日　常　运　作
临时性、一次性的活动	重复性、周期性的活动
负责人是项目经理，实施的组织是项目部或项目组等	负责人是职能经理，实施组织是职能部门
完成项目，实现项目的各类目标，提高客户满意度	支持企业战略目标的实现，维持企业运营，追求企业效率的最大化
具有明确的开始和结束时间	无明确结束时间
不确定因素多	不确定因素少
临时性、开放性的组织	稳定的组织
管理经验相对不成熟	管理经验长期积累

3. 项目分类

虽然项目含义具有广泛性，分类方法很多，但较为大家认可的看法是：项目的种类应当按其最终成果或专业特征进行分类，如可以分为：科研项目、工程建设项目、开发项目、咨询项目、环保项目、航天项目、IT项目、投资项目及各种社会项目等。

也可以将项目分为工程项目与非工程项目，工程项目是项目中数量最大的一类，也是最典型的一类。

4. 项目管理的概念

项目管理是指项目管理主体在有限的资源约束条件下，为实现项目的预期总体目标，运用系统的观点、方法和理论，对项目涉及的全部工作进行系统化有效管理的过程，即项目管理是在项目活动中运用知识、技能、工具和技术来实现项目要求的包括项目启动、计划编制、执行、控制和收尾在内的综合性过程。

对于项目管理的含义，可以从以下角度进一步理解：

（1）项目管理的主体是项目经理负责下的项目团队。现代项目的复杂性使得项目组织机构必须强调团队精神在项目管理中的重要性。项目团队的成员可能来自多个不同的组织或部门，各自的知识结构、项目经验、管理技巧等均不相同，需要共同努力、协同工作才能完成项目目标。项目管理是以项目经理负责制为基础的目标管理，项目经理是项目团队的核心与灵魂，与项目成败息息相关。

（2）项目管理的客体是项目本身或作为项目来处理的事务。项目是一系列的临时性任务组成的系统，由于项目具有一次性、渐进性等特征，要求项目管理应该是全面的、科学的和程序性的，同时项目管理也是知识、智力、技术密集型的管理，是以项目成功为目的所进行的全过程的和全面的策划、组织、控制、协调与监督。项目目标的明确性决定了项目管理的关键内容是项目进度、质量和费用等的相互协调和相互制约，决定了项目管理是把有限的各种资源应用于项目，满足项目各方面的需求，以最大化地实现项目的目标。

（3）项目管理的内容可按其涉及的知识领域分为十个方面。现代项目管理的内容可以从已有的项目管理知识体系中发现，《项目管理知识体系指南（第六版）》（PMBOK 指南）中把项目管理划分为项目整合管理、项目范围管理、项目进度管理、项目成本管理、项目质量管理、项目资源管理、项目沟通管理、项目风险管理、项目采购管理、项目相关方管理等通常使用的十个知识领域。

（4）项目管理的目标是通过合理有效的项目管理过程达成的。项目具有生命周期，而项目生命周期是通过一系列项目管理活动进行的。由于项目本身的特性，每个项目的运作过程都是独一无二的，自然也存在较多的不确定性和风险。项目的生命周期由项目从启动到完成所经历的各个阶段组成，项目生命周期实际上为项目管理提供了一个基本框架，各个行业的各类项目都可以按照这个基本框架，由项目团队根据项目的性质、目标和具体条件来确定项目最适合的生命周期、各个阶段及各阶段需实施的一个或多个过程，这样有助于更好地进行项目管理。

项目生命周期各个阶段的划分标准不尽相同，《项目管理知识体系指南（第六版）》（PMBOK 指南）提出项目阶段可能包括但不限于：概念开发、可行性研究、客户要求、解决方案开发、设计、原型法（在实际制造预期产品之前，先造出其实用模型，并据此征求对需求的早期反馈的一种方法）、建造、测试、移交、试运行、里程碑审查、经验教训总结等。

5. 项目管理的产生与发展

现代化的项目管理是在 20 世纪 60 年代以后形成一门学科并逐渐发展起来的，但其历史可以说源远流长，自从人类开始进行有组织的活动，就一直在进行着各种规模的项目管理。在古代，人们就进行了许多项目管理方面的实践活动，如中国的万里长城、埃及的金字塔等，这些不朽的伟大工程都是历史上古人运作大型复杂项目的范例。项目管理的思想起源可以追溯到古代，如 2000 年前春秋战国时期的、也是我国目前所见年代最早的手工业技术文献《考工记》以修筑沟防为例，提出"凡沟防，必一日先深之以为式，里为式，然后可以傅众力"。就是说，在沟防修筑中，应以匠人一天修筑的进度为参照，再以一里工程所需的匠人数和天数来预算这个工程的劳力，然后方可调配人力，进行施工。这充分体现了现代项目管理"以计划为基础"的基本思想。

20 世纪 30 年代，项目管理的概念尚未明确提出，但有了一些如甘特图、协调图等基本的方法与手段，虽未能从根本上解决项目整个系统的计划与控制问题，但为网络技术的产生奠定了基础。20 世纪 40 年代，美国的"曼哈顿计划"——研制第一颗原子弹的项目管理计划，应用了项目管理的思想，但着重于项目的计划与协调。

项目管理理论的研究起因于项目管理实践的要求。20世纪50年代，在解决杜邦化学公司（美国）的扩建和修理问题时，出现了关键线路（CPM）法，在发射北极星导弹并为之制造核潜艇时发明了计划评审技术（PERT），二者综合成为一般的网络计划技术。60年代，这一技术在有2万个企业42万人参加、耗资400亿美元、研制零件达700万个的"阿波罗"载人登月计划中应用，取得了巨大成功。此时，项目管理已逐步形成了一些系统的科学的方法，主要应用于国防及建筑业，着重于项目执行过程的管理。

进入20世纪70年代，项目管理迅速在世界各国推广使用，并扩展到各类民用项目，各大企业的管理层及专业人士纷纷进行研究与探索。在美国出现了CM（Construction Management），在国际上得到了广泛承认，其特点是由业主、承包商、建设单位组成管理小组，共同完成项目的管理。此时，项目管理在理论和方法体系上都进入了一个成熟的阶段，发展成为一门完整的独立学科，形成了现代项目管理的框架。尤其是80年代初计算机的普及，使项目管理领域更广、效率更高、社会和经济效果更显著。在这个阶段，项目管理的特点是注重市场和竞争，除了计划、协调和控制外，对采购、合同、进度、费用、质量、风险等给予了更多的重视。

20世纪90年代以后，市场竞争更加激烈，经济全球化、集团化，项目管理力求在变革中发展，在一些新兴的产业（如电信、软件、金融、信息、医药等）中迅速扩大了应用的领域，并更加注重人的因素，注重柔性管理。此时，项目管理已不仅仅着眼于项目的执行阶段，而是进入到了项目全过程的管理阶段。随着投资方式的形式越来越多，项目管理的方式也不断发展、变化，如80年代中期首先在土耳其产生、后其他国家也陆续采用的BOT（Build-Operate-Transfer）投资方式。

项目管理的起因首先是由于社会生产力高速发展，项目的规模越来越大、技术越来越复杂、参与的单位和部门越来越多，而项目的条件性目标的限制越来越严格。要解决这一矛盾，必须有新的、系统的管理理论及手段。管理理论的不断发展，为项目管理提供了可能性。除了系统论、控制论、信息论、价值工程、预测技术、决策技术等发展较为成熟并已成功运用于管理实践外，网络计划技术在20世纪50年代末的产生、应用和迅速推广，在管理理论和方法上是一个突破。更由于网络技术特别适用于项目管理中工期的计划与控制及各项工作的紧密结合，在应用中取得了巨大成功。现代管理技术的开发与运用，特别是计算机的普及和有关软件的开发利用，能够进行工期、资源、成本等的优化，扩大了项目管理的深度与广度，从而使项目管理理论得以进一步发展。

1.2 工程项目与工程项目管理

1.2.1 工程项目

1. 工程项目及其特征

凡是最终成果是建筑物或构筑物的项目均可称为工程项目，工程项目又可称为建设项目、基本建设项目、建设工程项目等，属于投资项目中最重要的一类，是一种投资行为和建设行为相结合的投资项目。

我国国家标准《建设工程项目管理规范》GB/T 50326—2017中对"建设工程项目（Construction Project）"的定义是："为完成依法立项的新建、扩建、改建工程而进行的、有起止日期的、达到规定要求的一组相互关联的受控活动，包括策划、勘察、设计、采购、施工、试运行、竣工验收和考核评价等阶段。"

在特征上，工程项目首先具有项目的特征：

（1）一次性

工程项目的一次性特征较为突出。例如，两幢建筑造型和结构形式完全相同的房屋，即使在它们的前期策划、批准、设计、招投标等工作过程完全相同的情况下，它们在施工的外部条件、组织管理、时间上都可能存在着差异，进而形成工程质量、成本、工期及其他方面的差别。

工程项目的一次性特征也决定了项目管理的全过程是一次性的，同时由于工程项目成果的影响重大，更决定了工程项目管理的重要性。

（2）建设目标的明确性

工程项目的成果性目标包括宏观目标和微观目标。宏观目标指项目的资源配置和国民收入增长指标等，即项目的宏观经济效果、社会效果、环境效果；微观目标指从投资主体角度考虑的项目的盈利能力等微观财务指标；微观目标应服从于宏观目标，宏观目标对微观目标具有指导作用。

工程项目的条件性目标是指工程项目在实现成果性目标的过程中，受到多方面条件的制约：

1）时间限制。工程项目的时间限制有两个方面，一是适宜的项目周期，这就要求工程项目有合适的开始、发展和结束时间，使项目成果发挥最大效用。如某企业的建成在某个时间内可能有较好的盈利状态，但错过了最佳时期后，项目的可行性就可能出现问题；二是合理的施工期限，施工时间一般是项目周期中最长的一个阶段，施工时间的长短不仅影响到成本的投入，更重要的，它直接决定了项目的使用时间，决定了工程项目成果能否尽早发挥效用。

2）资金限制。资金限制又可分为资金来源限制与资金使用限制。目前，工程项目资金的来源呈多元化，投资渠道很多，在筹划项目时就必须紧紧匹配投资目标，按能提供的资金策划相应的项目，并尽可能提高项目的整体经济效益以满足投资者的要求。在工程项目的资金使用限制上，首先要求资金的投入时间必须保障工程的顺利实施，其次应以最少的资源消耗（人力、材料、设备等）及费用实现较低的工程项目总投资。

3）质量限制。质量限制一是指工程项目成果本身的质量必须达到合同要求的水平；二是指工程项目应达到预期的生产能力、技术水平或使用效益目标。

4）空间限制。空间限制指工程应在一定的施工空间范围内通过合理的方法来组织完成。

（3）组织的特殊性

与企业组织相比，工程项目组织也具有临时性，同时又具有一定流动性。流动性是指由于工程项目的各阶段在特点上、专业分工上、参加的单位与人员上、资源的配置上等各方面都有较大的差别，所以应按需要对组织进行调整。

（4）项目过程的渐进性

每个工程项目的全过程也是渐进的，有自身的生命周期，其过程同样不可逆转，项目成果影响大，一旦项目失败损失巨大。同时，工程项目的资源投入是随着项目的各个阶段渐进的，如资金、人员、时间、技术设备等投入逐渐增加，在工程的建设阶段达到高峰。

除上述一般项目特征外，工程项目还具有如下特征：

（1）质量的重要性

工程项目投资巨大、资源耗费多，建设周期、工程寿命期、投资回收期都较长。工程项目成果质量的好坏直接影响到用户的财产和人身安全，影响到社会环境及国家的经济建设，且影响的时间较长。质量问题需要返修、加固、补强等，会增加大量的资源及资金消耗，质量问题还会形成除用户财产损失等直接损失以外的其他间接损失，如投资不能及时回收、工程寿命期缩短引起的盈利损失等，数额更大，影响也更大。所以，工程项目的质量应放在头等重要的位置来考虑。

（2）复杂性和系统性

工程项目的规模大、范围广、投资额高，项目全过程中可能有成百上千个专业参与，特别是在实施阶段，由于露天作业、施工队伍流动性生产，施工的自然环境与社会条件均较为复杂，而由合同规定的各项条件性指标要求严格，都决定了工程项目的复杂性。这也要求把工程项目作为一个系统，从总体上考虑各生产要素的配置，以整体效益的提高为标准来进行策划、规划设计、计划、实施、运行等各阶段的运作，并特别重视各参与单位、专业之间的沟通与协调，避免问题与事故的产生，较好地实现项目的最终目标。

2. 工程项目的分类

工程项目种类很多，可以从不同的角度进行分类：

（1）按项目的投资来源划分

工程项目可划分为政府投资项目和非政府投资项目。

政府投资项目在国外也称为公共工程，是指为了适应和推动国民经济或区域经济的发展，满足社会的文化、生活需要，以及出于政治、国防等因素的考虑，由政府通过财政投资、发行国债或地方财政债券、利用外国政府赠款以及国家财政担保的国内外金融组织的贷款等方式独资或合资兴建的工程项目。

政府投资项目按照其盈利性不同又可分为经营性政府投资项目和非经营性政府投资项目。经营性政府投资项目是指具有盈利性质的政府投资项目，政府投资的水利、电力、铁路等项目基本都属于经营性项目。经营性政府投资项目应实行项目法人责任制。非经营性政府投资项目一般是指非盈利性的、主要追求社会效益最大化的公益性项目。学校、医院以及各行政、司法机关的办公楼等项目都属于非经营性政府投资项目。非经营性政府投资项目应推行"代建制"。

非政府投资项目是指企业、集体单位、外商和私人投资兴建的工程项目。这类项目应实行项目法人责任制。

（2）按资本金的来源划分

按资本金的来源可将工程项目划分为内资项目、外资项目和中外合资项目。

内资项目是指运用国内资金作为资本金进行投资的工程项目；外资项目是指利用外国资金作为资本金进行投资的工程项目；中外合资项目是指运用国内和外国资金作为资本金进行投资的工程项目。

（3）按投资的再生产性质划分

按投资的再生产性质可分为基本建设工程项目（简称建设项目）、设备更新和技术改造工程项目。

基本建设工程项目是指以扩大生产能力或新增工程效益为主要目的的新建、扩建工程及有关方面的工作。更新改造项目是指对原有设施进行固定资产更新和技术改造相应配套的工程以及有关工作。更新改造项目一般以提高现有固定资产的生产效率为目的,土建工程量的投资占整个项目投资的比重按现行管理规定应在30%以下。

(4) 按建设性质划分

基本建设项目按建设性质划分为新建、扩建、改建、恢复和迁建项目。

新建项目是指从无到有,"平地起家",新开始建设的项目。包括新建的企业、事业和行政单位及新建输电线路、铁路、公路、水库等独立工程。

扩建项目是指为扩大原有产品生产能力,在厂内或其他地点增建主要生产车间(或主要工程)、矿井、独立的生产线或总厂之下的分厂的企业;事业单位和行政单位在原单位增建业务用房(如学校增建教学用房,医院增建门诊部或病床用房,行政机关增建办公楼等),也作为扩建。

改建项目是指现有企业、事业单位为了实现技术进步,提高产品质量、增加花色品种、促进产品升级换代、降低消耗和成本、加强资源综合利用和三废治理及劳保安全等,采用新技术、新工艺、新设备、新材料等对现有设施、工艺条件等进行技术改造和更新(包括相应配套的辅助性生产、生活设施建设)。

迁建项目是指为改变生产力布局或由于环境保护和安全生产的需要等原因而搬迁到另地建设的项目。在搬迁另地建设过程中,不论其建设规模是维持原规模,还是扩大规模,都按迁建统计。

恢复项目指因自然灾害、战争等原因,使原有固定资产全部或部分报废,又投资建设,进行恢复的项目。在恢复建设过程中,不论其建设规模是按原规模恢复,还是在恢复的同时进行扩建,都按恢复统计。

(5) 按项目规模划分

基本建设项目划分大型、中型和小型项目,是按项目的建设总规模或总投资额的大小、以国家颁布的大中小型建设项目划分标准为依据进行划分的。生产单一产品的工业项目按产品的设计能力划分;生产多种产品的工业项目按其主要产品的设计能力来划分;生产品种繁多、难以按生产能力划分的按投资额划分。更新改造项目分为限额以上(能源、交通、原材料工业项目计划总投资5000万元以上,其他项目计划总投资3000万元以上)和限额以下两类。

(6) 按管理主体不同划分

按管理主体不同可分为建设项目、设计项目、工程咨询项目和施工项目,其管理者分别是业主单位、设计单位、咨询(监理)单位和施工单位。

(7) 建设项目及其划分

1) 建设项目。基本建设工程项目,亦称建设项目,指按照同一个总体设计进行建设,全部建成后才能发挥所需综合生产能力或效益的基本建设单位。

2) 单项工程。是指在一个建设项目中,具有独立的设计文件,能够独立组织施工,建成后能够独立发挥生产能力或效益的工程。

3) 单位工程。是指具有单独设计和能够独立组织施工,能形成独立使用功能,但不能独立发挥生产能力或效益的工程。

4）分部工程。指按专业性质、建筑部位等划分的工程。分部工程是单位工程的组成部分。

5）分项工程。指按工程施工的主要工种、施工工艺、材料、设备类别等划分的工程。分项工程是分部工程的组成部分，分项工程是计算工、料及资金消耗的最基本的构造要素。

1.2.2 工程项目管理

工程项目管理是项目管理的一个重要分支，是指工程项目的管理主体为满足利益相关者的合理要求、使项目在有限资源的条件下取得成功，运用系统的观点、理论和方法，对工程项目的全过程进行计划、组织、指挥、协调和控制的管理活动。

国家标准《建设工程项目管理规范》GB/T 50326—2017 中对"建设工程项目管理（Construction Project Management）"的定义是"运用系统的理论和方法，对建设工程项目进行的计划、组织、指挥、协调和控制等专业化活动"。

1. 工程项目管理的类型及管理任务

按照工程项目不同的参与方以及管理主体的工作性质和组织特征，工程项目管理可以分为业主方的项目管理（建设项目总承包方的项目管理）、设计方的项目管理、施工方的项目管理、咨询方的项目管理、供货方的项目管理等。

（1）业主方的项目管理

业主方的项目管理是业主或代表业主的咨询方对项目建设进行的策划、实施、组织、协调、控制等综合性管理工作。业主方对项目的管理应为业主方利益服务，体现所有投资方对项目的利益要求，作为工程项目管理的核心，也要服务于其他相关方利益。业主的项目管理是全过程的，包括项目决策和实施阶段的各个环节，也即从编制项目建议书开始，经可行性研究、设计和施工，直至项目竣工验收、投产使用的全过程管理。

业主方项目管理的主要任务在项目不同的阶段有所差别，主要包括项目的投资控制、进度控制、质量控制、安全管理、合同管理、信息管理以及组织和协调。

改革开放以来，我国先后试行了各种方式的投资项目责任制度。为了建立投资责任约束机制，规范项目法人行为，明确其责、权、利，提高投资效益，国家计划委员会于1996年1月制定颁发了《关于实行建设项目法人责任制的暂行规定》，要求国有单位经营性基本建设大中型项目必须组建项目法人，实行项目法人责任制，由项目法人承担投资风险，由项目法人对项目的策划、资金筹措、建设实施、生产经营、债务偿还和资产的保值增值，实行全过程负责。

（2）工程建设总承包单位的项目管理

在设计、施工总承包的情况下，业主在项目决策之后，通过招标择优选定总承包单位全面负责工程项目的实施过程，直至最终交付使用功能和质量标准符合合同文件规定的工程项目。

为了实现总承包项目管理的投资或成本目标、进度目标、质量目标、安全目标和相关方的满意度目标，总承包单位进行项目管理的任务主要是项目的质量控制、进度控制、成本控制、安全控制、信息管理、生产要素管理、合同管理、现场管理以及与施工有关的组织和协调等。

（3）设计单位的项目管理

设计单位的项目管理是指设计单位受业主委托承担工程项目的设计任务后，根据设计合同所界定的工作目标及责任义务，对建设项目设计阶段的工作所进行的自我管理。

设计项目管理的主要目标是实现设计项目的成本、进度、质量和安全目标以及项目总投资目标和相关方的满意度目标，因而主要项目管理的任务是与设计工作相关的安全管理、设计成本控制和与设计工作有关的工程造价控制、设计进度控制、设计质量控制、设计合同管理、设计信息管理，以及与设计工作有关的组织协调。设计项目管理不仅仅局限于工程设计阶段，而是延伸到了施工阶段和竣工验收阶段。

（4）施工单位的项目管理

施工单位通过投标获得工程施工承包合同，并以施工合同所界定的工程范围组织并实施项目管理，简称为施工项目管理。

施工项目管理的目标体系包括工程施工质量（Quality）、成本（Cost）、工期（Delivery）、安全和现场标准化（Safety），简称 QCDS 目标体系，同时也要实现相关方的满意度目标。施工方的项目管理工作主要在施工阶段进行，但也涉及设计准备阶段、设计阶段、动用前准备阶段和保修期，不仅应该关注施工方自身利益，还应该关注项目整体利益。施工项目管理的主要任务包括施工中的安全控制、质量控制、成本控制、进度控制、信息管理、生产要素管理、合同管理、现场管理以及与施工有关的组织和协调。

施工项目的管理者是建筑施工企业，由业主或监理单位进行的工程项目管理中涉及的施工阶段管理仍属建设项目管理，不能算作施工项目管理。

（5）咨询方的项目管理

咨询方的项目管理是指咨询单位接受委托，对工程项目的某一阶段或某项内容进行管理，目的是保障委托方实现工程项目的预期目标。咨询方依托咨询工程师所具备的专业知识、经验和工程管理能力，根据合同要求进行与委托内容一致的管理工作。

监理单位可以接受工程业主的委托，在工程项目实施阶段为业主提供全过程的监理服务。建设工程监理是指具有相应资质的监理单位受工程项目建设单位的委托，依据国家有关工程建设的法律、法规，经建设主管部门批准的工程项目建设文件、建设工程委托监理合同及其他工程建设合同，对工程建设实施的专业化监督管理。建设工程监理的主要内容包括：协助建设单位进行项目可行性研究，优选设计方案、设计单位和施工单位，审查设计文件，控制工程质量、工期和造价，监督、管理建设工程合同的履行，以及协调建设单位与工程建设有关各方的工作关系等。建设监理制度把原来工程建设管理由业主和承建单位承担的体制，变为业主、监理单位和承建单位三家共同承担的新的管理体制，这对规范建筑市场的交易行为具有不可忽视的作用。

（6）供货方的项目管理

物资供应工作是工程项目实施的一个子系统，供货方的项目管理主要服务于项目的整体利益和供货方本身的利益，其项目管理的目标包括供货方的成本目标、供货的进度目标和质量目标。供货方的项目管理工作主要在施工阶段进行，也涉及设计准备阶段、设计阶段、动用前准备阶段和保修期，供货方项目管理的任务不仅包括供货的安全管理、进度管理、质量管理，还包括供货方的成本管理、供货合同管理、供货信息管理以及与供货有关的组织与协调。

2. 工程项目管理发展趋势

（1）工程项目管理在我国的推广

从 1982 年的鲁布革水电站引水系统工程开始，在我国政府的关注之下，项目管理始终是被重视的，被积极地、有法规、有秩序、有步骤地推广采用的，并收到了很好的效果。这与国外项目管理的自发性与民间性不同，因而在短时间内取得了较大的进步。但我国工程项目管理的水平与国际水平相比仍有相当差距。

1984 年，我国开始推广并普及以工程项目为对象的招标承包制，使建筑施工企业的任务承揽方式、责任关系、经营环境等都发生了明显变化，建筑市场初步形成，使得适用于市场经济的工程项目管理理论有了发展的"土壤"。

鲁布革水电站引水系统工程是我国第一个利用世界银行贷款，并按世界银行规定进行国际竞争性招标和项目管理的工程。在其四年多的施工时间中，创造了著名的"鲁布革工程项目管理经验"。1987 年，国家计划委员会等五个部门联合发出通知，确立了 15 个试点企业共 66 个建设项目，开展项目管理的试点工作。1990 年，将试点企业调整为 50 家。1991 年，建设部进一步提出把试点工作转变为全行业推进的综合改革，全面推行项目管理，变革企业经营管理方式和生产管理方式，建立以施工项目管理为核心的企业经营体制。

1993 年，我国根据市场经济体制的要求，推行项目法人责任制，先有法人，后有项目，由法人对投资项目的筹划、筹资、人事任免、招标定标、建设实施，直至生产经营管理、偿还债务以及资产的保值增值实行全过程负责。这一制度为推行现代建筑企业制度提供了基本前提。1994 年，建设部提出进一步强化项目管理，继续推行并不断扩大工程项目管理体制改革，要围绕建立现代企业制度，完善项目经理责任制和项目成本核算制。项目经理是企业法人代表委托的在施工项目上的代表人，在项目管理中处于中心地位，是施工项目责、权、利的主体，是项目目标的全面实现者。项目成本核算制则使建筑企业切实将经营管理和经济核算工作的重心落到工程项目上。2000 年 1 月 1 日开始，我国正式实施全国人大通过的《中华人民共和国招标投标法》。这个法律涉及项目管理的诸多方面，为我国项目管理的健康发展提供了法律保障。

为适应发展的需要，建设部组织有关专家对《建设工程项目管理规范》GB/T 50326—2001 进行了全面的修订，于 2006 年更新发布中华人民共和国国家标准《建设工程项目管理规范》GB/T 50326—2006，以规范我国建设工程项目的管理操作实务。为进一步规范建设工程项目管理程序和行为，提高工程项目管理水平，2017 年 5 月 4 日，住房和城乡建设部发布了最新国家标准《建设工程项目管理规范》，编号为 GB/T 50326—2017，自 2018 年 1 月 1 日起实施。新版《建设工程项目管理规范》在多方面做出了重要修改，加强了项目管理的要求，特别是为设计施工总承包项目建立了规范和标准，将会大大地提高我国建设工程项目的管理水平。

（2）工程项目管理的发展趋势

工程项目管理是一门应用科学。现代管理理论如系统论、控制论、信息论、行为科学等在项目管理中的应用，奠定了现代项目管理理论体系的基石。目前，有一整套适合现代化生产要求的科学管理方法，如预决策技术、数学分析方法、数理统计方法、网络技术等，被应用于工程项目管理；计算机、现代图文处理技术、多媒体技术等的使用，大大提高了工程项目管理效率。随着工程项目管理知识体系的逐渐完善，工程项目管理思想与理论、技术与方法及工具均呈现出新的发展趋势。

1) 工程项目管理多元化与国际化

工程项目从类型、规模、范围、专业、人员等方面越来越多元化，项目管理也不断向多元化发展。由于国际的项目合作日益增多，国际化的专业活动日益频繁，而不同国家有着不同的文化和经济制度、不同的风俗习惯及法律背景，这就要求有通用的程序、通行的准则和方法，即按国际惯例来进行工程项目的管理。对于项目管理，国际上有一套完备的法规和制度，资质管理严格，通过国际合作项目可以相互学习先进的管理制度和方法，通过竞争来锻炼项目团队和培养专业人才，提高整体的项目管理水平。

2) 工程项目管理的信息化

随着信息技术的不断发展和工程项目规模的不断扩大，工程管理需要面对大量的动态信息，传统的管理手段已经不能满足需要，只有将有效的信息技术与项目管理相结合，才能使得管理的效率和效益大大提高。

近年来，信息技术在建设工程项目管理中的应用得到了长足发展，已引起国家、政府部门和许多企业的高度重视，大部分大型企业建立了信息网络，并将其作为建设工程项目信息交流和管理不可缺少的工具。项目管理将越来越依赖于电脑技术和网络技术，信息化已成为必然趋势。建筑信息模型（Building Information Modeling，BIM）作为一个全生命周期的项目信息化管理模型，进入我国后，作为国家科技部"十一五"的重点研究项目，住房和城乡建设部在《2011—2015 年建筑业信息化发展纲要》中也指出，"十二五"期间，加快推广建筑信息模型（BIM）、协同等新技术在工程中的应用。目前，国内越来越多的大型项目应用 BIM 技术，提高项目精细化管理水平的同时，也提高了工程项目管理的水平。

3) 工程项目管理的全程化

目前，我国工程建设的过程仍然被划分为几个独立的阶段，如可行性研究、勘察设计、招标代理、工程监理、施工等，分别由不同的职能部门或公司在自己资质允许的范围内进行工程项目管理。这种职能分割使各职能机构只重视各自负责的阶段，缺乏整体观念，浪费人力资源，缺乏完整一贯的信息支持，使决策的正确性、设计的合理性、监理的有效性都大受影响。一批具有设计、采购、施工、管理及试运行等工程建设全过程服务能力的综合型工程公司应运而生，一部分单一承包方式被综合承包取代进行一体化管理，有利于进行系统集成和有效整合，实现项目总体目标和投资效益的最大化。

1.3 工程项目采购的模式

作为一种交易行为，工程项目采购的交易双方为项目业主和承包方。工程项目采购是指采购人通过购买、租赁、委托或雇佣等方式获取工程、货物或服务的行为。在工程领域，项目采购一般称为"发包"，招投标方式是工程项目采购的主要方式。项目采购对象可以是项目的勘察、设计、施工、资源供应、咨询服务等。工程项目采购管理是指对项目采购上述对象的工作进行的计划、组织、指挥、协调和控制等活动。

1.3.1 设计任务委托的模式

设计任务的委托主要有两种模式：

1. 设计总包或设计总包管理

设计总包指发包人将一个建设项目的所有设计任务一次性交给一个设计单位或由几个单位组成的联合体（或合作体），如图 1-1 所示。业主通过招标的方式选择一家设计单位承包一项工程项目中所包含的所有设计任务，该设计总包单位可以自身承担全部设计任务，也可以将一部分设计任务分包出去。采用这种委托模式，业主只需签一个设计合同，工作量小，合同管理、组织协调工作量小，有利于不同专业设计工作的协调和组织。但是这种模式对设计总包单位的要求相对较高，国际上，一般由建筑师事务所作为设计总包的（总负责）单位，他们对各个专业的设计进行统一组织协调，对业主负责。

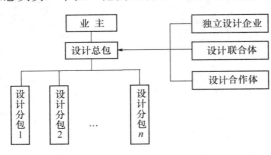

图 1-1 设计总包模式的合同结构

设计总包管理模式与设计总包比较相似，但相比设计总包，设计总包管理更强调对设计任务的管理和协调工作。承包单位有可能自己承担一部分设计任务，也可能将所有设计任务发包给不同的设计单位，自己仅承担所有设计的管理任务。业主将各个设计任务发包给不同的设计单位，由设计总包管理单位负责对所有设计单位的协调、管理和控制，负责整个设计的进度控制、质量控制、限额设计，负责分包设计合同的管理等。采用这种模式，业主有设计分包单位的选择权，设计总包管理单位在整个设计阶段，对各个分包设计单位进行组织、协调，利用自身的经验，负责设计的进度控制和质量控制，往往更有利于工程项目设计进度和质量目标的实现，也减轻了业主的负担。

2. 设计平行委托

设计平行委托指委托方（业主）根据建设项目的结构进行平行委托，或根据建设项目不同设计阶段或不同的设计专业进行分别委托。在工程设计平行委托模式中，各个设计单位分别与业主单独签订合同，各个设计单位之间的关系是平行关系。业主要负责所有设计合同的招标、合同谈判、签约及对多个设计合同的跟踪管理，还要负责对所有设计单位的管理及各个设计单位之间的组织协调，承担工程设计总负责单位的角色，工作量较大。不同的设计单位对业主的设计要求、准则和标准的理解与把握程度不同，容易造成设计不协调；各个专业之间、各个设计阶段以及工程项目各个组成部分之间的交互界面比较多，界面管理工作量大，也很容易对设计质量、设计进度产生影响。

对有些大型或复杂工程项目，由于项目组成内容多，设计工作量大，很难由一个设计单位独立完成设计任务，可以采用设计平行委托模式。有些工程项目尽管规模不是很大，但对其中的某些专业工程如精装修工程等仍然可以采用设计平行委托模式。

1.3.2 建设项目总承包

自 2014 年住房和城乡建设部发布《关于推进建筑业发展和改革的若干意见》以来，我国建筑业实质上已经进入系统性改革的新阶段。2016 年 5 月，住房和城乡建设部印发《关于进一步推进工程总承包发展的若干意见》（建市〔2016〕93 号），从大力推进工程总承包、完善工程总承包管理制度、提升企业工程总承包能力和水平以及加强推进工程总承包发展的组织和实施等四个方面提出了相关的政策和制度，指出工程总承包是国际通行的建设项目组织实施方式，大力推进工程总承包，有利于实现设计、采购、施工等各阶段工作的深度融合，发挥工程总承包企业的技术和管理优势，提高工程建设水平。

从 2014 年到 2017 年，建筑业深化改革的方向和路径逐步明确，国务院、住房和城乡建设部在 2017 年相继提出"加快推进工程总承包"，并将其作为建筑业改革的重点内容推进。2017 年 2 月，国务院办公厅印发《关于促进建筑业持续健康发展的意见》，提出完善工程建设组织模式，加快推行工程总承包。2017 年 4 月，住房和城乡建设部印发《建筑业发展"十三五"规划》，提出了"十三五"期间建筑业发展的 6 大主要目标和 9 项主要任务，其中建筑业的产业结构调整目标之一就是促进大型企业做优做强，形成一批以开发建设一体化、全过程工程咨询服务、工程总承包为业务主体，技术管理领先的龙头企业。这意味着未来工程建设的主要责任主体方面，业主即建设单位负首要责任；工程总承包单位负总责，承包不再分割化，总承包企业将得到快速发展；全过程工程咨询服务企业，不再碎片化管理，这类企业将迅速发展。

住房和城乡建设部建筑市场监管司在《2017 年工作要点》中，明确提出要"贯彻落实《关于进一步推进工程总承包发展的若干意见》"，提出加快推进工程总承包、推进全过程咨询服务作为"深化建筑业重点环节改革"的重要内容。

2017 年 5 月，住房和城乡建设部正式发布公告批准《建设项目工程总承包管理规范》为国家标准，编号为 GB/T 50358—2017，自 2018 年 1 月 1 日起实施。工程总承包对建筑业管理、建设市场参与主体的技术、管理能力，尤其是资源整合能力提出了更高要求。

业主把建设项目的设计任务和施工任务进行综合委托的模式称为建设项目总承包或工程总承包，是发包人将建设工程的勘察、设计、施工等工程建设的全部任务一并发包给一个具备相应的总承包资质条件的承包人，由该承包人对工程建设的全过程向发包人负责，直至工程竣工，向发包人交付经验收合格符合发包人要求的建设工程的发承包方式。

设计和施工的分离会产生一定的弊端，设计中较少考虑施工可行性以及项目建设的整体经济性，施工单位长期以来获得的一些优秀的施工经验不能运用到设计中。为了解决上述问题，对设计和施工进行集成，将一个工程项目综合发包给一个具备相应设计施工能力的承包商来运作。由于设计和施工是一个整体，承包商在投标报价的时候，就会综合考虑设计方案的竞争性和投标报价的经济性，从设计方案中就着手降低工程造价并充分考虑施工的可行性。工程总承包有利于充分发挥大承包商较强的技术力量、丰富的经验和组织管理能力，利用其专业优势综合协调工程建设中的各种关系，强化对工程建设的统一指挥和组织管理，保证工程质量和进度，提高投资效益。在建设工程的发承包中采用总承包方式，对那些缺乏工程建设方面的专门技术力量，难以对建设项目实施具体的组织管理的建设单位来说，更具有明显的优越性。

建设项目的总承包主要有设计—施工总承包（Design-Build，DB）和设计采购施工总承包（Engineering-Procurement-Construction，EPC）模式。

1. 设计—施工总承包（Design-Build，DB）

设计—施工总承包是指工程总承包企业按照合同约定，承担工程项目设计和施工，并

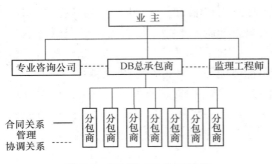

图 1-2　DB 模式的合同结构

对承包工程的质量、安全、工期、造价全面负责，如图 1-2 所示。

根据承包起点时间的不同，DB 模式可以分为从方案设计到竣工验收总承包、从初步设计到竣工验收总承包、从技术设计到竣工验收总承包、从施工图设计到竣工验收总承包等几种类型。

对于业主而言，只和总承包商签订合同，使得工程质量事故责任明确，避免项目施工过程中或者建成后的扯皮现象发生，业主对设计和施工的控制难度相对于传统模式有很大改变，不必花费大量的精力协调设计与施工之间的问题，有利于业主集中精力对项目重大问题作出决策。同时，这种模式下经常采用固定总价合同，有助于业主对工程总造价的控制和调动总承包单位对施工方案、工艺及工程材料创新的积极性，从而全面降低建设项目总造价，业主承担的风险也相应减少。由于实行设计、施工管理一体化，业主可以较早进行招标，确定总承包商后，不仅能够"边设计、边施工"，使项目在较短时间内完成，还可以在进行施工设计时，考虑设计的可施工性，减少不必要的工程变更，有利于建设项目的顺利进行。

对于总承包商，可以集中优秀的专业管理人员，把资源最佳地组合到项目上来，减少管理链与管理环节，采用先进的科学管理方法，真正体现风险与效益、责任与权力、过程与结果的统一。

2. 设计—采购—施工总承包（Engineering-Procurement-Construction，EPC）

设计—采购—施工总承包简称为 EPC，是指工程总承包企业按照合同约定，承担工程项目的设计、采购、施工和试运行服务等工作，并对承包工程的质量、安全、工期和造价全面负责，如图 1-3 所示。

为加强与国际惯例接轨，进一步推进项目总承包制，《中华人民共和国建筑法》（简称《建筑法》）规定："提倡

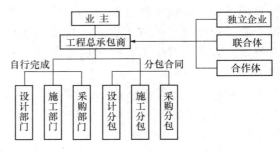

图 1-3　EPC 模式的合同结构

对建筑工程实行总承包，禁止将建筑工程肢解发包。建筑工程的发包单位可以将建筑工程的勘察、设计、施工、设备采购一并发包给一个工程总承包单位，也可以将建筑工程勘察、设计、施工、设备采购的一项或者多项发包给一个工程总承包单位；但是，不得将应当由一个承包单位完成的建筑工程肢解成若干部分发包给几个承包单位。"《建筑法》的这一规定，在法律层面为 EPC 项目总承包模式在我国建筑市场的推行，提供了具体法律依据。

EPC 工程总承包是对工程的综合管理，设计施工一体化模式的功能和竞争力主要体现在设计对施工的服务功能上，使设计与施工的关系由原来的图纸关系转变为现场服务关系。这种模式下，具有综合设计能力的设计企业避免了与一般设计企业在较低层面上的竞

争，一些设计能力和管理能力突出的设计企业具有更大优势。建设工程质量责任主体明确，有利于追究工程质量责任和确定工程质量责任的承担人，有效地实现建设项目的进度、成本和质量控制符合建设工程承包合同约定，确保获得较好的投资效益。但由于需要项目垫资、前期投入、带资承包等，对企业融资能力要求较高。

交钥匙（Turnkey）总承包模式是设计—采购—施工工程总承包商向两头扩展延伸而形成的业务和责任范围更广的总承包模式，其中承包商不仅承担工程项目的建设实施任务，而且提供建设项目前期工作和运营准备工作的综合服务。承包商按合同约定完成工程总承包项目的可行性研究、项目立项、设计、采购、施工和试运行，按合同工期和固定的价格交付工程，对业主人员进行培训，承包商的其他责任与 EPC 相同。交钥匙模式与EPC 模式相比，承包范围更大，工期更固定，合同总价更固定，承包商风险更大，合同价相对较高，但获利的机会也较多，有利于调动总包的积极性。通常，业主更加关注工程按期交付使用、关心交付的成果，不想过多介入项目实施过程的项目，希望承包商承担更多风险，业主与承包商之间的法律关系简单，愿意支付更多风险费用（合同价较高）而希望收到一个完整配套的工程——转动钥匙即可使用的项目。

1.3.3 施工任务委托的模式

施工任务的委托模式主要有施工平行发包、施工总承包和施工总承包管理（Managing Contractor，MC）等。

1. 施工平行发包

施工平行发包又称为分别发包，是指发包方根据工程项目的特点、项目进展情况和控制的要求等因素，将工程项目按照一定的原则分解，将其施工任务分别发包给不同的施工单位，各个施工单位分别与发包方签订施工承包合同，如图 1-4 所示。

对施工任务的平行发包，发包方可以根据建设项目的结构进行分解发包，也可以根据建设项目施工的不同专业系统进行分解发包。这种模式经常用于项目规模较大的情况，难以选择一个施工单位进行施工总承包或施工总承包管理，也没有一个施工单位能够进行施工总承包或施工总承包管理；也要求业主有足够的经验和能力应对多家施工单位。

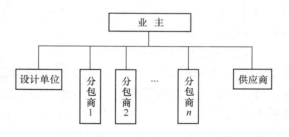

图 1-4 施工平行发包模式的合同结构

施工任务平行发包模式有利于业主择优选择承包商，并且合同内容单一、合同价值小、风险小，资质相对单一、专业性强、规模小的承包商都有机会参与项目，扩大了业主的选择范围；整个工程经过分解分别发包给各承包人，合同约束与相互制约使每一部分都能够较好地实现质量要求，有利于质量控制；设计和施工任务经过分解分别发包，设计与施工阶段有可能形成搭接关系，从而缩短整个项目工期。但是对于业主来说，这种模式合同乙方多，合同关系复杂，工程招标任务大，组织协调工作量增大；同时，总合同价不易短期确定，要等到最后一份合同签订之后才确定总造价，对投资早期控制不力，影响投资控制实施；要控制项目总造价，需控制多项合同价格，增加了投资控制的难度，施工过程中设计变更和修改较多的话，也会导致投资增加。

2. 施工总承包

施工总承包是指发包方将全部施工任务发包给一个施工单位或由多个施工单位组成的施工联合体或施工合作体，施工总承包单位主要依靠自己的力量完成施工任务，如图1-5所示。经发包人同意，施工总承包单位可以根据需要将施工任务的一部分分包给其他符合资质的分包人。

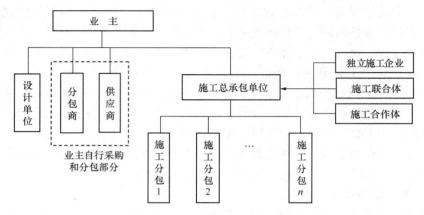

图 1-5 施工总承包模式的合同结构

一般情况下，招标人在通过招标选择承包人时通常以施工图设计为依据，即施工图设计已经完成，施工总承包合同一般实行总价合同。

《建筑法》规定：建筑工程总承包单位按照总承包合同的约定对建设单位负责；分包单位按照分包合同的约定对总承包单位负责。总承包单位和分包单位就分包工程对发包单位承担连带责任；禁止总承包单位将工程分包给不具备相应资质条件的单位。禁止分包单位将其分包的工程再分包。

采用施工总承包，对于业主而言，招标投标是在施工图设计完成后才开始，因此，在开工前就有较明确的合同价，有利于业主对总造价的早期控制；业主只需要进行一次招标，与一个施工总承包商签约，只负责对施工总承包单位的管理及组织协调，招标及合同管理工作量大大减小，也可以发挥总承包商多层次协调的积极性；但项目质量的好坏在很大程度上取决于施工总承包单位的管理水平和技术水平，因而业主对施工总承包单位的依赖程度高；由于将全部施工任务都发包给一个施工总承包商，需要在所有施工图设计都完成后才进行招标，对进度控制不利、建设周期延长，如果业主对建设周期要求紧迫，这种模式的应用则受到限制，而且对许多大型工程项目来说，要等到设计图纸全部出齐后再进行工程招标是很困难的，这也是施工总承包模式的最大缺点。

对于总承包商而言，需要有较高的管理水平和丰富的工程经验，责任重、风险大，获得高额利润的潜力也比较大；由于设计与施工脱离，可能导致设计文件可施工性差，施工过程中易发生设计变更，可能发生索赔，甚至还会出现设计施工双方对责任互相推诿的情况。

3. 施工总承包管理（Managing Contractor，MC）

施工总承包管理模式通常简称"MC"，意为"管理型承包"，指业主与某个有丰富施工管理经验的单位或联合体或合作体签订施工总承包管理协议，负责整个项目的施工组织和管理。

施工总承包管理模式的合同关系有两种可能，即业主与分包单位直接签订合同或由施工总承包管理单位与分包单位签订合同，如图1-6及图1-7所示。

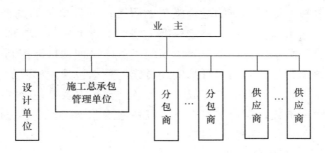

图1-6　MC模式的合同结构1

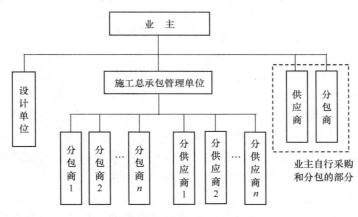

图1-7　MC模式的合同结构2

一般情况下，施工总承包管理单位不参与具体工程的施工，具体工程的施工任务是分包给分包商来完成的。但如果施工总承包管理单位也想承担部分具体工程的施工，可以参加该部分工程的投标，通过竞争取得施工任务。通常，施工总进度计划的编制、控制和协调由施工总承包管理单位负责，而项目总进度计划的编制、控制和协调，以及设计、施工、供货之间的进度计划协调由业主负责。对分包人的工程款支付又可分为总承包管理单位支付和业主直接支付两种形式，前者对于加大总包单位对分包单位管理的力度更有利。

采用施工总承包管理模式，对于业主而言，要承担在对施工总承包管理单位招标时只确定总承包管理费、没有合同总造价的风险，以及多数情况下与分包人直接签约而增加的风险；分包合同的招投标、合同谈判、签约工作由业主负责，招标及合同管理工作量大；但由施工总承包管理单位负责对所有分包人的管理及组织协调，大大减轻业主的工作，这也是采用施工总承包管理模式的基本出发点；对施工总承包管理单位的招标不依赖于施工图设计，可以提前到初步设计阶段进行，工程实体可以化整为零分别进行分包单位的招标，可以缩短建设周期；对分包人的质量控制主要由施工总承包管理单位进行，每个分包单位也有来自其他分包单位的横向控制，总体上对质量控制有利；合同总价不是一次确定，某一部分施工图设计完成以后，再进行施工招标，获得有竞争力的投标报价，确定该部分工程的合同价，因此整个项目合同总额的确定较有依据，对节约投资有利。

对于施工总承包管理单位来说，收取总包管理费，既要负责对现场施工的总体管理和协调，也要负责向分包人提供相应的配合施工的服务；分包单位的选择是由业主决策的，与分包单位的合同一般由业主签订，一定程度上削弱了施工总承包管理单位对分包单位管理的力度；但因为施工总承包管理单位要承担施工总体管理和目标控制的任务和责任，每个分包人的选择和每个分包合同的签订都要经过施工总承包管理单位的认可，施工总承包管理单位可以拒绝认可确实没有能力完成分包任务的分包人及分包合同，并且不承担该分包人所负责工程的管理责任；在业主要求下并且在施工总承包管理单位同意的情况下，分包合同也可以由施工总承包单位与分包单位签订。

1.3.4　工程项目管理委托的模式

在国际上，业主方项目管理的方式主要有业主方自行进行项目管理、业主方委托项目管理及业主方和项目管理咨询单位合作进行项目管理等三种方式。

一般来说，常见的业主方委托项目管理有以下一些模式。

1. 业主方自行进行项目管理

业主方自行组织项目管理机构进行全过程项目管理的优点是，业主对工程建设和管理具有较强的主动权和控制权，适用于业主已经形成了完善的专业化项目管理机构、具有丰富的项目管理经验和较强的项目管理能力的情况，或者缺乏对同类工程项目具有丰富经验的项目管理咨询单位的情况。但业主方需要配备大量的项目管理人员，人员多数属于临时招聘，合作需要一个磨合过程；项目建设完成后人员解散，则人员的安置也会有许多困难和矛盾；不利于积累经验和教训，不利于形成专业管理队伍。

2. 业主方委托项目管理

业主方委托项目管理，即项目业主将工程项目管理的所有任务全部委托给项目管理咨询公司承担。

这种模式中，业主将项目管理的任务全部委托给了项目管理咨询公司，由项目管理咨询公司负责组建项目管理班子对工程项目的投资控制、进度控制、质量控制、合同管理、信息管理、组织与协调等全面管理。业主不参与具体的项目管理工作，主要进行决策和确认，提供各种条件，但仍然要有相应的项目管理部门和人员。

3. 业主方和项目管理咨询单位合作进行项目管理

这种合作形式中，项目管理咨询单位的角色可以是和业主联合组建项目管理班子，双方的人员在一个统一的项目经理（国际上往往由项目管理咨询单位委派）领导下开展工作；也可以由业主自己组建项目管理班子，全面负责整个工程项目的组织实施，统筹安排或者完成项目管理的各项任务，项目管理咨询单位接受其中几种或几个专门的项目管理任务的单独委托或作为顾问为业主的项目管理班子提供咨询。

4. 设计—招标—建造模式（Design-Bid-Build，DBB）

设计—招标—建造模式也称 DBB 模式，是专业化分工的产物，是一种传统的工程项目管理模式，在国际上比较通用，世界银行、亚洲开发银行贷款项目和采用国际咨询工程师联合会（FIDIC）的合同条件的项目均采用这种模式，DBB 模式也是我国建设领域沿袭应用的传统建设的主导模式。这种模式管理方法较成熟，各方对有关程序都很熟悉，业主可自由选择咨询设计人员，对设计要求可控制，可自由选择工程师，可采用各方均熟悉的标准合同文本，有利于合同管理、风险管理和减少投资。

如图1-8所示，业主处于工程项目管理的核心地位，分别与设计和施工承包商签订合同，在设计全部完成后，进行招投标，然后进入施工。这种模式最突出的特点是强调工程项目的实施必须按设计—招标—建造的顺序方式进行，只有当一个阶段结束后另一个阶段才能开始。因此，该模式的工程建设周期长，业主管理成本高，设计的可施工性差，设计变更频繁，建筑师、工程师与承包商之间协调比较困难，设计、施工之间的冲突多。

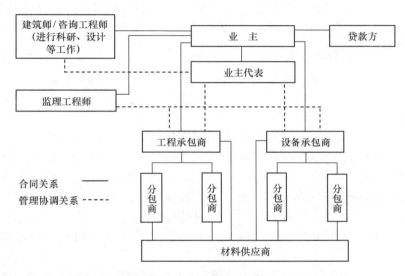

图1-8 DBB模式的合同关系和协调管理关系

采用DBB模式时，业主与设计机构签订专业服务合同，建筑师、工程师负责提供项目的设计和施工文件。在设计机构的协助下，通过竞争性招标将工程施工任务交给报价和质量都满足要求且最具资质的投标人来完成。在施工阶段，设计专业人员通常担任重要的监督角色，并且是业主与承包商沟通的桥梁。

5. 建筑工程管理模式（Construction Management，CM）

CM承包模式是在美国首先提出并开始实施的，它是由业主委托一家CM单位承担项目管理工作，该CM单位以承包商的身份进行施工管理，并在一定程度上影响工程设计活动，组织快速路径（Fast-Track）的生产方式，使工程项目实现有条件的"边设计、边施工"。该模式的基本特征是将设计工作分为若干阶段完成，每一阶段设计工作完成后，就组织相应工程内容的施工招标，从而使这部分工程的施工提前到工程项目的设计阶段。在该模式下，发包人、发包人委托的建筑工程经理（CM经理）、工程设计人员组成联合小组，共同负责工程项目的规划、设计和施工的组织和管理工作。

CM单位有代理型（Agency）和非代理型（Non-Agency）两种，如图1-9所示。代理型的CM单位不负责工程分包的发包，与分包商的合同由业主直接签订。而非代理型的CM单位直接与分包商签订分包合同。

CM合同采用成本加酬金方式，代理型和非代理型的CM合同是有区别的。由于代理

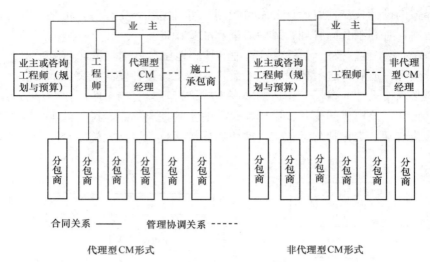

图 1-9 CM 模式的两种形式

型合同是业主与分包商直接签订，所以采用简单的成本加酬金合同形式；而非代理型合同则采用保证最大工程费用（Guaranteed Maximum Price，GMP）加酬金的合同形式。这是因为 CM 合同总价是在 CM 合同签订之后，随着 CM 单位与各分包商签约而逐步形成的。只有采用保证最大工程费用，业主才能控制工程总费用，如最后结算超过 GMP，则由 CM 公司赔偿；如低于 GMP，则节约的投资归业主所有，业主在工程造价控制方面的风险将大大减少。但 CM 公司由于额外承担了保证施工成本风险，因而能够得到额外的收入。

CM 承包模式特别适用于那些实施周期长、工期要求紧迫的大型复杂建设工程。采用 CM 承包模式的基本指导思想是缩短工程项目的建设周期，但其在工程质量、进度和造价控制方面都有很大的价值。CM 单位一般都拥有一套先进的计算机进度控制系统，充分利用现代化管理方法和手段，卓有成效地进行工程项目的进度安排和控制；设计与施工的结合，有利于提高工程质量和缩短建设工期，CM 单位在施工阶段要设立专门的现场控制及质量监督班子，严格的工程质量控制程序，为控制工程质量提供了保证；采用 CM 承包模式时，CM 单位不赚取总包与分包之间的差价，在进行分包谈判时会努力降低分包合同价，有利于降低工程费用。

6. 项目管理模式（Project Management，PM）

PM 模式是指项目业主聘请从事工程项目管理的企业，代表业主进行整个项目过程或项目若干阶段的管理和服务，如图 1-10 所示。

PM 模式中项目管理单位是由一批对项目建设各个环节具有丰富经验的专门人才组成的，它具有对项目从立项到竣工投产进行统筹安排和综合管理的能力，能有效地弥补业主项目管理知识与经验的不足，并作为业主的代表或业主的延伸，帮助业主在项目前期策划、可行性研究、项目定义、计划、融资方案以及设计、采购、施工、试运行等整个实施过程中有效地控制工程质量、进度和费用，保证项目的成功实施，达到项目寿命期技术和经济指标最优化。项目管理单位按照合同约定，在工程项目决策阶段，为业主编制可行性研究报告，进行可行性分析和项目策划；在项目实施阶段，为业主提供招标代理、设计管

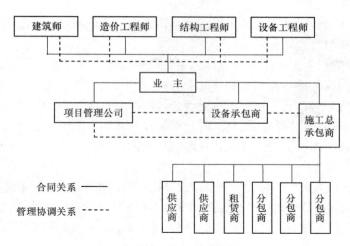

图 1-10 PM 模式的合同关系和协调管理关系

理、采购、施工管理和试运行等服务，代表业主对工程项目进行安全、质量、进度、费用、合同、信息管理和控制。

7. 项目管理承包模式（Project Management Contractor，PMC）

PMC 模式是 PM 模式的延伸和发展，指项目管理承包商代表业主对工程项目进行全过程、全方位的项目管理服务，还可以负责完成合同约定的工程初步设计（基础工程设计）工作。对于需要完成工程初步设计（基础工程设计）工作的工程项目管理企业，应当具有相应的工程设计资质。项目管理承包企业一般应当按照合同约定承担一定的管理风险和经济责任，如图 1-11 所示。

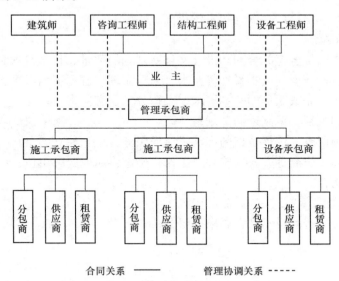

图 1-11 PMC 模式的合同关系和协调管理关系

PMC 模式是目前较为流行的一种项目管理模式。选用该种项目管理模式，项目业主会在项目进行初期，选择技术力量雄厚、工程管理经验丰富的专业工程公司或是综合性的咨询公司作为项目管理承包商（Project Management Contractor，PMC），与之签订项目管理承包合同。在这种模式下，业主仅需对基建管理的关键问题进行决策，绝大部分的项目管理工作都由项目管理承包商进行。

PMC 模式通常用于国际性大型项目，项目投资额较大且工艺技术复杂；或业主是由多个大公司组成的联合体，并且有些情况下有政府的参与，需找有管理经验的 PMC 来代业主完成项目管理，可以充分发挥项目管理公司的作用；或当业主自身的资产负债能力无法为项目提供融资担保而取得国际贷款时，资信较好有实力的项目管理公司的加入可以形成国际贷款机构认可的融资担保体系，获取国际贷款。

8. "代建制"模式

代建制是指由政府投资、建设主管部门或其授权机构委托专业化的代建机构或项目管理单位，对财政性直接投资或以财政性直接投资为主的非经营性项目实施全过程或分阶段的建设组织管理，严格控制项目投资、质量和工期，竣工验收后移交给使用单位的建设方式。

为了解决我国在非经营性政府投资项目管理体制中存在的"投资、建设、管理、使用"四位一体的现象，以及政府投资项目投资失控、建设周期和质量难以保证、政府投资效益难以按预期有效发挥、甚至滋生腐败的问题，国务院 2004 年颁布《国务院关于投资体制改革的决定》，要求对非经营性政府投资项目加快推行"代建制"。这是在国家相关法规文件中第一次明确提出代建制这一概念，也是对代建制这种政府投资项目建设形式的一种认可。

1.3.5 物资采购模式

工程项目中需要采购的物资指的是建筑材料、建筑构配件和设备。国际上业主方工程建设物资采购有多种模式：

（1）业主方自行采购（甲供）；

（2）与承包商约定某些物资为指定供货商；

（3）承包商采购。

物资采购工作应符合有关合同和设计文件所规定的数量、技术要求和质量标准，并符合工程进度、安全、环境和成本管理等要求。采购管理应遵循下列程序：

（1）明确采购产品或服务的基本要求、采购分工及有关责任；

（2）进行采购策划，编制采购计划；

（3）进行市场调查，选择合格的产品供应或服务单位，建立名录；

（4）采用招标或协商等方式实施评审工作，确定供应或服务单位；

（5）签订采购合同；

（6）运输、验证、移交采购产品或服务；

（7）处置不合格产品或不符合要求的服务；

（8）采购资料归档。

1.4 基本建设程序和主要管理制度

1.4.1 我国基本建设程序

1. 我国基本建设程序

所谓建设程序是指一项建设工程从设想、提出到决策，经过设计、施工，直至投产或交付使用的整个过程中应当遵守的内在规律。

建设程序反映了工程建设过程的客观规律，建设程序分成若干阶段，它们各有不同的工作内容，有机地联系在一起，有着客观的先后顺序，不可违反，必须共同遵守。这是因为它科学地总结了建设工作的实践经验，反映了建设工作所固有的客观自然规律和经济规律，是建设项目科学决策和顺利进行的重要保证。

在我国，按照基本建设的技术经济特点及其规律性，规定基本建设程序主要包括八项步骤，步骤的顺序不能任意颠倒，但可以合理交叉。科学的建设程序应当在坚持"先勘察、后设计、再施工"的原则基础上，突出优化决策、竞争择优、委托监理的原则。坚持建设程序有利于依法管理工程建设，有利于保证正常建设秩序，保证投资效果和工程质量，也有利于加强宏观经济计划管理，保持建设规模和国力相适应。

中华人民共和国成立以来，我国的建设程序经过了一个不断完善的过程。目前，我国的建设程序与计划经济时期相比较，已经发生了重要变化。其中，关键性的变化：一是在投资决策阶段实行了项目决策咨询评估制度，二是实行了工程招标投标制度，三是实行了建设过程监理制度，四是实行了项目法人责任制度。

2. 建设程序各阶段工作内容

建设程序各阶段工作内容主要包括：

（1）项目建议书阶段

项目建议书是向国家提出建设某一项目的建议性文件，是建设过程中最初阶段的工作，是投资决策前对拟建项目的轮廓设想。其主要作用是，通过论述拟建项目的建设必要性、可行性以及获利获益的可能性，向国家推荐建设项目，供国家选择并确定是否进行下一步工作。

项目建议书的内容一般应包括以下几个方面：

1）建设项目提出的必要性和依据；

2）拟建规模、建设方案；

3）建设的主要内容；

4）建设地点的初步设想情况、资源情况、建设条件、协作关系等的初步分析；

5）投资估算和资金筹措及还贷方案；

6）项目进度安排；

7）经济效益和社会效益的估计；

8）环境影响的初步评价。

在这个阶段还应该完成办理项目选址规划意见书、办理建设用地规划许可证和工程规划许可证、办理土地使用审批手续、办理环保审批手续等工作。有些部门在提出项目建议书之前还增加了初步可行性研究工作，对拟进行建设的项目初步论证后，再行编制项目建议书。

项目建议书根据拟建项目规模报送有关部门审批。项目建议书批准后，项目即可列入项目建设前期工作计划，可以进行下一步的可行性研究工作。

（2）可行性研究阶段

可行性研究是指在项目决策之前，通过调查、研究、分析与项目有关的工程、技术、经济等方面的条件和情况，对可能的多种方案进行比较论证，同时对项目建成后的经济效益进行预测和评价的一种投资决策分析方法和科学分析活动。其主要作用是为建设项目投资决策提供依据，同时也为建设项目设计、银行贷款、申请开工建设、建设项目实施、项目评估、科学实验、设备制造等提供依据。

可行性研究主要解决项目建设是否必要，技术方案是否可行，生产建设条件是否具备，项目建设是否经济合理等问题。由经过国家资格审定的适合本项目的等级和专业范围的规划、设计、工程咨询单位承担项目可行性研究，并形成报告。批准的可行性研究报告是项目最终决策文件，经有关部门审查通过，拟建项目正式立项。

可行性研究阶段主要的工作包括编制可行性研究报告，可行性研究报告论证，可行性研究报告报批，办理土地使用证，办理征地、青苗补偿、拆迁安置等手续，地勘、报审市政配套方案等工作。

可行性研究报告一般具备以下基本内容：①总论；②建设规模和建设方案；③市场预测和确定的依据；④建设标准、设备方案、工程技术方案；⑤原材料、燃料供应，动力、运输、供水等协作配合条件；⑥建设地点、占地面积、布置方案；⑦项目设计方案；⑧节能、节水措施；⑨环境影响评价；⑩劳动安全卫生与消防；⑪组织机构与人力资源配置；⑫项目实施进度；⑬投资估算；⑭融资方案；⑮财务评价；⑯经济效益评价；⑰社会效益评价；⑱风险分析；⑲招标投标内容和核准招标投标事项；⑳研究结论与建议；㉑附图、附表、附件。

对于一些各方面相对单一、技术工艺要求不高、前期工作成熟的教育、卫生等方面的项目，项目建议书和可行性研究报告也可以合并，一步编制项目可行性研究报告，也就是通常说的可行性研究报告代项目建议书。

（3）设计阶段

设计是对拟建工程的实施在技术上和经济上所进行的全面而详细的安排，是项目建设计划的具体化，是组织施工的依据。设计质量直接关系到建设工程的质量，是建设工程的决定性环节。

一般项目进行两阶段设计，即初步设计和施工图设计；技术上复杂而又缺乏设计经验的项目，在初步设计后加技术设计。在设计阶段基本建设的主要工作包括初步设计、办理消防手续、初步设计文本审查、施工图设计、施工图设计文件的审查备案、编制施工图预算等。

初步设计是根据批准的可行性研究报告和必要而准确的设计基础资料，对设计对象进行通盘研究，阐明在指定的地点、时间和投资控制数内，拟建工程在技术上的可能性和经济上的合理性。通过对设计对象作出的基本技术规定，编制项目的总概算。初步设计文本完成后，应报规划管理部门审查，并报原可研审批部门审查批准。初步设计文件经批准后，总平面布置、主要工艺过程、主要设备、建筑面积、建筑结构及总概算等不得随意修改和变更。经过批准的初步设计，是设计部门进行施工图设计的重要依据。施工图设计的主要内容是根据批准的初步设计，绘制出正确、完整和尽可能详尽的建筑安装图纸。其设计深度应满足设备材料的安排和非标设备的制作、建筑工程施工要求等。

（4）建设准备阶段

在工程开工建设之前，应当切实做好各项准备工作。其中包括：组建项目法人，征地、拆迁和场地平整，做到水通、电通、路通，组织设备、材料订货，建设工程报建，委托工程监理，组织施工招标投标、择优选定施工单位等。

（5）建设实施阶段

建设工程具备了开工条件并取得施工许可证，进行项目开工前审计，报批开工，经批准后才能开工。这是项目决策的实施、建成投产发挥效益的关键环节。新开工建设的时间，是指项目计划文件中规定的任何一项永久性工程第一次破土开槽开始施工的日期。

本阶段的主要任务是按设计进行施工安装，建成工程实体。在施工安装阶段，施工承包单位应当认真做好图纸会审工作，参加设计交底，了解设计意图，明确质量要求；选择合适的材料供应商；做好人员培训；合理组织施工；建立并落实技术管理、质量管理体系和质量保证体系；严格把好中间质量验收和竣工验收环节。

（6）生产准备阶段

根据国家现行规定，凡新建、扩建、改建的基本建设项目和技术改造项目，按批准的设计文件所规定的内容建成，符合验收标准的，必须及时组织验收，办理固定资产移交手续。

生产准备的内容很多，不同类型的项目对生产准备的要求也各不相同，但从总的方面看，生产准备的主要内容有：招收和培训人员，生产组织准备，生产技术准备以及生产物资准备等。

（7）竣工验收阶段

建设工程按设计文件规定的内容和标准全部完成，并按规定将工程内外全部清理完毕后，达到竣工验收条件，建设单位即可组织勘察、设计、施工、监理等有关单位进行竣工验收。竣工验收是考核建设成果、检验设计和施工质量的关键步骤，是由投资成果转入生产或使用的标志。竣工验收合格后，建设工程方可交付使用。

根据建设项目的规模大小和复杂程度，整个项目的验收可分为初步验收和竣工验收两个阶段进行。规模较大、较为复杂的建设项目，应先进行初验，然后进行全部项目的竣工验收。规模较小、较简单的项目可以一次进行全部项目的竣工验收。

（8）后评价阶段

国家对一些重大建设项目，在竣工验收若干年后进行后评价。这主要是为了总结项目建设成功和失败的经验教训，供以后项目决策借鉴。

1.4.2 建设工程主要管理制度

按照我国有关规定，在工程建设中，应当实行项目决策咨询评估制、项目法人责任制、工程招标投标制、建设工程监理制、合同管理制等主要制度。这些制度共同构成了建设工程管理制度体系。

1. 项目决策咨询评估制

决策咨询政策是国家信息政策在决策咨询活动中的具体化与专门化，是保证国家决策咨询业健康发展和有效工作的指导调节机制。项目决策阶段一定要坚持项目决策咨询制，在详细调查摸底的基础上，充分听取社会各界的意见建议，进行详细的项目技术、经济方案论证，确保项目决策的正确性，避免决策失误。

我国的决策咨询系统主要是由各级党和政府的政策研究机构、各级职能部门的调研机构、学术性研究机构、民营咨询机构和各级各类图书馆五部分组成并各具特点，发挥着不同的功能。

2. 项目法人责任制

项目法人责任制是指经营性建设项目由项目法人对项目的策划、资金筹措、建设实施、生产经营、偿还债务和资产的保值增值实行全过程负责的一种项目管理制度。实行项目法人责任制，即由项目法人对项目全过程负责的制度。项目法人是建设项目管理的最高决策者，是建设项目的拥有者、投资者、组织建设者和经营者。国有单位经营性大中型建设工程必须在建设阶段组建项目法人。项目法人可按《中华人民共和国公司法》的规定设立有限责任公司（包括国有独资公司）和股份有限公司等。

3. 工程招标投标制

建设工程招标投标，是建设单位对拟建的建设工程项目通过法定的程序和方法吸引承包单位进行公平竞争，并从中选择条件优越者来完成建设工程任务的行为。为了在工程建设领域引入竞争机制，择优选定勘察单位、设计单位、施工单位以及材料设备供应单位，需要实行工程招标投标制。

1999 年 8 月 30 日，全国人大常委会通过了《中华人民共和国招标投标法》（简称《招标投标法》），2000 年 1 月 1 日起施行，并于 2017 年进行修正。这部法律基本上是针对建设工程发包活动而言的，其中大量采用了国际惯例或通用做法，带来了招投标体制的巨大变革。

（1）建设工程必须招标的范围

《招标投标法》规定，在中华人民共和国境内进行下列工程建设项目，包括项目的勘察、设计、施工、监理以及与工程建设有关的重要设备、材料等的采购，必须进行招标：①大型基础设施、公用事业等关系社会公共利益、公众安全的项目；②全部或者部分使用国有资金投资或者国家融资的项目；③使用国际组织或者外国政府贷款、援助资金的项目。

对于依法必须招标的具体范围和规模标准以外的建设工程项目，可以不进行招标，采用直接发包的方式。

《工程建设项目施工招标投标办法》中规定，有下列情形之一的，经该办法规定的审批部门批准，可以不进行施工招标：①涉及国家安全、国家秘密或者抢险救灾而不适宜招标的；②属于利用扶贫资金实行以工代赈需要使用农民工的；③施工主要技术采用特定的专利或者专有技术的；④施工企业自建自用的工程，且该施工企业资质等级符合工程要求的；⑤在建工程追加的附属小型工程或者主体加层工程，原中标人仍具备承包能力的；⑥法律、行政法规规定的其他情形。

按照《必须招标的工程项目规定》，必须招标范围内的各类工程建设项目，达到下列标准之一的，必须进行招标：①施工单项合同估算价在人民币 400 万元以上的；②重要设备、材料等货物的采购，单项合同估算价在人民币 200 万元以上的；③勘察、设计、监理等服务的采购，单项合同估算价在人民币 100 万元以上的；④同一项目中可以合并进行的勘察、设计、施工、监理以及与工程建设有关的重要设备、材料等的采购，合同估算价合计达到前款规定的。

招标投标法律、法规和规章不断完善和细化，招标程序不断规范，必须招标和必须公开招标范围得到了明确，招标覆盖面进一步扩大和延伸，工程招标已从单一的土建安装延伸到道桥、装潢、建筑设备和工程监理等。

（2）建设项目招标的程序

建设项目招标的程序是：

1）招标活动的准备工作（确定招标方式、标段的划分两个内容）。

2）招标公告和投标邀请书的编制与发布。

3）资格审查：包括基本资格审查和专业资格审查两部分。主要是对潜在投标人是否具有履行合同的能力、专业技术资格、资金、设备、管理经验、信誉等条件的审查。

4）编制和发售招标文件。

5）踏勘现场与召开投标预备会。

6）建设项目投标。

7）开标、评标和定标。

4. 建设工程监理制

建设工程监理，是指具有相应资质的监理单位受工程项目建设单位的委托，依据国家有关工程建设的法律、法规，经建设主管部门批准的工程项目建设文件，建设委托监理合同，对工程建设实施的专业化管理。

建设工程监理制于 1988 年开始试点，5 年后逐步推开，1997 年《中华人民共和国建筑法》以法律制度的形式作出规定，国家推行建筑工程监理制度，从而使建设工程监理在全国范围内进入全面推行阶段。

《建设工程质量管理条例》规定下列建设工程必须实行监理：国家重点建设工程；大中型公用事业工程；成片开发建设的住宅小区工程；利用外国政府或者国际组织贷款、援助资金的工程；国家规定必须实行监理的其他工程。

工程建设监理的主要内容是控制工程建设的投资、建设工期和工程质量，进行工程建设合同管理，协调有关单位间的工作关系。

5. 合同管理制

合同管理是工程项目管理的主要内容，是工程项目管理的起点和核心，控制着整个工程项目管理工作。只有对工程项目实施的全过程和各个环节实施有效的合同管理，才能实现工程项目的最终目标。建设工程的勘察、设计、施工、材料设备采购和建设工程监理都要依法订立合同。各类合同都要有明确的质量要求、履约担保和违约处罚条款，违约方要承担相应的法律责任。

建筑工程合同是承发包双方为实现工程建设目标，明确相互责任、权利、义务关系的协议，是承发包双方在工程中的最高行为准则，也是双方争执判定的依据。合同管理则是建设行政主管部门、工商行政部门、建设单位、监理单位、承包单位等依照法律、行政法规及规章制度，采取法律的、行政的手段，对合同关系进行组织指导、协调和监督，从而保护当事人的合法权益，处理合同纠纷，防止、制裁违法违规行为，确保合同条款的一系列行动。

1.5 本 章 小 结

项目是指在一定约束条件下，具有特定目标的一次性任务。项目具有共同的特征：一次性、目标的明确性、组织的特殊性、项目过程的渐进性等。

项目管理是指项目管理主体在有限的资源约束条件下，为实现项目的预期总体目标，运用系统的观点、方法和理论，对项目涉及的全部工作进行系统化有效管理的过程，即项目管理是在项目活动中运用知识、技能、工具和技术来实现项目要求的包括项目启动、计划编制、执行、控制和收尾在内的综合性过程。

凡是最终成果是建筑物或构筑物的项目均可称为工程项目，工程项目除具有一般项目的特征外，还具有质量的重要性、工程的复杂性和系统性等特征。

工程项目管理是指工程项目的管理主体为满足利益相关者的合理要求、使项目在有限资源的条件下取得成功，运用系统的观点、理论和方法，对工程项目的全过程进行计划、组织、指挥、协调和控制的管理活动。

工程项目采购是指采购人通过购买、租赁、委托或雇佣等方式获取工程、货物或服务的行为，招投标方式是工程项目采购的主要方式。项目采购对象可以是项目的勘察、设计、施工、资源供应、咨询服务等。工程项目采购管理是指对项目采购上述对象的工作进行的计划、组织、指挥、协调和控制等活动。

按照我国有关规定，在工程建设中，应当实行项目决策咨询评估制、项目法人责任制、工程招标投标制、建设工程监理制、合同管理制等主要制度。这些制度共同构成了建设工程管理制度体系。

思 考 与 练 习 题

1. 简述项目及工程项目的概念及特征，项目管理及工程项目管理的内涵。

2. 了解工程项目管理的产生与发展。

3. 简述工程项目从不同角度如何分类。

4. 简述工程项目不同的管理主体应承担的管理任务。

5. 比较分析设计任务委托的主要模式。

6. 比较分析施工任务委托的主要模式。

7. 比较分析建设项目总承包的主要模式。

8. 比较分析业主方委托项目管理的主要模式。

9. 叙述我国基本建设程序的主要阶段及其工作内容。

10. 简要说明我国现行的建设工程管理制度。

2　工程项目管理的组织理论

本章要点及学习目标：

通过本章的学习，了解工程项目管理相关的组织理论以及项目结构图、组织结构图、工作任务分工表、管理职能分工表和工作流程图等基本组织工具；熟悉项目管理组织生命周期的各个阶段的特点及项目组织的形成过程；掌握工程项目管理组织结构设置的原则，熟练掌握工程项目管理的各种组织结构形式。

2.1　工程项目管理组织概述

1. 工程项目管理相关的组织理论及基本组织工具

（1）组织论的基本内容

组织论是一门学科，是与项目管理学相关的一门非常重要的基础理论，它主要研究系统的组织结构模式、组织分工和工作流程组织。组织就是为了使系统达到它的特定目标，使全体参加者经分工与协作以及设置不同层次的权利和责任制度而构成的一种人员的组合体。

组织是一种社会现象，是一切社会管理活动赖以开展的基础。组织工作的目标就是对实现组织目标所必需的各项业务活动加以分类组合，并根据管理跨度的原理划分出不同的管理层次和部门，将监督各类活动所必需的职权授予各层次、各部门主管人员，并规定这些层次和部门间的相互配合关系。而为了更好地完成组织工作，达到组织目标和组织运行，组织结构就必须发展和适应组织。组织结构的本质指组织内部之间相对稳定的关系模式，即管理活动中各种职能的横向分工与层次划分，是整个管理系统的"框架"。

组织分工反映一个组织系统中各子系统或各元素的工作任务分工和管理职能分工。组织结构模式和组织分工都是一种相对静态的组织关系。

工作流程组织则反映一个组织系统中各项工作之间的逻辑关系，是一种动态关系。

（2）基本组织工具

组织工具是组织论的应用手段，用图或表等形式表示各种组织关系，它包括项目结构图、组织结构图、工作任务分工表、管理职能分工表和工作流程图等。

项目结构图是对一个项目的结构进行逐层分解，以反映组成该项目的所有工作任务（该项目的组成部分），如图2-1所示。

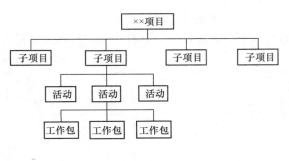

图 2-1　项目结构图

组织结构图反映一个组织系统中各组成部门（组成元素）直接的组织关系（指令关系），如图 2-2 所示。

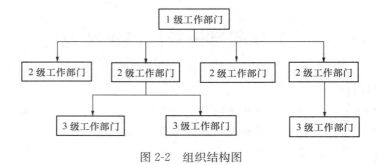

图 2-2　组织结构图

合同结构图反映一个建设项目参与单位直接的合同关系，如图 2-3 所示。

工作流程图反映一个组织系统中各项工作之间的逻辑关系，如图 2-4 所示。

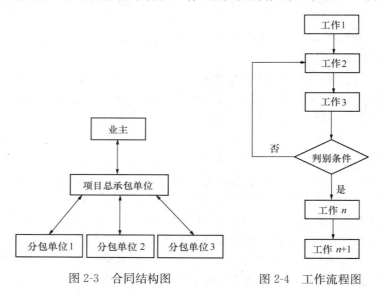

图 2-3　合同结构图　　　　图 2-4　工作流程图

组织分工表（管理任务分工表和管理职能分工表）是用表的形式反映项目管理班子内部项目经理、各工作部门和各工作岗位对各项工作任务的项目管理职能分工。管理任务分工表和管理职能分工表如表 2-1 和表 2-2 所示，两个表中工作部门和工作任务应按照项目的具体情况进行划分，并且分别用符号或字母表示任务分工和管理职能。

管理任务分工表　　　　　　　　　　　　　　　　　　表 2-1

工作任务 ＼ 工作部门	项目经理部	投资控制部	进度控制部	质量控制部	合同管理部	信息管理部
工作 A	☆	△	○	△	△	○
工作 B	△	☆	△	○	○	△
……						

注：☆—主办；△—协办；○—配合。

管理职能分工表 表 2-2

工作任务＼工作部门	项目经理部	投资控制部	进度控制部	质量控制部	合同管理部	信息管理部
工作 A	CD	PE	PEC	PE	E	E
工作 B	D	PDC	PEC	PEC	DEC	EC
……						

注：P—规划；D—决策；E—执行；C—检查。

2. 工程项目管理组织的生命周期及设计原则

工程项目组织是项目管理的一种重要职能，通常指为达到项目特定的目标而有意识的形成的、项目各生产要素相结合的形式和制度，由存在分工与协作以及不同层次权利和责任制度的人员组成。工程项目组织的主要作用是充分发挥项目管理的功能，提高项目管理的整体效率，以实现工程项目的目标。合理的管理组织可以提高项目团队的工作效率，可以优化资源配置、避免资源浪费，有利于项目工作的管理以及项目目标的完成，有利于项目内外关系的协调。

（1）工程项目组织的生命周期

由于工程项目的类型和管理模式不同，项目组织形式之间也存在很大的差异。但与传统的职能组织相比，项目组织最显著的特征就是它的临时性，即项目的组织随项目的确立而产生，在项目执行过程中组织的成员和职能在不同阶段会发生变化，项目一旦结束，组织会随之解散，人员会转移。由于工程项目组织的临时性，根据项目生命周期的长短，项目组织也有生命周期，通常包括形成阶段、磨合阶段、规范阶段、表现阶段和解散阶段。

工程项目组织除了临时性的特点外，与传统组织相比，没有明显的组织边界，部门或单位之间通过契约或其他的社会经济联系结合在一起。另外，由于工程项目投资高、风险大、周期长，项目管理组织更应注重良好的内部沟通及与外部的协调，形成团队精神及积极的组织文化。

（2）工程项目组织的设计原则

工程项目组织规划设计的目的是在特定的要求和条件下，制定出一个能实现工程项目目标的、理想的项目管理组织结构。组织结构是指组织内部分工协作的基本形式或框架。随着工程项目规模的扩大，靠项目管理者个人的权威或组织成员之间的默契远远不够，需要组织结构提供一个基本框架，事先规定管理对象、工作范围和联络路线等事宜。

工程项目组织结构进行规划设计时，应遵循如下原则：

1）目标原则

工程项目组织结构设置的根本目的，是为了实现工程项目的总目标。项目组织应根据项目总目标的要求，确定合理的组织结构形式，因目标设事，因事设岗配人，优质高效地完成项目的整体任务。

2）管理跨度原则

组成部门是项目组织协调的方法，通常给每一个部门安排一个管理者，由其负责部门内部所有工作的统一协调。但每一个管理者能直接管理的下属人数是有限的，管理者有效协调人数的客观限度，称为管理跨度或管理幅度。英国著名管理学家邱格纳斯认定，管理跨度 N 与可能存在的人际关系数 C 之间存在如下关系：

$$C = N\left(\frac{2^N}{2} + N - 1\right) \tag{2-1}$$

扩大管理跨度，可以减少管理者人数，但会产生监督弱化、重大问题无暇顾及、易失控等现象；减小管理跨度，有利于组织协调，但会增加管理人员、增大管理成本。因此，管理跨度不宜过大也不宜过小。那么，管理跨度究竟以多大为最合适？最佳管理跨度受许多因素的影响，如管理者的能力、被管理者的水平、工作性质和内容、控制手段等，所以最佳管理幅度是因人、因项目、因具体工作而异的。

管理跨度的有限性导致了组织层次的产生。如果缩小管理幅度，就会增加管理层次，使工程项目组织呈狭长形态；反之，如扩大管理幅度，就会减少管理层次，使项目组织呈现扁平形态。一般地说，管理跨度与层次是相互矛盾的，把握二者之间的合理性是项目组织规范设计时的一个重要问题。由于每个项目的具体情况不同，项目的复杂性与所要处理问题的难度都不一样，管理跨度与层次也各有差异。总的来看，管理跨度 3～8 人为宜，管理层次一般也不要超过 6 个。

3）统一指挥原则

统一指挥原则是传统的组织管理所特别强调的，认为下级只能接受一个直接上级的指示和命令，而不能同时接受两个或两个以上领导人就一项工作分别发出的命令。这种做法会简化信息传递路线，使信息变得更加集中，但也会带来问题，使各个部门之间的沟通和协调变得困难、复杂、浪费时间，并且信息传递容易失真——因为在统一指挥的原则下，各部门的协调必须通过各自的管理者来进行。在现代的项目管理组织中，横向的沟通与协调变得十分重要，强调统一指挥，是为了消除多头领导和无人负责的现象，但并不否认必要的横向联系。这就要求以项目总目标为重，管理者之间和部门之间良好沟通，管理者的命令执行迅速，保证工程项目各项活动、任务的有效领导和正常进行。

4）分工—协作原则

项目组织结构要解决的一个问题是全面权衡分工的利弊，决定项目组织的分工程度，并在此基础上确定每个人的职务。工程项目在运作的过程中有很多阶段和环节，可以逐步细化成由不同人分担的工作，分工就是确定由谁来担当这些工作。分工可以使工作简单化，特别是像工程项目实施阶段的现场任务等，工序繁多、操作要求复杂，而目前的流水施工等强调专业化施工，专业班组只承担某一两个工序的作业，一些非熟练工人经过简单的训练即可上岗，工人熟练程度越来越高并逐步获得更专业的知识与技能。

但过于明确的分工会阻碍项目组织内部人员的流动，降低部分人员对组织变化的适应能力，有些人会很难掌握新的工作技能，并且形成固定的思维模式，即人们的思维会因分工而异，导致组织的分化，某些成员可能会抵制一些即使对项目整体工作有益但不利于本职工作的决定和命令。

因此，在项目组织设立时，分工要合理，协作要明确，对于每个部门、部门管理者、部门内部成员的工作内容、工作范围、相互关系、协作方法等都要明确规定。

5）责权利对等原则

分工明确后，就有了责任，就要有与职务和责任对等的权力，并享有相应的利益。在组织结构设置时，各部门及人员的职责与权力必须一致，否则会产生工作任务无法完成或滥用职权而出现问题又找不到责任人的现象。这个原则要求分工与责任明确、权利要恰当、利益要合理。

6）精干高效原则

在项目组织人员的选择上，应考虑人员的适用性，即针对其将从事的工作，人员的专业技能、业务水平、协调能力等是否与之相适应。应以尽可能少的人员保质保量地完成工作。但过分强调专业知识有时会难以协调，所以现代许多大型工程项目在进行人员的选择时，注重一专多能，每个人可以做几项工作，独当一面。同时，许多周期性工作实行程序化，也有利于加快工作进度，减少日常协调的工作量。项目组织成员的精干高效是项目总目标和组织工作目标顺利实现的保证。

2.2　工程项目管理组织结构的基本形式

工程项目管理组织是指为了实现工程项目目标而进行的组织系统的设计、建立和运行，形成的一个可以完成工程项目管理任务的组织机构。建立必要的规章制度，划分并明确岗位、层次、责任和权力，并通过一定岗位人员的规范化行为和信息流通，实现管理目标。

工程项目管理组织结构的形式很多，这里介绍几种基本的组织结构形式及其主要特点。

1. 直线制组织结构

直线制结构又称军队式结构，是一种最简单的集权式组织结构形式。上下级关系按垂直系统建立，每个工作人员都只有一个上级，不设专门的职能部门，自上而下形同直线，上级领导的命令线性下达。某项目的直线制组织结构如图2-5所示。

直线制结构比较简单，指挥系统清晰统一；信息传递迅速，管理效率高；责权关系明确，内部协调容易。但是由

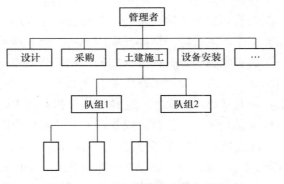

图 2-5　某项目的直线制组织结构

于横向联系少，又缺乏专业化的管理分工，项目的管理事务依赖于少数几个人，要求项目管理者是全才，这一点很难做到，特别是当项目规模较大或较复杂时，管理工作会超过个人能力所能承受的限度。因此，直线式组织结构只适用于规模较小，项目工作内容简单、稳定的情况，且组织结构中一般不设或少设副职。

2. 职能制组织结构

职能制组织结构的特点是强调管理职能的专业化，即将管理职能授权给不同的专业部门，如图2-6所示。一个项目可能由某一个职能部门负责完成，也可能由多个职能部门共同完成。与项目相关的协调工作需在职能部门主管这一层次上进行。

这种组织结构形式有利于发挥专业人才的作用，有利于专业人才的培养和技术水平的

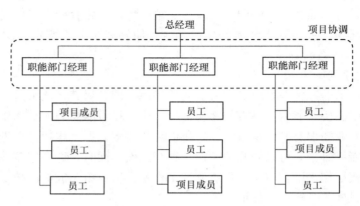

图 2-6　职能制组织结构

提高，在人员的使用上有较大的灵活性，如某一职能部门的技术专家可以由于其广博的专业知识而为不同的项目同时使用；另外，由于同一部门的专业人员可以就不同的项目进行交流，使一些项目获得部门内所有的知识和技术支持，因此有更多的机会对工程项目的技术性问题提出创造性的意见。但是，由于各职能部门工作界限不清，一旦发生矛盾，协调工作量大，加之专业人员可能同时接受多道命令，其在单一项目上的积极性往往不是很高，而当这些多维指令又相互矛盾时，下级部门或部门内专业人员将会无所适从，这种命令系统的多元性也会使项目的工作变得迟缓和艰难。

在直线制和职能制组织结构的基础上，吸收了二者的优点设计出的一种组织结构，即直线职能制组织结构，是在项目各级领导部门下设置相应的职能部门，分别从事各项专门业务工作，实行统一指挥与职能部门参谋、指导相结合的项目组织结构形式。

直线职能制是一种集权和分权相结合的组织结构形式，它在保留直线制统一指挥优点的基础上，引入管理工作专业化的做法，弥补领导人员在专业管理知识和能力方面的不足，协助领导人员决策。这种组织结构形式中，管理者对下级项目管理部门和职能部门均实行垂直式领导，各级直线管理人员在职权范围内对直接下属有指挥和命令权，并对此承担全部责任，但职能部门无直接指挥权，其职责是向上级提供信息和建议，对项目的各级管理部门实施指导和监督。直线职能制组织结构的优点是：既能保持指挥统一、命令一致，又能发挥专业人员的作用；管理组织系统比较完整，隶属关系分明；重大方案的设计等有专人负责，能在一定程度上发挥专长，提高管理效率，因此应用较为广泛。但随着项目规模的进一步扩大，职能部门也会随之增多，于是，各部门之间的横向联系和协作将变得更加复杂和困难。加上项目管理部门和职能部门都必须向项目总的管理者请示、汇报，使其往往无暇顾及项目面临的重大问题。

3. 矩阵制组织结构

矩阵制组织结构是将组织内的工作部门按纵横两个管理系列组成，一个是职能部门系列，另一个是为完成项目而组建的项目管理部门系列，纵横两个系列交叉，即构成矩阵组织结构，如图 2-7 所示。

矩阵制组织结构的最大特点在于其具有双道命令系统，这就突破了一个成员只受一个直接上级领导的传统管理原则，有利于加强各职能部门之间的协作和配合，能使一些临时

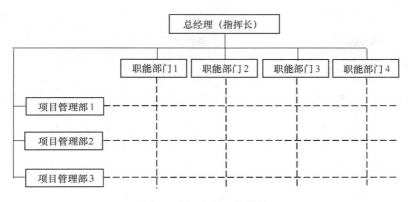

图 2-7　矩阵制组织结构

性的、跨部门性的工作执行起来不再困难。但是矩阵制组织结构关系比较复杂，一旦项目与职能部门发生矛盾，组织内部成员会左右为难，也有部分成员会有临时工作的观念或精力被分散。

　　矩阵制组织结构的有效运转，关键在于两大类型部门的协调和两类部门的职责分工明确。同时，它对人员的要求较高，需要组织中各个职能部门成员的相互理解，它适合技术先进、任务和工序内容繁多、具有创新要求、管理复杂的工程项目。

　　矩阵制组织结构又有弱矩阵、平衡矩阵和强矩阵之分。弱矩阵制组织结构是从企业相关职能部门安排专门人员组成项目团队，但无专职的项目经理，如图 2-8 所示。该组织形式偏向于职能制组织结构，其优缺点与职能制组织结构相似。

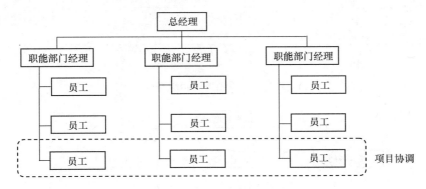

图 2-8　弱矩阵制组织结构

　　平衡矩阵制组织结构是从企业相关职能部门安排专门人员组成项目团队，有专职的项目经理，项目经理一般是从某职能部门选聘，如图 2-9 所示。

　　强矩阵制组织结构，如图 2-10 所示，项目经理独立于企业职能部门之外，项目团队成员一般来源于各相关职能部门，项目完成后回到原部门。

　　4. 项目制组织结构

　　项目制组织结构是将项目的组织独立于公司职能部门之外，由项目组织独立负责项目主要工作的组织管理模式。项目的具体工作主要由项目团队负责，在企业规定的权限内管理项目的行政事务、财务、人事等，如图 2-11 所示。

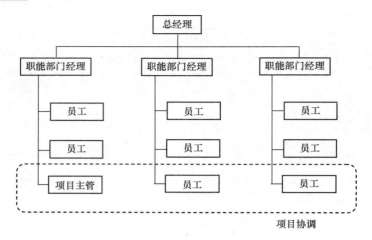

图 2-9   平衡矩阵制组织结构

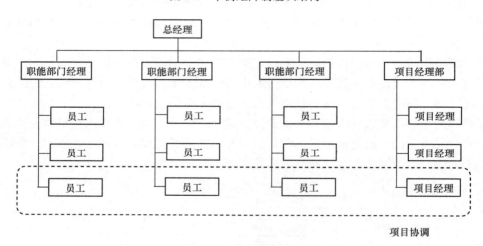

图 2-10   强矩阵制组织结构

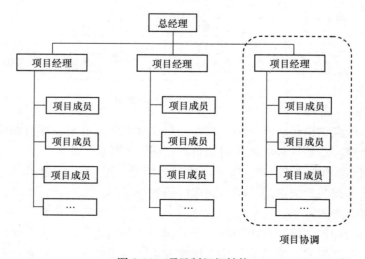

图 2-11   项目制组织结构

项目制组织结构适合于经营业务是项目、不生产标准产品的企业，广泛应用于建筑业、航空航天业等价值高、周期长的大型项目。项目经理是真正意义上的项目负责人，项目经理对项目及公司负责，团队成员对项目经理负责。团队成员工作独立于原职能部门之外，团队成员避免了多头领导，可以全身心地投入到项目中，也有利于团队精神的形成和发挥。项目管理层次相对简单，项目管理的决策速度、响应速度快，内部容易沟通。但如果一个企业有多个项目都按项目式进行管理，容易出现配置重复、资源浪费的问题。项目组织成为一个相对封闭的组织，与公司之间的沟通可能不充分。项目结束后，项目团队成员需要重新考虑去向问题，归属感受到影响。

5. 复合式组织结构

在组织结构设置的过程中，可以同时存在不止一种结构模式，如职能式组织的项目和纯项目式组织相结合的项目组织结构，这就是复合式组织结构，如图2-12所示。

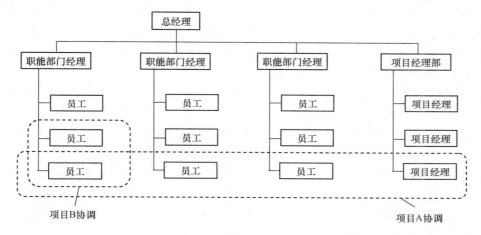

图 2-12　复合式组织结构

这种组织结构使企业在建立项目组织时具有较大的灵活性，但也有一定的风险。同一公司的若干项目采取不同的组织形式，由于利益分配上的不一致性，容易产生矛盾。

2.3　项　目　经　理

2.3.1　项目经理与注册建造师

项目经理是受企业法定代表人委托对工程项目施工过程全面负责的项目管理者，是建筑施工企业法定代表人在工程项目上的代表人。项目经理是项目有关各方协调配合的桥梁和纽带，在组织结构上处于各方的核心地位。项目经理负责制是目前国际上项目管理的主要形式之一，项目经理对外作为施工企业在项目上的全权代理人，代表和维护着企业和项目的利益；对内，对项目行使管理权，对项目目标的实现承担全部责任。在人事管理上，项目经理负责沟通、协调、解决各种矛盾、冲突和纠纷，所以项目经理是决定项目成败的关键。

建造师与项目经理定位不同，但所从事的都是建设工程的管理。建造师是以专业技术为依托、以工程项目管理为主业的执业注册人员，目前以施工管理为主。建造师是懂管理、懂技术、懂经济、懂法规，综合素质较高的复合型人员，既要有理论水平，也要有丰富的实践经验和较强的组织能力。建造师注册受聘后，可以建造师的名义担任建设工程项目施工的项目经理，从事其他施工活动的管理，从事法律、行政法规或国务院建设行政主管部门规定的其他业务。建造师执业的覆盖面较大，可涉及工程建设项目管理的许多方面，担任项目经理只是建造师执业中的一项；项目经理则限于企业内某一特定工程的项目管理。建造师选择工作的权力相对自主，可在社会市场上有序流动，有较大的活动空间；项目经理岗位则是企业设定的，选聘哪位建造师担任项目经理由企业决定，是企业行为。项目经理是企业法人代表授权或聘用的、一次性的工程项目施工管理者。

项目经理责任制是我国施工管理体制上一个重大的改革，对加强工程项目管理、提高工程质量起到了很好的作用。建造师执业资格制度建立以后，项目经理仍然是施工企业某一具体工程项目施工的主要负责人，其职责是根据企业法定代表人的授权，对工程项目自开工准备至竣工验收，实施全面的组织管理。大中型工程项目的项目经理必须由取得建造师执业资格的建造师担任，注册建造师资格是担任大中型工程项目经理的一项必要性条件，是国家的强制性要求；小型工程项目的项目经理可以由不是建造师的人员担任。

2.3.2 项目经理的职责与能力要求

项目经理是项目团队的领导者，首要职责是在预算范围内按时优质地领导项目团队完成全部项目工作内容，并使客户满意。项目经理对项目行使管理权，也对项目目标的实现承担全部责任，必须在一系列的项目计划、组织和控制活动中做好领导工作，从而实现项目目标。项目管理说到底是人的管理与协调，负责沟通、协商，解决各种矛盾、冲突、纠纷的关键人物是项目经理。项目经理是项目管理的中心，其素质对项目管理的绩效举足轻重，项目经理的素质是指项目负责人应具备的各种个人条件在质量上的一种综合。

1. 项目经理应具备的素质

（1）良好的道德素质和职业道德

项目经理必须具备良好的道德品质。职业特点决定了项目经理应具有高度社会责任感，对社会的安全、文明、进步和经济发展自觉负起道德责任，面对投资项目预期的可观经济效益，做到不以牺牲社会利益以及造成环境污染和生态环境破坏为代价，不触犯国家法律法规，将项目的社会负效应降到最低程度，最终保证社会、客户和自身利益的统一。项目经理要有强烈的责任感，诚实可靠，讲究信用，正直、公正、公平，应以项目的总目标和整体利益为出发点，以没有偏见的方式工作，正确地执行合同、解释合同，公平公正地对待各方利益；能够熟练掌握和运用与施工管理业务相关的法律法规、工程建设强制性标准和行业管理的各项规定。

（2）过硬的身体素质和心理素质

项目管理的工作负荷要求项目经理要有相应的身体素质，应该性格开朗、胸襟豁达，易于同各方人士相处；应该有坚毅的意志，在遇到意外的事件或风险时处变不惊，既能果断行事，又遇事沉着冷静，不冲动不盲从。

2. 项目经理应具备的能力

能力要求是项目经理的核心要求，项目经理的能力足以直接影响和决定项目的成败。

（1）决策能力

工程项目大都面临错综复杂的外部环境，项目经理应了解和研究环境，对与项目建设有关的技术、设备、材料等信息进行分析预测，制定出战略决策并付诸实现。决策是项目经理工作的重要一环，项目的进展过程中可能出现的事件都有不同的应对方案，需要决策者及时作出适当的决策。项目经理应具有从整体上把握问题的系统思维能力，合理选择项目管理方案并把握建设方向。

（2）管理能力

在对项目团队及项目内外环境的管理方面，项目经理的管理能力主要体现在能够设计有效的团队组织结构，要开发项目所需的人力资源、配备团队成员以及确定团队的工作规范，制定并实施系统的激励与约束制度；具有良好的协调和控制能力，能够掌握解决冲突和管理人事事务的方法，正确处理项目内外各方面关系、解决各方面矛盾，协调项目中各部门、所有成员的关系，最大程度地提高团队效率，控制项目资源配置，全面实施项目的总体目标；还应具备协调项目与政府、社会、协作者、承包商、物资供应商之间关系的能力，尽可能地为项目创造有利的外部条件，减少或避免各种不利因素的影响，以争取建立一个有效的外部支持系统。项目的社会合作程度要求越高，对项目经理的社交和谈判能力以及沟通协调能力要求也越高，才能与项目各方一起建立一个良好的项目环境。

在对项目全过程的管理方面，项目经理首先要有相应的项目管理经验，对项目有细致周密的计划，对项目从开始到结束有一个系统的安排。这需要对所有的合同文件完全熟知，为实施和控制项目制定基本计划，同时懂得如何运用计划去指导项目工作。

（3）专业技术能力

作为一名工程项目经理，要开展具体工作，发挥好领导作用，必须熟知相关的业务知识，掌握熟练的专业技术知识是成为优秀的工程项目经理的必要条件。作为一名优秀项目经理，在精于本专业各项技术的同时应该有更广泛的知识面，要了解多学科、多个专业的知识，这样可以在施工中领导各方面的工作，化解来自各方面的矛盾，顺利完成项目施工任务。当在复杂技术环境下决策时，项目经理应当学会授权，信任团队中的技术人员，发挥团队的整体技术优势。

（4）应对危机能力

项目常常会面临各种风险和不确定性，项目经理应该具有对风险和不确定性进行评价的能力，同时应该通过经验的积累及学习过程提高果断应对危机的能力。另外，项目经理还应通过与项目成员之间的密切沟通及早发现问题，预防危机的出现。

（5）学习及开拓创新能力

项目经理必须善于学习，从各种可能的知识来源学习和储备知识，同时虚心学习他人管理项目的经验和方法。项目经理必须具备一定的创新能力，有开拓意识，以超前的眼光看问题，敢于突破，有利于引领项目管理的方向，提升管理水平。

2.4 本 章 小 结

组织论主要研究系统的组织结构模式、组织分工和工作流程组织。组织工具是组织论的应用手段，用图或表等形式表示各种组织关系，它包括项目结构图、组织结构图、工作任务分工表、管理职能分工表和工作流程图等。

工程项目管理组织结构的形式包括直线制组织结构、职能制组织结构、直线职能制组织结构、矩阵制组织结构、项目制组织结构以及复合式组织结构等。

项目经理的首要职责是在预算范围内按时优质地领导项目团队完成全部项目工作内容，并使客户满意。项目经理的素质是指项目负责人应具备的各种个人条件在质量上的一种综合。项目经理应具备良好的道德素质和职业道德，还应该有健康的身体素质和心理素质。能力要求是项目经理的核心要求，项目经理的能力足以直接影响和决定项目的成败。

案例阅读：鲁布革项目的组织结构

1. 案例背景

鲁布革水电站是我国第一个利用世界银行贷款和国际招标的项目，在我国首创了采用国际通用的现代项目管理模式组织大型水电项目建设的先例，取得了良好的经济效果和一系列项目管理经验，对我国推行国际工程招标和项目管理起到了巨大的作用，曾以"鲁布革经验"和"鲁布革冲击"闻名全国。建设时期，鲁布革工程创造了 14 项全国纪录，荣获了"国家优秀勘察（金质）奖""国家优秀设计（金质）奖"和"建筑工程鲁班奖"，被评为新中国成立六十周年"百项经典暨精品工程"之一。

20 世纪 80 年代初，我国深化改革、扩大开放，恢复在世界银行的合法席位。鲁布革项目的施工准备在 1976 年就已开始，但由于建设资金严重不足，迟迟未能正式开工。1982 年，国家水利电力部开始为鲁布革项目申请世界银行贷款，既解决资金不足的问题，又以引进外资为契机，推动建设管理体制改革。世界银行为了确保项目投资效果，对项目实施提出必须满足三个基本条件：①要求建立能够全权代表业主的甲方项目管理班子对世界银行履行合同义务，采用现代项目管理模式，对项目有关各方及项目全过程进行统一协调控制；②采用国际竞争性招标模式公开招标，在世界银行成员国范围内择优选择世界一流的承包商承担项目建设任务；③由世界银行派出世界知名的挪威咨询专家组和澳大利亚雪山公司咨询专家组，分别负责地下厂房、大坝首部工程及地下引水系统的技术和管理咨询。世界银行对贷款项目的管理要求，特别有利于推动水电建设管理体制改革。

鲁布革水电站于 1981 年 6 月列为国家重点项目。该项目总投资 8.9 亿元，其中含世界银行贷款 1.454 亿美元（年息 8%，偿还期 20 年）。项目总工期 53 个月，要求 1990 年全部竣工。项目总装机容量 60 万 kW，年发电量 27.5 亿 kWh，为地下长引水洞梯级电站，包括堆石大坝及首部枢纽工程、长 9.4km 的引水隧洞系统工程和地下发电厂房系统工程三大子系统。项目工期紧，地下开挖量和混凝土浇筑量大，场地狭窄，近万人队伍聚集在不到 10km 的崇山峻岭之中，施工组织协调困难。日本大成公司中标引水隧洞工程标，比标底低了 43%。于是形成了"一项工程、两种体制、三方施工"的格局：一方是由挪威专家咨询，由水电十四局三公司承建的厂房枢纽工程；一方是由澳大利亚专家咨询，由水电十四局二公司承建的首部枢纽工程；一方是由日本大成公司承建的引水系统工程。两种体制是：一种是以云南电力局为业主，鲁布革工程管理局作为业主代表及"工程师机构"，日本大成公司为承包方的合同制管理体制；一种是以鲁布革工程管理局为甲方，以水电十四局为乙方的投资包干管理体制。可以看到，在这两种体制中，鲁布革工程管理局起到了举足轻重的作用。

日方按照合同制管理，对工人按效率给工资。日本大成公司派到中国来的仅是一支

30 人的管理队伍，从水电十四局雇了 424 名工人。他们开挖了两三个月，单月平均进尺222.5m，相当于我国当时同类工程的 2～2.5 倍。1986 年 8 月，大成公司在开挖直径8.8m 的圆形发电隧洞中，创造出单头进尺 373.7m 的国际先进纪录。1986 年 10 月 30 日，隧洞全线贯通，工程质量优良，比合同计划提前了 5 个月。施工中以精干的组织、科学的管理、适用的技术，取得了工程质量好、用工用料省、工程造价低的显著效果，创造了隧洞施工国际一流水平，成为我国第一个国际性承包工程的"窗口"，引起了社会各界的关注与思考，形成了强大的"鲁布革冲击"。在项目的实施方式上，日本大成公司采取了与当时我国项目建设完全不同的项目组织建设模式，实际上就是今天被人们所熟知的"项目管理"。

相比之下，中方施工企业水电十四局承担的首部枢纽工程于 1983 年开工，工程进展迟缓。世界银行特别咨询团于 1984 年 4 月和 1985 年 5 月两次来工地考察，都认为按期完成截流的计划难以实现。

用的是同样的工人，两者差距为何那么大？此时，中国的施工企业意识到，奇迹的产生源于好的机制，高效益来自科学的管理。

2. 鲁布革工程的组织结构

世界银行要求为鲁布革项目建立一个具有较大权力的机构来总管整个工程的建设，另外还要求在鲁布革国际承包合同中采用国际顾问工程师协会的 FIDIC 合同条款，业主组建相对独立的"工程师"机构，公正地管理业主与承包商之间的合同关系。鲁布革项目是我国"六五"期间由水利电力部直接管理的重点建设项目，鲁布革工程管理局（下称"鲁管局"）是水电部的直属单位。

在《鲁布革工程管理局志》中，总结了鲁管局的四条指导思想。一是站在主导地位掌控全项目，着眼项目全局、协调各环节的矛盾、调动各单位的积极性。二是明确合同乃项目之本。对于已签订承包合同的引水工程和机电工程，遵循国际惯例，严格执行"恪守合同、公平合理、平等互利、友好合作"的工作方针。三是鲁管局作为 FIDIC 条款中的"工程师"机构，始终较好地保持公正性和独立性。四是以"协调、监督、支持、服务"的方针管理内资工程。由于鲁管局与内资工程施工企业没有明确的合同关系，在充分理解施工企业实际情况的基础上，鲁管局用这"八字方针"做好管理工作。

鲁管局的组织结构是怎样的？1984 年 11 月，日本大成公司引水工程开工时，鲁管局的组织结构完全为职能式，在局领导班子下设立办公室、人事处、财务处、计划合同处和工程管理处，这种职能式组织无法适应国际合同管理的需要。在国际合同中，对"工程师"处理各种业务有严格的时间限制，而职能式组织中逐层汇报、各部门轮签等步骤很费时间。为了改变这种状况，鲁管局把引水工程看作一个子项目，并设立专门的项目部，在1985 年初为引水工程专设了虚拟的"工程师"机构，把分散在各职能部门的相关员工集中至此。绝大多数引水工程事务都由"工程师"机构按合同规定处理，无需再逐层汇报和部门轮签。

1989 年，随着部分人员转移到四川的二滩水电工程，以及鲁管局对项目管理认识的加深，鲁管局设立精干的项目部，把首部枢纽工程、地下厂房工程和机电安装工程也分别当作子项目管理。原工程管理处解散，员工归入各项目部；其他职能部门则为各项目部提供支持。至此，整个鲁管局呈现以项目为中心的强矩阵式结构。

（资料来源：

　①汪小金．理想的实现：项目管理方法与理念．北京：人民出版社，2003．

　②项目管理评论．http：//www.sohu.com/a/197967610_263553．

　③渝北水利．http：//www.sohu.com/a/198718783_466952．

　④建造造价资料．http：//www.sohu.com/a/203204008_472913．）

思 考 与 练 习 题

1. 针对一个具体项目，同学自己收集或由教师给出项目背景，试绘制该项目的项目结构图、组织结构图。

2. 指出规划设计工程项目组织结构的一般原则。

3. 指出直线制组织结构、职能制组织结构、直线职能制组织结构、矩阵制组织结构、项目制组织结构以及复合式组织结构各自的特点。

4. 谈一谈对项目经理地位和作用的认识以及对项目经理的素质和能力的要求。

3 工程项目策划与决策

本章要点及学习目标：

通过本章的学习，了解工程项目策划的概念、作用及工作内容；熟悉工程项目目标管理的目的和程序以及目标的设定过程，熟悉工程项目范围的确定步骤和依据以及工程项目范围确定的相关要求；掌握项目管理规划大纲和项目管理实施规划的编制依据及内容，掌握工程项目范围控制的目的和方法，掌握工程项目结构分析的基本原理和方法。

3.1 工程项目策划

1. 工程项目策划的定义与作用

工程项目策划是指在建设领域内项目策划人员根据建设项目业主总的目标要求，通过调查研究和收集资料，从不同的角度出发，对建设项目进行系统分析，对建设活动的总体战略进行运筹规划，对建设活动的全过程作预先的考虑和设想，为保证项目在完成后获得满意可靠的经济效益、环境效益和社会效益而提供科学的依据。

工程项目策划的主要作用有：

（1）构建项目系统框架及确定项目目标；

（2）为项目的决策和实施提供依据；

（3）全面指导工程项目管理工作。

2. 工程项目策划的内容

工程项目策划可按多种方法进行分类。按项目建设程序，工程项目策划可分为建设前期工程项目决策策划和工程项目实施策划。由于各类策划的对象和性质不同，所以策划的依据、内容和深度要求也不同。

工程项目决策策划的主要任务是定义（指严格地确定）项目开发或建设的任务和意义。建设工程项目决策策划和实施策划的基本内容如表 3-1 所示。

工程项目决策策划及实施策划的工作内容   表 3-1

编号	工作内容	工程项目决策策划	工程项目实施策划
1	环境和条件的调查与分析	环境和条件包括自然环境、宏观经济环境、政策环境、市场环境、建设环境（能源、基础设施等）等	环境和条件包括自然环境、建设政策环境、建筑市场环境、建设环境（能源、基础设施等）、建筑环境（民用建筑的风格和主色调等）等
2	项目定义和项目目标论证	（1）确定项目建设的目的、宗旨和指导思想； （2）项目的规模、组成、功能和标准的定义； （3）项目总投资规划和论证； （4）建设周期规划和论证	（1）投资目标的分解和论证； （2）编制项目投资总体规划； （3）进度目标的分解和论证； （4）编制项目建设总进度规划； （5）项目功能分解； （6）建筑面积分配； （7）确定项目质量目标

编号	工作内容	工程项目决策策划	工程项目实施策划
3	组织策划	(1) 决策期的组织结构； (2) 决策期任务分工； (3) 决策期管理职能分工； (4) 决策期工作流程； (5) 实施期组织总体方案； (6) 项目编码体系分析	(1) 业主方项目管理的组织结构； (2) 任务分工和管理职能分工； (3) 项目管理工作流程； (4) 建立编码体系
4	管理策划	(1) 项目实施期管理总体方案； (2) 生产运营期设施管理总体方案； (3) 生产运营期经营管理总体方案	(1) 项目实施各阶段项目管理的工作内容； (2) 项目风险管理与工程保险方案
5	合同策划	(1) 决策期的合同结构； (2) 决策期的合同内容和文本； (3) 实施期合同结构总体方案	(1) 方案设计竞赛的组织； (2) 项目管理委托、设计、施工、物资采购的合同结构方案； (3) 合同文本
6	经济策划	(1) 项目建设成本分析； (2) 项目效益分析； (3) 融资方案； (4) 编制资金需求量计划	(1) 资金需求量计划； (2) 融资方案的深化分析
7	技术策划	(1) 技术方案分析和论证； (2) 关键技术分析和论证； (3) 技术标准、规范的应用和制定	(1) 技术方案的深化分析和论证； (2) 关键技术的深化分析和论证； (3) 技术标准和规范的应用和制定等
8	风险策划	项目全过程的风险评估与策划	项目实施的风险策划

3. 工程项目管理策划

工程项目管理策划是工程项目策划的组成部分，是指在项目管理实施之前对项目管理实施的任务分解和分项任务组织工作的策划。它主要包括合同结构策划、项目招标策划、项目管理机构设置和运行机制策划、项目组织协调策划、信息管理策划等。工程项目管理策划应根据项目的规模和复杂程度，分阶段分层次地展开，从总体的概略性策划到局部的实施性、详细性策划逐步进行。工程项目管理策划重点在于提出行动方案和管理界面设计。传统的工程管理往往不重视管理策划，以致在综合性大型项目的管理中经常会出现组织重叠、分工不明、计划的针对性和操作性不强、工作内容不具体、信息不通畅、工程进度拖延等问题。工程项目管理策划可以在项目开始前通过策划文件的形式很好地解决这些问题。

4. 项目管理规划

工程项目管理策划的成果是项目管理规划，项目管理规划是指导项目管理工作的纲领性文件。

规划是指一项综合性的、完整的、全面的总体计划，它包含目标、政策、程序、任务的分配、采取的步骤、使用的资源及为完成既定行动所需要的其他因素。

项目管理规划是对项目管理的各项工作进行的综合性的、完整的、全面的总体计划。主要内容包括：项目管理目标的研究与目标的细化，项目的范围管理和项目的结构分解，项目管理实施组织策略的制定，项目管理工作程序，项目管理组织和任务的分配，项目管理所采用的步骤、方法，项目管理所需资源的安排和其他问题的确定等。

项目管理规划作为指导项目管理工作的纲领性文件，应对项目管理的目标、依据、内容、组织、资源、方法、程序和控制措施进行确定并必须随着情况的变化而进行动态调整。大中型项目应单独编制项目管理实施规划；承包人的项目管理实施规划可以用施工组织设计或质量计划代替，但应能够满足项目管理实施规划的要求。

项目管理规划是对项目构思、项目目标更为详细的论证，在项目的总目标确定后，通过项目管理规划可以分析研究总目标能否实现，总目标确定的费用、工期、功能要求是否能得到保证，是否能够达到综合平衡。项目管理规划为业主和项目的其他方面（如投资者）提供需要了解和利用的项目管理规划信息。在现代工程项目中，没有周密的项目管理规划，或项目管理规划得不到贯彻和保证，就不可能取得项目的成功。

项目管理规划按管理组织分类可分为发包方项目管理规划（包括建设单位的项目管理规划、监理单位的项目管理规划和项目管理咨询服务单位项目管理规划），设计方项目管理规划，施工方项目管理规划和供货方项目管理规划。建设工程项目管理规划涉及项目整个实施阶段，属于业主方项目管理的范畴。如果采用建设项目工程总承包的模式，发包方也可委托建设项目工程总承包方编制建设工程项目管理规划。

建设工程项目管理规划按编制目的的不同可分成两类：项目管理规划大纲和项目管理实施规划。为充分发挥价值工程对工程建设增值的作用，在编制项目管理规划大纲和项目管理实施规划时应重视价值工程的应用。

（1）项目管理规划大纲

项目管理规划大纲是项目管理工作中具有战略性、全局性和宏观性的指导文件，是作为投标人的项目管理总体构想或项目管理宏观方案，指导项目投标和签订合同。它由组织的管理层或组织委托的项目管理单位编制，目的是满足战略上、总体控制上和经营上的需要。

工程项目管理规划大纲编制依据包括：

1）可行性研究报告；

2）设计文件、标准、规范与有关规定；

3）招标文件及有关合同文件；

4）相关市场信息与环境信息。

不同的工程项目参与方编制项目管理规划大纲的依据不完全相同，招标文件及发包人对招标期间的解释是其他参建单位编制项目管理规划大纲的重要依据，承包人编制的工程项目管理规划大纲必须体现承包人的发展战略、总的经营方针和策略。

项目管理规划大纲的内容包括：

1）项目概况

项目概况主要包括对项目产品的构成、基础特征、结构特征、建筑装饰特征、使用功能、建设规模、投资规模、建设意义等项目基本要求的描述，以及包括合同条件、现场条件、法规条件及相关市场、自然和社会条件等在内的项目实施条件分析。

2）项目范围管理规划

项目范围管理规划要对项目的过程范围和最终可交付成果的范围进行描述。对项目的过程范围和最终可交付工程的范围进行描述，要通过工作分解结构图实现，并对分解的各单元进行编码及编码说明。

3）项目管理目标规划

项目管理目标规划包括质量、成本、工期和安全的总目标及其所分解的子目标，施工合同要求的目标是项目必须实现的目标，承包人自己对项目的规划目标应明确质量、成本、进度和职业健康安全的总目标并进行可能的目标分解。

4）项目管理组织规划

项目管理组织规划应明确拟选派的项目经理，拟建立的项目经理部的主要成员、部门设置和人员数量等。

5）项目管理质量规划

项目管理质量规划主要分析质量目标和能保证质量的施工方案及措施。包括招标文件（或发包人）要求的质量目标及其分解，保证质量目标实现的主要技术组织措施；重点单位工程或重点分部工程的施工方案，包括工程施工程序和流向，拟采用的施工方法、新技术和新工艺，拟选用的主要施工机械，劳动的组织与管理措施。

6）项目进度管理规划

项目进度管理规划应包括进度的管理体系、管理依据、管理程序、管理计划、管理实施和控制、管理协调等内容的规划；应说明招标文件（或招标人要求）的总工期目标，总工期目标的分解，主要的里程碑事件及主要工程活动的进度计划安排，施工进度计划表，保证进度目标实现的组织、经济、技术、合同措施。

7）项目成本管理规划

项目成本管理规划应提出编制成本计划的总体原则，成本目标规划应包括项目的总成本目标，按照主要成本项目进行成本分解的子目标，以及保证成本目标实现的技术组织措施等。成本目标规划应留有一定的余地，并考虑留有一定的浮动区间。

8）项目职业健康安全与环境管理规划

项目职业健康安全与环境管理规划要对职业健康和安全管理体系的建立和运行进行规划，也要对环境管理体系的建立和运行进行规划；要对危险源进行预测，对其控制方法进行粗略规划；要编制有战略性的、针对性的安全技术措施计划和环境保护措施计划；还要特别重视项目产品的职业健康安全性和环境保护性。

9）项目采购与资源管理规划

项目采购与资源管理规划应包括采购原则、采购工作范围和内容、采购的职能岗位设置及其主要职责以及采购进度、费用、质量的主要控制目标和要求，采购协调程序，特殊采购事项的处理原则，项目所需资源的需求、使用及阶段性规划等。

10）项目信息管理规划

项目信息管理规划应包括与项目组织相适应的信息流通系统、信息中心的建立规划、项目管理软件的选择与使用规划及信息管理实施规划等。

11）项目沟通管理规划

项目沟通管理规划包括信息沟通方式和渠道、信息的发布与使用权限、信息发布时间等。

12）项目风险管理规划

项目风险管理规划的成果主要包括风险管理计划和风险应对计划等。包括根据工程的实际情况对施工项目的主要风险因素作出预测，确定风险管理的主要原则、方法、工具、相应的对策措施；明确人员的责任和要求；界定项目全过程中各风险阶段及周期；定义并说明风险评估及量化的类型级别及基准；明确团队内外部风险的汇报形式及风险跟踪要求；明确项目安全责任目标，施工过程中的不安全因素，安全技术组织措施；专业性较强的施工项目，应当编制安全施工组织设计，并采取安全技术措施。

13）项目收尾管理规划

项目收尾管理规划包括工程收尾、管理收尾、行政收尾等方面的规划。

（2）项目管理实施规划

项目管理实施规划是项目管理规划大纲的具体化和深化，作为项目经理部实施项目管理的依据，具有作业性和可操作性。由项目经理组织编制，除对项目管理规划大纲进行细化，还可根据需要补充更具体的内容。

项目管理实施规划编制依据包括：

1）项目管理实施规划大纲。

2）项目条件和环境分析资料。

3）工程合同及相关文件；

4）同类项目的相关资料。

项目管理实施规划的内容应包括：

1）项目概况。

2）总体工作计划。

3）组织方案。

组织方案包括：项目管理组织应编制出项目的项目结构图、组织结构图、合同结构图、编码结构图、重点工作流程图、任务分工表、职能分工表，并进行必要的说明，处理好相互之间的关系；合同所规定的项目范围与项目管理责任；项目经理部的人员安排；项目管理总体工作流程；项目经理部各部门的责任矩阵；工程分包策略和分包方案、材料供应方案，设备供应方案；新设置制度及组织已有制度等。

4）技术方案。

包括项目构造与结构、工艺方法、工艺流程、工艺顺序、技术处理、设备选用、能源消耗、技术经济指标等。

5）进度计划。

进度计划包括进度图、进度表、进度说明，与进度计划相应的人力计划、材料计划、机械设备计划、大型机具计划及相应的说明等。

6）质量计划。

质量计划的编制应依据下列资料：合同中有关产品（或过程）的质量要求；与产品（或过程）有关的其他要求；质量管理体系文件；组织针对项目的其他要求等。

7）职业健康安全与环境管理计划。

8）成本计划。

9）资源需求计划。

资源需求计划的编制首先要用预算的方法得到资源需要量，列出资源计划矩阵，然后结合进度计划进行编制，列出资源数据表，画出资源横道图、资源负荷图和资源累积曲线图。资源供应计划是进度计划的支持性计划，满足资源需求。项目管理实施规划应分类编制资源供应计划，包括：劳动力，材料设备采购、储存计划；大型工具、器具供应计划等。编制的每种计划应明确分类、数量和需用时间，宜用表格表示。

10）风险管理计划。

列出项目过程中可能出现的风险因素清单，包括由于环境变化导致的风险；由项目工作结构分解获得的工程活动风险；由施工项目的参加者各方产生的风险等；对风险出现的可能性以及如果出现将会造成的损失作出估计；对各种风险作出确认，根据风险量列出风险管理的重点，或按照风险对目标的影响确定风险管理的重点；对主要风险提出防范措施；落实风险管理责任人并与风险的防范措施相联系。

11）信息管理计划。

12）项目沟通管理计划。

13）项目收尾管理计划。

包括：项目收尾计划、项目结算计划、文件归档计划、项目创新总结计划等。

14）项目现场平面布置图。

包括：施工平面图说明（包括设计依据、设计说明、使用说明），拟建工程各种临时设施、施工设施及图例，施工平面图管理规划等。

15）项目目标控制措施。

具体包括技术措施、经济措施、组织措施及合同措施。

16）技术经济指标。

项目技术经济指标一般应包括技术的、经济的、管理的（进度、质量、成本、安全、节约）、效益的指标等。

根据所编制的项目管理实施规划，列出以下规划指标：总工期；分部工程及单位工程达到的质量标准，单项工程和建设项目质量水平；总造价和总成本，单位工程造价和成本，成本降低率；总用工量，平均人数，高峰人数；劳动力不均衡系数，单位面积用工；主要材料消耗量及节约量；主要大型机械使用数量、台班量及利用率。应对以上指标的水平高低作出分析和评价，针对实施难点提出对策。

3.2　工程项目目标

3.2.1　工程项目目标管理

目标是对预期结果的描述，要取得项目的成功，必须有明确的目标。工程项目的目标管理是工程项目管理中重要的工作内容，目标管理要求将工作任务和目标明确化，同时建立目标系统，然后在执行过程中予以对照和控制，及时进行纠偏，努力实现既定目标。

1. 工程项目目标管理的目的

（1）对项目组织而言，合理的目标不仅是项目各方对项目期望值的具体化，既能够量化各方的利益关系，还应该留有适度空间使得项目组织能够对出现的重大影响及时权衡和协调，使项目有关部门可以自主弹性管理。

（2）对项目成员来说，不仅是任务、责任的明确化，同时也会因为期待完成任务后相关的绩效，能有效激发出其工作热情，还应该能在具有一定挑战性的目标下努力工作并提高工作能力和工作效率，培养参与意识和创新精神。

2. 工程项目目标管理的程序

工程项目采用严格的目标管理方法，这主要体现在如下几方面：

（1）在项目实施前就必须确定明确的目标，精心论证，详细设计、优化和计划，不允许在项目实施中仍存在目标的不确定性和对目标过多的修改。

（2）在项目的目标系统设计中首先设立项目总目标，再采用系统方法将总目标分解成子目标和可执行目标，目标的层层分解，是能让项目在执行中最终可控的良好途径。强调全寿命期集中管理，重点在于以项目全寿命期为对象建立项目的目标系统，再分解到各个阶段，进而保证项目在全生命期中目标、组织、过程、责任体系的连续性和完整性。

（3）将项目目标落实到各责任人，将目标管理同职能管理高度结合起来，使目标与组织任务、组织结构相联系，建立由上而下、由整体到部分的目标控制体系，并加强对责任人的业绩评价，鼓励人们竭尽全力圆满完成任务。

（4）将项目目标落实到项目的各阶段，项目目标作为可行性研究的尺度，经过论证和批准后作为项目技术设计和计划、实施控制的依据，最后又作为项目后评价的标准，使计划和控制工作十分有效。

工程项目目标的正确设置与否，以及是否可控，一定意义上直接决定项目建设的成败。因其涉及内容繁杂、利益方众多、建设周期长、不确定因素多等原因，在建设执行过程中，项目目标会受到各方面影响。

3.2.2 工程项目目标的设定

工程项目目标的设定一般包括情况分析、问题定义、提出目标因素、目标系统的建立等步骤。

1. 情况分析

（1）情况分析的作用

情况分析是在项目构思的基础上对环境和上层系统状况进行调查、分析、评价，作为目标设计的基础和前导工作。通过对情况的分析可以进一步研究和评价项目的构思，将原来的目标建议引导到实用的理性的目标概念，使目标建议更符合上层系统的需求；可以对上层系统的目标和问题进行定义，从而确定项目的目标因素；可以确定项目的边界条件状况；可以为目标设计、项目定义、可行性研究以及详细设计和计划提供信息；可以对项目中的一些不确定因素即风险进行分析，并对风险提出相应的预防措施。

（2）情况分析的内容

情况分析首先要作大量的环境调查，掌握大量的资料，包括：

1）拟建工程所提供的服务或产品的市场现状和趋向的分析。

2）上层系统的组织形式，企业的发展战略、状况及能力，上层系统运行存在的问题，上层系统中的其他子系统及其他项目的情况。

3）企业所有者或业主的状况；能够为项目提供合作的各个方面，如合资者、合作者、供应商、承包商的状况。

4）环境分析，主要包括自然环境及其制约因素分析，社会的经济、技术、文化环境特别是市场问题的分析，政治环境和法律环境分析等。

（3）情况分析方法

可以采用调查表、现场观察法、专家咨询法、ABC 分类法、决策表、价值分析法、敏感性分析法、企业比较法、趋向分析法、回归分析法、产品份额分析法和对过去同类项目的分析方法等。

2. 问题的定义

问题定义是目标设计的诊断阶段，从问题的定义中确定项目的任务。

3. 提出目标因素

（1）目标因素的来源

目标因素以对工程项目的定位为指导，通常由如下几方面决定：

1）问题的定义，即按问题的结构，确定解决其中各个问题的程度，即为目标因素；

2）有些边界条件的限制也形成项目的目标因素；

3）对于为完成上层系统战略目标和计划的项目，则许多目标因素是由最高层设置的，上层战略目标和计划的分解可直接形成项目的目标因素。

（2）各目标因素指标的初步确定

确定目标因素指标应注意以下几点：

1）项目的目标是通过对问题的解决而最佳地满足上层系统各方面对项目的需要，所以许多目标因素是由与项目相关的各个方面提出来的，应真实反映上层系统的问题和需要，应基于情况分析和问题的定义之上。

2）目标因素的指标要有一定的可变性和弹性，应考虑到环境的不确定性和风险因素，有利的和不利的条件，应保持一定的变动范围，既切合实际，实事求是，又不保守，一般经过努力能实现。

3）目标因素指标的提出、评价和结构化并不是在项目初期就可以办到的。

4）项目的目标因素必须重视时间限定。这个问题通常需要分三个层次来考虑：①通常工程的设计水准是针对项目对象的使用期；②基于市场研究基础上提出的产品方案有它的生命期；③项目的建设期，即项目上马到工程建投产的时间，这是项目的近期。

5）目标因素指标可以采用相似情况（项目）比较法、指标（参数）计算法、费用/效用分析法、头脑风暴法、价值工程等方法确定。

4. 目标系统的建立

（1）目标系统结构

项目目标系统至少有如下三个层次：

1）系统目标。是项目的总目标，包括功能目标、技术目标、经济目标、社会目标和生态目标等。

2）子目标。子目标通常由系统目标导出或分解细化得到，或是自行成立的目标因素，或是对子系统目标的补充，或是边界条件对系统目标的约束。它仅适用于项目某一方面，对某一个子系统的限制。

3）可执行目标。子目标可再分解为可执行的目标，它们决定了项目的详细构成，一般是在可行性研究及技术设计和计划中形成、量化、扩展而成的相关任务。

（2）目标因素的分类

1）按照性质，目标因素可以分为：

强制性目标，即必须满足的目标因素；

期望的目标，即尽可能满足的、有一定范围弹性的目标。

2）按照目标因素的表达形式，目标因素可以分为：

定量目标，即能用数字表达的目标因素；

定性目标，即不能用数字表达的目标因素。

3）按照控制内容，目标因素可分为投资目标、工期目标和质量目标，即项目实施阶段的三大目标。

（3）目标系统设计应注意的问题

由于许多目标因素是与项目利益相关的各种人提出的，所以许多目标争执实质上又是不同群体的利益争执，目标系统设计时应注意充分考虑不同群体的利益追求；在目标系统设计阶段尽管尚没有项目管理小组和项目经理，但它确实是一项复杂的项目管理工作，需要大量的信息、权利和各学科专业知识，应防止盲目性和思维僵化；项目管理工作需要不同专业和学科的人员参加，应考虑参与人员的多样性；在确定项目的功能目标时，经常还会出现预测的市场需求与经济生产规模的矛盾，所以前期市场调研分析至关重要。

3.3　工程项目范围管理

3.3.1　工程项目范围管理概述

1. 工程项目范围管理的概念

工程项目的范围管理就是对一个项目全过程中所涉及项目工作的范围所进行的管理和控制活动，作为项目管理的基础工作，贯穿于项目的全过程。项目范围管理保证项目包含了所有要做的工作而且只包含要求的工作，这里的"项目范围"包括而且只包括完成该项目、实现项目目标、获得项目产出物所"必需"的全部工作。项目的工作范围既不应超出生成既定项目产出物和实现既定项目目标的需要，也不能少于这种需要。确定项目范围就是为项目确定一个界限，明确项目管理的对象，划定哪些方面是属于项目应该做的，而哪些是不应该包括在项目之内的，以定义项目管理的工作边界，确定项目的目标和主要的项目可交付成果。

工程项目的范围既包括其产品的范围，又包括项目范围。

（1）产品范围（Product-scope），指在项目的可交付成果（即产品或服务）中所具有的性质和功能，是指项目对象系统的范围，如完成的单位工程、单项工程、建设项目，或它们的特征、功能及其测量评价结果的具体化。

（2）项目范围（Project-scope），是指为了成功达到项目的目标，完成项目可交付成果而必须完成的所有工作的组合，即项目行为系统的范围。对项目范围进行项目结构分解，可以用项目工作分解结构表示。

工程项目范围通常由如下工作构成：

（1）专业工作。指为完成可交付成果所必需的专业工作，如各种专业设计工作、施工工作和供应工作等。

（2）管理工作。指为实现项目目标所必需的预测、决策、计划和控制工作。这些管理工作还可以分为各种职能管理工作，如进度管理、质量管理、成本管理、合同管理、资源管理和信息管理等。

（3）行政工作。指在项目实施过程中的一些行政事务性工作，如行政审批工作等。

2. 工程项目范围管理的目的与作用

范围管理的目的是通过明确项目系统范围，保证实施过程和最终交付工程的完备性，进而保证项目目标的实现。

项目范围管理的作用主要体现在下述几个方面：

（1）为项目实施提供任务范围框架

项目的范围一般来自项目投资方或客户明确的项目目标或具体需求，任何一个项目的建设过程都有其明确的目标。通过项目范围管理可以廓清一个项目的任务和工作范围，以放弃不必要和不该做的工作。因此，项目范围管理最重要的作用就是为项目实施提供一个项目的边界和项目任务范围框架。

（2）对项目实施工作进行有效控制

项目的范围是确定项目的费用、时间和资源计划的前提条件和基准，是项目实施控制的依据。范围管理对组织管理、成本管理、进度管理、质量管理、采购管理等都有规定。通过开展项目范围管理可以使项目组织按照"项目范围管理计划"去开展项目实施工作，并在项目实施过程中监测和度量项目实际工作内容以及偏差，根据偏差以及原因，决定是中止或放弃项目，还是对项目的任务范围进行调整，或采取相应的纠偏行动和措施。因此，项目范围管理的另一项重要作用是对项目实施工作进行有效控制，也有助于分清项目责任，对项目任务的承担者进行考核和评价。

3. 项目范围管理的主要工作

按照美国项目管理协会（PMI）的说法，项目范围管理过程包括：

（1）规划范围管理——为记录如何定义、确认和控制项目范围及产品范围，而创建范围管理计划的过程。

（2）收集需求——为实现项目目标而确定、记录并管理相关方的需要和需求的过程。

（3）定义范围——制定项目和产品详细描述的过程。

（4）创建 WBS（Work Breakdown Structure，工作分解结构）——将项目可交付成果和项目工作分解为较小的、更易于管理的组件的过程。

（5）确认范围——正式验收已完成的项目可交付成果的过程。

（6）控制范围——监督项目和产品的范围状态，管理范围基准变更的过程。

我国国家标准《建设工程项目管理规范》GB/T 50326—2017 中提出，项目范围管理的过程应包括范围计划、范围界定、范围确认、范围变更控制等内容。项目范围管理应作为项目管理的基础工作，贯穿于项目的全过程。应安排人员专项负责范围管理工作，制定范围控制程序，落实范围管理组织责任，对可能发生的范围变更进行监测和调整。范围管理确定在项目内包括什么工作和不包括什么工作，由此界定的项目范围在项目的全生命周期内可能因种种原因而变化，项目范围管理也要管理项目范围的这种变化。项目范围的变化即变更。对项目范围的管理，一般可通过以下管理过程来实现：

（1）编制范围管理计划。制定一个项目范围管理计划，以规定如何定义、检验、控制范围，以及如何创建与定义工作分解结构。

（2）范围定义。这个过程给出关于项目和产品的详细描述。这些描述写在详细的项目范围说明书里，作为将来项目决策的基础。

（3）范围确认。该过程决定是否正式接受已完成的项目可交付成果。

（4）范围控制。监控项目和产品的范围状态，管理范围变更。

这些过程之间及其与其他领域的过程之间彼此互相影响。每个过程通常在项目中至少发生一次。如果项目被划分为阶段的话，每个过程通常至少在项目的某个阶段中发生一次，甚至可能在多个阶段被执行多次，这些过程在项目实践中以各种形式重叠和相互影响。

以上项目范围管理的工作内容，在本节分为工程项目范围确定及工程项目范围控制两个阶段工作来介绍。

3.3.2　工程项目范围确定

1. 工程项目范围确定的过程

工程项目范围的确定是一个不断细化和完善的过程，要把项目的主要可交付成果划分为较小的、更易管理的单元。这是一个由一般到具体、层层深入的过程，前期的文件或成果作为后面范围确定的依据。

通常，项目范围的完全确定需经过如下过程：

（1）项目目标的分析；

（2）项目环境的调查与限制条件分析；

（3）项目可交付成果的范围和项目范围确定；

（4）对项目进行结构分解（WBS）工作；

（5）项目单元的定义；

（6）项目单元之间界面的分析；

（7）项目范围确认。

其中，项目单元之间界面的分析，包括界限的划分与定义、逻辑关系的分析、实施顺序安排，是将全部项目单元还原成一个有机的项目整体的过程，也是进行网络分析、项目组织设计的基础工作；项目范围确认是指项目干系人对项目范围的正式承认，确认项目范围对项目管理而言可以清楚地了解项目的工作具体范围和具体工作内容，不仅为提高对成本、时间和资源估算的准确性打下基础，也有助于清楚地划分责任和进一步分配任务，但要注意项目范围的稳定性，预测在项目实施过程中发生范围变更的可能性、程度和由此产生的影响。

对项目进行结构分解（WBS）工作的相关要求和做法在本章 3.3.4 节介绍。

2. 工程项目范围确定的依据

项目范围应依据下列资料确定：

（1）项目目标的定义或说明文件；

（2）环境调查资料；

（3）项目的限制条件和制约因素；

（4）同类项目的相关历史资料；

（5）其他依据。

例如，工程承包项目范围应依据下列因素确定：

（1）最终应交付工程的范围。工程承包项目最终应交付的工程范围应由合同条件、工程量表和规范进行定义。对于总承包合同，业主在招标文件中提出"业主要求"，它主要描述业主所要求的最终交付工程的功能，相当于工程的设计任务书。

（2）合同条件。工程承包项目的范围应包括由合同条件规定的承包商的工作和活动。

（3）因环境制约产生的活动。如由现场环境、法律环境等产生的项目环境保护的工作任务，为了保护周边的建筑或为保护施工人员的安全和健康而采取的保护措施，为运输大件设备要加固通往现场的道路等。

确定工程项目范围的目的在于：提高对项目成本估算、项目工期和项目资源需求估算的准确性；为项目的绩效度量和控制确定一个基准；便于明确和分配项目任务与责任。合理恰当的范围定义对于项目的成功至关重要。

3. 项目范围说明书与范围管理计划

在项目初期，应明确界定项目的范围，并提出项目范围说明文件，作为进行项目设计、计划、实施及成果评价的依据。在工程项目实施的过程中，项目范围的确定及项目范围的文件是一个相对的概念。项目建议书、可行性研究报告、项目任务书，以及设计和计划文件、招标文件、合同文件等都是定义和描述项目范围的文件，并为项目的进一步实施（设计、计划、施工）提供了基础。项目范围规划就是确定项目范围并编写项目说明书的过程。在进行范围规划时，依据项目初步范围说明书、项目许可证、事业环境因素、组织过程资产、制约因素及假设前提等，采用一定的工具和技术，从而形成包括项目范围说明书在内的项目范围管理计划。

（1）项目范围说明书

项目范围说明书是一份描述项目输出或可交付成果的文件，是较初步项目范围书更为详细的说明书，它可以帮助项目的有关利益集团就项目范围达成共识，为项目实施提供基础，是对项目或项目阶段是否成功完成作出决策的依据。

详细的项目范围说明书一般包括：

1）项目的目标。项目目标包括成果性目标和约束性目标。项目成果性目标指通过项目开发出的满足客户要求的产品、服务或成果。项目约束性目标是指完成项目成果性目标需要的时间、成本以及要求满足的质量。

2）产品范围描述。描述了项目承诺交付的产品、服务或结果的特征。这种描述会随着项目的开展，其产品特征会逐渐细化。

3）项目的可交付物。可交付物包括项目的产品、成果或服务，以及附属产出物等。

4）项目边界。边界严格定义了哪些事项属于项目，也应明确地说明什么事项不属于项目的范围。

5）产品验收标准。该标准明确界定了验收可交付物的过程和原则。

6）项目的约束条件。描述和列出具体的与项目范围相关的约束条件，约束条件对项目团队的选择会造成限制。

7）项目的假定。描述并且列出了特定的与项目范围相关的假设，以及当这些假设不成立时对项目潜在的影响。

（2）范围管理计划

范围管理计划是一个计划工具，用以描述该团队如何定义项目范围、如何制定详细的范围说明书、如何定义和编制工作分解结构，以及如何验证和控制范围。

保证一个计划的合理性，必然需要合理、科学的分析方法和技术来支持，对于编制项目范围管理计划所使用的工具与技术，主要是专家判断，专家用以往的同类项目的范围管理经验，可以为现在管理的项目提供有关的范围说明书、工作分解结构和范围管理计划等方面的有价值的、详细的参考资料；另外，通过采用组织的或项目经理个人在以往项目中形成的有效的模板、表格和标准，如工作分解结构模板、变更控制表格和范围变更控制表格等，可以规范范围管理计划编制过程，提高过程效率。在编制项目范围管理计划过程中，不仅限于以上方法，还需要根据项目的实际情况来灵活运用。

3.3.3　工程项目范围控制

1. 项目范围控制的目的

项目范围控制的目的是严格按照项目的范围和结构分析文件进行项目的计划和实施控制，保证在预定的项目范围内按照规定的数量完成项目。项目范围控制应作为所有项目管理组织成员的责任，在项目各项工作中要注意识别所确定的任务是否属于合同工作范围，是否有遗漏或多余；在工程实施过程中，变更管理、质量管理、工程量计量、工程价款结算等都要包含范围管理的工作内容，审查工程项目范围的完备性。

2. 项目范围控制的方法

（1）进行项目范围控制，首先在工程实施监督中应加强对承（分）包商工程项目范围的监督，使承（分）包商的整个工程施工符合合同和计划确定的范围。

（2）工程项目的检查与跟踪

在项目实施过程中，项目管理人员应根据项目范围描述文件对设计、计划和施工过程进行经常性的检查和跟踪，建立各种文档，记录实际检查结果，定期或不定期通过现场观察，了解项目实施状况，控制项目范围；通过项目实施状态报告，了解项目实施的中间过程和动态，识别是否按项目范围定义实施，判断任务的范围和标准有无变化等。

（3）范围变更管理

范围控制是监控项目状态（如项目的工作范围状态和产品范围状态）的过程，也是控制变更的过程。项目变更管理是项目范围管理的一个方面，是指项目实施期间项目工作范围发生的改变，如增加或删除某些工作，工程内容、质量要求的变化等。变更是项目干系人常常由于项目环境或者是其他的各种原因要求对项目的范围基准进行修改，甚至是重新计划，而这一类修改或变化就叫作变更。项目范围控制的重要一点是确定有关变更的原因、确定是否需要纠正行动。

项目范围的变更有如下原因：

1）环境的变化，如政府政策的变化；

2）目标变更，如客户对项目、项目产品或服务的要求发生变化；

3）工程技术系统的变更或实施方案的变更，如市场上出现了或是设计人员提出了新技术、新手段或新方案；

4）实施计划的变化，如发现项目范围的计划编制不周密详细，有一定的错误或遗漏需要修正；

5）其他原因，如项目实施组织本身发生变化等。

范围变更控制的方法是定义范围变更的有关流程。变更是不可避免的，项目范围变更管理应有严格的项目范围变更审批程序，控制项目范围以确保所有请求的变更和推荐的纠正行动，都要通过整体变更控制过程处理。范围变更控制系统是一系列正式的、文档化的程序，这些程序定义了对项目绩效进行监控和评价的过程。范围变更控制系统包括正式项目文档变更的步骤，还包括文档系统、跟踪系统、过程和必要的变更批准层次。

通常在项目中由变更控制委员会负责批准或者拒绝变更申请，变更控制流程及变更控制委员会的组成是灵活的。在项目管理中，可以根据具体情况设立不同的控制点，有些没有必要通过流程解决的变更，可以授权现场实施负责人或团队成员完成；但有些项目范围的变更，如直接关系到项目成本增加和进度延误的变更，一定要通过变更控制系统来解决。

范围变更后应分析项目范围变更对目标的影响，及时调整项目的实施计划及相应的成本、进度、质量和资源计划，在工程项目的结束阶段或整个工程竣工时，应对项目的实施过程和最终交付工程进行全面审核，对项目范围进行全面确认，检查项目范围规定的各项工作是否已经完成，检查可交付成果是否完备。在项目结束后，组织的相关责任人应对该项目范围管理的经验教训进行总结，并及时传递相关信息。

3.3.4　工程项目结构分析

在确定项目范围的基础上，应对项目的结构进行分析，并提出相应的分析文件。

1. 工作分解结构的概念和目的

（1）工作分解结构的概念

WBS（Work Breakdown Structure，工作分解结构）是将项目行为系统分解成许多互相联系、互相影响、互相依赖的工程活动。它是一种在项目全范围内分解和定义各层次工作包的方法，通过将一个项目分解成易于管理的几个部分或几个细目，以便确保找出完成项目工作范围所需的所有工作要素。WBS按照项目发展的规律，依据一定的原则和规定，进行系统化的、相互关联和协调的层次分解。结构层次越往下层则项目组成部分的定义越详细，最后构成一份层次清晰、可以具体组织项目实施的工作依据。

（2）工作分解结构的目的

1）保证项目结构的系统性和完整性

工作分解结构既定义了项目的全部工作范围，又描述了项目的系统结构。通常列入工作分解结构中的工作即属于本项目的工作范围，反之则不属于本项目的工作范围。通过结构分解，使项目的形象透明，人们对项目一目了然，使项目的概况和组成明确、清晰。如果不进行项目的系统结构分解，在项目的设计和计划阶段，难以把所有的工作都考虑周全，也很难透彻地分析各子系统的内部联系。

2）是明确项目目标和落实组织责任的依据

工作分解结构将整个项目划分为相对独立、易于管理的较小的项目单元，这些较小的项目单元有时也称为工作或活动。将这些工作或活动与组织机构相联系，把完成每一工作或活动的责任赋予具体的组织或个人，这就是组织或个人的目标。工作分解结构可以满足各级别的项目参与者的需要，可与项目组织结构有机地结合在一起，有助于项目经理根据各个项目单元的技术要求，赋予项目各部门和各职员相应的职责。同时，项目计划人员也可以对WBS中的各个单元进行编码，以满足项目控制的各种要求。这种层次化的结构，将项目按一定的方法划分为可以管理的项目单元，通过控制这些单元的费用、进度和质量目标，使它们之间的关系协调一致，从而达到控制整个项目目标以及建立项目目标保证体系的目的。

3）有助于项目的控制与协调

工作分解结构中项目单元的责任人都是项目组织成员，所以项目结构对项目组织形式有规定性。工作分解结构中确定项目需要完成的工作内容、质量标准和项目各项工作或活动的顺序，可形成网络计划的基本形态，应用网络技术更好地进行项目进度、资源等的计划和控制；可以估计项目全过程的费用，并将项目的每一项工作或活动与公司的财务账目相联系，及时进行财务分析；定义了里程碑事件，作为项目报告系统的对象，可以向高级管理层和客户报告项目完成情况，是进行各部门、各专业的协调的手段。

2. 创建工作分解结构

（1）工作分解结构的结果

WBS 可以由树形的层次结构图或者行首缩进的表格表示。在实际应用以及在项目管理软件中，表格形式的 WBS 应用比较普遍。

1）树形结构图

项目结构的树形结构图如图 3-1 所示。其中每一个单元又统一被称为项目结构单元，它表达了项目总体的结构框架。

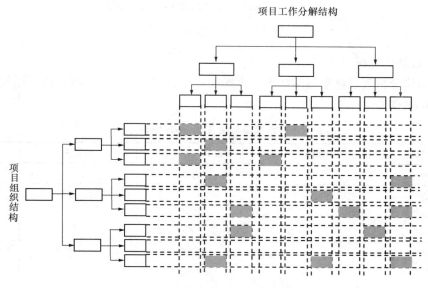

图 3-1　工程项目树形结构图

大型工程项目在实施阶段的工作内容相当多，其工作分解结构通常可以如图 3-1 分解为六级。一级为工程项目；二级为单项工程；三级为单位工程；四级为任务；五级为工作包；六级为工作或活动。一般，前三级由业主作出规定，更低级别的分解则由承包商完成并用于对承包商的施工进度进行控制。工作分解结构中的每一级都有其重要作用：第一级用于授权，第二级用于编制项目预算，第三级用于编制里程碑事件进度计划。这三个级别是复合性的工作，与特殊的职能部门无关。再往下的三个级别用于承包商的施工控制。工作包或工作应分派给某个人或某个作业队，由其唯一负责。

工作分解结构将项目依次分解成较小的项目单元，直到满足项目控制需要的最低层次，这就形成了一种层次化的树状结构。这一树状结构将项目合同中规定的全部工作分解为便于管理的独立单元，并将完成这些单元工作的责任赋予相应的具体部门或人员，从而在项目资源与项目工作之间建立了一种明确的目标责任关系，这就形成了一种职能责任矩阵，如图 3-2 所示。

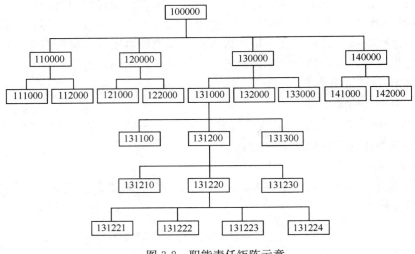

图 3-2　职能责任矩阵示意

2）项目结构分析表

项目结构分析表是将项目结构图用表来表示，例如，图 3-1 的项目树形结构图可以表示为表 3-2 的形式。

表示预算和责任的 WBS 编码　　　　　　　　　　　　　　　表 3-2

WBS 编码	名称	预算（万元）	负责人	……
100000		8000	×××	
110000		1000	××部门	
111000		200	×××	
112000		800	×××	
120000		2000	××部门	
121000		1000	×××	
122000		1000	×××	
130000		4000	××部门	
131000		1000	×××	
132000		2000	×××	
133000		1000	×××	
140000		1000	××部门	
141000		500	×××	
142000		500	×××	

为了简化 WBS 的信息交流过程，常利用编码技术对 WBS 进行信息转换，如图 3-2 所示。在制定 WBS 编码时，责任和预算也可用同一编码数字制定出来。各子项目分配到该总量的一部分，所有子项目预算的总和等于整个项目的预算量。这种分解一直持续到工作

单元，表 3-2 表示对应于图 3-2 的预算和责任分解。

对工程项目结构分解成果，应全面审查工作范围的完备性、分解的科学性、定义的准确性，并通过决策人批准，作为项目实施的执行文件。

（2）工程项目工作分解结构的方法

1）按项目产品分解

根据习惯，工程项目可按项目产品进行分类，其树形结构图可以按照建设项目、单项工程、单位工程、分部工程和分项工程等层次进行划分，如图 3-3 所示。

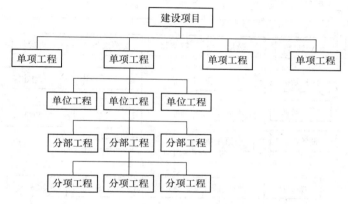

图 3-3　项目按产品分解结构

2）按承担任务的组织进行分解

按承担任务的组织进行分解的树形图如图 3-4 所示。

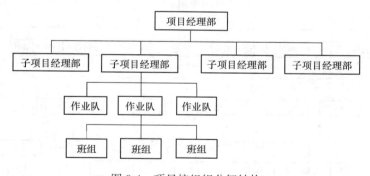

图 3-4　项目按组织分解结构

如果由项目经理部承担建设项目的施工及管理，则子项目经理部可以承担单项工程或单位工程的施工及管理，作业队可承担单位工程或分部工程的施工及管理，班组只承担分部工程或分项工程的施工。

3）按管理目标分解

建筑业企业承揽任务后，可以按 WBS 的要求自上而下进行目标分解（或目标展开），分解的目的是为了自下而上保证目标的实现。

由于管理目标有多种，有质量、进度、成本和安全目标，故可以对每类目标进行专业分解，也可结合项目管理组织机构的职责分工进行综合分解。

4）其他分解方法

WBS 的分解也可以采用按照项目的地域分布分解、按产品或项目的功能分解、按照实施过程分解、按职能分解等多种方式进行。

在很多专业应用领域中均有标准或半标准的项目工作分解结构可用作新项目的工作分解结构模板，图 3-5 是美国项目管理学会（Project Management Institute，PMI）给出的模板中的一个示例。

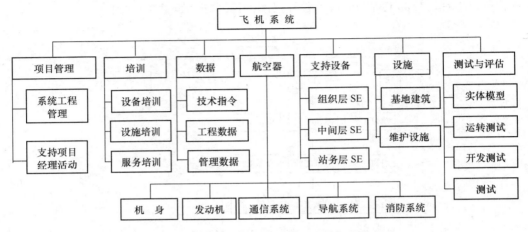

图 3-5　某国防装备项目的工作分解结构范例

图 3-6 是一个项目应用按过程、按产品结构分解的结果。

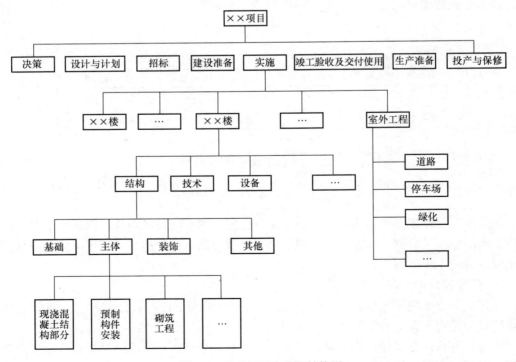

图 3-6　某项目工作分解结构图

（3）工作分解结构的原则

工作分解的过程，也是项目结构化和层次化的过程，在整个过程中，除了产生最终认定的工作分解结构外，同时可以根据项目的需要进一步确定子项目，通过子项目管理者去做进一步的细化工作。进行工作结构分解应把握如下原则：

1）在层次上保持项目的完整性，避免遗漏必要的组成部分；

2）一个工作单元只能从属于某个上层单元，避免交叉从属；

3）一个上层单元分解出的下层单元应有相同的性质；

4）工作单元应能区分开不同的责任者和不同的工作内容；

5）项目分解有一定的弹性，详细程度适当，并且便于项目管理计划和项目控制的需求；

6）最底层工作应是可管理的，可定量检查的，相应的成本核算和成本责任应落实到最低层次单元；

7）应包括项目管理工作，包括分包出去的工作。

依据上述原则和能够收集到的项目信息，把项目可交付成果分解为更小的组成部分，通过专家判断分析这些信息，以便创建有效的 WBS。

（4）建立工作分解结构的步骤

工作分解结构包括了项目所要实施的全部工作，建立工作分解结构就是将项目实施的过程、项目的成果和项目组织有机地结合在一起。工作分解结构划分的详细程度要视具体的项目而定。

建立工作分解结构的步骤为：

1）确定项目总目标。根据项目技术规范和项目合同的具体要求，确定最终完成项目需要达到的项目总目标。

2）确定项目目标层次。确定项目目标层次就是确定工作分解结构的详细程度（即 WBS 的分层数）。

3）划分项目建设阶段。将项目建设的全过程划分成不同的、相对独立的阶段，如设计阶段、施工阶段等。

4）建立项目组织结构。项目组织结构中应包括参与项目的所有组织或人员，以及项目环境中的各个关键人员。

5）确定项目的组成结构。根据项目的总目标和阶段性目标，将项目的最终成果和阶段性成果进行分解，列出达到这些目标所需的硬件（如设备、各种设施和结构）和软件（如信息资料和服务），实际上是按工程内容对子项目或项目的组成部分进一步分解形成的结构图表。

6）建立编码体系。以公司现有财务图表为基础，建立项目工作分解结构的编码体系。

7）建立工作分解结构。将上述各项结合在一起，即形成了工作分解结构。

8）编制总网络计划。根据工作分解结构的第二或第三层，编制项目总体网络计划。总体网络计划可以再利用网络计划的一般技术进行细化。总体网络计划确定了项目的总进度目标和关键子目标。

9）建立职能矩阵。分析工作分解结构中各子系统或单元与组织机构之间的关系，以明确组织机构内各部门应负责完成的项目子系统或项目单元，并建立项目系统的责任矩阵。

10）建立项目财务图表。将工作分解结构中的每一个项目单元进行编码，形成项目结构的编码系统。此系统与项目的财务编码系统相结合，即可对项目实施财务管理，制作各种财务图表，建立费用目标。

11）编制关键线路网络计划。详细网络计划一般采用关键线路法（CPM）编制，它是对工作分解结构中的项目单元做进一步细分后产生的，可用于直接控制生产或施工活动。详细网络计划确定了各项工作的进度目标。

12）建立工作顺序系统。根据工作分解结构和职能矩阵，建立项目的工作顺序系统，以明确各职能部门所负责的项目子系统或项目单元何时开始、何时结束，同时，也明确了项目子系统或项目单元间的前后衔接关系。

13）建立报告和控制系统。根据项目的整体要求、工作分解结构及总体和详细网络计划，即可以建立项目的报告体系和控制系统，以核实项目的执行情况。

3.4 本 章 小 结

工程项目策划是指在建设领域内项目策划人员根据建设项目业主总的目标要求，通过调查研究和收集资料，从不同的角度出发，对建设项目进行系统分析，对建设活动的总体战略进行运筹规划，对建设活动的全过程作预先的考虑和设想，为保证项目在完成后获得满意可靠的经济效益、环境效益和社会效益而提供科学的依据。进行工程项目策划是为了构建项目系统框架及确定项目目标、为项目的决策和实施提供依据及全面指导工程项目管理工作。

工程项目管理策划是指在项目管理实施之前对项目管理实施的任务分解和分项任务组织工作的策划。工程项目管理策划的成果是项目管理规划，项目管理规划是指导项目管理工作的纲领性文件。建设工程项目管理规划按编制目的的不同可分成两类：项目管理规划大纲和项目管理实施规划。

工程项目的目标管理是工程项目管理中重要的工作内容，目标管理要求将工作任务和目标明确化，同时建立目标系统，然后在执行过程中予以对照和控制，及时进行纠偏，努力实现既定目标。

工程项目的范围管理就是对一个项目全过程中所涉及项目工作的范围所进行的管理和控制活动，作为项目管理的基础工作，贯穿于项目的全过程。

案例阅读：鲁布革水电站项目的工作分解结构

鲁布革水电站项目的背景情况在本书第 2 章的案例阅读中已有介绍，图 3-7 是鲁布革水电站的 WBS 图及编码。

将工作分解结构图与项目的有关组织机构图相对照，可用于项目组织工作中分配任务和落实责任，并形成线性责任图（Line Responsibility Chart，LRC 图）。线性责任图可以将所分解的工作落实到有关部门或个人，并明确表示出其对组织工作的关系、责任、地位，还可以系统地阐明项目组织内部门与部门之间、个人与个人之间的相互关系，使得各部门或个人不仅能认识到自己在项目组织中的基本职责，而且充分认识到在与他人配合中

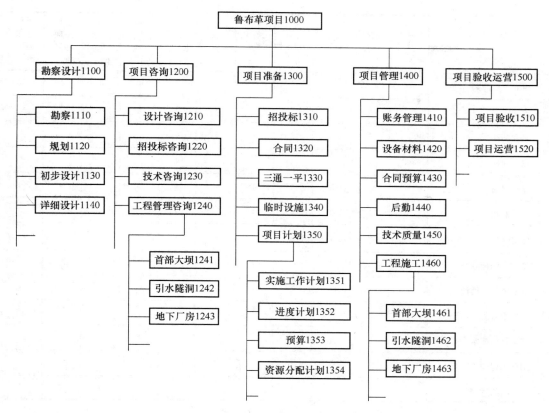

图 3-7 鲁布革水电站的 WBS 图及编码

应承担的责任。图 3-8 为鲁布革水电站的 LRC 图。如果项目不太复杂，LRC 图也可以简化，如图 3-9 所示。

组织责任者 / WBS	项目经理	土建总工	机电总工	总会计师	工管处	财务处	计划合同处	机电设备处	C合同处	设计院	咨询专家	电力局	水电部	中技公司	十四局	大成
设计	●	●	●	●						▲	●	□	⬡	□	□	□
招标投标	●	●	●	●		●	●			▲	●	⬡	□	□	□	□
施工准备	▲	●	□	□						⬡		□	□		▲	□
采购	⬡	□	●	□	□	●	●	▲	□	●						
施工	⬡	▲	●	□	●	●	●	●		●					▲	▲
项目管理	▲	●	●	●	●	●	●	●		●					□	□

▲ 负责　□ 通知　● 辅助　⬡ 审批　△ 承包

图 3-8 鲁布革水电站项目的 LRC 图

63

	副主管	部门经理	项目经理	工程经理	软件经理	生产经理	市场经理	子程序生产经理	子程序软件经理	子程序硬件经理	子程序服务经理
建立项目计划	6	2	1	3	3	3	3	4	4	4	4
定义WBS		5	1	3	3	3	3	3	3	3	3
建立硬件		2	3	1	4	4	4				
建立软件			3	4	1		4				
建立界面		2	3	1	4	4	4				
生产监测		2	3	4	4	4	4				
定义文件		2	4	4	4	4					
建立市场计划	5	3	5	4	4	4	1				
准备劳动力估计			3	1	1	1		4	4	4	4
准备设备成本估计			3	1	1	1		4	4	4	4
准备材料成本			3	1	1	1		4	4	4	4
编分配程序			3	1	1	1					
建立时间进度			3	1	1	1		4	4	4	4

图 3-9　鲁布革水电站项目的简化 LRC 图

1—实际负责；2——般监控；3—参与商议；4—可以参与商议；5—必须通知；6—最后批准

（注：图 3-7、图 3-8、图 3-9 出处，毕星，翟丽．项目管理．上海：复旦大学出版社，2000.）

思 考 与 练 习 题

1．对比分析工程项目决策策划及实施策划的工作内容。

2．说明工程项目管理策划和工程项目策划的关系。

3．比较分析项目管理规划大纲和项目管理实施规划各自的编制依据和内容。

4．说明工程项目范围管理的概念、目的与作用。

5．针对一个工程承包项目分析其项目范围确定应依据哪些因素，再进一步分析工程项目范围确定的依据。

6．说明工程项目目标管理的目的和程序以及工程项目目标设定的工作步骤。

7．简要说明项目范围说明书与范围管理计划。

8．说明如何进行工程项目范围控制以及项目范围变更的原因、影响和控制方法。

9．阐述工作分解结构的概念、目的和结果，以某项目实例（可由教师给出）具体条件为依据，熟悉建立工作分解结构的方法、原则和步骤，并完成该项目树形结构图和结构分析表。

4 工程项目进度管理

本章要点及学习目标:

通过本章的学习,明确工程项目计划的概念、作用和内容;了解工程项目进度计划的概念、作用、编制原则和内容;了解工程项目进度管理的概念、作用、影响因素和措施;掌握流水施工的概念、组织方法及流水施工参数;掌握双带号、单代号网络图的绘制与参数计算,双带号时标网络图的绘制与含义;熟悉工程项目进度控制的过程、工作内容与任务;熟练掌握常用的偏差分析技术。

4.1 工程项目计划概述

1. 工程项目计划的概念

计划是为实现一定的目标而进行科学预测并确定未来的行动方案及任务的系统安排。工程项目计划是项目组织根据项目的总目标,对项目实施工作进行的各项活动做出周密安排,主要是围绕项目目标系统,确定项目的工作任务、安排各项工作的进度,编制资源预算等,从而保证项目在合理的工期内,在保证质量的前提下,以尽可能少的成本完成。

工程项目计划是项目实施的基础,是项目管理的首要环节,项目计划的质量是决定项目成败、优劣的关键性因素之一。

2. 制定工程项目计划的主要作用

工程项目计划主要应解决三个问题:一是确定项目组织的目标,二是确定为达成目标的行动时序,三是确定行动所需的资源。具体地说,工程项目计划有如下作用:

(1)通过对项目内外环境的分析,增强对环境变化的敏感性,可以识别一些在计划编制前不可能识别的风险,减少工作的不确定性和失误。

(2)明确组织的工作目标,使项目组织成员明确个人目标及实现目标的方法、途径、期限、资源限制,不仅可以为工作提供具体的依据和标准,同时也能起到激励作用。

(3)在明确了环境与目标的基础上,事先拟订在特定环境下为落实和实现目标而采取的具体行动的方案,特别是项目实施中的各项关键工作,以指导项目的实施。

(4)在计划的制定过程中,项目组织内部要互相协调,明确职责,组织与协作部门也要互通信息、沟通关系,不管计划制定是由下向上还是由上向下地进行或是横向协调的过程,都有助于共享信息、集思广益,使得各层管理者、管理部门、部门成员之间以及项目组织和业主之间、和协作部门之间得以良好沟通,也可以为项目计划的顺利实施做好充分的准备。

(5)工程项目计划的制定过程也是一个决策过程,特别是大型的、复杂的工程项目,不但综合性强,还会涉及政治、经济和技术等诸方面的决策问题,计划制定过程中收集、整理和分析而得的数据和信息,可以为项目的决策者提供进一步决策的依据。

（6）通过对工程项目的实施过程制定较为详细的计划，运用科学的优化方法，可以使多项工作得以统筹安排、综合平衡，充分挖掘和发挥各类资源的潜力，实现项目资源的最优配置。

3. 工程项目计划制定的原则

（1）目标性原则。工程项目计划的制定应围绕项目目标而展开。

（2）系统性原则。工程项目计划本身是一个系统，由一系列子计划组成，各项子计划密切相关，形成有机协调的整体。

（3）动态性原则。工程项目周期长，计划系统中包括长、短期计划，随着项目环境的变化，项目计划也要不断调整和修正。

（4）协调性原则。工程项目计划的制定必须考虑与资源配置的协调，才能确保计划的有效实施；计划的内容应与业绩评价相协调，才能使计划的执行者认真贯彻、切实对待。

4. 工程项目计划的内容

工程项目计划主要包括以下内容：

（1）工作计划，主要包括项目实施方案及细则、工作检查措施及保证措施等。

（2）人员组织计划，主要包括各项任务的职责分工、人员安排等。

（3）设备采购供应计划，主要包括设备的采购、订货，非标准设备的试制和验收，进口设备的选、订、运货等。

（4）其他资源供应计划，主要包括材料、半成品、构配件、施工用机械设备及周转材料等资源的供应。

（5）财务计划，主要是成本控制计划，还包括预算细则，成本核算、对比、检查方法等。

（6）工程变更控制计划，主要是预测可能引起变更的情况、处理变更的程序及确定变更的准则等。

（7）进度控制计划，包括进度控制计划和进度状态报告计划。

（8）质量控制计划，主要内容有质量保证、检查、验收等工作。

（9）应急计划，指制定计划留有余地，考虑到工期、预算以及其他方面会出现事先不能估计到的困难。

（10）其他计划，包括关于项目计划的原始的、修订过的及全部项目里程碑的文件控制方式、细则、维护、使用的计划，关于项目软件、管理方法培训、行政支持等构成项目支持手段的支持计划等。

4.2　工程项目进度管理概述

1. 工程项目进度管理的含义和内容

工程项目进度管理是在保证工程建设合同相关条件的前提下，对工程项目特别是施工项目通过组织、计划、协调、控制等方式进行进度控制，实现预定的项目工期目标，并尽可能缩短工期的一系列管理活动的统称。

工程项目进度管理是工程项目管理的重要内容之一，是对工程项目全过程、全部工程内容和项目建设全部工作的管理，要充分考虑影响项目进度的各方面因素并采取避免或减少其不利影响。

工程项目进度管理的目的是通过一定管理方法和措施使工程的实际进度符合计划进度的规定，在出现实际进度偏离了计划的情况时采取相应措施，保证按合同工期完成工程项目。工程项目工期拖延后，使工程不能按期收益，会造成重大损失，影响工程项目的效益。但是盲目加快项目进度，同样会增加大量的额外成本。工程项目建设进度应统一调控，使之与投入资金、设备条件、原材料等方面保持一致，并符合项目所在地的各种自然规律。因此，工程项目进度管理对于工程项目的质量、安全及经济效益具有重要的意义。

工程项目进度管理是指对项目各阶段的进展程度和项目最终完成的期限所进行的管理，主要包括两个方面的内容，即工程项目进度计划编制和工程项目进度控制。

2. 影响工程项目进度的因素

由于建设工程具有规模庞大、工程结构与工艺技术复杂、建设周期长及相关单位多等特点，因此建设工程进度将受到许多因素的影响。影响建设工程进度的不利因素，可包括人、料、机、法、环境等方面，如人为因素、技术因素、设备材料及构配件因素、机具因素、资金因素、水文地质与气象因素，以及其他自然与社会环境方面的因素等。其中，人为因素是最大的干扰因素。从产生的根源看，有的来源于建设单位及上级主管部门；有的来源于勘察设计、施工及材料设备供应单位；有的来源于政府、建设主管部门、有关协作单位和社会；有的来源于建设监理单位；也有的来源于各种自然条件。在工程建设过程中，常见的影响因素主要包括以下几个方面：

(1) 来自建设单位的影响

建设单位为了追求自身的经济效益，对施工项目工期要求较紧，在工程承包合同中往往极力压缩工期，从而影响工程项目的正常施工进度。在评定标时，不能正确分析投标报价与工期的影响关系，报价最低工期不合理的施工企业中标，而报价较高工期合理的往往被放弃。另外，对施工方提交的施工组织计划和对施工方案的合理性及可行性缺乏正确的判断能力，最后往往对工期难以控制。所提供的施工场地不能满足工程施工的正常需要，不能及时向施工承包单位或材料供应商按合同约定支付工程款，施工过程中地下障碍物不能妥善处理，建设单位组织管理协调能力不足使工程施工不能正常进行，以及不可预见事件的发生等也是影响施工进度的不利因素。

(2) 来自工程监理的影响

工程监理部门对工程项目进度认识不足，导致其在工程施工进度中的作用不大。目前，根据相关资料，大部分工程监理部门采用被动式的工程进度控制方法，这种方法使工程项目进度调节效果不好。结合目前工程项目实际，进度调控应采用主动式的预控以及整体的动态调控，使之达到预期的工期。

(3) 来自勘察设计单位的影响

来自勘察设计单位的不利因素可能包括勘察资料不正确，特别是地质资料错误或遗漏；设计内容不完善，规范应用不恰当，设计有缺陷或错误；设计对施工的可能性未考虑或考虑不周；施工图纸供应不及时、不配套，或出现重大差错；为项目设计配置的设计人员不合理，各专业之间缺乏协调配合，致使各专业之间出现设计矛盾；设计人员专业素质差，设计内容不足，设计深度不够，不能按要求及时解决在施工过程中出现的设计问题等。

（4）来自施工企业的影响

施工企业目前高素质、高技能人才相对缺乏，有时缺乏对工期和成本之间关系的有效认识，从而影响到施工的正常进度。在实际工程项目中，一旦出现工期延迟便会因为增加设备、人员等而增加工程施工的成本。

工程项目施工进度管理贯穿于工程施工过程的各个环节，从工程项目中标签约、施工准备、现场施工，直到竣工验收都离不开进度管理。

工程项目施工进度对工程项目整体进度来说至关重要，影响建筑工程项目施工进度的因素主要包括：

1）施工环境条件与不确定因素的影响。在建筑工程施工的过程中，气候、地质、水文以及周围环境等方面的不利因素，也必然会影响到施工进度。而建筑工程施工的过程中不确定的风险因素，则主要包括经济、政治、技术及自然等方面的各种不可预见的因素，如工程事故、试验失败、标准变化等，都时刻制约着工程进度。

2）建筑材料、资金供应进度的影响。建筑施工过程中需要的建筑材料、机具和设备等，如果不能按进度同步运抵施工现场，或者运抵施工现场后发现其质量、功能不符合有关设计标准的要求，都会对施工进度产生直接或间接的影响。资金的影响主要来自业主，或者是由于没有及时给足工程预付款，或者是由于没有按进度同步拨入工程款，这些都有可能造成施工进度的拖延。

3）项目参加人员工作方面的失误。项目参加人员对项目的特点与项目实现的条件认识不清，过低地估计了项目的技术困难，没有考虑到设计与施工中可能遇到的问题，如对需要开展的科研与试验没有搞清楚，对建设条件事先没有搞清楚，对项目的交通、供水、供电问题不清楚，对于施工物资的供应安排不清楚。

表 4-1 是某项目所列出的导致项目工期延误的原因。

某项目的导致项目工期延误的可能原因　　　　　　　　　　　　　　　　表 4-1

序号	原　因	序号	原　因
1	政府的招标规定选择最低报价承包商	15	现场地质状况与合同不符
2	政府法律法规变更	16	原定合同工期太短
3	业主延误了给承包商提供工作场地	17	工期延误罚金力度不够
4	业主延误处理承包商索赔	18	难以获得开工许可
5	业主暂停工程	19	现场气候恶劣
6	业主延误发出变更命令	20	地下状况影响加土质、管线等
7	业主决策缓慢	21	现场交通管制
8	业主付进度款延迟	22	社会文化的影响
9	业主未能协调好与项目不同参与方关系	23	不同承包商之间的工作干扰
10	业主未能协调好与政府部门关系	24	咨询工程师素质低
11	施工过程中业主的干预	25	工程师延误了对承包商工作的认可
12	业主与承包商合作不利	26	咨询工程师与项目其他参与方沟通不良
13	项目规模变更	27	咨询工程师与其他参与方关系协调不利
14	图纸和规范中的含混、错误和前后不一	28	咨询工程师延误执行检查或测试

序号	原　因	序号	原　因
29	咨询工程师对承包商要求反应缓慢	43	承包商的项目管理班子效率低
30	材料短缺	44	开工动员延误
31	物资运输延误	45	承包商安全管理松懈
32	材料价格变更	46	承包商技术人员素质低
33	材料规格变更	47	承包商在投标阶段技术准备不足
34	设备短缺	48	承包商制定的低效率计划和进度
35	设备损坏	49	承包商地质勘察延误
36	使用机械不当	50	承包商不能有效控制项目进度
37	员工不足	51	承包商质量控制不利
38	员工技术水平低	52	承包商开工准备延误
39	承包商管理人员不足	53	承包商采用不正确的施工工艺方法
40	承包商专业人员不足	54	承包商融资困难
41	承包商同项目其他参与方沟通不良	55	承包商资金周转困难
42	承包商对于变更指令准备缓慢	56	承包商与其分包商在付款方面出现问题

3. 工程项目进度管理的措施

(1) 组织措施

组织是目标能否实现的决定性因素，为实现项目的进度目标，应充分重视健全项目管理的组织体系。在确定工程项目进度目标、建立进度控制目标体系的前提下，在项目组织结构中应有专门的工作部门和符合进度控制岗位资格的专人负责各层次的进度控制工作，明确具体任务和工作职责。

进度控制工作包含了大量的组织和协调工作，应订立进度控制制度，应进行有关进度控制会议的组织设计，会议是组织和协调的重要手段。

(2) 管理措施

工程项目进度控制的管理措施涉及：管理的思想、管理的方法、管理的手段、承发包模式、合同管理和风险管理等。具体的主要包括：

1) 用工程网络计划方法编制进度计划；

2) 选择合理的承发包模式，这直接关系到工程实施的组织和协调；

3) 选择合理的合同结构，避免过多合同交界面而影响工程的进展，以合同的形式保证工期进度的实现，使得各类合同的时间要求与有关的进度控制目标一致；

4) 工程物资采购模式对进度也有直接的影响，采取的对策应作比较分析；

5) 为实现进度目标，不但应进行进度控制，还应注意分析影响工程进度的风险，并在分析的基础上采取风险管理措施，以减少进度失控的风险量；

6) 重视信息技术在进度控制中的应用。

(3) 经济措施

工程项目进度控制的经济措施涉及：资金需求计划、资金供应的条件和经济激励措施等。

为确保进度目标的实现，应编制与进度计划相适应的资源需求计划（资源进度计划），包括资金需求计划和其他资源（人力和物力资源）需求计划，以反映工程实施的各时段所需要的资源。通过资源需求的分析，可发现所编制的进度计划实现的可能性，若资源条件不具备，则应调整进度计划。

在工程预算中应考虑加快工程进度所需要的资金，其中包括为实现进度目标将要采取的经济激励措施所需要的费用，建立并实施工期和进度管理的经济责任制和奖惩制度，加强索赔管理等。

（4）技术措施

工程项目进度控制的技术措施涉及：对实现进度目标有利的设计技术和施工技术的选择。

不同的设计理念、设计技术路线、设计方案会对工程进度产生不同的影响，在设计工作的前期，特别是在设计方案评审和选用时，应对设计技术与工程进度的关系作分析比较。在工程进度受阻时，应分析是否存在设计技术的影响因素，为实现进度目标有无设计变更的可能性。

施工方案对工程进度有直接的影响，在进行方案决策时，不仅应分析技术的先进性和经济合理性，还应考虑对进度的影响。在工程受阻时，应分析是否存在施工技术的影响因素，为实现进度目标有无改变施工技术、施工方法和施工机械的可能性。

4.3 工程项目进度计划编制

4.3.1 流水施工的基本原理

1. 流水施工的概念

工程项目组织施工的方法很多，其基本方法有依次施工、平行施工和流水施工三大类。

（1）依次施工

依次施工又称依次作业、顺序施工等，是各施工过程或施工对象（施工段）依次开工、依次完成的施工组织方式。这种施工方式的特点在于全部施工由一个施工班组依次完成，工期较长，工作面和劳动力利用均不充分，但每天投入的劳动力少，机具设备使用不集中，材料供应和现场管理简单。根据依次施工的这种特点，工程量较小、施工力量不足、工作面有限或工期不紧张时可按实际情况采用依次施工。

（2）平行施工

平行施工又称平行作业，是各个施工对象（或施工段）同时开工、同时完成的施工组织方式。这种施工方式的特点是同时派出若干个施工班组，每个班组完成一个施工对象的全部施工，因而工期短，工作面和劳动力利用充分，但人员也成倍增加，人力、物力供应过于集中，不利于物资供应和施工管理，易出现窝工现象。平行施工较适用于工期要求紧、大规模的建筑群及分期分批组织施工的工程。

（3）流水施工

流水施工又称流水作业，是指所有施工过程按一定时间间隔依次投入施工，各个施工过程陆续开工、陆续竣工，使同一施工过程的专业班组保持连续、均衡施工，不同的施工过程尽可能平行搭接施工的组织方式。

流水施工的优点：

1）合理、充分地利用工作面，加快了施工进度，有利于缩短工期、节省施工费用；

2）能保持施工过程的连续、均衡，有利于机械设备的充分利用及劳动力、各项资源的均衡供应，可以提高施工的技术经济效益，提高施工单位的组织管理水平；

3）专业施工班组在一定时期内保持相同的施工操作和连续均衡施工，有利于提高劳动生产率、保证工程质量。

2. 流水施工参数

（1）工艺参数

指组织流水施工时，用以表达流水施工在施工工艺方面进展状态的参数，通常包括施工过程和流水强度两个参数。

施工过程指参与流水施工的施工过程数，是根据施工组织及计划安排需要划分出的计划任务子项，以符号"n"表示。

施工过程可以是单位工程、分部工程，也可以是分项工程，甚至可以是将分项工程按照专业工种不同分解而成的施工工序。施工过程数划分的多少、粗细程度，一般应依据工程项目施工进度计划的性质和作用、施工方案及工程结构、劳动组织及劳动量大小、劳动内容及范围等因素而定。

流水强度是指流水施工的某施工过程（专业工作队）在单位时间内所完成的工程量，也称为流水能力或生产能力。

（2）空间参数

1）工作面。供某专业工种的工人或某种施工机械进行施工的活动空间。

2）施工段。将施工对象在平面或空间上划分成若干个劳动量大致相等的施工区段，称为施工段或流水段，以符号"m"表示。施工段的划分应考虑各段工程量大致相等、与主导施工过程相协调、满足工人及机械工作面的需要、有利于保证结构整体性等要求，在数目上应合理，可根据施工班组的数目及有层间施工的工程在上下层对应施工段上的工艺衔接而具体确定。

3）施工层。将施工对象在垂直方向上划分的若干个劳动量大致相等的施工区段。通常可以按结构层或脚手架每步架高来划分施工层。

（3）时间参数

流水施工的时间参数主要包括流水节拍、流水步距及工期。

1）流水节拍

流水节拍指某个专业施工班组在一个施工段上完成工作所需的时间，以符号"t"表示。其计算公式是：

$$t = \frac{Q}{S \cdot R \cdot b} = \frac{Q \cdot H}{R \cdot b} = \frac{P}{R \cdot b} \tag{4-1}$$

式中　t——流水节拍；

　　Q——一个施工段的工程量；

　　R——专业施工班组的人数或机械数；

　　S——产量定额，即单位时间（工日或台班）完成的工程量；

H——时间定额，即完成单位工程量所需的时间（工日或台班）；

b——每天施工班数；

P——一个施工段的劳动量或台班量。

在确定流水节拍时应考虑到合理的劳动组合、工作面条件的限制、机械设备的能力及数量、原材料和构配件的供应能力等因素，首先确定主导施工过程的流水节拍，并据此确定其他施工过程的流水节拍。

2）流水步距

流水步距指相邻的两个施工班组依次进入流水施工的时间间隔，以符号"K"表示。

流水步距的确定应保证专业施工班组按要求连续施工，不停工、窝工，并保证合理的技术、组织间歇及合理的施工作业程序，即不发生前一施工过程尚未全部完成，后一施工过程便开始施工的现象，以免影响施工的均衡性。当然，在技术可行的前提下，也允许某些次要的施工班组提前插入，但这种情况越少越好。

流水步距的计算方法如下：

①当同一施工过程流水节拍值相等时

$$K_{i,i+1} = t_i + (Z - D) \qquad (t_i \leqslant t_{i+1} \text{ 时})$$
$$K_{i,i+1} = mt_i - (m-1)t_{i+1} + (Z - D) \quad (t_i > t_{i+1} \text{ 时})$$

(4-2)

式中　$K_{i,i+1}$——相邻的两个施工过程"i"及"$i+1$"的流水步距；

　　　t_i——第 i 个施工过程的流水节拍；

　　　Z——第 i 个施工过程与第 $i+1$ 个施工过程之间的技术组织间歇时间；

　　　D——第 i 个施工过程与第 $i+1$ 个施工过程之间的搭接时间，即第 i 个施工过程允许第 $i+1$ 个施工过程提前插入的时间。

②当同一施工过程流水节拍值不完全相等时

可采用"数列累加、错位相减、取最大差"法。

应当注意的是，上述所列流水步距 K 的计算方法，前提应是所有的施工班组连续施工，如果部分施工过程有间断，则流水步距应另视具体情况而定。

3）工期

工期指从第一个专业施工班组投入流水施工开始，到最后一个专业施工班组完成最后一个施工过程的最后一段工作退出流水施工为止的整个持续时间，以符号"T"表示。工期可按下式计算：

$$T = \Sigma K + T_{\text{N}}$$

(4-3)

式中　ΣK——流水施工中各流水步距之和；

　　　T_{N}——最后一个施工班组持续工作的时间。

3.流水施工的组织方法

流水施工一般按流水节拍值的特征进行分类，可以分为有节奏流水施工和无节奏流水施工两大类。

（1）有节奏流水施工

有节奏流水施工是同一施工过程在各施工段上的流水节拍值相等的流水施工方式，又可分为等节奏流水施工和异节奏流水施工。

1）等节奏流水施工

等节奏流水施工是指同一施工过程在各施工段上的流水节拍值相等，不同的施工过程的流水节拍也全部相等的流水施工方式。等节奏流水施工因其各施工过程的流水节拍等于常数，又称全等节拍流水或固定节拍流水，一般表述为"$t_i = t$"。等节奏流水工期计算方法如下：

无层间施工，无技术组织间歇 Z_1 及层间间歇 Z_2 时

$$T = (m + n - 1)t \tag{4-4}$$

无层间施工，有技术组织间歇 Z_1，无层间间歇 Z_2 时

$$T = (m + n - 1)t + \Sigma Z_1 \tag{4-5}$$

式中　ΣZ_1 —— 所有技术组织间歇的和。

有层间施工，有技术组织间歇 Z_1 及层间间歇 Z_2 时

每层施工段数

$$m_0 \geqslant n + \frac{\Sigma Z_1}{K} + \frac{Z_2}{K} \tag{4-6}$$

总施工段数

$$m = m_0 \cdot j \tag{4-7}$$

工期

$$T = (m + n - 1)t + \Sigma Z_1 \tag{4-8}$$

式中　j —— 施工层数。

2）异节奏流水施工

异节奏流水施工是指有节奏流水施工中，同一施工过程的流水节拍相等，不同施工过程的流水节拍不尽相等。异节奏流水施工通常可以采用两种组织方式，第一，可以按无节奏流水施工的形式组织施工，不管节拍值特征如何，这种方式在一般情况下都可以采用；第二，特殊情况下，不同施工过程的流水节拍可能成倍数，即各施工过程的流水节拍均是最小节拍的整数倍时，可以采用成倍节拍流水施工的组织形式。

成倍节拍流水属于异节奏流水施工，指同一施工过程在各施工段上的流水节拍相等，不同施工过程的流水节拍均为其中最小流水节拍的整数倍的流水施工方式。

成倍节拍流水施工的组织要点为：

对节拍值大的施工过程成倍地派施工班组，施工班组数

$$b_i = \frac{t_i}{t_{\min}} \tag{4-9}$$

式中　b_i —— 第 i 个施工过程的班组数；

t_i —— 第 i 个施工过程的流水节拍；

$t_{\min}$ —— 所有流水节拍中的最小值。

施工班组总数

$$n' = \Sigma b_i \tag{4-10}$$

令每个施工班组按一定的时间间隔依次投入施工，即令流水步距 $k = t$。

其余的要求同一般流水施工。

成倍节拍流水工期的计算方法如下：

无层间施工，无技术组织间歇 Z_1 及层间间歇 Z_2 时

$$T = (m + n' - 1)t_{\min} \tag{4-11}$$

无层间施工，有技术组织间歇 Z_1，无层间间歇 Z_2 时

$$T = (m + n' - 1)t_{\min} + \Sigma Z_1 \tag{4-12}$$

式中　ΣZ_1 ——所有技术组织间歇之和。

有层间施工，有技术组织间歇 Z_1 及层间间歇 Z_2 时

每层施工段数

$$m_0 \geqslant n' + \frac{\Sigma Z_1}{K} + \frac{Z_2}{K} \qquad (4\text{-}13)$$

总施工段数

$$m = m_0 \cdot j \qquad (4\text{-}14)$$

工期

$$T = (m + n' - 1)t_{\min} + \Sigma Z_1 \qquad (4\text{-}15)$$

（2）无节奏流水施工

无节奏流水施工是指同一施工过程在各施工段上的流水节拍值不完全相等的施工组织方式。实际施工中，等节奏流水和成倍节拍流水往往是难以组织的，而无节奏流水则很常见。其流水节拍的计算可按式（4-1）计算，流水步距可按"取最大差"法或按式（4-2）计算，工期可用式（4-3）计算。

4. 工程项目进度计划的表现形式

（1）横道图与斜线图

1）横道图：又称水平图表、甘特图等。其左边列出各施工过程的名称，右边用水平线段在时间坐标下画出施工进度。

2）斜线图：又称垂直图表。其左边列出各施工段，右边用斜线段在时间坐标下画出施工进度。

横道图和斜线图的表示方法如图 4-1 及图 4-2 所示。

施工过程	施工进度（d）						
	2	4	6	8	10	12	14
开挖基槽							
混凝土垫层							
基础施工							
回填土							

图 4-1　某基础工程流水施工的横道图

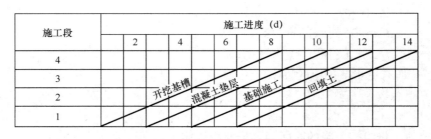

图 4-2　某基础工程流水施工的斜线图

（2）S 形曲线

S 形曲线又称时间投资累计曲线，是以投资的形式表现出的施工进度计划。

S 形曲线的绘制步骤如下：

1）确定工程进度计划，编制横道图。

2）根据每单位时间内完成的实物工程量或投入的人力、物力和财力，计算单位时间

的投资。

3）计算在规定的时间内计划累计完成的投资额。

4）找出时间与投资相对应的点，绘制 S 形曲线。

【例 4-1】 某工程按月编制的资金使用计划见表 4-2 所列，试绘制 S 形曲线。

按月编制的资金使用计划   表 4-2

时间（月）	1	2	3	4	5	6	7	8	9	10	11	12
投资（万元）	100	100	300	500	800	800	700	600	400	200	100	100

【解】 计算各月的计划累计投资额见表 4-3 所列。绘制 S 形曲线如图 4-3 所示。

各月的计划累计投资额   表 4-3

时间（月）	1	2	3	4	5	6	7	8	9	10	11	12
投资（万元）	100	200	500	1000	1800	2600	3300	3900	4300	4500	4600	4700

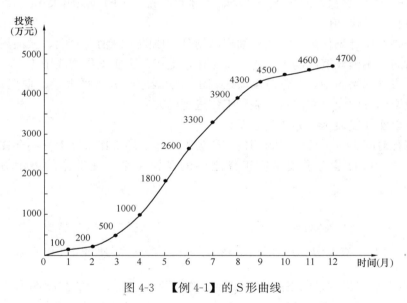

图 4-3　【例 4-1】的 S 形曲线

（3）网络图

网络图的表达形式，因其篇幅较多，详见 4.3.2 节的内容。

4.3.2　工程网络计划技术

1. 工程网络计划技术概述

工程网络计划是以工程项目为对象编制的网络计划，工程网络计划技术是工程网络计划的编制、计算、应用等全过程的理论、方法和实践活动的总称。在应用时，应将工程项目及其相关要素作为一个系统来考虑，首先应绘制工程施工的网络图，以此表示计划中各工作先后顺序的逻辑关系；然后通过计算找出关键工作及关键线路，接着按选定目标不断改善计划安排，选择优化方案，并付诸实施；最后在执行过程中进行有效的控制和监督。

与横道图相比，网络计划有如下优点：

（1）能明确反映各项工作之间的逻辑关系。

（2）能进行各种时间参数计算，便于定量分析，找出对全局有影响的关键工作和关键线路，以保证抓住主要矛盾，确保工期，避免施工的盲目性。

（3）可以利用电子计算机进行绘图、计算、优化及跟踪管理。

（4）可以利用计算得出的机动时间，更好地调配人力、物力，不仅追求进度，更要得到良好的经济效益。

在工程项目的施工中，网络计划是表现施工进度计划的一种较好的形式。为了适应施工进度计划的不同用途，网络计划有各种分类方法，较常见的是按其表达方法划分为双代号网络计划和单代号网络计划。

2. 双代号网络图

双代号网络图是用箭线表示工作，节点表示工作的开始或结束。

（1）组成要素

1）工作。指独立存在的任务、活动、工序等及它们之间的逻辑关系。

工作包括实工作和虚工作。

实工作是根据计划任务按需要粗细程度划分而成的，既消耗时间、又消耗资源的工作和只消耗时间、不消耗资源的工作均是实工作，上述两类实工作构成了工程项目施工的全部内容。双带号网络图中，工作应以箭线表示，箭线应画成水平直线、垂直直线或折线，箭线水平投影的方向应自左向右，表示工作进行的方向。

实工作以实箭线表示，如图 4-4 所示。

既不消耗时间、也不消耗资源的工作称为虚工作。虚工作实际上并不存在，是人为引入的一个概念，目的是为了表示实工作之间的逻辑关系。虚工作的表示方法如图 4-5 所示。

图 4-4　双代号网络实工作示意图　　　图 4-5　双代号网络虚工作示意图

2）节点。节点指的是网络图中箭线端部的圆圈或其他形状的封闭图形，在双带号网络计划中表示工作开始或完成的时刻。双带号网络图的节点应用圆圈表示，并在圆圈内编号，编号顺序应从左到右、从小到大，可不连续，但不可重复。

节点可分为起点节点、终点节点和中间节点。

起点节点是无任何内向箭线的节点；终点节点是无任何外向箭线的节点；除起点节点和终点节点以外的节点是中间节点。

节点与工作、工作与工作之间的关系如图 4-6 所示。其中，紧前工作指紧排在本工作之前的工作，紧后工作指紧排在本工作之后的工作。

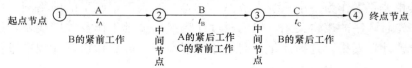

图 4-6　节点与工作、工作与工作之间的关系示意图

3）线路。从起点节点开始，沿箭线方向连续通过一系列箭线与节点，最后到达终点节点，中间所经过的由箭线和节点组成的"通道"称为线路。

网络图中所有线路中持续时间最长的称为关键线路，组成关键线路的工作即关键工作。关键线路的总持续时间决定了该网络计划的总工期，线路上任何工作拖延时间都会导致总工期后延。关键线路一般习惯用粗黑线、双线、红线来表示。

（2）双代号网络图的绘制

双代号网络图在绘制时，应符合下列要求：

1）正确表达工作之间的逻辑关系。

逻辑关系指工作进行时客观存在的一种先后关系。双代号网络图中常见的逻辑关系的表达方法见表 4-4。

网络图逻辑关系表达方法　　　　　　　　　　　　表 4-4

序号	逻辑关系	双代号网络表示方法	单代号网络表示方法
1	A、B、C 依次完成		
2	A 完成 C 开始 A、B 完成 D 开始		
3	A、B 完成 D 开始 B、C 完成 E 开始		
4	A、B 完成 D 开始 A、B、C 完成 E 开始		

2）网络图中不允许出现回路，即从一个节点出发沿箭线方向又回到该节点的线路。

3）一个网络图中应只有一个起点节点；在不分期完成任务的网络图中，应只有一个终点节点；其他所有节点均应是中间节点。

4）不得出现无箭头节点或无箭尾节点的箭线。

5）不得出现双向箭头或无箭头的连线。

6）当起点节点有多条外向箭线或终点节点有多条内向箭线时，可采用母线法绘图，如图4-7所示。

7）尽量避免箭线交叉，当交叉不可避免时，可采用图4-8中的几种办法处理。

8）正确使用虚工作的断路作用，即采用虚工作隔断无逻辑联系的实工作。

图4-9的(a) 图中，如果不仅仅②节点与③节点，③节点与④节点之间表示了多项工作是错误的，B工作与E工作之间实际上不存在逻辑关系，可采用（b）图的画法。

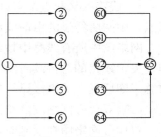

图4-7　母线法

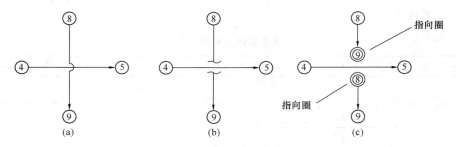

图 4-8　箭线交叉的处理方法
（a）过桥法；（b）断线法；（c）指向法

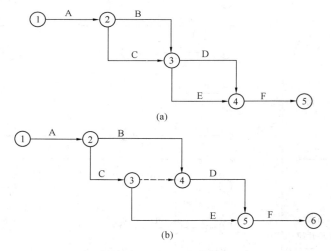

图 4-9　虚工作的断路作用
（a）错误的网络图；（b）正确的网络图

（3）双代号网络图时间参数的计算

1）工作的持续时间和工期

工作持续时间：是对一项工作规定的从开始到完成的时间。

工期：泛指完成任务所需时间，一般有以下三种。

计算工期：计算工期是根据网络计划时间参数计算出来的工期，用 T_c 表示。

要求工期：要求工期是任务委托人所要求的工期，用 T_r 表示。

计划工期：计划工期是在要求工期和计算工期的基础上综合考虑需要和可能而确定的工期，用 T_p 表示。

当已经规定了要求工期时：

$$T_p \leqslant T_r \tag{4-16}$$

当未规定要求工期时，可令计划工期等于计算工期，即：

$$T_p = T_c \tag{4-17}$$

2）工作的时间参数

网络计划中工作的时间参数分别是：最早可能开始时间（ES）、最早可能完成时间（EF）、最迟必须开始时间（LS）、最迟必须完成时间（LF）、总时差（TF）、自由时差（FF）。

以上参数一般采用六时标注法，如图 4-10 所示。

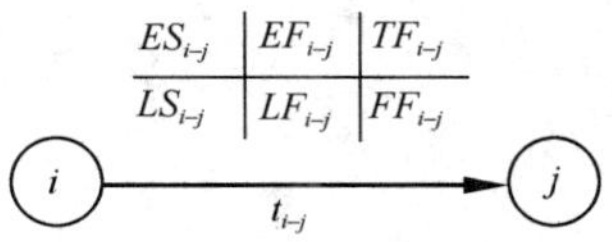

工作时间参数的计算步骤如下：

令所有以起点节点为开始节点的工作的最早可能开始时间为零，即：

$$ES_{1-j} = 0 \tag{4-18}$$

图 4-10　六时标注法

某项工作的最早可能开始时间等于其所有紧前工作最早可能完成时间的最大值，即：

$$ES_{j-k} = \max\{EF_{i-j}\} \tag{4-19}$$

任何一项工作其最早可能完成时间等于该工作的最早可能开始时间与持续时间之和，即：

$$EF_{i-j} = ES_{i-j} + t_{i-j} \tag{4-20}$$

确定计划工期。当无要求工期的限制时，计划工期等于计算工期，即等于以网络计划的终点节点为完成节点的各项工作的最早可能完成时间的最大值。如终点节点编号为 n，则：

$$T_c = \max\{EF_{m-n}\} \tag{4-21}$$

令以网络计划的终点节点为完成节点的各项工作的最迟必须完成时间等于计划工期 T_p，即：

$$LF_{m-n} = T_p \tag{4-22}$$

某项工作的最迟必须完成时间等于其所有紧后工作最迟必须开始时间的最小值，即：

$$LF_{i-j} = \min\{LS_{j-k}\} \tag{4-23}$$

任何一项工作其最迟必须开始时间等于该工作的最迟必须完成时间减去持续时间，即：

$$LS_{i-j} = LF_{i-j} - t_{i-j} \tag{4-24}$$

计算总时差。工作的总时差是在不影响后续工作按最迟时间开始（或不影响工期）的前提下该工作所具备的机动时间。总时差等于工作的最迟必须完成时间减去最早可能完成时间，或等于最迟必须开始时间减去最早可能开始时间，即：

$$TF_{i-j} = LF_{i-j} - EF_{i-j} = LS_{i-j} - ES_{i-j} \tag{4-25}$$

计算自由时差。工作的自由时差是在不影响后续工作按最早时间开始的前提下该工作所具备的机动时间。自由时差等于其所有紧后工作最早可能开始时间的最小值减去该工作的最早可能完成时间，即：

$$FF_{i-j} = \min\{ES_{j-k}\} - EF_{i-j} \tag{4-26}$$

应注意的是，工作的开始和结束时间均以时间单位的终了时刻为准。

关键工作和关键线路在介绍网络图的组成要素时已进行了定义，此处从工作时间参数的角度可以定义为：

关键工作——总时差最小的工作。

关键线路——由关键工作组成的线路。

【例 4-2】计算图 4-11 所示网络图各项工作的时间参数，找出关键线路。

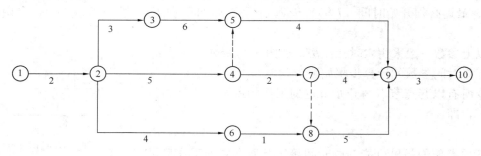

图 4-11 【例 4-2】的双代号网络图

【解】图上计算法计算工作参数，如图 4-12 所示。

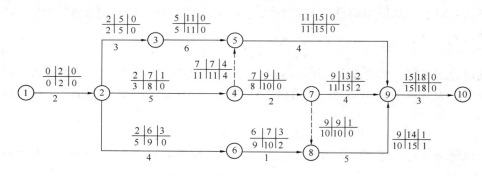

图 4-12 【例 4-2】图上计算法

3. 单代号网络图

单代号网络图是以节点表示工作，箭线则表示工作间的逻辑关系。其表示方法如图 4-13所示。

（1）单代号网络图的绘制

单代号网络图和双代号网络图所表达的计划内容是相同的，两者的区别在于绘图所用的符号不同。因此，双代号网络图的绘制要求，在单代号网络图中原则上均应遵守。单代号网络图工作之间逻辑关系的表示方法见表 4-4 所列。另外，有多项起点工作和多项终点工作时，应增加虚拟的起点节点和终点节点。

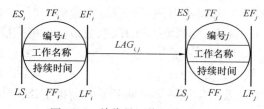

图 4-13 单代号网络图表示方法

（2）单代号网络工作时间参数的计算

单代号网络工作时间参数的表示方法如图 4-13 所示。六个工作参数的意义及计算原理、方法均与双代号网络相同。

LAG_{ij} 是相邻两项工作 i 和 j 之间的时间间隔，即后项工作 j 的最早可能开始时间与前项工作 i 的最早可能完成时间之差。计算公式为：

$$LAG_{ij} = ES_j - EF_i \tag{4-27}$$

【例 4-3】某基础工程的流水施工，有 A、B、C 三个施工过程，分三个施工段。若 t_A = 2d，t_B = 3d，t_C = 4d，试绘制其单代号网络图，并计算时间参数，找出关键线路。

【解】绘制单代号网络图并计算时间参数如图 4-14 所示。

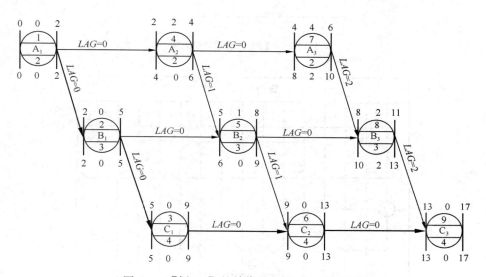

图 4-14 【例 4-3】的单代号网络图及时间参数

4. 双代号时标网络计划

时标网络计划是无时标网络计划与横道计划的有机结合，其绘制方法如下：

（1）绘制时间坐标。

（2）将起点节点定位在起始刻度线上。

（3）按工作的持续时间绘制起点节点的外向箭线。

（4）其余节点应取其所有紧前工作最晚完成时刻来从左至右依次定位，表示工作持续时间的箭线不能到达后面的节点，用波形线补足。

（5）波形线的水平投影长度即该工作的自由时差。

以上步骤为绘制最早时间的时标网络，也有最迟时间的时标网络，因其使用较少，这里不再介绍。

【例 4-4】根据图 4-15 的网络图绘制最早时间的时标网络，△符号内为劳动力需求量。

【解】绘制时标网络及劳动力曲线如图 4-16 所示。

时标网络计划中，自终点节点向起点节点观察，自始至终不出现波形线的通路，即为关键线路。

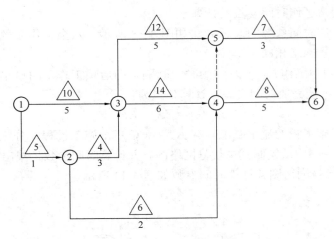

图 4-15 【例 4-4】的网络图

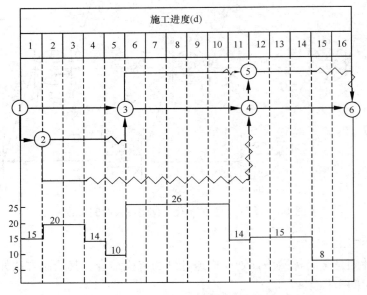

图 4-16 【例 4-4】的时标网络计划

5. 工期优化

工期优化是指在一定约束条件下，通过延长或缩短计算工期以达到要求工期或合同工期。

（1）计算工期大于要求工期时

计算工期大于要求工期时，可通过压缩关键工作的持续时间，缩短计算工期，以达到工期目标。但在压缩关键工作的持续时间时，还必须考虑到工期压缩后不影响工作的质量及安全、是否有充足的劳动力及其他资源备用等问题，同时应优先压缩那些持续时间缩短而增加费用最少的工作。由于关键线路时间的缩短，其他线路可能转化为关键线路，有时需同时缩短这些线路的工作持续时间。

优化步骤：

1) 计算并找出网络计划中的关键工作及关键线路；

2) 对比计算工期及要求工期，求出应压缩时间；

3) 确定各关键工作能压缩的时间；

4) 选择关键工作，调整其持续时间，并重新计算网络计划的计算工期；

5) 若计算工期仍超过要求工期，则重复上述步骤，直至满足工期要求或工期已经不能再缩短为止；

6) 当关键工作的持续时间已不能再压缩而却仍未达到工期要求时，应对计划的原技术、组织方案进行调整或对要求工期进行重新审定。

（2）计算工期小于或等于要求工期时

若计算工期小于要求工期不多或等于要求工期时，一般可不必优化。

若计算工期小于要求工期较多，则应进行优化。优化的方法是首先延长个别关键工作的持续时间，相应变化非关键工作的时差，然后重新计算各工作时间参数；以上步骤反复进行，直至满足工期要求为止。

4.4 工程项目进度控制

4.4.1 工程项目进度控制概述

制定项目进度计划的目的，就是为了实现对项目进度的控制，进度控制的目的是通过控制以实现工程的进度目标。工程项目进度管理是一个动态的过程，首先对进度目标的合理性进行分析和论证，并在收集资料和调查研究的基础上编制进度计划，然后在实施时对进度计划进行跟踪检查与调整，在出现偏差的情况时采取纠偏措施，并视需要调整进度计划。工程项目进度控制的过程如图 4-17 所示。

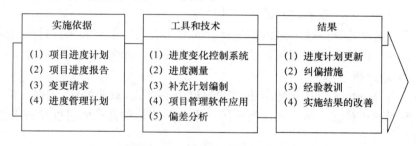

图 4-17 工程项目进度控制过程

1. 工程项目进度控制的依据

工程项目进度控制的主要依据包括如下几个方面：

（1）项目进度计划文件；

（2）项目进度计划实施情况报告；

（3）项目变更的请求；

（4）项目进度管理的计划安排。

2. 工程项目进度控制的工作内容

工程项目进度控制的主要工作内容包括：

（1）对影响项目进度计划变化的因素进行事前控制；

（2）利用一定的组织和手段跟踪核查项目的实际进度，采用适合的工具和方法，结合工期、生产成果、劳动效率、消耗等指标分析比较项目的实际进度与计划进度是否出现偏差并找出偏差变化的原因；

（3）如有必要则及时对影响项目进度偏差变化的因素进行控制，采取纠偏措施；

（4）及时对计划变更并进行控制，并关注成本等相关方面的变化。

项目进度控制是项目实施过程中与质量控制、成本控制并列的三大目标之一。它们之间有着相互依赖和相互制约的关系，项目进度加快，一般会增加成本，但项目能提前结束就可以提高投资效益；项目进度加快有可能影响项目质量，而质量控制不恰当或过于严格，则有可能影响项目进度；但如因质量的严格控制不致返工，又会加快项目进度。

3. 工程项目进度控制的任务

工程项目不同的管理主体根据自身项目的目标和进度计划，分别有各自的项目进度控制的工作和任务：

（1）业主方进度控制的任务是控制整个项目实施阶段的进度，包括控制设计准备阶段的工作进度、设计工作进度、施工进度、物资采购工作进度，以及项目动用前准备阶段的工作进度。

（2）设计方进度控制的任务是依据设计任务委托合同对设计工作进度的要求控制设计工作进度，这是设计方履行合同的义务。另外，设计方应尽可能使设计工作的进度与招标、施工和物资采购等工作进度相协调。通常，设计进度计划主要是各设计阶段设计图纸的出图计划，这既是设计方进度控制的依据，也是业主方控制设计进度的依据。

（3）施工方进度控制的任务是依据施工任务委托合同对施工进度的要求控制施工进度，这是施工方履行合同的义务。在进度计划编制方面，施工方应视项目的特点和施工进度控制的需要，编制深度不同的控制性、指导性和实施性施工的进度计划，以及按不同计划周期（年度、季度、月度和旬）的施工计划等。

（4）供货方进度控制的任务是依据供货合同对供货的要求控制供货进度，这是供货方履行合同的义务。供货进度计划应包括供货的所有环节，如采购、加工制造、运输等。

4.4.2　偏差分析技术

常用的偏差分析技术包括甘特图法、S形曲线比较法、双曲线法、甘特图与双曲线综合比较法、模型图比较法、垂直图比较法等。本节介绍几种常见的进度检查及比较方法。

1. 进度偏差

进度通常是指工程项目实施的进展情况，进度的表现形式目前已不仅是传统意义上的工期指标，还可以以实物工程量、资金（成本）、劳动消耗、资源消耗等多种指标来表示。

进度偏差是指实际进度与计划进度之间存在的差异。进度偏差首先表现为工程项目实施过程中各项工作的持续时间、开始和结束时间、时差等与进度计划不相吻合，在工程项目实施阶段末期还表现为总工期的拖延。进度偏差有时也以资金偏差、劳动力及资源消耗偏差等来表示。

项目施工的进度对项目进度有重大影响，造成施工进度偏差的原因一般有两个方面：一是由于承包单位自身的原因；一是由于承包单位以外的原因。前者所造成的进度拖延，称为工程延误；而后者所造成的进度拖延通常称为工程延期。虽然二者都是工期拖延，但由于性质不同，业主和承包单位所承担的责任也就不同。如果是属于工程延误，则一切损失由承包单位自己承担，包括承包单位在监理工程师同意下采取加快工程进度的任何措施所增加的费用，同时业主还有权对承包单位实施误期违约罚款。如果是属于工程延期，则承包单位不仅有权要求延长工期，而且还有权向业主提出赔偿费用的要求以弥补由此造成的额外损失。经监理工程师批准的延期，所延长的时间属于合同工期的一部分，即工程竣工的时间等于合同约定的时间加上监理工程师批准的工程延期的时间。

2. 横道图比较法

横道图比较法，是把在项目施工中检查实际进度收集的信息，经整理后用横道线和原计划的横道线一起并列标出，进行直观比较的方法。

【例 4-5】 在图 4-18 所示的横道图中，在第 6 月末检查时工作进度为：A 工作已按时完成；B 工作已按时完成；C 工作于第 6 个月初开始，已完成全部工作的 50%，估计余下工作还需 1 个月完成；D 工作于第 6 个月初开始，完成全部工作的 1/3，余下工作还需约 2 个月完成；E 工作于第 3 个月末完成；F 工作从第 5 个月初开始，已完成；G、H 尚未开始。画出第 6 个月末的实际进度前锋线。

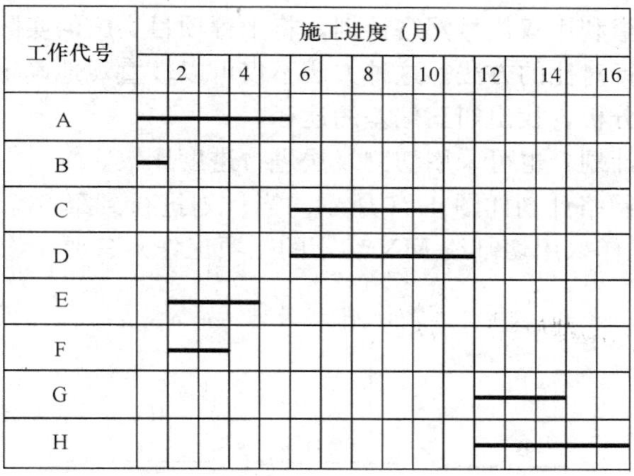

图 4-18　【例 4-5】的横道图

【解】 横道图的实际进度前锋线有两种形式，如图 4-19 和图 4-20 所示。

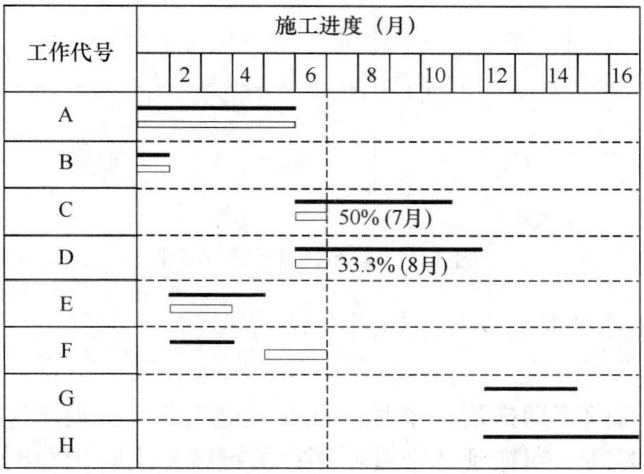

图 4-19　【例 4-5】实际—计划进度对比（一）

工作代号	施工进度（月）							
	2	4	6	8	10	12	14	16
A								
B								
C			50%（7月）					
D			33.3%（8月）					
E								
F								
G								
H								

图 4-20　【例 4-5】实际—计划进度对比（二）

3. 网络图比较法

网络图比较法是指利用双代号网络计划，将工程项目实施的实际进度用前锋线表示出来，并与计划进度进行对比的方法。这种方法不仅可以较直观地确定进度偏差，还可以通过对后续工作的时差分析，找出纠正偏差的途径。

对于非时标网络计划，也可采用切割线法进行进度比较。

【例 4-6】 某工程网络计划如图 4-21 所示。当计划进行到第 9 个月末时检查，正在进行的 D、E、F 三项工作（用切割线 *MN* 切割的三项工作）各要 1 个月才能完成，试分析进度情况。

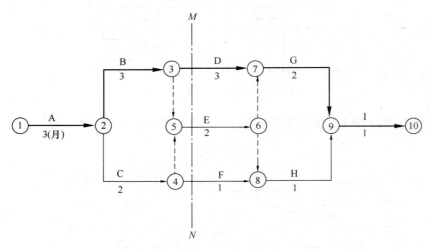

图 4-21　【例 4-6】的网络图

【解】 计算各项工作的时间参数，如图 4-22 所示。

分析进度偏差：

D 工作，按最早时间工期拖延 1 个月，且在关键线路上，使总工期拖后 1 个月。

E 工作，按最早时间工期拖延 2 个月，不在关键线路上，但总时差为 1 个月，且紧后工作为 G 和 H，使总工期拖后 1 个月。

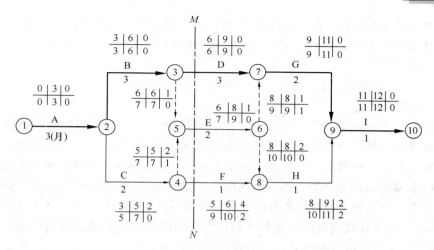

图 4-22 【例 4-6】网络图的时间参数

F 工作，按最早时间工期拖延 4 个月，不在关键线路上，但总时差为 4 个月，不影响总工期。

综上，总工期拖延 1 个月。

【例 4-7】在上例中，如果在第 5 个月、第 10 个月检查时实际进度前锋线如图 4-23 所示，试分析第 5 个月、第 10 个月的进度偏差。

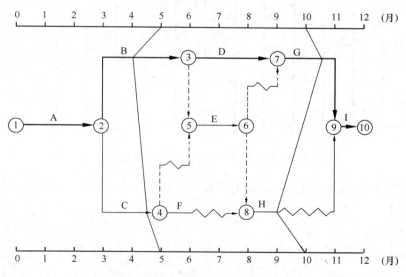

图 4-23 【例 4-7】时标网络计划及实际进度前锋线

【解】分析第 5 个月末的进度偏差：

B 工作拖期 1 个月，且在关键线路上，则总工期拖后 1 个月。

C 工作拖后 0.5 个月，但不在关键线路上，其后续工作有时差可以利用，所以从目前情况判断，不会影响工期。

综上，第 5 个月末，实际进度比计划进度拖后 1 个月。

第 10 个月末的进度偏差：

G 工作提前 0.5 个月，在关键线路上，仅从该工作考虑，工期可提前 0.5 个月。

H 工作拖后 1 个月，但该工作已完成，且不是关键工作，工作本身有时差可利用，不会影响工期。

综上，第 10 个月末，实际进度比计划进度提前 0.5 个月。

4. S 形曲线比较法

S 形曲线（时间—投资累计曲线）比较法是指在图上将工程项目的实际进度及计划进度的 S 形曲线相比较，分析进度偏差情况及偏差程度，并预测工程进度。有时，S 形曲线中也以实物工程量、资源投入等代替资金投入指标，从其他角度反映工程的实施进度。

【例 4-8】 某工程按时间划分的资金使用计划如图 4-24 所示，绘制该工程的 S 形曲线。如果在第 6 个月末进行实际进度检查时资金使用为累计 3000 万元，第 10 个月末检查时累计 5500 万元。设实际资金使用情况与计划资金使用的差异均由进度差异造成，分析第 6 个月末、第 10 个月末的进度偏差。

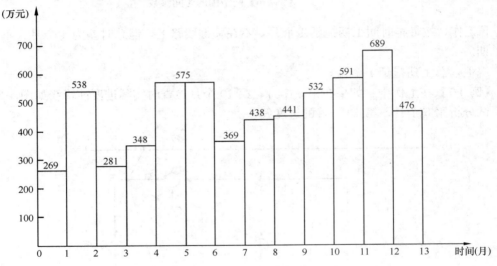

图 4-24 【例 4-8】按时间划分的资金使用计划

【解】 绘制 S 形曲线（时间—资金累计曲线）如图 4-25 所示。

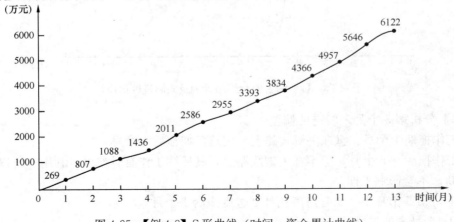

图 4-25 【例 4-8】S 形曲线（时间—资金累计曲线）

分析进度偏差：

第 6 月末
$$\Delta T = \frac{3000 - 2955}{3393 - 2955} + 1 = 1.1 \text{ 月}$$

则第 6 月末进度提前了 1.1 个月。

第 10 月末
$$\Delta T = \frac{5500 - 4957}{5646 - 4957} + 1 = 1.8 \text{ 月}$$

则第 10 月末进度提前了 1.8 个月。

5. 香蕉形曲线比较法

香蕉形曲线是两条 S 形曲线组合成的闭合曲线。从 S 形曲线比较法中可知：任何一个工程项目，计划时间和累计完成任务量（资金、实物工程量、资源投入量等）之间的关系，都可以用一条 S 形曲线表示。对于一个工程项目的网络计划，在理论上总是分为最早和最迟两种开始与完成时间的。因此，按任何一个工程项目的网络计划，都可以绘制出两条曲线：其一是以各项工作的计划最早可能开始时间安排进度而绘制的 S 形曲线，称为 ES 曲线；其二是以各项工作的计划最迟必须开始时间安排进度而绘制的 S 形曲线，称为 LS 曲线。两条 S 形曲线都是从计划开始时刻开始、在计划完成时刻结束，因而是闭合的。

在工程项目实施的进度控制中，理想的状况是按实际进度在图中找到的点，应该落在香蕉形曲线的区域内，如图 4-26 中的实际进度线。

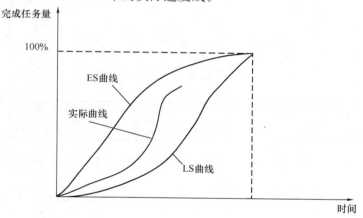

图 4-26 香蕉形曲线比较图

【例 4-9】某工程项目网络计划如图 4-27 所示，图中箭线上方括号内数字表示各项工作计划完成的任务量，以劳动消耗量表示。试绘制香蕉曲线。

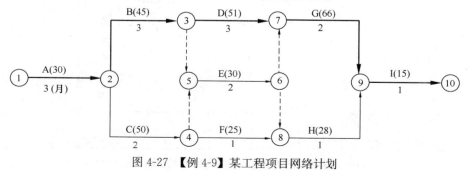

图 4-27 【例 4-9】某工程项目网络计划

【解】确定各项工作单位时间的劳动消耗量：

工作 A：	30÷3＝10	工作 B：	45÷3＝15
工作 C：	50÷2＝25	工作 D：	51÷3＝17
工作 E：	30÷2＝15	工作 F：	25÷1＝25
工作 G：	66÷2＝33	工作 H：	28÷1＝28
工作 I：	15÷1＝15		

计算工程项目劳动总消耗量：

$$Q＝30＋45＋50＋51＋30＋25＋66＋28＋15＝340$$

再根据各项工作按最早时间、最迟时间安排的进度计划，确定工程项目每月计划劳动消耗量及各月累计劳动消耗量，如图4-28及图4-29所示。

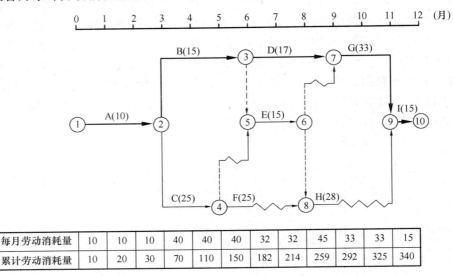

每月劳动消耗量	10	10	10	40	40	40	32	32	45	33	33	15
累计劳动消耗量	10	20	30	70	110	150	182	214	259	292	325	340

图4-28 【例4-9】按工作最早开始时间安排的进度计划及劳动消耗量

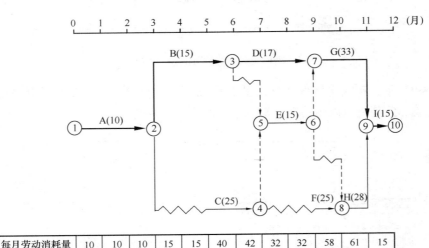

每月劳动消耗量	10	10	10	15	15	40	42	32	32	58	61	15
累计劳动消耗量	10	20	30	45	60	100	142	174	206	264	325	340

图4-29 【例4-9】按工作最迟开始时间安排的进度计划及劳动消耗量

最后，根据各自的累计劳动消耗量分别绘制 ES 曲线和 LS 曲线，便得到香蕉曲线，如图 4-30 所示。

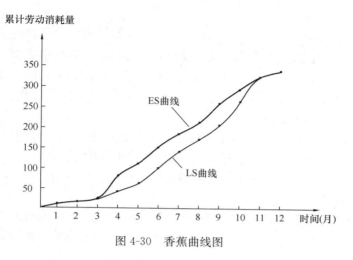

图 4-30 香蕉曲线图

6. 分析进度偏差对后续工作及总工期的影响

（1）分析出现进度偏差的工作是否为关键工作：关键工作出现进度偏差一定会对后续工作及总工期产生影响，必须采取措施调整；非关键工作出现偏差，则需根据偏差值与总时差、自由时差的关系作进一步分析。

（2）分析进度偏差是否超过总时差：如果超出总时差，则此进度偏差必将影响后续工作及总工期，必须采取相应的调整措施；如果未超出总时差，则不影响总工期，但应根据偏差值与其自由时差的关系作进一步分析。

（3）分析进度偏差是否超出自由时差：如果超出自由时差，将对后续工作产生影响，此时应根据后续工作的限制条件确定调整方法；如果未超出自由时差，则对后续工作无影响，原进度计划可以不作调整。

7. 进度计划的调整方法

（1）改变某些工作间的逻辑关系

当工程项目实施中产生的进度偏差影响到总工期，且有关工作的逻辑关系允许改变时，可以改变关键线路和超过计划工期的非关键线路上的有关工作之间的逻辑关系，以缩短工期。

（2）缩短某些工作的持续时间

这种方法是不改变工程项目中各项工作之间的逻辑关系，而通过采取增加资源投入、提高劳动效率等措施来缩短某些工作的持续时间，使工程进度加快，以保证按计划工期完成该工程项目。具体的调整方法应视被调整工作对总工期及后续工作的影响程度、该工作的可压缩时间、总工期及后续工作的调整限制而定。

（3）其他方法

缩短项目关键活动上活动持续时间的方法是有限的。降低质量是缩短关键路径上活动持续时间的另一种选择，不过，牺牲质量很少是一种可接受的方法，也很少得到实际的应用。

4.5 本 章 小 结

工程项目计划是项目组织根据项目的总目标，对项目实施工作进行的各项活动做出周密安排，保证项目在合理的工期内，在保证质量的前提下，以尽可能少的成本完成。

工程项目进度管理是在保证工程建设合同相关条件的前提下，对工程项目特别是施工项目通过组织、计划、协调、控制等方式进行进度控制，实现预定的项目工期目标，并尽可能地缩短工期的一系列管理活动的统称。

工程项目组织施工的方法很多，其基本方法有依次施工、平行施工和流水施工三大类。其中，流水施工是指所有施工过程按一定时间间隔依次投入施工，各个施工过程陆续开工、陆续竣工，使同一施工过程的专业班组保持连续、均衡施工，不同的施工过程尽可能平行搭接施工的组织方式。

流水施工参数主要有工艺参数、空间参数和时间参数。工艺参数通常包括施工过程和流水强度；空间参数包括工作面、施工段和施工层；时间参数主要包括流水节拍、流水步距及工期。

流水施工可以分为有节奏流水施工和无节奏流水施工两大类。工程项目进度计划的表现形式包括横道图与斜线图、S形曲线和网络图等。

工程网络计划是以工程项目为对象编制的网络计划，工程网络计划技术是工程网络计划的编制、计算、应用等全过程的理论、方法和实践活动的总称。

进度控制过程中常用的偏差分析技术有多种，本章介绍了横道图比较法、S形曲线比较法和香蕉形曲线比较法等；并介绍了如何分析进度偏差对后续工作及总工期的影响以及进度计划的调整方法。

思 考 与 练 习 题

1. 分析说明工程项目计划的作用和内容。
2. 说明工程项目进度管理的含义、内容以及影响进度的因素。
3. 说明工程项目进度管理主要有哪些措施。
4. 说明流水施工的概念、优点和组织形式（分类）。
5. 总结说明流水施工各类参数的概念和计算方法。
6. 某工程包括五幢小型的单层建筑，各幢均有 A→B→C→D→E 五个工序，每幢上的施工参数见表 4-5，试安排依次施工、平行施工和流水施工，并对这几种施工组织方式进行比较。

每幢建筑的施工参数　　　　　　　　　　　　　　表 4-5

施工过程	施工天数（d）	每班组人数（人）	每天班组数
A	2	15	1
B	1	20	1
C	1	10	1
D	3	30	1
E	1	8	1

7. 某三层结构主体施工，有 A、B、C、D 四个工序，如果流水节拍值分别为下面所列各值，且每

个工序之后各要求有 2d 间歇时间，求流水施工工期。

(1) $t_A = t_B = t_C = t_D = 3d$　　(2) $t_A = 2d$，$t_B = 2d$，$t_C = 4d$，$t_D = 6d$

8. 根据表 4-6 所给的工作关系绘制双代号网络图并计算工作的时间参数。

各工作的逻辑关系

表 4-6

施工过程	A	B	C	D	E	F	G	H
紧前过程	—	A	B	B	B	C D	C E	F G
紧后过程	B	C D E	F G	F	G	H	H	—
持续时间（周）	2	2	1	3	1	3	4	5

5　工程项目质量管理

本章要点及学习目标：

通过本章的学习，明确工程质量以及全面质量管理的概念及特点；掌握工程项目质量管理的原理与原则，掌握工程项目质量控制的依据、技术方法等；熟悉工程项目各参与方的质量责任与义务和我国的工程质量管理制度；熟悉项目决策阶段、勘察设计阶段质量控制的内容与要点；掌握工程项目施工阶段质量控制的各项主要工作与要求，明确工程质量事故的形成原因与处理方法。

5.1　工程项目质量管理概述

5.1.1　工程质量及全面质量管理

1. 质量和工程质量

2016 版 GB/T 19000—ISO 9000 族标准把质量定义为：一组固有特性满足要求的程度。

质量的这一定义首先扩大了狭义质量定义中产品概念的范畴，即质量不仅是指产品质量，也可以是某项活动或过程的工作质量，还可以是质量管理体系运行的质量。其次，质量的定义也扩大了狭义质量定义中质量需求的范畴，即"满足要求"就是应满足明示的（如合同、规范、标准、技术、文件、图纸中明确规定的）、隐含的（如组织的惯例、一般习惯）或必须履行的（如法律、法规、行业规则）需要和期望，并以满足要求的程度反映质量的好坏。

工程质量是指工程满足业主需要的，符合国家法律、法规、技术规范标准、设计文件及合同规定的特性综合。

质量及工程质量都是处在不断变化中的，即是动态的。由于时代的进步、技术的发展、生活水平的提高，消费者的需要或规定也会相应变化和发展，从而对产品、过程或体系提出新的质量要求。

2. 全面质量管理

质量管理是指为保证和提高工程项目的质量，对工程项目各阶段的工作、参与的各单位有关质量形成的活动，进行调查、组织、协调、控制、检验、统计和预测的管理方法。

（1）质量管理的发展

质量管理作为一门新兴学科，在美国最早提出以后，其产生、形成、发展和日益完善经历了三个阶段：

1）质量检验管理阶段（20 世纪 20～40 年代）

这一阶段的特点是在企业中设置专职的质检部门和人员，对成品进行事后检验、剔除废品。1924 年，美国统计学家休哈特提出了"预防缺陷"的概念，认为应在不合格产品出现苗头时及时采取措施予以制止。也有一些统计学家提出了抽样检验的办法，将统计方法引入了质量管理的领域。但这些都因不被充分认识和理解，而在当时未能真正得到执行。

2）统计质量管理阶段（20 世纪 40～50 年代）

这一阶段的特点是用数理统计方法来控制生产过程影响质量的因素，把单纯的事后质量检验变成了过程管理。

3）全面质量管理阶段（20 世纪 60 年代以后）

全面质量管理的思想是通过改善和提高工作质量来保证产品质量；通过对产品的形成和使用全过程的管理，全面保证产品质量；通过形成生产（服务）企业全员、全企业、全过程的质量工作系统，建立质量体系以保证产品质量始终满足用户需要，使企业用最少的投入获取最佳的效益。这一阶段的特点是针对不同企业的生产条件、工作环境及工作状态等多方面因素的变化，把组织管理、数理统计方法以及现代科学技术、社会心理学、行为科学等综合运用于质量管理，建立适用和完善的质量工作体系，对每一个生产环节加以管理，做到全面运行和控制。

（2）全面质量管理

全面质量管理简称 TQM（Total Quality Management），早期又称为 TQC（Total Quality Control），是指一个组织以质量为中心，以全员参与为基础，目的在于通过让顾客满意和本组织所有成员及社会受益而达到长期成功的管理途径。具体地说，TQM 就是企业的全体职工同心协力，把专业技术、经营管理、数理统计和思想教育结合起来，使产品质量产生、形成和实现全过程的所有保证和提高产品质量的活动构成一个有效的体系，从而经济地开发、研制、生产和销售用户满意的产品。

工程项目全面质量管理，其内容不仅包括项目产品的质量，还包括形成产品全过程的工序质量和工作质量。工序质量是指在各个工序中所体现的产品质量，工程项目实施中每一道工序的质量，就是它所具有的满足该工序设计要求及施工验收规范标准、满足下一道工序要求的属性。工作质量是指在工程项目实施中所必须进行的组织工作、管理工作、技术工作、思想教育工作及后勤服务工作对提高产品质量及工序质量的保证程度。工作质量体现在工程项目实施的全过程中，是产品质量和工序质量的保证。

全面质量管理的主要特点有：

1）管理对象的含义具有全面性。也就是说，不仅要管好最终产品的质量，还应管好工序质量和工作质量；不仅要管理好工程项目本身及参与实施的各要素，还要管理好施工环境。

2）管理的范围具有全面性，即全过程的质量管理。这就要求把工作重点从事后的质量检验转移到事前和事中的控制。

3）管理人员的全面性，即参与质量管理的人员是全员的。只有全员参加的质量管理，才能提高工作质量，进而保证工序质量和产品质量。

4）管理方法的全面性。综合运用统计方法、价值工程、经营理论、运筹学等各种管理理论和方法控制工程项目实施全过程，建立管理体系，保证工程质量，这是全面质量管理的核心。

5.1.2 我国的工程质量管理标准化

20 世纪 90 年代以后，也被认为进入质量管理标准化阶段，或称后质量管理阶段。国际标准化组织（ISO，International Organization for Standardization）于 1980 年 5 月成立了质量保证技术委员会，通过 6 年的研究总结了世界各国的经验，首先于 1986 年 6 月发布了 ISO 8402《质量——术语》国际标准，随后又于 1987 年 3 月正式发布了 ISO 9000 族标准。ISO 9000 族标准采用了 P（计划)-D（实施)-C（检查)-A（改进）的过程管理模式，体现了预防为主的指导思想，特别强调了过程控制，提高了与环境管理体系等其他标准的兼容性，为建立其他管理体系提供了基础和条件。

ISO 9000 与全面质量管理都指全过程控制，但 ISO 9000 强调文件化，而全面质量管理更重视方法和工具。

1994 年 4 月，建设部在上海召开动员大会，贯彻国家标准 GB/T 19000—ISO 9000，并在全国 14 家建筑企业中进行试点。随后，各省市也陆续在所辖建筑企业中试点。

2017 年 12 月，住房和城乡建设部发出《住房城乡建设部关于开展工程质量管理标准化工作的通知》（建质〔2017〕242 号），就开展工程质量管理标准化工作提出指导意见。旨在进一步规范工程参建各方主体的质量行为，加强全面质量管理，强化施工过程质量控制，保证工程实体质量，全面提升工程质量水平。住房和城乡建设部在通知中明确了此项工作的目标、主要内容及重点任务：

（1）工作目标

建立健全企业日常质量管理、施工项目质量管理、工程实体质量控制、工序质量过程控制等管理制度、工作标准和操作规程，建立工程质量管理长效机制，实现质量行为规范化和工程实体质量控制程序化，促进工程质量均衡发展，有效提高工程质量整体水平。力争到 2020 年底，全面推行工程质量管理标准化。

（2）主要内容

工程质量管理标准化，是依据有关法律法规和工程建设标准，从工程开工到竣工验收备案的全过程，对工程参建各方主体的质量行为和工程实体质量控制实行的规范化管理活动。其核心内容是质量行为标准化和工程实体质量控制标准化。

1）质量行为标准化。依据《中华人民共和国建筑法》《建设工程质量管理条例》和《建设工程项目管理规范》GB/T 50326—2017 等法律法规和标准规范，按照"体系健全、制度完备、责任明确"的要求，对企业和现场项目管理机构应承担的质量责任和义务等方面作出相应规定，主要包括人员管理、技术管理、材料管理、分包管理、施工管理、资料管理和验收管理等。

2）工程实体质量控制标准化。按照"施工质量样板化、技术交底可视化、操作过程规范化"的要求，从建筑材料、构配件和设备进场质量控制、施工工序控制及质量验收控制的全过程，对影响结构安全和主要使用功能的分部、分项工程和关键工序做法以及管理要求等作出相应规定。

（3）重点任务

1）建立质量责任追溯制度。明确各分部、分项工程及关键部位、关键环节的质量责任人，严格施工过程质量控制，加强施工记录和验收资料管理，建立施工过程质量责任标识制度，全面落实建设工程质量终身责任承诺和竣工后永久性标牌制度，保证工程质量的可追溯性。

2）建立质量管理标准化岗位责任制度。将工程质量责任详细分解，落实到每一个质量管理、操作岗位，明确岗位职责，制定简洁、适用、易执行、通俗易懂的质量管理标准化岗位手册，指导工程质量管理和实施操作，提高工作效率，提升质量管理和操作水平。

3）实施样板示范制度。在分项工程大面积施工前，以现场示范操作、视频影像、图片文字、实物展示、样板间等形式直观展示关键部位、关键工序的做法与要求，使施工人员掌握质量标准和具体工艺，并在施工过程中遵照实施。通过样板引路，将工程质量管理从事后验收提前到施工前的预控和施工过程的控制。按照"标杆引路、以点带面、有序推进、确保实效"的要求，积极培育质量管理标准化示范工程，发挥示范带动作用。

4）促进质量管理标准化与信息化融合。充分发挥信息化手段在工程质量管理标准化中的作用，大力推广建筑信息模型（BIM）、大数据、智能化、移动通信、云计算、物联网等信息技术应用，推动各方主体、监管部门等协同管理和共享数据，打造基于信息化技术、覆盖施工全过程的质量管理标准化体系。

5）建立质量管理标准化评价体系。及时总结具有推广价值的工作方案、管理制度、指导图册、实施细则和工作手册等质量管理标准化成果，建立基于质量行为标准化和工程实体质量控制标准化为核心内容的评价办法和评价标准，对工程质量管理标准化的实施情况及效果开展评价，评价结果作为企业评先、诚信评价和项目创优等重要参考依据。

5.1.3　工程项目质量管理的原理与原则

1. 工程项目质量管理原理

（1）PDCA循环

PDCA循环是指由计划（Plan）、实施（Do）、检查（Check）和改进（Action）四个阶段组成的循环，是目标控制的基本方法。

计划P（Plan）：即质量计划阶段，明确目标并制定实现目标的行动方案。

实施D（Do）：组织对质量计划或措施的执行计划行动方案的交底和按计划规定的方法与要求展开工程作业技术活动。

检查C（Check）：检查采取措施的效果，包括作业者的自检、互检和专职管理者专检。各类检查都包含两大方面：一是检查是否严格执行了计划的行动方案；实际条件是否发生了变化；不执行计划的原因。二是检查计划执行的结果，即产出的质量是否达到标准的要求，对此进行确定和评价。

处置A（Action）：总结经验，巩固成绩，对于检查所发现的质量问题或质量不合格，及时进行原因分析，采取必要的措施，予以纠正，保持质量形成的受控状态。

PDCA循环的关键不仅在于通过A（Action）去发现问题，分析原因，予以纠正及预防，更重要的在于对于发现的问题在下一循环中某个阶段予以解决。于是，不断地发现问题，不断地进行PDCA循环，使质量不断改进，不断上升。因此，PDCA循环体现了"持续改进"的思想。

（2）三阶段控制原理

三阶段控制是指事前控制、事中控制和事后控制，这三阶段控制构成了质量控制的系统控制过程。

事前控制要求预先编制周密的质量计划。

事中控制首先是对质量活动的行为约束，即对质量产生过程中各项技术作业活动操作者在相关制度管理下自我行为约束的同时，充分发挥其技术能力，完成预定质量目标的作业任务；其次是参建各方对质量活动过程和结果的监督控制，这里包括来自企业内部管理者的检查检验和来自企业外部的工程监理及政府质量监督部门等的监控。

事中控制包含自控和监控两大环节，关键还是增强质量意识，发挥操作者的自我约束、自我控制，即操作者坚持质量标准是根本的，监控或他人控制是必要的补充，没有前者或用后者取代前者都是不正确的。

事后控制包括对质量活动结果的评价认定和对质量偏差的纠正。

上述三大环节之间构成有机的系统过程，实质上也就是 PDCA 循环具体化，并在每一次滚动循环中不断提高，达到质量管理或质量控制的持续改进。

（3）三全控制管理原理

全面质量控制，是指对工程（产品）质量和工作质量以及人的质量的全面控制，工作质量是产品质量的保证，工作质量直接影响产品质量的形成，而人的质量直接影响工作质量的形成。因此，提高人的质量（素质）是关键。

全过程质量控制，是指根据工程质量的形成规律，从源头抓起，全过程推进。

全员参与控制，从全面质量管理的观点看，无论组织内部的管理者还是作业者，每个岗位都承担着相应的质量职能，一旦确定了质量方针目标，就应组织和动员全体员工参与到实施质量方针的系统活动中去，发挥自己的角色作用。

三全控制管理来自于全面质量管理（TQC）的思想，也包含在质量体系标准 GB/T 19000—ISO 9000 中。

2. 工程项目质量管理的原则

采用 ISO 9000 族标准，可以使质量管理规范化、质量活动程序化。该标准提出质量管理体系建立于下列八个质量管理原则之上：

（1）顾客为关注焦点；

（2）领导作用；

（3）全员参与；

（4）过程方法；

（5）系统的管理方法；

（6）持续改进；

（7）基于事实的决策方法；

（8）与供方互利关系。

结合我国长期的工程实践，实施工程质量管理应遵循以下原则：

（1）质量第一的原则

工程建设质量的好坏关系到工程的投资效果、人民生命财产的安全乃至国民经济的发展。在投资、进度、质量三者的关系中，应始终把质量摆在第一位，将"质量第一"作为工程质量控制的基本原则。

（2）预防为主的原则

工程质量控制，不能只采取事后检验的方法，也不能被动地等出现了质量问题或事故以后再进行处理，而是应该积极预防，事先对影响质量的各种因素加以控制，并加强过程管理和中间产品的质量检查。

（3）以人为核心的原则

人是工程质量控制的主体，是工程建设的决策者、组织者、管理者和操作者。质量控制过程中，各单位、各部门、各岗位人员的工作水平和完善程度，都会直接或间接地影响工程质量。所以，要重视以人为核心，以人的工作质量保证工程质量。

（4）为用户服务的原则

用户的要求应该在第一位，应作为质量控制的出发点。这里的用户一方面是指目前的或潜在的使用建筑工程产品的顾客，另一方面也可以指"下道工序"。在工程质量的控制中，应树立"下道工序就是用户"的思想，本工序达不到质量要求不能进入下一道工序。

（5）用数据说话的原则

工程质量控制应采用科学的方法，很好地研究其中的规律，寻找影响工程质量的主次因素，以采取改进质量的有效措施。这就必须依靠准确、客观的数据和资料，一切用数据说话。

（6）坚持质量标准的原则

质量标准是检验产品质量的尺度，不符合质量标准要求的即视为不合格，必须返工处理。

（7）坚持"持续改进"的原则

一方面，顾客和其他相关方对产品、过程或体系的质量要求是动态的、发展的和相对的，另一方面，进行质量控制管理的目的就是保持和提高产品质量，没有改进就不可能提高。因而，实施质量控制应将"持续改进"作为一种制度，以形成企业在产品质量方面更强的竞争力。

5.2 工程项目的质量计划管理

工程项目质量策划是工程项目质量管理的一部分，致力于制定质量目标并规定必要的作业过程和相关资源，以实现质量目标。工程项目质量计划是指为确定工程项目应该达到的质量标准和如何达到这些质量标准而做的质量方面的计划与安排。工程项目质量计划是质量策划的结果之一。它规定与工程项目相关的质量标准，以及如何满足这些标准、由谁以及何时应使用哪些程序和动用哪些相关资源。

工程项目质量计划的制定可以参照一般项目质量计划的相关要求，质量计划的内容与过程如图 5-1 所示。

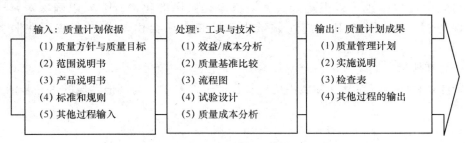

图 5-1 项目质量计划的内容与过程

1. 项目质量计划的依据

（1）质量方针与质量目标

质量方针是项目总的质量宗旨和方向，是一个项目组织对待项目质量的指导思想和中心意图，体现了项目管理组织全体成员的质量意识和对项目的质量追求，也应该体现项目的用户或业主对项目质量的期望。

（2）项目范围说明书

项目范围阐述是指有关项目所涉及范围的说明，包括项目目标的说明和项目任务范围的说明，它明确说明了为提交既定特色和功能的项目产出物而必须开展工作和对于这些工作的要求，阐述了用户或业主对项目的要求，因此它同样是项目质量计划编制的主要依据文件之一，以书面形式说明了项目的可交付成果和预期的目标。

（3）产品说明书

产品说明书是对项目产出物的描述，是指对于项目产出物（产品）全面与详细的说明，这种说明既包括对于项目产出物特性和功能的说明，也包括对于项目产出物有关技术细节的说明，以及其他可能影响制定项目质量计划的有关信息。

（4）标准和规则

标准是为产品、过程或服务提供的准则、指导方针或特征，规则是规定产品、过程或服务特征的文件。项目质量计划必须考虑任何适用于特定领域的专门标准和规则。

（5）其他程序的输出

除了范围说明和产品说明，其他的计划文件或要求也可能应当作为质量计划的一部分加以考虑，例如采购计划中可能反映承包商的质量要求等。

2. 项目质量计划的成果

（1）质量管理计划

质量管理计划应说明项目管理小组如何具体执行它的质量策略。质量管理计划为整个项目计划提供了输入资源，并必须兼顾项目的质量控制、质量保证和质量提高。质量管理计划可以是正式的或非正式的，高度细节化的或框架概括型的，以项目的需要而定。

（2）实施说明

实施说明也称为度量标准，是描述各项操作规程的含义，以及如何通过质量控制程序对它们进行检测。

（3）检查表

检查表是用以核实需要执行的一系列步骤是否已经得到贯彻实施的结构化工具。检查表可以很简单，也可以很复杂。许多组织提供标准化检查表，以确保对常规工作的要求保持前后一致。在某些应用领域中，检查表还会由专业协会或商业服务机构提供。

（4）对其他过程的输入

质量计划程序可以在其他领域提出更长远的工作要求，为其他领域的进一步活动确定需求。

5.3　工程项目质量控制

5.3.1　工程项目质量控制概述

1. 工程项目质量控制的概念和过程

质量控制是指为达到质量要求所采取的作业技术和活动，在社会化大生产的条件下，还必须通过科学的管理来组织和协调作业技术活动的过程，以充分发挥其质量形成能力，实现预期的质量目标。

工程项目质量控制是指致力于满足工程项目质量要求，也就是为了保证工程项目质量满足工程合同、规范标准所采取的一系列措施、方法和手段。工程项目质量控制是通过制定质量方针、建立质量目标和标准，并在工程项目生命周期内持续使用质量计划、质量控制、质量保证和质量改进等措施来落实质量方针的执行，确保质量目标的实现，最大限度地使顾客满意。

工程项目的质量总目标，是业主的建设意图通过项目策划，包括项目的定义及建设规模、系列构成、使用功能和价值、规格档次标准等的定位策划和目标决策。工程项目质量控制，包括勘察设计、招标投标、施工安装、竣工验收各阶段，均应围绕着致力于满足业主的质量总目标而展开，项目质量的形成如图5-2所示，按项目建设各阶段进行质量控制的过程如图5-3所示。

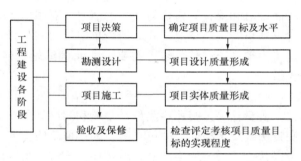

图 5-2　工程项目质量形成过程

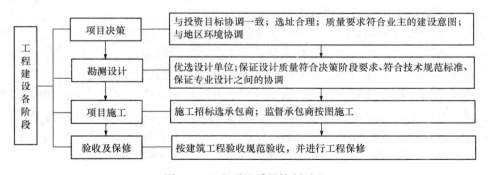

图 5-3　工程项目质量控制过程

2. 工程项目质量控制的依据和方法

（1）工程项目质量控制的依据

项目质量控制的依据有一些与项目质量保障的依据是相同的，有一些是不同的。项目质量控制的主要依据有：

1）项目质量计划。是指在项目质量计划编制中所生成的计划文件。

2）项目质量工作说明。同样是指在项目质量计划编制中所生成的工作文件。

3）项目质量控制标准与要求。是根据项目质量计划和项目质量工作说明，通过分析和设计而生成的项目质量控制的具体标准。项目质量控制标准与项目质量目标和项目质量计划指标是不同的，项目质量目标和计划给出的都是项目质量的最终要求，而项目质量控制标准是根据这些最终要求所制定的控制依据和控制参数。

4）项目质量的实际结果。项目质量的实际结果包括项目实施的中间结果和项目的最终结果，同时还包括项目工作本身的好坏。项目质量实际结果的信息也是项目质量控制的重要依据，据此可将项目质量实际情况与项目的质量要求和控制标准进行对照，从而发现项目质量问题，并采取项目质量纠偏措施，使项目质量保持在受控状态。

（2）工程项目质量控制的方法

工程项目质量控制，在需要时可以选择使用前面已经介绍过的项目质量管理工具。此外，常见的项目质量控制方法还包括：

1）核检清单法

核检清单法主要是使用一份列有用于检查项目各个流程、各项活动和各个活动步骤中所需核对和检查的科目与任务的清单，对照这一清单，按照规定的核检事件和核检频率去检查项目的实施情况，并对照清单中给出的工作质量标准要求，确定项目质量是否失控，是否出现系统误差，是否需要采取纠偏措施，最终给出相关核查结果和相应的对策措施决策。

2）质量检验法

质量检验是指那些测量、检验和测试等用于保证工作结果与质量要求相一致的质量控制方法。质量检验方法可在项目的任何阶段上使用。例如，可以检验项目的单个活动，也可以检验项目的最终产品。质量检验方法也可以对项目的各方面工作使用。例如，对于项目工作质量、资源质量、产出物质量的检验方法等。其中，对于项目工作和项目产出物的质量检验方法又可分为：

自检，即自己不断检验工作和工作结果的方法；

互检，即团队成员相互检验工作和工作结果的方法；

专检，即由专门质量检验和监督人员检验工作和工作结果的方法。

对任何一个项目活动而言，在必需的检验及必要的检验文件未完成之前，和项目阶段成果未取得认可、接收或批准之前，一般不应该开展后续工作。项目的质量检验要求每次严格记录检验结果，由合格人员进行评定并决定接收与否。因为项目是不可重复的一次性工作，如果不能按照这种检验方法去做，不但会造成各种责任纠纷，而且会出现由于项目某个中间环节存在的质量问题使整个项目最终结果全部报废的严重后果。

3）统计样本法

统计样本法是指选择一定数量的样本，通过检验样本得到的统计数据去推断总体的质量情况，以获得项目质量的信息和开展项目质量控制的方法。这种方法适用于大批量生产项目的质量控制，可以减少质量控制的成本。

4）流程图法

流程图法的原理和内容在前面已经作了介绍和描述。流程图法在项目质量管理中是一种非常有用和经常使用的质量控制方法，主要用于在项目质量控制中，分析项目质量问题发生在项目流程的哪个环节，造成这些质量问题的原因和这些质量问题发展和形成的过程。

5）趋势分析法

趋势分析法是指使用各种预测分析技术来预测项目质量未来发展趋势和结果的一种质量控制方法。这种质量控制方法所开展的预测都是基于项目前期历史数据作出的。趋势分析常用于项目质量的监控。这种方法的原理还是统计分析和预测的原理，包括回归分析、相关分析、趋势外推分析等一系列的统计分析预测原理和方法。

（3）工程项目质量控制的结果

项目质量控制的结果是项目质量控制和质量保障工作所形成的综合结果，是项目质量管理全部工作的综合结果。这种结果的主要内容包括：

1）项目质量的改进

项目质量的改进是指通过项目质量管理与控制所带来的项目质量提高。

2）项目质量的确认

对于项目质量的确认和接收包括两个方面，其一是指项目质量控制人员根据项目质量标准对已完成的项目结果进行检验后对该项结果所作出的接收和认可，其二是指项目业主（客户）或其代理人根据项目总体质量标准对已完成项目工作结果进行检验后作出的接收和认可。

3）返工

返工是指在项目质量控制中发现某项工作存在着质量问题并且其工作结果无法接受时，所采取的将有缺陷或不符合要求的项目工作结果重新变为符合质量要求的一种工作。

4）核检结束清单

当使用核检清单开展项目质量控制时，已经完成了核检的工作清单记录是项目质量控制报告的一部分。

5）项目调整和变更

项目调整和变更是指根据项目质量控制的结果和面临的问题（一般是比较严重的，或事关全局性的项目质量问题），或者是根据项目各相关利益者提出的项目质量变更请求，对整个项目的过程或活动所采取的调整、变更和纠偏行动。

5.3.2 工程质量责任和义务

1. 工程质量的自控主体与监控主体

工程质量控制按其实施主体不同，分为自控主体和监控主体。前者是指直接从事质量职能的活动者，后者是指对他人质量能力和效果的监控者，主要包括以下四个方面：

（1）政府的工程质量控制。政府属于监控主体，它主要是以法律法规为依据，通过抓工程报建、施工图设计文件审查、施工许可、材料和设备准用、工程质量监督、重大工程竣工验收备案等主要环节进行监控。

（2）工程监理单位的质量控制。工程监理单位属于监控主体，它主要是受建设单位的委托，代表建设单位对工程实施全过程进行质量监督和控制，包括勘察设计阶段质量控制、施工阶段质量控制，以满足建设单位对工程质量的要求。

（3）勘察设计单位的质量控制。勘察设计单位属于自控主体，它是以法律、法规及合同为依据，对勘察设计的整个过程进行控制，包括工作程序、工作进度、费用及成果文件所包含的功能和使用价值，以满足建设单位对勘察设计质量的要求。

（4）施工单位的质量控制。施工单位属于自控主体，它是以工程合同、设计图纸和技术规范为依据，对施工预备阶段、施工阶段、竣工验收交付阶段等施工全过程的工作质量和工程质量进行控制，以达到合同文件规定的质量要求。

经 2000 年 1 月 10 日国务院第 25 次常务会议通过，2000 年 1 月 30 日中华人民共和国国务院令第 279 号发布并施行《建设工程质量管理条例》，全文共九章八十二条。根据 2017 年 10 月 7 日中华人民共和国国务院令第 687 号《国务院关于修改部分行政法规的决定》将第十一条修订为"施工图设计文件审查的具体办法，由国务院建设行政主管部门、国务院其他有关部门制定"，其他条款没有变化。《建设工程质量管理条例》明确了工程质量各管理主体的质量责任和义务。

2014 年 8 月，为贯彻《建设工程质量管理条例》，强化工程质量终身责任落实，住房和城乡建设部发布了《建筑工程五方责任主体项目负责人质量终身责任追究暂行办法》。

2. 项目负责人质量终身责任

建筑工程五方责任主体项目负责人是指承担建筑工程项目建设的建设单位项目负责人、勘察单位项目负责人、设计单位项目负责人、施工单位项目经理、监理单位总监理工程师。五方责任主体项目负责人质量终身责任，是指参与新建、扩建、改建的建筑工程项目负责人按照国家法律法规和有关规定，在工程设计使用年限内对工程质量承担相应责任：

（1）建设单位项目负责人对工程质量承担全面责任，不得违法发包、肢解发包，不得以任何理由要求勘察、设计、施工、监理单位违反法律法规和工程建设标准，降低工程质量，其违法违规或不当行为造成工程质量事故或质量问题应当承担责任。

（2）勘察、设计单位项目负责人应当保证勘察设计文件符合法律法规和工程建设强制性标准的要求，对因勘察、设计导致的工程质量事故或质量问题承担责任。

（3）施工单位项目经理应当按照经审查合格的施工图设计文件和施工技术标准进行施工，对因施工导致的工程质量事故或质量问题承担责任。

（4）监理单位总监理工程师应当按照法律法规、有关技术标准、设计文件和工程承包合同进行监理，对施工质量承担监理责任。

符合下列情形之一的，县级以上地方人民政府住房和城乡建设主管部门应当依法追究项目负责人的质量终身责任：

（1）发生工程质量事故；

（2）发生投诉、举报、群体性事件、媒体报道并造成恶性社会影响的严重工程质量问题；

（3）由于勘察、设计或施工原因造成尚在设计使用年限的建筑工程不能正常使用；

（4）存在其他需追究责任的违法违规行为。

项目负责人应当在办理工程质量监督手续前签署工程质量终身责任承诺书，连同法定代表人授权书，报工程质量监督机构备案。项目负责人如有更换的，应当按规定办理变更程序，重新签署工程质量终身责任承诺书，连同法定代表人授权书，报工程质量监督机构备案。

3. 建设单位的质量责任和义务

建设单位应做好以下几方面的工作：

（1）选择好承建单位

工程发包权是建设单位最重要的权力之一，选择好承包队伍是保证建设工程质量的基本前提。

建设单位应当将工程发包给具有相应资质等级的单位，应当依法对工程建设项目的勘察、设计、施工、监理以及与工程建设有关的重要设备、材料等的采购进行招标。

（2）提供真实、准确、齐全的原始资料

建设单位必须向有关的勘察、设计、施工、工程监理等单位提供与建设工程有关的原始资料。原始资料必须真实、准确、齐全。

（3）执行建设程序和有关法规

1）开工前必须领取施工许可证和办理质量监督手续；

2）建设单位不得将工程肢解分包；

3）建设单位不得明示或者暗示施工单位使用不合格的建筑材料、建筑构配件和设备；

4）不得迫使承包方以低于成本价格竞标，不得任意压缩合理工期；

5）不得明示或暗示设计单位或施工单位违反工程建设强制性标准，降低建设工程质量；

6）严格执行施工图设计文件的审查制度；

7）委托工程监理单位对建设工程进行监理。

下列建设工程必须实行监理：国家重点建设工程；大中型公用事业工程；成片开发建设的住宅小区工程；利用外国政府或者国际组织贷款、援助资金的工程；国家规定必须实行监理的其他工程。

（4）做好建设工程的质量管理和竣工验收工作

建设单位是工程质量的首要责任主体，从工程承包单位的选择，建筑设计文件的审查，到建筑材料、设备的采购验收，都要参与、监督把关。

工程竣工检查和验收是建设单位的责任和义务。建设单位在收到施工单位工程竣工报告后，应及时组织设计、施工、工程监理并会同有关单位，进行竣工验收。

（5）做好竣工验收备案工作

建设单位应当自建设工程竣工验收合格之日起 15 日内，向建设行政主管部门或者其他有关部门备案。

4. 勘察设计单位的质量责任和义务

勘察单位应对勘察成果的质量负责，工程勘察成果必须真实准确、数据可靠。

设计单位应对设计文件的质量负责，应执行的有关规定包括：

（1）设计单位在设计中选用建筑材料、建筑构配件和设备时只注明技术指标，不得指定厂家；

（2）做好设计技术交底；

（3）参与事故分析，提供技术处理方案。事故发生后，工程的设计单位有义务参与质量事故分析。

勘察设计单位的责任年限也就是工程合理使用年限，工程合理使用年限是指从工程竣工验收合格之日起，工程的地基基础、主体结构能保证在正常情况下安全使用的年限。

民用建筑的主体结构确定的建筑耐久年限分为四级：

一级耐久年限为 100 年以上，适用于重要的建筑和高层建筑；

二级耐久年限为 50～100 年，适用于一般建筑；

三级耐久年限为 25～50 年，适用于次要建筑；

四级耐久年限为 15 年以下，适用于临时建筑。

5. 施工单位的质量责任和义务

（1）施工单位应在资质范围内承接业务

施工单位的资质等级，是施工单位业绩、人员素质、管理水平、资金数量、技术装备等综合能力的体现；施工单位不得转包或者违法分包工程；建筑工程总承包单位可以将承包工程中的部分工程发包给具有相应资质条件的分包单位；但是，除总承包合同中约定的分包外，必须经建设单位认可。施工总承包的，建筑工程主体结构的施工必须由总承包单位自行完成。

（2）施工单位必须按照工程设计图纸和施工技术标准施工

按图施工是施工单位保证工程质量最基本的要求。

（3）施工单位必须建立、健全施工质量的检验制度

施工单位必须严格工序管理，做好隐蔽工程的质量检查和记录。隐蔽工程在隐蔽前，施工单位应当通知建设单位和建设工程质量监督机构。

1）建立健全工序管理制度，不仅是单一的加强工序管理，而是要对整个过程进行全面管理。

2）隐蔽验收应在施工单位自检合格的基础上，由监理工程师验收签认，并做好记录。重要部位应通知质量监督部门到场检查。

3）施工质量的施工监测试验，是由工序开始，贯穿于从原材料进场到竣工验收整个施工过程。

4）配合做好见证检测。

（4）施工单位应建立完善的保修服务制度

在规定的保修期限内，因勘察、设计、施工、材料等原因造成的质量缺陷，应由施工承包单位负责维修、返工或更换，由责任方承担经济责任。在保修范围和保修期限内发生的质量问题，施工单位有保修义务，并承担保修的经济责任和对造成的损失承担赔偿责任。如果是非施工原因造成的质量问题，施工单位也应进行保修，经济责任由责任方负责承担。

6. 工程监理单位的质量责任和义务

（1）工程监理单位应在资质范围内承接业务

工程监理单位应当依照法律、法规以及有关技术标准、设计文件和建设工程承包合同，代表建设单位对施工质量实施监理，并对施工质量承担监理责任。

工程监理单位应当依法取得相应等级的资质证书，并在其资质等级许可的范围内承担工程监理业务。工程监理单位应当选派具备相应资格的总监理工程师和监理工程师进驻施工现场，不得转让工程监理业务。

（2）对材料、构配件、设备的质量控制

工程所需的主要材料、构配件、设备应由监理工程师进行质量认定（出厂合格证、技术鉴定文件、实地考察确定）；未经监理工程师签字，建筑材料、建筑构配件和设备不得

在工程上使用或者安装，施工单位不得进行下一道工序的施工；未经总监理工程师签字，建设单位不拨付工程款，不进行竣工验收；工程监理单位与被监理工程的施工承包单位以及建筑材料、建筑构配件和设备供应单位有隶属关系或者其他利害关系的，不得承担该项建设工程的监理业务。

（3）分项、分部工程的质量验收

监理工程师应当按照工程监理规范的要求，采取旁站、巡视和平行检验等形式，对建设工程实施监理。

1）旁站。指监理人员对关键部位或关键工序的施工质量实施的全过程现场跟班监督活动。

2）巡视。监理人员对正在施工的部位或工序在现场进行的定期或不定期的监督活动。

3）平行检验。监理机构按照一定的比例，对工程项目进行独立检查和验收。

工程监理人员认为工程施工不符合工程设计要求、施工技术标准和合同约定的，有权要求建筑施工企业改正。工程监理人员发现工程设计不符合建筑工程质量标准或者合同约定的质量要求的，应当报告建设单位要求设计单位改正。

（4）监理单位对施工质量承担监理责任

监理单位对施工质量承担监理责任，包括违约责任和违法责任两个方面：

1）违约责任。如果监理单位不按照监理合同约定履行监理义务，给建设单位或其他单位造成损失的，应当承担相应的赔偿责任。

2）违法责任。如果监理单位违法监理，或者降低工程质量标准，造成质量事故的，要承担相应的法律责任。

7. 政府对工程质量的监督管理

政府的工程质量监督管理具有权威性、强制性、综合性的特点。

工程质量政府管理职能：

（1）建立和完善工程质量管理法规；

（2）建立和落实工程质量责任制（工程质量行政领导的责任、项目法人的责任、参建单位法人的责任和工程质量终身负责制）；

（3）建设活动主体资格的管理（国家对从事建设活动的单位实行严格的从业许可证制度，对专业人员实行严格的执业资格制度，对资质等级和从业范围等实施动态管理）；

（4）工程承发包管理（对招投标承发包活动依法监督和进行工程合同管理）；

（5）控制工程建设程序（包括工程报建、施工图设计文件审查、工程施工许可、工程材料和设备准用、工程质量监督、施工验收备案等管理）。

5.3.3 工程质量管理制度

1. 施工图设计文件审查制度

施工图审查是政府主管部门对工程勘察设计质量监督管理的重要环节，根据国家法律、法规、技术标准与规范，对施工图进行结构安全和强制性标准、规范执行情况等的独立审查。施工图审查是基本建设必不可少的程序，工程建设有关各方必须认真贯彻执行。

2000年5月25日，建设部印发《建筑工程施工图设计文件审查有关问题的指导意见》（建设技〔2000〕21号）强调：建设工程施工图设计文件审查作为建设工程必须进行的基本建设程序，有关各方都应当遵循。并进一步明确了施工图审查有关各方的责任，审查机构的设置及其审查范围。

2013 年 4 月 27 日，中华人民共和国住房和城乡建设部发布的《房屋建筑和市政基础设施工程施工图设计文件审查管理办法》（中华人民共和国住房和城乡建设部令第 13 号）第三条规定：国家实施施工图设计文件（含勘察文件，以下简称施工图）审查制度。施工图未经审查合格的，不得使用。

2017 年 10 月 7 日，中华人民共和国国务院令第 687 号《国务院关于修改部分行政法规的决定》将 2000 年 1 月 30 日发布并施行的《建设工程质量管理条例》（以下简称《质量管理条例》）第十一条修订为"施工图设计文件审查的具体办法，由国务院建设行政主管部门、国务院其他有关部门制定"。

各类新建、改建、扩建的建筑工程项目均属审查范围，建设单位报请审查时还要提供批准的立项文件或初步设计批准文件、主要的初步设计文件、工程勘察成果报告、结构计算书及计算机软件名称等。

施工图审查合格后，由建设行政主管部门向建设单位通报审查结果，并颁发施工图审查批准书，施工图未经审查或审查不合格的施工项目，建设行政主管部门不得发放施工许可证，施工图不得交付施工。经审查合格的施工图，才能作为工程施工和工程竣工验收的依据。施工图一经审查批准，不得擅自进行修改，特殊情况修改时，必须重新报请原审批部门，由原审批部门委托审查机构审查后再批准实施。施工图审查所需经费，按有关标准向建设单位收取。

施工图审查的内容是：

（1）建筑物的稳定性、安全性审查，包括地基基础和主体结构是否安全、可靠；

（2）是否符合消防、节能、环保、抗震、卫生、人防等有关强制性标准、规范要求；

（3）施工图是否达到规定的深度要求；

（4）是否损害公众利益。

2. 工程质量监督制度

建设工程质量监督是指由政府授权的专门机构对建设工程质量实施的监督。其主要依据是国家颁发的有关法律、法规、技术标准及设计文件。

国家实行建设工程质量监督管理制度，工程质量监督管理的主体是各级政府建设行政主管部门和其他有关部门。工程质量监督管理由建设行政主管部门或其他有关部门委托的工程质量监督机构具体实施。

工程质量监督机构是经省级以上建设行政主管部门或有关专业部门考核认定，具有独立法人资格的单位。它受县级以上地方人民政府建设行政主管部门或有关专业部门的委托，依法对工程质量进行强制性监督，并对委托部门负责。

（1）工程质量监督机构的主要任务

1）根据政府主管部门的委托，受理建设工程项目的质量监督。

2）制定质量监督工作方案。

3）检查施工现场工程建设各方主体的质量行为。

4）检查建设工程实体质量。

5）监督工程质量验收。

6）向委托部门报送工程质量监督报告。

7）对预制建筑构件和商品混凝土的质量进行监督。

8）受委托部门委托按规定收取工程质量监督费。

9）政府主管部门委托的工程质量监督管理的其他工作。

（2）工程质量监督管理制度的内容

1）工程竣工验收备案制度

《质量管理条例》确立了建设工程竣工验收备案制度。该项制度是加强政府监督管理，防止不合格工程流向社会的一个重要手段。根据《质量管理条例》和《房屋建筑工程和市政基础设施工程竣工验收备案管理暂行办法》（2000年4月4日建设部令第78号发布，根据2009年10月19日《住房和城乡建设部关于修改〈房屋建筑工程和市政基础设施工程竣工验收备案管理暂行办法〉的决定》修正）的有关规定：建设单位应当自工程竣工验收合格之日起15日内，依照本办法规定，向工程所在地的县级以上地方人民政府建设主管部门（以下简称备案机关）备案。

建设单位办理工程竣工验收备案应当提交下列文件：

工程竣工验收备案表；

工程竣工验收报告，竣工验收报告应当包括工程报建日期，施工许可证号，施工图设计文件审查意见，勘察、设计、施工、工程监理等单位分别签署的质量合格文件及验收人员签署的竣工验收原始文件，市政基础设施的有关质量检测和功能性试验资料以及备案机关认为需要提供的有关资料；

法律、行政法规规定应当由规划、环保等部门出具的认可文件或者准许使用文件；

法律规定应当由公安消防部门出具的对大型的人员密集场所和其他特殊建设工程验收合格的证明文件；

施工单位签署的工程质量保修书；

法规、规章规定必须提供的其他文件。

住宅工程还应当提交《住宅质量保证书》和《住宅使用说明书》。

备案机关收到建设单位报送的竣工验收备案文件，验证文件齐全后，应当在工程竣工验收备案表上签署文件收讫。工程竣工验收备案表一式两份，一份由建设单位保存，一份留备案机关存档。

2）工程质量事故报告制度

工程质量事故报告制度是《质量管理条例》确立的一项重要制度。建设工程发生质量事故后，有关单位应当在24小时内向当地建设行政主管部门和其他有关部门报告。对重大质量事故，事故发生地的建设行政主管部门和其他有关部门应当按照事故类别和等级向当地人民政府和上级建设行政主管部门及其他有关部门报告。特别重大质量事故的调查程序按照国务院有关规定办理。

3）工程质量检举、控告、投诉制度

《建筑法》《质量管理条例》均明确，任何单位和个人对建设工程的质量事故、质量缺陷都有权检举、控告、投诉。工程质量检举、控告、投诉制度是为了更好地发挥群众监督和社会舆论监督的作用，有效保证建设工程质量。

3. 工程质量检测制度

建设工程质量检测（以下简称质量检测），是指工程质量检测机构（以下简称检测机构）接受委托，依据国家有关法律、法规和工程建设强制性标准，对涉及结构安全项目的抽样检测和对进入施工现场的建筑材料、构配件的见证取样检测。

《建设工程质量检测管理办法》由中华人民共和国建设部令第 141 号发布，自 2005 年 11 月 1 日起施行。国务院建设主管部门负责对全国质量检测活动实施监督管理，并负责制定检测机构资质标准。省、自治区、直辖市人民政府建设主管部门负责对本行政区域内的质量检测活动实施监督管理，并负责检测机构的资质审批。市、县人民政府建设主管部门负责对本行政区域内的质量检测活动实施监督管理。

工程质量检测机构的检测依据是国家、部门和地区颁发的有关建设工程的法规和技术标准。建设工程质量检测机构是具有独立法人资格的中介机构。检测机构资质按照其承担的检测业务内容分为专项检测机构资质和见证取样检测机构资质。检测机构不得与行政机关，法律、法规授权的具有管理公共事务职能的组织以及所检测工程项目相关的设计单位、施工单位、监理单位有隶属关系或者其他利害关系。机构未取得相应的资质证书，不得承担相应的质量检测业务。

我国的工程质量检测体系由国家级、省级、市（地区）级、县级检测机构所组成，国家建设工程质量检测中心是国家级的建设工程质量检测机构，国家检测中心受国务院建设行政主管部门的委托，有权对指定的国家重点工程进行检测复核，向国务院建设行政主管部门提出检测复核报告和建议。法定的国家级检测机构出具的检测报告，在国内为最终裁定，在国外具有代表国家的性质。

建设主管部门实施监督检查时，有权采取下列措施：

（1）要求检测机构或者委托方提供相关的文件和资料；

（2）进入检测机构的工作场地（包括施工现场）进行抽查；

（3）组织进行比对试验以验证检测机构的检测能力；

（4）发现有不符合国家有关法律、法规和工程建设标准要求的检测行为时，责令改正。

建设主管部门在监督检查中为收集证据的需要，可以对有关试样和检测资料采取抽样取证的方法；在证据可能灭失或者以后难以取得的情况下，经部门负责人批准，可以先行登记保存有关试样和检测资料，并应当在 7 日内及时作出处理决定，在此期间，当事人或者有关人员不得销毁或者转移有关试样和检测资料。

质量检测的内容如表 5-1 所示。

建设工程质量检测的内容   表 5-1

分类	检测项目	内容
专项检测	地基基础工程检测	地基及复合地基承载力静载检测； 桩的承载力检测； 桩身完整性检测； 锚杆锁定力检测
	主体结构工程现场检测	混凝土、砂浆、砌体强度现场检测； 钢筋保护层厚度检测； 混凝土预制构件结构性能检测； 后置埋件的力学性能检测

分类	检测项目	内容
专项检测	建筑幕墙工程检测	建筑幕墙的气密性、水密性、风压变形性能、层间变位性能检测； 硅酮结构胶相容性检测
	钢结构工程检测	钢结构焊接质量无损检测； 钢结构防腐及防火涂装检测； 钢结构节点、机械连接用紧固标准件及高强度螺栓力学性能检测； 钢网架结构的变形检测
见证取样检测	水泥物理力学性能检验； 钢筋（含焊接与机械连接）力学性能检验； 砂、石常规检验； 混凝土、砂浆强度检验； 简易土工试验； 混凝土掺加剂检验； 预应力钢绞线、锚夹具检验； 沥青、沥青混合料检验	

4. 工程质量保修制度

（1）建设工程质量保修制度

建设工程质量保修制度是指建设工程竣工经验收后，在规定的保修期限内，因勘察、设计、施工、材料等原因造成的质量缺陷，应当由施工承包单位负责维修、返工或更换，由责任单位负责赔偿损失的法律制度。工程质量缺陷是指工程不符合国家现行的有关技术标准、设计文件以及合同中对质量的要求。

建筑工程作为一种特殊的耐用消费品，一旦建成后将长期使用。建筑工程在建设中存在的质量问题，在工程竣工验收时被发现的，必须经修复完好后，才能作为合格工程交付使用；有些质量问题在竣工验收时未被发现，而在使用过程中的一定期限内逐渐暴露出来的，施工企业则应当负责无偿修复，以维护用户的利益。目前，不少房屋留有较多质量隐患，虽然在竣工验收时合格，但使用一段时间后，许多潜在的质量问题才显露出来。为了明确施工企业对其施工的建筑工程应负的质量责任，维护用户的合法权益，明确规定对建筑工程实行质量保修制度。

建设工程质量保修制度对于促进建设各方加强质量管理，保护用户及消费者的合法权益可起到重要的保障作用。建设工程承包单位在向建设单位提交工程竣工验收报告时，应向建设单位出具工程质量保修书，质量保修书中应明确建设工程保修范围、保修期限和保修责任等。建设工程在保修范围和保修期限内发生质量问题，承包单位应履行保修义务。但保修义务的承担和经济责任的承担，要根据造成质量问题的主体不同，分别采取不同的处理原则。

（2）建筑工程实行质量保修的范围

1）地基基础工程和主体结构工程。建筑物的地基基础工程和主体结构质量问题直接关系建筑物的安危，这两项工程是不允许存在质量隐患的，而一旦发现建筑物的地基基础工程和主体结构存在质量问题，也很难通过修复办法解决。规定对地基基础工程和主体结构工程实行保修制度，实际上是要求施工企业必须确保地基基础工程和主体结构的质量。对使用中发现的地基基础工程或主体结构工程的质量问题，如果能够通过加固等确保建筑物安全的技术措施予以修复的，施工企业应当负责修复；不能修复造成建筑物无法继续使用的，有关责任者应当依法承担赔偿责任。

2）屋面防水工程。鉴于房屋建筑工程中的屋面漏水问题比较突出，将屋面防水工程的保修问题单独列出。对屋顶、墙壁出现漏水现象的，施工企业应当负责保修。

3）其他土建工程。指除屋面防水工程以外的其他土建工程。包括地面与楼面工程、门窗工程等。如，对正常使用中发现的室内地坪空鼓、开裂、起砂，墙皮、面砖、油漆等饰面脱落，厕所、厨房、盥洗室地面泛水、积水，阳台积水、漏水等土建工程中的质量问题，应属建筑工程的质量保修范围，由施工企业负责修复。

4）电气管线、给水排水管线的安装工程，包括电气线路、开关、电表的安装，电气照明器具的安装，给水管道、排水管道的安装等。建筑物在正常使用过程中如出现电器、电线漏电，照明灯具坠落，给水排水管道漏水、堵塞等属于电气管线、给水排水管线安装工程质量问题的，施工企业应当承担保修责任。

5）供热、供冷系统工程，包括暖气设备、中央空调设备等的安装工程等，施工企业也应对其质量承担保修责任。

6）其他应当保修的项目范围。凡属国务院规定和合同约定应由施工企业承担保修责任的项目，施工企业都应当负责保修。

（3）保修期限的确定

确定建筑物保修的具体期限应当遵循的原则是：

1）保证建筑物合理使用年限内正常使用。对危及建筑物在合理使用年限内安全使用的质量缺陷，建筑施工企业应当负责保修。如按照《中华人民共和国建筑法》第六十条关于建筑物在合理使用寿命内，必须确保地基基础工程和主体结构的质量的规定，建筑施工企业对地基基础工程和主体结构工程的保修责任期，应当延及建筑物的合理寿命期间。

2）维护使用者的合法权益。建筑产品是以高额投资取得的长期使用的特殊产品，建筑工程的保修期限，应当与建筑产品的特点相适应，不能过短。否则，用户以高额投资取得的建筑产品在短期内即出现质量问题而无人负责，势必损害用户的利益。

保修的最低期限，在正常使用条件下，从竣工验收之日起计算：

1）基础设施工程、房屋建筑的地基基础工程和主体结构工程，为设计文件规定的该工程的合理使用年限；

2）屋面防水工程，有防水要求的卫生间、房间和外墙面的防渗漏，为5年；

3）供热与供冷系统，为2个采暖期、供冷期；

4）电气管线、给水排水管道、设备安装和装修工程，为2年。

其他项目的保修期由发包方与承包方约定。保修期自竣工验收合格之日起计算。

应注意的是，国务院规定的保修期限，属于最低保修期限，建筑施工企业对其施工的建筑工程的质量保修期不能低于这一期限。国家鼓励施工企业延长其施工工程的质量保修期限。

（4）保修义务责任落实与损失赔偿责任承担

建设工程在保修范围和保修期限内发生质量问题的施工单位应当履行保修义务，并对造成的损失承担赔偿责任。保修义务的承担和经济责任的承担应按下列原则处理：

1）施工单位未按国家有关标准、规范和设计要求施工，造成的质量缺陷，由施工单位负责返修并承担经济责任。

2）由于设计方面的原因造成的质量缺陷，先由施工单位负责维修，其经济责任按有关规定通过建设单位向设计单位索赔。

3）因建筑材料、构配件和设备质量不合格引起的质量缺陷，先由施工单位负责维修，其经济责任属于施工单位采购的或验收同意的，由施工单位承担经济责任；属于建设单位采购的，由建设单位承担经济责任。（两方面）

4）因建设单位（含监理单位）错误管理造成的质量缺陷，先由施工单位负责维修，其经济责任由建设单位承担，如属监理单位责任，则由建设单位向监理单位索赔。

5）因使用单位使用不当造成的损坏问题，先由施工单位负责维修，其经济责任由使用单位自行负责。

6）因地震、洪水、台风等不可抗拒原因造成的损坏问题，先由施工单位负责维修，建设参与各方根据国家具体政策分担经济责任。

总之，谁的问题谁承担经济赔偿责任，先由施工单位负责维修，再由建设单位向过错方索赔。

（5）建设工程质量保证金

建设工程质量保证金（保修金，以下简称保证金）是指发包人与承包人在建设工程承包合同中约定，从应付的工程款中预留，用以保证承包人在缺陷责任期内对建设工程出现的缺陷进行维修的资金。2016年6月23日，国务院办公厅发布《关于清理规范工程建设领域保证金的通知》（国办发〔2016〕49号文），提出了一系列要求，包括清理规范工程建设领域保证金，对建筑业企业在工程建设中需缴纳的保证金，除依法依规设立的投标保证金、履约保证金、工程质量保证金、农民工工资保证金外，其他保证金一律取消。转变保证金缴纳方式，推行银行保函制度，建筑业企业可以银行保函方式缴纳。对保留的保证金，要严格执行相关规定，确保按时返还等。为贯彻落实该通知精神，住房和城乡建设部、财政部制定了《建设工程质量保证金管理办法》（建质〔2016〕295号）。为贯彻落实国务院关于进一步清理规范涉企收费、切实减轻建筑业企业负担的精神，规范建设工程质量保证金管理，住房和城乡建设部、财政部对原《建设工程质量保证金管理办法》（建质〔2016〕295号）进行修订，联合出台《建设工程质量保证金管理办法》（建质〔2017〕138号），进一步规范建设工程质量保证金管理，落实工程在缺陷责任期内的维修责任，并于2017年7月1日起实施。

1）缺陷责任期的确定

缺陷责任期一般为1年，最长不超过2年，由发、承包双方在合同中约定。缺陷责任期从工程通过竣工验收之日起计。由于承包人原因导致工程无法按规定期限进行竣工验收的，缺陷责任期从实际通过竣工验收之日起计。由于发包人原因导致工程无法按规定期限进行竣工验收的，在承包人提交竣工验收报告90天后，工程自动进入缺陷责任期。

缺陷责任期内，由承包人原因造成的缺陷，承包人应负责维修，并承担鉴定及维修费用。如承包人不维修也不承担费用，发包人可按合同约定从保证金或银行保函中扣除，费用超出保证金额的，发包人可按合同约定向承包人进行索赔。承包人维修并承担相应费用后，不免除对工程的损失赔偿责任。

由他人原因造成的缺陷，发包人负责组织维修，承包人不承担费用，且发包人不得从保证金中扣除费用。

2）预留保证金的比例

发包人应按照合同约定方式预留保证金，保证金总预留比例不得高于工程价款结算总额的 3%。合同约定由承包人以银行保函替代预留保证金的，保函金额不得高于工程价款结算总额的 3%。

在工程项目竣工前，已经缴纳履约保证金的，发包人不得同时预留工程质量保证金。采用工程质量保证担保、工程质量保险等其他保证方式的，发包人不得再预留保证金。

3）质量保证金的返还

缺陷责任期内，承包人认真履行合同约定的责任，到期后，承包人向发包人申请返还保证金。

发包人在接到承包人返还保证金申请后，应于 14d 内会同承包人按照合同约定的内容进行核实。如无异议，发包人应当按照约定将保证金返还给承包人。对返还期限没有约定或者约定不明确的，发包人应当在核实后 14d 内将保证金返还承包人，逾期未返还的，依法承担违约责任。发包人在接到承包人返还保证金申请后 14d 内不予答复，经催告后 14d 内仍不予答复，视同认可承包人的返还保证金申请。

发包人和承包人对保证金预留、返还以及工程维修质量、费用有争议的，按承包合同约定的争议和纠纷解决程序处理。

建设工程实行工程总承包的，总承包单位与分包单位有关保证金的权利与义务的约定，参照《建设工程质量保证金管理办法》（建质〔2017〕138 号）关于发包人与承包人相应权利与义务的约定执行。

5.3.4　工程项目决策阶段的质量控制

工程质量控制按工程质量形成过程，包括全过程各阶段的质量控制，主要是决策阶段、勘察设计阶段和施工阶段的质量控制。因为这三个阶段对工程项目的影响最为突出。另外，可行性研究阶段与工程竣工验收阶段分别为质量控制的首尾，前者是为项目决策提供拟建方案及评价，后者是对施工阶段质量的检查评定。

根据国家的基本建设程序，工程项目在立项前，其主要工作内容为编制项目建议书与可行性研究报告。项目建议书又称为项目立项申请书，是由项目筹建单位或项目法人对拟建项目提出的框架性的总体设想。它要从宏观上论述项目设立的必要性和可能性，把项目投资的设想变为概略的投资建议。项目建议书的呈报可供项目审批机关作出初步决策。它可以减少项目选择的盲目性，为下一步可行性研究打下基础。

项目可行性研究是指调查研究与项目有关的数据、资料，并在国家相关政策、法规等的指导下，对拟建项目的经济、技术、环境和工程等进行全面分析和论证，作多方案比较，对项目是否值得投资和建设方法提出可行性意见，为项目进行决策审批提供全面的依据。项目的可行性研究直接影响项目的决策质量和规划质量。所以，在项目的可行性研究中，应进行方案比较，提出对项目质量的总体要求，使项目的质量要求和标准符合项目所有者的意图，并与项目的其他目标相协调，与项目环境相协调。

在项目决策阶段，主要通过对项目的规模、建设标准、性质、使用功能以及系统构成等进行策划、分析和论证，以明确工程项目建设意图和需求，从而为整个项目的质量总目标和子项目及其每个实施步骤的质量目标做出明确要求。因此，必须在决策阶段就对项目的质量进行严格的目标规划，以保证工程项目的最终质量。

项目决策是影响项目质量的关键阶段，项目决策的结果应能充分反映项目所有者对质量的要求和意愿。在项目决策过程中，应充分考虑项目费用、时间、质量等目标之间的对立统一关系，确定项目应达到的质量目标和水平。

5.3.5 工程项目勘察设计阶段的质量控制

1. 勘察设计质量的概念及控制依据

（1）勘察设计质量的概念

勘察设计质量，就是在严格遵守技术标准、法规的基础上，对工程地质条件做出及时、准确的评价，正确处理和协调经济、资源、技术、环境条件的制约，使设计项目能更好地满足业主所需要的功能和使用价值，能充分发挥项目投资的经济效益。

（2）勘察、设计质量控制的依据

1）有关工程建设及质量管理方面的法律、法规、城市规划，国家规定的建设工程勘察、设计深度要求；

2）有关工程建设的技术标准，如勘察和设计的工程建设强制性标准规范及规程、设计参数、定额、指标等；

3）项目批准文件；

4）体现建设单位建设意图的勘察、设计规划大纲、纲要和合同文件；

5）反映项目建设过程中和建成后所需要的有关技术、资源、经济、社会协作等方面的协议、数据和资料。

2. 勘察设计质量控制的要点

（1）单位资质控制

国家对从事建设工程勘察、设计活动的单位，实行资质管理，对从事建设工程勘察、设计活动的专业技术人员，实行执业资格注册管理制度，建设工程勘察、设计单位应当在其资质等级许可的范围内承揽业务。

国家建设行政主管部门先后颁发了与之相配套的《建设工程勘察设计市场管理规定》《建设工程勘察设计企业资质管理规定》和《工程勘察资质分级标准》《工程设计资质分级标准》。

单位资质制度是指建设行政主管部门对从事建筑活动单位的人员素质、管理水平、资金数量、业务能力等进行审查，以确定其承担任务的范围，并发给相应的资质证书。

个人资格制度指建设行政主管部门及有关部门对从事建筑活动的专业技术人员，依法进行考试和注册，并颁发执业资格证书，使其获得相应签字权。

（2）勘察质量控制

1）勘察阶段划分及其工作要求

建设工程勘察是指根据建设工程的要求，查明、分析、评价建设场地的地质、地理环境特征和岩土工程条件，编制建设工程勘察文件的活动。工程勘察的主要任务是按勘察阶段的要求，正确反映工程地质条件，提出岩土工程评价，为设计、施工提供依据。工程勘察工作一般分三个阶段，即可行性研究勘察、初步勘察、详细勘察，对于工程地质条件复杂或有特殊施工要求的重要工程，应进行施工勘察。

工程勘察设计阶段的质量控制，主要是选择好勘察设计单位，要保证工程设计符合决策阶段确定的质量要求，保证设计符合有关技术规范和标准的规定，要保证设计文件、图纸符合现场和施工的实际条件，其深度能满足施工的需要。

2）勘察阶段质量控制工作内容和工作要点

勘察阶段质量控制工作内容主要包括：

① 编写勘察任务书、竞选文件或招标文件前，要广泛收集各种有关文件和资料，如计划任务书、规划许可证、设计单位的要求、相邻建筑地质资料等。在进行分析整理的基础上提出与工程相适应的技术要求和质量标准。

② 审核勘察单位的勘察实施方案，重点审核其可行性、精确性。

③ 在勘察实施过程中，应设置报验点，必要时，应进行旁站监理。

④ 对勘察单位提出的勘察成果，包括地形地物测量图、勘测标志、地质勘察报告等进行核查，重点检查其是否符合委托合同及有关技术规范标准的要求，验证其真实性、准确性。

⑤ 必要时，应组织专家对勘察成果进行评审。

勘察阶段进行质量控制的工作要点为：

① 选择恰当的工程勘察单位。

② 勘察工作方案质量审查和控制。

③ 勘察现场作业的质量控制。

④ 勘察文件的质量控制。

⑤ 后期服务质量保证。

⑥ 勘察技术档案管理工作。

（3）设计质量控制

1）工程设计阶段的划分

建设工程设计是指根据建设工程的要求，对建设工程所需的技术、经济、资源、环境等条件进行综合分析、论证，编制建设工程设计文件的活动。

工程设计依据工作进程和深度不同，一般按扩大初步设计、施工图设计两个阶段进行。对于技术上比较复杂的工业交通项目可按初步设计、技术设计（扩大初步设计）和施工图设计三个阶段来进行。各阶段的设计成果包括设计说明、技术文件（图纸等）和经济文件（概预算）。

2）设计质量控制的原则

经济效益、社会效益和环境效益相统一。

按工程建设的基本程序，坚持先勘察、后设计、再施工的原则。

力求做到适用、安全、美观、经济。

符合设计标准、规范的有关规定，计算准确，文字清楚，图纸清晰、准确，避免"错、漏、碰、缺"。

3）设计阶段质量控制的主要任务

设计阶段质量控制的主要任务包括：

审查设计基础资料的正确性和完整性。

编制设计招标文件或方案竞赛文件，组织设计招标或方案竞赛。

审查设计方案的先进性和合理性，确定最佳设计方案。

督促设计单位完善质量体系，建立内部专业交底及会签制度。

进行设计质量跟踪检查，控制设计图纸的质量。

组织施工图会审。

评定、验收设计文件。

4）设计阶段质量控制的工作内容

工程设计质量管理的主要工作内容如表 5-2 所示。

工程设计质量管理的主要工作内容　　　　　　表 5-2

工作项目	工作内容		
设计单位选择	形式包括招标投标、设计方案竞赛、建设单位直接委托；设计招标的目的是选择最适合项目需要的设计单位，设计单位的社会信誉、所选派的主要设计人员的能力和业绩等是主要的考察内容		
起草设计任务书	是设计依据之一，是建设单位意图的体现		
起草设计合同	设计质量目标主要通过项目描述和设计合同反映出来		
分阶段设计审查	由建设单位组织有关专家或机构进行工程设计评审，目的是控制设计成果质量，优化工程设计，提高效益	设计方案评审	总体方案评审
			专业设计方案评审
			设计方案审核
		初步设计成果评审	依据建设单位提出的工程设计委托任务和设计原则，审核设计是否均已满足要求
		施工图设计评审	是设计阶段质量控制的重点
			评审的重点是：使用功能是否满足质量目标和标准，设计文件是否齐全、完整，设计深度是否符合规定
			①总体审核。②设计总说明审查。③施工设计图审查。④审查施工图预算和总投资预算。⑤审查其他要求。建设条件，环境保护，安全、卫生、劳动保护
			审查设计单位提交的设计成果，并提出评估报告
审查备案	审查设计单位提出的新材料、新工艺、新技术、新设备在相关部门的备案情况，必要时应协助建设单位组织专家评审		
深化设计的协调管理	对于专业性较强或有行业专门资质要求的项目，委托专业设计单位或由具有专业设计资质的施工单位出具深化设计图纸		
	设计质量横向控制的重要措施	建立联席会议制度，定期、不定期召开	
		明确各专业互提要求	

① 设计单位选择

设计单位可以通过招投标、设计方案竞赛、建设单位直接委托等方式选择和委托。组织设计招标是用竞争机制优选设计方案和设计单位。采用公开招标方式的，招标人应当按国家规定发布招标公告；采用邀请招标方式的，招标人应当向三个以上设计单位发出招标邀请书。

② 起草设计任务书

设计任务书是设计依据之一，是建设单位意图的体现。起草设计任务书的过程，是各方就项目的功能、标准、区域划分、特殊要求等涉及项目的具体事宜不断沟通和深化交流，最终达成一致并形成文字资料的过程，这对于建设单位意图的把握非常重要，可以互相启发，互相提醒，使设计工作少走弯路。

③ 起草设计合同

设计质量目标主要通过项目描述和设计合同反映出来，设计描述和设计合同综合起来，确立设计的内容、深度、依据和质量标准，设计质量目标要尽量避免出现语义模糊和矛盾。设计合同应重点注意写明设计进度要求、主要设计人员、优化设计要求、限额设计要求、施工现场配合以及专业深化图配合等内容。

④ 分阶段设计审查

由建设单位组织有关专家或机构进行工程设计评审，目的是控制设计成果质量，优化工程设计，提高效益。设计评审包括设计方案评审、初步设计评审和施工图设计评审各阶段的内容。

设计方案评审包括总体方案评审、专业设计方案评审和设计方案审核，具体工作内容如图 5-4 所示。

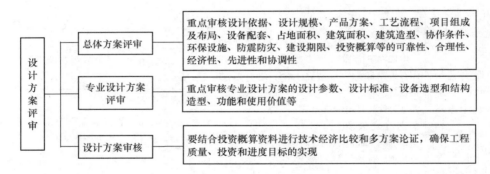

图 5-4　设计方案评审工作内容

初步设计成果评审应依据建设单位提出的工程设计委托任务和设计原则，逐条对照，审核设计是否均已满足要求。应审核设计项目的完整性，项目是否齐全、有无遗漏项；设计基础资料可靠性，以及设计标准、装备标准是否符合预定要求；重点审查总平面布置、工艺流程、施工进度能否实现；总平面布置是否充分考虑方向、风向、采光、通风等要素；设计方案是否全面，经济评价是否合理。

施工图设计评审的内容包括对工程对象物的尺寸、布置、选材、构造、相互关系、施工及安装质量要求的详细设计图和说明，这也是设计阶段质量控制的一个重点。评审的重点是：使用功能是否满足质量目标和标准，设计文件是否齐全、完整，设计深度是否符合规定。工作阶段包括总体审核、设计总说明审查、施工设计图审查、审查施工图预算和总投资预算及其他要求等，各阶段具体工作内容如图 5-5 所示。

审查设计单位提交的设计成果，并提出评估报告。评估报告应包括下列主要内容：设计工作概况，设计深度与设计标准的符合情况，设计任务书的完成情况，有关部门审查意

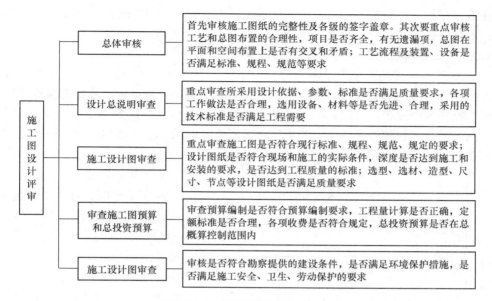

图 5-5 施工图设计评审工作内容

见的落实情况，存在的问题及建议等。

⑤ 审查备案

审查设计单位提出的新材料、新工艺、新技术、新设备在相关部门的备案情况，必要时应由建设单位组织专家评审。

⑥ 深化设计的协调管理

对于专业性较强或有行业专门资质要求的项目，目前的通行做法是委托专业设计单位，或由具有专业设计资质的施工单位出具深化设计图纸，由设计单位统一会签，以确认深化设计符合总体设计要求，并对相关的配套专业能否满足深化图纸的要求予以确认。设计管理对于总体设计单位和深化图设计单位的横向管理很重要。

设计质量横向控制的一项重要措施是建立联席会议制度。所谓联席会议是指各专业设计人员全部出席会议，共同研究和探讨设计过程中出现的矛盾，集思广益，提出对矛盾的解决方法，根据项目的具体特性和处于主导地位的专业要求进行综合分析，使矛盾得到合理的处理。联席会议可以定期召开，如每周一次，亦可根据设计进展情况不定期召开。设计质量横向控制的另一重要措施是明确各专业互提要求。各专业互相提供资料，是进行正常建筑设计工作的客观要求，只有各专业设计配合协调，避免出现相互碰壁的问题，才能保证设计质量。

5）设计质量跟踪

设计质量跟踪是指在设计过程中和阶段设计完成时，以设计招标文件、设计合同、监理合同、政府有关批文、各项技术规范和规定、气象、地区等自然条件及相关资料、文件为依据，对设计文件进行深入细致的审核。

审核的主要内容包括图纸的规范性，建筑造型与立面设计，平面设计，空间设计，装修设计，结构设计，工艺流程设计，设备设计，水、电、自控设计，城规、环境、消防、卫生等部门的要求满足情况，专业设计的协调一致情况，施工可行性等方面。

在审查过程中，特别要注意过分设计和不足设计两种极端情况。过分设计，导致经济性差；不足设计，存在隐患或功能降低。

5.3.6 工程项目实施阶段的质量控制

1. 工程项目实施的质量保证体系

工程项目实施的质量保证体系就是以保证施工产品质量为目标，从施工准备、施工生产到竣工投产的全过程，运用系统的概念和方法，在全体人员的参与下，建立一套严密、协调、高效的全方位的管理体系，使工程项目实施阶段的质量管理制度化、标准化。

质量保证体系的主要内容有：

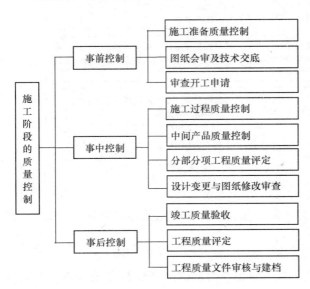

图 5-6　工程项目实施阶段质量控制过程

（1）思想保证体系

增强质量意识，树立"质量第一"及"一切为用户服务"的观念，努力使参加项目实施的全体人员树立起强烈的质量意识。

（2）组织保证体系

建立健全各级组织，明确规定各职能部门主管人员和参与施工人员在保证和提高工程项目实施质量中所承担的任务、职责和权限，建立质量管理小组及质量信息系统，健全各种规章制度，形成一个互助协调、互相促进的有机整体。

（3）技术工作保证体系

基本形式可分为事前质量控制、事中质量控制、事后质量控制，如图 5-6 和表 5-3 所示。

工程项目实施阶段质量控制工作　　　　　　　表 5-3

施工阶段质量控制	事前控制	施工准备质量控制	质控系统组织；质保体系及施工管理人员资质审查；原材料构配件等质控；机械设备质控；施工方案、计划、方法、检验方法等审查；工程技术环境、现场管理环境检查；四新审查；测量标桩审核、检查
		图纸会审技术交底	
		审查开工申请	
	事中控制	施工过程质量控制	工序控制；工序交接检查；隐蔽工程质量控制
		中间产品质量控制	
		分部分项工程质量评定	
		设计变更与图纸修改审查	
	事后控制	竣工质量检验	联动试车；验收文件审核；竣工检验
		工程质量评定	
		工程质量文件审核与建档	

2. 工程项目实施阶段的质量控制内容

（1）施工准备的质量控制

从整个项目的角度看，施工准备的质量控制工作主要包括以下内容：

1）施工承包单位、分包单位的资质审核。

2）核查承包单位的质量管理体系。

3）建立监理单位的质量监控系统。

4）审查施工组织设计（质量计划）。

5）检查施工现场的测量标点、水准点并复测施工测量控制网。

6）控制施工平面布置。

7）对原材料、半成品、构配件及所安装设备的采购及其质量进行控制。

8）控制施工用机械设备的配置。

9）对工程中采用的新材料、新结构、新工艺、新技术进行技术鉴定。

10）控制设计交底与图纸会审。

11）检查施工现场的管理环境、施工技术环境。

12）检查施工准备情况，严把开工关。

（2）施工过程的质量控制

施工过程由一系列的作业活动组成，作业活动的效果会直接影响施工质量，因而对施工过程的质量控制应体现在对作业活动的控制上。施工过程及其作业活动的质量控制主要围绕影响工程实施质量的因素进行。

施工过程的质量控制，主要包括以下内容：

1）加强工序管理，将项目逐级分解为工序，建立或完善工序质量控制体系。

2）对进场的材料、构配件、半成品加强质量检验，确认其质量并签证后方可用于施工。

3）对新材料、新工艺、新技术进行现场试验，审查确认并签证后方可用于施工。

4）检查施工现场劳动组织、控制作业人员上岗资格。

5）设置质量控制点、加强技术交底。

6）加强作业技术活动的自检专检与技术复核工作、见证取样送检工作的控制。

7）审核施工单位提交的质量检验及统计资料、质量控制图表等，分析、预测质量问题。

8）控制施工测量、计量器具的性能、精度，建立（或委托）试验室。

9）审核设计变更和图纸修改。

10）对重要的分项工程和各项隐蔽工程加强检查验收。

11）建立工地例会制度，建立质量信息系统。

12）发布停工令和复工令。

（3）施工结果的质量控制

施工结果质量控制，包括以下内容：

1）加强工序联系、及时征求下道工序的意见，保证每道工序都生产合格产品。

2）搞好成品保护，采取护、包、盖、封等方法，保证成果质量不受损伤。

3）建立回访制度，听取用户意见，尽量满足用户对工程质量的要求。

3. 部分质量控制工作的内容及要求

（1）设计交底与图纸会审

1）设计交底

设计交底是指在施工图完成并经审查合格后，设计单位在设计文件交付施工时，按法律规定的义务就施工图设计文件向施工单位和监理单位作出详细的说明。设计交底的目的是对施工单位和监理单位正确贯彻设计意图，使其加深对设计文件特点、难点、疑点的理解，掌握关键工程部位的质量要求，确保工程质量。

设计交底的主要内容有：

施工图设计文件总体情况；

自然条件和环境以及社会经济情况等；

设计依据及设计意图；

各专业设计的特点及相互配合的要求；

施工中应注意的问题及各专业的难点；

特殊的工艺要求及重大的设计技术方案、技术革新内容等；

其他应注意的事项。

2）图纸会审

图纸会审是指建设单位（施工监理单位）组织施工单位、设计单位及材料、设备供货等相关单位，在收到审查合格的施工图设计文件后，在设计交底前进行的全面细致熟悉和审查施工图纸的活动。图纸会审的目的有两方面，一是使施工单位和各参建单位熟悉设计图纸，了解工程特点和设计意图，找出需要解决的技术难题并制定解决方案；二是解决图纸中存在的问题，减少图纸差错，将图纸中的质量隐患消灭在萌芽状态。

图纸会审的主要内容有：

地质资料是否齐全，设计地震烈度是否符合当地要求。

设计图纸是否完整，是否满足施工需要。

设计中重大技术方案是否与施工现场条件相符，各专业设计之间是否协调统一。

设计图纸有无差错、遗漏及相互矛盾之处。

防火、消防等是否满足要求。

材料来源有无保证，能否代换。

新材料、新工艺、新技术、新设备在施工中有无问题，能否保证质量。

地基处理、设计与构造是否合理，是否便于施工、易于保证质量。

设计文件中涉及的各种标准、图册、规范、规程等，施工单位是否具备。

能否保证施工安全和环境卫生。

（2）质量控制点的设置

质量控制点是指为了保证作业过程质量而确定的重点控制对象、关键部位或薄弱环节。

质量控制点的设置，由施工单位在工程施工前根据施工过程质量控制的要求先列出明细表，表中要详细列出各质量控制点的名称、控制内容、检验标准及方法等，再由监理单位审查批准，以便实施预控。进行预控时，应先分析可能造成质量问题的原因，再针对原因制定对策和措施。

1) 选择质量控制点的一般原则

选择质量控制点时，应考虑选择那些对产品的适用性（性能、精度、寿命、可靠性、安全性等）有严重影响的关键特性、关键部件或重要影响因素，或者保证质量难度大的、对质量影响大的或发生质量问题危害大的对象作为质量控制点，包括：

施工过程中的关键工序或环节以及隐蔽工程，如预应力钢筋的张拉、现浇钢筋混凝土结构中的钢筋工程等；

施工中的薄弱环节，或质量不稳定的工序、部位或对象，如防水层的施工；

对后续工程影响重大的工序、部位及对象，如预应力钢筋混凝土结构中的预应力钢筋质量、模板的支撑与固定等；

采用新工艺、新技术、新材料的部位或环节；

施工上无足够把握的、施工条件困难的或技术难度大的工序或环节，如曲线模板的放样等。

2) 质量控制点重点控制的对象

操作人员的技术水平甚至身体、心理素质等；

施工设备、计量仪器和材料的质量；

关键工序的关键性操作；

施工技术参数及重要控制指标；

要求严格的作业顺序；

技术间歇；

新工艺、新技术、新材料的应用；

产品质量不稳定、不合格率高及易发生质量通病的工序；

易对工程质量产生重大影响、可能引起重大质量事故的施工方法及工序；

特殊地基或特种结构。

（3）作业技术交底

施工承包单位做好技术交底，是保证施工质量的前提条件之一，每一分项工程或作业活动开始之前均要进行交底。作业技术交底是对施工组织设计或施工方案的具体化，是更明确、细致、具体的技术实施方案，是工序施工或分项工程施工的具体指导文件。

技术交底的内容包括施工方法、质量要求和验收标准，施工过程中需注意的问题，对可能出现的意外采取的应急方案等。

技术交底要紧紧围绕和具体施工有关的操作者、机械设备、使用的材料、构配件、工艺、工法、施工环境、具体管理措施等方面进行，要明确做什么、谁来做、如何做、作业标准和要求、完成的时间等。没有做好技术交底的工序或分项工程，不得进入正式实施。

（4）见证取样送检工作

取样，是按照有关技术标准、规范的规定，从检验（或检测）对象中抽取试验样品的过程；送检，是指取样后将样品从现场移交有检测资格的单位承检的过程。取样和送检是工程质量检测的首要环节，其真实性和代表性直接影响到监测数据的公正性。见证检验是施工单位在工程监理单位或建设单位的见证下，按照有关规定从施工现场随机抽取试样，送至具备相应资质的检测机构进行检验的活动。对涉及结构安全、节能、环境保护和主要使用功能的试块、试件及材料，应在进场时或施工中按规定进行见证检验。

涉及结构安全的试块、试件和材料，见证取样和送样的比例，不得低于有关技术标准中规定应取样数量的30％。

按规定下列试块、试件和材料必须实施见证取样和送检：

1）用于承重结构的混凝土试块；

2）用于承重墙体的砌筑砂浆试块；

3）用于承重结构的钢筋及连接接头试件；

4）用于承重墙的砖和混凝土小型砌块；

5）用于拌制混凝土和砌筑砂浆的水泥；

6）用于承重结构的混凝土中使用的掺加剂；

7）地下、屋面、厕浴间使用的防水材料；

8）国家规定必须实行见证取样和送检的其他试块、试件和材料。

见证取样和送检由施工单位的有关人员按规定对进场材料现场取样，并送至具备相应资质的检测单位进行检测。见证人员和取样人员对试样的代表性和真实性负责。如今，这项工作大部分工程均由监理和施工单位共同完成。工程项目施工开始前，应对见证取样的送检实验室进行落实、确认，实验室应是与承包单位无行政隶属关系的第三方，应具备相应的资质，可出具有法定效果的报告；施工企业取样人员在现场抽取和制作试样时，见证人必须在旁见证，且应对试样进行监护，并和委托送检的送检人员一起采取有效的封样措施或将试样送至检测单位。

各地建设主管部门是建设工程质量检测见证取样工作的主管部门。建设工程质量监督管理部门负责对见证取样工作的组织和管理。各检测机构实验室对见证取样送样检验的试件，无见证人员签名的检验委托单及无见证人员伴送的试件一律拒收；未注明见证单位和见证人员的检验报告，不得作为见证检验资料，质量监督机构可指定法定检测单位重新检验。

（5）隐蔽工程验收

隐蔽工程验收是指对项目建成后无法进行复查的工程部位所做的验收。在施工过程中，会出现一些后一工序的工作结果掩盖了前一工序的工作结果的隐蔽工程，如地下基础的承载能力和断面尺寸，打桩数量和位置，钢筋混凝土工程的钢筋，各种暗配的水、暖、电、卫管道和线路等。由于检查对象即将被其他工程覆盖，给以后的检查整改造成障碍，故尤为重要，是质量控制的关键过程。

隐蔽工程施工完后，承包单位应先进行自检，自检合格后进行报验申请。为确保工程质量，在下一工序施工前，应由单位工程技术负责人或施工队邀请建设单位、设计单位三方共同对隐蔽工程进行检查和验收，同时绘制隐蔽工程竣工图，并认真办理隐蔽工程验收签证手续。

（6）停、复工令的实施

在下列情况下，总监理工程师可签发工程施工暂停令：

1）建设单位有合理原因要求暂停施工。

2）承包单位未经许可擅自施工或拒绝监理单位管理。

3）施工中出现重大隐患，可能或已经造成质量事故。

4）发生了必须暂时停工的事件，如施工中出现异常，施工承包单位未采取有效措施或措施不力未能扭转异常情况；

施工单位擅自变更设计或修改图纸进行施工；

不合格人员进入现场施工；

使用的原材料、构配件不合格或未经检查确认，或擅自采用代用材料等；

擅自使用未经认可的分包单位进行施工；

隐蔽作业未查验确认而擅自封闭；

已发生质量问题或缺陷，且有可能继续发展下去。

施工承包单位经过整改具备恢复施工条件时，向监理单位报送申请及有关材料，证明造成停工的原因已消失。经监理工程师现场复查，认为已符合继续施工的条件，总监理工程师签署工程复工报审表，指令承包单位继续施工。

4. 工程质量事故的分析与处理

（1）工程质量事故

工程质量事故，是指由于建设、勘察、设计、施工、监理等单位违反工程质量有关法律法规和工程建设标准，使工程产生结构安全、重要使用功能等方面的质量缺陷，造成人身伤亡或者重大经济损失的事故。工程不符合国家或行业的有关技术标准、设计文件及合同中对质量的要求则称为工程质量缺陷。

工程质量事故的技术特点有：

1）复杂性。复杂性指工程质量事故的性质、危害、形成原因、处理都很复杂，即使是同一类型的事故，由于所处环境、施工条件不同，形成的原因也会截然不同，因此事故的危害、处理的原则和方法也不相同。

2）严重性。严重性是指工程质量事故轻则影响施工顺利进行，增加成本；重则留下隐患，影响安全甚至不能使用；更严重的是使建筑物倒塌，造成人员伤亡和财产的巨大损失。

3）可变性。可变性指工程质量事故随时间、环境、施工情况等不断发展变化，因此在分析工程质量问题时应重视这一特点，采取可靠措施，防止事故恶化。

4）多发性。多发性是指某些事故成为"常见病""多发病"，是质量通病，或指同类型事故一再重复发生。

（2）工程质量事故的分类

建设工程质量事故的分类方法有多种，既可按造成损失的严重程度划分，又可按其产生的原因划分，也可按其造成的后果或事故责任区分。

按事故造成损失程度可分级为：

1）特别重大事故

是指造成 30 人以上死亡，或者 100 人以上重伤，或者 1 亿元以上直接经济损失的事故（以上包括本数，以下不包括本数）。

2）重大事故

是指造成 10 人以上 30 人以下死亡，或者 50 人以上 100 人以下重伤，或者 5000 万元以上 1 亿元以下直接经济损失的事故。

3）较大事故

是指造成 3 人以上 10 人以下死亡，或者 10 人以上 50 人以下重伤，或者 1000 万元以上 5000 万元以下直接经济损失的事故。

4）一般事故

是指造成 3 人以下死亡，或者 10 人以下重伤，或者 100 万元以上 1000 万元以下直接经济损失的事故。

（3）常见工程质量事故分析

对工程质量事故进行分析，可以总结经验教训，预防事故再次发生或防止事故恶化，减少事故损失。部分事故的及时分析与处理，可为后续工程的施工直至竣工验收创造条件，并排除工程隐患。

常见工程质量事故的技术原因包括：

1）违反基本建设程序，如不进行可行性研究即仓促建设、无证设计、无图施工等。

2）工程地质勘察存在问题，如地质勘察报告不详细、不准确导致基础设计错误等。

3）设计计算存在问题，如结构方案不正确、少算或漏算荷载、内力计算错误等。

4）建筑材料、制品质量低劣，如钢筋强度低、水泥强度等级不足、预制构件不合格等。

5）建筑物使用不当，如屋面积灰或积雪过多、任意改变建筑物用途、维修不及时等。

6）施工及管理存在问题，如不按图纸和施工验收规范施工、施工方案或施工顺序错误、无技术交底、不重视质量检查和验收工作等。

7）自然条件影响，如温度、雷电、大风、暴雨等均可引起工程质量事故。

（4）施工阶段质量事故预防的措施

建立健全施工质量管理体系，加强施工质量控制，就是为了预防质量问题和质量事故，在保证工程质量合格的基础上，不断提高工程质量。具体来说，施工阶段质量事故的预防，要从寻找和分析可能导致质量事故发生的原因入手，抓住影响施工质量的各种因素和施工质量形成过程的各个环节，采取针对性的有效预防措施。

施工质量事故预防的具体措施主要有：

1）严格按照基本建设程序办事，认真做好工程地质勘察；

2）科学地加固处理好地基，进行必要的设计审查复核；

3）严格把好建筑材料及制品的质量关；

4）对施工人员进行必要的技术培训；

5）加强施工过程的管理；

6）做好应对不利施工条件和各种灾害的预案；

7）加强施工安全与环境管理。

（5）工程质量事故的处理

1）工程质量事故处理的依据和所需资料

工程质量事故处理的依据如表 5-4 所示。

工程质量事故处理的依据   表 5-4

相关法律法规	《建筑法》《建设工程质量管理条例》
有关合同及合同文件	具有法律效力的工程承包合同、设计委托合同、材料或设备购销合同以及监理合同或分包合同等合同文件
质量事故的实况资料	施工单位的质量事故调查报告
	项目监理机构所掌握的质量事故相关资料
有关的工程技术文件、资料和档案	有关的设计文件

处理工程质量事故，必须分析原因作出正确的处理决策，这就要以充分的、准确的有关资料作为决策基础和依据，一般的质量事故处理，必须具备以下资料：

① 与工程质量事故有关的施工图。

② 与工程施工有关的资料、记录。例如，建筑材料的试验报告、各种中间产品的检验记录和试验报告以及施工记录等。

③ 事故调查分析报告。

A. 质量事故情况表。包括发生质量事故的时间地点、事故情况、有关的观测记录、事故的发展变化趋势、是否已趋稳定等。

B. 事故性质。应区分是结构性问题，还是一般性问题；是内在的实质性的问题，还是表面性的问题；是否需要及时处理；是否需要采取保护性措施。

C. 事故原因。阐明造成质量事故的主要原因，并应附上具有说服力的资料、数据说明。

D. 事故评估。应阐明该质量事故对于建筑物功能、使用要求、结构承载力性能及施工安全有何影响，并应附有实测、演算数据和试验资料。

E. 事故涉及的人员与主要责任者的情况等。

④ 设计、施工以及使用单位对事故处理的意见和要求。

2）工程质量事故处理的基本要求

进行工程质量事故处理的基本要求是：

① 满足设计要求和用户的期望；

② 保证结构安全可靠，不留任何质量隐患；

③ 符合经济合理的原则。

3）工程质量事故的技术处理方案

① 工程质量事故处理方案的确定

工程质量事故处理方案是指技术处理方案，其目的是消除质量隐患，以达到建筑物的安全可靠和正常使用各项功能及寿命要求，并保证施工的正常进行。其一般处理原则是：正确确定事故性质，是表面性还是实质性、是结构性还是一般性、是迫切性还是可缓性；正确确定处理范围，除直接发生部位，还应检查处理事故相邻影响作用范围的结构部位或构件。

A. 修补处理。这是最常用的一类处理方案。通常当工程的某个检验批、分项或分部工程的质量虽未达到规定的规范、标准或设计要求，存在一定缺陷，但通过修补或更换器具、设备后还可达到要求的标准，又不影响使用功能和外观要求，在此情况下，可以进行修补处理。属于修补处理这类具体方案很多，诸如封闭保护、复位纠偏、结构补强、表面处理等，某些事故造成的结构混凝土表面裂缝，可根据其受力情况，仅作表面封闭保护。某些混凝土结构表面的蜂窝、麻面，经调查分析，可进行剔凿、抹灰等表面处理，一般不会影响其使用和外观。对较严重的问题，可能影响结构的安全性和使用功能，必须按一定的技术方案进行加固补强处理，这样往往会造成一些永久性缺陷，如改变结构外形尺寸、影响一些次要的使用功能等。

B. 返工处理。在工程质量未达到规定的标准和要求，存在着严重质量问题，对结构的使用和安全构成重大影响，且又无法通过修补处理的情况下，可对检验批、分项工程、分部工程甚至整个工程返工处理。例如，某防洪堤坝填筑压实后，其压实土的干密度未达到规定值，应进行返工处理。对某些存在严重质量缺陷，且无法采用加固补强修补处理或修补处理费用比原工程造价还高的工程，应进行整体拆除，全面返工。

C. 不作处理。某些工程质量问题虽然不符合规定的要求和标准，构成质量事故，但视其严重情况，经过分析、论证、法定检测单位鉴定和设计等有关单位认可，对工程或结构使用及安全影响不大，也可不作专门处理。

② 选择最适用工程质量事故处理方案的辅助方法

A. 试验验证。即对某些有严重质量缺陷的项目，可采取合同规定的常规试验方法进一步进行验证，以便确定缺陷的严重程度。

B. 定期观测。有些工程，在发现其质量缺陷时其状态可能尚未达到稳定，仍会继续发展，在这种情况下一般不宜过早作出决定，可以对其进行一段时间的观测，然后再根据情况作出决定。

C. 专家论证。对于某些工程质量问题，可能涉及的技术领域比较广泛，或问题很复杂，有时仅根据合同规定难以决策，这时可提请专家论证。

D. 方案比较。这是比较常用的一种方法。同类型和同一性质的事故可先设计多种处理方案，然后结合当地的资源情况、施工条件等逐项给出权重，作出对比，从而选择具有较高处理效果又便于施工的处理方案。

4）工程质量事故处理的鉴定验收

① 检查验收

工程质量事故处理完成后，应严格按施工验收标准及有关规范的规定进行验收，依据质量事故技术处理方案设计要求，进行实际量测，检查各种资料数据，并应办理交工验收文件，组织各有关单位会签。

② 必要的鉴定

为确定工程质量事故的处理效果，凡涉及结构承载力等使用安全和其他重要性能的处理工作，常需做必要的试验和检验鉴定工作。检测鉴定必须委托政府批准的有资质的法定检测单位进行。

③ 验收结论

对所有的质量事故，无论经过技术处理、通过检查鉴定验收还是不需专门处理的，均应有明确的书面结论。若对后续工程施工有特定要求，或对建筑物使用有一定限制条件，应在结论中提出。

验收结论通常有以下几种：

A. 事故已排除，可以继续施工。

B. 隐患已消除，结构安全有保证。

C. 经修补处理后，完全能够满足使用要求。

D. 基本上满足使用要求，但使用时有附加限制条件，例如限制荷载等。

E. 对耐久性的结论。

F. 对建筑物外观的结论。

G. 对短期内难以作出结论的，可提出进一步观测检验意见。

5.3.7 工程项目验收的质量控制

1. 建筑工程施工质量验收

2013 年 11 月 1 日，住房和城乡建设部批准发布了《建筑工程施工质量验收统一标准》GB 50300—2013（以下简称《统一标准》）。该标准自 2014 年 6 月 1 日起正式实施，原《建筑工程施工质量验收统一标准》GB 50300—2001 同时废止。《统一标准》将建筑工程质量验收划分为单位（子单位）工程、分部（子分部）工程、分项工程和检验批。施工质量验收除应符合该标准外，尚应符合国家现行有关标准的规定，主要包括：建设行政主管部门发布的有关规章，施工技术标准、操作规程、管理标准和有关的企业标准等，试验方法标准、检测技术标准等，施工质量评价标准等。

工程施工质量验收是指工程施工质量在施工单位自行检查评定合格的基础上，由工程质量验收责任方组织，工程建设相关单位参加，对检验批、分项、分部、单位工程及其隐蔽工程的质量进行抽样检验，对技术文件进行审核，并根据设计文件和相关标准以书面形式对工程质量是否达到合格作出确认。工程施工质量验收包括工程施工过程质量验收和竣工质量验收。

工程施工质量验收各层次的验收程序与组织如表 5-5 所示，施工质量验收体系及条件如图 5-7 所示。

工程施工质量验收各层次的验收程序与组织 表 5-5

检查验收内容		组织人员	参加单位	签字人员
检验批		专业监理工程师	监理（建设）单位 施工（分包）单位	专业监理工程师（建设单位项目专业技术负责人） 施工单位项目专业质量检查员 施工单位专业工长
分项工程		专业监理工程师	监理（建设）单位 施工（分包）单位	专业监理工程师（建设单位项目专业技术负责人） 施工单位项目专业技术负责人
分部（子分部）工程		总监理工程师	监理（建设）单位 施工（分包）单位 勘察单位 设计单位	总监理工程师 施工单位项目负责人 勘察单位项目负责人 设计单位项目负责人
单位工程	自检	施工单位项目负责人	施工单位	
	预验收	总监理工程师	专业监理工程师	
	竣工验收	建设单位负责人	监理、施工、设计、勘察单位项目负责人	建设单位项目负责人、总监理工程师、施工单位项目负责人、设计单位项目负责人、勘察单位项目负责人

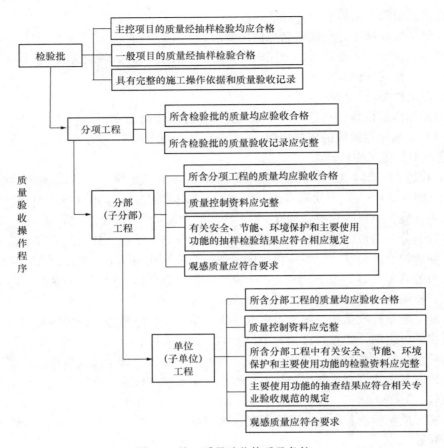

图 5-7　施工质量验收体系及条件

2. 建筑工程施工质量不符合规定时的处理方法

一般情况下，不合格现象在检验批验收时就应发现并及时处理，但实际工程中不能完全避免不合格情况的出现，当建筑工程施工质量不符合规定时，应按下列规定进行处理：

（1）经返工或返修的检验批，应重新进行验收。

（2）经有资质的检测机构检测鉴定能够达到设计要求的检验批，应予以验收。

（3）经有资质的检测机构检测鉴定达不到设计要求、但经原设计单位核算认可能够满足安全和使用功能的检验批，可予以验收。

（4）经返修或加固处理的分项、分部工程，满足安全及使用功能要求时，可按技术处理方案和协商文件的要求予以验收。

要注意的是：

（1）检验批验收时，对于主控项目不能满足验收规范规定或一般项目超过偏差限值时应及时进行处理。其中，对于严重的缺陷应重新施工，一般的缺陷可通过返修、更换予以解决，允许施工单位在采取相应的措施后重新验收。如能够符合相应的专业验收规范要求，应认为该检验批合格。当个别检验批发现问题，难以确定能否验收时，应请具有资质的法定检测机构进行检测鉴定。当鉴定结果认为能够达到设计要求时，该检验批应可以通过验收。这种情况通常出现在某检验批的材料试块强度不满足设计要求时。

（2）如经检测鉴定达不到设计要求，但经原设计单位核算、鉴定，仍可满足相关设计规范和使用功能要求时，该检验批可予以验收。这主要是因为一般情况下，标准、规范的规定是满足安全和功能的最低要求，而设计往往在此基础上留有一些余量。在一定范围内，会出现不满足设计要求而符合相应规范要求的情况，两者并不矛盾。

（3）经法定检测机构检测鉴定后认为达不到规范的相应要求，即不能满足最低限度的安全储备和使用功能时，则必须进行加固或处理，使之能满足安全使用的基本要求。这样可能会造成一些永久性的影响，如增大结构外形尺寸，影响一些次要的使用功能。但为了避免建筑物的整体或局部拆除，避免社会财富更大的损失，在不影响安全和主要使用功能的条件下，可按技术处理方案和协商文件进行验收，责任方应按法律法规的规定承担相应的经济责任和接受处罚。需要特别注意的是，这种方法不能作为降低质量要求、变相通过验收的一种出路。

5.4 本 章 小 结

质量定义为一组固有特性满足要求的程度。工程质量是指工程满足业主需要的，符合国家法律、法规、技术规范标准、设计文件及合同规定的特性综合。

工程质量的检查评定及验收是按检验批、分项工程、分部工程、单位工程进行的，检验批是整个工程质量检验的基础。

工程项目质量计划是指为确定工程项目应该达到的质量标准和如何达到这些质量标准而做的质量方面的计划与安排。工程项目质量控制是指致力于满足工程项目质量要求，也就是为了保证工程项目质量满足工程合同、规范标准所采取的一系列措施、方法和手段。

工程质量控制按工程质量形成过程，包括全过程各阶段的质量控制，其中决策阶段、勘察设计阶段和施工阶段的质量控制对工程项目的影响最为突出。

工程施工质量验收是指工程施工质量在施工单位自行检查评定合格的基础上，由工程质量验收责任方组织，工程建设相关单位参加，对检验批、分项、分部、单位工程及其隐蔽工程的质量进行抽样检验，对技术文件进行审核，并根据设计文件和相关标准以书面形式对工程质量是否达到合格作出确认。

案例阅读：二滩机组止漏环损坏的统计分析

《人民日报》：在著名的二滩电站，
　　　　　　　国内组装的四台机组——为啥连螺栓都拧不紧？

二滩电站是利用世行贷款建起来的目前我国已投入运行的最大水电站，共有六台发电机组。当初国家为了扶持民族工业，与负责提供二滩电站主机设备的加拿大 GEHydro 公司达成协议，采用斜线分割供货，逐台增大国产化比例。安装顺序是从 6 号开始倒序安装，6 号和 5 号机组是近乎纯进口机组，2 号和 1 号是近乎全国产化机组，分别由两家国有骨干企业承制生产。

令人不可思议的是，4 台国产或相关部件国产化的机组，自安装运行始，因止漏环损坏，逐台被迫停机检修。运行时间最短的 2 号机组，运行仅 80 多天就出了问题。

电站介绍，这几台机组止漏环都出过问题，而只要机组止漏环出了问题，就必须整机拆卸检修，检修工期少则 100 天，多则 120 天。发不了电，每天的损失就达上百万元，整个检修期间损失上亿元。而修理费、配件及材料所需费用等，一般需要数百万元。

是不是国产零部件就真的比进口的差？二滩电站认为，并不是零部件加工难度大，也不是材质的问题，而是国产设备生产厂家的管理不到位。记者手里有一份二滩机组止漏环损坏的统计分析，四台国产或相关部件国产化的机组，无一例外都存在严重的止漏环损坏问题。其中 2 号机组问题最为突出。该机组 1999 年 9 月 12 日投产运行，12 月 4 日就出了问题。经检查，发现固定顶盖止漏环的 124 个螺栓，有 66 个丢失，35 个破断，总计破损率 81.45%！

为什么这么多螺栓都有问题？电厂认为，关键是生产过程的质量管理不到位，说起来都是一些小毛病。按规定，M24×3 螺栓拧入深度应为 24mm，设计钻孔深度 47mm。但通过对 2 号机组的实测，钻孔深度浅的仅为 18mm，攻丝深度不足 12mm，远没达到标准。按规范，M24×3 螺栓退刀槽底径应为 19.6mm，从 3 号机回收的 106 个 M24 螺栓中，检测出破断螺栓总数为 54 个，退刀槽直径小于 16mm 的螺栓为 48 个，占破断螺栓总数的 88.8%！这实际上是从加工螺栓的车间到安装螺栓的车间众多操作、质检、管理人员不负责任造成的，生产厂家的小毛病造成了用户的大损失。

我国机械工业经过几十年的发展，已经具备了较强的生产能力，然而，在产品质量和档次水平上，与国际先进水平还存在不小差距。有些企业总埋怨用户单位爱用进口设备，而不认真想想到底为什么？有的企业总强调设备落后，工艺不如别人。其实，并未真正从根本上找到原因。同样的工艺，同样的设备，为什么我们的产品质量就不如别人？我们与国际先进水平的差距到底在哪里？我们企业的基础管理还存在哪些问题？这些年，我们的企业，特别是一些国有骨干大型企业，谁家都可以拿出一整套的规章制度来，要论质量体系论证，也早已通过，但是否真正落到实处，大概得打个大问号。也许，二滩电厂在给其中一家设备制造厂关于设备问题的说明中颇带情绪性的话，说明了国人恨铁不成钢的无奈：我们实在难以理解的是，作为从事水电设备几十年的国有骨干企业，到了 20 世纪 90 年代仍无力控制普通紧固件的加工质量。

值得肯定的是，生产这几台设备的国内两家电机厂，在二滩机组出了问题以后，都尽快派人赶到现场帮助维修。在接到二滩电站的设备报告后，厂领导也的确引起了高度重视，并在全厂职工大会上公布了二滩的报告，以引起职工的重视。二滩设备质量问题再次为我国的机械工业敲响了警钟：如果我们不吸取教训，不一步一个脚印去做，在未来的竞争中，受到冲击将是不可避免的。我国机械工业的产业提升，技术进步是一方面，抓好管理也是至关重要的。

吉斯·佩里先生是小浪底建管局聘请的加拿大专家，1997 年小浪底截流时，记者王慧敏采访过他。

记者问："你对中国工人怎么评价？"

他沉吟半晌，操着生硬的汉语说："马马虎虎。"

他讲了这样两个故事：一次，他到工地巡视，见几名中国工人拧螺钉时不认真，便提出劝告。可这些工人呢，仍是噜噜几下就完事。无奈，年逾六旬的他，自己上街买了一套工具，爬上 30 多米高的脚手架，把数百个螺钉重新紧了一遍。另一次，中国某施工队清理施工现场时，水洼里散落的几块石头无人捡，他告诉队长：这会影响车辆通行。可队长不以为然。没办法，又是他自己跳进水洼，把石头一块块捡了出来……

吉斯·佩里先生给我们这样的忠告：单个工程或产品出现质量问题，不可怕；可怕的是马马虎虎成为一种习惯。你们要参与世界竞争，首先必须治愈"马虎病"。吉斯·佩里先生的话，可谓苦口良药。稍一留心会发现，"马虎病"在我们的生活中，比比皆是。在小浪底，许多外商学到的第一句中国话就是"马马虎虎"。中国人在小浪底遭外商索赔最多的，也是缘于马虎：一名中国工人在施工中掉了4颗钉子，不久，中方收到了这样一封信函：浪费材料，索赔28万元。某施工现场有积水和淤泥，外商索赔200万元。

……

在小浪底，记者曾参观过中外施工人员的居住区，同样是临时营地，老外的，从绿篱、草坪到小径、垃圾箱，一个个整齐划一。尤其叹为观止的是，每个卫生间地面的瓷砖，什么地方用直角，什么地方用圆角，几乎是从一个模子出来的。而中方的呢，院子里，建筑材料、垃圾杂乱无章地混在一起，屋里的景况就更别提了……

一个产品也好，一支队伍也罢，要在市场竞争中站稳脚跟，靠什么？靠的就是质量！而质量体现在哪里？体现在一个螺丝、一个焊点这样的细枝末节中。不论你有多高的技能，不论你的产品有多高的科技含量，如果不是一丝不苟去做，不是一点一滴去努力，干什么都会走样。

（资料来源：《人民日报》2001年4月23日第九版）

案例阅读：哈尔滨阳明滩大桥引桥垮塌事件

1. 事件概述

2012年8月24日5时30分，哈尔滨阳明滩大桥（引桥处）发生坍塌，连接阳明滩大桥的疏解工程、哈尔滨三环路高架桥洪湖路上桥分离式匝道发生断裂，坍塌大梁长为130m左右，属于整体垮塌。致使4辆大货车坠桥，侧翻的部分大货车驾驶室已完全被砸扁，带血迹的方向盘等物飞出落地。事故造成3人死亡、5人受伤。

阳明滩大桥是省、市城建重点大项目，也是哈尔滨市继松浦大桥之后自行组织建设的又一座跨江大型桥梁工程，为哈尔滨市首座悬索桥。阳明滩大桥全长7133m，其中桥梁部分长6464m，接线道路长669m，桥宽41.5m，双向8车道，设计时速80km，最大可满足高峰期每小时9800辆机动车通行。工程于2009年12月5日开工建设，2011年11月6日正式竣工通车，估算总投资18.82亿元。桥面总面积23.6万 m^2，相当于33个标准足球场面积。全桥共使用混凝土近40万 m^3，使用各种钢材6万多t，钢梁6600t，缆索1450t。

2. 事故调查

阳明滩大桥始建于2009年年底，只用18个月就完成施工。阳明滩大桥施工过程中曾发生过事故，根据媒体报道，2011年9月23日，阳明滩大桥十三标段施工时侧梁滑落，造成5名正在施工的工人从约20m高的桥上坠下受伤。施工方认为，这只是施工过程中的一起事故，并不影响阳明滩大桥的整体施工进度，大桥仍继续24小时昼夜施工，以保证在当年11月份通车。

在垮塌的桥梁体内，充塞着鹅卵石、木棍和编织袋的混合物，钢筋是铺在箱梁内的，并没有看到捆扎的情形。发生垮塌事故的是哈尔滨西三环路阳明滩大桥南引桥的一个上桥匝道，在三环路和洪湖路交叉口附近，此处属于群力新区，附近有许多新建的住宅楼盘，少数已经入住，多数还正在建设。

事发时，停在塌桥中段的有 3 辆大挂车，每辆保守估计 120～150t 之间，另外，还有一辆距离较远的，损坏程度较轻，约为 30t。据伤者回忆，3 辆大车都靠桥外侧停靠。从现场看，3 辆车停靠得比较近，合计将近 500t 重量在单侧压着。

而在设计上，该段桥梁的载重能力为单向 50t，也就是说，单个车道一次通过一辆载重 50t 的货车。3 车停靠，出现将近 500t 重量，相当于超出桥梁承载能力七八倍，对桥体造成偏载，使得桥整体倾覆下去。

8 月 27 日下午，哈尔滨市政府召开新闻发布会，再次强调坍塌桥梁与阳明滩大桥没有关系，与阳明滩大桥分属两个工程建设项目。事故地段为上三环路群力高架桥的分离式匝道，梁体长 121m，宽 9m，坡度 3.5％，是一个独立的整体钢—混凝土叠合梁。根据相关工程资料，该匝道工程造价为 709.42 万元，施工期为 90d。

与此同时，哈尔滨市政府通报了坍塌桥梁的设计、承建和监理单位：设计单位为哈尔滨市市政工程设计院，资质为市政行业甲级；施工单位为福建交建，资质为市政公用工程施工总承包壹级、公路工程施工总承包壹级；监理单位为黑龙江百信，资质为市政公用工程监理甲级。

这次参与其中的黑龙江公路工程监理咨询公司，此前并无悬索桥监理经验；匝桥监理单位"黑龙江百信建设工程监理有限公司"因综合信用不佳，于 2008 年曾被亮红牌。

3. 调查结果

2012 年 9 月 19 日下午，哈尔滨市发布"8·24"三环群力高架桥鸿福路段上行匝道倾覆事故调查结果。事故性质为由于车辆严重超载而导致匝道倾覆、车辆翻落地面，造成人员伤亡的特大道路交通事故。

事故发生后 7 人专家组立即成立，对坍塌匝道进行认定；同时委托国家建筑工程质量监督检验中心对事故匝道的钢筋、混凝土等取样进行检验检测和鉴定，对车辆的装载、改装及行车路线和工程设计、质量、日常管理等方面进行调查取证，其间共调查取证 105 人次，调取相关资料 297 份。事故调查组委托哈尔滨开发区明矩工程质量检测有限公司，对事故桥梁的墩柱几何尺寸、墩柱钢筋保护层厚度及钢筋间距、墩柱及盖梁的混凝土强度、垫石的混凝土强度和钢筋直径规格等指标进行了检测，结果认定各项指标均符合设计要求。

此后，国家建筑工程质量监督检验中心对混凝土芯样强度、钢筋直径及抗拉力学性能进行测试，得出检验结论是：受检的盖梁芯样混凝土强度和盖梁主筋直径、屈服强度、抗拉强度、伸长率、屈强比符合要求。

据通报，经查，施工单位福建省交建集团工程有限公司按有关规定，建立了质量责任制，施工质量检验制度健全，工序管理规范，隐蔽工程质量检查和记录齐全。各工序都对质量进行了自查，质量内业资料齐全。

据专家组分析意见、检测检验机构检验结论和调查组调查取证认定，三环群力高架桥鸿福路上行匝道倾覆、车辆翻落地面、人员伤亡事故的直接原因是王××驾驶超载货车，勘定张××、刘××驾驶擅自改变外形和技术数据的严重超载车辆，在 121.96m 的长梁体范围内同时集中靠右行驶，造成钢混叠合梁一侧偏载受力严重超载荷，从而导致倾覆。

间接原因：

（1）8月24日双城交警大队兰陵中队和新兴中队没有发现事故车辆经过其管辖路段。

（2）哈尔滨市公路管理处对上级抽调执法人员增援京哈公路改造工程王岗镇路段的要求考虑不周。八名执法人员全部从京哈公路双城养路段抽调，致使路政巡查工作出现疏漏。

（3）8月23日吉林省德惠市公路管理段对2-4号车进行了处罚，没有按规定采取卸载措施（哈尔滨市安监、交通和公安交管部门在调查事故中，将倾覆的车辆按位置分别编为1-4号车、2-4号车，货厢体积均有改动，为非标车辆）。

事故责任认定及处理意见：对肇事车辆相关人员移送哈尔滨市公安交管部门依法处理。对双城市交警大队兰陵中队，新兴中队及哈尔滨市公路管理处交由市监察局严肃问责。对吉林省德惠市路政段在超载货车处罚过程中存在的违规问题，将呈请黑龙江省交通运输管理部门向吉林方面通报并由其依据有关规定调查处理。

4. 相关分析

多位路桥专家认为应该从桥梁的设计上追根溯源，而不应该把问题简单地归咎于超载。包括中国工程院院士、土木工程结构和防护工程专家陈肇元在内的诸多业内专家则公开表示，桥梁事故频发是"先天不足，命该注定"。

陈肇元曾在名为《大桥坍塌建设速度是否过快？》的公开信中以建成于20世纪30年代、按国际通用标准设计、在超载服务的条件下仍安然无恙的钱江大桥为例，指出我国某些工程设计、施工规范或标准过低埋下事故隐患。

"以房屋建筑为例，我国设计规范要求的楼层使用荷载的承载能力，大概只是国际通用标准的50%～60%，混凝土结构中为钢筋锈蚀所需的保护层最小厚度有的只有国际通用标准的一半。所以，事故频发和工程设施的短寿，只能是先天不足，命该注定。"陈肇元在公开信中说。

为此，《环球时报》专门刊发社论称：所有新建大桥的垮塌无一例外都是责任事故，它们都垮在建设及使用过程的管理上。建议必须加强对有关官员和其他责任人的追惩。

《人民日报》官方微博则在8月25日晚发声，建议地方政府"对于事故信息发布，要客观而及时地进行披露，而不是给人以推脱责任、转移舆论焦点的嫌疑。想让发布信息有说服力并不难，发布者首先要换位思考：作为普通人，需要了解什么，进而有一说一，真正尊重事实与常识"。

阳明滩大桥疏解工程全线采用钢混结构组合梁。而按照原工程设计，疏解工程8处跨主要地面路段均应采用混凝土结构。混凝土结构改为钢混结构，工期可以大大缩短，这也是阳明滩大桥为何如此迅速竣工的原因。但两者最重要的区别是在重量上，混凝土结构比钢混结构重量要大得多，因而稳定性也就更好，此次桥梁的坍塌便是稳定性问题。

还有专家认为，超载肯定是导致大桥垮塌的一个原因，但不应该规避桥梁的其他问题，最主要的还是设计上问题，独柱墩的设计结构导致桥梁平衡性差，因此事发时4辆车的重量压在一侧，桥梁失去平衡而垮塌。

另外从重量上分析，桥梁的承重并不等于最大的承受重量。一般建筑人员考虑桥梁材料安全系数时，要比考虑建设楼房时低一些，也就是会更谨慎一些。因此，全部归因于超载的说法并不能获得认可。

自 2007 年至今 5 年时间内，全国范围内公开可查询的桥梁垮塌事故共有 15 起。事故共造成 141 人死亡，111 人受伤，18 人失踪。发生事故的 15 座桥梁中，仅有 3 座至事发时使用时间超过 15 年。同济大学土木工程学院桥梁工程系副主任孙利民教授表示，最近一二十年，我国迎来桥梁建设高峰期，在很短时间内建设了大量桥梁，目前我国已有桥梁 60 多万座，由于量大集中，后期养护管理跟不上，很容易发生问题。

（资料来源：腾讯新闻系列报道，新浪新闻中心相关报道）

相关链接：5 年间全国 37 座桥梁发生垮塌事故　看垮桥背后的责任缺位

通车还不满一年的哈尔滨阳明滩大桥发生引桥垮塌后，社会对于工程质量的担忧再次被集中引爆。据媒体最新作出的不完全统计，自 2007 年至 2012 年间，全国共有 37 座桥梁或在建桥梁发生垮塌事故，致使 182 人丧生，177 人受伤。

上述事故的发生原因在正式公布的调查结论中各不相同，但其背后隐藏的根本性问题则相对趋同，即工程质量监督管理制度落实的乏力。我国目前已先后颁布了建筑法、建设工程质量管理条例等法律规章，已基本形成完整的、由政府监督管理和专业工程监理相结合的工程质量监督管理体系，但日常监管的疏忽和权力寻租现象的存在，导致事故总是以突发新闻的形式被推至公众面前，以舆论压力来推动调查处理工作的展开，再因新闻热点的转移而被遗忘，鲜有依据事故危害程度而彻底清偿。

《建筑法》和《建设工程质量管理条例》明确规定，禁止建筑施工企业转让或出借资质证书、工程转包、冒险作业、偷工减料、拖延履行工程保修义务等一系列危害工程质量和安全的行为，并依据行为危害性和危害后果的不同，分别设置了罚款、承担赔偿责任、追究刑事责任、停业整顿、降低资质等级或者吊销资质证书等刑事和行政处罚措施。

《建设工程质量管理条例》第 76 条和第 77 条更是分别规定：国家机关工作人员在建设工程质量监督管理工作中玩忽职守、滥用职权、徇私舞弊的，应负相应的行政处分或刑事责任；建设、勘察、设计、施工、工程监理单位的工作人员因调动工作、退休等原因离开该单位后，如果被发现在该单位工作期间违反国家有关建设工程质量管理规定，造成重大工程质量事故的，仍应当依法追究法律责任。

而在现实生活中，包括一些造成重大伤亡的桥梁坍塌事故在内，责任追究往往以建设、施工、监理等公司承担罚款和直接责任人被处以最高不过 10 年的有期徒刑告一段落。能够像海南万宁市在处理太阳河大桥坍塌事故中，对涉嫌渎职犯罪的三名公路分局官员依法提起公诉的并不多见。由于工程建设行业中大部分工程承包单位的国有性质，使得涉事故公司因事故而受到停业整顿、降低资质等级或吊销资质证书处罚的，更是少之又少。以哈尔滨阳明滩大桥为例，发生事故的匝道工程设计单位为哈尔滨市市政工程设计院，施工单位为福建省交建集团工程有限公司，监理单位为黑龙江百信建设工程监理有限公司，其中设计单位及监理单位均有发生事故的"前科"。

追责大板的高高举起轻轻落下，以及违法成本与守法成本的失衡，成为桥梁事故屡发不止的潜在原因。道路、桥梁、地铁等公共设施的质量缺陷问题不仅是对国家财产的损害和对社会资源的浪费，更会形成重大的公共安全隐患。探索如何保证公共设施质量安全，不妨先从"依法追责"开始。

（资料来源：杨涵舒，北京日报）

思 考 与 练 习 题

1. 说明工程质量的概念及其特性。

2. 如果某项目发现其主体部分现浇混凝土强度不足的问题，试用因果分析图分析可能的原因。

3. 说明我国工程质量管理标准化工作的目标、主要内容及重点任务。

4. 某建筑公司承接了某写字楼，该工程地处闹市区，紧邻城市主要干道，施工场地狭窄，主体地上22层，框架—剪力墙结构；地下3层，筏板基础，基础开挖深度11.5m，基坑底部低于地下水。为了达到"以预防为主"的目的，施工单位加强了施工工序的质量控制。试确定该工程的质量控制点。

5. 简述工程项目各参与方的质量责任与义务。

6. 说明我国的工程质量管理制度。

7. 分析说明项目决策阶段、勘察设计阶段质量控制的内容与要点。

8. 分析说明工程项目施工阶段质量控制的各项主要工作与要求。

9. 说明建筑工程施工质量不符合规定时的处理方法。

10. 某住宅小区工程，通过招标确定了勘察、设计、施工单位，并委托了监理单位对项目实施监理。项目按计划完工，建设单位组织竣工验收，验收合格，一个月后办理了竣工验收备案。第三年建设单位发现屋面出现渗漏现象，经检查用户是正常使用，于是要求施工单位保修，施工单位以合同中该项工程约定的保修期为两年为由拒绝修复。试分析该项目中建设单位和施工单位的做法是否恰当，双方就保修事宜应该遵守怎样的程序？

11. 结合哈尔滨阳明滩大桥引桥垮塌事件，分析工程质量事故的形成原因与处理方法。

6 工程项目成本费用管理

本章要点及学习目标:

　　了解工程项目费用管理的概念、特点及程序;熟悉我国建设工程投资的构成,工程项目资源计划的特点、编制依据及各类资源计划的内容;掌握工程项目投资估算、设计概算、施工图预算的概念及方法,工程项目费用控制的方法及措施,项目决策、设计、施工阶段成本费用控制的方法和工作内容,工程价款结算、成本变更管理以及工程索赔的相关概念及规定等。

6.1　工程项目成本费用管理概述

6.1.1　工程项目成本费用相关概念

　　工程项目关于价值消耗方面的术语常用的有投资、造价、费用、成本等,这些术语在实质上有统一性,在使用时范围上有所差异。

　　工程项目投资是指进行某项工程建设花费的全部费用。生产性建设工程项目总投资包括建设投资和铺底流动资金两部分,非生产性建设工程项目总投资则只包括建设投资。

　　工程造价一般是指一项工程预计开支或实际开支的全部固定资产投资费用,即从工程项目确定建设意向直至建成、竣工验收为止整个建设期间所支出的全部投资费用。在这个意义上工程造价与建设投资的概念是一致的。工程造价的另一种含义是指工程价格,即为建成一项工程,预计或实际在土地市场、设备市场、技术劳务市场以及承包市场等交易活动中所形成的建筑安装工程的价格和建设工程的总价格。

　　从上述概念也可以看出,"费用"一词广泛用于各种对象,但在财务上,"费用"与"成本"不完全一致,有些费用可以进入成本项目,有些不能作为成本开支。工程项目成本,一般是指工程承包方以施工项目作为成本核算对象,是在施工过程中所耗费的生产资料转移价值和劳动者的必要劳动所创造价值的货币形式。它是工程项目的制造成本。工程项目成本由直接成本和间接成本构成。建筑工程成本,是施工企业最为常见的一种成本,是成本的一种具体形式,是施工企业在生产经营中为获取和完成工程所支付的一切代价,即广义的建筑成本。

　　在本章中,对上述术语的使用作如下界定:

　　首先,按现行的规定、办法或规范中现有术语的含义和用法来应用;

　　其他的,投资或造价,通常考虑从业主或投资者角度出发;

　　成本,通常考虑从承包商的角度出发;

　　费用,在没有专门指某管理主体时,泛指工程项目产生的价值消耗。

6.1.2 建设工程投资构成

1. 我国现行建设工程投资构成

（1）《建设项目经济评价方法与参数》中的总投资组成

建设项目总投资是为完成工程项目建设并达到使用要求或生产条件，在建设期内预计或实际投入的全部费用总和。

根据国家发展改革委和建设部发布的《建设项目经济评价方法与参数（第三版）》的规定，生产性建设项目总投资包括建设投资、建设期利息和流动资金三部分；非生产性建设项目总投资包括建设投资和建设期利息两部分。其中，建设投资和建设期利息之和对应于固定资产投资，固定资产投资与建设项目的工程造价在量上相等。

工程造价基本构成包括用于购买工程项目所含各种设备的费用，用于建筑施工和安装施工所需支出的费用，用于委托工程勘察设计应支付的费用，用于购置土地所需的费用，也包括用于建设单位自身进行项目筹建和项目管理所花费的费用等。总之，工程造价是指在建设期预计或实际支出的建设费用。

工程造价中的主要构成部分是建设投资，建设投资是为完成工程项目建设，在建设期内投入且形成现金流出的全部费用。

建设投资包括工程费用、工程建设其他费用和预备费三部分。工程费用是指建设期内直接用于工程建造、设备购置及其安装的建设投资，可以分为建筑安装工程费和设备及工器具购置费；工程建设其他费用是指建设期发生的与土地使用权取得、整个工程项目建设以及未来生产经营有关的构成建设投资但不包括在工程费用中的费用。预备费是在建设期内因各种不可预见因素的变化而预留的可能增加的费用，包括基本预备费和价差预备费。

（2）《建设项目总投资费用项目组成》中的总投资组成

2017年9月，住房和城乡建设部发布关于《建设项目总投资费用项目组成》《建设项目工程总承包费用项目组成》征求意见稿，明确建设项目总投资以及工程总承包费用组成。

建设项目总投资包括工程造价、增值税、资金筹措费和流动资金。建设项目总投资费用项目组成及其他直接费的构成如图6-1、图6-2所示。

$$建设项目总投资＝工程造价＋增值税＋资金筹措费＋流动资金 \qquad (6-1)$$

1）工程造价

工程造价是指工程项目在建设期预计或实际支出的建设费用，包括工程费用、工程建设其他费用和预备费。

$$工程造价＝工程费用（不含税）＋工程建设其他费用（不含税）＋预备费（不含税）\quad (6-2)$$

① 工程费用

工程费用是指建设期内直接用于工程建造、设备购置及其安装的费用，包括建筑工程费、设备购置费和安装工程费。

$$工程费用＝建筑工程费＋设备购置费＋安装工程费 \qquad (6-3)$$

建筑工程费是指建筑物、构筑物及与其配套的线路、管道等的建造、装饰费用。安装工程费是指设备、工艺设施及其附属物的组合、装配、调试等费用。设备购置费是指购置

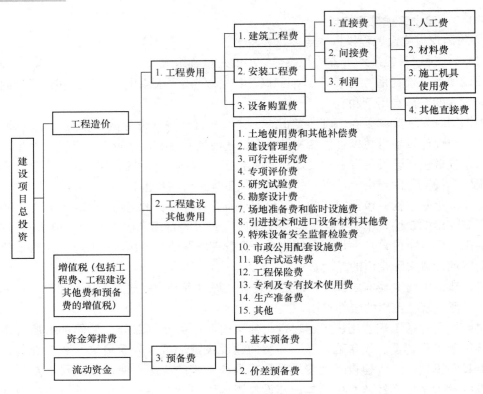

图6-1　建设项目总投资费用项目组成

或自制的达到固定资产标准的设备、工器具及生产家具等所需的费用，设备购置费分为外购设备费和自制设备费：外购设备是指设备生产厂制造，符合规定标准的设备；自制设备是指按订货要求，并根据具体的设计图纸自行制造的设备。

建筑工程费和安装工程费包括直接费、间接费和利润。

直接费是指施工过程中耗费的构成工程实体或独立计价措施项目的费用，以及按综合计费形式表现的措施费用。直接费包括人工费、材料费、施工机具使用费和其他直接费。

人工费是指直接从事建筑安装工程施工作业的生产工人的薪酬。包括工资性收入、社会保险费、住房公积金、职工福利费、工会经费、职工教育经费及特殊情况下发生的工资等。日工资单价由工程造价管理机构通过市场调查、根据工程项目的技术要求，参考实物工程量人工单价综合分析确定。

材料费是指工程施工过程中耗费的各种原材料、半成品、构配件的费用，以及周转材料

其他直接费项目组成：

1. 冬雨期施工增加费
2. 夜间施工增加费
3. 二次搬运费
4. 检验试验费
5. 工程定位复测费
6. 工程点交费
7. 场地清理费
8. 特殊地区施工增加费
9. 文明（绿色）施工费
10. 施工现场环境保护费
11. 临时设施费
12. 工地转移费
13. 已完工程及设备保护费
14. 安全生产费

图6-2　其他直接费项目组成

等的摊销、租赁费用。

$$建筑工程费＝直接费＋间接费＋利润 \quad (6-4)$$

$$直接费＝人工费＋材料费＋施工机具使用费＋其他直接费 \quad (6-5)$$

$$人工费＝\Sigma（工日消耗量×日工资单价） \quad (6-6)$$

$$材料费＝\Sigma（材料消耗量×材料单价） \quad (6-7)$$

$$材料单价＝（材料原价＋运杂费）×[1＋运输损耗率(\%)]$$
$$×[1＋采购保管费率(\%)] \quad (6-8)$$

$$外购设备购置费＝\Sigma（设备数量×设备单价） \quad (6-9)$$

$$（外购)设备单价＝设备原价＋设备运杂费＋备品备件费 \quad (6-10)$$

$$自制设备购置费＝\Sigma（设备数量×设备单价） \quad (6-11)$$

$$（自制)设备单价＝（材料费＋加工费＋检测费＋专用工具费＋外购配套件费$$
$$＋包装费＋利润＋非标准设备设计费＋运杂费） \quad (6-12)$$

$$进口设备购置费＝\Sigma（设备数量×设备单价） \quad (6-13)$$

$$（进口)设备单价＝设备抵岸价＋设备国内运杂费＋备品备件费 \quad (6-14)$$

$$设备抵岸价＝设备到岸价＋进口设备从属费用 \quad (6-15)$$

$$设备到岸价＝离岸价＋国际运费＋运输保险费 \quad (6-16)$$

$$进口设备从属费用＝外贸手续费＋关税＋消费税＋增值税＋车辆购置税 \quad (6-17)$$

施工机具使用费是指施工作业所发生的施工机械、仪器仪表使用费或其租赁费，包括施工机械使用费和施工仪器仪表使用费。施工机械使用费是指施工机械作业发生的使用费或租赁费。施工机械使用费以施工机械台班消耗量与施工机械台班单价的乘积表示，施工机械台班单价由折旧费、检修费、维护费、安拆费及场外运费、人工费、燃料动力费及其他费组成。施工仪器仪表使用费是指工程施工所发生的仪器仪表使用费或租赁费。施工仪器仪表使用费以施工仪器仪表台班消耗量与施工仪器仪表台班单价的乘积表示，施工仪器仪表台班单价由折旧费、维护费、校验费和动力费组成。

$$施工机具使用费＝施工机械使用费＋施工仪器仪表使用费 \quad (6-18)$$

$$施工机械使用费＝\Sigma（施工机械台班消耗量×机械台班单价） \quad (6-19)$$

$$仪器仪表使用费＝\Sigma（仪器仪表台班消耗量×仪器仪表台班单价） \quad (6-20)$$

施工机械台班单价由工程造价管理机构按《建设工程施工机械台班费用编制规则》及市场调查分析确定。施工仪器仪表台班单价由工程造价管理机构按《建设工程施工仪器仪表台班费用编制规则》及市场调查分析确定。

其他直接费是指为完成建设工程施工，发生于该工程施工前和施工过程中的按综合计费形式表现的措施费用。内容包括冬雨期施工增加费、夜间施工增加费、二次搬运费、检验试验费、工程定位复测费、工程点交费、场地清理费、特殊地区施工增加费、文明（绿色）施工费、施工现场环境保护费、临时设施费、工地转移费、已完工程及设备保护费、安全生产费等。

$$冬雨期施工增加费＝计算基数×冬雨期施工增加费费率（％）\tag{6-21}$$

$$夜间施工增加费＝计算基数×夜间施工增加费费率（％）\tag{6-22}$$

$$二次搬运费＝计算基数×二次搬运费费率（％）\tag{6-23}$$

$$检验试验费＝计算基数×检验试验费费率（％）\tag{6-24}$$

$$工程定位复测费＝计算基数×工程定位复测费费率（％）\tag{6-25}$$

$$工程点交费＝计算基数×工程点交费费率（％）\tag{6-26}$$

$$场地清理费＝计算基数×场地清理费费率（％）\tag{6-27}$$

$$特殊施工增加费＝计算基数×特殊施工增加费费率（％）\tag{6-28}$$

$$已完工程及设备保护费＝计算基数×已完工程及设备保护费费率（％）\tag{6-29}$$

$$安全生产费＝计算基数×安全生产费费率（％）\tag{6-30}$$

$$文明施工费＝计算基数×文明施工费费率（％）\tag{6-31}$$

$$施工现场环境保护费＝计算基数×施工现场环境保护费费率（％）\tag{6-32}$$

$$临时设施费＝计算基数×临时设施费费率（％）\tag{6-33}$$

$$工地转移费＝计算基数×工地转移费费率（％）\tag{6-34}$$

上述其他直接费项目费率由工程造价管理机构根据各专业工程特点和调查资料综合分析后确定。

间接费是指施工企业为完成承包工程而组织施工生产和经营管理所发生的费用。内容包括管理人员薪酬、办公费、差旅交通费、施工单位进退场费、非生产性固定资产使用费、工具用具使用费、劳动保护费、财务费、税金，以及其他管理性的费用。

$$间接费＝计算基数×间接费费率（％）\tag{6-35}$$

工程造价管理机构在确定间接费费率时，应根据历年工程造价积累的资料，辅以调查数据确定。

利润是指企业完成承包工程所获得的盈利。

$$利润＝计算基数×利润率（％）\tag{6-36}$$

施工企业根据企业自身需求并结合建筑市场实际自主确定利润，列入报价中。工程造价管理机构在确定利润率时，应根据历年工程造价积累的资料，并结合建筑市场实际确定。

② 工程建设其他费用

工程建设其他费用是指建设期发生的与土地使用权取得、整个工程项目建设以及未来生产经营有关的，除工程费用、预备费、增值税、资金筹措费、流动资金以外的费用。主要包括土地使用费和其他补偿费、建设管理费、可行性研究费、专项评价费、研究试验费、勘察设计费、场地准备费和临时设施费、引进技术和进口设备材料其他费、工程保险费、联合试运转费、特殊设备安全监督检验费、市政公用配套设施费、专利及专有技术使用费、生产准备费等。

工程建设其他费用按国家、行业或项目所在地相关规定计算，有合同或协议的按合同或协议计列。

土地使用费是指建设项目使用土地应支付的费用，包括建设用地费和临时土地使用费，以及由于使用土地发生的其他有关费用，如水土保持补偿费等。建设用地费是指为获得工程项目建设用地的使用权而在建设期内发生的费用。取得土地使用权的方式有出让、划拨和转让3种。临时土地使用费是指临时使用土地发生的相关费用，包括地上附着物和青苗补偿费、土地恢复费以及其他税费等。

其他补偿费是指项目涉及的对房屋、市政、铁路、公路、管道、通信、电力、河道、水利、厂区、林区、保护区、矿区等不附属于建设用地的相关建（构）筑物或设施的补偿费用。

建设管理费是指为组织完成工程项目建设在建设期内发生的各类管理性质费用。包括建设单位管理费、代建管理费、工程监理费、监造费、招标投标费、设计评审费、特殊项目定额研究及测定费、其他咨询费、印花税等。

可行性研究费是指在工程项目投资决策阶段，对有关建设方案、技术方案或生产经营方案进行的技术经济论证，以及编制、评审可行性研究报告等所需的费用。

专项评价费是指建设单位按照国家规定委托有资质的单位开展专项评价及有关验收工作发生的费用。包括环境影响评价及验收费、安全预评价及验收费、职业病危害预评价及控制效果评价费、地震安全性评价费、地质灾害危险性评价费、水土保持评价及验收费、压覆矿产资源评价费、节能评估费、危险与可操作性分析及安全完整性评价费以及其他专项评价及验收费。

研究试验费是指为建设项目提供和验证设计参数、数据、资料等进行必要的研究和试验，以及设计规定在施工中必须进行试验、验证所需要费用。包括自行或委托其他部门的专题研究、试验所需人工费、材料费、试验设备及仪器使用费等。

勘察设计费中，勘察费是指勘察人根据发包人的委托，收集已有资料、现场踏勘、制定勘察纲要，进行勘察作业，以及编制工程勘察文件和岩土工程设计文件等收取的费用；设计费是指设计人根据发包人的委托，提供编制建设项目初步设计文件、施工图设计文件、非标准设备设计文件、竣工图文件等服务所收取的费用。

场地准备费和临时设施费中，场地准备费是指为使工程项目的建设场地达到开工条件，由建设单位组织进行的场地平整等准备工作而发生的费用；临时设施费是指建设单位为满足施工建设需要而提供的未列入工程费用的临时水、电、路、通信、气等工程和临时仓库等建（构）筑物的建设、维修、拆除、摊销费用或租赁费用，以及铁路、码头租赁等费用。

引进技术和进口设备材料其他费是指引进技术和设备发生的但未计入引进技术费和设备材料购置费的费用。包括图纸资料翻译复制费、备品备件测绘费、出国人员费用、来华人员费用、银行担保及承诺费、进口设备材料国内检验费等。

特殊设备安全监督检验费是指对在施工现场安装的列入国家特种设备范围内的设备（设施）检验检测和监督检查所发生的应列入项目开支的费用。

市政公用配套设施费是指使用市政公用设施的工程项目，按照项目所在地政府有关规定建设或缴纳的市政公用设施建设配套费用。

联合试运转费是指新建或新增生产能力的工程项目，在交付生产前按照批准的设计文件规定的工程质量标准和技术要求，对整个生产线或装置进行负荷联合试运转所发生的费用净支出。包括试运转所需材料、燃料及动力消耗、低值易耗品、其他物料消耗、机械使用费、联合试运转人员工资、施工单位参加试运转人工费、专家指导费，以及必要的工业炉烘炉费。

　　工程保险费是指在建设期内对建筑工程、安装工程、机械设备和人身安全进行投保而发生的费用。包括建筑安装工程一切险、工程质量保险、进口设备财产保险和人身意外伤害险等。

　　专利及专有技术使用费是指在建设期内取得专利、专有技术、商标、商誉和特许经营的所有权或使用权发生的费用。包括工艺包费，设计及技术资料费，有效专利、专有技术使用费，技术保密费和技术服务费等；商标权、商誉和特许经营权费；软件费等。

　　生产准备费是指在建设期内，建设单位为保证项目正常生产而发生的人员培训、提前进厂费，以及投产使用必备的办公、生活家具用具及工器具等的购置费用。

　　其他费用指以上费用之外，根据工程建设需要必须发生的其他费用。

　　③ 预备费

　　预备费是指在建设期内因各种不可预见因素的变化而预留的可能增加的费用，包括基本预备费和价差预备费。

$$基本预备费＝（工程费用＋工程建设其他费用）×基本预备费费率 \qquad (6\text{-}37)$$

式中，基本预备费费率由工程造价管理机构根据项目特点综合分析后确定。

　　价差预备费一般按下式计算：

$$P = \sum_{t=1}^{n} I_t \left[(1+f)^m (1+f)^{0.5} (1+f)^{t-1} - 1 \right] \qquad (6\text{-}38)$$

式中　P——价差预备费；

　　　　n——建设期年份数，该阶段的投资估算以拟建项目的方案设计为基础，资料比较全面，投资估算精度可以达到±10%左右；

　　　　I_t——建设期第 t 年的投资计划额，包括工程费用、工程建设其他费用及基本预备费，即第 t 年的静态投资计划额；

　　　　f——投资价格指数；

　　　　t——建设期第 t 年；

　　　　m——建设前期年限（从编制概算到开工建设年数）。

　　价差预备费中的投资价格指数按国家颁布的计取，计算式中 $(1+f)^{0.5}$ 表示建设期第 t 年当年投资分期均匀投入考虑涨价的幅度，对设计建设周期较短的项目价差预备费计算公式可简化处理。特殊项目或必要时可进行项目未来价差分析预测，确定各时期投资价格指数。

　　2）增值税

　　增值税是指应计入建设项目总投资内的增值税额。

　　增值税应按工程费、工程建设其他费、预备费和资金筹措费分别计取。

　　3）资金筹措费

　　资金筹措费是指在建设期内应计的利息和在建设期内为筹集项目资金发生的费用。包括各类借款利息、债券利息、贷款评估费、国外借款手续费及承诺费、汇兑损益、债券发行费及其他债务利息支出或融资费用。

　　自有资金额度应符合国家或行业有关规定。建设期利息根据不同资金来源及利率按式（6-39）分别计算。其他方式资金筹措费用按发生额度或相关规定计列。

$$Q = \sum_{j=1}^{n} \left(P_{j-1} + \frac{A_j}{2} \right) i \tag{6-39}$$

式中　Q——建设期利息；

$\quad P_{j-1}$——建设期第（$j-1$）年末贷款累计金额与利息累计金额之和；

$\quad\quad A_j$——建设期第 j 年贷款金额；

$\quad\quad i$——贷款年利率；

$\quad\quad n$——建设期年数。

需要注意的是，此处建设期利息默认是按照复利计算，建设期不偿还贷款本金和利息。实践中，银行如果要求建设单位在建设期偿还利息，此时 P_{j-1} 就是建设期第（$j-1$）年末贷款累计金额，就不再包括已经偿还了的利息。

4）流动资金

流动资金系指运营期内长期占用并周转使用的营运资金，不包括运营中需要的临时性营运资金。

流动资金的估算方法有扩大指标估算法和分项详细估算法两种。

① 扩大指标估算法

此方法是参照同类企业的流动资金占营业收入、经营成本的比例或者是单位产量占用营运资金的数额估算流动资金，并按以下公式计算：

　流动资金额＝各种费用基数×相应的流动资金所占比例（或占营运资金的数额）

$$\tag{6-40}$$

式中，各种费用基数是指年营业收入、年经营成本或年产量等。

② 分项详细估算法

可简化计算，其公式如下：

$$\text{流动资金＝流动资产－流动负债} \tag{6-41}$$

$$\text{流动资产＝应收账款＋预付账款＋存货＋库存现金} \tag{6-42}$$

$$\text{流动负债＝应付账款＋预收账款} \tag{6-43}$$

2. 建设项目工程总承包费用项目组成

2017 年 9 月 7 日，住房和城乡建设部办公厅发布建办标函〔2017〕621 号，公布了《建设项目总投资费用项目组成（征求意见稿）》《建设项目工程总承包费用项目组成（征求意见稿）》，公开征求意见。以上两个文件对于深化建筑业改革，降低企业经营成本，激发市场投资活力，促进建设项目工程总承包，满足建设各方合理确定和有效控制工程造价的需要等方面有重要意义。我国 PPP 模式的项目较多，在 PPP 模式下，项目公司不同于传统模式下的建设单位，也不同于传统模式下的施工承包商，因此不宜严格套用传统模式下的建设项目总投资及工程总承包费用组成计算方法。

《建设项目工程总承包费用项目组成（征求意见稿）》，是为贯彻落实《国务院办公厅关于促进建筑业持续健康发展的意见》（国办发〔2017〕19 号），适应推进建设项目工程总承包的需要，规范总承包费用项目组成，有效控制项目投资，提高工程建设效率，参照财政部《基本建设项目建设成本管理规定》（财建〔2016〕504 号）和国家发展改革委、住房和城乡建设部以及有关行业建设管理部门发布的建设工程费用构成而制定的总承包费用项目组成。

建设项目工程总承包是指从事工程总承包的企业按照与建设单位签订的合同，对工程项目的设计、采购、施工等实行全过程的承包，并对工程的质量、安全、工期和造价等全面负责的承包方式。建设单位可以在建设项目的可行性研究批准立项后，或方案设计批准后，或初步设计批准后采用工程总承包的方式发包。工程总承包一般采用设计—采购—施工总承包模式。建设单位也可以根据项目特点和实际需要采用设计—施工总承包或其他工程总承包模式。

建设项目工程总承包费用项目由建筑安装工程费、设备购置费、总承包其他费、暂列费用构成。建设单位应根据建设工程总承包项目发包的工程内容、工作范围，按照风险合理分担的原则确定具体费用项目及其范围。

在具体计算时，建设单位可以根据项目特点，在可行性研究、方案设计或者初步设计完成后，按照确定的建设规模、建设标准、功能需求、投资限额、工程质量和进度要求等进行工程总承包项目发包。其发包（招标）、承包（投标）、价款结算应符合现行合同法、招标投标法、建筑法等法律法规的相关规定。建设单位可根据建设项目工程总承包的发包内容确定费用项目及其范围，按照总承包费用项目组成的规定编制最高投标限价，做好投资控制，依法必须招标的项目，应采用招标的方式，择优选择总承包单位。总承包单位应根据本企业专业技术能力和经营管理水平，自主决定报价，参与竞争，但其报价不得低于成本。确定的总承包单位应与建设单位签订工程总承包合同，建设单位与总承包单位的价款结算应按合同约定办理。

（1）建筑安装工程费

建筑安装工程费指为完成建设项目发生的建筑工程和安装工程所需的费用，不包括应列入设备购置费的被安装设备本身的价值。该费用由建设单位按照合同约定支付给总承包单位。

建设单位应根据建设项目工程发包在可行性研究或方案设计、初步设计后的不同要求和工作范围，分别按照现行的投资估算、设计概算或其他计价方法编制计列。

（2）设备购置费

设备购置费指为完成建设项目，需要采购设备和为生产准备的不够固定资产标准的工具、器具的价款，不包括应列入安装工程费的工程设备（建筑设备）本身的价值。该费用由建设单位按照合同约定支付给总承包单位（不包括工程抵扣的增值税进项税额）。

建设单位应按照批准的设备选型，根据市场价格计列。批准采用进口设备的，包括相关进口、翻译等费用。

$$设备购置费＝设备价格＋设备运杂费＋备品备件费 \tag{6-44}$$

（3）总承包其他费

总承包其他费指建设单位应当分摊计入工程总承包相关项目的各项费用和税金支出，并按照合同约定支付给总承包单位的费用。建设单位应根据建设项目工程发包在可行性研究或方案设计或初步设计后的不同要求和工作范围计列。主要包括：

1）勘察费、设计费、研究试验费

根据不同阶段的发包内容，分别参照同类或类似项目的勘察费、设计费或研究试验费计列。

2）土地租用及补偿费

土地租用及补偿费指建设单位按照合同约定支付给总承包单位在建设期间因需要而用于租用土地使用权而发生的费用以及用于土地复垦、植被恢复等的费用。

土地租用费应参照工程所在地有关部门的规定计列；土地复垦费应按照《土地复垦条例》和《土地复垦条例实施办法》及工程所在地政府相关规定计列；植被恢复费应参照工程所在地有关部门的规定计列。

3）税费

税费指建设单位按照合同约定支付给总承包单位的应由其缴纳的各种税费（如印花税、应纳增值税及在此基础上计算的附加税等）。

印花税按国家规定的印花税标准计列；增值税及附加税参照同类或类似项目的增值税及附加税计列。

4）总承包项目建设管理费

总承包项目建设管理费指建设单位按照合同约定支付给总承包单位用于项目建设期间发生的管理性质的费用。包括：工作人员工资及相关费用、办公费、办公场地租用费、差旅交通费、劳动保护费、工具用具使用费、固定资产使用费、招募生产工人费、技术图书资料费（含软件）、业务招待费、施工现场津贴、竣工验收费和其他管理性质的费用。

建设单位应按财政部财建〔2016〕504号文件附件2规定的项目建设管理费计算，按照不同阶段的发包内容计列。见表6-1所列。

项目建设管理费总额控制数费率表 表6-1

工程总概算（万元）	费率（%）	算例（万元）	
		工程总概算	项目建设管理费
1000以下	2	1000	1000×2%＝20
1001～5000	1.5	5000	20＋(5000－1000)×1.5%＝80
5001～10000	1.2	10000	80＋(10000－5000)×1.2%＝140
10001～50000	1	50000	140＋(50000－10000)×1%＝540
50001～100000	0.8	100000	540＋(100000－50000)×0.8%＝940

5）临时设施费

临时设施费指建设单位按照合同约定支付给总承包单位用于未列入建筑安装工程费的临时水、电、路、通信、气等工程和临时仓库、生活设施等建（构）筑物的建造、维修、拆除的摊销或租赁费用，以及铁路码头租赁等费用。

临时设施费应根据建设项目特点，参照同类或类似工程的临时设施计列，不包括已列入建筑安装工程费用中的施工企业临时设施费。

6）招标投标费

招标投标费指建设单位按照合同约定支付给总承包单位用于材料、设备采购以及工程设计、施工分包等招标和总承包投标的费用。

招标投标费参照同类或类似工程的此类费用计列。

7）咨询和审计费

咨询和审计费指建设单位按照合同约定支付给总承包单位用于社会中介机构的工程咨询、工程审计等的费用。

咨询和审计费参照同类或类似工程的此类费用计列。

8）检验检测费

检验检测费指建设单位按照合同约定支付给总承包单位用于未列入建筑安装工程费的工程检测、设备检验、负荷联合试车、联合试运转费及其他检验检测的费用。

检验检测费参照同类或类似工程的此类费用计列。

9）系统集成费

系统集成费指建设单位按照合同约定支付给总承包单位用于系统集成等信息工程的费用（如网络租赁、BIM、系统运行维护等）。

系统集成费参照同类或类似工程的此类费用计列

10）其他专项费用

其他专项费用指建设单位按照合同约定支付给总承包单位使用的费用（如财务费、专利及专有技术使用费、工程保险费、法律费用等）。

财务费是指在建设期内提供履约担保、预付款担保、工程款支付担保以及可能需要的筹集资金等所发生的费用。专利及专有技术使用费是指在建设期内取得专利、专有技术、商标以及特许经营使用权发生的费用。工程保险费是指在建设期内对建筑工程、安装工程、机械设备和人身安全进行投保而发生的费用。包括建筑安装工程一切险、工程质量保险、人身意外伤害险等，不包括已列入建筑安装工程费中的施工企业的财产、车辆保险费。法律费是指在建设期内聘请法律顾问、可能用于仲裁或诉讼以及律师代理等费用。

财务费用参照同类或类似工程的此类费用计列；专利及专有技术使用费按专利使用许可或专有技术使用合同规定计列，专有技术的界定以省、部级鉴定批准为依据；工程保险费应按选择的投保品种，依据保险费率计算；法律费参照同类或类似工程的此类费用计列。

（4）暂列费用

暂列费用指建设单位为工程总承包项目预备的用于建设期内不可预见的费用，包括基本预备费、价差预备费。

基本预备费是指在建设期内超过工程总承包发包范围增加的工程费用，以及一般自然灾害处理、地下障碍物处理、超规超限设备运输等，发生时按照合同约定支付给总承包单位的费用。价差预备费是指在建设期内超出合同约定风险范围的利率、汇率或价格等因素变化而可能增加的，发生时按照合同约定支付给总承包单位的费用。

暂列费用根据工程总承包不同的发包阶段，分别参照现行估算或概算方法编制计列。对利率、汇率和价格等因素的变化，可按照风险合理分担的原则确定范围在合同中约定，约定范围内的不予调整。

未在本项目组成列出，根据项目建设实际需要补充的项目，可分别列入其他专项费或暂列费用项目中。

要说明的是，上述费用组成的依据是2017年9月住房和城乡建设部发布的关于《建设项目总投资费用项目组成》和《建设项目工程总承包费用项目组成》征求意见稿，在具体应用时应随时关注其修订信息。但目前，一些相关办法或规定也是参照这两个规定而成，如2018年12月住房和城乡建设部发布的《房屋建筑和市政基础设施项目工程总承包计价计量规范》（征求意见稿）等，可见其在工程实践中是可以参照和作为相关依据的。

工程总承包费用构成参照表，见表 6-2 所列。

工程总承包费用构成参照表 表 6-2

费用名称	可行性研究	方案设计	初步设计
建筑安装工程费	√	√	√
设备购置费	√	√	√
勘察费	√	部分费用	—
设计费	√	除方案设计的费用	除方案设计、初步设计的费用
研究试验费	√	大部分费用	部分费用
土地租用及补偿费	根据工程建设期间是否需要定		
税费	根据工程具体情况计列应由总承包单位缴纳的税费		
总承包项目建设管理费	大部分费用	部分费用	小部分费用
临时设施费	√	√	部分费用
招标投标费	大部分费用	部分费用	部分费用
咨询和审计费	大部分费用	部分费用	部分费用
检验检测费	√	√	√
系统集成费	√	√	√
财务费	√	√	√
专利及专有技术使用费	根据工程建设是否需要定		
工程保险费	根据发包范围定		
法律费	根据发包范围定		
暂列费用	根据发包范围定，进入合同，但由建设单位掌握使用		

注：表中"√"指由建设单位计算出的全部费用；"大部分费用""部分费用"指由建设单位参照现行规定或同类与类似工程计算出的费用扣除建设单位自留使用外的用于工程总承包的费用。

3. 世界银行、国际咨询工程师联合会对工程项目总建设成本的规定

1978 年，世界银行、国际咨询工程师联合会曾对工程项目的总建设成本作过统一规定，其详细内容见表 6-3 所列。

工程项目总建设成本 表 6-3

项目直接建设成本	（1）土地征购费；（2）场外设施费用；（3）场地费用；（4）工艺设备费；（5）设备安装费；（6）管理系统费用；（7）电气设备费；（8）电气安装费；（9）仪器仪表费；（10）机械的绝缘和油漆费；（11）工艺建筑费；（12）服务性建筑费用；（13）工厂普通公共设施费；（14）其他当地费用（如临时设备、临时公共设施及场地的维持费，营地设施及其管理、建筑保险和债券、杂项开支等）
项目间接建设成本	（1）项目管理费；（2）开工试车费；（3）业主的行政性费用；（4）生产前费用；（5）运费和保险费；（6）地方税
应急费	（1）未明确项目准备金：必须完成的，费用必定发生。此项准备金不是为了支付工作范围以外可能增加的项目，不是用以应付天灾、非正常经济情况及罢工等情况，也不是用来补偿估算的任何误差，而是用来支付那些可以肯定要发生的费用。 （2）不可预见准备金：可能发生，也可能不发生。只是一种储备，可能不动用
建设成本上升费用	通常，估算中使用的构成工资率、材料和设备价格基础的截止日期就是"估算日期"。必须对该日期或已知成本基础进行调整，以补偿直至工程结束时的未知价格增长

（1）项目直接建设成本

项目直接建设成本包括以下内容：

1）土地征购费。

2）场外设施费用，如道路、码头、桥梁、机场、输电线路等设施费用。

3）场地费用，指用于场地准备、厂区道路、铁路、围栏、场内设施等的建设费用。

4）工艺设备费，指主要设备、辅助设备及零配件的购置费用，包括海运包装费用、交货港离岸价，但不包括税金。

5）设备安装费，指设备供应商的技术服务费用，本国劳务及工资费用，辅助材料、施工设备、消耗品和工具等费用，以及安装承包商的管理费和利润等。

6）管理系统费用，指与系统的材料及劳务相关的全部费用。

7）电气设备费，其内容与第4项相似。

8）电气安装费，指设备供应商的监理费用，本国劳力与工资费用，辅助材料、电缆、管道和工具费用，以及营造承包商的管理费和利润。

9）仪器仪表费，指所有自动仪表、控制板、配线和辅助材料的费用以及供应商的监理费用、外国或本国劳务及工资费用、承包商的管理费和利润。

10）机械的绝缘和油漆费，指与机械及管道的绝缘和油漆相关的全部费用。

11）工艺建筑费，指原材料、劳务费以及与基础、建筑结构、屋顶、内外装修、公共设施有关的全部费用。

12）服务性建筑费用，其内容与第11项相似。

13）工厂普通公共设施费，包括材料和劳务费以及与供水、燃料供应、通风、蒸汽、排水、污物处理等公共设施有关的费用。

14）其他当地费用，指那些不能归类于以上任何一个项目，不能计入项目间接成本，但在建设期间又是必不可少的当地费用。如临时设备、临时公共设施及场地的维持费，营地设施及其管理、建筑保险和债券、杂项开支等费用。

（2）项目间接建设成本

项目间接建设成本包括：

1）项目管理费

项目管理费包括：

总部人员的薪金和福利费，以及用于初步和详细工程设计、采购、时间和成本控制、行政和其他一般管理的费用；

施工管理现场人员的薪金、福利费和用于施工现场监督、质量保证、现场采购、时间及成本控制、行政及其他施工管理机构的费用；

零星杂项费用，如返工、差旅、生活津贴、业务支出等；

各种酬金。

2）开工试车费

指工厂投料试车必需的劳务和材料费用（项目直接成本包括项目完工后的试车和空运转费用）。

3）业主的行政性费用

指业主的项目管理人员费用及支出（其中某些费用必须排除在外，并在"估算基础"中详细说明）。

4）生产前费用

指前期研究、勘测、建矿、采矿等费用（其中一些费用必须排除在外，并在"估算基础"中详细说明）。

5）运费和保险费

指海运、国内运输、许可证及佣金、海洋保险、综合保险等费用。

6）地方税

指地方关税、地方税及对特殊项目征收的税金。

（3）应急费

应急费用包括：

1）未明确项目的准备金

此项准备金用于在估算时不可能明确的潜在项目，包括那些在做成本估算时因为缺乏完整、准确和详细的资料而不能完全预见和不能注明的项目，并且这些项目是必须完成的，或它们的费用是必定要发生的，在每一个组成部分中均单独以一定的百分比确定，并作为估算的一个项目单独列出。此项准备金不是为了支付工作范围以外可能增加的项目，不是用以应付天灾、非正常经济情况及罢工等情况，也不是用来补偿估算的任何误差，而是用来支付那些几乎可以确定要发生的费用。因此，它是估算不可缺少的一个组成部分。

2）不可预见准备金

此项准备金（在未明确项目准备金之外）用于在估算达到了一定的完整性并符合技术标准的基础上，由于物质、社会和经济的变化，导致估算增加的情况。此种情况可能发生，也可能不发生。因此，不可预见准备金只是一种储备，可能不动用。

（4）建设成本上升费用

通常，估算中使用的构成工资率、材料和设备价格基础的截止日期就是"估算日期"。必须对该日期或已知成本基础进行调整，以补偿直至工程结束时的未知价格增长。

工程的各个主要组成部分（国内劳务和相关成本、本国材料、外国材料、本国设备、外国设备、项目管理机构）的细目划分确定以后，便可确定每一个主要组成部分的增长率。这个增长率是一项判断因素，它以已发表的国内和国际成本指数、公司记录等为依据，并与实际供应进行核对，然后根据确定的增长率和从工程进度表中获得的每项活动的中点值，计算出每项主要组成部分的成本上升值。

要注意的是，当世行和国际组织贷款或援助或投资进行工程项目采购招标时，其工程造价构成及计算内容同我国对外工程承包报价构成及计算内容有差异，有时差异较大，对此应慎之又慎，仔细研讨定夺。

6.1.3 工程项目费用管理概述

1. 工程项目费用管理的概念及特点

工程项目费用管理就是要保证在批准的预算内完成所有工程项目内容的建设；在保证工期和满足质量要求的情况下，利用组织措施、经济措施、技术措施、合同措施把费用控制在计划范围内，并进一步寻求最大程度的费用节约。

工程项目费用管理是贯穿于工程建设全过程的具有层次性的动态控制，工程项目费用管理，与质量管理和进度管理是不能完全分开的，应协调、统一管理。

2. 工程项目费用管理的程序

工程项目的费用管理过程包括资源计划编制、费用估算、费用计划编制和费用控制。

（1）资源计划编制

编制资源计划是工程项目费用管理的第一步，即确定完成项目的活动需要何种资源（人、设备、材料）及各种资源的数量。

（2）费用估算

费用估算就是估算完成工程项目各工作所需资源的费用。

（3）费用计划编制

编制费用计划就是将总费用根据工作分解结构（WBS）分配到各工作单元上去。

（4）费用控制

费用控制就是在项目进展过程中，不断进行计划值与实际值的比较，发现偏差，分析偏差产生的原因，及时采取纠偏措施。

工程项目费用管理的一般程序如图 6-3 所示。

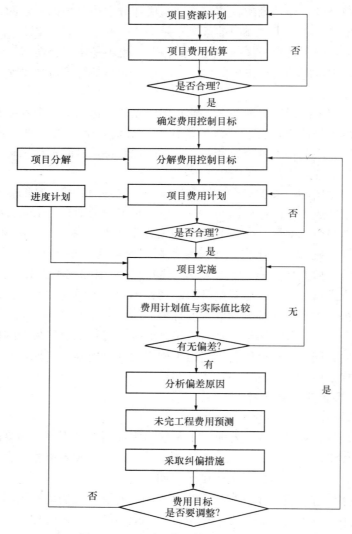

图 6-3　工程项目费用管理的一般程序

6.2 工程项目成本费用估算

工程项目成本费用估算的方法与估算方的角色有关，对于投资方或业主，主要是进行投资数额的估算，而对于承包商而言主要是进行成本估算。工程项目建设费用估算是随着项目的进展情况不断细化的，一般可以分为投资估算、设计概算、施工图预算和施工预算等类型。

按照我国的投资建设程序：

在项目建议书及可行性研究阶段，对建设工程项目投资所做的测算称之为"投资估算"；

在初步设计、技术设计阶段，对建设工程项目投资所做的测算称之为"设计概算"；

在施工图设计阶段，称之为"施工图预算"；

在投标阶段，称之为"投标报价"；

承包人与发包人签订合同时形成的价格称之为"合同价"；

在合同实施阶段，承包人与发包人结算工程价款时形成的价格称之为"结算价"；

工程竣工验收后，实际的工程造价称之为"竣工决算价"。

以上先后形成的各环节，是一个由浅入深、由粗到细，相互制约、相互补充和前者控制后者、后者补充前者的建设项目投资控制目标系统。

工程项目周期长、规模大、造价高，因此按建设程序要分阶段进行，相应地也要在不同阶段多次性计价，以保证工程造价确定与控制的科学性。多次性计价是个逐步深化、逐步细化和逐步接近实际造价的过程，如图6-4所示。

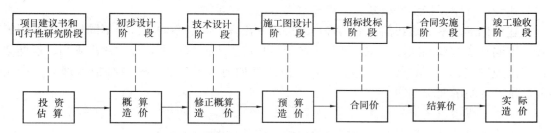

图6-4 工程多次性计价示意图

注：----表示对应关系 ——表示多次计价流程及逐步深化过程

6.2.1 建设工程项目投资估算

1. 建设工程项目投资的特点

建设工程项目投资数额巨大，这使它关系到国家、行业或地区的重大经济利益，对国计民生也会产生重大的影响。建设工程项目投资的确定依据繁多，在不同的建设阶段有不同的确定依据，且互为基础和指导，互相影响。每个建设工程项目的工程内容和实物形态都有其差异性，同样的工程处于不同的地区或不同的时段在人工、材料、机械消耗上也有差异，所以建设工程项目投资的差异十分明显。建设工程项目只能通过特殊的程序，编制估算、概算、预算、合同价、结算价及最后确定竣工决算等，就每个项目单独计算其投资。建设工程项目投资的确定层次繁多，要确定分部分项工程投资、单位工程投资、单项工程投资，最后才能汇总形成建设工程项目投资。建设工程项目投资在整个建设期内都属于不确定的，需随时进行动态跟踪、调整，直至竣工决算后才能真正确定建设工程项目投资。

2. 工程项目投资的影响因素

工程项目投资的多少主要受项目的产品方案、生产技术方案、生产规模、建设标准、工程项目选址、工程项目施工的管理水平等因素影响。

（1）项目的产品方案

产品方案（又称产品大纲）主要是指建设项目生产的主要产品的品种、规格、技术性能、生产能力以及同类产品不同规格、性能、生产能力的组合方案。对某些工业项目来说，产品方案还应包括辅助产品或副产品。

项目产品方案一旦确定，产品生产所需要的厂房和设备的类型就已经基本确定。所以，工程项目费用管理的第一步应该是做好对项目产品方案的管理。

进行项目产品方案的管理时应重点考虑产业政策、市场需求情况、产品定位和产品的优化组合情况等因素。

（2）生产技术方案

在进行建设项目的生产技术方案选用时主要应该从技术方案的先进适用性、安全可靠性和经济合理性三个方面来考虑。

（3）生产规模

工程项目的生产规模是指项目建成达产后的产量，即产品生产的数量多少。

项目生产规模的合理性主要受市场因素、技术因素和环境因素的影响。

（4）建设标准

建设标准主要指生产设备和工程建筑等方面的标准要求。

建设标准水平应从我国目前的经济发展水平出发，区别不同地区、不同规模、不同等级、不同功能合理确定，应该在满足生产使用功能要求的前提下，以"该高则高、能低则低、因地制宜、区别对待"为原则，重点解决好如何满足生产工艺及维护管理对生产条件、生产环境的要求问题。

（5）工程项目选址

工程项目选址包括对建设地区及建设地区内建设地点的选择。

1）建设地区的选择

建设地区的选择要充分考虑各种因素的制约，具体要考虑以下因素：

符合国民经济发展战略规划、国家工业布局总体规划和地区经济发展规划的要求；

根据项目的特点和需要，充分考虑原材料供应、能源条件、水源条件、各地区对项目产品需求及运输条件等；

综合考虑气象、地质、水文等建厂的自然条件；

充分考虑劳动力来源、生活环境、协作、施工力量、风俗文化等社会环境因素的影响。

在综合考虑上述因素的基础上，建设地区的选择要遵循以下基本原则：

尽可能靠近原料、燃料提供地和产品消费地；

工业项目适当聚集；

劳动力成本尽量低。

2）建设地点（厂址）的选择

选择建设地点的要求主要包括：

节约土地；

应尽量选在工程地质、水文地质条件较好的地段；

厂区土地面积与外形能满足厂房与各种构筑物的需要，并适合于按科学的工艺流程布置厂房与构筑物；

厂区地形力求平坦而略有坡度（一般5%～10%为宜），以减少平整土地的土方工程量，节约投资，又便于地面排水；

应靠近铁路、公路、水路，以缩短运输距离，减少建设投资；

应便于供电、供热和其他协作条件的取得；

应尽量减少对环境的污染。

（6）工程项目施工的管理水平

工程项目的施工过程是项目投资数量最大的阶段，如果加强对工程项目施工的管理，可以节约部分投资。例如，采用招标选择承包商，就可以通过承包商之间的竞争来降低工程造价。

3. 建设工程项目投资估算的概念和方法

工程项目投资估算是在对项目的建设规模、产品方案、工艺技术及设备方案、工程方案及项目实施进度等进行研究并基本确定的基础上，依据一定的方法，估算项目所需资金总额并测算建设期分年资金使用计划。

建设工程项目投资估算是在项目决策阶段对建设项目投资数额的估计和测算。按照工程投资估算的时间和估算精度，投资估算可以分为投资机会研究阶段的投资估算、初步可行性研究阶段的投资估算和详细可行性研究阶段的投资估算等，见表6-4所列。

工程项目投资估算的类型 表 6-4

工程项目的决策阶段	投资估算的类型	估算精度
投资机会研究阶段	投资机会研究阶段的投资估算	±30%
初步可行性研究阶段	初步可行性研究阶段的投资估算	±20%
详细可行性研究阶段	详细可行性研究阶段的投资估算	±10%

（1）投资机会研究阶段的投资估算

该阶段主要是根据投资机会研究的结果，参考已建成的类似项目的投资额对拟建项目的投资额进行粗略的估计，为领导部门审查投资机会、初步选择投资方向提供参考。由于该阶段的投资估算仅仅是参考已建成的类似项目的投资额而做出的，因此精度比较低，一般为±30%。

投资机会研究阶段投资估算的常用方法是单位生产能力投资估算法和生产能力指数法。

1）单位生产能力投资估算法

单位生产能力投资估算法假定同类项目的建设投资额和设计生产能力之间存在着简单的线性关系，其计算公式为：

$$C_2 = Q_2 \left(\frac{C_1}{Q_1}\right) \cdot f \tag{6-45}$$

式中　C_2——拟建项目建设投资；

Q_2——拟建项目的设计生产能力；

C_1——已建成同类项目的建设投资；

Q_1——已建成同类项目的生产能力；

f——综合调整系数。

2）生产能力指数法

生产能力指数法假定同类项目的建设投资额和设计生产能力之间呈现幂指数关系，其计算公式为：

$$C_2 = C_1 \left(\frac{Q_2}{Q_1}\right)^x \cdot f \tag{6-46}$$

式中　x——生产能力指数；

其余符号意义同前。

运用指数法进行项目投资估算的关键是要确定生产能力指数。

生产规模比值在 $0.5 \sim 2$ 之间，$x=1$。

生产规模比值在 $2 \sim 30$ 之间，若拟建项目的规模扩大靠增大设备规模来实现，$x=0.6 \sim 0.7$；若拟建项目的规模扩大靠增加相同规格设备的数量来实现，$x=0.8 \sim 0.9$。

当已建类似项目的规模和拟建项目的规模相差大于 50 倍时，该法则不能用。

上述两种方法虽然计算比较简单，但对类似工程资料的可靠性要求比较高，否则计算结果的误差就比较大。

（2）初步可行性研究阶段的投资估算

此阶段是在研究投资机会结论的基础上，进一步明确项目的投资规模、原材料来源、工艺技术、厂址、组织机构、建设进度等情况，进行经济效益评价，判断项目的可行性，做出初步投资评价，估算的精度为 $\pm 20\%$，是决定是否进行详细可行性研究的依据之一，同时也是确定哪些关键问题需要进行辅助性专题研究的依据之一。

常用的初步可行性研究阶段的投资估算方法有系数估算法、比例估算法和资金周转率法等。系数估算法又可以分为朗格系数法、设备和厂房系数法等计算方法。

1）系数估算法

① 朗格系数法

朗格系数法是以设备购置费乘以适当系数来推算项目的建设投资。估算公式如下：

$$C = E(1 + \sum K_i) K_c \tag{6-47}$$

式中　C——建设投资；

E——设备购置费；

K_i——管线、仪表、建筑物等项费用的估算系数；

K_c——管理费、合同费、应急费等间接费在内的总估算系数。

建设投资与设备购置费之比称为朗格系数 K。即：

$$K = \frac{C}{E} = (1 + \sum K_i) K_c \tag{6-48}$$

该方法虽然比较简单，但由于没有考虑设备的规格、材质等差异，所以估算的精确度较低。

② 设备和厂房系数法

设备和厂房系数法是在拟建项目工艺设备投资和厂房土建投资估算的基础上，再参照类似项目的统计资料估算其他专业工程的投资，其中与设备关系较大的按设备投资系数计算，与厂房土建关系较大的则以厂房土建投资系数计算，两类投资加起来，再加上拟建项目的其他有关费用，即为拟建项目的建设投资。

2）比例估算法

比例估算法又分为设备系数估算法和主体专业系数估算法两种。

① 设备系数估算法

$$C = E(1 + f_1 P_1 + f_2 P_2 + f_3 P_3 + \cdots\cdots) + I \qquad (6\text{-}49)$$

式中　　　C——拟建工程的投资额；

　　　　　E——根据拟建项目当时、当地价格计算的设备购置费；

P_1、P_2、P_3——已建项目中建筑工程费、安装工程费及其他工程费用等占设备购置费的百分比；

　f_1、f_2、f_3——由于时间因素引起的定额、价格、费用标准等综合调整系数；

　　　　　I——拟建项目的其他费用。

② 主体专业系数估算法

$$C = E'(1 + f_1 P'_1 + f_2 P'_2 + f_3 P'_3 + \cdots\cdots) + I \qquad (6\text{-}50)$$

式中　　　E'——最主要工艺设备费；

P'_1、P'_2、P'_3——各专业工程费用占最主要工艺设备费用的百分比；

　　其余符号意义同前。

3）资金周转率法

这是一种用资金周转率来推测投资的简便方法，其公式如下：

$$C = \frac{QA}{t_r} \qquad (6\text{-}51)$$

式中　C——拟建项目投资额；

　　　Q——产品的年产量；

　　　A——产品的单价；

　　　t_r——资金周转率。

其中，资金周转率的计算公式为：

$$t_r = \frac{年销售总额}{总投资} = \frac{（产品的年产量 \times 产品单价）}{总投资} \qquad (6\text{-}52)$$

（3）详细可行性研究阶段的投资估算

该阶段的投资估算以拟建项目的方案设计为基础，资料比较全面，投资估算精度可以达到 ±10% 左右。

详细可行性研究阶段的投资估算一般采用建设投资分类估算法进行。具体的投资构成及计算的相关规定见 6.1.2 的内容。

6.2.2　设计概算

1. 设计概算的含义

工程项目设计概算是指设计单位在初步设计或扩大初步设计阶段，根据设计图纸及说明书、设备清单、概算定额或概算指标、各项费用取费标准、类似工程项目预算文件等资料，用科学的方法概略地计算拟建工程所需费用的经济文件，是设计文件的重要组成部分。

2. 设计概算编制的原则与依据

设计概算编制的原则包括：

（1）设计概算编制过程中应该严格执行国家的建设方针和经济政策；

（2）设计概算要完整、准确地反映设计的内容；

（3）设计概算编制要反映拟建工程所在地当时的价格水平。

设计概算编制的依据主要有：

（1）与设计概算编制有关的法律法规；

（2）已批准的拟建工程的可行性研究报告、投资估算及设计图纸等工程资料；

（3）现行概算定额、概算指标、费用定额和建设项目设计概算编制办法等；

（4）拟建工程所在地当时的人工费、材料费和机械台班费等价格、工程造价指数及调价规定等；

（5）拟建工程的设计合同资料；

（6）类似工程的设计概算资料；

（7）其他相关资料。

3. 设计概算的编制方法

设计概算由单位工程概算、单项工程综合概算和工程项目总概算三级逐级汇总而成。设计概算一般是先计算单位工程的工程费，再由单位工程的工程费汇总得出单项工程的工程费，最后由所有单项工程的工程费汇总得出建设项目的总工程费。建设项目的总工程费再加上工程建设其他费用概算、预备费、建设期贷款利息、应缴税费和流动资金概算之后就可以编制出建设项目的总概算。因此，编制设计概算的关键是要做好单位工程概算。

单位工程概算按工程性质可分为建筑工程概算和设备及安装工程概算两大类，如图6-5所示。

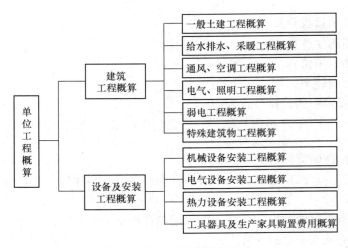

图 6-5 单位工程概算的组成

（1）建筑工程设计概算的编制方法

建筑工程设计概算的编制方法有概算定额法、概算指标法、类似工程预算法等。

1）概算定额法

概算定额法又叫扩大单价法或扩大结构定额法，类似于施工图预算。它是根据初步设计图纸计算出拟建工程的工程量，然后套用概算定额计算出工程的概算造价，具体的计算过程参见施工图预算。

2）概算指标法

概算指标法是先用拟建工程的建筑面积乘以技术条件相同或基本相同的工程的概算指标计算拟建工程的直接工程费，再按规定计算出措施费、间接费、利润和税金等，最后将上述费用汇总编制得出拟建工程的概算。

需要注意的是，在采用概算指标法编制得出拟建工程概算的过程中，必须按照拟建工程当时当地的设备、材料、人工等价格对概算指标进行调整。

3）类似工程预算法

类似工程预算法是利用与拟建工程技术条件相类似的已完工程或在建工程的工程造价资料来编制拟建工程设计概算的方法。

和概算指标法一样，在利用类似工程的预算编制拟建工程的设计概算时，也必须按照拟建工程当时当地的设备、材料、人工等价格对类似工程的预算中的价格进行调整。

具体工程的设计概算到底采用上述3种方法中的哪一种，要根据拟建工程的初步设计的深度来决定。当初步设计比较详细，按照初步设计图纸能够准确地计算出拟建工程的工程量时，一般采用概算定额法。当根据初步设计资料无法准确地计算出拟建工程的工程量，但工程设计采用的是比较成熟的技术，又有类似工程概算指标可以利用时，可以采用概算指标法。当有类似的已完工程或在建工程的预算可以参考时，可以采用类似工程预算法。

（2）设备及安装工程设计概算的编制方法

设备及安装工程费由设备购置费和设备安装工程费等构成。其编制方法有预算单价法、扩大单价法、设备价值百分比法和综合吨位指标法等，计算公式和过程与投资估算类似，只是依据的资料更加详细，计算的精度更高。

6.2.3　施工图预算

施工图预算是由设计单位在施工图设计完成后，根据施工图设计图纸、费用定额、预算定额或单位估价表、施工组织设计文件等有关资料进行计算和编制的单位工程预算造价的文件。它是比设计概算更加详细、精度更高的工程造价预算文件。

1. 施工图预算编制的依据

（1）拟建工程的施工图及说明书、标准图集等工程设计资料；

（2）现行的基础定额、预算定额、单位估价表、工程费用定额等预算编制的基础价格和方法资料；

（3）拟建工程的施工组织设计或施工方案；

（4）拟建工程所在地当时的人工费、材料费和机械台班费等价格及调价规定；

（5）拟建工程的设计概算；

（6）其他相关资料。

2. 施工图预算的编制方法

施工图预算由单位工程施工图预算、单项工程施工图预算和建设项目建筑安装工程总预算三级逐级汇总而成。单位工程施工图预算通常分为建筑工程预算和设备安装工程预算。

施工图预算一般采用单价法或实物法进行编制。

单价法采用拟建工程所在地单位估价表和当地当时的分项工程定额单价（或预算定额基价），乘以相应的各分项工程的工程量，求得工程的直接工程费，再根据直接工程费和有关的取费标准计算出拟建工程的措施费、间接费、利润和税金，最后将上述各项费用汇总得到拟建工程的施工图预算。

实物法编制施工图预算是先计算出拟建工程各分项工程的实物工程量，再套取基础定额，以按类相加的原则求出工程所需的人工、材料、机械台班等施工消耗量，再分别乘以当时当地各种费用的实际单价，求得人工费、材料费和施工机械等施工费用，最后将上述各项费用汇总得到拟建工程的施工图预算。

需要说明的是，施工图预算中的许多费用都与拟建工程的施工方案紧密相关，因此，在编制施工图预算之前，编制人员除了要掌握工程设计资料及施工图预算的编制方法外，还应该熟悉拟建工程的施工组织设计或施工方案，并结合拟建工程的施工组织设计或施工方案编制施工图预算。

6.3 工程项目费用计划

工程费用计划是指在对工程项目所需费用总额做出合理估计的前提下，为了确定项目实际执行情况的基准而把整个费用分配到各个工作单元上去。

工程项目费用计划是项目建设的全过程进行费用控制的基本依据，编制费用计划应依据工程项目费用估算、WBS 图、工程项目进度计划等进行。费用计划确定得是否合理，直接关系到费用控制工作能否有效进行、工程项目能否按费用目标实施。

6.3.1 工程项目费用计划的编制方法

1. 费用目标分解

编制费用计划时，为了便于从各方面、各个角度对项目费用进行精确的、全面的计划和有效的控制，必须多方位、多角度地分解项目费用目标，这也是编制费用计划过程中最重要的方法。费用目标的分解有按费用构成分解、按子项目分解、按时间进度分解等。

（1）按费用构成分解

我国及国际工程项目的费用构成可参见图 6-1、图 6-2、表 6-3 等。

图 6-1 中工程项目费用的主要内容也可以进一步分解。由于建筑工程和安装工程在性质上存在着较大差异，费用的计算方法和标准也不尽相同，具体的工作具有较强的专业性，属于工程估价或概预算的内容，应由专业人员承担。

在按项目费用构成分解时，可以根据以往的经验和已经建立的数据库来确定适当的比例，必要时应根据物价指数、建筑对象的差异、项目环境的不同、市场竞争状况等进行适当的调整。所以按费用的构成来分解的方法比较适合于有大量经验数据的工程项目。

（2）按子项目分解

大中型工程项目通常是由若干单项工程构成的，而每个单项工程又包括很多个单位工程，单位工程按工艺特点还可细分成若干个分部分项工程。所以按 WBS 图可以对工程项目费用进行较为详细的分解。

在这种分解方法中，项目结构和工程项目形成的分项结构常常不一致，应处理好二者之间的关系；另外不能只是分解建筑工程费用、安装工程费用和设备购置费用，还应分解项目的其他费用。分解项目其他费用最常见、最简单的方法就是按单项工程的建筑安装工程费用和设备购置费用之和的比例分摊，但其结果与实际支出的费用可能有较大偏差，所以要对工程项目其他费用的具体内容进行分析，将其中确实与各单项工程和单位工程有关的费用分离出来，并按一定比例分解到相应的工程内容上。但其他与整个工程项目有关的费用则不分解到各单项工程和单位工程上。

（3）按时间进度分解

工程项目的费用是分期支出的，费用的支出与工程项目的时间进度安排密切相关，因此可以按项目总费用的使用时间将其进行分解。在这种分解方法中，通常是利用控制项目进度的网络图、横道图等进一步编制工程项目的费用计划。

2. 工程项目建设费用计划的分类

工程项目建设费用计划按照不同的分类方法可以得出不同的结果：

（1）按照费用计划编制的目的分类

按照工程项目建设费用计划编制的目的可以将工程项目建设费用计划分成工程项目建设资金使用计划、资金筹措计划、资金供应计划和费用控制计划等多种类型。

（2）按照工程项目建设费用管理的主体分类

按照工程项目建设费用管理主体的类型可以将工程项目建设费用计划分成项目投资者的投资计划，项目业主的资金筹措计划、资金供应计划和费用控制计划，承包商的成本控制计划，监理单位的费用控制计划等多种类型。

3. 工程项目建设费用计划的编制方法

不同类型的工程项目建设费用计划的编制方法也不同。

（1）项目的资金需求计划

项目的资金需求计划可以分为子项目资金需求计划和在时间上的资金需求计划。工程项目的子项目资金需求计划可以根据项目的估算、设计概算、施工图预算等工程造价文件分类汇总进行编制。工程项目在时间上的资金需求计划可以根据工程项目的子项目资金需求计划和各子项目的建设进度计划综合编制。

（2）项目的投资计划

工程项目的投资计划可以由项目的估算、设计概算、施工图预算等工程造价文件分类汇总得出。

（3）项目的资金使用计划

工程项目的资金使用计划一般根据项目的估算、设计概算、施工图预算等工程造价文件和工程项目的建设进度计划进行编制，先根据项目的估算、设计概算、施工图预算等工程造价文件分类汇总得出各子项目的资金需求计划，再根据各子项目的资金需求计划及工程项目的建设进度计划编制出项目的资金使用计划。

（4）项目的资金供应计划

工程项目的资金供应计划一般根据项目的资金需求计划编制，以保证工程项目的建设需要为前提，同时应该有一定的提前量，以便为资金筹措留有余地。

（5）项目的费用控制计划

工程项目的费用控制计划一般根据项目的资金使用计划编制，应该包括目标控制计划和费用控制措施计划两个部分。目标控制计划应该将工程项目的费用目标控制在资金使用计划的范围之内，费用控制措施计划应该以保证费用目标控制计划的实现为前提，同时应该留有余地，以防由于控制措施考虑不周造成项目的目标控制计划无法实现。

（6）项目的其他费用计划

工程项目费用计划的类型繁多，除了上述的费用计划类型之外，还有许多其他类型的费用计划。这些类型费用计划编制的总体原则是以满足工程需要和保证费用计划编制目的的实现为前提。

6.3.2　工程项目费用计划的表示方法

1. 表格形式

如表 6-5 所示，是将工程项目按子项目分解并具体分配费用后得到的费用计划表的形式。

分项工程费用计划表 表 6-5

工程分项编码	工程内容	计量单位	工程数量	计划综合单价	分项合计
（1）	（2）	（3）	（4）	（5）	（6）

2. 曲线形式

常见的是 S 形曲线。

3. 综合分解资金使用计划表

将投资目标的不同分解方法相结合，会得到比前者更为详尽、有效的综合分解资金使用计划表。综合分解资金使用计划表一方面有助于检查各单项工程和单位工程的投资构成是否合理，有无缺项或重复计算；另一方面也可以检查各项具体的投资支出的对象是否明确和落实，并可校核分解的结果是否正确。

4. 其他形式

如可以表示出各时间段费用支出计划的直方图及表示各要素份额的圆（柱）形图等。

【例 6-1】已知某项工程的部分数据资料见表 6-6 所列，试编制该工程的进度计划，并绘制 S 形曲线。

工程数据资料 表 6-6

工作名称	总持续时间（周）	每周计划投资（万元）	紧前工作	工作名称	总持续时间（周）	每周计划投资（万元）	紧前工作
A	1	5	—	I	4	11	E F
B	1	6	—	J	1	8	E F
C	2	1	—	K	2	9	G H I
D	3	3	C	L	5	6	G H I
E	3	4	A	M	2	6	G H I
F	1	7	A B D	N	2	4	H
G	2	10	A B D	O	3	4	M N
H	2	15	C	P	1	1	J K

【解】根据工作间的关系，绘制工程的横道图及网络图如表 6-7 及图 6-6 所示，并绘制时间坐标网络如图 6-7 所示，图 6-8 是该工程的 S 形曲线。

工程进度计划表　　　　　　　　　　　　　表 6-7

工作名称	总持续时间（周）	每周计划投资（万元）	紧前工作	进度（周）															
				1	2	3	4	5	6	7	8	9	10	11	12	13	14	15	
A	1	5	—	▬															
B	1	6	—	▬															
C	2	1	—	▬▬															
D	3	3	C			▬▬▬													
E	3	4	A		▬▬▬														
F	1	7	A B D						▬										
G	2	10	A B D						▬▬									
H	2	15	C			▬▬												
I	4	11	E F							▬▬▬▬								
J	1	8	E F							▬								
K	2	9	G H I											▬▬				
L	5	6	G H I											▬▬▬▬▬				
M	2	6	G H I											▬▬				
N	2	4	H					▬▬										
O	3	4	M N													▬▬▬		
P	1	1	J K													▬		

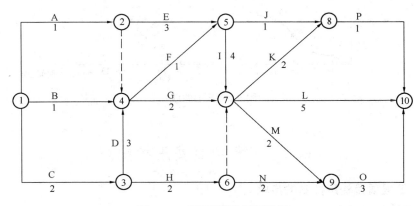

图 6-6　工程进度计划网络图

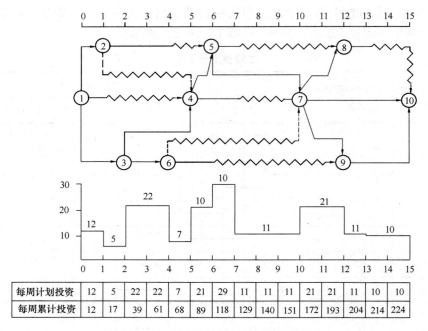

每周计划投资	12	5	22	22	7	21	29	11	11	11	21	21	11	10	10
每周累计投资	12	17	39	61	68	89	118	129	140	151	172	193	204	214	224

图 6-7　工程进度计划时间坐标网络图

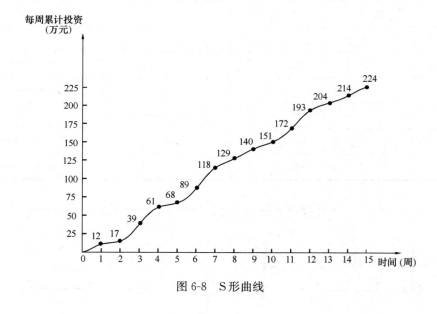

图 6-8　S 形曲线

6.4　工程项目费用控制

6.4.1　工程项目费用控制的步骤

费用控制的步骤如下：

（1）比较。在确立了这一阶段的费用控制目标后，必须及时比较费用计划与实际费用值，以发现费用支出是否与计划偏离。

（2）分析。在比较的基础上，对所得的结果进行分析。这一步是费用控制工作的核心，目的是确定偏差的严重性及产生偏差的原因，从而采取有针对性的措施，减少或避免相同原因偏差的再次发生或减少发生后的损失。

（3）预测。预测是指根据项目实施情况估算整个项目完成时的费用，目的在于为费用控制决策提供信息支持。

（4）纠偏。当实际费用与计划出现偏差，应当根据工程的具体情况，偏差分析和预测的结果，采取适当的措施，尽量减少费用偏差。这一步是费用控制中最具实质性的一步，只有通过纠偏，才能最终有效控制这一阶段的工程费用。

（5）检查。这一步骤要求对工程的进展进行跟踪和检查，及时了解工程进行情况及纠偏措施执行的情况和效果，为今后的工作积累经验。

6.4.2 费用控制方法及措施

1. 费用比较方法

（1）矩阵法

费用比较是指投资计划值与实际值的比较。费用比较的对象可以是整个工程项目，也可以是子项目或是一个合同项目。

在图 6-4 中，不同阶段的造价或费用均可进行比较，但具有意义的是相邻两种费用的比较，以及各阶段费用与投资目标的比较。在项目实施阶段，更应注意合同价与施工图预算（或设计概算）和标底的比较，实际投资与施工图预算（或设计概算）和合同价的比较。通常采用图 6-9 所示的矩阵图对费用进行比较。

	投资目标值	设计概算	施工图预算	标 底	合同价
投资目标值		V_B	V_B	V_B	V_B
设计概算	V_A		V_B	V_B	V_B
施工图预算	V_A	V_A		V_B	V_B
标 底	V_A	V_A	V_A		V_B
合同价	V_A	V_A	V_A	V_A	

图 6-9 费用计划值和实际值比较图

图 6-9 中，V_A 表示投资的实际值，V_B 表示投资的计划值。在用此图进行比较时，要注意到比较口径的统一、数据引用的动态性，以及预付款、索赔费用等支付或扣留的一些特点。

（2）挣值法

挣值法是通过分析项目目标实施与项目目标期望之间的差异，从而判断项目实施的费用、进度绩效的一种方法，又称偏差分析法。

"挣值"（EV，Earned Value）也称为已完成工作预算（计划）费用，表示实际完成的工作量及其相应的预算成本，也就是实际完成工作取得的预算成本。这种方法将费用和进度统一起来考虑，用预算和费用来衡量项目的进度，是对项目进度和费用进行综合控制的一种有效方法。

1）挣值法的三个基本参数

① 拟完工程计划费用（BCWS，Budgeted Cost for Work Scheduled）

拟完工程计划费用即计划工作量的预算费用，是指根据进度计划安排在某一确定时间内所应完成的工程内容的计划费用。一般来说，除非合同有变更，BCWS 在工程实施过程中应保持不变。

$$BCWS＝计划工作量×预算（计划）单价 \qquad (6\text{-}53)$$

BCWS 主要是反映进度计划应当完成的工作量而不是反映应消耗的工时或费用。

② 已完成工程实际费用（ACWP，Actual Cost for Work Performed）

已完成工程实际费用是指在某一确定时间内完成的工程内容所实际发生的费用，主要是反映项目执行的实际消耗指标。

$$ACWP＝已完成工作量×实际单价 \qquad (6\text{-}54)$$

③ 已完工程计划费用（BCWP，Budgeted Cost for Work Performed）

已完工程计划费用是指在某一确定时间内实际完成的工程内容的计划费用，是指项目实施过程中某阶段按实际完成工作量及按批准认可的预算标准计算出来的工时或费用，由于业主正是根据这个值为承包人完成的工作量支付相应的费用，也就是承包人获得（挣得）的金额，故称赢得值或挣值，即挣值（挣得值）。

$$BCWP＝已完成工作量×预算（计划）单价 \qquad (6\text{-}55)$$

这三个参数对应的曲线如图 6-10 所示。

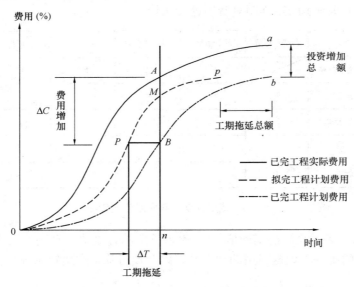

图 6-10　三种费用参数曲线

2）挣值法的四个评价指标

① 费用偏差（CV，Cost Variance）

$$CV = BCWP－ACWP \qquad (6\text{-}56)$$

该指标考察已经完成的工作是超过预算还是低于预算，当 CV 为负值时，表示执行效果不佳，即实际消费人工或费用超过预算值，即超支；反之，当 CV 为正值时，表示实际消耗人工或费用低于预算值，表示有节余或效率。

② 进度偏差（SV，Schedule Variance）

工程费用的发生与工程进度有密切的关系，为了准确反映费用偏差的真实情况，引入进度偏差这一参数：

$$进度偏差＝已完工程实际时间－已完工程计划时间 \tag{6-57}$$

为了使进度偏差和费用偏差联系起来，也可将进度偏差表现为：

$$进度偏差＝已完工程计划费用－拟完工程计划费用 \tag{6-58}$$

即

$$SV = BCWP - BCWS \tag{6-59}$$

从 SV 可以得出当前进度是提前还是滞后，当 SV 为正值时，表示进度提前；SV 为负值，表示进度延误。

③ 费用执行指标（费用绩效指数）（CPI，Cost Performed Index）

CPI 是指预算费用与实际费用值之比。

$$CPI = BCWP/ACWP \tag{6-60}$$

$CPI>1$ 表示低于预算，$CPI<1$ 表示超出预算，$CPI＝1$ 表示实际费用与预算费用吻合。

④ 进度执行指标（进度绩效指数）（SPI，Schedule Performed Index）

SPI 是指项目挣得值与计划值之比。

$$SPI = BCWP / BCWS \tag{6-61}$$

$SPI>1$ 表示进度提前，$SPI<1$ 表示进度延误，$SPI＝1$ 表示实际进度等于计划进度。

费用（进度）偏差反映的是绝对偏差，结果很直观，有助于费用管理人员了解项目费用出现偏差的绝对数额，并依此采取一定措施，制定或调整费用支出计划和资金筹措计划。但是，绝对偏差有其不容忽视的局限性。如同样是 10 万元的费用偏差，对于总费用 1000 万元的项目和总费用 1 亿元的项目而言，其严重性显然是不同的。因此，费用（进度）偏差仅适合于对同一项目作偏差分析。费用（进度）绩效指数反映的是相对偏差，它不受项目层次的限制，也不受项目实施时间的限制，因而在同一项目和不同项目比较中均可采用。

3）费用偏差参数

在讨论费用偏差时，通常还要考虑以下几组费用偏差参数：

① 局部偏差和累计偏差

局部偏差有两层含义，一是对于整个项目而言，是指各单项工程、单位工程及分部分项工程的费用偏差；另一层含义是对于整个项目已实施的时间而言，每一控制周期所发生的费用偏差。

所谓累计偏差，则是在项目已经实施的时间内累计发生的偏差。累计偏差是一个动态概念，其数值总是与具体的时间联系在一起，不同时刻的累计偏差总是不同，最终的累计偏差即整个项目的费用偏差。

在每一控制周期内，发生局部偏差的工程内容及其原因一般比较明确，分析结果也就比较可靠，而累计偏差所涉及的工程内容较多、范围较大，原因比较复杂，所以累计偏差分析必须以局部偏差为基础，但并不是局部偏差的简单汇总。正因为累计偏差必须建立在对局部偏差进行综合分析的基础上，其结果更能显示出代表性和规律性，对费用控制工作在较大范围内具有指导作用。

② 绝对偏差和相对偏差

绝对偏差是指费用的实际值与计划值比较而得的差额，其结果较直观，有助于了解项目费用偏差的绝对数额，制定或调整费用支付计划和资金筹措计划。但是绝对偏差有着不容忽视的局限性，因为项目不同，投资额差别也很大，而不同投资额的项目，单纯比较费用的绝对偏差意义显然不大。

相对偏差，是指费用偏差的相对数或比例数，通常用绝对偏差与费用计划值的比值表示，即：

$$相对偏差=\frac{绝对偏差}{费用计划值}=\frac{费用实际值-费用计划值}{费用计划值} \tag{6-62}$$

很明显，相对偏差能客观地反映费用偏差的严重程度或合理程度，比绝对偏差更有意义。

4）项目费用和进度进展情况综合评价

挣值法进行项目费用和进度进展情况综合评价表，见表 6-8 所列。

挣值法进行项目费用和进度进展情况综合评价表　　　　　　　　表 6-8

费用偏差	进度偏差	费用情况	进度情况	评价结果
＋	＋	建设资金有所结余	进度超前	进展情况非常好
＋	－	建设资金有所结余	进度拖后	需要对建设资金结余和进度拖后比例作进一步分析
－	＋	建设资金超支	进度超前	
－	－	建设资金超支	进度拖后	进展情况非常糟糕

【例 6-2】某项目进展到 11 周时，对前 10 周的工作进行统计，情况见表 6-9 所列（单位：万元）。求出前 10 周每项工作的 $BCWP$ 及 10 周末的 $BCWP$，计算 10 周末的合计 $ACWP$、$BCWS$ 以及 CV、SV 并进行分析，计算 10 周末的 CPI、SPI 并进行分析。

某项目前 10 周的工作情况统计　　　　　　　　表 6-9

工作	计划完成工作预算费用	已完成工作量（％）	实际发生费用	挣得值
A	400	100	400	
B	450	100	460	
C	700	80	720	
D	150	100	150	
E	500	100	520	
F	800	50	400	
G	1000	60	700	
H	300	100	300	
I	120	100	120	
J	1200	40	600	
合计				

【解】 计算前 10 周每项工作的 $BCWP$ 及 10 周末的 $BCWP$ 见表 6-10。计算 10 周末的合计 $ACWP$、$BCWS$ 见表 6-10 中"合计"所得值。

每项工作的 BCWP 及 10 周末的 BCWP、ACWP、BCWS   表 6-10

工作	计划完成工作预算费用	已完成工作量（%）	实际发生费用	挣得值
A	400	100	400	400
B	450	100	460	450
C	700	80	720	560
D	150	100	150	150
E	500	100	520	500
F	800	50	400	400
G	1000	60	700	600
H	300	100	300	300
I	120	100	120	120
J	1200	40	600	480
合计	5620		4370	3960

计算 10 周末的 CV、SV：

$CV = BCWP - ACWP = 3960 - 4370 = -410$ 超支；

$SV = BCWP - BCWS = 3960 - 5620 = -1660$ 进度拖后；

$BCWS > ACWP > BCWP$ 效率低，应增加高效人员的投入。

计算 10 周末的 CPI、SPI：

$CPI = 3960/4370 = 0.906$ 超支；

$SPI = 3960/5620 = 0.704$ 进度拖后。

因此，项目状况不好，必须加快进度并控制费用。

（3）横道图法

用横道图进行费用偏差分析，是用不同的横道标识已完工程计划费用、拟完工程计划费用和已完工程实际费用，横道的长度与其数额成正比，如图 6-11 所示。费用偏差和进度偏差数额可用数字或横道表示，产生偏差的原因则应经过分析后填入。

横道图法的优点是简单直观，便于了解项目投资的概貌，能准确表达出费用的绝对偏差及其严重程度。但这种方法信息量较少，其应用有一定局限性。

（4）表格法

表格法是一种常用的方法，它将项目编号、名称、各费用参数以及费用偏差数综合归纳填入一张表格中，也可以根据项目的具体情况、数据来源、费用控制工作的要求等设计表格，适用性强。由于表格法信息量大，各偏差参数都在表中列出，对于全面了解项目费用的实际情况非常有益。

表格法还便于计算管理，提高管理效率。

表 6-11 是采用表格法分析费用偏差及程度的例子。

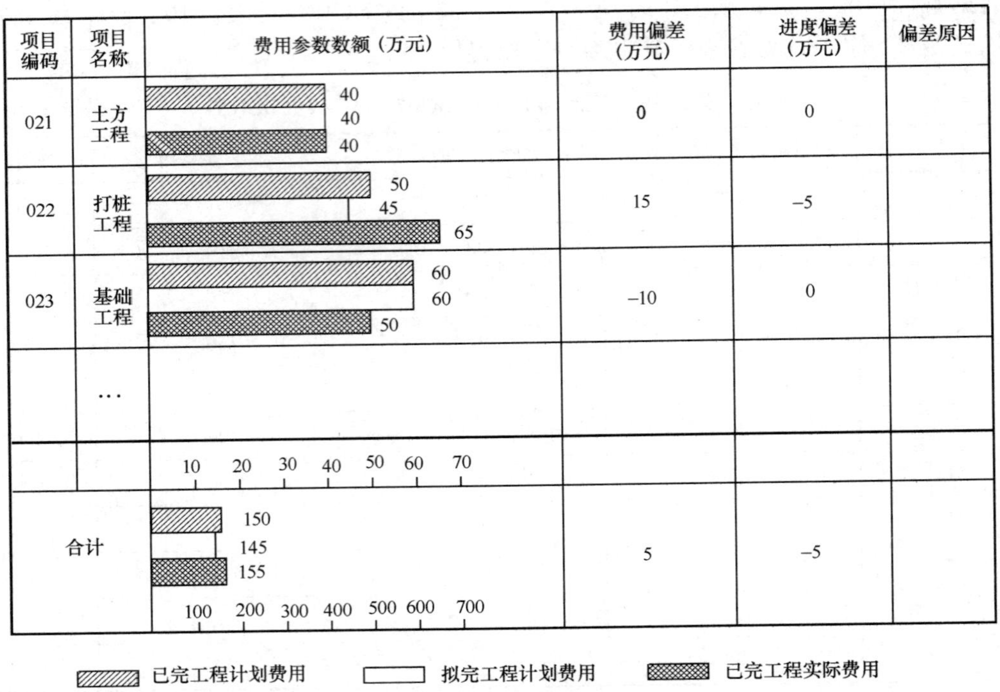

项目编码	项目名称	费用参数数额（万元）	费用偏差（万元）	进度偏差（万元）	偏差原因
021	土方工程	40 40 40	0	0	
022	打桩工程	50 45 65	15	−5	
023	基础工程	60 60 50	−10	0	
	…				
合计		10 20 30 40 50 60 70 150 145 155 100 200 300 400 500 600 700	5	−5	

〰〰 已完工程计划费用　　　□ 拟完工程计划费用　　　▨ 已完工程实际费用

图 6-11　横道图法进行费用比较

费用偏差分析表　　　　　　　　　　　　表 6-11

项目编码	(1)	021	022	023
项目名称	(2)	土方工程	打桩工程	基础工程
单位	(3)			
计划单价	(4)			
拟完工程量	(5)			
拟完工程计划费用（万元）	(6)=(4)×(5)	40	45	60
已完工程量	(7)			
已完工程计划费用（万元）	(8)=(4)×(7)	40	50	60
实际单价	(9)			
其他款项	(10)			
已完工程实际费用（万元）	(11)=(7)×(9)+(10)	40	65	50
费用局部偏差	(12)=(11)−(8)	0	15	−10
费用局部偏差程度	(13)=(11)÷(8)	1	1.3	0.83
费用累计偏差	(14)=∑(12)			
费用累计偏差程度	(15)=∑(11)÷∑(8)			
进度局部偏差	(16)=(6)−(8)	0	−5	0
进度局部偏差程度	(17)=(6)÷(8)	1	0.9	1
进度累计偏差	(18)=∑(16)			
进度累计偏差程度	(19)=∑(6)÷∑(8)			

2. 偏差分析

（1）偏差原因

在实际执行过程中，最理想的状态是已完工作实际费用、计划工作预算费用、已完工作预算费用三条曲线靠得很近、平稳上升，表示项目按预定计划目标进行。如果三条曲线离散度不断增加，则预示可能发生关系到项目成败的重大问题。

偏差分析的一个重要目的就是要找出引起偏差的原因，从而有可能采取有针对性的措施，减少或避免相同原因的再次发生。在进行偏差原因分析时，首先应当将已经导致和可能导致偏差的各种原因逐一列举出来。导致不同工程项目产生费用偏差的原因具有一定共性，因而可以通过对已建项目的费用偏差原因进行归纳、总结，为该项目采用预防措施提供依据。

要进行偏差原因的分析，首先应将各种可能导致偏差的原因一一列举出来，并加以适当分类，再对其进行归纳、总结。但这种综合性的分析应以一定数量的数据为基础，因此只有在工程项目实施了一定阶段以后才有意义。

一般来讲，引起费用偏差的可能原因，如图 6-12 所示。

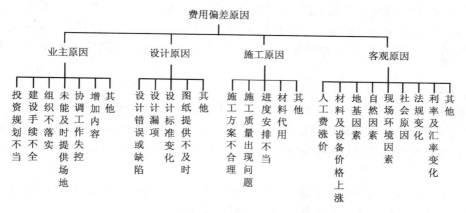

图 6-12　费用偏差原因

在以上各类偏差原因中，客观原因通常无法控制，施工原因导致的经济损失一般是由施工单位自己承担，所以由于业主原因和设计原因所造成的投资偏差是纠偏的主要对象。

（2）偏差类型

为了便于分析，还需对偏差类型作出划分，如图 6-13 所示，偏差可分为四种情况：

Ⅰ，费用增加且工期拖延；

Ⅱ，费用增加但工期提前；

Ⅲ，费用节约且工期提前；

Ⅳ，费用节约但工期拖延。

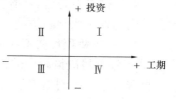

图 6-13　费用偏差类型

很明显，在上述偏差类型中，纠偏的主要对象应是偏差Ⅰ型，即费用增加且工期拖延；其次是偏差Ⅱ型，但应适当考虑工期提前可产生的收益；偏差Ⅲ型是较为理想的，但要注意排除假象；对于偏差Ⅳ型，首先要考虑是否需要对工期纠偏，还要考虑进度纠偏产生的费用。

3. 未完工程费用预测

未完工程费用预测，是指在施工过程中，根据已完工程实际费用的情况以及对偏差的分析，对预测时间点以后各期和全部未完工程所需要的投资进行的估计和测算。做好未完工程费用预测，对未完工程的费用安排、资金筹措和费用控制措施选择均有重要意义。

在合同条件下，未完工程费用预测问题可转化为工程费用偏差预测问题。费用偏差产生的一般原因如图6-12，也可直接分为与工程项目合同价的构成相关的原因及与工程项目合同价的构成无关的原因。

与项目合同价构成相关的原因引起的费用偏差，主要是人工工资、材料价格和施工机械使用台班价格的变化，这种变化引起的实际费用的增加量可表示为实物工程量乘扩大系数。这类原因形成的费用偏差的预测可分两步进行：一是具体原因的分解，二是价格的预测。但除人工费外，建筑材料和施工机械品种、类型或型号繁多，若分别考虑其引起费用的变化，就会使预测工作相当复杂。因此，在建筑材料和施工机械中，可选其主要的作为预测中的独立项目，其他次要品种的变化程度取主要品种变化程度的平均值。

与项目合同价构成无关的原因引起的费用偏差，如由于设计变更、施工索赔等使项目费用增加，这种变化是不确定的，而且和子项工程类型不一定有直接联系。某一些原因可能会引起若干子项工程费用的增加，因此这一类费用偏差的预测应以整个工程为单位进行。

4. 纠偏

纠偏措施通常有组织措施、经济措施、技术措施、合同措施四类。

（1）组织措施。指从费用控制的组织管理方面采取的措施。组织措施易被忽视，但实际上它是其他措施的前提和保障，且无需增加什么费用，运用得当可收到良好的效果。

（2）经济措施。这是最易于为人们接受的措施，但不能简单理解为审核工程量及支付工程款，也不仅是财会人员的工作，应从全局出发考虑问题。

（3）技术措施。当出现了较大的费用偏差时，往往要采用有效的技术措施解决问题，不同的技术措施有不同的经济效果，应经技术分析后加以选择。

（4）合同措施。合同措施在纠偏方面主要指索赔管理。索赔事件发生后，应认真审查有关索赔依据是否符合合同规定、计算是否合理等，还应加强日常的合同管理，研究合同的有关内容以采取预防措施。

6.4.3 工程项目决策和设计阶段的投资控制

1. 工程项目决策阶段的投资控制

投资决策和控制是工程项目决策阶段的主要工作内容之一。项目投资决策是选择和决定投资行动方案的过程，是指建设项目投资者根据自己的意图目的，在调查、分析、研究的基础上，对投资规模、投资方向、投资结构、投资分配以及投资项目的选择和布局方面进行分析研究，在一定约束条件下，对拟建项目的必要性和可行性进行技术经济论证，对不同建设方案进行技术经济分析，比较和作出判断和决定的过程。也就是说，最为重要的是对拟建项目的必要性和可行性进行技术、经济论证，对不同建设方案进行技术经济分析、比较、选择及作出判断和决定的过程。

项目决策阶段是工程投资控制的关键阶段，项目决策的正确性是工程投资合理性的前提。据有关资料统计，在项目建设各阶段中，决策阶段影响工程投资的程度最高，达到70%～90%。同时，投资决策是一个由浅入深、不断深化的过程，依次分为不同的工作阶段，相应的精度也不一样，投资估算对于后面的设计概算、施工图预算、合同价、结算价、决算造价都起着控制作用，这样才能保证造价控制在合理范围，避免失控现象的发生。项目决策阶段形成的投资估算也是进行投资方案比选的重要依据之一，同时也是决定项目是否可行及主管部门进行项目审批的参考依据，因此项目投资估算的数额，从某种程度上也影响着项目决策。

项目决策阶段有关投资控制的相关工作，如可行性研究、投资估算，已经在前面的内容中加以介绍。

2. 工程项目设计阶段的投资控制

工程设计是在技术和经济上对拟建工程项目进行全面规划和具体描述其实施意图的过程，包括建筑设计、结构设计、设备设计等内容，工业设计还包括生产工艺设计。设计是否经济合理，对控制工程投资具有十分重要的意义。

工业建筑设计中，影响工程投资的主要因素有总平面图设计、工业建筑的平面和立面设计、建筑结构方案的设计、工艺技术方案选择、设备的选型和设计等。

居住建筑是民用建筑中最主要的建筑，在居住建筑设计中，影响工程投资的因素主要有小区建设规划的设计、住宅平面布置、层高、层数、结构类型等。

建设工程全寿命费用包括项目投资和工程交付使用后的经常开支费用以及该项目使用期满后的报废拆除费用等。设计费一般只相当于建设工程全寿命费用的1%以下，但正是这少于1%的费用，却对全部随后的费用有极大的影响。因此，设计质量的好坏，直接影响整个工程建设的效益。

（1）工程项目设计阶段的投资控制内容

1）设计准备阶段投资控制的内容

总投资目标的分析论证；

编制总投资切块分解的初步规划；

评价项目目标实现的风险；

编制设计阶段资金使用计划并进行控制执行。

2）设计阶段投资控制的内容

审核项目总投资估算；

对设计方案提出投资评价建议；

审核项目设计概算；

进行市场调查分析和技术经济论证；

挖掘节约投资的潜力；

审核施工图预算；

编制设计资金限额指标；

控制设计变更；

监督设计合同的履行。

（2）工程项目设计阶段的投资控制方法

1）设计招标和方案竞选

① 设计招标

建设单位首先就拟建项目的设计任务，编制招标文件，并通过报刊、网络或其他媒体发布招标公告，然后对投标单位进行资格审查，并向合格的设计单位发售招标文件，组织投标单位勘察工程现场，解答投标提出的问题，投标单位编制并投送标书，经过建设单位组织开标、评标活动，决定中标单位并发出中标通知，双方签订设计委托合同。

实行设计招标投标，有利于设计方案的选择和竞争，有利于控制项目建设投资，也有利于缩短设计周期、降低设计费。

A. 工程设计招标

招标单位编制招标文件。

发布招标广告或发出邀请投标函。招标分为公开招标和邀请招标两种方式。无论采用何种形式招标，投标人都不能少于 3 个，否则要重新招标。

对投标单位进行资格审查。投标单位提出申请并报送申请书，建设单位或委托的咨询公司进行审查。审查内容包括单位性质和隶属关系、勘察设计证书号码和开户银行账号、单位成立时间、近期设计的主要工程情况、技术人员的数量、技术装备及专业情况等。凡在整顿期间的设计单位不得投标。

向合格的设计单位发售或发送招标文件。

组织投标单位踏勘工程现场，解答招标文件中的问题。

接受投标单位按规定时间密封报送的投标书。民用项目的方案设计应包括总体布置、单体建筑的平面图、立面图、主要项目的剖面图（重要公共建筑还需彩色透视图或模型）、文字说明、建设工期、主要施工技术要求与施工组织方案、投资估算与经济分析、设计进度和设计费用报价等。

开标，评标、决标，发出中标通知。招标单位开标后，应在一定时间内（一般不得超过一个月）进行评标，确定中标单位。评标勘察设计部门的专家应占 40% 以上。评标机构应根据设计方案的优劣（技术是否先进，工艺是否合理，功能是否符合使用要求以及建筑艺术水平等）、投入产出、经济效益好坏、设计进度快慢、设计费报价高低、设计资历和社会信誉等条件，提出综合评价报告，推荐候选的中标单位。

签订合同。中标单位接到中标通知书后应按规定在一个月内与建设单位签订设计合同。设计合同应符合我国有关的法律和法规文件。

B. 工程设计投标

设计投标的过程其实就是对以上招标过程的回应，招标和投标同时存在，才构成一个完整的招投标程序。在投标中，要注意：

参加设计投标的单位可以独立，也可以联合申请参加投标。

具备相应的设计资质等级并经过招标单位审查选定后，才可以领取招标文件参加投标。

投标单位的投标文件（标书）应按照招标文件规定的内容编制。

② 设计方案竞选

设计方案竞选由组织竞选活动的单位发布竞选公告，吸引设计单位参加方案竞选，参加竞选的设计单位按照竞选文件和国家相关规定，做好方案设计和编制有关文件，经具有相应资格的注册建筑师签字，并加盖单位法人或委托代理人的印鉴，在规定日期内，密封送达组织竞选单位。竞选单位邀请有关专家组成评定小组，采用科学方法，综合评定设计方案优劣，择优确定中选方案，最后双方签订合同。实践中，建筑工程特别是大型建筑设计的发包习惯上多采用设计方案竞选的方式。

A. 设计方案竞选的组织

有相应资格的建设单位或其委托的有相应工程设计资格的中介机构代理有权按照法定程序组织方案设计竞选活动，有权选择竞选方式和确定参加竞选的单位，主持评选工作，公正确定中选者。

B. 设计方案竞选方式和文件内容

设计方案竞选可采用公开竞选，即由组织竞选活动的单位通过报刊、广播、电视或其他方式发布竞选公告，也可采用邀请竞选，由竞选组织单位直接向有承担该项工程设计能力的三个及以上设计单位发出设计方案竞选邀请书。

C. 设计竞选方案的评定

竞选主办单位聘请专家组成评审委员会，一般为 7～11 人，其中技术专家人数应占 2/3 以上，参加竞选的单位和方案设计者不得进入评审委员会。评审委员会当众宣布评定方法，启封各参加竞选单位的文件和补充文件，公布其主要内容。

最后由建设单位负责人作出评选决策。

确定中选单位后，应于 7 天内发出中选通知书，同时抄送各未中选单位。对未中选的单位，建设单位一般应付给工作补偿费。中选通知书发出 30 天内，建设单位与中选单位应依据有关规定签订工程设计承发包合同。中选单位使用未中选单位的方案成果时，须征得该单位的同意，并实行有偿转让，转让费由中选单位承担。

设计竞选的第一名往往是设计任务的承担者，但有时也以优胜者的竞赛方案作为确定设计方案的基础，再以一定的方式委托设计，商签设计合同。由此可见设计竞选与设计招标的区别。

2）价值工程的应用

① 价值工程基本原理

价值工程（价值分析），是通过集体智慧和有组织的活动，对研究对象的功能与费用进行系统分析，目的是以研究对象的最低生命周期成本可靠地实现使用者的所需功能，获取最佳综合效益。表达式：

$$V = F/C \tag{6-63}$$

式中　V——价值系数；

　　　F——功能系数；

　　　C——成本系数。

价值工程是一种技术经济方法，以提高价值为目标，即以最小的资源消耗获取最大的经济效果。研究功能和成本的合理匹配，是技术分析与经济分析的有机结合。研究对象的价值着眼于产品在其寿命期内所发生的全部费用，包括生产成本和使用费用。价值工程以功能分析为核心，这里的功能，是指必要功能。

应用价值工程的重点是在产品的研究设计阶段，以提高产品价值为中心，从上述价值与功能、费用的关系中可以看出有五条基本途径可以提高产品的价值：

A. 提高功能的同时，降低产品成本，这可使价值大幅度提高，是最理想的途径；

B. 成本不变，提高功能；

C. 功能不变，降低成本；

D. 成本稍有提高，带来功能大幅度提高；

E. 功能稍有下降，发生的成本大幅度降低。

一切发生费用的地方都可以应用价值工程。工程建设需要投入大量人、财、物，因而，价值工程在工程建设方面大有可为。作为一种相当成熟而又行之有效的管理方法，价值工程在许多国家的工程建设中得到广泛运用。

② 设计阶段实施价值工程的意义

在工程寿命周期的各个阶段都可以实施价值工程，但在设计阶段实施价值工程意义重大，不仅可以保证各专业的设计符合国家和用户的要求，而且可以解决各专业设计的协调问题，得到全局合理优良的方案。

A. 可以使建筑产品的功能更合理。工程设计实质上是对建筑产品的功能进行设计，而价值工程的核心就是功能分析。

B. 可以更有效地控制目标成本。

C. 可以提高投资效益，节约社会资源。当设计方案确定或设计图纸完成后，其结构、施工方案、材料等也就限制在一定条件内。设计水平的高低，直接影响投资效益。

③ 价值工程的一般程序和工作步骤

价值工程的一般程序和工作步骤见表 6-12 所列。

价值工程一般工作程序及步骤　　　　　　　　　　表 6-12

价值工程工作阶段	设计程序	工作步骤		价值工程对应问题
		基本步骤	详细步骤	
准备阶段	制定工作计划	确定目标	1. 对象选择	1. 这是什么？
			2. 信息搜集	
分析阶段	规定评价（功能要求事项实现程度的）标准	功能分析	3. 功能定义	2. 这是干什么用的？
			4. 功能整理	
		功能评价	5. 功能成本分析	3. 它的成本是多少？
			6. 功能评价	4. 它的价值是多少？
			7. 确定改进范围	
创新阶段	初步设计（提出各种设计方案）	制定改进方案	8. 方案创造	5. 有其他方法实现这一功能吗？
	评价各设计方案，对方案进行改进、选优		9. 概略评价	6. 新方案的成本是多少？
			10. 调整完善	
			11. 详细评价	
	书面化		12. 提出提案	7. 新方案能满足功能要求吗？
实施阶段	检查实施情况并评价活动成果	实施评价成果	13. 审批	8. 偏离目标了吗？
			14. 实施与检查	
			15. 成果鉴定	

价值工程已发展成为一项比较完善的管理技术，在实践中已形成了一套科学的工作实施程序。这套实施程序实际上是发现矛盾、分析矛盾和解决矛盾的过程，通常是围绕以下7个合乎逻辑程序的主要问题展开的：

　　a. 这是什么？

　　b. 这是干什么用的？

　　c. 它的成本是多少？

　　d. 它的价值是多少？

　　e. 有其他方法能实现这一功能吗？

　　f. 新的方案成本是多少？功能如何？

　　g. 新的方案能满足要求吗？

按顺序回答和解决这7个问题的过程，就是价值工程的工作程序和步骤。即：选定对象，收集情报资料，进行功能分析，提出改进方案，分析和评价方案，实施方案，评价活动成果。

由于价值工程的应用范围广泛，其活动形式也不尽相同，因此在实际应用中，可参照表6-12的工作程序，根据对象的具体情况，应用价值工程的基本原理和思想方法，考虑具体的实施措施和方法步骤。但是对象选择、功能分析、功能评价和方案创新与评价是工作程序的关键内容，体现了价值工程的基本原理和思想，是不可缺少的。

【例6-3】价值工程在某住宅设计中的应用。

【解】第一步，对住宅进行功能定义和评价。

对住宅进行功能定义和评价，考虑的概念及评价因素见表6-13。这些因素基本表达了住宅功能，且在住宅功能中占有不同的地位，因而需确定相对重要系数。确定相对重要系数可用多种方法，本项目采用用户、设计、施工单位三家加权评分法，把用户的意见放在首位，结合设计、施工单位的意见综合评分。三者的"权数"分别定为60%、30%和10%，并求出重要系数，见表6-13。

功能重要系数的评分　　　　　　　　　　　　　　　　表6-13

功 能		用户评分		设计人员评分		施工人员评分		重要系数
		得分 F_1	$F_1 \times 0.6$	得分 F_2	$F_2 \times 0.3$	得分 F_3	$F_3 \times 0.1$	
适用	平面布局	40.25	24.15	31.63	9.489	35.25	3.525	0.3716
	采光通风	17.375	10.43	14.38	4.314	15.5	1.55	0.1629
	层高层数	2.875	1.725	4.25	1.275	3.875	0.388	0.0339
安全	牢固耐用	21.25	12.75	14.25	4.275	20.63	2.063	0.1909
	"三防"设施	4.375	2.625	5.25	1.575	2.875	0.288	0.0449
美观	建筑造型	2.25	1.35	5.875	1.763	1.55	0.155	0.0327
	室外装修	1.75	1.05	4.5	1.35	0.975	0.098	0.025
	室内装饰	6.25	3.75	6.625	1.988	5.875	0.588	0.0633
其他	环境设计	1.15	0.69	8	2.4	5.5	0.55	0.0364
	技术参数	1.05	0.63	2	0.6	1.875	0.188	0.0142
	便于施工	0.875	0.525	1.813	0.544	4.75	0.475	0.0154
	容易设计	0.55	0.33	1.437	0.431	1.35	0.135	0.009
合计		100	60	100	30	100	10	1

第二步，方案创造。

根据地质等其他条件，对该住宅设计提供的多种方案初评并选用表 6-14 所列 5 个方案作为评价对象，根据各设计方案确定其单方造价见表 6-14。

第三步，求成本系数 C。

C＝某方案成本（或造价）/各方案成本（或造价）之和

如表 6-17 中，A 方案成本系数＝1960/(1960＋1490＋1850＋1510＋1560)

$$＝1960/8370＝0.2342$$

以此类推，分别求出 B、C、D、E 方案的成本系数，详见表 6-14。

5 个方案的造价和成本系数 表 6-14

方案名称	A	B	C	D	E
单方造价（元）	1960	1490	1850	1510	1560
成本系数	0.2342	0.1780	0.2210	0.1804	0.18649

5 个方案功能满足程度评分 表 6-15

评价因素		方案名称	A	B	C	D	E
功能因素	重要系数						
F_1	0.3716		10	10	9	9	10
F_2	0.1629		10	9	10	10	9
F_3	0.0339		9	8	9	10	9
F_4	0.1909		10	10	10	8	10
F_5	0.0449		8	7	8	7	7
F_6	0.0327	方案满足分数 S	10	8	9	7	8
F_7	0.025		6	6	6	6	6
F_8	0.0633		10	6	8	6	6
F_9	0.0364		9	8	9	8	8
F_{10}	0.0142		8	10	8	6	4
F_{11}	0.0154		8	8	7	6	4
F_{12}	0.009		6	10	6	8	10
方案总分			9.647	9.114	9.100	8.453	9.001
功能评价系数			0.2129	0.2011	0.2008	0.1865	0.1986

方案价值系数的计算 表 6-16

方案名称	成本系数 C	功能评价系数 F	价值系数 V	最优
A	0.2342	0.2129	0.9091	
B	0.1780	0.2011	1.1298	最佳方案
C	0.2210	0.2008	0.9086	
D	0.1804	0.1865	1.0338	
E	0.1864	0.1986	1.0655	

第四步，求功能评价系数 F。

按照功能重要程度，采用 10 分制加权评分法，对 5 个方案的 12 项功能的满足程度分别评定分数，见表 6-15，各方案满足分为 S。

第五步，求出价值系数（V）并进行方案评价。

按 $V=F/C$ 分别求出各方案价值系数列于表 6-16 中，由表知，B 方案价值系数最大，故 B 方案为最佳方案。

3）限额设计的应用

① 限额设计的含义及作用

限额设计是按照批准的可研报告及投资估算控制初步设计，按照批准初步设计总概算控制技术设计和施工图设计，同时各专业在保证达到使用功能的前提下，按分配的投资限额控制设计，严格控制不合理变更，保证总投资额不被突破。

限额设计目标是在初步设计开始前，根据批准的可研报告及其投资估算确定的。限额设计指标，经项目经理或总设计师提出，经主管院长审批下达，其总额度一般只下达直接工程费的 90%，以便项目经理或总设计师和室主任留有一定的调节指标。用完后，必须经批准才能调整。专业之间或专业内部节约下来的单项费用，未经批准不能相互平衡，自动调用。

推行限额设计有利于控制工程投资，有利于提高设计整体质量。健全和加强限额设计的经济责任制，扭转设计概算本身的失控现象，能真正实现资源的合理配置，也可促使设计单位内部使设计与概算形成有机的整体。

在积极推行限额设计的同时，应注意的是：限额设计中的投资估算、设计概算、施工图预算等，是指建设项目的一次性投资，对项目建成后的维护使用费、项目使用期满后的报废拆除费用考虑较少，这样可能出现限额设计效果较好，但项目的全寿命费用不一定很经济的现象；限额设计如果只强调设计限额的重要性，而忽视工程功能水平的要求及功能与成本的匹配性，可能会出现功能水平过低而增加工程运营维护成本的情况，或者在投资限额内没有达到最佳功能水平的现象；贯彻限额设计，重要的一点是在初步设计和施工图设计前就对各工程项目、各单位工程、各分部工程进行合理的投资分配，如果在设计完成后再进行设计变更来满足限额设计要求，则会使投资控制处于被动地位，也会降低设计的合理性。

② 限额设计的全过程

限额设计的全过程是一个目标分解与计划、目标实施、目标实施检查、信息反馈的控制循环过程，其流程如图 6-14

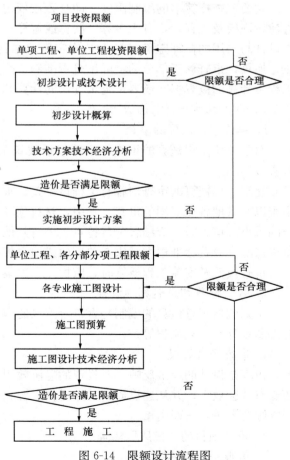

图 6-14 限额设计流程图

所示。

　　4）设计概算的审查

　　① 审查设计概算的意义

　　A. 可以促进概算编制单位严格执行国家有关概算的编制规定和费用标准，提高概算的编制质量。

　　B. 有助于促进设计技术先进性与经济合理性。

　　C. 可以防止任意扩大建设规模和减少漏项的可能。

　　D. 可以正确地确定工程造价，合理地分配投资资金。

　　② 设计概算审查的主要内容

　　A. 设计概算的编制依据

　　国家有关部门的文件。包括：设计概算编制办法、设计概算的管理办法和设计标准等有关规定。

　　国务院主管部门和各省、市、自治区根据国家规定或授权制定的各种规定及办法等。

　　建设项目的有关文件。主要审查这些依据的合法性、时效性和适用范围。审查是否有跨部门、跨地区、跨行业应用依据的情况。

　　B. 概算书

　　主要审查概算书的编制深度，即是否按规定编制了"三级概算"，有无简化现象；审查建设规模及工程量，有无多算、漏算或重算；审查计价指标是否符合现行规定；审查初步设计与采用的概算定额或扩大结构定额的结构特征描述是否相符；概算书若进行了修正、换算，审查修正部分的增减量是否准确、换算是否恰当；对于用概算定额和扩大分项工程量计算的概算书，还要审查工程量的计算和定额套用有无错误。

　　C. 审查设计概算的构成

　　a. 单位工程概算的审查

　　对于单位工程概算的审查，主要包括建筑工程概算的审查和设备及安装工程概算的审查。

　　建筑工程概算的审查内容有工程量审查、采用的定额或指标的审查、材料预算价格的审查以及其他各项费用的审查。其中，材料预算价格的审查以耗用量大的主要材料作为审查的重点。审查时，应结合项目特点，搞清其他各项费用所包含的具体内容，避免重复计算或遗漏。取费标准根据国家有关部门或地方规定标准执行。

　　审查设备及安装工程概算时，应把注意力集中在设备清单和安装费用的计算方面。

　　b. 综合概算和总概算的审查

　　主要包括审查概算的编制是否符合国家的方针、政策要求，审查概算文件的组成，审查总图设计和工艺流程等。

　　c. 审查经济效果

　　概算是设计的经济反映，对投资的经济效果要进行全面考虑。不仅要看投资的多少，还要看社会效果，并从建设周期、原材料来源、生产条件、产品销路、资金回收和盈利等因素综合考虑，全面衡量。

　　d. 审查项目的"三废"治理

　　e. 审查一些具体项目

主要审查各项技术经济指标是否经济合理；审查建筑工程费，生产性建设项目的建筑面积和造价指标要根据设计要求和同类工程计算确定；审查设备及安装工程费，审查设备数量、价格、种类等是否符合设计要求和相关规定，安装工程费要与需要安装的设备相符合；审查各项其他费用。

③ 审查设计概算的形式和方法

审查设计概算并不仅审查概算，同时还要审查设计。一般情况下，是由建设项目的主管部门组织建设单位、设计单位、建设银行等有关部门，采用会审的形式进行审查。

采用适当方法审查设计概算，是确保审查质量、提高审查效率的关键。审查设计概算的方法可以采用对比分析法、主要问题复核法、查询核实法、分类整理法和联合会审法等，经过审查、修改后的设计概算，提交审批部门复核后，正式下达审批概算。

A. 对比分析法

对比分析法中对比要素有：建设规模、标准与立项批文对比，工程数量与设计图纸对比，综合范围、内容与编制方法、规定对比，各项取费与规定标准对比，材料、人工单价与统一信息对比，引进设备、技术投资与报价要求对比，技术经济指标与同类工程对比等，对比分析法即通过以上对比，发现设计概算存在的主要问题和偏差。

B. 查询核实法

查询核实法是对一些关键设备和设施、重要装置、引进工程图纸不全、难以核算的较大投资进行多方查询核对，逐项落实的方法。主要设备的市场价向设备供应部门或招标机构查询核实；重要生产装置、设施向同类企业（工程）查询了解；引进设备价格及有关费税向进出口公司调查落实；复杂的建筑安装工程向同类工程的建设、承包、施工单位征求意见，深度不够或不清楚的问题直接向原概算编制人员、设计者询问清楚。

C. 联合会审法

联合会审前，可采取多种形式分头审查，包括设计单位自审，主管、建设、承包单位初审，监理工程师评审，邀请同行专家预审，审批部门复审等，经层层审查把关后，由有关单位和专家进行联合会审。

5）施工图预算的审查

① 审查施工图预算的意义

审查施工图预算，有利于控制工程造价，避免和防止预算超概算。

审查施工图预算，有利于加强固定资产投资管理，节约建设资金。

审查施工图预算，有利于施工承包合同价的合理确定和控制。

审查施工图预算，有利于积累和分析各项经济技术指标，不断地提高设计水平。

② 审查内容

工程量：按图算，计算规则、有无重漏算、设备数量；

设备、材料预算价格：确定得是否合理；

预算单价的套用：内容、名称、规格、计量单位等套用是否合适；是否允许换算、换算得是否正确；是否符合编制依据、价格是否正确。

此外，还应审查有关费用项目以及取费标准。

③ 审查施工图预算的方法

审查施工图预算的方法很多，主要有全面审查法、标准预算审查法、分组计算审查法、对比审查法、筛选审查法和重点抽查法等，如表 6-17 所示。

审查施工图预算的方法　　　　　　　　　　　　表 6-17

审查方法	定义	特点	适用范围
全面审查法	按预算定额顺序或施工的先后顺序逐一的全部进行审查	全面、细致，差错较少，质量高；工作量大	工程量比较小、工艺比较简单的工程，编制工程预算的技术力量比较薄弱
标准预算审查法	利用标准图纸或通用图纸施工的工程，编制标准预算	时间短，效果好，好定案；适用范围小	适用按标准图纸设计的工程
分组计算审查法	把预算中的项目划分为若干组，审查或计算同一组中某个分项的工作量，判断同组中其他项目计算的准确程度的方法	审查速度快	适用范围较广
对比审查法	用已建工程的预算或未建但已审查修正的预算对比审查类似拟建工程预算的一种方法		适用于存在类似已建工程或未建但已审查修正预算的工程
筛选审查法	以工程量、造价（价值）、用工三个基本值筛选出类似数据的代表值，进行审查修正的方法	简单易懂，便于掌握，审查速度和发现问题快；不能直接确定问题和原因所在	适用于住宅工程或不具备全面审查条件的工程
重点抽查法	抓住工程预算中的重点进行审查的方法	重点突出，审查时间短，效果好；但不全面	工程重点突出的工程
利用手册审查法	把各项整理成预算手册，按手册对照审查的方法	大大简化预结算的编审工作	
分析对比审查法	把单位工程进行分解，分别与审定的标准预算进行对比分析的方法		

④ 审查施工图预算的步骤

施工图预算审查步骤如下：

A. 做好审查前的准备工作。

熟悉施工图纸。施工图是编制预算分项数量的重要依据，必须全面熟悉了解，核对所有图纸，清点无误后，依次识读。

了解预算包括的范围。根据预算编制说明，了解预算包括的工程内容。

弄清预算采用的单位估价表。

B. 选择合适的审查方法，按相应内容审查。

C. 综合整理审查资料，并与编制单位交换意见，定案后编制调整预算。

6.4.4　工程项目施工阶段的成本控制

工程项目施工阶段是按照设计文件、图纸等要求，具体组织施工建造的阶段，即把设计蓝图付诸实现的过程。

施工阶段工程造价控制的目标就是把工程造价控制在承包合同价或施工图预算内，并力求在规定的工期内生产出质量好、造价低的建设（或建筑）产品。

在竞争日益激烈的市场环境下，进行成本管理的目标控制、监控成本发生过程、分析成本发生节超原因、采取措施控制成本，达到控制成本、降耗增效的目的，是施工企业工程项目成本管理工作的重点。

施工成本管理就是要在保证工期和质量满足要求的情况下，利用组织措施、经济措施、技术措施、合同措施把成本控制在计划范围内，并进一步寻求最大程度的成本节约。施工成本管理的任务主要包括：成本预测、成本计划、成本控制、成本核算、成本分析和成本考核。

施工成本控制是指在施工过程中，根据项目管理目标责任书的要求，结合项目的成本计划，对影响施工项目成本的各种因素加强管理，对于施工过程中发生的各种费用支出进行监督、控制，并采用各种有效措施，将施工中实际发生的各种消耗和支出严格控制在成本计划范围内，及时发现偏差，及时纠正，以保证项目目标成本的实现。施工项目成本控制应贯穿于施工项目从投标阶段开始直到项目竣工验收的全过程，它是企业全面成本管理的重要环节。

项目成本是一项综合性的指标，它涉及项目组织中各个部门、单位和班组的工作业绩，当然与每个职工的切身利益有关。施工项目成本的高低需要施工人员的群策群力、共同关心。工程项目确定以后，自施工准备开始，到工程竣工交付使用后的保修期结束，其中每一项经济业务，都要纳入成本控制的轨道。从过程上讲，施工项目成本控制应包括工程投标阶段的成本控制、施工准备阶段的成本控制、施工阶段的成本控制和竣工阶段的成本控制。

1. 投标阶段工程成本控制

投标阶段是施工企业获取工程项目的源头，在该阶段成本控制工作是编制竞争力强的投标报价，通过对工程项目事前的目标成本预测控制，确定工程项目的成本期望值，考虑适当的利润，确定投标报价。

根据施工图分解工程项目，结合施工现场的情况，按工序标准成本确定方法预测投标成本，该成本是施工企业的成本期望值，然后根据竞争对手的技术、管理水平及其投标技巧等情况考虑适当的利润，确定投标报价。这样的报价反映了施工企业的先进水平，预测事前的目标成本期望值尽可能低，利润就有较大的弹性空间，竞争力优势明显，而且一旦中标，利润非常可观，极大地提高经济效益。所以，投标阶段开好源是非常关键的。

施工成本预测就是根据成本信息和施工项目的具体情况，运用一定的专门方法，对未来的成本水平及其可能的发展趋势作出科学的估计，其实质就是在施工以前对成本进行估算。施工项目成本预测是施工项目成本决策与计划的依据。

2. 施工准备阶段工程成本控制

工程中标后，在施工准备阶段必须做好目标责任成本分解工作和施工成本计划，编制科学合理的施工组织设计。

（1）施工组织设计的编制与优化

施工组织设计是指导工程投标、签订承包合同、施工准备和施工全过程的全局性技术经济文件。施工组织设计是指导施工的主要依据，是工程施工的纲领性文件，对规范建筑工程施工管理有相当重要的作用，在目前的市场经济条件下，它已成为建筑工程施工招投标和组织施工必不可少的重要文件。

编制施工组织设计时，对项目管理机构设置、施工总体部署、施工准备、主要分部分项工程施工方法、工程质量保证措施、安全及文明施工措施、施工现场管理措施等诸多因素尽可能充分考虑，突出科学性、适用性及针对性，对确保优质、低耗、安全、文明、高速完成全部施工任务有重要作用。

编制施工组织设计时，充分考虑施工生产过程中的连续性、平行性、协调性和均衡性的相互关系，使建设工程能够最经济地得以实施，从而避免重复施工、突击施工。项目施工中要充分发挥技术人员的主观能动性，作出最优的施工安排，合理配置资源，制定节约和综合利用资源的目标与措施，确定合理的施工程序和施工顺序，保证工程施工的顺利进行。

1）编制施工组织设计的依据

与工程建设有关的法律、法规和文件；

国家现行有关标准和技术经济指标；

工程所在地区行政主管部门的批准文件，建设单位对施工的要求；

工程施工合同或招标投标文件；

工程设计文件；

工程施工范围内的现场条件，工程地质及水文地质、气象等自然条件；

与工程有关的资源供应情况；

施工企业的生产能力、机具设备状况、技术水平等。

2）编制施工组织设计的原则

符合施工合同或招标文件中有关工程进度、质量、安全、环境保护、造价等方面的要求；

积极开发、使用新技术和新工艺，推广应用新材料和新设备；

坚持科学的施工程序和合理的施工顺序，采用流水施工和网络计划等方法，科学配置资源，合理布置现场，采取季节性施工措施，实现均衡施工，达到合理的经济技术指标；

采取技术和管理措施，推广建筑节能和绿色施工；

与质量、环境和职业健康安全三个管理体系有效结合。

3）施工组织设计编制和审批的规定

施工组织设计应由项目负责人主持编制，可根据需要分阶段编制和审批。有些分期分批建设的项目跨越时间很长，还有些项目地基基础、主体结构、装修装饰和机电设备安装并不是由一个总承包单位完成，此外还有一些特殊情况的项目，在征得建设单位同意的情况下，施工单位可分阶段编制施工组织设计。相关要求如表6-18所示，表中"危险性较大的分部分项工程"和"超过一定规模的危险性较大的分部分项工程"的范围见表6-19和表6-20。

施工组织设计编制和审批的规定　　　　　　　　　　表 6-18

序号	类别	主持编制者	专家论证评审组织者	签字审批者	备注
1	施工组织总设计	项目负责人	—	总承包单位技术负责人	
2	单位工程施工组织设计	项目负责人	—	施工单位技术负责人或技术负责人授权的技术人员	
3	施工方案（一般性）	项目负责人	—	项目技术负责人	
4	施工方案（危险性较大的分部分项工程）	项目负责人	—	施工单位技术负责人、总监理工程师	附具安全验算结果，由专职安全生产管理人员进行现场监督
5	施工方案（超过一定规模的危险性较大的分部分项工程）	项目负责人	施工单位技术部门	施工单位技术负责人、总监理工程师	附具安全验算结果，由专职安全生产管理人员进行现场监督
6	施工方案（专业承包单位施工的分部分项工程或专项工程）	专业承包单位项目负责人	—	专业承包单位技术负责人或技术负责人授权的技术人员	有总承包单位时，应由总承包单位项目技术负责人核准备案
7	施工方案（规模较大的分部分项工程和专项工程）	项目负责人	—	施工单位技术负责人或技术负责人授权的技术人员	主体结构为钢结构的大型建筑工程，钢结构分部规模很大且占有重要地位需另行分包，其施工方案应按单位工程施工组织设计进行编制和审批

危险性较大的分部分项工程　　　　　　　　　　表 6-19

序号	工程名称		判定标准
1	基坑支护、降水工程		开挖深度超过 3m（含 3m）或虽未超过 3m 但地质条件和周边环境复杂
2	土方开挖工程		开挖深度超过 3m（含 3m）的基坑（槽）的土方开挖工程
3	模板工程及支撑体系	各类工具式模板工程	大模板、滑模、爬模、飞模等
		混凝土模板支撑工程	搭设高度 5m 及以上；搭设跨度 10m 及以上；施工总荷载 10kN/m² 及以上；集中线荷载 15kN/m² 及以上；高度大于支撑水平投影宽度且相对独立无连系构件的混凝土模板支撑工程
		承重支撑体系	用于钢结构安装等满堂支撑体系

续表

序号	工程名称		判定标准
4	起重吊装及安装拆卸工程	起重吊装工程	采用非常规起重设备、方法，且单件起吊重量在 10kN 及以上的起重吊装工程
		安装工程	采用起重机械进行安装的工程
		设备安装、拆卸	起重机械设备自身的安装、拆卸
5	脚手架工程	落地式钢管脚手架工程	搭设高度 24m 及以上
		附着式整体和分片提升脚手架工程	都是
		悬挑式脚手架工程	都是
		吊篮脚手架工程	都是
		自制卸料平台、移动操作平台工程	都是
		新型及异形脚手架	都是
6	拆除、爆破工程	建筑物、构筑物拆除工程	都是
		采用爆破拆除的工程	都是
7	其他	建筑幕墙安装工程	都是
		钢结构、网架和索膜结构安装工程	都是
		人工挖扩孔桩工程	都是
		地下暗挖、顶管及水下作业工程	都是
		预应力工程	都是
		采用新技术、新工艺、新材料、新设备及尚无相关技术标准的危险性较大的分部分项工程	都是

超过一定规模的危险性较大的分部分项工程　表 6-20

序号	工程名称		判定标准
1	深基坑工程	土方开挖、支护、降水工程	开挖深度超过 5m（含 5m）的基坑（槽）
		土方开挖、支护、降水工程	开挖深度虽未超过 5m，但地质条件、周围环境和地下管线复杂，或影响毗邻建筑（构筑）物安全的基坑（槽）
2	模板工程及支撑体系	工具式模板工程	滑模、爬模、飞模
		混凝土模板支撑工程	搭设高度 8m 及以上；搭设跨度 18m 及以上；施工总荷载 15kN/m² 及以上；集中线荷载 20kN/m² 及以上
		承重支撑体系	用于钢结构安装等满堂支撑体系，承受单点集中荷载 700kg 以上
3	起重吊装及安装拆卸工程	起重吊装工程	采用非常规起重设备、方法，且单件起吊重量在 100kN 及以上
		起重设备安装工程	起重量 300kN 及以上的起重设备安装
		起重设备的拆除工程	高度 200m 及以上内爬起重设备的拆除

序号	工程名称		判定标准
4	脚手架工程	落地式钢管脚手架工程	搭设高度50m及以上
		附着式整体和分片提升脚手架工程	提升高度150m及以上
		悬挑式脚手架工程	架体高度20m及以上
5	拆除、爆破工程	采用爆破拆除的工程	都是
		特殊建、构筑物的拆除工程	码头、桥梁、高架、烟囱、水塔或拆除中容易引起有毒有害气（液）体或粉尘扩散、易燃易爆事故发生的拆除
		可能影响其他因素安全的拆除工程	可能影响行人、交通、电力设施、通信设施或其他建、构筑物安全的拆除
		文物等建筑拆除工程	文物保护建筑、优秀历史建筑或历史文化风貌区控制范围内的拆除
6	其他	建筑幕墙安装工程	施工高度50m及以上
		钢结构安装工程	跨度大于36m及以上
		网架和索膜结构安装工程	跨度大于60m及以上
		人工挖孔桩工程	开挖深度超过16m的
		地下暗挖工程	都是
		顶管工程	都是
		水下作业工程	都是
		"四新"工程	采用新技术、新工艺、新材料、新设备及尚无相关技术标准的危险性较大的

4）施工组织设计的修改和补充

项目施工过程中，根据实际发生变化的情况，施工组织设计应及时进行修改或补充。发生变化的情况主要有：

工程设计图纸发生重大修改；

工程设计图纸发生一般性修改；

有关法律、法规、规范和标准实施、修订和废止；

主要施工方法有重大调整；

主要施工资源配置有重大调整；

施工环境有重大改变。

经修改或补充的施工组织设计应重新审批后实施。项目施工前应进行施工组织设计逐级交底；项目施工过程中，应对施工组织设计的执行情况进行检查、分析并适时调整。施工组织设计应在工程竣工验收后归档。

5）施工组织设计的优化

① 优化目的

通过技术经济比较分析，可以看出存在有两个或两个以上施工组织设计方案之间的优劣，从而去劣存优，对施工组织设计进行方案、组合、顺序、周期、生产要素等要素调整，以期使设计趋于最优化。同时，通过优化，努力节约资源，注重环境保护，提高机械设备的利用率，并协调好工期、质量、成本三控制的关系。

优化施工组织设计对合理确定工程成本费用有重要意义，施工组织设计编制质量的好坏是合理确定工程造价的关键，施工方案的设计则是施工组织设计的中心环节。施工方案的选定应当通过认真比较讨论，从技术经济两个方面综合评定；同时，在施工组织设计中应用新技术、新材料、新工艺、新设备，既可以提高生产力，加快施工进度，减少材料设备消耗，又可以降低工程成本。

② 施工方案的优化

施工方案优化主要通过对施工方案的经济、技术比较，选择最优的施工方案，达到加快施工进度并能保证施工质量和施工安全、降低消耗的目的。

主要包括：施工方法的优化、施工顺序的优化、施工作业组织形式的优化、施工劳动组织优化、施工机械组织优化等。施工方法的优化要能取得好的经济效益，同时还要有技术上的先进性。施工顺序的优化是为了保证现场秩序，避免混乱，实现文明施工，取得好快省而又安全的效果。施工作业组织形式的优化是指作业组织合理采取顺序作业、平行作业、流水作业三种作业形式的一种或几种的综合方式。施工劳动组织优化是指按照工程项目的要求，将具有一定素质的劳动力组织起来，选出相对最优的劳动组合方案，使之符合工程项目施工的要求，投入到施工项目中去。

施工机械组织优化就是要从仅仅满足施工任务的需要转到如何发挥其经济效益上来。这就是要从施工机械的经济选择、合理配套、机械化施工方案的经济比较以及施工机械的维修管理上进行优化，才能保证施工机械在项目施工中发挥巨大的作用。

③ 资源利用的优化

项目物资是劳动的对象，是生产要素的重要组成部分。施工过程也就是物资消耗过程。项目物资指主要原材料、辅助材料、机械配件、燃料、工具、机电设备等，它服务于整个建设项目，贯穿于整个施工过程。因此，对于它的采购、运输、储存、保管、发放、节约使用、综合利用和统计核销，关系到整个工程建设的进度、质量和成本，必须对其进行全面管理。

资源利用的优化主要包括：物资采购与供应计划的优化、机械需要计划的优化。项目物资采购与供应计划的优化就是在工程项目建设的全过程中对项目物资供需活动进行计划，必要时需调整施工进度计划。机械需要计划的优化就是尽量考虑如何提高机械的出勤率、完好率、利用率，充分发挥机械的生产效率。

（2）施工成本计划

施工成本计划是以货币形式编制施工项目在计划期内的生产费用、成本水平、成本降低率以及为降低成本所采取的主要措施和规划的书面方案，它是建立施工项目成本管理责任制、开展成本控制和核算的基础。

一般来说，一个施工项目成本计划应包括从开工到竣工所必需的施工成本，它是该施工项目降低成本的指导文件，是设立目标成本的依据。可以说，成本计划是目标成本的一种形式。

1）施工成本计划的要求

施工成本计划应满足的要求主要有：

合同规定的项目质量和工期要求；

组织对施工成本管理目标的要求；

以经济合理的项目实施方案为基础的要求；

有关定额及市场价格的要求。

2）施工成本计划的类型

① 竞争性成本计划

竞争性成本计划即工程项目投标及签订合同阶段的估算成本计划，这类成本计划是以招标文件中的合同条件、投标者须知、技术规程、设计图纸或工程量清单等为依据，以有关价格条件说明为基础，结合调研和现场考察获得的情况，根据本企业的工、料、机消耗标准、水平、价格资料和费用指标，对本企业完成招标工程所需要支出的全部费用的估算。在投标报价过程中，虽也着力考虑降低成本的途径和措施，但总体上较为粗略。

② 指导性成本计划

指导性成本计划即选派项目经理阶段的预算成本计划，是项目经理的责任成本目标。它是以合同标书为依据，按照企业的预算定额标准制定的设计预算成本计划，且一般情况下只是确定责任总成本指标。

③ 实施性计划成本

实施性计划成本即项目施工准备阶段的施工预算成本计划，它是以项目实施方案为依据，以落实项目经理责任目标为出发点，采用企业的施工定额通过施工预算的编制而形成的实施性施工成本计划。

3）施工成本计划的编制依据和方式

施工成本计划的编制依据包括：

合同报价书、施工预算；

施工组织设计或施工方案；

人、料、机市场价格；

公司颁布的材料指导价格、公司内部机械台班价格、劳动力内部挂牌价格；

周转设备内部租赁价格、摊销损耗标准；

已签订的工程合同、分包合同（或估价书）；

结构件外加工计划和合同；

有关财务成本核算制度和财务历史资料；

其他相关资料。

施工成本计划的编制方式有按施工成本组成编制、按项目组成编制和按工程进度编制等。

4）施工成本计划的具体内容

① 编制说明

指对工程的范围、投标竞争过程及合同条件、承包人对项目经理提出的责任成本目标、施工成本计划编制的指导思想和依据等的具体说明。

② 施工成本计划的指标

施工成本计划的指标应经过科学的分析预测确定，可以采用对比法、因素分析法等方法来进行测定。

A. 施工成本计划一般情况下有以下三类指标：

a. 成本计划的数量指标，如按子项汇总的工程项目计划总成本指标，按分部汇总的各单位工程（或子项目）计划成本指标，按人工、材料、机械等各主要生产要素汇总的计划成本指标等；

b. 成本计划的质量指标，如施工项目总成本降低率；

c. 成本计划的效益指标，如工程项目成本降低额。

B. 按工程量清单列出的单位工程计划成本汇总表。

C. 按成本性质划分的单位工程成本汇总表。

D. 根据清单项目的造价分析，分别对人工费、材料费、机械费、措施费、企业管理费和税费进行汇总，形成单位工程成本计划表。

3. 施工过程中的工程成本控制

施工期间的成本控制是事中目标成本控制，在项目经理的领导下，从影响成本的因素着手，制定相应的组织措施、技术措施和经济措施，将实际发生的成本控制在目标计划成本内。

（1）施工项目成本控制的基本措施

成本控制的方法很多，而且有一定的随机性，即在某种情况下，采取与之适应的控制手段和方法。常用的方法有：

1）以施工图预算控制费用支出

按照施工图预算，在人工费、材料费、周转材料费、施工机械使用费、构件加工费和分包工程费等方面实行以收定支，量入为出。

具体的控制措施如下：

① 人工费的控制

将各种作业用工及零星用工按定额工日的一定比例综合确定用工数量与单价，在劳务合同中明确各种用工的价格，并在项目进行过程中加强对用工的控制，尽可能避免窝工。

② 材料费的控制

在施工项目中材料费约占建筑安装工程造价的60%以上，因此，在项目实施过程中对材料费进行控制的重要性是不言而喻的。材料费的控制可以分为对材料价格的控制和材料用量的控制两个方面：材料价格的控制可以在保证符合设计要求和质量标准的前提下，采取各种措施降低选用材料的价格，如合理确定材料等级标准、通过招标选择材料供应商等；材料的用量可以通过限额发料、指标管理、包干使用等方法进行有效控制。

③ 施工机械使用费的控制

主要通过合理选择施工机械、合理安排施工生产、加强现场的设备管理和加强现场的人员管理等方法进行控制。

④ 施工分包费用的控制

项目经理部应在制定施工方案的过程中就确定好分包的工程范围、做好分包工程的询价和发包方案的制定工作。施工准备阶段应该严格按照制定好的分包工程的发包方案进行发包。在施工过程中，项目经理部还应该加强对分包商的管理，避免由于分包商的违约而引起索赔。

2）以施工预算控制人力资源和物质资源的消耗

资源消耗数量的货币表现就是成本费用，因此，控制了资源消耗，就等于控制了成本费用。项目开工前，计算工程量，编制施工预算，作为指导和管理施工的依据；对生产班组任务安排通过施工任务单和限额领料单等来控制消耗；根据消耗数量，建立资源消耗台账，实行资源消耗中间控制，结合当月工程完工数量，分析消耗水平和节超原因。

3）加强项目合同管理

项目合同作为投资者与承包者的联系纽带，是工程项目全过程造价控制的核心和提高工程项目管理、经济效益的关键所在。在施工过程中，严格恪守合同条款要求，按合同办事。

4）严格控制工程变更，尽量减少设计变更费用

在工程建设中，出现设计变更很正常，但要加强设计变更管理，尽可能把设计变更控制在设计阶段的初期，如图纸会审、技术咨询会；若涉及影响投资的重大设计变更，更要先计算经济账，再确定变更的解决办法，尽量使工程成本费用得到有效控制。

5）建立项目成本审核签证制度，控制成本费用支出

严格现场签证管理，必须以施工合同的条款及造价清单、施工图纸为基础，认真做到签证内容与实际相符，且内容不能超过应签证的范围。工程项目实施过程中，施工现场有许多相关资料，由经济技术人员深入现场，对照图纸与施工现场情况，了解收集资料，及时掌握现场实际，协助管理好变更、签证的费用。同时，为投资者做好反索赔工作准备。签证内容必须量化，签证单上的每一个数据、字母均要清晰明确，同时要与工程经济人员相互配合。审核成本费用的支出，必须以有关规定和合同为依据，最后由项目经理签字方可支付。根据实际情况，在需要或可能的条件下，可适当将金额较小的经济业务授权给财务和业务部门。

6）加强质量管理，控制质量成本

质量成本指为保证和提高项目质量而支出的一切费用，以及为达到质量指标而发生的一切损失费用之和。

7）坚持现场管理标准化

现场管理标准化的重点是现场平面布置管理和现场安全生产管理。

8）定期开展"三同步"检查，防治项目成本盈亏异常

施工三同步具体表现为：完成多少业务、消耗多少资源、发生多少成本，三者应该同步，即形象进度、产值统计、实际成本归集"三同步"，三者的取值范围应是一致的，形象进度表达的工程量、统计施工产值的工程量和实际成本归集所依据的工程量均应是相同的数值。施工到什么阶段，就应当发生相应的成本费用，如果成本和进度不对应，就要作为"不正常"现象进行分析。

经济核算的"三同步"具体是统计核算、业务核算、会计核算的"三同步"。统计核算即产值统计，业务核算即人力资源和物质资源的消耗统计，会计核算即成本会计核算。经济核算是以获得最佳经济效益为目标，运用会计核算、统计核算和业务核算等手段，对生产经营过程中活劳动和物资消耗以及取得的成果，用价值形式进行记录、计算、对比和分析，借以发掘增产节约的潜力和途径。

（2）工程成本控制的责任制

施工管理中经常会出现一些问题导致工程成本偏差，如：原成本计划数据不准确、预算低，施工组织混乱、劳动效率低，发生预算外开支，成本责任不明、成本控制意识弱，

采购了劣质材料，工人培训不充分、发生返工，以及管理制度不健全等，均可能造成工程成本超支的问题。所以，项目施工过程中成本控制的责任分工必须加以重视，施工项目日常成本控制，必须由项目全员参加，根据各自的责任成本对自己分工的内容负责成本控制。各部门及其职能人员的成本控制责任可参照表 6-21 设定。

各部门及其职能人员的成本控制责任　　　　　　　　　　　　　表 6-21

相关部门	成本控制责任
施工技术和计划经营部门	1. 根据施工项目管理大纲，科学地组织施工。 2. 及时组织已完工程的计量、验收、计价、收回工程价款，保证施工所用资金的周转。 3. 按建设工程施工合同示范文本通用条款规定，资金到位组织施工，避免垫付资金施工
材料、设备部门	1. 根据施工项目管理规划的材料需用量计划制定合理的材料采购计划。严格控制主材的储备量，既保证施工需要，又不增大储备资金。 2. 按采购计划和经济批量进行采购订货，严格控制采购成本。 3. 使用量大的主要材料可以公开或邀请招标，以降低成本，保证材料质量，按时供应，保证连续施工。 4. 签订材料供应合同，保证采购材料质量。供应商违约，可以利用索赔减少损失或增加收益。 5. 坚持限额领料，控制材料消耗。可以分别按施工任务书控制，定额控制，指标控制，计量控制，小型配件或零星材料可以钱代物包干控制
财务部门	1. 按间接费使用计划控制间接费用。其中，特别是财务费和项目经理部不可控的成本费用等。财务费用主要是控制资金的筹集和使用，调剂资金的余缺，减少利息的支出，增加利息收入。 2. 严格其他应收预付款的支付手续。例如，购买材料、配件等预付款。 3. 其他费用按计划、标准、定额控制执行。 4. 对分包商、施工队支付工程价款时，手续应齐全，有计量、验工计价单，项目部领导签字方可支付
其他职能部门	其他职能部门，根据分工不同控制施工成本。如合同管理部门既要防止自己违约，又要避免对方向自己索赔等
施工队	主要控制人工费、材料费、机械使用费的发生和可控的间接费
班组	主要控制人工费、材料费、机械使用费的使用。要严格领料退料，避免窝工、返工，注重提高劳动效率。机组主要控制燃料费、动力费和经常修理费，认真执行维修保养制度，保持设备的完好率和出勤率

4. 竣工阶段的成本控制

工程项目竣工验收阶段，成本控制工作的主要内容包括竣工结算的编制与审查以及竣工决算的编制。

（1）竣工结算

竣工结算是承包人在完成合同所规定的全部内容并经质量验收合格后，向发包人提出自己应得的全部最终工程价款的工程造价文件。

竣工结算价款＝合同价＋施工过程中合同价款调整数额
　　　　　　－预付及已结算工程价款－保修金　　　　　　　　　　　　（6-64）

在结算时，工程造价人员计算出各分部分项工程的直接成本并与调整的目标计划成本对比，对项目经理部进行考核，项目经理部对班组进行考核，按照制定的规章制度进行奖罚。在确定工程项目投资时，坚持以现行造价、投资管理的规定为依据，按照甲乙双方施工合同的相关约定，根据竣工图纸结合设计变更、现场签证和隐蔽签证进行审核。工程竣工结算一般由施工单位编制，提交给业主后，业主自行审核或委托工程造价咨询单位进行审核。工程竣工结算审查的内容包括：

1）核对合同条款。审核竣工工程内容是否符合合同条件要求，竣工验收是否合格，结算价款是否符合合同的结算方式。

2）核实工程数量。根据竣工图、设计变更单及现场签证等进行核算。

3）审查材料价格。

4）审查隐蔽工程验收记录。隐蔽工程是否有有效的验收记录。

5）审查设计变更签证。认真核实每项设计变更是否真正实施，审核现场签证的合理性。

6）审查工程定额的套用，审查各项费用的计取。

7）防止各种计算误差。

（2）竣工决算

竣工决算是建设项目从筹建到竣工投产全过程中发生的所有实际支出费用，包括设备工器具购置费、建筑安装工程费和其他费用等。

竣工决算由竣工财务决算报表、竣工财务决算说明书、竣工工程平面示意图、工程造价比较分析四部分组成。

竣工决算由业主财务部门编制，决算审查结果对承包单位的竣工结算不具有约束力。

竣工决算审核是审计机构根据《审计法》和《基本建设竣工决算审计工作要求》，对整个项目的资金来源、基建计划、前期工程、土地征用、勘察设计、建设施工中的一切财务收支及违纪行为进行审查，对项目投资效益进行评价。

6.5 工程价款结算及成本变更管理

6.5.1 工程价款结算

1. 工程价款结算的概念

工程价款结算，是指承包商在工程实施过程中，依据承包合同中关于付款条款的规定和已经完成的工程量，并按照规定的程序向建设单位（业主）收取工程价款的一项经济活动。

2. 工程价款的主要结算方式

（1）按月结算。实行旬末或月中预支，月终结算，竣工后清算的方法。跨年度竣工的工程，在年终进行工程盘点，办理年度结算。

（2）竣工后一次结算。建设项目或单项工程全部建筑安装工程建设期在 12 个月以内，或者工程承包合同价值在 100 万元以下的，可以实行工程价款每月月中预支，竣工后一次结算。

（3）分段结算。即当年开工，当年不能竣工的单项工程或单位工程按照工程形象进度，划分不同阶段进行结算。分段结算可以按月预支工程款。

（4）目标结款方式。即在工程合同中，将承包工程的内容分解成不同的控制界面，以业主验收控制界面作为支付工程价款的前提条件。

3. 工程预付款及其计算

工程预付款是施工合同签订以后由发包人按照合同约定，在工程开工前预先支付给承包人的工程款，用于施工准备以及所需的主要材料和构件的备料，因此又称为预付备料款。

（1）工程预付款的规定

《建设工程工程量清单计价规范》GB 50500—2013 关于预付款的规定是：

1）承包人应将预付款专用于合同工程。

2）包工包料工程的预付款的支付比例不得低于签约合同价（扣除暂列金额）的10%，不宜高于签约合同价（扣除暂列金额）的30%。

3）承包人应在签订合同或向发包人提供与预付款等额的预付款保函后向发包人提交预付款支付申请。

4）发包人应在收到支付申请的 7 天内进行核实，向承包人发出预付款支付证书，并在签发支付证书后的 7 天内向承包人支付预付款。

5）发包人没有按合同约定按时支付预付款的，承包人可催告发包人支付；发包人在预付款期满后的 7 天内仍未支付的，承包人可在付款期满后的第 8 天起暂停施工。发包人应承担由此增加的费用和延误的工期，并应向承包人支付合理利润。

6）预付款应从每一个支付期应支付给承包人的工程进度款中扣回，直到扣回的金额达到合同约定的预付款金额为止。

7）承包人的预付款保函的担保金额根据预付款扣回的数额相应递减，但在预付款全部扣回之前一直保持有效。发包人应在预付款扣完后的 14 天内将预付款保函退还给承包人。

（2）工程预付款的额度

预付款额度要保证施工所需材料和构件的正常储备，一般由双方在合同中约定。

（3）工程预付款的扣回

工程预付款的扣回方式有：

1）在承包方完成金额累计达到合同总价的一定比例后采用等比率或等额扣款的方式分期扣回；

2）工期较短、造价较低的，也可在工程竣工时一次扣回（留 3%～5%尾款）。

3）按公式计算起扣点和起扣额

发包单位拨付给承包单位的备料款属于预支性质，工程实施后，随着工程所需主要材料储备的逐步减少，应以抵充工程价款的方式陆续扣回。通常，从未施工工程尚需的主要材料及构件的价值相当于备料款数额时起扣，从每次结算工程价款中，按材料比重扣抵工程价款，竣工前全部扣清。

即：　　　　　　当月实际付款金额＝应签证的工程款－应扣回的预付款　　　　（6-65）

预付款起扣点　　　　　　　　　$T = P - M/N$　　　　　　　　　（6-66）

式中　T——起扣点，即开始扣回预付款时的累计完成工程金额；

　　　P——工程合同金额；

　　　M——工程预付款数额；

　　　N——主要材料、构件占全部工程合同金额的比例。

【例 6-4】某工程合同总额为 200 万元，工程预付款为 24 万元，主要材料及构件占工程合同总金额的比例为 60%，试计算工程预付款的起扣点。

【解】预付款起扣点 $T=P-M/N=200-24/60\%=160$ 万元

即当工程完成 160 万元时，本项工程预付款开始起扣。

4. 工程进度款

（1）工程进度款的计算

工程进度款的计算主要涉及工程量的计算和单价的确定两个方面。

单价主要根据承发包双方在合同中约定的计价方法来确定。常见的计价方法有工料单价法和综合单价法两种。工料单价法一般采用可调价格方式，综合单价法通常采用固定价格方式。

（2）工程进度款的支付

工程进度款支付要遵循一定的程序，严格按照合同执行。在双方确认计量结果后 14 天内，发包方应向承包方支付工程进度款。按约定时间发包方应扣回的预付款，与工程款（进度款）同期结算。

工程进度款支付中通常要扣除预付款及工程质量保修金（保证金、保留金）。支付款项不仅包括合同中规定的初始收入，还包括由于合同变更、索赔、奖励等原因而形成的追加收入。

《建设工程施工合同（示范文本）》GF—2017—0201 中规定：预付款的支付按照专用合同条款约定执行，但至迟应在开工通知载明的开工日期 7 天前支付。预付款应当用于材料、工程设备、施工设备的采购及修建临时工程、组织施工队伍进场等。

（3）工程保修金的预留

工程项目总造价中应预留出一定比例的尾留款作为质量保修费用，待工程项目保修期结束后最后拨付。尾留款的扣留有两种做法：

1）当工程进度款支付累计达到工程造价的一定比例（如 95%）时，停止支付，剩余部分作为尾留款；

2）从第一次支付的工程进度款开始，每次从工程进度款中按一定比例扣留，扣满为止。

【例 6-5】承发包双方就某工程签订了施工合同，合同工程量为 5000m³，合同单价为 200 元/m³，合同工期 4 个月。合同中有关付款的条款包括：开工前发包人向承包人支付合同总价 20% 的预付款，自第 1 月起发包人从承包人的工程进度款中按 5% 的比例扣留质量保修金；当实际完成的工程量超过合同工程量 10% 时，超过部分单价在原单价基础上下浮 10%；监理签发月度付款的最低金额为 25 万元；预付款在最后两个月内均匀扣除。

承包单位每月实际完成并经监理工程师签证确认的工程量见表 6-22 所列。

每月实际完成的工程量   表 6-22

月份	1	2	3	4
完成工程量（m³）	1000	1500	2000	1400
累计完成工程量（m³）	1000	2500	4500	5900

试求：预付款；每月完成的工程价款；监理应签证的工程进度款；监理实际签发的支付证书金额。

【解】工程预付款＝5000×200×20％＝20 万元

每月完成工程价款、监理应签证的工程进度款以及监理实际签发的支付证书金额为：

第一个月 完成的工程价款＝1000×200＝2 万元

应签证的工程进度款＝20×95％＝19 万元

由于本月应签证的工程款小于 25 万元，故监理工程师不予签发支付证书。

第二个月 完成的工程价款＝1500×200＝30 万元

应签证的工程进度款＝30×95％＝28.5 万元

实际签发的支付证书金额＝28.5＋19＝47.5 万元

第三个月 完成的工程价款＝2000×200＝40 万元

应签证的工程进度款＝40×95％＝38 万元

应扣预付款＝20×50％＝10 万元

实际签发的支付证书金额＝38－10＝28 万元

第四个月 超过估算工程量 10％的工程量＝5900－5000×（1＋10％）＝400m³

超出部分的单价＝200×0.9＝180 元/m³

完成的工程价款＝1000×200＋400×180＝27.2 万元

应签证的工程进度款＝27.2×95％＝25.84 万元

应扣预付款＝20×50％＝10 万元

实际签发的支付证书金额＝25.84－10＝15.84 万元

6.5.2 工程变更价款的确定

1. 工程变更的分类

在工程项目的实施过程中，由于种种原因，常常会出现设计、工程量、计划进度、使用材料等方面的变化，这些变化统称工程变更。

（1）按照工程变更主要来源分类

按照工程变更主要来源可以分为：

1）发包人为改变使用功能或基于客观条件等所提出的工程变更；

2）承包人鉴于现场情况的施工条件或遇到不可预见的地质情况等而提出的工程变更；

3）第三人出于相邻权而提出的工程变更；

4）设计单位为了修正或完善原设计而提出的设计变更。

（2）按工程变更的性质和对工程造价的影响程度分类

按工程变更的性质和对工程造价的影响程度，一般可将工程变更分为三类：

1）第一类变更（重大变更）

指改变技术标准和设计方案的变更，例如结构形式的变更、重大防护设施及其他特殊设计的变更等。

2）第二类变更（重要变更）

指改变工程尺寸或工程质量的变更，例如改变标高、位置等。

3）第三类变更（一般变更）

指由于原设计图纸中明显的差错或遗漏，不降低原设计标准下的材料代换和现场必须立即决定的局部修改的变更。

（3）按工程变更的具体内容分类

按工程变更的具体内容，一般可将工程变更分为设计变更、进度计划变更、施工条件变更，也包括工程量清单中未包括的"新增工程"。

考虑到设计变更在工程变更中的重要性，分为设计变更与其他变更两大类。工程变更往往伴随合同价款变更。

1）设计变更

设计变更包括：更改工程有关部分的高程、基线、位置、尺寸；增减合同中约定的工程量。

2）其他变更

其他变更指：除设计变更外，其他能够导致合同内容变化的变更。如变更质量标准；对工期要求的变化；施工条件和环境变化导致施工机械和材料的变化等。

2.《建设工程施工合同（示范文本）》条件下的工程变更

（1）变更的范围

除专用合同条款另有约定外，合同履行过程中能够构成设计变更的事项包括以下变更：

1）增加或减少合同中任何工作，或追加额外的工作；

2）取消合同中任何工作，但转由他人实施的工作除外；

3）改变合同中任何工作的质量标准或其他特性；

4）改变工程的基线、标高、位置和尺寸；

5）改变工程的时间安排或实施顺序。

（2）工程变更的程序

工程变更程序一般由合同规定。按国际惯例，合同中通常都赋予业主（或工程师）直接指令变更工程的权力，承包商接到指令后必须立即执行，价格、工期事后协商确定。

《建设工程施工合同（示范文本）》中规定的变更程序为：

1）发包人提出变更

发包人提出变更的，应通过监理人向承包人发出变更指示，变更指示应说明计划变更的工程范围和变更的内容。

2）监理人提出变更建议

监理人提出变更建议的，需要向发包人以书面形式提出变更计划，说明计划变更工程范围和变更的内容、理由，以及实施该变更对合同价格和工期的影响。发包人同意变更的，由监理人向承包人发出变更指示。发包人不同意变更的，监理人无权擅自发出变更指示。

3）变更执行

承包人收到监理人下达的变更指示后，认为不能执行，应立即提出不能执行该变更指示的理由。承包人认为可以执行变更的，应当书面说明实施该变更指示对合同价格和工期的影响，且合同当事人应当按照《建设工程施工合同（示范文本）》中变更估价原则确定变更估价。

4）承包人的合理化建议

发包人和监理人均可以提出变更。变更指示均通过监理人发出，监理人发出变更指示前应征得发包人同意。承包人收到经发包人签认的变更指示后，方可实施变更。未经许可，承包人不得擅自对工程的任何部分进行变更。

承包人提出合理化建议的，应向监理人提交合理化建议说明，说明建议的内容和理由，以及实施该建议对合同价格和工期的影响。

除专用合同条款另有约定外，监理人应在收到承包人提交的合理化建议后 7 天内审查完毕并报送发包人，发现其中存在技术上的缺陷，应通知承包人修改。发包人应在收到监理人报送的合理化建议后 7 天内审批完毕。合理化建议经发包人批准的，监理人应及时发出变更指示，由此引起的合同价格调整按照《建设工程施工合同（示范文本）》中变更估价原则执行。发包人不同意变更的，监理人应书面通知承包人。

合理化建议降低了合同价格或者提高了工程经济效益的，发包人可对承包人给予奖励，奖励的方法和金额在专用合同条款中约定。

（3）变更估价

1）变更估价原则

除专用合同条款另有约定外，变更估价按照以下规定处理：

①已标价工程量清单或预算书有相同项目的，按照相同项目单价认定；

②已标价工程量清单或预算书中无相同项目，但有类似项目的，参照类似项目的单价认定；

③变更导致实际完成的变更工程量与已标价工程量清单或预算书中列明的该项目工程量的变化幅度超过 15% 的，或已标价工程量清单或预算书中无相同项目及类似项目单价的，按照合理的成本与利润构成的原则，由合同当事人进行商定或确定，合同当事人不能达成一致的，由总监理工程师按照合同约定审慎作出公正的确定。

2）变更估价程序

承包人应在收到变更指示后 14 天内，向监理人提交变更估价申请。监理人应在收到承包人提交的变更估价申请后 7 天内审查完毕并报送发包人，监理人对变更估价申请有异议，通知承包人修改后重新提交。发包人应在承包人提交变更估价申请后 14 天内审批完毕。发包人逾期未完成审批或未提出异议的，视为认可承包人提交的变更估价申请。

因变更引起的价格调整应计入最近一期的进度款中支付。

3. FIDIC 合同条件下的工程变更

在颁发工程接收证书前的任何时间，工程师可通过发布指令或要求承包商提交建议书的方式，提出变更。

（1）变更范围

1）改变合同中任何工作的工程量；

2）任何工作质量或其他特性的变更；

3）工程任何部分高程、位置和尺寸的改变；

4）删减任何合同约定的工作内容；

5）改变原定的施工顺序或时间安排；

6）进行永久工程所必需的任何附加工作、永久设备、材料供应或其他服务；

7）新增工程按单独合同对待。

（2）变更程序

1）工程师将计划变更事项通知承包商，并要求承包商实施变更建议书。

2）承包商应尽快作出书面回应，或提出他不能照办的理由（如果情况如此），或提交依据工程师的指示递交实施变更的说明，包括对实施工作的计划以及说明、对进度计划作出修改的建议、对变更估价的建议、提出变更费用的要求。若承包商由于非自身原因无法执行此项变更，承包商立刻通知工程师。

3）工程师收到此类建议书后，应尽快给予批准、不批准，或提出意见的回复。

4）承包商在等待答复期间，不应延误任何工作，应由工程师向承包商发出执行每项变更并附做好各项记录的任何要求的指示，承包商应确认收到该指示。

（3）变更估价

各项工作内容的适宜费率或价格，应为合同对此类工作内容规定的费率或价格，如合同中无某项内容，应取类似工作的费率或价格。但在以下情况下，宜对有关工作内容采取新的费率或价格：

1）该项工作测出的数量变化超过工程量表或其他资料表中所列数量的 10% 以上；

2）此数量变化与该项工作上述规定的费率或单价的乘积，超过中标合同金额的 0.01%；

3）由数量变化直接导致该项工作的单位工程费用变动超过 1%；

4）合同中没有规定该项工作为"固定费率项目"。

工程变更及合同价款调整对比，见表 6-23 所列。

工程变更及合同价款调整对比　　　　　　　　　　　　　　　　　表 6-23

工程变更	《建设工程施工合同（示范文本）》	FIDIC 合同条件
工程变更的范围	主要是设计变更，也包括其他变更，设计变更主要包括：更改有关部分的标高、基线、位置和尺寸；增减合同中约定的工程量	主要范围包括：①工程量的改变；②质量和其他特性改变；③标高、位置或尺寸改变；④删减工作内容；⑤新增工程；⑥改变原定的施工顺序和时间安排
发包人或工程师提出的变更	承包人对于发包人的变更通知没有拒绝的权力，变更超过原设计标准或者批准的建设规模时，须经原规划管理部门和其他有关部门审查批准，并由原设计单位提供变更的相应图纸和说明	工程师可以直接发布变更指示，也可以要求承包商递交建议书
承包商提出的变更	承包人不得随意变更设计，合理化建议必须经工程师同意。工程师同意后，也须经原规划管理部门和其他有关部门审查批准，并由原设计单位提供变更的相应图纸和说明。否则一切后果由承包商承担	未经工程师批准，承包商不得擅自变更。承包商应首先提出变更建议，以证明变更能为业主带来利益。若变更涉及部分永久工程设计，承包商应自行设计或委托有资质单位进行。工程师批准建议后，调整合同价
变更估价	套用已有价格；参照类似价格；承包人提出适当的变更价格，经工程师确认后执行	按原费率计算变更工程费用；在原单价和价格的基础上制定合理的新单价或价格；确定新的费率或价格

6.6 工 程 索 赔

6.6.1 工程索赔概述

1. 工程索赔的概念

工程索赔是指在工程承包合同履行过程中，合同当事人一方因非自身原因而受到经济损失或权利损害时，向对方提出经济或时间补偿要求的行为。

索赔是工程承包中经常发生并随处可见的现象，是合情、合理、合法的行为。索赔的性质属于经济补偿行为，而不是惩罚。工程索赔在国际建筑市场上是承包商保护自身正当权益，弥补工程损失，提高经济效益的重要手段。但工程索赔及其管理在我国工程管理中还是一个相对薄弱的环节。

2. 索赔成立的条件

（1）索赔事件发生是非承包商的原因。由于发包人违约、发生应由发包人承担责任的特殊风险或遇到不利的自然灾害等情况。

（2）索赔事件发生确实使承包商蒙受了损失。

（3）索赔事件发生后，承包商在规定的时间范围内，按照索赔的程序，提交了索赔意向书及索赔报告。

3. 工程索赔的作用

（1）减少或避免损失，增加利润，维护合同当事人正当权益；

（2）以"索"促"管"，保证合同实施；

（3）有利于工程造价的合理确定；

（4）有利于与国际工程管理接轨。

4. 工程索赔产生的原因

（1）当事人违约。当事人没有按照合同约定履行自己的义务。分为发包人违约、承包人违约。

（2）工程师不当行为。工程师的不当行为给承包商造成的损失由业主承担。

（3）不可抗力事件。可以分为自然事件和社会事件。自然事件主要是不利的自然条件和客观障碍。社会事件则包括国家政策、法律、法令的变更，战争、罢工等。

（4）合同缺陷。指合同文件规定不严谨或有矛盾，合同中有遗漏或错误。

（5）合同变更。表现为设计变更、施工方法变更、追加或者取消某些工作、合同规定的其他变更等。

（6）其他第三方原因。其他第三方原因常常表现为与工程有关的第三方的问题而引起对本工程的不利影响。

5. 工程索赔分类

（1）按索赔目的分类

1）工期索赔

工期索赔指由于甲方原因造成延长工期，乙方要求业主延长施工时间，使原规定的工程竣工日期顺延，从而避免到期不能完工而追究承包商的违约责任，承包商的工期索赔实质上是一种权力索赔要求，在合同的通用条件中都列有可顺延工期的条款，具体指出在哪些情况下承包商有权要求延长工期。

2）费用索赔

费用索赔既包括施工单位由于施工的客观条件改变而增加了开支时，向业主要求补偿额外费用支出，也包括由于施工单位的质量事故及拖延工期等，建设单位向施工单位索取违约罚款。

在实际工程中，大多数情况是承包商就某一索赔事项既提工期索赔，又提经济索赔，按通常的索赔惯例，两种索赔应独立提出。

（2）按索赔的有关当事人分类

1）建设单位与承包商的索赔。如有关工程量、工程变更、工期、质量和价格方面的争议，以及有关违约行为、暂停施工和终止合同等方面损害赔偿原因。

2）总承包商与分包商之间的索赔。

3）承包商与供货商之间的索赔。多为商贸方面的争议，如货物质量不符合技术要求，数量短缺，交（提）货延误，运输损失等。

4）承包商向保险公司、运输公司的索赔。

（3）按索赔依据分类

1）合同内的索赔

索赔涉及的内容可在合同文件中找到依据，如工程量计算规则，变更工程的计算和价格，不同原因引起的拖延等。这类索赔不大容易发生争议。

2）合同外的索赔

索赔的内容或权利虽然难以在合同条款中找出依据，但可以根据合同某些条款的含义，推论出承包人有索赔权，如外汇汇率变化。

3）道义索赔（额外支付）

例如，施工单位在投标时对标价估计不足，实施过程中发现工程比预计的困难要大得多，致使投入成本远远大于工程收入，尽管承包商在合同和法律中找不到依据，但业主可能察及实际情况，为了使工程获得良好进展，出于同情和对承包商的信任而慷慨予以补偿。这种补偿较为罕见。

（4）按索赔的处理方式分类

1）单项索赔

单项索赔即采取一事一赔的方式，在每一件索赔事项发生后，报送索赔通知书，编制索赔报告，要求单项解决支付，不与其他索赔事项混在一起，这是工程索赔通常采用的方式。

2）综合索赔

综合索赔通常发生在工程竣工前，承包商将施工中未解决的单项索赔集中起来，提出一份综合索赔报告，以一揽子方案解决索赔问题。这是合同双方在工程移交前后进行的最终索赔谈判。这种索赔方式，是在特定情况下被迫采用的一种索赔方法。因为它涉及的因素复杂，不太容易索赔成功，因此应尽量避免利用综合索赔方式。

（5）按索赔对象分类

1）承包商向业主的索赔

主要包括：

①　不利自然条件及人为障碍引起的索赔；

②　工程变更引起的索赔；

③　工程延期引起的索赔；

④　加速施工引起的索赔；

⑤　业主不正当中止工程引起的索赔；

⑥　物价上涨引起的索赔；

⑦　法律、货币及汇率变化引起的索赔；

⑧　延期支付工程款的索赔；

⑨　不可抗力引起的索赔。

通常所说的索赔是指承包商向业主的索赔。

2）业主向承包商的索赔（反索赔）

主要包括：

①　工期延误引起的索赔；

②　质量不满足合同要求引起的索赔；

③　对超额利润的索赔；

④　对指定分包商的付款索赔；

⑤　承包商不正当放弃工程引起的索赔。

6.6.2　工程索赔处理程序

工程索赔的处理应以合同为依据，平时注意资料的积累，加强主动控制，减少工程索赔，及时合理地处理索赔。

1.《建设工程施工合同（示范文本）》GF—2017—0201 中有关的规定及程序

（1）承包人的索赔

根据合同约定，承包人认为有权得到追加付款和（或）延长工期的，应按以下程序向发包人提出索赔：

1）承包人应在知道或应当知道索赔事件发生后 28 天内，向监理人递交索赔意向通知书，并说明发生索赔事件的事由；承包人未在前述 28 天内发出索赔意向通知书的，丧失要求追加付款和（或）延长工期的权利；

2）承包人应在发出索赔意向通知书后 28 天内，向监理人正式递交索赔报告；索赔报告应详细说明索赔理由以及要求追加的付款金额和（或）延长的工期，并附必要的记录和证明材料。

3）索赔事件具有持续影响的，承包人应按合理时间间隔继续递交延续索赔通知，说明持续影响的实际情况和记录，列出累计的追加付款金额和（或）工期延长天数。

4）在索赔事件影响结束后 28 天内，承包人应向监理人递交最终索赔报告，说明最终要求索赔的追加付款金额和（或）延长的工期，并附必要的记录和证明材料。

（2）对承包人索赔的处理

对承包人索赔的处理如下：

1）监理人应在收到索赔报告后 14 天内完成审查并报送发包人。监理人对索赔报告存在异议的，有权要求承包人提交全部原始记录副本。

2）发包人应在监理人收到索赔报告或有关索赔的进一步证明材料后的 28 天内，由监理人向承包人出具经发包人签认的索赔处理结果。发包人逾期答复的，则视为认可承包人的索赔要求。

3）承包人接受索赔处理结果的，索赔款项在当期进度款中进行支付；承包人不接受索赔处理结果的，按照争议解决的约定处理。

（3）发包人的索赔

根据合同约定，发包人认为有权得到赔付金额和（或）延长缺陷责任期的，监理人应向承包人发出通知并附有详细的证明。

发包人应在知道或应当知道索赔事件发生后 28 天内通过监理人向承包人提出索赔意向通知书，发包人未在前述 28 天内发出索赔意向通知书的，丧失要求赔付金额和（或）延长缺陷责任期的权利。发包人应在发出索赔意向通知书后 28 天内，通过监理人向承包人正式递交索赔报告。

（4）对发包人索赔的处理

对发包人索赔的处理如下：

1）承包人收到发包人提交的索赔报告后，应及时审查索赔报告的内容、查验发包人证明材料。

2）承包人应在收到索赔报告或有关索赔的进一步证明材料后 28 天内，将索赔处理结果答复发包人；如果承包人未在上述期限内作出答复的，则视为对发包人索赔要求的认可。

3）承包人接受索赔处理结果的，发包人可从应支付给承包人的合同价款中扣除赔付的金额或延长缺陷责任期；发包人不接受索赔处理结果的，按争议解决的约定处理。

2.《FIDIC 合同条件》中有关的规定及程序

（1）承包商发出索赔通知。察觉或应当察觉事件或情况后 28 天内，向工程师发出。

（2）承包商递交详细的索赔报告。察觉或应当察觉事件或情况后 42 天内，向工程师递交详细的索赔报告。若引起索赔的事件连续影响，承包商每月递交中间索赔报告，说明累计索赔延误时间和金额，在索赔事件产生影响结束后 28 天内，递交最终索赔报告。

（3）工程师答复。工程师在收到索赔报告或对过去索赔的任何进一步证明资料后 42 天内，作出答复。

6.6.3　索赔证据与文件

1. 索赔证据

（1）招标文件、工程合同文件及附件、业主认可的工程实施计划、施工组织设计、工程图纸、技术规范等；

（2）工程各项有关设计交底记录、变更图纸、变更施工指令等；

（3）工程各项经业主或工程师签认的签证；

（4）工程各项往来信件、指令、信函、通知、答复等；

（5）工程各项会议纪要；

（6）施工进度计划和具体的施工进度安排及现场实施情况记录；

（7）施工现场的有关文件，如施工日报、施工记录、施工备忘录、施工日记等；

（8）工程送电、送水、道路开通、封闭的日期及数量记录与证明；

（9）工程停电、停水和干扰事件影响的日期及恢复施工的日期等相关记录与证明；

（10）工程预付款、进度款拨付的数额及日期记录；

（11）图纸变更、交底记录的送达份数及日期记录；

（12）工程有关施工部位的照片及录像等；

（13）工程现场气候记录，如温度、风力、雨雪等；

（14）工程验收报告及各项技术鉴定报告等；

（15）工程材料采购、订货、运输、进场、验收、使用等方面的凭据；

（16）工程会计核算资料；

（17）国家有关法律、法令、政策文件，国家、省、市有关影响工程造价和工期的文件、规定，政府公布的物价指数、工资指数等。

2. 索赔文件

索赔文件是承包人向业主索赔的正式书面材料，也是业主审议承包人索赔请求的主要依据。

（1）索赔通知（索赔信）

索赔信是一封承包商致业主的简短的信函。内容包括说明索赔事件、列举索赔理由、提出索赔金额及（或）工期等。

（2）索赔报告

索赔报告是索赔材料的正文，包括报告的标题、事实与理由、损失计算与要求赔偿金额及工期。撰写索赔报告时，应注意：

1）索赔事件应真实，证据应确凿；

2）索赔的计算要准确，计算的依据、方法、结果都应详细列出；

3）要明确索赔事件的发生是非承包人的责任，承包人为避免或减轻索赔事件的影响尽了最大的努力，采取了能够采取的措施；

4）要说明所发生的事件是一个有经验的承包人所不能预测的；

5）要阐述清楚所发生事件与承包人所遭受损失之间的因果关系。

（3）附件

包括索赔金额及（或）工期详细计算书、索赔报告中列举事件的证明文件和证据。

6.6.4　索赔费用的计算及索赔处理

1. 索赔费用计算

费用索赔以补偿实际损失为原则，对发包人不具有任何惩罚性质。实际损失包括直接损失和间接损失两个方面。因此，所有干扰事件引起的损失以及这些损失的计算，都应有详细的具体证明，并在索赔报告中出具这些证据。没有证据，索赔要求不能成立。可索赔费用的组成见表 6-24 所列。

可索赔费用的组成　　　　　　　　　　　　　　　表 6-24

费用项目	组成	备注
人工费	包括完成合同之外的额外工作所花费的人工费用；由于非施工单位责任导致的工效降低所增加的人工费用；法定的人工费增长以及非施工单位责任工程延误导致的人员窝工费和工资上涨费等	因事件影响而直接导致额外劳动力雇用的费用和加班费，由于事件影响而造成人员闲置和劳动生产率降低引起的损失以及如税收、人员的人身保险、各种社会保险和福利支出等有关的费用。如工资调升，亦应计入索赔金额内

费用项目	组成	备注
施工机械使用费	包括由于完成额外工作增加的机械使用费；非施工单位责任的工效降低增加的机械使用费；由于发包人或监理工程师原因导致机械停工的窝工费	因事件影响使设备增加运转时数的费用、进出现场费用，由于事件影响引起设备闲置损失费用和新增设备的增加费用，一般也包括小型工具和低值易耗品的费用。对承包商自有的设备，通常按有关的标准定额中关于设备工作效率、折旧、大修、保养及保险等定额标准进行计算，有时也可用台班费计价。闲置损失可按折旧费计算。对租赁的设备，只要租赁价格合理，就可以按租赁价格计算。对于新购设备，要计算其采购费、运输费、运转费等，增加的款额大，必须得到工程师或雇主的正式批准
材料费	包括由于索赔事项的材料实际用量超过计划用量而增加的材料费；由于客观原因材料价格大幅度上涨；由于非施工单位责任工程延误导致的材料价格上涨和材料超期储存费用	因事件影响而直接导致材料消耗量增加的费用，材料价格上涨所增加的费用，增加的材料运输费和储存费等，以及合理破损比率的费用。材料费索赔的计算，一般是将实际所用材料的数量及单价与原计划的数量及单价相比即可求得
现场管理费	包括施工单位完成额外工程、索赔事项工作以及工期延长期间的工地管理费，但如果对部分工人窝工损失索赔时，因其他工程仍然进行，可能不予计算工地管理费	现场管理费通常按索赔的直接费金额乘以现场管理费率计算。国际工程中，此费率一般为 $10\%\sim15\%$。现场延期管理费指由于工期延长而致管理工作也相应延长所增加的费用
总部管理费	主要指工程延误期间所增加的管理费	总部管理费索赔额＝费率×（直接费索赔额＋现场管理费索赔额），式中费率一般为 $7\%\sim10\%$。当确定延期管理费索赔金额时，应注意避免与成本费中管理费的重复索赔问题
所失利润	索赔所失利润通常出现在下述三种情况中：雇主违约导致终止合同，则未完成部分合同的利润即为所失利润；由于雇主方的原因大量削减原合同的工程量，则被削减工程量的利润即为所失利润；雇主方原因引起的合同延期，导致承包商这部分的施工力量因工期延长而丧失了投入其他工程的机会，所引起的利润损失	所失利润也称可得利润，指承包商由于事件影响所失去的、而按原合同他应得到的那部分利润。承包商有权向雇主索赔这部分所失利润。由于工程范围的变更和施工条件变化引起的索赔，承包人可列入利润。索赔利润的款额计算通常是与原报价单中的利润百分率保持一致，即在直接费用的基础上增加原报价单中的利润率，作为该项索赔的利润
融资成本	包括拖期付款利息；由于工程变更的工程延误增加投资的利息；索赔款的利息；错误扣款的利息	由于事件影响增加了工程费用，承包商因此需加大贷款或垫支金额，从而多付出的利息以及因业主拖延付款的利息，也可向雇主提出索赔。前者按贷款数额、银行利率及贷款时间计算；后者按迟付款额及合同规定的利率予以计算

续表

费用项目	组成	备注
分包费用	分包人的索赔费	分包人的索赔应如数列入总承包人的索赔款总额以内
保险费、担保费	由于事件影响而增加工程费用或延长工期时，承包商必须相应地办理各种保险和保函的延期或增加金额的手续，由此而支出的费用	此费用能否索赔，取决于原合同对保险费、担保费的规定，如合同规定，此费用在工程量清单中单列，则可以索赔；但如合同规定，保险、担保费用归入管理费，不予以单列时，则此费用不能列入索赔费用项目
其他	凡承包商认为在完成合同过程中，所支付的合理的额外费用均可向雇主要求索赔	

直接费包括直接工程费（人工、材料、机械使用费）和措施费（技术措施和组织措施费）。处理索赔时，直接费按照实际增加的费用计算。

间接费、利润、税金以及利息等项目需要按照实际情况来决定是否计算，计算标准按照原报价单或合同或双方的约定来确定。

索赔费用的计算方法有总费用法、修正总费用法、实际费用法（最常用）。

（1）总费用法

总费用法是计算出索赔工程的总费用，减去原合同报价，即得索赔金额。这种计算方法简单但不尽合理，因为实际完成工程的总费用中，可能包括由于承包人的原因，如管理不善、材料浪费、工作效率太低等所增加的费用，而这些费用是属于不该索赔的；另一方面，原合同价也可能因工程变更或单价合同中的工程量变化等原因而不能代表真正的工程成本。上述原因，使得采用此法往往会引起争议，故一般不常用。但是在某些特定条件下，当需要具体计算索赔金额很困难，甚至不可能时，则也有采用此法的。这种情况下，应具体核实已开支的实际费用，取消其不合理部分，以求接近实际情况。

（2）修正总费用法

修正总费用法是对总费用法的改进，在总费用计算的原则上，去除一些不合理的因素，对某些方面作出相应的修正，使结果更趋合理。修正的内容主要有：一是计算索赔金额的时期仅限于受事件影响的时段，而不是整个工期。二是只计算在该时期内受影响项目的费用，而不是全部工作项目的费用。三是不直接采用原合同报价，而是采用在该时期内如未受事件影响而完成该项目的合理费用。根据上述修正，可比较合理地计算出索赔事件影响而实际增加的费用。

$$索赔金额 = 调整后实际总金额 - 投标报价估算总费用 \tag{6-67}$$

（3）实际费用法

实际费用法是按每个索赔事件所引起损失的费用项目分别分析计算索赔值，然后将各费用项目的索赔值汇总，即可得到总索赔费用值。此方法是工程索赔计算中最常用的一种。这种方法比较复杂，但能客观地反映施工单位的实际损失，比较合理，易于被当事人接受，在国际工程中被广泛采用。实际费用法是按每个索赔事件所引起损失的费用项目分别分析计算索赔值的一种方法，通常分三步：第一步，分析每个或每类索赔事件所影响的费用项目，不得有遗漏。这些费用项目通常应与合同报价中的费用项目一致。第二步，计算每个费用项目受索赔事件影响的数值，通过与合同价中的费用价值进行比较即可得到该项费用的索赔值。第三步，将各费用项目的索赔值汇总，得到总费用索赔值。

2. 常见施工索赔的处理

（1）不利的自然条件与人力障碍引起的索赔

1）不利的自然条件是指施工中遭遇到的实际自然条件比招标文件中所描述的更为困难，增加了施工的难度，使承包商必须花费更多的时间和费用。

在签署的合同条件下，往往写明承包商在提交投标书之前，已对现场和周围环境及与之有关的可用资料进行了考察和检查，包括地表以下条件及水文和气候条件，承包商自己应对上述资料负责。

在工程施工过程中，承包商如果遇到了现场气候条件以外的外界障碍条件，在他看来这些障碍和条件是一个有经验的承包商无法预料到的，则承包商有要求补偿费用和延长工期的权利。

2）在施工过程中，如果承包商遇到了地下构筑物或文物，只要图纸并未说明，而且与工程师共同确定的处理方案导致了工程费用的增加，则承包商可提出索赔，要求延长工期和补偿相应费用。

（2）工程延误造成的索赔

工程延误造成的索赔指的是发包人未按合同要求提供施工条件，如未及时提供设计图纸，施工现场、道路、合同中约定的业主供应材料不到位等原因造成工程拖延的索赔，如果承包商能提出证据说明其延误造成的损失，则有权获得延长工期和补偿费用的赔偿。

工程延误若属于承包商的原因，不能得到费用补偿、工期不能顺延。

工程延误若由于不可抗力原因，工期可延长但费用得不到补偿。

（3）工程变更造成的索赔

由于发包人或监理工程师指令，增加或减少工程量、增加附加工程、修改设计、变更工程顺序等，造成工期延长或费用增加，则应延长工期和补偿费用。

（4）不可抗力造成的索赔

因不可抗力事件导致延误的工期顺延，费用由双方按以下原则承担。

1）工程本身的损害、因工程损害导致第三方人员伤亡和财产损失以及运至施工场地用于施工的材料和待安装的设备的损害，由发包人承担。

2）发包人、承包人人员伤亡由其所在单位负责，并承担相应费用。

3）承包人机械设备损坏及停工损失，由承包人承担。

4）停工期间，承包人应工程师要求留在施工场地的必要管理人员及保卫人员的费用由发包人承担。

5）工程所需清理、修复费用，由发包人承担。

（5）业主不正当终止合同引起的索赔

业主不正当终止工程，承包商有权要求补偿损失，其数额是承包商在被终止工程上的人工、材料、机械设备的全部支出，以及各项管理费用、贷款利息等，并有权要求赔偿其盈利损失。

（6）工程加速引起的索赔

（7）业主拖延工程款支付引起的索赔

发包人超过约定的支付时间不支付工程款，双方又未能达成延期付款协议，导致施工无法进行，承包人可停止施工，并有权获得工期的补偿和额外费用补偿。

（8）其他索赔

政策法规变化、货币汇率变化、物价上涨等原因引起的索赔，属于业主风险，承包商有权要求补偿。

6.7 本 章 小 结

建设项目总投资是为完成工程项目建设并达到使用要求或生产条件，在建设期内预计或实际投入的全部费用总和。

工程项目费用管理是要保证在批准的预算内完成所有工程项目内容的建设，是要在保证工期和满足质量要求的情况下，利用组织措施、经济措施、技术措施、合同措施把费用控制在计划范围内，并进一步寻求最大程度的费用节约。

工程项目建设费用估算是随着项目的进展情况不断细化的，一般可以分为投资估算、设计概算、施工图预算和施工预算等类型。

工程项目投资估算是在对项目的建设规模、产品方案、工艺技术及设备方案、工程方案及项目实施进度等进行研究并基本确定的基础上，依据一定的方法，估算项目所需资金总额并测算建设期分年资金使用计划。

工程项目设计概算是指设计单位在初步设计或扩大初步设计阶段，根据设计图纸及说明书、设备清单、概算定额或概算指标、各项费用取费标准、类似工程项目预算文件等资料，用科学的方法概略地计算拟建工程所需费用的经济文件，是设计文件的重要组成部分。

施工图预算是由设计单位在施工图设计完成后，根据施工图设计图纸、费用定额、预算定额或单位估价表、施工组织设计文件等有关资料进行计算和编制的单位工程预算造价的文件。

项目决策阶段有关投资控制的相关工作有可行性研究、投资估算等；工程项目设计阶段的投资控制方法主要有设计招标和方案竞选、价值工程的应用、限额设计的应用、标准设计的推广、设计概算的审查、施工图预算的审查等。施工阶段工程造价控制的目标就是把工程造价控制在承包合同价或施工图预算内，并力求在规定的工期内生产出质量好、造价低的建设（或建筑）产品。施工项目成本控制应包括工程投标阶段的成本控制、施工准备阶段的成本控制、施工阶段的成本控制和竣工阶段的成本控制。

思 考 与 练 习 题

1. 说明建设总投资及工程总承包费用项目的组成。
2. 说明工程项目费用管理的概念、特点和程序。
3. 说明工程项目资源及资源计划的类别。
4. 说明投资估算、设计概算、施工图预算的概念及编制方法。
5. 简述工程项目费用计划的分类及各类费用计划的编制方法。
6. 分析说明挣值法的原理及应用。
7. 分析说明引起费用偏差的可能原因。
8. 简述工程项目费用的纠偏措施。
9. 说明为什么项目决策阶段和设计阶段是影响工程投资最重要的阶段。

10. 说明工程项目设计阶段投资控制的内容及方法。

11. 简述价值工程的基本原理、实施的意义、工作程序及应用过程。

12. 简述限额设计的含义、作用和流程。

13. 简述设计概算、施工图预算审查的意义、主要内容和方法。

14. 说明施工组织设计的编制依据、编制原则以及优化的目的。

15. 谈一谈对施工组织设计优化中施工方案优化和资源利用优化的理解。

16. 说明施工成本计划的类别、编制依据和具体内容。

17. 说明施工项目成本控制的基本措施。

18. 说明工程竣工结算和竣工决算审查的内容。

19. 说明工程价款结算的概念和主要方式。

20. 简述工程预付款的相关规定及工程预付款的扣回方式。

21. 简述工程进度款支付和保修金预留的相关规定。

22. 说明工程变更的分类和程序。

23. 说明工程变更估价的原则和程序。

24. 简述工程索赔的概念、条件、作用、分类和处理程序。

25. 说明索赔费用的组成和计算方法。

26. 分析说明有哪些常见的施工索赔。

27. 某施工单位（乙方）与建设单位（甲方）签订了某项工业建筑的地基处理与基础工程施工合同。由于工程量无法准确确定，根据施工合同专用条款的规定，按施工图预算方式计价，乙方必须严格按照施工图及施工合同规定的内容及技术要求施工。乙方的分项工程量首先向监理工程师申请质量认证，取得质量认证后，向造价工程师提出计量和支付工程款。

工程开工前，乙方提交了施工组织设计并得到批准。

试分析回答以下问题：

（1）在工程施工过程中，当进行到施工图所规定的处理范围边缘时，乙方在取得在场的监理工程师认可的情况下，为了使夯击质量得到保证，将夯击范围适当扩大。施工完成后，乙方将扩大范围内的施工工程量向造价工程师提出计量支付的要求，但遭到拒绝。试问造价工程师拒绝承包商的要求是否合理？为什么？

（2）在工程施工过程中，乙方根据监理工程师指示就部分工程进行了变更施工。试问工程变更部分合同价款应根据什么原则确定？

（3）在开挖土方过程中，有两项重大事件使工期发生较大的拖延：一是土方开挖时遇到了一些工程地质勘探没有探明的孤石，排除孤石拖延了一定的时间；二是施工过程中遇到数天季节性大雨后又转为特大暴雨引起山洪暴发，造成现场临时道路、管网和施工用房等设施以及已施工的部分基础被冲坏，施工设备损坏，运进现场的部分材料被冲走，乙方数名施工人员受伤，雨后乙方用了很多工时清理现场和恢复施工条件。为此，乙方按照索赔程序提出了延长工期和费用补偿要求。试问造价工程师应如何审理？

28. 某建设工程系外资贷款项目，业主与承包商按照 FIDIC《土木工程施工合同条件》签订了施工合同。施工合同《专用条件》规定：钢材、木材、水泥由业主供货到现场仓库，其他材料由承包商自行采购。

当工程施工至第五层框架柱钢筋绑扎时，因业主提供的钢筋未到，使该项作业从 10 月 3 日至 10 月 16 日停工（该项作业的总时差为零）。

10 月 7 日至 10 月 9 日因停电、停水使第三层的砌砖停工（该项作业的总时差为 4d）。

10 月 14 日至 10 月 17 日因砂浆搅拌机发生故障使第一层抹灰迟开工（该项作业的总时差为 4d）。

为此，承包商于 10 月 20 日向工程师提交了一份索赔意向书，并于 10 月 25 日送交了一份工期、费用索赔计算书和索赔依据的详细材料。其计算书的主要内容如下：

（1）工期索赔

1）框架柱扎筋　10月3日至10月16日停工，计14d

2）砌砖　10月7日至10月9日停工，计3d

3）抹灰　10月14日至10月17日迟开工，计4d

总计请求顺延工期：21d

（2）费用索赔

1）窝工机械设备费：

一台塔式起重机　　　　　$14 \times 860 = 12040$ 元

一台混凝土搅拌机　　　　$14 \times 340 = 4760$ 元

一台砂浆搅拌机　　　　　$7 \times 120 = 840$ 元

　　　　小计：17640 元

2）窝工人工费

扎筋　$35 \times 60 \times 14 = 29400$ 元

砌砖　$30 \times 60 \times 3 = 5400$ 元

抹灰　$35 \times 60 \times 4 = 8400$ 元

小计：43200 元

3）保函费延期补偿

$$15000000 \times 10\% \times 6\% / 365 \times 21 = 5178.08 \text{ 元}$$

4）管理费增加

$$(17640 + 43200 + 5178.08) \times 15\% = 9902.71 \text{ 元}$$

5）利润损失

$$(17640 + 43200 + 5178.08 + 9902.71) \times 5\% = 3796.04 \text{ 元}$$

问题：假定经双方协商一致，窝工机械设备费索赔按台班单价的 60% 计；考虑对窝工人工应合理安排工人从事其他作业后的降效损失，窝工人工费索赔按每工日 35.00 元计；保函费可单独计算，但计算方式应合理；管理费、利润损失不予补偿。分析说明承包商提出的工期索赔及费用索赔是否正确？应予批准的工期索赔为多少天，费用索赔额是多少？

29. 某工程开、竣工时间分别为当年的 4 月 1 日、9 月 30 日。发包人根据该工程的特点及项目构成情况，将工程分为三个标段。其中，第三标段造价为 4150 万元，第三标段中预制构件由发包人提供（直接委托构件厂生产）。

第三标段承包人为 C 公司。发包人与 C 公司在施工合同中约定：

（1）开工前发包人应向 C 公司支付合同价 25% 的预付款，预付款从第三个月开始等额扣还，4 个月扣完。

（2）发包人根据 C 公司完成的工程量（经工程师签认后）按月支付工程款，质量保证金总额为合同价的 5%。质量保证金按每月合同价款的 10% 扣除，直至扣完为止。

（3）工程师签发的月付款凭证最低金额为 300 万元。

第三标段每个月完成的工程价款见表 6-25 所列。试计算支付给 C 公司的工程预付款是多少？工程师在 4 月至 8 月底按月分别给 C 公司实际签发的付款凭证金额是多少？

第三标段每个月完成的工程价款（万元）　　　　　　　　表 6-25

月份	4	5	6	7	8	9
C公司	480	685	560	430	620	580
构件厂			275	340	180	

7 工程项目招标投标与合同管理

本章要点及学习目标：

了解建设工程招标的概念、意义、特点和原则，工程项目招标投标的分类及分类标准，电子招标投标系统、电子招投标的主要程序、相关规定，国际工程主要招标方式、主要招标类型和招标投标的相关规定与要求，建设工程合同的概念、作用，建设工程合同体系的构成和合同的种类，建设工程勘察设计合同、建设工程监理合同、建设工程物资采购合同、承揽合同、建设工程租赁合同等的相关内容。熟悉建设项目强制招标的范围，工程项目招标的方式、组织形式，工程项目施工招标的条件、程序以及各阶段的重点工作内容、相关法律法规的规定，工程项目施工投标人应具备的条件、工程项目施工投标程序、工程项目施工投标内容、工程施工投标文件的编制、工程施工投标报价决策与技巧等方面相关的规定与要求等；明确建设工程施工合同的概念、作用、特征，合同的订立，合同的形式，施工合同管理的工作内容，施工合同谈判程序等。

7.1 工程项目招标投标

7.1.1 工程项目招标投标概述

1. 工程项目招标投标的含义

招标投标是招标人应用技术经济的评价方法和市场竞争机制的作用，通过有组织地开展择优成交的一种成熟、规范和科学的特殊交易方式。具体讲，就是在一定范围内公开货物、工程或服务采购的条件和要求，邀请众多投标人参加投标，并按照规定程序从中选择交易对象的一种市场交易行为。

建设工程招标，是指招标人（或发包人）将拟建工程信息对外发布，吸引有承包能力的单位参与竞争，按照法定程序优选承包单位的法律活动。

建设工程投标，指投标人（或承包人）根据所掌握的信息，按照招标人的要求，参与投标竞争，以获得建设工程承包权的法律活动。

从法律意义上讲，建设工程招标一般是建设单位（或业主）就拟建的工程发布通告，用法定方式吸引建设项目的承包单位参加竞争，进而通过法定程序从中选择条件优越者来完成工程建设任务的法律行为。建设工程投标一般是经过特定审查而获得投标资格的建设项目承包单位，按照招标文件的要求，在规定的时间内向招标单位填报投标书，并争取中标的法律行为。

2. 招标投标的意义

实行工程项目的招标投标是我国建筑市场趋向规范化、完善化的重要举措，对于择优选择承包单位、全面降低工程造价，进而使工程造价得到合理有效的控制，具有十分重要的意义。具体表现在：

（1）有利于合理使用资金和提高工程质量

招标人通过对各投标竞争者的报价和其他条件进行综合比较，有利于节省和合理使用资金，保证招标项目的质量。

实行招标投标基本形成了由市场定价的价格机制，投标人之间的竞争最直接、最集中的表现就是在价格上的竞争，通过竞争确定出工程价格，使其趋于合理或下降，这将有利于节约投资、提高投资效益。在建筑市场中，通过推行招标投标，使劳动消耗水平最低或接近最低的投标者获胜，这样便实现了生产力资源较优配置，也对不同投标者实行了优胜劣汰。面对激烈竞争的压力，为了自身的生存与发展，每个投标者都必须切实在降低自己个别劳动消耗水平上下功夫，这样将逐步而全面地降低社会平均劳动消耗水平，使工程价格更为合理。实行建设项目的招标投标，为供求双方在较大范围内进行相互选择创造了条件，便于供求双方更好地相互选择，使工程价格更加符合价值基础，进而更好地控制工程造价。

实行建设项目的招标投标能够减少交易费用，节省人力、物力、财力，进而使工程造价有所降低。目前，我国从招标、投标、开标、评标直至定标，均在统一的建筑市场中进行，已进入制度化操作，若干投标人在同一时间、地点报价竞争，在专家支持系统的评估下，以群体决策方式确定中标者，必然减少交易过程的费用，这本身就意味着招标人收益的增加，对降低工程造价必然产生积极的影响。

建设单位、业主对勘察设计单位和施工单位选择的基本出发点是"择优选择"，即选择那些报价较低、工期较短、具有良好业绩和管理水平的供给者，这样既为合理控制工程造价奠定了基础，也有利于提高工程质量。

（2）有利于遏制腐败和不正当竞争行为

招标投标活动要求依照法定程序公开进行，使公开、公平、公正的原则得以贯彻，有利于遏制承包活动中行贿受贿等腐败和不正当竞争行为。

招标投标活动包含的内容十分广泛，具体说，包括建设项目强制招标的范围、建设项目招标的种类与方式、建设项目招标的程序、建设项目招标投标文件的编制、标底编制与审查、投标报价以及开标、评标、定标等。所有这些环节的工作，均应按照国家有关法律、法规规定认真执行并落实。

我国招标投标活动有特定的机构进行管理，有严格的程序必须遵循，通过科学合理和规范化的监管机制与运作程序，有高素质的专家支持系统、工程技术人员的群体评估与决策，能够避免盲目过度的竞争和营私舞弊现象的发生，对建筑领域中的腐败现象也是强有力的遏制，可有效地杜绝不正之风，使价格形成过程变得透明而较为规范。政府及公共采购领域通常推行强制性公开招标的方式来择优选择承包商和供应商，鼓励竞争、防止垄断、优胜劣汰，实现投资效益，有利于创造公平竞争的市场环境，保证交易的公正和公平。采用招投标制，体现了在商机面前人人平等的原则。

（3）有利于加快技术改造和推动企业技术进步

加快技术改造、大力发展高新技术是企业适应市场竞争的需要。实行招标采购，有利于企业提高资金利用率，提高技术引进的成功率和实用性，促进企业的消化吸收，推动企业技术进步；另一方面，投标方为中标成功，必然提供先进技术、合理价格，满足企业需求，从而激励企业重视技术进步，提高市场竞争力。

3. 招标投标的特点

（1）程序性

招投标程序由招标人事先拟订，有严格的规定，不能随意改变，招投标当事人必须按照规定的条件和程序进行招投标活动。这些设定的程序和条件不能违反相应的法律法规。《中华人民共和国招标投标法》（简称《招标投标法》）及相关法律政策，对招标投标各个环节的工作条件、内容、范围、形式、标准以及参与主体的资格、行为和责任都作出了严格的规定。

（2）公开性

招标投标不仅程序公开，结果也要公开。招标的信息和程序向所有投标人公开，开标也要公开进行，使招标投标活动接受公开的监督，招标具有透明度高的特点。

（3）一次性

在某个招标项目的招标投标活动中，投标人只能进行一次递价，以合理的价格定标。标在投递后一般不能随意撤回或者修改，且密封投标，双方不得在招标投标过程中就实质性内容进行协商谈判，讨价还价，这也是与询价采购、谈判采购以及拍卖竞价的主要区别。招标不像一般交易方式那样，在反复洽谈中形成合同，任何一方都可以提出自己的交易条件进行讨价还价。投标价一旦通过开标大会唱标，核验无误签字后不能更改。

（4）公平性

这种公平性主要针对投标人而言。任何有能力、有条件的投标人均可在招标公告或投标邀请书发出后参加投标，在招标规则面前各投标人具有平等的竞争机会，招标人不能有任何歧视行为。

（5）竞争性

招标投标的核心是竞争，按规定每一次招标必须有三家以上投标人，这就形成了投标者之间的竞争，他们以各自的实力、信誉、服务、质量、报价等优势，战胜其他的投标者。竞争是市场经济的本质要求，也是招标投标的根本特性。

（6）技术经济性

招标采购或出售标的都具有不同程度的技术性，包括标的使用功能和技术标准，建造、生产和服务过程的技术及管理要求等；招标投标的经济性则体现在中标价格是招标人预期投资目标和投标人竞争期望值的综合平衡。

4. 招标的基本原则

招标投标应当遵循公开、公平、公正和诚实信用的原则。

公开原则是指招标项目的要求、投标人资格条件、评标方法和标准、招标程序和时间安排等信息应当按规定公开透明。就是要求招投标活动具有高的透明度，实行招标信息公开、招标程序公开、招标的一切条件和要求公开、公开开标、公开中标结果。

公平原则是指每个潜在投标人都享有参与平等竞争的机会，享有同等的权利并履行相应的义务。不得设置任何条件歧视、排斥或偏袒、保护潜在投标人，即国际上通行的不歧视原则。

公正原则就是要求评标时按事先公布的标准对待所有的投标人，招标人与投标人应当公正交易，且招标人对每个投标人应当公正评价。

诚实信用原则是指招标投标活动主体应当遵纪守法、诚实善意、恪守信用，严禁弄虚作假、言而无信。在招标投标活动中诚信也还体现在不得规避招标、串通投标、泄露标底、划小标段、骗取中标、非法允许转包等。

7.1.2　建设项目招标范围和分类

1. 建设项目招标的范围

（1）建设项目强制招标的范围

《招标投标法》指出，凡在中华人民共和国境内进行下列工程建设项目，包括项目的勘察、设计、施工、监理以及与工程建设有关的重要设备、材料等的采购，必须进行招标。一般包括：

1）大型基础设施、公用事业等关系社会公共利益、公共安全的项目；

2）全部或者部分使用国有资金投资或国家融资的项目；

3）使用国际组织或者外国政府贷款、援助资金的项目。

2018 年 3 月 8 日，国务院批准了《必须招标的工程项目规定》，并指示由国家发展改革委予以公布，明确该《规定》施行之日，2000 年 5 月 1 日原国家发展计划委员会发布的《工程建设项目招标范围和规模标准规定》（国家发展计划委第 3 号令）同时废止。2018 年 3 月 27 日，国家发展改革委以国家发展改革委令第 16 号的形式对外公布了 2018 版《规定》的正式文本，并确定新《规定》自 2018 年 6 月 1 日起施行。该《规定》的适用将会进一步规范招标投标行为，减少工程项目招标采购成本，促进工程招标市场健康有序发展。

在《招标投标法》强制招标范围的基础上，2018 版《必须招标的工程项目规定》进一步明确必须招标的工程项目范围为：

1）全部或者部分使用国有资金投资或者国家融资的项目包括：

使用预算资金 200 万元人民币以上，并且该资金占投资额 10％以上的项目；

使用国有企业事业单位资金，并且该资金占控股或者主导地位的项目。

2）使用国际组织或者外国政府贷款、援助资金的项目包括：

使用世界银行、亚洲开发银行等国际组织贷款、援助资金的项目；

使用外国政府及其机构贷款、援助资金的项目。

3）不属于上述规定情形的大型基础设施、公用事业等关系社会公共利益、公众安全的项目，必须招标的具体范围由国务院发展改革部门会同国务院有关部门按照确有必要、严格限定的原则制订，报国务院批准。

4）以上规定范围内的项目，其勘察、设计、施工、监理以及与工程建设有关的重要设备、材料等的采购达到下列标准之一的，必须招标：

施工单项合同估算价在 400 万元人民币以上；

重要设备、材料等货物的采购，单项合同估算价在 200 万元人民币以上；

勘察、设计、监理等服务的采购，单项合同估算价在 100 万元人民币以上。

同一项目中可以合并进行的勘察、设计、施工、监理以及与工程建设有关的重要设备、材料等的采购，合同估算价合计达到前款规定标准的，必须招标。

2018 年 6 月 6 日，为明确《必须招标的工程项目规定》中必须招标的大型基础设施和公用事业项目范围，国家发展改革委在关于印发《必须招标的基础设施和公用事业项目范围规定》（发改法规规〔2018〕843 号）的通知中规定，不属于上述《必须招标的工程项目规定》前两条规定情形的大型基础设施、公用事业等关系社会公共利益、公众安全的项目，必须招标的具体范围包括：

  1）煤炭、石油、天然气、电力、新能源等能源基础设施项目；

  2）铁路、公路、管道、水运，以及公共航空和 A1 级通用机场等交通运输基础设施项目；

  3）电信枢纽、通信信息网络等通信基础设施项目；

  4）防洪、灌溉、排涝、引（供）水等水利基础设施项目；

  5）城市轨道交通等城建项目。

（2）可以不进行招标的建设项目范围

建设部第 89 号令《房屋建筑和市政基础设施工程施工招标投标管理办法》（2018 年修改）中规定，对于涉及国家安全、国家秘密、抢险救灾或者属于利用扶贫资金实行以工代赈、需要使用农民工等特殊情况，不适宜进行招标的项目，按照国家有关规定可以不进行招标。凡按照规定应该招标的工程不进行招标，应该公开招标的工程不公开招标的，招标单位所确定的承包单位一律无效，建设行政主管部门按照《建筑法》第八条的规定，不予颁发施工许可证；对于违反规定擅自施工的，依据《建筑法》第六十四条的规定，追究其法律责任。

  2. 建设工程招标投标的种类

工程项目招标投标多种多样，按照不同的标准可以进行不同的分类。

（1）按照工程建设程序分类

按照工程建设程序，可以将建设工程招标投标分为建设项目前期咨询招标投标、工程勘察设计招标投标、材料设备采购招标投标、施工招标投标。

  1）建设项目前期咨询招标投标，是指对建设项目的可行性研究任务进行的招标投标。投标方一般为工程咨询企业。中标的承包方要根据招标文件的要求，向发包方提供拟建工程的可行性研究报告，并对其结论的准确性负责。承包方提供的可行性研究报告，应获得发包方的认可。认可的方式通常为专家组评估鉴定。项目投资者在缺乏工程实施管理经验时，通过招标方式选择具有专业管理经验的工程咨询单位，为其制定科学、合理的投资开发建设方案，并组织控制方案的实施。这种集项目咨询与管理于一体的招标类型的投标人一般也为工程咨询单位。

  2）勘察设计招标投标，是指根据批准的可行性研究报告，择优选择勘察设计单位的招标。勘察和设计是两种不同性质的工作，可由勘察单位和设计单位分别完成。勘察单位最终提出施工现场的地理位置、地形、地貌、地质、水文等在内的勘察报告。设计单位最终提供设计图纸和成本预算结果。设计招标还可以进一步分为建筑方案设计招标、施工图设计招标。当施工图设计不是由专业的设计单位承担，而是由施工单位承担时，一般不进行单独招标。

  3）材料设备采购招标投标，是指在工程项目初步设计完成后，对建设项目所需的建筑材料和设备（如电梯、供配电系统、空调系统等）采购任务进行的招标。投标方通常为材料供应商、成套设备供应商。

  4）工程施工招标投标，在工程项目的初步设计或施工图设计完成后，用招标的方式选择施工单位的招标。施工单位最终向业主交付按招标设计文件规定的建筑产品。

国内外招投标现行做法中，经常采用将工程建设程序中各个阶段合为一体进行全过程招标，通常又称其为总包。

（2）按照工程项目承包的范围分类

按工程承包的范围可将工程招标划分为项目总承包招标、项目阶段性招标、设计施工招标、工程分承包招标及专项工程承包招标。

1）项目全过程总承包招标

项目全过程总承包招标，即选择项目全过程总承包人招标，又可分为两种类型，其一是指工程项目实施阶段的全过程招标；其二是指工程项目建设全过程的招标。前者是在设计任务书完成后，从项目勘察、设计到施工交付使用进行一次性招标；后者则是从项目的可行性研究到交付使用进行一次性招标，业主只需提供项目投资和使用要求及竣工、交付使用期限，其可行性研究、勘察设计、材料和设备采购、土建施工设备安装及调试、生产准备和试运行、交付使用，均由一个总承包商负责承包，即所谓"交钥匙工程"。承揽"交钥匙工程"的承包商被称为总承包商，绝大多数情况下，总承包商要将工程部分阶段的实施任务分包出去。

无论是项目实施的全过程还是某一阶段或程序，按照工程建设项目的构成，可以将建设工程招标投标分为全部工程招标投标、单项工程招标投标、单位工程招标投标、分部工程招标投标、分项工程招标投标。全部工程招标投标，是指对一个建设项目（如一所学校）的全部工程进行的招标。单项工程招标，是指对一个工程建设项目中所包含的单项工程（如一所学校的教学楼、图书馆、食堂等）进行的招标。单位工程招标是指对一个单项工程所包含的若干单位工程（实验楼的土建工程）进行招标。分部工程招标是指对一项单位工程包含的分部工程（如土石方工程、深基坑工程、楼地面工程、装饰工程）进行招标。

为了防止将工程肢解后进行发包，我国一般不允许对分部工程招标，允许特殊专业工程招标，如深基础施工、大型土石方工程施工等。但是，国内工程招标中的所谓项目总承包招标往往是指对一个项目施工过程全部单项工程或单位工程进行的总招标，与国际惯例所指的总承包尚有差距。

2）工程分承包招标

工程分承包招标，是指中标的工程总承包人作为其中标范围内的工程任务的招标人，将其中标范围内的工程任务，通过招标投标的方式，分包给具有相应资质的分承包人，中标的分承包人只对招标的总承包人负责。

3）专项工程承包招标

专项工程承包招标，指在工程承包招标中，对其中某项比较复杂，或专业性强、施工和制作要求特殊的单项工程进行单独招标。

（3）按照行业或专业类别分类

按与工程建设相关的业务性质及专业类别划分，可将工程招标分为土木工程招标、勘察设计招标、材料设备采购招标、安装工程招标、建筑装饰装修招标、生产工艺技术转让招标、咨询服务（工程咨询）及建设监理招标等。

1）土木工程招标投标。是指对建设工程中土木工程施工任务进行的招标投标。

2）勘察设计招标投标。是指对建设项目的勘察设计任务进行的招标投标。

3）货物采购招标投标。是指对建设项目所需的建筑材料和设备采购任务进行的招标投标。

4）安装工程招标投标。是指对建设项目的设备安装任务进行的招标投标。

5）建筑装饰装修招标投标。是指对建设项目建筑装饰装修的施工任务进行的招标投标。

6）生产工艺技术转让招标投标。是指对建设工程生产工艺技术转让进行的招标投标。

7）工程咨询和建设监理招标投标。是指对工程咨询和建设监理任务进行的招标投标。

（4）按照工程承发包模式分类

随着建筑市场运作模式与国际接轨进程的深入，我国承发包模式也逐渐呈多样化，主要包括工程咨询承包模式、交钥匙工程承包模式、设计施工承包模式、设计管理承包模式、BOT 工程模式、CM 模式。

按承发包模式分类可将工程招标划分为工程咨询招标、交钥匙工程招标、设计施工招标、设计管理招标、BOT 工程招标。

1）工程咨询招标。是指以工程咨询服务为对象的招标行为。工程咨询服务的内容主要包括工程立项决策阶段的规划研究、项目选定与决策；建设准备阶段的工程设计、工程招标；施工阶段的监理、竣工验收等工作。

2）交钥匙工程招标。即承包商向业主提供包括融资、设计、施工、设备采购、安装和调试直至竣工移交的全套服务。交钥匙工程招标是指发包商将上述全部工作作为一个标的招标，承包商通常将部分阶段的工程分包，亦即全过程招标。

3）工程设计施工招标。设计施工招标是指将设计及施工作为一个整体标的以招标的方式进行发包，投标人必须为同时具有设计能力和施工能力的承包商。我国由于长期采取设计与施工分开的管理体制，目前具备设计、施工双重能力的施工企业为数并不算多。

设计—建造模式是一种项目组织管理方式：业主和设计—建造承包商密切合作，完成项目的规划、设计、成本控制、进度安排等工作，甚至负责项目融资；使用一个承包商对整个项目负责，避免了设计和施工的矛盾，可显著减少项目的成本和工期。同时，在选定承包商时，把设计方案的优劣作为主要的评标因素，可保证业主得到高质量的工程项目。

4）工程设计—管理招标

设计—管理模式是指由同一实体向业主提供设计和施工管理服务的工程管理模式。采用这种模式时，业主只签订一份既包括设计也包括工程管理服务的合同，在这种情况下，设计机构与管理机构是同一实体。这一实体常常是设计机构施工管理企业的联合体。设计—管理招标即为以设计管理为标的进行的工程招标。

5）BOT 工程招标

BOT（Build—Operate—Transfer）即建造—运营—移交模式。这是指东道国政府开放本国基础设施建设和运营市场，吸收国外资金，授予项目公司特许权，由该公司负责融资和组织建设，建成后负责运营及偿还贷款，在特许期满时将工程移交给东道国政府。BOT 工程招标即是对这些工程环节的招标。

（5）按照工程是否具有涉外因素分类

按照工程是否具有涉外因素，可以将建设工程招标分为国内工程招标投标和国际工程招标投标。

1）国内工程招标投标，是指对本国没有涉外因素的建设工程进行的招标投标。

2）国际工程招标投标，是指对由不同国家或国际组织参与的建设工程进行的招标投标。国际工程招标投标，包括本国的国际工程（习惯上称涉外工程）招标投标和国外的国际工程招标投标两个部分。国内工程招标和国际工程招标的基本原则是一致的，但在具体做法上有差异。随着社会经济的发展和与国际接轨的深化，国内工程招标和国际工程招标在做法上的区别已越来越小。

7.1.3　工程项目招标的方式

在国际上通行的工程项目招标方式为公开招标、邀请招标和议标。《中华人民共和国招标投标法》要求在公开、公平、公正和诚实信用原则的基础上，将项目招标投标活动完全置于透明的环境中。从这一原则出发，《中华人民共和国招标投标法》对招标投标的方式作了调整，原有的公开招标、邀请招标和议标三种方式限定为公开招标和邀请招标两种方式，将非公开状态下进行一对一谈判的议标排斥于法律规定之外。

1. 公开招标

公开招标又称为无限竞争招标，是由招标单位通过报刊、广播、电视等方式发布招标广告，有投标意向的承包商均可参加投标资格审查，审查合格的承包商可购买或领取招标文件，参加投标的招标方式。

（1）公开招标的特点

1）具有广泛的竞争性

招标人发出招标公告，其针对的对象是所有对招标项目感兴趣的法人或者其他组织。对参加投标的投标人在数量上并没有限制，具有广泛的竞争性。投标的承包商多、竞争范围大，业主有较大的选择余地，有利于降低工程造价，提高工程质量和缩短工期，可以最大限度地为一切有实力的承包商提供一个平等竞争的机会，招标人也有最大容量的选择范围，可在为数众多的投标人之间择优选择一个报价合理、工期较短、信誉良好的承包商。

2）公开性和透明度高

公开招标应当采用公告的方式，向社会公众明示其招标要求，从而保证招标的公开性。这种公告方式，可以大大提高招标活动的透明度，对招标过程中的不正当交易行为起到较强的抑制作用。在某种程度上，公开招标已成为招标的代名词，因为公开招标是工程招标通常适用的方式。在我国，通常也要求招标必须采用公开招标的方式进行。凡属招标范围的工程项目，一般首先必须采用公开招标的方式。

3）所需费用最高、花费时间最长

公开招标也是所需费用最高、花费时间最长的招标方式。由于投标的承包商多、竞争激烈、程序复杂，组织招标和参加投标需要做的准备工作和需要处理的实际事务比较多，特别是编制、审查有关招标投标文件的工作量浩繁，需投入较多的人力、物力，招标过程所需时间较长，因而此类招标方式主要适用于投资额度大，工艺、结构复杂的较大型工程建设项目。

（2）招标公告的发布媒介

国家发展改革委制定的自2018年1月1日起施行的《招标公告和公示信息发布管理办法》，对招标公告的发布媒介作了规定，主要包括：

1）依法必须招标项目的招标公告和公示信息应当在"中国招标投标公共服务平台"

或者项目所在地省级电子招标投标公共服务平台（以下统一简称"发布媒介"）发布；

2）省级电子招标投标公共服务平台应当与"中国招标投标公共服务平台"对接，按规定同步交互招标公告和公示信息。对依法必须招标项目的招标公告和公示信息，发布媒介应当与相应的公共资源交易平台实现信息共享；

3）"中国招标投标公共服务平台"应当汇总公开全国招标公告和公示信息，以及规定的发布媒介名称、网址、办公场所、联系方式等基本信息，及时维护更新，与全国公共资源交易平台共享，并归集至全国信用信息共享平台，按规定通过"信用中国"网站向社会公开。

依法必须招标项目的招标公告和公示信息除在发布媒介发布外，招标人或其招标代理机构也可以同步在其他媒介公开，并确保内容一致。

2. 邀请招标

邀请招标又称为有限竞争性招标。这种方式不发布广告，业主根据自己的经验和所掌握的各种信息资料，向有承担该项工程施工能力的三个以上（含三个）承包商发出投标邀请书，收到邀请书的单位有权力选择是否参加投标。邀请招标与公开招标一样都必须按规定的招标程序进行，要制定统一的招标文件，投标人都必须按招标文件的规定进行投标。

（1）邀请招标的特点

邀请招标的招标人要以投标邀请书的方式向一定数量的潜在投标人发出投标邀请，只有接受投标邀请书的法人或者其他组织才可以参加投标竞争，其他法人或组织无权参加投标。所以，邀请招标方式的优点是参加竞争的投标商数目可由招标单位控制，目标集中，招标的组织工作较容易，工作量比较小。

邀请招标也存在明显缺陷。它限制了竞争范围，由于经验和信息资料的局限性，会把许多可能的竞争者排除在外，不能充分展示自由竞争、机会均等的原则。鉴于此，国际上和我国都对邀请招标的适用范围和条件，作出有别于公开招标的指导性规定。由于参加的投标单位相对较少，竞争性范围较小，使招标单位对投标单位的选择余地较小，如果招标单位在选择被邀请的承包商前所掌握信息资料不足，则会失去发现最适合承担该项目的承包商的机会。

（2）被邀请对象应具备的条件

采用邀请招标方式时，为了防止招标人可能故意邀请一些不符合条件的法人或其他组织作为其内定中标人的陪衬，对邀请招标对象所具备的条件作出限定，包括向其发出投标邀请书的法人或其他组织应不少于3家，这是对邀请招标范围的最低限度的要求，以保证适当程度的竞争性；而对投标人资格和能力的要求是，该法人或其他组织资信良好，具备承担招标项目的能力。招标人对此还可以进行资格审查，以确定投标人是否达到这方面的要求。

（3）采用邀请招标的关键

采用邀请招标的关键是要对市场供给情况以及供应商或施工承包商的情况比较了解。在此基础上，要考虑项目的具体情况，例如，招标项目的技术新而且复杂或专业性很强，只能从有限范围的供应商或施工承包商中选择；或招标项目本身的价值低，合同金额不大，招标人只能通过限制投标人数来达到节约费用和提高效率的目的；其他例外的理由，如时间紧迫等。

（4）邀请招标的范围

除必须公开招标的项目，可邀请招标。考虑到实际情况，对依法必须进行公开招标的项目作出一些例外性的规定。

国务院发展改革部门确定的国家重点建设项目和各省、自治区、直辖市人民政府确定的地方重点建设项目，以及全部使用国有资金投资或者国有资金投资占控股或者主导地位的工程建设项目，应当公开招标。有下列情形之一的，经批准可以进行邀请招标：

项目技术复杂或有特殊要求，只有少量几家潜在投标人可供选择的；

受自然地域环境限制的；

涉及国家安全、国家秘密或者抢险救灾，适宜招标但不宜公开招标的；拟公开招标的费用与项目的价值相比，不值得的；

法律、法规规定不宜公开招标的。

（5）邀请招标和公开招标的区别

1）发布招标信息方式不同。公开招标是以发布招标公告的方式，而邀请招标则是以发布投标邀请书的方式。

2）潜在投标人的范围与竞争程度不同。公开招标由于使用招标公告的方式，所有对招标项目有兴趣的法人或者其他组织均可以参加投标竞争，招标人事先并不能知道潜在投标人的数量；而邀请招标是以投标邀请书的方式，潜在投标人的数量是预先知道的，因此其竞争范围没有公开招标大，竞争程度也明显不如公开招标强。

3）公开的程序不同。由于公开招标是以招标公告形式发布招标项目的有关信息，知道的公众较邀请招标只发有限数量的投标邀请书广泛得多，公开程序也高，可以防止一些弊端。而邀请招标则会产生圈定投标人范围，降低竞争程序的弊端，受监督的面也相对狭小。

7.1.4　工程项目招标的组织形式

工程项目招标的组织形式主要有自行组织招标和委托代理招标两种。

1. 自行组织招标

招标人具有编制招标文件和组织评标能力的，可以自行组织招标。自行组织招标虽然便于协调管理，但往往容易受招标人认识水平和法律、技术专业水平的限制而影响和制约招标采购的"三公"原则和规范性、竞争性。因此，招标人如不具备自行组织招标的能力条件，应当选择委托代理招标的组织形式。

自行招标的条件是：

（1）具有法人资格或者项目法人资格；

（2）具有与招标项目规模和复杂程度相适应的专业技术力量；

（3）设有专门的招标机构或者有三名以上专职招标业务人员；

（4）熟悉有关招标投标的法律、法规和规章。

2. 委托代理招标

由于招投标活动的周期一般比较长，过程也比较复杂，涉及的法律法规和政策性文件较多，在实际操作中，招标人或投标人往往委托专业化的公司即招投标代理机构来运作。当招标单位缺乏与招标工程相适应的经济、技术管理人员，没有编制招标文件和组织评标的能力时，依据我国招标投标法的规定，应认真挑选、慎重委托工程招标代理机构代理施工招标。

招标代理机构，是指在工程项目招标投标活动中，受招标人委托，为招标人提供有偿服务，代表招标人，在招标人委托的范围内，办理招标事宜的社会中介机构。招标代理机构是依法成立，具有相应招标代理资格条件，且不得与政府机关及其他管理部门存在任何经济利益关系，按照招标人委托代理的范围、权限和要求，依法提供招标代理的相关服务，并收取相应服务费用的专业化、社会化中介组织，属于企业法人。招标人应该根据招标项目的行业和专业类型、规模标准，选择招标代理机构，委托其代理招标采购业务。

招标代理机构设立的条件是：

（1）有从事招标代理业务的营业场所和相应资金；

（2）有能够编制招标文件和组织评标的相应专业力量；

（3）有符合《招标投标法》第三十七条第三款规定条件、可以作为评标委员会成员人选的技术、经济等方面的专家库。

《招标投标法》第三十七条第三款规定条件是：评标委员会的专家应当从事相关领域工作满八年并具有高级职称或者具有同等专业水平，由招标人从国务院有关部门或者省、自治区、直辖市人民政府有关部门提供的专家名册或者招标代理机构的专家库内的相关专业的专家名单中确定；一般招标项目可以采取随机抽取方式，特殊招标项目可以由招标人直接确定。

招标代理机构由于经过行政监督部门认定，相对招标人具有更专业的招标资格能力和业绩经验，并且相对独立，能够以其相对专业化和信息方面的优势，为业主寻求到质量更优、价格更低、服务更好的产品与劳务的提供商，这无疑减少了业主的工作时间，提高了工作质量。因此，即使招标人具有自行组织招标的能力条件，也可优先考虑选择委托代理招标。

能否保证竞争的公平，主要取决于两个方面，一方面是从程序上保证竞争的公开性和充分性，另一方面是要有有效的监督和约束机制。从监督和约束机制上看，专职招标机构从事的招标活动，从开标到评标结束，都要由技术、经济、法律等方面的专家组成的评标委员会参与，评标的结果由这个评标委员会决定。这些招标机构接受各级管理部门管理，业务上接受相关行业和部门的指导监督，从组织上保证了这些招标机构处在真正第三者位置，避免了主观上偏袒的可能性，这是从体制上提供的真正有效的监督约束机制，这一机构出于本身的生存和长远利益的考虑，必须在社会上树立一种公正形象，否则它就会被淘汰。现行的这一招标体制具有客观上监督约束和主观上自我约束的双重公平竞争的保证机制。

3. 一次性招标和两阶段招标

一次性招标是招标人选择一种招标方式，按照规定的招标程序，招投标双方一次性完成交易的招标形式。两阶段招标是把同一个项目分两次进行开标评标，招投标双方通过两个阶段完成交易的招标形式。两阶段招标一般适用于工程项目投资额巨大，或项目技术水平较高，或项目具有复杂性特殊性要求的，是招标人降低投资风险的重要手段。如大宗的技术性较强的采购项目，招标人选定一种招标方式后，第一阶段招标，是从投标方案中优选技术设计方案，是统一技术标准、规格和要求的技术标的招标活动；第二阶段按照统一确定的设计方案或技术标准，组织项目最终招标和投标报价，即进行商务标的招标活动。

7.1.5　工程项目施工招标条件和程序

1. 工程项目施工招标的条件

（1）建设单位招标应当具备的条件

1）招标人是法人或依法成立的其他组织；

2）有与招标工程相适应的经济、技术、管理人员；

3）有组织编制招标文件的能力；

4）有审查投标单位资质的能力；

5）有组织开标、评标、定标的能力。

不具备上述第 2～第 5 项条件的，须委托工程招标代理机构代理施工招标。

（2）招标项目应当具备的条件

依法必须招标的工程建设项目，应当具备下列条件才能进行工程招标：

1）招标人已经依法成立；

2）初步设计及概算应当履行审批手续的，已经批准；

3）招标范围、招标方式和招标组织形式等应当履行核准手续的，已经核准；

4）有相应的资金或资金来源已经落实；

5）有招标所需的设计图纸及技术资料。

2. 工程项目施工招标的程序

（1）设立招标组织

应当招标的工程建设项目，办理报建登记手续后，凡已满足招标条件的，均可组织招标，办理招标事宜。招标组织者组织招标必须具有相应的资质。

由于工程招标是一项经济性、技术性较强的专业民事活动，因此招标人自己组织招标，必须具备一定的条件，设立专门的招标组织，经招标投标管理机构审查合格，确认其具有编制招标文件和组织评标的能力，能够自己组织招标后，发给招标组织资质证书。招标人只有持有招标组织资质证书的，才能自己组织招标、自行办理招标事宜。招标人取得招标组织资质证书的，任何单位和个人不得强制其委托招标代理人代理组织招标、办理招标事宜。

招标人未取得招标组织资质证书的，必须委托具备相应资质的招标代理人代理组织招标、代为办理招标事宜。招标人委托招标代理人代理招标，必须与之签订招标代理合同。招标代理合同，应当明确委托代理招标的范围和内容，招标代理人的代理权限和期限，代理费用的约定和支付，招标人应提供的招标条件、资料和时间要求，招标工作安排，以及违约责任等主要条款。一般来说，招标人委托招标代理人代理后，不得无故取消委托代理，否则要向招标代理人赔偿损失，招标代理人并有权不退还有关招标资料。招标人和招标代理人签订的招标代理合同，应当报政府招标投标管理机构备案。

（2）招标申请及办理招标备案手续

招标人在依法设立招标组织并取得相应招标组织资质证书，或者书面委托具有相应资质的招标代理人后，就可开始组织招标、办理招标事宜。招标人自己组织招标、自行办理招标事宜或者委托招标代理人代理组织招标、代为办理招标事宜的，应当向有关行政监督部门备案。

招标人进行招标，要向招标投标管理机构申报，提交招标申请书。招标申请书经批准后，就可以编制招标文件、评标定标办法和标底，并将这些文件报招标投标管理机构批准。招标人或招标代理人也可在申报招标申请书时，一并将已经编制完成的招标文件、评标定标办法和标底，报招标投标管理机构批准。经招标投标管理机构对上述文件进行审查认定后，就可发布招标公告或发出投标邀请书。

1）招标申请书

招标申请书是招标人向政府主管机构提交的要求开始组织招标、办理招标事宜的一种文书。其主要内容包括：招标工程具备的条件、招标的工程内容和范围、拟采用的招标方式和对投标人的要求、招标人或者招标代理人的资质等。制作或填写招标申请书，是一项实践性很强的基础工作，要充分考虑不同招标类型的不同特点，按规范化的要求进行。

2）招标文件

招标文件的送审，主管部门有规定的，应按规定的方式和办法送审。只有按规定经审批同意后，才能正式印刷，才能对外发布招标公告和发售招标文件。

① 招标文件的性质与作用

是投标人编制投标文件的依据；

是评标委员会进行评标时评标标准和评标方法的根据；

是招标人和中标人拟订合同文件的基础；

汇总招标人发包或采购所需各项要求的最重要、最完整、具有法律效力的重要文件。

② 招标文件的内容

招标文件一般包括工程情况综合说明、招标范围和要求、设计文件和图纸、主要合同条款、评标办法等主要内容，具体见表 7-1 所列。

招标文件的主要内容 表 7-1

序号	主要内容	说　明
1	投标邀请书	是对特定对象的招标邀请，特定对象可以是响应招标公告且资格预审合格的投标人，也可以是招标人直接联系的投标人，可以分为采用资格预审方式的投标邀请书和采用资格后审方式的投标邀请书
2	投标须知	投标须知是招标文件中非常重要的部分，一般在投标须知前有投标须知前附表
3	合同条款	对招标文件的合同条件规定采用《建设工程施工合同（示范文本）》GF—2017—0201。该文本由合同协议书、通用合同条款和专用合同条款三部分组成
4	合同文件格式	合同文件格式包括以下内容：合同协议书、房屋建筑工程质量保修书、承包人银行履约保函、承包人履约担保、承包人预付款银行保函、发包人支付银行保函和发包人支付担保书。在招标文件中一般规定统一格式
5	工程建设标准	在招标文件中，应根据招标工程的性质、设计施工图纸、技术文件，提出使用国家或行业标准，如涉及规范的名称、编号等规范的要求。 对于根据工程设计要求，该项工程项目的材料、施工除必须达到以上标准外，还要求达到的特殊施工标准和要求以及国内没有相应标准、规范的项目，由招标人在本章内提出施工工艺要求及验收标准，由投标人在中标后，提出具体的施工工艺和做法，经招标人（发包人）批准执行
6	图纸	图纸是招标人编制工程量清单的依据，也是投标人编制招标文件商务部分和技术部分的依据。建筑工程施工图纸一般包括：图纸目录、设计总说明、建筑施工图、结构施工图、给水排水施工图、采暖通风施工图和电气施工图等。 图纸涉及标准图集的，招标人可列出标准图集清单，作为图纸的重要组成部分

序号	主要内容	说　　明
7	工程量清单	工程量清单是招标工程的分部分项工程项目、措施项目、其他项目名称和相应数量明细清单，包括分部分项工程清单、措施项目清单、其他项目清单。一经中标且签订施工合同，工程量清单即成为合同的组成部分。工程量清单与投标须知、合同条件、合同协议条款、工程规范和图纸一起使用
8	投标文件投标函部分格式	投标函部分是招标人提出要求，由投标人表示参与该招标工程投标的意思表示的文件，由投标人按照招标人提出的格式，无条件填写
9	投标文件商务部分格式	在工程量清单计价方式下，计价表采用综合单价的形式，包括人工费、材料费、机械使用费、管理费、利润并考虑相关的风险因素而形成。工程量清单计价格式中所有要求签字、盖章的地方，必须由规定的单位和人员签字、盖章
10	投标文件技术部分格式	（1）施工组织设计 采用文字并结合图表形式说明各分部分项工程的施工方法；拟投入的主要施工机械设备情况、劳动力计划等；结合招标工程特点提出切实可行的技术组织措施，对关键工序、复杂环节重点提出相应技术措施等 （2）项目管理机构配备情况 （3）拟分包项目情况表
11	资格审查申请书格式	对投标人的资格审查分为资格预审和资格后审。一般情况下，公开招标的项目大多采用资格预审方式，有些邀请招标的项目也进行资格后审。资格后审则要求在招标文件中加入资格审查的内容，投标人在报送投标文件的同时还要报送资格审查资料。评标委员会在正式评标前，首先进行投标人资格审查，淘汰不合格的投标者，对其投标文件不予评审

③ 重点考虑的问题

除了常规内容，业主在编制招标文件时应该重点考虑确定和解决以下几个方面的问题：

A. 发包形式

业主首先要考虑是与一个承包商签订总的施工承包合同，还是将部分专业工程划出，分别与各个专业承包商签订合同。

如果一个投资项目很大，其中有许多复杂的专业项目，而自己的专业管理能力又不够强，则应该考虑选择总承包的形式。这样做，可能会使总投资难以压下来，但是可以避免各专业之间协调配合不当，造成返工浪费、工期延误等风险。反之，若专业不多，且多为常规项目，则可以考虑由业主直接与各专业承包商签订分包合同。这样有利于业主控制总投资。也还可以考虑以补偿给主要承包商一笔管理费的形式，将协调配合的责任转移给主要承包商。

业主在需要对大型工程项目划分标段时要注意，标段划分不宜太小，以免增加业主的管理成本。标段大小应与承包商大小成正相关的关系。

B. 合同价格形式

业主其次要考虑承包价格的确定方式，根据招标工程的特点，一般常采用固定合同总价、固定合同单价、可调合同价等三种价格形式。

一般来说，如果项目的施工周期不太长，施工图纸详细齐全，预计可能出现的设计变更比较少，可以选择固定合同总价的形式，这样业主能够尽早地控制投资。此时要特别注意控制不可预见费的确定和使用。

如果项目的设计深度不够，工程量可能会有比较大的出入，预计会出现许多设计变更，就应该选择固定合同单价的形式。此时要注意，如果工程量变化太大，就可能需要改变施工方法，从而引起单价比较大的变化，也就有可能需要重新调整合同单价。

如果预计在项目施工周期内会出现物价、特别是建筑材料和安装设备较大幅度的涨跌，则采用可调合同价的形式。因为，涨幅太大，承包商将不能承受，致使其在施工过程中偷工减料，导致建筑质量低劣、使用安全得不到保证，或者拖延工期，使建设项目不能如期建成投入使用，以此来迫使业主追加合同价款；跌幅太大，承包商将获得太多的超额利润，业主不愿意接受。此时，也可以采用固定合同价加调价指数的形式。

C. 保函或保证金的应用

保函或保证金是为了保证投标人能够认真投标和忠实履行合同而设置的保证措施，业主应该很好地加以利用。比较常用的有投标保函（或保证金）、履约保函（或保证金）、质量担保函（或保证金）、材料设备供应保函（或保证金）等。当然，根据有关规定，承包商也有权利要求业主提供相应的工程款支付担保。

但是，大量的或者高额的保函或保证金的使用，将会提高承包商的投标门槛，对承包商造成很大的资金压力，从而限制了许多中小承包商的投标，也就有可能抬高发包的价格。因此，业主应当根据工程项目的性质，例如根据是否超高、超大型建筑，工期要求紧迫，大量采用新技术、新工艺、新材料，自身的资金情况等因素，确定如何设置各种保函或保证金。

④ 编制招标文件的注意事项

准确、完整，不能有遗漏；

文字严密、明确、周到细致，不能模棱两可；

如有修改，应当在提交投标文件截止时间至少 15 天前发出书面通知；

应当给投标人编制投标文件留有足够时间；

工程量清单中工程项目应尽量细分，消除不均衡报价；

提供的参考资料应是原始的观察和勘探资料，不是推论或判断；

招标文件必须公开载明评标标准和评标方法；

招标文件会审应尽量请设计和监理单位代表参加；

主体工程和关键工程不能分包，非主体非关键的分包应经招标人同意；

要有可操作性。

（3）发布招标公告或者发出投标邀请书

1）采用公开招标方式的，招标人要在报纸、杂志、广播、电视等大众传媒或工程交易中心公告栏上发布招标公告，招请一切愿意参加工程投标的不特定的承包商申请投标资格审查或申请投标。

在国际上，对公开招标发布招标公告有两种做法：一是实行资格预审的，用资格预审通告代替招标公告，即只发布资格预审通告即可。通过发布资格预审通告，招请一切愿意参加工程投标的承包商申请投标资格审查。二是实行资格后审的，不发资格审查通告，而只发招标公告。通过发布招标公告，招请一切愿意参加工程投标的承包商申请投标。

资格审查分为资格预审和资格后审。资格预审，是指在投标前对潜在投标人进行的资格审查。资格后审，是指在开标后对投标人进行的资格审查。进行资格预审的，一般不再进行资格后审，但招标文件另有规定的除外。

采取资格预审的，招标人可以发布资格预审公告。招标人应当在资格预审文件中载明资格预审的条件、标准和方法；采取资格后审的，招标人应当在招标文件中载明对投标人资格要求的条件、标准和方法。招标人不得改变载明的资格条件或者以没有载明的资格条件对潜在投标人或者投标人进行资格审查。

经资格预审后，招标人应当向资格预审合格的潜在投标人发出资格预审合格通知书，告知获取招标文件的时间、地点和方法，并同时向资格预审不合格的潜在投标人告知资格预审结果。资格预审不合格的潜在投标人不得参加投标。

经资格后审不合格的投标人的投标应作废标处理。

① 资格预审

资格预审是招标人通过发布招标资格预审公告，向不特定的潜在投标人发出投标邀请，并组织招标资格审查委员会按照招标资格预审公告和资格预审文件确定的资格预审条件、标准和方法对投标申请人进行评审，确定合格的潜在投标人。

资格预审可以减少评标阶段的工作量、缩短评标时间、减少评审费用、提高评标质量、降低社会成本。但缺点是会延长招标投标过程，增加招标投标双方资格预审的费用。适于技术复杂或投标文件编制费用较高且潜在投标人数量较多的情况。

② 资格后审

资格后审是在开标后的初步评审阶段，评标委员会根据招标文件规定的投标资格条件对投标人资格进行评审，投标资格评审合格的投标文件进入详细评审。

资格后审可以避免招标与投标双方资格预审的工作环节和费用、缩短招标投标过程，有利于增强投标的竞争性，但在投标人过多时会增加社会成本和评标工作量。资格后审适用于潜在投标人数量不多的情况。

2）采用邀请招标方式的，招标人要向 3 个以上具备承担招标项目的能力、资信良好的特定的承包商发出投标邀请书。

业主应该根据项目的施工技术要求和难度，以及自身的情况确定对投标人的资质要求，不宜提出过高的要求，以免限制那些中小承包商投标，造成报价抬高。

在选择投标单位时，要特别注意考察投标单位的履约能力和保证措施，并且在承包合同中安排相应的担保条款。

3）公开招标的招标公告和邀请招标的投标邀请书，在内容要求上不尽相同。实践中，议标的投标邀请书常常比邀请招标的投标邀请书要简化一些，而邀请招标的投标邀请书则与招标公告差不多。

公开招标的招标公告和邀请招标的投标邀请书，一般应包括以下几项内容：

招标项目编号，招标人的名称、地址及联系人姓名、电话；

工程情况简介，包括项目名称、性质、数量、投资规模、工程实施地点、结构类型、装修标准、质量要求、时间要求等；

承包方式，材料、设备供应方式；

对投标人资质和业绩情况的要求及应提供的有关证明文件；

招标日程安排，包括发放、获取招标文件的办法、时间、地点，投标地点及时间、现场踏勘时间、投标预备会时间、投标截止时间、开标时间、开标地点等；

对招标文件收取的费用（押金数额）；

其他需要说明的问题。

（4）对投标资格进行审查

1）采用公开招标方式时

公开招标资格预审和资格后审的主要内容是一样的，都是审查投标人的下列情况：

投标人组织与机构，资质等级证书，独立订立合同的权力；

近三年来的工程情况；

目前正在履行的合同情况；

履行合同的能力，包括专业，技术资格和能力，资金、财务、设备和其他物资设施状况，管理能力，经验、信誉和相应的工作人员、劳力等情况；

受奖、罚的情况和其他有关资料，没有处于被责令停业，财产被接管或查封、扣押、冻结，破产状态，在近 3 年（包括其董事或主要职员）没有与骗取合同有关的犯罪或严重违法行为。投标人应向招标人提交能证明上述条件的法定证明文件和相关资料。

2）采用邀请招标方式时

采用邀请招标方式时，招标人对投标人进行投标资格审查，是通过对投标人按照投标邀请书的要求提交或出示的有关文件和资料进行验证，确认自己的经验和所掌握的有关投标人的情况是否可靠、有无变化。在各地实践中，通过资格审查的投标人名单，一般要报经招标投标管理机构进行投标人投标资格复查。

邀请招标资格审查的主要内容，一般应当包括：

投标人组织与机构，营业执照，资质等级证书；

近 3 年完成工程的情况；

目前正在履行的合同情况；

资源方面的情况，包括财务、管理、技术、劳力、设备等情况；

受奖、罚的情况和其他有关资料。

经资格审查合格后，由招标人或招标代理人通知合格者，领取招标文件，参加投标。

（5）分发招标文件和有关资料

招标人向经审查合格的投标人分发招标文件及有关资料，并向投标人收取投标保证金。公开招标实行资格后审的，直接向所有投标报名者分发招标文件和有关资料，收取投标保证金。

招标文件发出后，招标人不得擅自变更其内容。确需进行必要的澄清、修改或补充的，应当在招标文件要求提交投标文件截止时间至少 15 天前，书面通知所有获得招标文件的投标人。该澄清、修改或补充的内容是招标文件的组成部分，对招标人和投标人都有约束力。

投标保证金是为防止投标人不审慎考虑和进行投标活动而设定的一种担保形式，是投标人向招标人缴纳的一定数额的金钱。招标人发售招标文件后，不希望投标人不递交投标文件或递交毫无意义或未经充分、慎重考虑的投标文件，更不希望投标人中标后撤回投标文件或不签署合同。因此，为了约束投标人的投标行为，保护招标人的利益，维护招标投标活动的正常秩序，特设立投标保证金制度，这也是国际上的一种习惯做法；投标保证金的收取和缴纳办法，应在招标文件中说明，并按招标文件的要求进行。投标保证金的直接目的虽是保证投标人对投标活动负责，但其一旦缴纳和接受，对双方都有约束力。投标保证金可采用现金、支票、银行汇票，也可以是银行出具的银行保函。银行保函的格式应符合招标文件提出的格式要求。投标保证金的额度，根据工程投资大小由业主在招标文件中确定。

（6）踏勘现场及对招标文件进行答疑

招标文件分发后，招标人要在招标文件规定的时间内，组织投标人踏勘现场，并对招标文件进行答疑。

1）踏勘现场

招标人组织投标人踏勘现场，主要目的是让投标人了解工程现场和周围环境情况，获取必要的信息：

现场是否达到招标文件规定的条件；

现场的地理位置和地形、地貌；

现场的地质、土质、地下水位、水文等情况；

现场气温、湿度、风力、年雨雪量等气候条件；

现场交通、饮水、污水排放、生活用电、通信等环境情况；

工程在现场中的位置与布置；

临时用地、临时设施搭建等。

2）答疑形式

投标人对招标文件或者在现场踏勘中如果有疑问或不清楚的问题，可以而且应当用书面的形式要求招标人予以解答。招标人收到投标人提出的疑问或不清楚的问题后，应当给予解释和答复。招标人的答疑可以根据情况采用以下方式进行：

以书面形式解答，并将解答内容同时送达所有获得招标文件的投标人。书面形式包括解答书、信件、电报、电传、传真、电子数据交换和电子函件等可以有形地表现所载内容的形式。以书面形式解答招标文件中或现场踏勘中的疑问，在将解答内容送达所有获得招标文件的投标人之前，应先经招标投标管理机构审查认定。

通过投标预备会进行解答，同时借此对图纸进行交底和解释，并以会议记录形式将解答内容送达所有获得招标文件的投标人。

3）投标预备会

投标预备会也称答疑会、标前会议，是指招标人为澄清或解答招标文件或现场踏勘中的问题，以便投标人更好地编制投标文件而组织召开的会议。投标预备会一般安排在招标文件发出后的 7～28 天内举行。参加会议的人员包括招标人、投标人、代理人、招标文件编制单位的人员、招标投标管理机构的人员等。会议由招标人主持。

投标预备会的内容包括介绍招标文件和现场情况，对招标文件进行交底和解释；解答投标人以书面或口头形式对招标文件和在现场踏勘中所提出的各种问题或疑问。

（7）召开开标会议

投标预备会结束后，招标人就要为接受投标文件、开标做准备。接受投标工作结束，招标人要按招标文件的规定准时开标、评标。

所谓开标，是指到了投标人提交投标截止时间，招标人（或招标代理机构）依据招标文件和招标公告规定的时间和地点，在有投标人和监督机构代表出席的情况下，当众公开开启投标人提交的投标文件，公开宣布投标人名称、投标价格及投标文件中的有关主要内容的过程。

开标应当在招标文件确定的提交投标文件截止时间的同一时间公开进行；开标地点应当为招标文件中预先确定的地点。按照国家的有关规定和各地的实践，招标文件中预先确定的开标地点，一般均应为建设工程交易中心。参加开标会议的人员，包括招标人或其代表人、招标代理人、投标人法定代表人或其委托代理人、招标投标管理机构的监管人员和招标人自愿邀请的公证机构的人员等。评标组织成员不参加开标会议。开标会议由招标人或招标代理人组织，由招标人或招标人代表主持，并在招标投标管理机构的监督下进行。

投标文件有下列情形之一的，由评标委员会初审后按废标处理：

1）投标文件未按照招标文件的要求予以密封的；

2）投标文件中的投标函未加盖投标人的企业及企业法定代表人印章的，或者企业法定代表人委托代理人没有合法、有效的委托书（原件）及委托代理人印章的；

3）投标文件的关键内容字迹模糊、无法辨认的；

4）投标人未按照招标文件的要求提供投标保函或者投标保证金的；

5）组成联合体投标的，投标文件未附联合体各方共同投标协议的。

（8）组建评标组织进行评标

开标会结束后，招标人要接着组织评标。所谓评标，是指由评标委员会根据招标文件规定的评标标准和方法，通过对投标文件进行系统的评审和比较，向招标人提出书面评标报告并推荐中标候选人，（或者根据招标人的授权直接）确定中标人的过程。

评标原则是招标投标活动中有关各方应遵守的基本规则，可以概括为四个方面：公平、公正、科学、择优；严格保密；独立评审；严格遵守评标方法。

评标必须在招标投标管理机构的监督下，由招标人依法组建的评标组织进行。组建评标组织是评标前的一项重要工作。评标组织由招标人的代表和有关经济、技术等方面的专家组成。其具体形式为评标委员会，实践中也有是评标小组的。评标组织成员的名单在中标结果确定前应当保密。

评标一般采用评标会的形式进行。参加评标会的人员为招标人或其代表人、招标代理人、评标组织成员、招标投标管理机构的监管人员等。投标人不能参加评标会。评标会由招标人或其委托的代理人召集，由评标组织负责人主持。

1）评标会的程序

开标会结束后，投标人退出会场，参加评标会的人员进入会场，由评标组织负责人宣布评标会开始。

评标组织成员审阅各个投标文件，主要检查确认投标文件是否实质上响应招标文件的要求；投标文件正副本之间的内容是否一致；投标文件是否有重大漏项、缺项；是否提出了招标人不能接受的保留条件等。

评标组织成员根据评标定标办法的规定，只对未被宣布无效的投标文件进行评议，并对评标结果签字确认。

如有必要，评标期间，评标组织可以要求投标人对投标文件中不清楚的问题作必要的澄清或者说明，但是，澄清或者说明不得超出投标文件的范围或改变投标文件的实质性内容。所澄清和确认的问题，应当采取书面形式，经招标人和投标人双方签字后，作为投标文件的组成部分，列入评标依据范围。在澄清会谈中，不允许招标人和投标人变更或寻求变更价格、工期、质量等级等实质性内容。开标后，投标人对价格、工期、质量等级等实质性内容提出的任何修正声明或者附加优惠条件，一律不得作为评标组织评标的依据。

评标组织负责人对评标结果进行校核，按照优劣或得分高低排出投标人顺序，并形成评标报告，经招标投标管理机构审查，确认无误后，即可据评标报告确定出中标人。至此，评标工作结束。

2）评标的程序

工程投标文件评审及定标的程序一般如下：

组建评标组织进行评标；

进行初步评审；

进行终审；

编制评标报告及授予合同推荐意见；

决标。

3）评标的内容

从评标组织评议的内容来看，通常可以将评标的程序分为"两段三审"，"两段"是指初审和终审，"三审"即对投标文件进行的符合性评审、技术性评审和商务性评审。

① 初审

初步评审主要包括检验投标文件的符合性和核对投标报价，确保投标文件响应招标文件的要求，剔除法律法规所提出的废标。初审即对投标文件进行符合性评审、技术性评审和商务性评审，从未被宣布为无效或作废的投标文件中筛选出若干具备评标资格的投标人。

符合性评审。包括对投标文件进行商务符合性和技术符合性鉴定，审查投标文件的有效性、完整性以及与招标文件的一致性。投标文件应实质上响应招标文件的要求。所谓实质上响应招标文件的要求，就是指投标文件应该与招标文件的所有条款、条件和规定相符，无显著差异或保留。如果投标文件实质上不响应招标文件的要求，招标人应予以拒绝，并不允许投标人通过修正或撤销其不符合要求的差异或保留，使之成为具有响应性的投标文件。

技术性评审。指对投标文件进行技术性评估，主要包括对投标人所报的方案或组织设计、关键工序、进度计划、人员和机械设备的配备、技术能力、质量控制措施、临时设施的布置和临时用地情况、施工现场周围环境污染的预防措施、工程材料和机械设备的技术性能是否符合设计技术要求以及分包商的技术能力和施工经验等进行评估，目的是确认和比较投标人完成本工程的技术能力，以及他们的施工方案的可靠性。

商务性评审。指对确定为实质上响应招标文件要求的投标文件进行投标报价评估，包括对投标报价进行校核，审查全部报价数据是否有计算上或累计上的算术错误，分析报价构成的合理性。评审的目的是从工程成本、财务和经验分析等方面评审投标报价的准确性、合理性、经济效益和风险等，比较授标给不同的投标人产生的不同后果。

② 终审

终审是指对投标文件进行综合评价与比较分析，对初审筛选出的若干具备评标资格的投标人进行进一步澄清、答辩，择优确定出中标候选人。

对投标文件进行综合评价与比较，应当按照招标文件确定的评标标准和方法，按照平等竞争、公正合理的原则，对投标人的报价、工期、质量、主要材料用量、施工方案或组织设计、以往业绩和履行合同的情况、社会信誉、优惠条件等方面进行综合评价和比较，并与标底进行对比分析，通过进一步澄清、答辩和评审，公正合理地择优选定中标候选人。

4）评标方法

评标方法包括经评审的最低投标价法、综合评估法或者法律、行政法规允许的其他评标方法。

① 经评审的最低投标价法

经评审的最低投标价法是以评审价格作为衡量标准，选取最低评标价者作为推荐中标人。评标价并非投标价，它是将一些因素（不含投标文件的技术部分）折算为价格，然后再计算其评标价。评标价的折算因素主要包括工期的提前量、标书中的优惠及其幅度、技术建议导致的经济效益等。

采用经评审的最低投标价法的，中标人的投标应当符合招标文件规定的技术要求和标准，评标委员会应当根据招标文件中规定的评标价格调整方法，对所有投标人的投标报价以及投标文件的商务部分作必要的价格调整，但无需对投标文件的技术部分进行价格折算。能够满足招标文件的实质性要求，并且经评审的最低投标价的投标，应当推荐为中标候选人。

经评审的最低投标价法一般适用于具有通用技术、性能标准或者招标人对其技术、性能没有特殊要求的招标项目。

不宜采用经评审的最低投标价法的招标项目，一般应当采取综合评估法进行评审。

② 综合评估法

综合评估法是对价格、施工组织设计（或施工方案）、项目经理的资历和业绩、质量、工期、信誉和业绩等因素进行综合评价，从而确定最大限度地满足招标文件中规定的各项综合评价标准的投标为中标人的评标定标方法。它是适用最广泛的评标定标方法。

综合评估法需要综合评价投标书的各项内容是否同招标文件所要求的各项文件、资料和技术要求相一致。不仅要对价格因素进行评议，还要对其他因素进行评议。主要包括：

投标报价。评审投标报价预算数计算的准确性和报价的合理性。

施工方案或施工组织设计。评审方案或施工组织设计是否齐全、完整、科学合理，包括施工方法是否先进、合理；施工进度计划及措施是否科学、合理，能否满足招标人关于工期或竣工计划的要求；现场平面布置及文明施工措施是否合理可靠；主要施工机具及设备是否合理；提供的材料设备，能否满足招标文件及设计的要求。

投入的技术及管理力量。拟投入项目主要管理人员及工程技术人员的数量和资历及业绩等。

质量。评审工程质量是否达到国家施工验收规范合格标准或优良标准。质量必须符合招标文件要求。质量保证措施是否切实可行；安全保证措施是否可靠。

工期。指工程施工期，由工程正式开工之日到施工单位提交竣工报告之日止的期间。

评审工期是否满足招标文件的要求。

信誉和业绩。包括投标单位及项目经理部施工经历、近期施工承包合同履约情况（履约率）；是否承担过类似工程；近期获得的优良工程及优质以上的工程情况，优良率；服务态度、经营作风和施工管理情况；近期的经济诉讼情况；企业社会整体形象等。

根据综合评估法，最大限度地满足招标文件中规定的各项综合评价标准的投标，应当推荐为中标候选人。衡量投标文件是否最大限度地满足招标文件中规定的各项评价标准，可以采取折算为货币的方法、打分的方法或者其他方法。需量化的因素及其权重应当在招标文件中明确规定。评标委员会对各个评审因素进行量化时，应当将量化指标建立在同一基础或者同一标准上，使各投标文件具有可比性。对技术部分和商务部分进行量化后，评标委员会应当对这两部分的量化结果进行加权，计算出每一投标的综合评估价或者综合评估分。

（9）择优定标

定标应当择优，中标人的投标，应符合下列条件之一：

1）能够最大限度地满足招标文件中规定的各项综合评价标准；

2）能够满足招标文件实质性要求，并且经评审的投标价格最低，但投标价格低于成本的除外。

在评标过程中，如发现有下列情形之一不能产生定标结果的，可宣布招标失败：

1）所有投标报价高于或低于招标文件所规定的幅度的；

2）所有投标人的投标文件均实质上不符合招标文件的要求，被评标组织否决的。

如果发生招标失败，招标人应认真审查招标文件及标底，做出合理修改，重新招标。在重新招标时，原采用公开招标方式的，仍可继续采用公开招标方式，也可改用邀请招标方式；原采用邀请招标方式的，仍可继续采用邀请招标方式，也可改用议标方式；原采用议标方式的，应继续采用议标方式。

经评标确定中标人后，招标人应当向中标人发出中标通知书，并同时将中标结果通知所有未中标的投标人，退还未中标投标人的投标保证金。在实践中，招标人发出中标通知书，通常是与招标投标管理机构联合发出或经招标投标管理机构核准后发出。中标通知书对招标人和中标人具有法律效力。中标通知书发出后，招标人改变中标结果的，或者中标人放弃中标项目的，应承担法律责任。

（10）签订合同

中标人收到中标通知书后，招标人、中标人双方应具体协商谈判签订合同事宜，形成合同草案，合同草案一般需要先报招标投标管理机构审查。经审查后，招标人与中标人应当自中标通知书发出之日起30天内，按照招标文件和中标人的投标文件正式签订书面合同。招标人和中标人不得再订立背离合同实质性内容的其他协议。同时，双方要按照招标文件的约定相互提交履约保证金或者履约保函，招标人还要退还中标人的投标保证金。招标人如拒绝与中标人签订合同，除双倍返还投标保证金外，还需赔偿有关损失。

履约保证金或履约保函是为约束招标人和中标人履行各自的合同义务而设立的一种合同担保形式。招标人和中标人订立合同相互提交履约保证金或者履约保函时，应注意指明履约保证金或履约保函到期的具体日期，不能具体指明到期日期的，也应在合同中明确履约保证金或履约保函的失效时间。如果合同规定的项目在履约保证金或履约保函到期日未能完成的，则可以对履约保证金或履约保函展期，即延长履约保证金或履约保函的有效期。履约保证金或履约保函的金额，通常为合同标的额的 5%～10%，也有的规定不超过合同金额的 5%。合同订立后，应将合同副本分送各有关部门备案，以便接受保护和监督。至此，招标工作全部结束。招标工作结束后，应将有关文件资料整理归档，以备查考。

3. 招投标过程中的无效情形

（1）投标无效

1）违反以下两款规定的，相关投标均无效：与招标人存在利害关系可能影响招标公正性的法人、其他组织或者个人，不得参加投标；单位负责人为同一人或者存在控股、管理关系的不同单位，不得参加同一标段投标或者未划分标段的同一招标项目投标。

2）招标人应当在资格预审公告、招标公告或者投标邀请书中载明是否接受联合体投标。招标人接受联合体投标并进行资格预审的，联合体应当在提交资格预审申请文件前组成。资格预审后联合体增减、更换成员的，其投标无效。联合体各方在同一招标项目中以自己名义单独投标或者参加其他联合体投标的，相关投标均无效。

3）投标人发生合并、分立、破产等重大变化的，应当及时书面告知招标人。投标人不再具备资格预审文件、招标文件规定的资格条件或者其投标影响招标公正性的，其投标无效。

（2）否决投标

有下列情形之一的，评标委员会应当否决其投标：

1）投标文件未经投标单位盖章和单位负责人签字；

2）投标联合体没有提交共同投标协议；

3）投标人不符合国家或者招标文件规定的资格条件；

4）同一投标人提交两个以上不同的投标文件或者投标报价，但招标文件要求提交备选投标的除外；

5）投标报价低于成本或者高于招标文件设定的最高投标限价；

6）投标文件没有对招标文件的实质性要求和条件作出响应；

7）投标人有串通投标、弄虚作假、行贿等违法行为。

（3）中标无效

1）投标人相互串通投标或者与招标人串通投标的，投标人向招标人或者评标委员会成员行贿谋取中标的，中标无效；构成犯罪的，依法追究刑事责任；尚不构成犯罪的，依照《招标投标法》第五十三条的规定处罚。

2）投标人以他人名义投标或者以其他方式弄虚作假骗取中标的，中标无效；构成犯罪的，依法追究刑事责任；尚不构成犯罪的，依照《招标投标法》第五十四条的规定处罚。

（4）招投标无效

依法必须进行招标的项目的招标投标活动违反《中华人民共和国招标投标法》和《中华人民共和国招标投标法实施条例》的规定，对中标结果造成实质性影响，且不能采取补救措施予以纠正的，招标、投标、中标无效，应当依法重新招标或者评标。

7.1.6 标底和招标控制价

标底和招标控制价是由招标人自行编制或委托具有编制标底资格和能力的代理机构编制的，是工程造价在招投标阶段的两种表现形式。

1. 标底

工程标底是指招标人根据招标项目的具体情况，编制的完成招标项目所需的全部费用，是依据国家规定的计价依据和计价办法计算出来的工程造价，是招标人对建设工程的期望价格。

招标标底是建筑产品价格的表现形式之一，是业主对招标工程所需费用的预测和控制，是发包方定的价格底线。标底的编制一般由招标单位委托由建设行政主管部门批准具有与建设工程相应造价资质的中介机构代理编制，它是业主筹集建设资金的依据，也是业主及其主管部门核实建设规模的依据。标底是保密的，直至开标。

在建设工程招投标活动中，标底的编制是工程招标中重要的环节之一，是评标的参考。它不等于工程（或设备）的概（预）算，也不等于合同价格。标底是招标单位的绝密资料，不能向任何无关人员泄露。

标底价格是招标人的期望价格，招标人以此价格作为衡量投标人投标价格的一个尺度，也是招标人控制投资的一种手段。招标人设置标底价格有两种目的：一是在坚持最低价中标时，标底价可以作为招标人自己掌握的招标底数，起参考作用，而不作评标的依据；二是为避免因招标价太低而损害质量，使靠近标底的报价评为最高分（中标），高于或低于标底的报价均递减评分，则标底价格可作为评标的依据，使招标人的期望价成为质量控制的手段之一。

（1）标底的作用

1）标底价格是招标人控制建设工程投资、确定工程合同价格的参考依据。标底（预期造价）是指招标人对招标工程项目在方案、质量、期限、造价、方法、措施等方面的综合性理想控制指标或预期要求，简单地说就是"预期工程造价"。标底反映出拟建工程的资金额度，可以明确招标单位在财务上应承担的义务。按规定，我国国内工程施工招标的标底，应在批准的工程概算或修正概算以内，招标单位用它来控制工程造价，并以此为尺度来评判投标者的报价是否合理，中标都要按照报价签订合同。这样，业主就能掌握控制造价的主动权。

2）标底价格是衡量、评审投标人投标报价是否合理的尺度和依据。标底的使用可以相对降低工程造价，标底是衡量投标单位报价的准绳，有了标底，才能正确判断投标报价的合理性和可靠性；标底是评标、定标的重要依据。科学合理的标底能为业主在评标、定标时正确选择出标价合理、保证质量、工期适当、企业信誉良好的施工企业。

（2）标底的编制原则

1）根据国家公布的"四统一"原则（"四统一"原则即统一项目编码、统一项目名称、统一计量单位、统一工程量计算规则）以及施工图纸招标文件，并参照国家、行业或地方批准发布的定额和国家、行业、地方规定的技术标准规范以及要素市场价格确定工程量和编制标底。

2）标底作为招标人的期望价格，应力求与市场的实际变化相吻合，要有利于竞争和保证工程质量。

3）标底应由工程成本、利润、税金等组成，一般应控制在批准的建设项目投资估算或总概算（修正概算）价格以内。

4）标底应考虑人工、材料、设备、机械台班等价格变化因素。采用固定价格的还应考虑工程的风险金等。

5）有些工程进行招标可以不设标底，进行无标底招标（特别是对于实行工程量清单计价的招标工程）。编制标底的，一个工程只能编制一个标底。

6）标底编制完成后应及时封存，在开标前应严格保密，所有接触过工程标底的人员都有保密责任，不得泄露。

（3）标底的编制方法

标底编制可以采用工料单价法和综合单价法等方法。

工料单价法，采用的分部分项工程量的单价为直接工程费单价，其单价只包括完成分部分项工程直接需要的人工费、材料费、机械费。

综合单价法，即分部分项工程量的单价为全费用单价，它综合计算了完成单位分部分项工程所发生的所有费用，包括人工费、材料费、机械费、企业管理费、利润和风险费等。

（4）标底招标存在的弊端

在实践操作中，设标底招标存在以下弊端：

1）设标底时易发生泄露标底及暗箱操作的问题；

2）编制的标底价一般为预算价，科学合理性差，容易与市场造价水平脱节；

3）将标底作为衡量投标人报价的基准，导致投标人尽力地去迎合标底，不能反映投标人实力。

2. 招标控制价

建设工程工程量清单计价规范中，提出了招标控制价的概念。招标控制价，是指招标人根据国家或省级、行业建设主管部门颁发的有关计价依据和办法，按设计施工图纸计算的，对招标工程限定的最高造价。国有资金投资的工程建设项目应实行工程量清单招标，并应编制招标控制价。投标人的投标报价高于招标控制价的，其投标应予拒绝。

准确地说，招标控制价是最高限价，又叫拦标价。招标控制价一般是指上限，也就是投标人报价不能超过这个价格，否则就会超出招标人支付能力，如果投标人的投标报价高于招标控制价，该投标就会被拒绝（为废标）。招标控制价是依据消耗量定额编制的。标底是招标人按预算定额编制的认为最合理的价格，是建设单位期望的价格，是评标的参考。根据招投标法及清单计价规范的规定，两者可能存在于同一项目中，不过并没有强制规定必须编制标底，是否编制标底，由招标人自主决定。

（1）招标控制价的作用

招标人通过招标控制价，可以清除投标人之间合谋超额利益的可能性，有效遏制围标串标行为；投标人通过招标控制价，可以避免投标决策的盲目性，增强投标活动的选择性和经济性。

工程量清单招标实质上是市场确定价格的一个规则，招标控制价提前向所有投标人公布，使投标人之间的竞争更加透明，向各投标人提供公平竞争的平台。招标控制价与经评审的合理最低价评标配合，能促使投标人加快技术革新和提高管理水平。经评审的最低投标价法，是在满足招标文件实质性要求，并且在投标价格高于成本价的前提下，经评审的投标价格最低的投标作为中标人。招标控制价能够有效割裂围标串标利益链条，提高招投标活动的透明度，避免招投标活动中的暗箱操作，改变投标人不惜一切代价围着标底转的怪圈，有效遏制摸标底、泄露标底等违法行为的发生，而依据市场合理低价中标，能够在有效控制国家投资、遏制工程"三超"现象、防止工程腐败等方面发挥积极作用。

招标控制价的作用决定了招标控制价不同于标底，无需保密。为体现招标的公平、公正，防止招标人有意抬高或压低工程造价，招标人应在招标文件中如实公布招标控制价，不得对所编制的招标控制价进行上浮或下调。同时，招标人应将招标控制价报工程所在地的工程造价管理机构备查。

设立招标控制价应注意招标控制价不宜设置过高或过低，以避免设置过高出现投标人可能围绕这个最高限价串标、围标，设置太低无人投标或恶性低价抢标而导致最终提供的工程质量不能满足招标人要求，或中标后在施工过程中以变更、索赔等方式弥补成本。

（2）招标控制价与标底的关系

标底是招标人的期望价格，编制依据是预算定额，在评标中可以用来比较分析投标报价，具有参考作用，但不能作为中标或废标的唯一直接依据；招标控制价的编制依据是消耗量定额，作为招标人的最高限价，可以有效防止抬标，超过招标控制价的投标报价即成为废标。招标人设有最高投标限价的，应当在招标文件中明确最高投标限价或者最高投标限价的计算方法；通常投标单位的投标报价可以高过标底价，但不可以高过招标控制价。

招标人可以自行决定是否编制标底；一个招标项目只能有一个标底，标底要开标前保密，在开标时宣布；招标控制价应该在招标文件中公开，提高了透明度。

招标人不得规定最低投标限价；国有资金投资的建筑工程招标的，应当设有最高投标限价；非国有资金投资的建筑工程招标的，可以设有最高投标限价或者招标标底。

（3）招标控制价的编制依据

1）建设工程工程量清单计价规范；

2）国家或省级、行业建设主管部门颁发的计价定额和计价办法；

3）建设工程设计文件及相关资料；

4）招标文件中的工程量清单及有关要求；

5）与建设项目相关的标准、规范、技术资料；

6）工程造价管理机构发布的工程造价信息，没有发布工程造价信息的参照市场价；

7）其他的相关资料。

（4）招标控制价的编制原则

1）招标控制价应具有权威性

从招标控制价的编制依据可以看出，编制招标控制价应按照《建设工程工程量清单计价规范》GB 50500—2013 以及国家或省级、国务院部委有关建设主管部门发布的计价定额和计价方法，根据设计图纸及有关计价规定等进行编制。

2）招标控制价应具有完整性

招标控制价应由分部分项工程费、措施项目费、其他项目费、规费、税金以及一定范围内的风险费用组成。

3）招标控制价与招标文件的一致性

招标控制价的内容、编制依据应该与招标文件的规定相一致。

4）招标控制价的合理性

招标控制价作为业主进行工程造价控制的最高限额，应力求与建筑市场的实际情况相吻合，要有利于竞争和保证工程质量。

5）一个工程只能编制一个招标控制价

这一原则体现了招标控制价的唯一性原则，也同时体现了招标中的公正性原则。

（5）招标工程量清单与招标控制价的编制

1）招标工程量清单的编制

招标工程量清单是招标人依据国家标准、招标文件、设计文件以及施工现场实际情况编制的，随招标文件发布供投标报价的工程量清单，包括对其的说明和表格。

编制招标工程量清单，应充分体现"量价分离"的"风险分担"原则。招标阶段，由招标人或其委托的工程造价咨询人根据工程项目设计文件，编制出招标工程项目的工程量清单，并将其作为招标文件的组成部分。招标工程量清单的准确性和完整性由招标人负责；投标人应结合企业自身实际、参考市场有关价格信息完成清单项目工程的组合报价，并对其承担风险。

作为招标文件重要组成部分的工程量清单，应依照图纸按规定的计算规则计算工程量，并且要满足招标文件中的相关要求。工程量清单包括分部分项工程量清单、措施项目清单和其他项目清单。应具有统一的项目编码、项目名称、项目特征、计量单位和统一的工程量。它是投标单位编制投标报价和招标人编制招标控制价的直接依据，同时也为所有投标人提供了一个具有公平竞争性的共同的投标平台。做好工程量清单的编制，能够避免因清单编制问题而造成的施工阶段的争议和索赔，同时也能使工程造价得到有效的控制。

编制工程量清单时应注意保证工程量清单项目不错项、不漏项、不重项，确保工程量计算的正确性，工程量清单的项目特征与工作内容描述要准确和完整。

2）招标控制价的编制

招标控制价是根据国家或省级建设行政主管部门颁发的有关计价依据和办法，依据拟订的招标文件和招标工程量清单，结合工程具体情况发布的招标工程的最高投标限价。

编制招标控制价的相关规定包括：

①招标控制价应由具有编制能力的招标人或受其委托、具有相应资质的工程造价咨询人编制。工程造价咨询人不得同时接受招标人和投标人对同一工程的招标控制价和投标报价的编制。

②招标控制价应在招标文件中公布，对所编制的招标控制价不得进行上浮或下调。在公布招标控制价时，应公布招标控制价各组成部分的详细内容，不得只公布招标控制价总价。

③国有资金投资的工程建设项目应实行工程量清单招标，招标人应编制招标控制价，并应当拒绝高于招标控制价的投标报价，即投标人的投标报价若超过公布的招标控制价，则其投标作为废标处理。

④招标控制价超过批准的概算时，招标人应将其报原概算审批部门审核。这是由于我国对国有资金投资项目的投资控制实行的是设计概算审批制度，国有资金投资的工程原则上不能超过批准的设计概算。

编制招标控制价时应注意：

①采用的材料价格应是工程造价管理机构通过工程造价信息发布的材料价格，工程造价信息未发布材料单价的材料，其价格应通过市场调查确定。

②施工机械设备的选型直接关系到综合单价水平，应根据工程项目特点和施工条件，本着经济实用、先进高效的原则确定。

③正确、全面地使用行业和地方的计价定额与相关文件。

④不可竞争的措施项目和规费、税金等费用的计算均属于强制性的条款，编制招标控制价时应按国家有关规定计算。

⑤不同工程项目、不同施工单位会有不同的施工组织方法，所发生的措施费也会有所不同，因此，对于竞争性措施费用，招标人应首先编制常规的施工组织设计或施工方案，然后经专家论证确认后再合理确定措施项目与费用。

⑥根据工程项目施工现场地质、施工现场环境和施工场地的水文勘探资料进行计价。

⑦确定综合单价时，对于技术难度较大和管理复杂的项目，可考虑一定的风险费用，并纳入综合单价中；对于工程设备、材料价格的市场风险，应依据招标文件、工程所在地或行业工程造价管理机构的有关规定，以及市场价格趋势考虑一定率值的风险费用，纳入综合单价中；税金、规费等法律、法规、规章和政策变化以及人工单价等风险费用不应纳入综合单价。

7.1.7 工程项目施工投标

1. 投标人应具备的条件

（1）投标人应具备承担招标项目的能力。

（2）投标人应当按照招标文件的要求编制投标文件。

（3）投标文件的内容应当包括拟派出的项目负责人与主要技术人员的简历、业绩和拟用于完成招标项目的机械设备等。

（4）投标人应当在招标文件所要求提交投标文件的截止时间前，将投标文件送达投标地点。

（5）投标人在招标文件要求提交投标文件的截止时间前，可以补充、修改或者撤回已提交的投标文件，并书面通知招标人。

（6）投标人根据招标文件载明的项目实际情况，拟在中标后将中标项目的部分非主体、非关键性工作交由他人完成的，应当在投标文件中载明。

（7）两个以上法人或者其他组织可以组成一个联合体，以一个投标人的身份共同投标。

（8）投标人不得相互串通投标报价，不得排挤其他投标人的公平竞争，损害招标人或者他人的合法权益。

（9）投标人不得以低于合理预算成本的报价竞标，也不得以他人名义投标或者以其他方式弄虚作假，骗取中标。

2. 工程项目施工投标程序

（1）获得招标信息、成立投标工作班子，决定是否投标。

（2）参加资格预审，递交资格预审材料。

（3）资格预审通过后，购买招标文件及有关技术资料。

（4）研究招标文件、参加标前会议、踏勘现场并对有关疑问提出质询。

（5）决定投标报价策略。

（6）根据图纸，计算工程量，确定项目单价及总价。

（7）确定报价技巧，编制投标文件、封标、递交投标文件。

（8）参加开标会议，书面澄清对投标文件提出的问题。

（9）接收中标通知书后提交履约保证、与招标人签署合同协议书。

3. 工程项目施工投标工作内容

（1）申报资格预审

资格预审申请书必须在招标人规定的截止时间之前递交到招标人指定的地点，资格预审申请书一般递交一份原件和若干份副本（资格预审文件中规定），并分别由信封密封，信封上写明资格预审的工程名称、申请人的名称和住址。

（2）现场踏勘

踏勘现场之前，通过仔细研究招标文件，对招标文件中的工作范围、专用条款以及设计图纸和说明，拟订调研提纲，确定重点要解决的问题。

（3）参加标前会议

研究招标文件后存在的问题，以及在现场踏勘后仍存在的疑问，投标人代表应以书面形式在标前会议上提出，招标人将以书面形式答复。这种书面答复和招标文件同样具有法律效力。

（4）计算和校核工程量

工程量的多少将直接影响到工程计价和中标的机会，无论招标文件是否提供工程量清单，投标人都应该认真按照图纸计算工程量。

（5）制定施工规划

包括选择和确定主要部位施工方法、选择施工机械和施工设施、编制施工进度计划等。

（6）确定投标报价

1）定额模式投标报价。是国内工程以前经常使用的方法，现在也在应用。报价编制与工程概预算基本一致。

2）工程量清单计价模式投标报价。这种报价模式也是与国际接轨的计价模式，将越来越广泛地在工程计价中使用。

4. 工程施工投标文件的编制

工程投标文件，是工程投标人单方面阐述自己响应招标文件要求，旨在向招标人提出愿意订立合同的意思表示，是投标人确定、修改和解释有关投标事项的各种书面表达形式的统称。

投标人在投标文件中必须明确向招标人表示愿以招标文件的内容订立合同的意思；必须对招标文件提出的实质性要求和条件作出响应，不得以低于成本的报价竞标；必须由有资格的投标人编制；必须按照规定的时间、地点递交给招标人。否则，该投标文件将被招标人拒绝。

（1）施工投标文件的构成

1）投标函及投标函附录；

2）法定代表人身份证明或附有法定代表人身份证明的授权委托书；

3）联合体协议书；

4）投标保证金或保函；

5）已标价工程量清单；

6）施工组织设计；

7）项目管理机构；

8）拟分包项目情况表；

9）资格审查资料；

10）投标人须知前附表规定的其他材料。

（2）编制与递交投标文件的基本要求

1）投标文件应按招标文件和投标文件格式要求进行编写，必须使用招标文件提供的投标文件表格格式，但表格可以按同样格式扩展。如有必要，可以增加附页，作为投标文件的组成部分。其中，投标函附录在满足招标文件实质性要求的基础上，可以提出比招标文件要求更有利于招标人的承诺。招标人招标文件中拟订的供投标人投标时填写的一套投标文件格式，主要有投标函及其附录、工程量清单与报价表、辅助资料表等。

2）投标文件应当对招标文件有关工期、投标有效期、质量要求、技术标准和要求、招标范围等实质性内容作出响应。

3）投标保证金、履约保证金的方式，按招标文件有关条款的规定可以选择。

4）投标人根据招标文件的要求和条件填写投标文件的空格时，凡要求填写的空格都必须填写，不得空着不填；否则，即被视为放弃意见。实质性的项目或数字如工期、质量等级、价格等未填写的，将被作为无效或作废的投标文件处理。将投标文件按规定的日期送交招标人，等待开标、决标。

5）投标文件应用不褪色的材料书写或打印，并由投标人的法定代表人或其委托代理人签字或盖单位章。委托代理人签字的，投标文件应附法定代表人签署的授权委托书。

6）填报投标文件应反复校核，保证分项和汇总计算均无错误。全套投标文件均应无涂改和行间插字或删除，除非这些删改是根据招标人的要求进行的，或者是投标人造成的必须修改的错误。如果出现上述情况，改动之处应加盖单位章或由投标人的法定代表人或其授权的代理人签字确认。

7）投标文件正本一份，副本份数见投标人须知前附表。正本和副本的封面上应清楚地标记"正本"或"副本"的字样。当副本和正本不一致时，以正本为准。投标文件的正本与副本应分别装订成册，并编制目录。

（3）编制工程投标文件的步骤

投标人在领取招标文件以后，就要进行投标文件的编制工作。编制投标文件的一般步骤是：

1）熟悉招标文件、图纸、资料，对图纸、资料有不清楚、不理解的地方，可以用书面或口头方式向招标人询问、澄清；

2）参加招标人施工现场情况介绍和答疑会；

3）调查当地材料供应和价格情况；

4）了解交通运输条件和有关事项；

5）编制施工组织设计，复查、计算图纸工程量；

6）编制或套用投标单价；

7）计算取费标准或确定采用取费标准；

8）计算投标造价；

9）核对调整投标造价；

10）确定投标报价。

5. 工程施工投标报价决策与技巧

工程报价是投标的关键性工作，也是整个投标工作的核心。它不仅是能否中标的关键，而且对中标后的盈利多少，在很大程度上起着决定性的作用。

工程投标报价的编制必须贯彻执行国家的有关政策和方针，符合国家的法律、法规和公共利益。

报价决策是投标人作出有关投标报价的最后决定，为了在竞争中取胜，决策者应当对报价计算的准确度、期望利润是否合适、报价风险及本公司的承受能力、当地的报价水平以及对竞争对手优势的分析评估等进行综合考虑，才能决定最后的报价金额。报价决策也应考虑招标项目的特点，一般来说，对于下列情况报价可高一点：施工条件差、工程量小的工程；专业水平要求高的技术密集型工程，而本公司在这方面有专长、声望高；支付条件不理想的工程等。如果与上述情况相反且投标对手多的工程，报价应低一些。

在保证工程质量与工期的条件下，为了中标并获得期望的效益，投标程序全过程几乎都要研究投标报价技巧问题。常见的投标报价技巧有：

（1）不平衡报价

不平衡报价，指在总价基本确定的前提下，如何调整内部各个子项的报价，以期既不影响总报价，又在中标后投标人可尽早收回垫支于工程中的资金和获取较好的经济效益。但要注意避免畸高畸低现象，避免失去中标机会。通常采用的不平衡报价有下列几种情况：

1）对能早期结账收回工程款的项目（如土方、基础等）单价可报以较高价，以利于资金周转；对后期项目（如装饰、电气设备安装等）单价可适当降低。

2）估计今后工程量可能增加的项目，其单价可提高，而工程量可能减少的项目，其单价可降低。

（但在上述两点中，对于工程量数量有错误的早期工程，如不可能完成工程量表中的数量，则不能盲目抬高单价，需要具体分析后再确定。）

3）图纸内容不明确或有错误，估计修改后工程量要增加的，其单价可提高；而工程内容不明确的，其单价可降低。

4）没有工程量只填报单价的项目（如疏浚工程中的开挖淤泥工作等），其单价宜高。这样，既不影响总的投标报价，又可多获利。

5）对于暂定项目，其实施可能性大的项目，可定高价；估计该工程不一定实施的可定低价。

6）零星用工（计日工）一般可稍高于工程单价表中的工资单价，这样做是因为零星用工不属于承包有效合同总价的范围，发生时实报实销，也可多获利。

（2）多方案报价法

多方案报价法是利用工程说明书或合同条款不够明确之处，以争取达到修改工程说明书和合同为目的的一种报价方法。当工程说明书或合同条款有些不够明确之处时，往往使投标人承担较大风险。为了减少风险就必须扩大工程单价，增加"不可预见费"，但这样做又会因报价过高而增加被淘汰的可能性：多方案报价法就是为对付这种两难局面而出现的。

其具体做法是在标书上报两价目单价，一是按原工程说明书合同条款报一个价；二是加以注解，"如工程说明书或合同条款可作某些改变时"则可降低多少费用，使报价成为最低，以吸引业主修改说明书和合同条款。

还有一种方法是对工程中一部分没有把握的工作，注明按成本加若干酬金结算的办法。

但是，如有规定，政府工程合同的方案是不容许改动的，这个方法就不能使用。

（3）增加建议方案

有时招标文件中规定，可以提一个建议方案，即可以修改原设计方案，提出投标者的方案。投标人可以抓住机会，组织一批有经验的设计和施工工程师，对原招标文件的设计和施工方案仔细研究，提出更合理的方案以吸引业主，促成自己的方案中标。这种新的建议方案可以降低总造价或提前竣工或使工程运用更合理，但要注意的是对原招标方案一定也要报价，以供业主比较。

要强调的是，增加建议方案时，建议方案一定要比较成熟，或过去有实践经验，因为投标时间不长，如果仅为中标而匆忙提出一些没有把握的方案，可能引起后患。同时，注意不要将方案写得太具体，保留方案的技术关键，防止业主将此方案交给其他承包商。

（4）扩大标价法

扩大标价法较为常用，即除了按正常的已知条件编制价格外，对工程中变化较大或没有把握的工作，采用扩大单价，增加"不可预见费"的方法来减少风险。但是这种方法有可能造成总价过高而不易中标。

（5）突然降价法

突然降价法即先按一般情况报价或表现出自己对该工程兴趣不大，到快投标截止时，再突然降价，主要是在报价时可以迷惑竞争对手，在临近开标前把总报价突然降低，取得最低标，为以后中标打下基础。

采用这种方法时，一定要在准备投标报价的过程中考虑好降价的幅度，在临近投标截止日期前，根据情报信息与分析判断，再作最后决策。

如果由于采用突然降价法而中标，因为开标只降总价，在签订合同后可采用不平衡报价的思想调整工程量表内的各项单价或价格，以期取得更高的效益。

（6）先亏后盈法

这种方法是承包商为了打进某一地区而采取一种不惜代价、只求中标的低价投标方案。应用这种手法的承包商必须有较好的资信条件，并且提出的施工方案也是先进可行的，同时要加强对公司情况的宣传，否则即使低标价，也不一定被业主选中。

（7）无利润算标

缺乏竞争优势的承包商，在不得已的情况下，只好在算标中根本不考虑利润去夺标。这种办法一般是处于以下条件时采用：

1）有可能在得标后，将大部分工程分包给索价较低的一些分包商；

2）对于分期建设的项目，先以低价获得首期工程，而后赢得机会创造第二期工程中的竞争优势，并在以后的实施中赚得利润；

3）承包商较长时间没有在建的工程项目，如果再不得标，就难以维持生存。

投标技巧是投标人在长期的投标实践中，逐步积累的投标竞争取胜的经验，在国内外的建筑市场上，经常运用的投标技巧还有很多，例如开口升级法、无利润报价法、联合保标法、质量信誉取胜法等。

7.1.8 电子招标投标

电子招标投标活动是指以数据电文形式，依托电子招标投标系统完成的全部或者部分招标投标交易、公共服务和行政监督活动。其中，数据电文形式与纸质形式的招标投标活动具有同等法律效力。

为了规范电子招标投标活动，促进电子招标投标健康发展，根据《中华人民共和国招标投标法》《中华人民共和国招标投标法实施条例》，国家发展改革委、工业和信息化部、监察部、住房和城乡建设部、交通运输部、铁道部、水利部、商务部联合制定了《电子招标投标办法》及相关附件并予发布，自2013年5月1日起施行。

实行电子招标投标，可以解决当前招投标领域突出的问题，有利于提高招标投标效率和节约资源能源，有利于公平竞争和预防腐败，也有利于规范行政监督。

1. 电子招标投标系统

电子招标投标系统根据功能的不同，分为交易平台、公共服务平台和行政监督平台。

交易平台是以数据电文形式完成招标投标交易活动的信息平台。公共服务平台是满足交易平台之间信息交换、资源共享需要，并为市场主体、行政监督部门和社会公众提供信息服务的信息平台。行政监督平台是行政监督部门和监察机关在线监督电子招标投标活动的信息平台。

其中，交易平台是招标投标双方进行招标采购的交易市场，其组建运营应当依靠市场在竞争中发展，政府的作用是提供维持公平市场秩序的保障，不应当干预交易平台的建立、运行和竞争，不能指定运营商或进行地区保护等；电子招标投标交易平台按照标准统一、互联互通、公开透明、安全高效的原则以及市场化、专业化、集约化方向建设和运营。服务平台是为社会提供公共信息服务的平台，属于公益性质。可以由政府或协会、招标投标交易场所等部门以公益为目的按专业或行业建立、运营。在线监督平台属于行政权力维持和保证市场秩序的渠道，监督平台由政府行政监督部门和监察部门依照法定分工组建和维持其运行并开展监督活动。由于电子平台的公开性，三个平台都应当接受全社会的监督，增强了监督的有效性。电子招标活动的范围可以是招标投标程序全过程，也可以是部分过程，体现了法律对地区、行业、部门的差别管理。

2. 电子招标

电子招标的主要程序是：

（1）招标人或者其委托的招标代理机构应当在其使用的电子招标投标交易平台注册登记，选择使用除招标人或招标代理机构之外第三方运营的电子招标投标交易平台的，还应当与电子招标投标交易平台运营机构签订使用合同，明确服务内容、服务质量、服务费用等权利和义务，并对服务过程中相关信息的产权归属、保密责任、存档等依法作出约定。

（2）招标人或者其委托的招标代理机构应当在资格预审公告、招标公告或者投标邀请书中载明潜在投标人访问电子招标投标交易平台的网络地址和方法。依法必须进行公开招标项目的上述相关公告应当在电子招标投标交易平台和国家指定的招标公告媒介同步发布。

（3）招标人或者其委托的招标代理机构应当及时将数据电文形式的资格预审文件、招标文件加载至电子招标投标交易平台，供潜在投标人下载或者查阅。数据电文形式的资格预审公告、招标公告、资格预审文件、招标文件等应当标准化、格式化，并符合有关法律法规以及国家有关部门颁发的标准文本的要求。

在投标截止时间前，电子招标投标交易平台运营机构不得向招标人或者其委托的招标代理机构以外的任何单位和个人泄露下载资格预审文件、招标文件的潜在投标人名称、数量以及可能影响公平竞争的其他信息。

（4）招标人对资格预审文件、招标文件进行澄清或者修改的，应当通过电子招标投标交易平台以醒目的方式公告澄清或者修改的内容，并以有效方式通知所有已下载资格预审文件或者招标文件的潜在投标人。

3. 电子投标

电子投标的主要程序是：

（1）投标人应当在资格预审公告、招标公告或者投标邀请书载明的电子招标投标交易平台注册登记，如实提交有关信息，并经电子招标投标交易平台运营机构验证。

（2）投标人应当通过资格预审公告、招标公告或者投标邀请书载明的电子招标投标交易平台递交数据电文形式的资格预审申请文件或者投标文件。

（3）投标人应当按照招标文件和电子招标投标交易平台的要求编制并加密投标文件。

（4）投标人应当在投标截止时间前完成投标文件的传输递交，并可以补充、修改或者撤回投标文件。投标截止时间前未完成投标文件传输的，视为撤回投标文件。投标截止时间后送达的投标文件，电子招标投标交易平台应当拒收。

（5）电子招标投标交易平台收到投标人送达的投标文件，应当即时向投标人发出确认回执通知，并妥善保存投标文件。在投标截止时间前，除投标人补充、修改或者撤回投标文件外，任何单位和个人不得解密、提取投标文件。

4. 电子开标、评标和中标

（1）开标

1）电子开标应当按照招标文件确定的时间，在电子招标投标交易平台上公开进行，所有投标人均应当准时在线参加开标。

2）开标时，电子招标投标交易平台自动提取所有投标文件，提示招标人和投标人按招标文件规定方式按时在线解密。解密全部完成后，应当向所有投标人公布投标人名称、投标价格和招标文件规定的其他内容。

3）因投标人原因造成投标文件未解密的，视为撤销其投标文件；因投标人之外的原因造成投标文件未解密的，视为撤回其投标文件，投标人有权要求责任方赔偿因此遭受的直接损失。部分投标文件未解密的，其他投标文件的开标可以继续进行。招标人可以在招标文件中明确投标文件解密失败的补救方案，投标文件应按照招标文件的要求作出响应。

4）电子招标投标交易平台应当生成开标记录并向社会公众公布，但依法应当保密的除外。

（2）评标

1）电子评标应当在有效监控和保密的环境下在线进行。评标委员会成员应当在依法设立的招标投标交易场所登录招标项目所使用的电子招标投标交易平台进行评标。

2）评标中需要投标人对投标文件澄清或者说明的，招标人和投标人应当通过电子招标投标交易平台交换数据电文。

3）评标委员会完成评标后，应当通过电子招标投标交易平台向招标人提交数据电文形式的评标报告。

（3）中标

1）依法必须进行招标的项目中标候选人和中标结果应当在电子招标投标交易平台进行公示和公布。

2）招标人确定中标人后，应当通过电子招标投标交易平台以数据电文形式向中标人发出中标通知书，并向未中标人发出中标结果通知书。

3）招标人应当通过电子招标投标交易平台，以数据电文形式与中标人签订合同。鼓励招标人、中标人等相关主体及时通过电子招标投标交易平台递交和公布中标合同履行情况的信息。

4）投标人或者其他利害关系人依法对资格预审文件、招标文件、开标和评标结果提出异议，以及招标人答复，均应当通过电子招标投标交易平台进行。

5）招标投标活动中的下列数据电文应当按照《中华人民共和国电子签名法》和招标文件的要求进行电子签名并进行电子存档：

资格预审公告、招标公告或者投标邀请书；

资格预审文件、招标文件及其澄清、补充和修改；

资格预审申请文件、投标文件及其澄清和说明；

资格审查报告、评标报告；

资格预审结果通知书和中标通知书；

合同；

国家规定的其他文件。

7.2　国际工程招标投标

国际工程指一个工程项目从咨询、融资、采购、承包、管理以及培训等各个方面的参与者不止一个国家，并且按照国际上通用的工程项目管理模式进行管理的工程。国际工程招标投标是指发包方通过国内和国际新闻媒体发布招标信息，所有感兴趣的投标人均可参与投标竞争，通过评标比较优选确定中标人的活动。

国际工程招标的交易行为具有组织性，招标的竞争过程具有公开、公平、公正和择优的特征；国际工程招标具有一次性报价的特征，即诸多投标人在同一时间一次性报价，其投标文件递交后，一般不得撤回或修改；国际工程招标的目标是追求多目标条件下的系统最优化，招标的根本目的不仅仅是简单地追求最低价，招标的工程往往具有资本、技术、劳务和成套设备相结合的综合属性。

7.2.1 国际工程主要招标方式

1. 世界银行招标方式

世界银行作为一个权威性的国际多边援助机构，具有雄厚的资本和丰富的组织工程承发包的经验。世界银行以其处理事务公平合理和组织实施项目强调经济实效而享有良好的信誉和绝对的权威。世界银行已积累了多年的投资与工程招标经验，制定了一套完整而系统的有关工程承发包的规定，且被众多国际多边援助机构尤其是国际工业发展组织和许多金融机构以及一些国家的政府援助机构视为模式。

世界银行推行的国际竞争性招标要求业主方面公正地表述拟建工程的技术要求，以保证不同国家的合格企业能够广泛地参与投标。世界银行作为标的工程的资助者，从项目的选择直至整个实施过程都有权参与。在许多关键问题上如受标条件、采用的招标方式、遵循的工程管理条款等都享有决定性发言权。

凡按世界银行规定的方式进行国际竞争性招标的工程，必须以国际咨询工程师联合会（FIDIC）制定的条款为管理项目的指导原则，而且承发包双方还要执行由世界银行颁发的三个文件：世界银行采购指南、国际土木工程建筑合同条款和世界银行监理指南。

除了推行国际竞争性招标方式外，在有充足理由或特殊原因情况下，世界银行也同意甚至主张受援国政府采用国际有限招标方式委托实施工程。这种招标方式主要适用于工程额不大、投资商数目有限或有其他不采用国际竞争性招标理由的情况，但要求招标人必须向足够多的承包商索取报价以保证竞争的价格。另外，对于某些大而复杂的工业项目，如石油化工项目，可能的投标者很少，准备投标的成本很高，为了节省时间，又能取得较好的报价，同样可以采取国际有限招标。

除了上述两种国际性招标以外，有些不宜或无需进行国际招标的工程，世界银行也同意采用国内招标、国际或国内选购、直接购买、政府承包和自营等方式。

2. 亚洲开发银行招标方式

亚洲开发银行招标基本参照世界银行的招标方式，但对总承包工程项目的招标程序也有许多具体要求。

3. 英联邦地区招标方式

英联邦地区许多涉外工程项目的承包，基本上照搬英国做法。这些国家或地区的大型工程通常求助于世界银行或国际多边援助机构，因此在承发包工程时首先必须遵循援助机构的要求，也就是说要按世界银行的例行做法发包工程，但是他们始终保留英联邦地区的传统特色，即以改良的方式实行国际竞争性招标。他们在发行招标文件时，通常将已发给文件的承包商数目通知投标人，使其心里有数，避免盲目投标。英国土木工程师协会（ICE，Institution of Civil Engineers）合同条件常设委员会认为国际竞争性招标浪费时间和资金，效率低下，常常以无结果而告终，导致很多承包商白白浪费钱财和人力。相比之下，选择性招标即国际有限招标则在各方面都能产生最高效率和经济效益。因此，英联邦地区所实行的主要招标方式是国际有限招标。

4. 法语地区招标方式

（1）拍卖式招标。拍卖式招标的最大特点是以报价作为判标的唯一标准，其基本原则是自动判标，即在投标人的报价低于招标人规定的标底价的条件下，报价最低者得标。

（2）询价式招标。询价式招标是法语地区工程承发包的主要方式。法语地区的询价式招标与世界银行所推行的竞争性招标要求做法大体相似。询价式招标可以是公开询价式招标，也可以在有限范围内进行，即有限询价式招标；可以采取竞赛形式，即带设计竞赛形式，也可以采取非竞赛形式。

5. 独联体国家招标方式

独联体国家长期实行高度集中的计划管理体制，加之其建设资金的严重匮乏，其招标做法与其他地区差别较大。

除了极少数国家重点工程或个别有外来资金援助的工程采取国际公开招标或有限招标外，绝大多数工程都是采取谈判招标即议标做法。所委托工程很少采用交钥匙办法，大多数是采取劳务承包，少数工程采取包工包料，个别工程采取设计施工（DB）模式。

独联体各国对外招标工程通常由拥有对外经营权的企业或公司根据其需要和支付手段决定选择国际合作伙伴，通过谈判，达成委托实施工程的意向书，进而签订承包合同。

7.2.2 国际工程主要招标类型

1. 国际竞争性招标

国际竞争性招标是目前世界上最普遍采用的国际工程成交方式。

国际竞争性招标是指在国际范围内，采用公平竞争方式，决标时按事先规定的原则，对所有具备要求资格的投标商一视同仁，根据其投标报价，如工期要求，可兑换外汇比例，投标人的人力、财力和物力及其拟用于工程的设备等因素进行判标、决标。

2. 国际有限招标

国际有限招标是一种有限竞争招标。较之国际竞争性招标，它有其局限性，即投标人选有一定的限制，不是任何对发包项目有兴趣的承包商都有资格参加投标。国际有限招标包括一般限制性招标和特邀招标。

一般限制性招标对投标人有一定的限制，具体做法与国际竞争性招标颇为近似，只是更强调投标人的资信。采用一般限制性招标方式也应该在国内外主要报刊上刊登广告，只是必须注明是有限招标和对投标人选的限制范围。

特邀招标（特别邀请招标）一般不在报刊上刊登广告，而是根据招标人自己积累的经验和资料或由咨询公司提供的承包商名单，由招标人在征得世界银行或其他项目资助机构的同意后对某些承包商发出邀请，经过对应邀人进行资格预审后，再通知其提出报价，递交投标书。

3. 两阶段招标

两阶段招标实质上是一种无限竞争与有限竞争相结合，即国际竞争性招标与国际有限招标相结合的招标方式，这种方式也称为两阶段竞争性招标。第一阶段按公开招标方式招标，经过开标和评标后，再邀请其中报价较低的或较合格的三家或四家投标人进行第二次投标报价。

4. 议标

议标亦称为邀请协商，是一种非竞争性招标。议标的习惯做法是由发包人物色一家或数家承包商直接进行合同谈判，最后无任何约束地将合同授予其中的一家，无需优先将合同授予报价最优惠者。严格地说，这不算是一种招标方式，只是一种"谈判合同"。在国际上大型承包公司中，议标常常是获取巨额合同的主要手段。

7.3　建设工程合同管理

7.3.1　建设工程合同概述

1. 建设工程合同的概念

根据《中华人民共和国合同法》（简称《合同法》）规定，建设工程合同是指承包人进行工程建设，发包人支付价款的合同。建设工程合同包括工程勘察、设计、施工合同，建设工程实行监理的，发包人也应与监理人订立委托监理合同。

建设工程合同订立生效后双方应当严格履行，同时建设工程合同也是一种双务、有偿合同，当事人双方在合同中都有各自的权利和义务，在享有权利的同时必须履行义务。

建设工程合同的双方当事人分别称为承包人和发包人。"承包人"，是指在建设工程合同中负责工程的勘察、设计、施工任务的一方当事人，承包人最主要的义务是进行工程建设，即进行工程的勘察、设计、施工等工作。"发包人"，是指在建设工程合同中委托承包人进行工程的勘察、设计、施工任务的建设单位（或业主、项目法人），发包人最主要的义务是向承包人支付相应的价款。

由于建设工程合同涉及的工程量通常较大，履行周期长，当事人的权利、义务关系复杂，因此，《合同法》明确规定，建设工程合同应当采用书面形式。

2. 建设工程合同的作用

（1）合同确定了工程所要达到的目标以及与目标相关的所有主要的和具体的问题，是合同双方在工程中各种经济活动的依据。

（2）合同定义项目管理的模式，规定项目管理的过程方法。它直接影响着整个项目组织和管理系统的形态和运作，确定了项目的组织关系，规定着项目参加者各方面的经济责权利关系和工作的分配情况。合同将工程所涉及的生产、材料和设备供应、运输、各专业设计和施工的分工协作关系联系起来，协调并统一工程各方参加者的行为。

（3）合同作为工程项目任务委托和承接的法律依据，是工程过程中双方的最高行为准则，也是工程过程中双方争执解决的依据。

3. 建设工程合同体系

工程建设是一个复杂的社会生产过程，它的全寿命周期经历可行性研究、勘察、设计、工程施工和运行等阶段；有土建、水电、机械设备、通信等多专业设计和施工活动；需要各种材料、设备、资金和劳动力等各类资源的供应，参加单位可能有十几个、几十个甚至更多，它们之间形成各式各样的经济关系。由于工程中维系这种关系的纽带是合同，所以工程项目的建设过程实质上又是一系列经济合同的签订和履行过程。

在一个工程中，相关的合同数目众多，形成一个复杂的合同体系。在这个体系中，业主和承包商是两个最主要的节点。

（1）业主的主要合同关系

业主作为工程或服务的买方，是工程的所有者，业主根据对工程的需求，确定工程项目的整体目标，这个目标是所有相关工程合同的核心。要实现工程目标，业主必须将经过项目目标分解和结构分析所确定的各种工程任务委托出去，由专门的单位来完成。业主将建筑工程的勘察设计、各专业工程施工、设备和材料供应等工作委托出去，必须与有关单位签订如下合同。

1）咨询（监理）合同。即业主与咨询（监理）公司签订的合同。咨询（监理）公司负责工程的可行性研究、设计监理、招标和施工阶段监理等某一项或几项工作。

2）勘察设计合同。即业主与勘察设计单位签订的合同。勘察设计单位负责工程的地质勘察和技术设计工作。

3）供应合同。当由业主负责提供工程材料和设备时，业主与有关材料和设备供应单位签订供应（采购）合同。

4）工程施工合同。即业主与工程承包商签订的工程施工合同。一个或几个承包商分别承包土建、机械安装、电气安装、装饰、通信等工程施工。

5）贷款合同。即业主与金融机构签订的合同，后者向业主提供资金保证。按照资金来源的不同，可能有贷款合同、合资合同或BOT合同等。

按照工程承包方式和范围的不同，业主可能订立几十份合同。例如，将工程分专业、分阶段委托，将材料和设备供应分别委托，也可能将上述委托合并，如把土建和安装委托给一个承包商，把整个设备供应委托给一个成套设备供应企业，只签订几份甚至一份主合同。当然，业主还可以与一个承包商订立一个总承包合同，由承包商负责整个工程的设计、供应、施工，甚至管理等工作。因此，一份合同的工程范围和内容会有很大区别。

（2）承包商的主要合同关系

承包商是工程施工的具体实施者，是工程承包合同的执行者。承包商通过投标接受业主的委托，签订工程总承包合同。承包商要完成承包合同的责任，包括由工程量表所确定的工程范围的施工、竣工和保修，为完成这些工程提供劳动力、施工设备、材料，有时也包括技术设计。任何承包商都不可能具备所有专业工程的施工能力、材料和设备的生产和供应能力，所以会将许多专业工作委托出去。因此，承包商常常又有自己复杂的合同关系，必须签订工程分包合同、设备和材料供应合同、运输合同、加工合同、租赁合同、劳务合同等。

1）分包合同。对于一些大的工程，承包商常常必须与其他承包商合作才能完成总承包合同责任。承包商把从业主那里承接到的工程中的某些分项工程或工作分包给另一承包商来完成，则与其要签订分包合同。

承包商在承包合同下可能订立许多分包合同，而分包商仅完成总承包商分包给自己的工程，向总承包商负责，与业主无合同关系。总承包商仍向业主担负全部工程责任，负责工程的管理和所属各分包商工作之间的协调，以及各分包商之间合同责任界面的划分，同时承担协调失误造成损失的责任，向业主承担工程风险。

在投标书中，承包商必须附上拟订的分包商名单，供业主审查。如果在工程施工中重新委托分包商，必须经过监理工程师的批准。

2）供应合同。承包商为工程所进行的必要的材料与设备的采购和供应，必须与供应商签订供应合同。

3）运输合同。这是承包商为解决材料和设备的运输问题而与运输单位签订的合同。

4）加工合同。即承包商将建筑构配件、特殊构件加工任务委托给加工承揽单位而签订的合同。

5）租赁合同。在建设工程中，承包商需要许多施工设备、运输设备、周转材料。当有些设备、周转材料在现场使用率较低，或自己购置需要大量资金投入而自己又不具备这个经济实力时，可以采用租赁方式，与租赁单位签订租赁合同。

6）劳务供应合同。建筑产品往往要花费大量的人力、物力和财力。承包商不可能全部采用固定工来完成该项工程，为了满足任务的临时需要，往往要与劳务供应商签订劳务供应合同，由劳务供应商向工程提供劳务。

7）保险合同。承包商按施工合同要求对工程进行保险，与保险公司签订保险合同。

承包商的这些合同都与工程承包合同相关，都是为了履行承包合同而签订的。此外，在许多大型工程中，尤其是在业主要求总承包的工程中，承包商经常是几个企业的联营，即联营承包（最常见的是设备供应商、土建承包商、安装承包商、勘察设计单位的联合投标）。这时承包商之间还需订立联营合同。

（3）其他形式的合同关系

1）分包商有时也可把其工作再分包出去，形成多级分包合同；

2）设计单位和供应单位也可能有分包；

3）承包商有时承担部分工程的设计任务，也需要委托设计单位；

4）如果工程的付款条件苛刻，承包商需带资承包，也必须订立贷款合同；

5）在许多大工程中，特别是全包工程中，承包商往往是几个企业的合伙或联营，则这些企业之间必须订立合伙合同（联营合同）。

按照上述的分析和项目任务的结构分解，就得到不同层次、不同种类的合同，它们共同构成如图 7-1 所示的合同体系。在该合同体系中，这些合同都是为了完成业主的工程项目目标而签订和实施的，这些合同之间存在着复杂的内部联系，其中，工程施工合同是最有代表性、最普遍，也是最复杂的合同类型。它在工程项目的合同体系中处于主导地位，是整个建设工程项目合同管理的重点。无论是业主、监理工程师还是承包商都将它作为合同管理的主要对象。

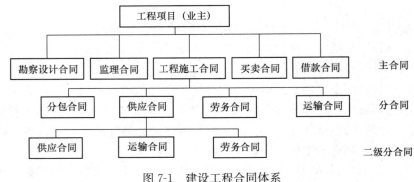

图 7-1　建设工程合同体系

4. 合同种类的选择

（1）单价合同

单价合同是最常见的合同种类，适用范围广，如 FIDIC 工程施工合同，我国的建设工程施工合同也主要是这类合同。

单价合同的特点是单价优先，业主在招标文件中给出的工程量表中的工程量是参考数字，而实际合同价款按实际完成的工程量和承包商所报的单价计算。在单价合同中，应明确编制工程量清单的方法和工程计量方法。

在这种合同中，承包商仅按合同规定承担报价的风险，即对报价的正确性和适宜性承担责任；而工程量变化的风险由业主承担。由于风险分配比较合理，能够适应大多数工程，能调动承包商和业主双方的管理积极性。

单价合同又分为固定单价和可调单价等形式。

1）固定单价合同

① 估算工程量单价合同

估算工程量单价合同是以工程量清单和工程单价表为基础和依据来计算合同价格的，通常是由发包方提出工程量清单，列出分部分项工程量，由承包方以此为基础填报相应单价，累计计算后得出合同价格。但最后的工程结算价应按照实际完成的工程量来计算，即按合同中的分部分项工程单价和实际工程量，计算得出工程结算和支付的工程总价格。

采用这种合同时，要求实际完成的工程量与原估计的工程量不能有实质性的变更。因为承包方给出的单价是以相应的工程量为基础的，如果工程量大幅度增减可能影响工程成本。不过在实践中往往很难确定工程量究竟有多大范围的变更才算实质性变更，有些固定单价合同规定，如果实际工程量与报价表中的工程量相差超过±10%时，允许承包方调整合同单价。

承包方据以报价的清单工程量为估计工程量，实际完成工程量与估计工程量有较大差异时，若以总价合同承包可能导致发包方过大的额外支出或是承包方的亏损，这种合同计价方式则较为合理地分担了合同履行过程中的风险。此外，承包方在投标时可不必将不能合理准确预见的风险计入投标报价内，有利于发包方获得较为合理的合同价格。采用估算工程量单价合同时，工程量是统一计算出来的，承包方只要经过复核后填上适当的单价即可，承担风险较小；发包方也只需审核单价是否合理即可，对双方都较为方便。由于具有这些特点，估算工程量单价合同是比较常见的一种合同计价方式。估算工程量单价合同大多数用于工期长、技术复杂、实施过程可能会发生各种不可预见因素较多的建设工程。在施工图不完善或当准备招标的工程内容、技术经济指标一时尚不能明确、具体予以规定时，往往采用这种合同计价方式。

② 纯单价合同

采用这种计价方式的合同时，发包方只向承包方给出发包工程的有关分部分项工程以及工程范围，不对工程量作任何规定。即在招标文件中仅给出工程各分部分项工程一览表、工程范围和必要的说明，而不必提供实物工程量。承包方在投标时只需要对这类给定范围的分部分项工程作出报价即可，合同实施过程中按实际完成的工程量进行结算。

这种合同计价方式主要适用于没有施工图，工程量不明，却急需开工的紧迫工程，如设计单位来不及提供正式施工图纸，或虽有施工图但由于某些原因不能比较准确地计算工程量等。当然，对于纯单价合同来说，发包方必须对工程范围的划分作出明确的规定，以使承包方能够合理地确定工程单价。

2）可调单价合同

合同单价的可调，一般是在工程招标文件中规定，在合同中签订的单价，根据合同约定的条款，可作调值。有的工程在招标或签约时，因某些不确定因素而在合同中暂定某些分部分项工程的单价，在工程结算时，再根据实际情况和合同约定对合同单价进行调整，确定实际结算单价。

（2）总价合同

总价合同是指根据合同规定的工程施工内容和有关条件，业主应付给承包商的款额是一个规定的金额，即明确的总价。总价合同也称作总价包干合同，即根据施工招标时的要求和条件，当施工内容和有关条件不发生变化时，业主付给承包商的价款总额就不发生变化。

总价合同又分固定总价合同和变动总价合同两种。

1）固定总价合同

固定总价合同的价格计算是以图纸及规定、规范为基础，承发包双方就施工项目协商一个固定的总价，由承包方一笔包死。采用这种合同，合同总价只有在设计和工程范围有所变更的情况下才能随之作相应的变更，除此之外，合同总价是不能变动的。因此，作为合同价格计算依据的图纸及规定、规范应对工程作出详尽的描述，一般在施工图设计阶段，施工详图已完成的情况下。采用固定总价合同，承包商承担了全部的工作量和价格风险。承包方要承担实物工程量、工程单价、地质条件、气候和其他一切客观因素造成亏损的风险。在合同执行过程中，承发包双方均不能因为工程量、设备、材料价格、工资等变动和地质条件恶劣、气候恶劣等理由，提出对合同总价调值的要求，承包方要在投标时对一切费用的上升因素作出估计并包含在投标报价之中。因此，这种形式的合同适用于工期较短、对最终产品的要求又非常明确的工程项目，这就要求项目的内涵清楚，项目设计图纸完整齐全，项目工作范围及工程量计算依据确切。

在现代工程中，业主喜欢采用这种合同形式。在正常情况下，可以免除业主由于要追加合同价款、追加投资带来的麻烦。但由于承包商承担了全部风险，报价中不可预见风险费用较高。报价的确定必须考虑施工期间物价变化以及工程量变化。

长期以来，固定总价合同的应用范围较小：

①工程设计详细，图纸完整、清楚，工程任务和范围明确；

②工程设计较细，图纸完整、详细、清楚，施工图设计已审查批准；

③工程量小、工期短，环境因素变化小，工程条件稳定并合理；

④工程结构、技术简单，风险小，报价估算方便；

⑤工程投标期相对宽裕，承包商可以有充足的时间详细考察现场，复核工程量，分析招标文件，拟订施工计划；

⑥合同条件完备，双方的权利和义务十分清楚。

但现在，固定总价合同的使用范围有扩大的趋势，用得较多。

2）变动总价合同

变动总价合同又称为可调总价合同，合同价格是以图纸及规定、规范为基础，按照时价进行计算，得到包括全部工程任务和内容的暂定合同价格。它是一种相对固定的价格，在合同执行过程中，由于通货膨胀等原因而使工、料成本增加时，可以按照合同约定对合同总价进行相应的调整，即合同总价依然不变，只是增加调值条款。因此，可调总价合同均明确列出有关调值的特定条款，往往是在合同特别说明书中列明，调值工作必须按照这些特定的调值条款进行，一般由于设计变更、工程量变化和其他工程条件变化所引起的费用变化也可以进行调整。

这种合同与固定总价合同的不同在于，它对合同实施中出现的风险作了分摊，发包方承担了通货膨胀这一不可预测因素的风险，而承包方只承担实施中实物工程量成本和工期等因素的风险。对承包商而言，其风险相对较小，但对业主而言，不利于其进行投资控制，突破投资的风险就增大了。

可调总价合同适用于工程内容和技术经济指标规定很明确的项目，由于合同中列明调值条款，所以工期一年以上的项目较适于采用这种合同形式。

（3）成本加酬金合同

成本加酬金合同是工程最终合同价格按承包商的实际成本加一定比率的酬金计算。在合同签订时不能确定一个具体的合同价格，只能确定酬金的比率。由于合同价格按承包商的实际成本结算，承包商不承担任何风险，所以没有成本控制的积极性，相反，期望提高成本以提高自己的工程经济效益，这样会损害工程的整体效益。所以，这类合同的使用应受到严格限制，通常应用于如下情况：

1）投标阶段依据不准，工程的范围无法界定，无法准确估价，缺少工程的详细说明。

2）工程特别复杂，工程技术、结构方案不能预先确定，可能按工程中出现的新情况确定。

3）时间特别紧迫，要求尽快开工。如抢救、抢险工程，人们无法详细地计划和商谈。

为了克服成本加酬金合同的缺点，人们对该种合同又作了许多改进，以调动承包商成本控制的积极性。如目标合同，是固定总价合同和成本加酬金合同的结合和改进形式。通常，目标合同规定，承包商对工程建成后的生产能力（或使用功能）、工程总成本、工期目标承担责任。承包商在项目早期（可行性研究阶段）就介入工程，并以全包的形式承包的工程。如果工程投产后一定时间内达不到预定的生产能力，则按一定的比例扣减合同价格；如果工期拖延，则承包商承担工期拖延违约金；如果实际总成本低于预定总成本，则节约的部分按预定的比例给承包商奖励，而超支的部分由承包商按比例承担；如果承包商提出的合理化建议被业主认可，该建议方案使实际成本减少，则合同价款总额不予减少，这样成本节约的部分由业主与承包商分成。

目标合同能够最大限度地发挥承包商工程管理的积极性，在国外广泛使用于工业项目、研究和开发项目、军事工程项目中。

7.3.2 建设工程施工合同

1. 建设工程施工合同的概念

建设工程施工合同即建筑安装工程承包合同，是发包人与承包人之间为完成商定的建设工程项目，确定双方权利和义务的协议。

施工合同的当事人称为发包方和承包方，双方是平等的民事主体。依照施工合同，承包方应完成一定的建筑、安装工程任务，发包方应提供必要的施工条件并支付工程价款。施工合同是建设工程合同的一种，在订立时应遵循平等、自愿、公平、诚实信用等原则。

建设工程施工合同是建设工程的主要合同，是工程建设质量控制、进度控制、投资控制的主要依据。在市场经济条件下，建设市场主体之间相互的权利义务关系主要是通过合同确立的，因此，在建设领域加强对施工合同的管理具有十分重要的意义。国家立法机关、国务院、国家建设行政管理部门都十分重视施工合同的规范工作，专门制定了一系列的示范文本、法律、法规等，用以规范建设工程施工合同的签订和履行。

承发包双方签订施工合同，必须具备相应资质条件和履行施工合同的能力。对合同范围内的工程实施建设时，发包人必须具备组织协调能力；承包人必须具备有关部门核定的资质等级并持有营业执照等证明文件。

2. 建设工程施工合同的作用

（1）施工合同是工程施工过程中承发包双方的行为准则，施工中的一切活动都必须按合同办事，受合同约束，以合同为核心。

（2）施工合同明确了合同当事人双方在施工阶段各自的权利和义务，也使双方明确必须严格按照合同的各项条款和条件，全面履行各自的义务，才能享受其权利，最终完成工程任务。

（3）施工合同是监理工程师实施施工阶段监理的依据。实行建设监理的工程，监理单位受发包人的委托，对承包人的施工质量、施工进度、工程投资进行监督，监理单位对承包人的监督应依据发包人和承包人签订的施工合同进行。

（4）施工合同是承发包双方解决争议的依据，是保护各自权益的依据。依法订立的施工合同，在实施过程中承包人和发包人的权益都受到法律保护。当一方不履行合同，使对方的权益受到侵害时，就可以以施工合同为依据，根据有关法律，追究违约一方的法律责任。

3. 建设工程施工合同的特征

（1）合同主体的严格性

建设工程施工合同的主体一般只能是法人，发包人、承包人必须具备一定的资格，才能成为合同的合法当事人，否则合同可能因主体不合格而导致无效。发包人对需要建设的工程，应经过计划管理部门审批，落实投资计划，并且应当具备相应的协调能力。承包人是有资格从事工程建设的企业，而且应当具备相应的勘察、设计、施工等资质，没有资格证书的，一律不得擅自从事工程勘察、设计业务；资质等级低的，不能越级承包工程。

（2）合同标的的特殊性

施工合同的标的是各类建筑产品，建筑产品是不动产，与地基相连，不能移动，这就决定了每项工程的合同标的物都是特殊的，相互间不同并且不可替代。另外，建筑产品的类别庞杂，其外观、结构、使用目的、使用人都各不相同，这就要求每一个建筑产品都需单独设计和施工，建筑产品单体性生产也决定了建设工程合同标的的特殊性。

（3）形式和程序的严格性

一般合同当事人就合同条款达成一致，合同即告成立，不必一律采用书面形式。建设工程合同，履行期限长，工作环节多，涉及面广，应当采取书面形式，双方权利、义务应通过书面合同形式予以确定。此外，由于工程建设对于国家经济发展、公民工作生活有重大影响，国家对建设工程的投资和程序有严格的管理程序，建设工程合同的订立和履行也必须遵守国家关于基本建设程序的规定。

（4）合同履行期限的长期性

建设工程由于结构复杂、体积大、建筑材料类型多、工作量大、工期长，使得施工合同履行期限都较长。而且，建设工程合同的订立和履行一般都需要较长的准备期，在合同的履行过程中，还可能因为不可抗力、工程变更、材料供应不及时等原因而导致合同期限顺延。所有这些情况，决定了建设工程合同的履行期限具有长期性。

（5）合同内容的多样性和复杂性

虽然施工合同的当事人只有两方，但其涉及的主体却有许多。与大多数合同相比较，施工合同的履行期限长、标的额大，涉及的法律关系则包括了劳动关系、保险关系、运输关系等，具有多样性和复杂性。这就要求施工合同的内容尽量详尽，除了应当具备合同的一般内容外，还应对安全施工、专利技术使用、发现地下障碍和文物、工程分包、不可抗力、工程设计变更、材料设备的供应、运输、验收等内容作出规定。在施工合同的履行过程中，除施工企业与发包人的合同关系外，还涉及与劳务人员的劳动关系、与保险公司的保险关系、与材料设备供应商的买卖关系、与运输企业的运输关系等。

（6）合同监督的严格性

具体体现在对合同主体监督的严格性、对合同订立监督的严格性以及对合同履行监督的严格性。

4. 建设工程施工合同的订立

（1）订立施工合同应具备的条件

1）初步设计已经批准；

2）工程项目已经列入年度建设计划；

3）有能够满足施工需要的设计文件和有关技术资料；

4）建设资金和主要建筑材料设备来源已经落实；

5）实行招标投标的工程，中标通知书已经下达。

（2）订立施工合同应当遵守的原则

1）遵守国家法律、法规和国家计划的原则

订立施工合同，必须遵守国家法律、法规，也应遵守国家的固定资产投资计划和其他计划。具体合同订立时，不论是合同的内容、程序还是形式都不得违法。除了必须遵守国家法律、法规外，考虑到建设工程施工对经济发展、社会生活有多方面的影响，国家还对建设工程施工制定了许多强制性的管理规定，施工合同当事人订立合同时也都必须遵守。

2）平等、自愿、公平的原则

签订施工合同的双方当事人，具有平等的法律地位，任何一方都不得强迫对方接受不平等的合同条件，合同内容应当是双方当事人的真实意思表示。合同的内容应当是公平的，不能单纯损害一方的利益。对于显失公平的合同，当事人一方有权申请人民法院或者仲裁机构予以变更或者撤销。

3）诚实信用原则

诚实信用原则要求合同的双方当事人订立施工合同时要诚实，不得有欺诈行为。在履行合同时，合同当事人要守信用，严格履行合同。

4）等价有偿原则

等价有偿原则要求合同双方当事人在订立和履行合同时，应该遵循社会主义市场经济的基本规律，等价有偿地进行交易。

5）不损害社会公共利益和扰乱社会经济秩序原则

合同双方当事人在订立、履行合同时，不能扰乱社会经济秩序，不能损害社会公众利益。

5. 建设工程施工合同的形式

建设工程施工合同具有标的额大、履行时间长、不能即时结清等特点，因此应当采用书面形式。对有些建设工程合同，国家有关部门制定了统一的示范文本，订立合同时可以参照相应的示范文本。合同的示范文本，实际上就是含有格式条款的合同文本。采用合同书包括确认书形式订立合同的，自双方当事人签字或者盖章时合同成立。签字或盖章不在同一时间的，最后签字或盖章时合同成立。

采用示范文本或其他书面形式订立的建设工程合同，在组成上并不是单一的，凡能体现招标人与中标人协商一致协议内容的文字材料，包括各种文书、电报、图表等，均为建设工程合同文件。订立建设工程合同时，应当注意明确合同文件的组成及其解释顺序。建设工程合同的所有合同文件，应能互相解释，互为说明，保持一致。当事人对合同条款的理解有争议的，应按照合同所使用的词句、合同的有关条款、合同的目的、交易习惯以及诚实信用原则，确定该条款的真实意思。合同文本采用两种以上的文字订立并约定具有同等效力的，对各文本使用的词句推定具有相同含义。各文本使用的词句不一致的，应当根据合同的目的予以解释。

在工程实践中，当发现合同文件出现含糊不清或不一致的情形时，通常按合同文件的优先顺序进行解释。合同文件的优先顺序，除双方另有约定外，应按合同条件中的规定确定，即排在前面的合同文件比排在后面的更具有权威性。因此，在订立建设工程合同时，对合同文件最好按其优先顺序排列。《建设工程施工合同（示范文本）》GF—2017—0201也明确了合同文件及解释顺序。

组成合同的各项文件应互相解释，互为说明。除专用合同条款另有约定外，解释合同文件的优先顺序如下：

（1）合同协议书；

（2）中标通知书（如果有）；

（3）投标函及其附录（如果有）；

（4）专用合同条款及其附件；

（5）通用合同条款；

（6）技术标准和要求；

（7）图纸；

（8）已标价工程量清单或预算书；

（9）其他合同文件。

在合同订立及履行过程中形成的与合同有关的文件均构成合同文件组成部分。

上述各项合同文件包括合同当事人就该项合同文件所作出的补充和修改，属于同一类内容的文件，应以最新签署的为准。专用合同条款及其附件须经合同当事人签字或盖章。

6. 施工合同管理的工作内容

（1）施工合同的行政监管工作内容

1）加强合同主体资格认证工作；

2）加强招标投标的监督管理工作；

3）规范合同当事人签约行为；

4）做好合同的登记、备案和鉴证工作；

5）加强合同履行的跟踪检查；

6）加强合同履行后的审查。

（2）业主（监理工程师）施工合同管理的主要工作内容

业主的主要工作是对合同进行总体策划和总体控制，对授标及合同的签订进行决策，为承包商的合同实施提供必要的条件，委托监理工程师负责监督承包商履行合同。

监理工程师的主要工作由建设单位（业主）与监理单位通过《监理合同》约定，监理工程师必须站在公正的第三者的立场上对施工合同进行管理。

（3）承包商施工合同管理的主要工作内容

1）合同订立前的管理。投标方向的选择、合同风险的总评价、合作方式的选择等。

2）合同订立中的管理。合同审查、合同文本分析、合同谈判等。

3）合同履行中的管理。合同分析、合同交底、合同实施控制、合同档案资料管理等。

4）合同发生纠纷时的管理。

7. 施工合同谈判程序

（1）一般讨论。谈判开始阶段通常都是先广泛交换意见，各方提出自己的设想方案，探讨各种可能性，经过商讨逐步将双方意见综合并统一起来，形成共同的问题和目标，为下一步详细谈判做好准备。

（2）技术谈判。主要对原合同中技术方面的条款进行讨论，包括工程范围、技术规范、标准、施工条件、施工方案、施工进度、质量检查、竣工验收等。

（3）商务谈判。主要对原合同中商务方面的条款进行讨论，包括工程合同价款、支付条件、支付方式、预付款、履约保证、保留金、货币风险的防范、合同价格的调整等。

（4）合同拟订。谈判进行到一定阶段后，在双方都已表明了观点、对原则问题双方意见基本一致的情况下，相互之间就可以交换书面意见或合同稿。

8.《建设工程施工合同（示范文本）》简介

根据有关工程建设的法律、法规，结合我国工程建设施工的实际情况，并借鉴了国际上广泛使用的 FIDIC 土木工程施工合同条件，建设部、国家工商行政管理局于 1999 年 12 月 24 日发布了《建设工程施工合同（示范文本）》GF—1999—0201。该文本是各类公用建筑、民用建筑、工业厂房、交通设施及线路管道的施工和设备安装的合同样本。

2013 年 4 月 3 日，住房和城乡建设部与工商总局发布了《建设工程施工合同（示范文本）》GF—2013—0201，该范本自 2013 年 7 月 1 日实施，此前已经使用了 14 年的 99 版合同范本同时废止。

为规范建筑市场秩序，维护建设工程施工合同当事人的合法权益，住房和城乡建设部、工商总局对《建设工程施工合同（示范文本）》GF—2013—0201 进行了修订，制定了《建设工程施工合同（示范文本）》GF—2017—0201（以下简称《施工合同文本》），自 2017 年 10 月 1 日起执行，原《建设工程施工合同（示范文本）》GF—2013—0201 同时废止。

《施工合同文本》为非强制性使用文本，适用于房屋建筑工程、土木工程、线路管道和设备安装工程、装修工程等建设工程的施工承发包活动，合同当事人可结合建设工程具体情况，根据《施工合同文本》订立合同，并按照法律法规规定和合同约定承担相应的法律责任及合同权利义务。

《施工合同文本》由《协议书》《通用条款》《专用条款》三部分组成，并附有三个附件。附件一是《承包人承揽工程项目一览表》，附件二是《发包人供应材料设备一览表》，附件三是《工程质量保修书》。

7.3.3　建设工程其他合同简介

1. 建设工程勘察设计合同

建设工程勘察、设计合同是委托人与承包人为完成一定的勘察、设计任务，明确双方权利义务关系的协议。承包人应当完成委托人委托的勘察、设计任务，委托人则应接受符合约定要求的勘察、设计成果并支付报酬。

2. 建设工程监理合同

建设工程监理合同是建设工程的业主与监理单位，为了完成委托的工程监理业务，明确双方权利义务关系的协议。

为保障工程监理合同当事人的合法权益，住房和城乡建设部、工商总局对《建设工程委托监理合同（示范文本）》GF—2000—2002 进行了修订，制定了《建设工程监理合同（示范文本）》GF—2012—0202，合同自 2012 年 3 月 27 日起执行，原《建设工程委托监理合同（示范文本）》GF—2000—2002 同时废止。

3. 建设工程物资采购合同

建设工程物资采购合同，是指具有平等主体的自然人、法人、其他组织之间为实现建设工程物资买卖，设立、变更、终止相互权利义务关系的协议。建设工程物资采购合同采用书面形式，应依据施工合同订立，以转移财物和支付价款为基本内容，合同的标的品种繁多、供货条件复杂，要求必须实际履行。

4. 承揽合同

承揽合同，是指承揽人按照定作人的要求完成一定的工作，定作人接受承揽人完成的工作成果并给付约定报酬的合同。

承揽合同的类型有加工合同、定作合同、修理合同、复制合同、测试合同和检验合同等。

根据《合同法》规定，承揽合同的内容包括承揽的标的、数量、质量、报酬、承揽方式、履行期限、验收标准和方法、不可抗力因素等条款。其中，最基本的内容有两项：承揽的标的和报酬。

5. 建设工程租赁合同

租赁合同是出租人将租赁物交付承租人使用、收益，承租人支付租金的合同。租赁分为融资性租赁和经营性租赁，这里指的是经营性租赁。

7.3.4　FIDIC 合同条件简介

1. FIDIC 合同条件概述

FIDIC 是国际咨询工程师联合会（Fédération Internationale Des Ingénieurs-Conseils）的法文名字缩写，它于 1913 年在英国成立。第二次世界大战结束后，FIDIC 迅速发展起来，中国于 1996 年正式加入。FIDIC 是世界上多数独立的咨询工程师的代表，是最具权威的咨询工程师组织，它推动着全球范围内高质量、高水平工程咨询服务业的发展。

FIDIC 合同条件是指由 FIDIC 联合会制定并推荐使用的合同条件，其特点是由通用条款和专用条款共同构成了制约各方权利和义务的全部合同条件。

为了保证交易的顺利进行，多数国家或地区政府、社会团体和国际组织都制定了有标准的招投标程序、合同文件、工程量计算规则和仲裁方式告示。使用这些标准的招投标程序、合同文件，便于投标人熟悉合同条款，减少编制投标文件时所考虑的潜在风险，以降低报价。发生争议的时候，可以执行合同文件所附带的争议解决条款来处理纠纷。标准的合同条件能够合理公平地在合同双方之间分配风险和责任，明确规定了双方的权利、义务，很大程度上避免了因不认真履行合同造成的额外费用支出和相关争议。

FIDIC 系列合同条件的优点是，具有国际性、通用性、公正性和严密性；合同各方职责分明，各方的合法权益可以得到保障；处理与解决问题程序严谨，易于操作。FIDIC 合同条件把与工程管理相关的技术、经济、法律三者有机地结合在一起，构成了一个较为完善的合同体系。

每一种 FIDIC 合同条件文本主要包括两个部分，即通用条件和专用条件。

FIDIC 出版的各类合同条件先后有：

《土木工程施工合同条件》（1987 年第 4 版，1992 年修订版）；

《电气与机械工程合同条件》（1988 年第 2 版）；

《土木工程施工分包合同条件》（1994 年第 1 版）；

《设计—建造与交钥匙工程合同条件》（1995 年版）；

《施工合同条件》（1999 年第一版）；

《生产设备和设计—施工合同条件》（1999 年第一版）；

《设计采购施工（EPC）/交钥匙工程合同条件》（1999 年第一版）；

《简明合同格式》（1999 年第一版）；

多边开发银行统一版《施工合同条件》（2005 年版）。

2017 年 12 月，FIDIC 正式发布了与 1999 版相对应的三本新版合同条件。2017 版三本合同条件各自的应用范围、业主与承包商的职责和义务，尤其是风险分配原则与 1999 版基本保持一致；合同条件的总体结构基本不变，但通用条件将索赔与争端区分开，并增加了争端预警机制。与 1999 版相比，2017 版的通用条件在篇幅上大幅增加，融入了项目管理思维，相关规定更加详细和明确，更具可操作性；2017 版加强和拓展了工程师的地位和作用，同时强调工程师的中立性；更加强调在风险与责任分配及各项处理程序上业主和承包商的对等关系。

FIDIC 认识到工程合同虽然是法律文件，但工程合同不仅仅是给律师看的，更是给项目管理人员用的，所以 2017 版系列合同条件中融入了更多项目管理的思维，借鉴国际工程界有关项目管理的最佳实践做法，在通用条件各条款中增加了很多更加详细明确的项目管理方面的相关规定，这也是 2017 版通用条件篇幅增加的主要原因。

FIDIC 合同条件是在总结了各个国家、各个地区的业主、咨询工程师和承包商各方经验基础上编制出来的，也是在长期的国际工程实践中形成并逐渐发展成熟起来的，是目前国际上广泛采用的高水平的、规范的合同条件。这些条件具有国际性、通用性和权威性。其合同条款公正合理，职责分明，程序严谨，易于操作。考虑到工程项目的一次性、唯一性等特点，FIDIC 合同条件分成了"通用条件"（General Conditions）和"专用条件"（Conditions of Particular Application）两部分。通用条件适于某一类工程。专用条件则针对一个具体的工程项目，是在考虑项目所在国法律法规不同、项目特点和业主要求不同的基础上，对通用条件进行的具体化的修改和补充。在使用中可利用专用条件对通用条件的内容进行修改和补充，以满足各类项目和不同需要。

需要说明的是，FIDIC 在编制各类合同条件的同时，还编制了相应的"应用指南"。在"应用指南"中，除了介绍招标程序、合同各方及工程师职责外，还对合同每一条款进行了详细解释和说明，这对使用者是很有帮助的。另外，每份合同条件的前面均列有有关措辞的定义和释义。这些定义和释义非常重要，它们不仅适合于合同条件，也适合于其全部合同文件。

2.《土木工程施工合同条件》（FIDIC 条款）

（1）一般性条款

一般性条款包括下述内容：招标程序，合同文件中的名词定义及解释，工程师及工程师代表和他们各自的职责与权力，合同文件的组成、优先顺序和有关图纸的规定，招投标及履约期间的通知形式与发往地址，合同使用语言，合同协议书。

（2）法律条款

法律条款主要涉及合同适用法律，劳务人员及职员的聘用、工资标准、食宿条件和社会保险等方面的法规，合同的争议、仲裁和工程师的裁决，解除履约，保密要求，防止行贿，设备进口及再出口，专利权及特许权，合同的转让与工程分包，税收，提前竣工与延误工期，施工用材料的采购地等。

（3）商务条款

商务条款系指与承包工程的一切财务、财产所有权密切相关的条款，主要包括：承包商的设备、临时工程和材料的归属，重新归属及撤离；设备材料的保管及损坏或损失责任；设备的租用条件；暂定金额；支付条款；预付款的支付与扣回；保函，包括投标保函、预付款保函、履约保函等；合同终止时的工程及材料估价；解除履约时的付款；合同终止时的付款；提前竣工奖金的计算；误期罚款的计算；费用的增减条款；价格调整条款；支付的货币种类及比例；汇率及保值条款等。

（4）技术条款

技术条款是针对承包工程的施工质量要求、材料检验及施工监督、检验测量及验收等环节而设立的条款，包括：对承包商的设施要求，施工应遵循的规范，现场作业和施工方法，现场视察，投标书的完备性，施工制约，工程进度，放线要求，钻孔与勘探开挖，安全、保卫与环境保护，工地的照管，材料或工程设备的运输，保持现场的整洁，材料、设备的质量要求及检验，检查及检验的日期与检验费用的负担，工程覆盖前的检查，工程覆盖后的检查，进度控制，缺陷维修，工程量的计量和测量方法，紧急补救工作等。

（5）权利与义务条款

权利与义务条款包括承包商、业主和监理工程师三者的权利和义务。

承包商的权利和义务包括承包商的权利和承包商的义务方面的条款。

业主的权利和义务包括业主的权利和业主的义务方面的条款。

（6）违约惩罚与索赔

违约惩罚与索赔是 FIDIC 条款的一项重要内容，也是国际承包工程实施的有效手段。采用工程承发包制实施工程，当事人各方责任明确，赏罚分明。FIDIC 条款中的违约条款包括两部分，即业主对承包商的惩罚措施和承包商对业主拥有的索赔权。

（7）附件和补充条款

FIDIC 条款还规定了作为招标文件的文件内容和格式，以及在各种具体合同中可能出现的补充条款。附件条款包括投标书及其附件、合同协议书。补充条款包括防止贿赂、保密要求、支出限制、联合承包情况下各承包人的各自责任及连带责任，关税和税收的特别规定等五个方面内容。

7.4 本 章 小 结

建设工程招标是指招标人（或发包人）将拟建工程对外发布信息，吸引有承包能力的单位参与竞争，按照法定程序优选承包单位的法律活动。建设工程投标，指投标人（或承包人）根据所掌握的信息，按照招标人的要求，参与投标竞争，以获得建设工程承包权的法律活动。

工程项目招标的方式包括公开招标和邀请招标两种。工程项目招标的组织形式主要有自行组织招标和委托代理招标两种。

除工程招投标的知识外，本章另一个主要内容是合同管理。在这部分内容中，介绍了建设工程合同的概念、作用，建设工程合同体系的构成和合同的种类。

本章对 FIDIC 合同条件作了概述，包括其优点、发展历史、应用方式，以及《土木工程施工合同条件》（FIDIC 条款）等。

案例阅读：不正当竞争行为导致中标无效

（注：本案例是因招标人泄露标底、投标人相互串通压低标价，导致中标无效的案例。需要说明的是，招标人泄露标底和投标人相互串通压低标价都会导致中标无效。）

在一项建设工程招标投标案中，1996 年 12 月，原告某建筑装潢公司诉称与被告某市建筑安装工程总公司、某市第二建筑工程公司一起参加该市中学男生宿舍楼建筑工程招标，该市建设局向被告泄露标底，二被告串通压低标价，排挤原告而使被告之一该市建筑安装工程总公司中标。原告请求法院判决确认某市建筑安装工程总公司中标无效，该市建设局和两被告赔偿相应经济损失。

有关中级人民法院经审理查明：1996 年 12 月，该市中学拟建一幢男生宿舍楼，市建设局建设工程招标投标办公室负责该宿舍楼工程招标工作。12 月 20 日，原告公司和两被告公司均将投标书送至市建设局招标办封存，投标报价分别为 288.8 万元、276.8 万元、277 万元。被告之一该市建筑安装工程总公司为另一被告该市第二建筑工程公司编制了工程预算书。1997 年 6 月 2 日，招标办公布宿舍楼工程标底价为 2920977 元，建筑安装工程总公司得分最高而中标。原告未能提供经济损失的充分证据。

中级人民法院认为，根据《中华人民共和国反不正当竞争法》第十五条第一款"投标者不得串通投标抬高标价或压低标价"和《江苏省实施〈中华人民共和国反不正当竞争法〉办法》第五十条"投标者和招标者不得实施下列不正当竞争行为……投标者之间就标价之外其他事项进行串通，以排挤其他竞争对手"的规定，其行为构成串通投标、压低标价的不正当竞争行为，故被告市建筑安装工程总公司中标应确认无效。原告某建筑装潢公司要求两被告赔偿经济损失的诉讼请求证据不足，法院不予支持。

一审法院判决后，市建筑安装工程总公司不服，向省高级人民法院提出上诉。上诉称，上诉人没有中标，根本不存在中标无效；上诉人的预算员为二建公司编制预算纯属个人行为；原告某建筑装潢公司投标的钢筋翻样预算书也是上诉人的预算员编制的。请求撤销原判，驳回原告的诉讼请求。

省高级人民法院除查明一审法院查明的事实外，另查明：在投标过程中，市建筑安装工程总公司为市第二建筑工程公司编制了工程预算书，市建筑安装工程总公司的预算价值为 2863529.70 元，市第二建筑工程公司预算价值为 2844847.14 元。1996 年 12 月 24 日，市工程造价管理处定额科科长张某将市中学男生宿舍楼的招标标底送至市建设局招标办，标底为 2980955 元。市建筑安装工程总公司预算员稽某遇见张某，询问标底情况。同日，稽某即了解标底并了解到其投标报价与招标标底相差较大，原因在计算口径上不一致。12 月 25 日，市建筑安装工程总公司由稽某与市工程造价管理处张某联系，要求就计算口径问题进行协调。后经市招标办审标，标底定为 2920977 元。

省高级人民法院认为，在某建筑装潢公司与市建筑安装工程总公司、市第二建筑工程公司共同参加该市中学男生宿舍楼建设工程招标、投标过程中，市建筑安装工程总公司为市第二建设工程公司编制工程预算书的行为属于串通投标行为，构成不正当竞争。同时，在开标之前市建筑安装工程总公司通过非正当途径知晓标底情况，属于泄标行为。原审法院判决市建筑安装工程总公司中标无效并无不当。上诉人提出其预算员为二建公司编制预算书属个人行为，该主张与事实不符；1997 年 6 月 2 日开标后，经审标确定为市建筑安装工程总公司中标是事实，上诉人称没有中标也不能成立；上诉人称某建筑装潢公司投标的钢筋翻样预算书也是其预算员编制的，缺少证据证明，也不能支持。

省高级人民法院依照《中华人民共和国民事诉讼法》之规定，作出如下判决：驳回上诉，维持原判。

当前，招标、投标机制已经在市场经济的各个领域被广泛采用，因招标、投标发生的纠纷也将大量出现，本案的审理对其他类似案件的审理将提供有益的借鉴。

（资料来源：《中国建设工程律师网》（www.zgjsgcls.com）2014 年 6 月 27 日文章）

资料阅读：建议取消"经评审的最低投标价法"

1. 背景情况

招标投标作为一种重要的交易方式，在我国被广泛运用，在产生积极成效的同时，招标投标中也存在一些亟待解决的问题，尤其是最低价中标办法的错用和滥用，严重扰乱市场、阻碍正当竞争、降低产品质量，最终导致良者退出和劣者胡来的局面，违背国家质量强国、品牌兴国及"十三五"规划提出的"优质优价"和"供给侧改革"的初衷和愿望。

最低价中标办法的错误使用，导致投标人恶性价格竞争，促使一些投标人为了中标，不惜低于成本报价，中标后则采取偷工减料、高价索赔等方式弥补自己的损失，有的甚至以停工、延期竣工等手段威胁招标人增加费用，从而获得额外盈利，这些做法对合同履行中的产品质量、工程质量、服务质量、安全生产以及工期进度均会带来巨大隐患，同时也将造成大量经济矛盾，拖欠工人工资、拖欠合同价款等纠纷的不断发生，必将影响社会稳定。

对于生产制造和施工行业，最低价中标办法的错误使用也会产生深远的负面影响。由于价格恶意竞争，投标人在正常报价的情况下无法中标，使一些大型规范企业丧失交易机会，或者低价中标后无利可图，只得大幅削减技术装备和产品研发方面的资金投入，致使企业缺乏发展后劲，无法提高自身创新能力。用工方面，为了压缩成本，企业将降低用人标准，减少员工教育和培训方面的投入，影响员工素质的提高，最终使企业发展停滞，所在行业陷入恶性竞争、市场秩序癌变且无法自拔的泥潭，经济和社会发展也不可持续。

2. 存在问题

我国《招标投标法》第四十一条规定："中标人的投标应当符合下列条件之一：能够最大限度地满足招标文件中规定的各项综合评价标准；能够满足招标文件的实质性要求，并且经评审的投标价格最低；但是投标价格低于成本的除外。"另外，我国《评标委员会和评标方法暂行规定》第二十九条也明确规定："评标方法包括经评审的最低投标价法、综合评估法或者法律、行政法规允许的其他评标方法。"因此，我国现阶段采用的评标方法主要分为两类：综合评估法和经评审的最低投标价法。

然而，国家层面的法律法规没有明确"经评审的最低投标价法"的适用范围和前提条件，也没有界定"投标价格低于成本"的具体情形和标准，这就导致绝大部分应当进行技术、商务和价格综合评审的招标项目，为了谋取最大限度的节资率，错用和滥用了最低价中标办法，在适用时，故意忽视"能够满足招标文件的实质性要求"的条件，一律以低价为标准来衡量所有投标人的履约能力，发现投标人报价过低，也不启动价格认定程序，对于"投标价格低于成本"的现象视而不见，造成大量的低价中标，导致投标人不计成本的恶性竞争。

3. 意见和建议

（1）建立健全法律法规。取消产品招标采用"经评审的最低投标价法"，建议采用"经评审的平均投标价法"，其中，技术、服务和品牌的评分占比不低于50％。

（2）形成行业成本价格体系，防范恶意低价投标。对于恶意低价投标较为明显的行业，根据目前市场整体行情，结合相关的政府文件及有关专家的经验，由政府或行业组织制定招标成本指导价，严格规定投标报价应去掉最低价和最高价后，还低于平均投标价一定比例的，视为低于成本价，以此作为整个招标项目的价格评审依据。

（3）建立诚信体系，健全失信惩罚机制。当前，由于供求关系失衡，产能普遍严重过剩，在招标过程中，应当严把市场准入关，健全市场清出机制，对于有挂靠投标、非法转包、违法分包和串通投标、虚假投标、弄虚作假等行为的投标人，以及对于发生过严重质量、安全事故和严重投标失信、履约失信、行贿受贿行为的投标人，以及违法违规的检测机构和人员，要依法作出严肃处理，限制进入招标投标市场和监管领域，同时建议对那些资质好、讲信誉的诚信单位应给予优先支持，从而促使行业良性发展，社会健康发展，实现伟大中国梦。

问题：阅读上述资料后，谈一下对经评审的最低投标价法的认识。

（资料来源：搜狐网《建筑精英社》2017年3月文章。http：//www.sohu.com/a/128384916_642085）

思 考 与 练 习 题

1. 说明工程招投标的意义。

2. 说明建设项目强制招标的范围。

3. 简述工程项目招投标的类别。

4. 简述工程项目招标方式、优缺点及适用范围。

5. 简述工程项目招标的组织形式及相关条件。

6. 简述工程项目招标的条件、程序以及招标文件的内容。

7. 说明什么是资格预审和资格后审。

8. 说明评标的方法及适用情况。

9. 分析说明招投标过程中的无效情况。

10. 说明标底和招标控制价的作用和相关要求。

11. 简述工程项目投标的程序、工作内容、报价技巧。

12. 简述投标文件的构成和编制要求。

13. 简述国际工程招投标的方式、类型、程序。

14. 简述国际工程投标报价的程序和文件组成。

15. 说明对建设工程合同体系的认识。

16. 说明建设工程合同的种类及适用情况。

17. 说明建设工程合同的作用、特征、形式和订立的原则。

18. 说明施工合同管理的工作内容。

19. 某房地产公司计划在北京市昌平区开发 60000m² 的住宅项目，可行性研究报告已经通过国家发展改革委批准，资金为自筹方式，资金尚未完全到位，仅有初步设计图纸，因急于开工，组织销售，在此情况下决定采用邀请招标的方式，随后向 7 家施工单位发出了投标邀请书。

问题：

（1）建设工程施工招标的必备条件有哪些？

（2）本项目在上述条件下是否可以进行工程施工招标？

8 工程项目风险管理

本章要点及学习目标：

　　了解工程项目风险的分类和特征，工程项目风险管理的意义和特点，项目危机管理的特征、种类和主要工作内容。熟悉工程项目风险的应对策略和措施。掌握工程项目风险管理的主要工作内容及主要工具方法，施工项目的主要风险、防范的策略与措施，工程保险的责任范围以及工程保证担保的作用和种类。

8.1 工程项目风险管理概述

　　工程项目的规模大，投资额高，涉及范围广。现代大型项目由于融资渠道多元化，使得项目的参与单位众多，加上项目各阶段的自然条件和社会条件均较为复杂，工程项目全过程中不确定因素增多，风险也同样在增大。而工程项目的一次性使风险损失往往难以弥补，这也使风险管理越来越成为工程项目管理的一个重要内容。

8.1.1 工程项目风险及分类

　　风险是一个不确定的事件或条件，如果发生将会对预期目标造成负面的影响。一般来说，风险具备的要素包括：

　　事件，即不希望发生的变化；

　　可能性，即这个事件发生的概率有多大；

　　后果，即事件发生后的影响有多大；

　　原因，即事件发生的原因是什么。

　　项目风险是指由于项目所处环境和条件的不确定性，项目的最终结果与项目干系人的期望产生背离，并给项目干系人带来损失的可能性。项目的风险是由项目的不确定性造成的，不能消除，只能降低，是项目的一种固有和难以避免的特点。

　　工程项目风险是所有影响工程项目目标实现的不确定因素的集合，是指在工程项目全寿命周期中各个阶段可能遭到的风险。

　　根据不同的分类标准，可以把工程项目风险分成不同的类型。

　　（1）根据风险后果，风险可以分为纯粹风险和投机风险。

　　纯粹风险是指只会造成损失，而不会带来机会或收益的风险，如自然灾害等。纯粹风险造成的损失是绝对损失，没有哪个人、哪一方可以获利。

　　投机风险是指既可能带来机会、获得收益，又可能造成损失、隐含威胁的风险。

　　（2）根据风险来源或损失产生的原因，风险可以分为政治风险、法律风险、经济风险、自然风险、技术风险、行为风险、组织风险、信用风险、商务风险及其他风险等。

　　政治风险是指由于政局变化、政权更迭、战争等政治背景变化引起社会动荡而造成的财产损失和人员伤亡的风险。

法律风险是指由于法律变动给工程项目带来的风险，如在一些项目中由于法律变动改变对项目各参与方的约束，进而改变各参与方的地位和相互之间的关系，而使项目面临的风险。

经济风险是指国家或社会经济因素变化带来的风险，如供求关系变化、通货膨胀、汇率变动等所导致的经济损失。

自然风险指由于自然力的作用或自然因素带来的风险，如洪水、暴雨、地震等带来的财产损害和人员伤亡等。

技术风险是指因科学技术发展带来的风险，如采用新技术过程中的失误等；也包括一些技术条件的不确定可能带来的风险。

行为风险是指由于个人或组织的过失、疏忽、侥幸、恶意等行为引发的风险。

组织风险是指项目各参与方之间关系的不确定性或不协调，或者对项目的理解、态度和行动不一致而产生的风险。

信用风险是指工程项目中合同一方的业务能力、管理能力、财务能力等有缺陷或者不能或拒绝圆满履行合同而给合同另一方带来的风险。

商务风险是指合同中有关经济方面的条款及规定变化可能带来的风险，如支付、工程变更、风险分配、担保、违约责任、费用和法规变化、货币及汇率等方面的条款，以及合同条款中写明分配的、条款有缺陷的、或合同一方有意设置的如"开脱责任"条款等引发的风险。

其他风险指工程项目所在地的周边环境如社区环境、公众等对工程项目的态度，包括生活条件、运输及能源供应条件等带来的风险。

表8-1为某企业对所承包项目进行的风险分类。

某项目的风险分类

表8-1

风险来源	风险表现
战略风险	经营决策失误或对决策执行不当给公司造成的导致损失的可能性
政策风险	国家政策宏观调控； 承包项目所在地投资环境变化、权力部门干预
市场风险	国内外建筑行业恶性竞争：包括工程围标、串标等排挤行为，地方行业垄断、排外行为等； 国内劳务、建材市场发生异常：包括市场供应短缺或价格暴涨
信用风险	建设投资方破产、资金短缺或缺乏诚信，恶意压价或拖欠； 供应商、合作方过失或违约
运营风险	投标价计算失误，或合同存在重大瑕疵； 设计不合理、设计差错或失误导致工程质量不合要求； 工程质量事故，或发生伤残、死亡等生产安全事故； 管理失控，或项目管理组织体系不完善或不能有效运行，导致不能履约； 员工违规操作行为，包括对外业务管理失控或漏洞，违反公司规章制度或法律法规
财务风险	项目成本管理与费用控制风险：包括成本反映不真实，或费用预算指标分配不当导致资源配置不合理，或成本、费用支出不合理
法律风险	商务合同中的潜在风险； 分包、联营、合作单位存在履约风险

（3）根据风险的影响范围，风险可以分为局部风险和总体风险。

局部风险是指对工程项目影响范围较小，后果不至于影响项目总体目标的风险。

总体风险指对工程项目影响范围大，后果比较严重，可能影响整个项目目标实现的风险。

局部风险和整体风险是相对的。

（4）根据项目实施以及运行过程阶段划分，可以分为在项目目标设计和可行性研究过程中的风险、在设计和计划工作过程中的风险、在工程施工过程中的风险以及项目结束阶段的风险。

（5）根据项目行为主体不同，可将产生的风险分为业主和投资者应承担的风险、承包商（分包商、供应商）应承担的风险、项目管理公司应承担的风险、运营单位或其他方面应承担的风险等。

8.1.2 工程项目风险的特征

现代工程项目的风险种类增多，影响巨大，结果也比较复杂。总的说来，工程项目的风险一般具有如下特征：

（1）普遍性

普遍性是指一般的工程项目中都有风险存在，每个项目的各个阶段也都有出现风险因素和风险事故的可能，不仅存在于实施阶段，而且隐藏在决策、设计及所有相关阶段的工作中。而项目的各个参与方也要根据自身的能力承担相应的风险以获得预期的收益。

（2）复杂性

工程项目风险的成因一般不是单一的，而其形成的影响和后果也各自有较大的差异，甚至同一类风险的变化过程也千差万别。风险会受到各种因素的影响，在风险性质、破坏程度等方面呈现动态变化的特征。局部的风险最后可能成为全局性的风险，进度上临时性的偏差随着时间的推移也可能成为影响项目工期、质量和成本目标的大问题。风险在何时、何地发生，怎样发生，危害程度是不确定的。管理主体不同，风险也有差异，同时，由于承受风险的能力、投入资源的大小以及对项目的期望收益各不相同，在项目风险管理中的作用和承担的风险有很大差异。

（3）偶然性和客观性

风险都依自身的条件而存在，风险的存在取决于决定风险的各种因素的存在。工程项目风险事件的发生及后果都具有偶然性，风险的产生往往给人以一种突发的感觉，但同时又具有一定的规律性，人们通过长期的观察和工程实践活动能够发现风险事件的一定规律，并逐渐地去控制风险。

（4）多样性

现代工程项目在融资模式、管理意识和手段以及内外部环境等诸多方面都有较大不同，在一个项目中会同时存在多种风险，这些风险有的是可以由项目管理人员控制的非系统风险，也有如政治风险、法律风险等项目管理者不能自行控制和管理的系统风险。

8.1.3 工程项目风险管理及其意义和特点

工程项目风险管理是指项目主体在工程项目的各个阶段，以风险识别、风险评估为基础，并采取必要的对策对项目风险实施有效控制，妥善处理风险事件造成的不利后果，以最小的成本保证项目总体目标实现的管理过程。

1. 工程项目风险管理的意义

工程项目的风险管理有着极其重要的作用，由于项目环境复杂性和不确定性变化的加剧，项目面临的各类风险能否被很好地控制成为决定项目成败的关键。具体地讲，工程项目风险管理具有以下重大意义：

（1）是实现项目总体目标的重要保证

风险管理的目标定位于使项目获得成功、为项目实施创造安全的环境，应以降低项目的成本、稳定项目的效益、保证项目质量以及使项目尽可能按照计划实施为主要目标，使项目始终处于良好的受控状态，因而风险管理目标是与项目总体目标一致的。风险管理把项目风险导致的不利后果减少到最低程度，为项目总体目标的实现提供了保证。

风险管理过程中进行风险分析时，要收集、检查、积累所有相关的资料和数据，了解各类风险对项目的影响，才能制定有针对性的措施。这既能使有关人员明确项目建设的前提和假设以及拟实施方案的利弊，又能加深对项目建设意图的领会，可以更好地实现项目的真正目标。

另外，风险管理一般聚焦于具有特殊性的项目或项目内容，如投资额大的项目、创新或使用新技术的项目、边设计边施工边科研的项目、涉及敏感问题（如环保）的项目、具有法律法规和安全等方面严格要求的项目以及具有重大政治经济和社会影响的项目等，这也有效地保证了项目目标的实现。

（2）是实现项目组织和企业目标的保证

工程项目风险管理能促进项目实施决策的科学化、合理化，有助于提高决策的质量。工程项目风险管理利用科学的、系统的方法，管理和处置各种工程项目风险，有利于减少因项目组织决策失误所引起的风险，这对项目科学决策、正常经营是非常必要的。工程项目风险管理能为项目组织提供安全的经营环境，确保项目组织经营目标的顺利实现，以较小的成本实现最大的安全保障。工程项目风险管理为处置项目实施过程中出现的风险提供了各种措施，从而消除了项目组织的后顾之忧，使其全身心地投入到各种项目活动中去，保证了项目组织目标的实现。同时，工程项目管理的各种监督措施也要求各职能部门提高管理效率，减少风险损失，这也促进了项目组织经营效益的提高。

重视并善于进行风险管理的企业往往也具有较新的管理理念，有较强的能力来降低发生意外的可能性，并能够在不可避免的风险发生时减少损失。通过有效的风险管理，企业可以通过提高所完成项目的经济效益和项目管理水平，来提高企业的效益和管理水平，对于企业发展有着关键性的影响，有助于企业实现自身的战略目标。

（3）是应付突发事件的前提

风险分析是编制应急计划的依据，是使项目管理人员在发生有重大影响的突发事件时，能在第一时间、主动控制事态的前提。风险管理能大大降低风险发生的可能性和带来的损失，也有利于明确各方责任，避免相互推诿而导致进一步的纠纷。

2. 工程项目风险管理的特点

工程项目风险管理具有以下几个特点：

（1）全程管理

真正意义上的项目风险管理应当是贯穿于整个项目的构思、设计、实施以及审查评价的全过程的。这一全过程管理要求项目负责人能够通过有效的风险识别过程实现对项目风险的预警监控，通过有效的风险管理工具和方法对项目运行过程中所产生的风险进行适当的分散并在项目风险发生时及时采取积极的应对措施、事后总结经验和改进项目风险管理方案。项目风险管理不仅涉及项目本身在计划、组织和协调等过程中所产生的不确定性，还包括对社会环境和自然环境等外部不确定性因素的管理。

（2）全员管理

全员管理是指项目的全部参与人员都能参与到项目风险管理之中。项目风险管理不仅仅是项目某一个职能部门的职责，所有参与项目过程的人都对项目所面临的风险责无旁贷。

（3）全要素集成管理

从项目管理的目标方面来看，项目风险管理过程是在可能的范围内以项目工期最短、造价最省、质量最优为目标的一个多目标决策过程，而不能仅满足于对单一目标的追求。项目的工期、造价和质量是三个相互影响、相互作用的变量：工期的提前或滞后会直接影响到最终造价的高低；项目质量的优劣也与造价有直接或间接的相关关系；同样，工期也会影响到项目的最终质量。也就是说，项目风险管理是对项目工期、费用以及最终完成质量的全要素集成管理。

8.2 工程项目风险管理的主要工作内容

工程项目风险管理是指对项目风险进行识别、分析和应对的系统过程，主要包括项目风险管理规划、风险识别、风险评估、工程项目风险应对和控制等内容。

8.2.1 项目风险管理规划

风险管理规划是指确定一套全面、有机配合、协调一致的策略和方法，并将其形成文件的过程。在进行项目风险管理时需要编制一整套计划，这个编制计划的工作过程就是项目风险管理规划，它是进行项目风险管理的第一步。其主要工作包括：定义项目组成及风险管理的行动方案和方式，选择合适的风险管理方法，确定风险判断的依据等。

项目风险管理规划是整个项目风险管理战略性的和全寿命期的指导性纲领，项目风险管理规划工作的结果决定了项目组织的风险管理活动全过程。早期的项目风险管理规划结果是一份初始项目风险管理计划文件，随着项目的进展和风险管理的深入，项目风险管理规划需要不断地更新和完善。

1. 项目风险管理规划的依据

项目风险管理规划的依据主要包括：

（1）项目范围说明书；

（2）成本管理计划；

（3）进度管理计划；

（4）沟通管理计划；

（5）项目制约因素；

（6）组织积累的相关资源。

2. 项目风险管理规划的方法和工具

（1）风险管理规划会议

召开风险管理规划会议是项目风险管理规划的主要工具，项目经理和负责项目风险管理的团队成员都应该参加。项目风险管理的工具、方法、具体的时间计划以及报告与跟踪形式等内容，都可以通过风险管理规划会议来决定。

（2）风险管理图表

风险管理图表一般包含在项目风险管理计划中，它是将输入转变为输出的过程中所用的技巧和工具，以使人们能够清楚地获得关于风险的组织方式的信息。风险管理中的主要图表包括风险检查表、风险管理表格和风险数据库。

（3）工作分解结构

风险识别需要清楚项目的组成要素、各组成要素的性质及相互间的关系，借助工作分解结构可以很好地完成这项工作。在项目的生命周期中，项目团队不仅应将项目的 WBS 作为规划未来工程管理、分配资源、预算经费和签订合同的协调工具，还应依据项目的 WBS 来报告工程进展、执行效率、项目评估和费用数据，以便为控制项目风险服务。

3. 项目风险管理规划文件的内容

（1）方法描述，确定实施风险管理的方法、工具和信息来源；

（2）任务与职责描述，确定风险管理各项工作的责任人及团队组成；

（3）风险管理预算描述，估算风险管理所需要的成本；

（4）风险管理时间安排描述，控制管理过程的节奏，留出影响决策的时间；

（5）风险类别描述；

（6）风险发生概率及主要项目目标产生影响的评估描述；

（7）风险容忍水平描述，对风险可接受的程度和风险临界值（由何人、以何种方式对风险采取行动的标准）的描述。

8.2.2 风险识别

风险识别是在风险事故发生前，运用各种方法系统地、连续地认识所面临的各种风险，以及分析风险发生的潜在原因。风险识别的工作是针对项目情况找出风险源和进行风险分类，即要对所有可能的风险事件来源和结果进行客观的分析调查，识别并确定项目有哪些潜在的风险，研究对项目及项目所需资源形成潜在威胁的各种因素的作用范围，识别项目风险可能引起的后果，最后形成项目风险清单，如表 8-2 所示。

项目风险清单　　　　　　　　　　　　　　　　表 8-2

风险清单		编号：	日期：
项目名称：		审核：	批准：
序号	风险因素	可能造成的后果	可能采取的措施
1			
2			
...			

1. 风险识别的过程

风险识别的过程可以分为五个环节：

（1）工程项目不确定性分析

由于影响工程项目的因素较多，首先要辨识所发现或推测的因素是否存在不确定性；其次，要确认这种不确定性的客观性，即不确定因素会使工程发生的风险不是凭空想象出来的。

（2）初步建立风险源清单

在项目不确定性分析的基础上，将不确定因素及其可能引发的损失类型列入清单，作为下一步分析的基础，并附以文字说明。文字说明一般包括对风险事件的可能后果、发生的时间以及预期发生次数的估计。

（3）确定各种风险事件及潜在结果

根据初步风险源清单中的风险来源，推测可能发生的风险事件及可能出现的损失。

（4）进行风险分类

对项目风险进行分类，可以加深对风险的认识和理解、进一步识别风险的性质，从而有助于制定风险管理的目标和对策。

（5）建立工程项目风险清单

风险清单不仅能够展示工程项目面临风险的总体情况，还能使每个项目管理人员了解到自己以及其他人员面临的风险及风险之间的联系，了解每种风险一旦出现可能产生的系列反应，能够使全体项目管理人员有统一的风险全局观念。工程项目风险清单要对风险事件的来源、发生时间、发生的后果和预期发生的次数作出说明。

风险辨识可以采用核对表、流程图、环境分析、现场考察、经验判断以及分析财务报表等方法，是从定性的角度了解和分析风险。

2. 项目风险识别的工具和方法

（1）问询法

包括调查问卷法、面谈法、专题讨论法、头脑风暴法、德尔菲法等。实际工作中多采取调查问卷法。

头脑风暴法借助于专家的经验，从而获得一份该项目的风险清单，以备在将来的风险评估中进一步加以分析。头脑风暴法的优点是：善于发挥相关专家和分析人员的创造性思维，从而对风险源进行全面的识别，并根据一定的标准对风险进行分类。

德尔菲法是以匿名的方式邀请相关专家就项目风险这一主题，达成一致的意见。该方法的特点是：将专家最初达成的意见再反馈给专家，以便进行进一步的讨论，从而在主要风险上达成一致的意见。该方法的优点是，有助于减少数据方面的偏见，并避免由于个人因素对项目风险识别的结果产生不良的影响。

集体讨论是指由专人主持的研讨会，以集体讨论的方式进行，并由风险的负责人和高管层参与的风险评估方法。集体讨论的优点主要有：对于意见上的差异和分歧能够立即解决，有利于减轻对解决意见分歧方面的跟进工作；与多次会议才能解决一个问题相比较，一次集体讨论能够节约更多时间；所有与会者能够对风险得到共同的理解；可以为不同的意见交流提供平台。缺点是：进行集体讨论时，要注意避免由于有上级领导在场，有些参与者不愿表达自己的观点，从而影响讨论结果的情况发生。

问卷调查是指对流程、风险的负责人、高管层进行风险评估问卷调查（表8-3）。其优势主要在于可以更高效快速地由企业内不同级别人员评估风险，并以更有效的方式召集大批的参加者。此外，问卷调查以不记名方式进行，从而更容易识别较多高管层不清楚的风险问题。缺点是：问卷的回收率低，受被调查者的文化素质限制，以及调查结果的可信度低等。

风险问卷调查表　　　　　　　　　　　　　　　　　　　　表 8-3

序号	风险因素	可能性			影响程度													
					成本			工期			质量			环境			安全		
		高	中	低	较轻	一般	严重	较轻	一般	严重	较轻	一般	严重	较轻	一般	严重	较轻	一般	严重
R1	设计失误																		
R2	规范不符																		
R3	施工工艺落后																		
R4	施工条件不足																		
R5	工期紧迫																		
R6	材料涨价																		
R7	汇率浮动																		
……																		

（2）风险检查表

如表 8-4 及表 8-5 所示的不同角度，风险检查表是从以往类似项目和其他信息途径收集到的风险经验的列表，通过查找此表可以简便快捷地识别风险。其缺点是：永远不可能编制一个详尽的风险检查表，而且管理者可能被检查表所局限，不能识别出该表未列出的风险，因此其应用范围有一定的局限性。这种方法一般在项目初期使用，以便提早减少风险因素。

检查表分析（一）　　　　　　　　　　　　　　　　　　　表 8-4

知识领域	可能出现的风险
范围管理	目标不明；范围不清；工作不全面；范围控制不当
进度管理	错误估算时间；浮动时间的管理失误，进度安排不合理
成本管理	成本估算错误；资源短缺；成本预算不合理
质量管理	设计、材料和工艺不符合标准；质量控制不当
采购管理	没有实施的条件或合同条款；物料的单价变高
风险管理	忽略了风险；风险评估错误；风险管理不完善
沟通管理	沟通计划编制不合理；缺乏与重要干系人的协调等
人力资源管理	项目组织责任不明确；没有高层管理者支持
集成管理	集成计划不合理；进度、成本、质量协调不当

检查表分析（二）　　　　　　　　　　　　　　　　　　　表 8-5

生命周期	可能的风险因素
全过程	（1）对一个或更多阶段的投入时间不够；（2）没有记录下重要信息；（3）尚未结束一个或更多前期阶段就进入下一阶段
概念	（1）没有书面记录下所有的背景信息与计划；（2）没有进行正式的成本—收益分析；（3）没有进行正式的可行性研究；（4）不知道是谁首先提出了项目创意

生命周期	可能的风险因素
计划	（1）准备计划的人过去没有承担过类似项目；（2）没有写下项目计划；（3）遗漏了项目计划的某些部分；（4）项目计划的部分或全部没有得到所有关键成员的批准；（5）指定完成项目的人不是准备计划的人；（6）未参与制定项目计划的人没有审查项目计划，也未提出任何疑问
执行	（1）主要客户的需要发生了变化；（2）搜集到的有关进度情况和资源消耗的信息不够完整或不够准确；（3）项目进展报告不一致；（4）一个或更多重要的项目支持者有了新的分配任务；（5）在实施期间替换了项目团队成员；（6）市场特征或需求发生了变化；（7）作了非正式变更，并且没有对它们带给整个项目的影响进行一致分析
结束	（1）一个或更多项目驱动者没有正式批准项目成果；（2）在尚未完成项目所有工作的情况下，项目成员就被分配到了新的项目组织中

（3）流程图

流程图提供了项目的工作流程以及各活动之间的相互关系。通过对项目的流程进行分析，可以发现项目风险发生在哪项活动中，以及项目风险对各项活动可能造成哪些影响。

流程图法首先要建立一个项目的总流程图与各分流程图，以此来分析项目实施的全部活动。

（4）系统分解法

系统分解法是一种将复杂的项目风险分解成比较容易识别的风险子系统，从而识别各个子系统风险的方法。比如，可以根据项目风险的特征，将项目风险分解为：市场风险、经营风险、环境污染风险、技术风险以及资源供应风险等，然后将这些风险进一步分解，如市场风险可以分解为竞争风险、价格风险和替代风险等。

（5）文件资料审核

通过对项目计划、项目假设条件和约束因素及以往项目文件资料的审核以识别风险因素。

（6）因果分析法

利用因果分析图将风险问题与风险因素之间的关系表现出来。一般风险因素包括人、机械设备、材料、方法（工艺）和环境等。

（7）情景分析法

情景分析法的做法是：描述项目的状态，确定项目某种因素变动对项目的影响，预测哪些风险会发生，并确定上述风险发生的后果。

（8）工作分解结构

识别风险首先要明确项目的组成、各组成部分的性质、组成部分之间的关系、项目同环境之间的关系，而这些工作可以通过工作分解结构来完成。如图 8-1 所示，可以用风险分解结构对项目风险进行分类，图 8-2 是某企业对自己承包的某个施工项目的风险分解。

3. 风险识别成果

风险识别之后应把识别的成果整理出来，整理的结果载入风险登记册中。

风险登记册的编制始于风险识别过程，风险识别过程将形成风险登记册的最初记录，但风险登记也包括其他风险管理过程的成果。

风险登记册主要依据下列信息编制而成：

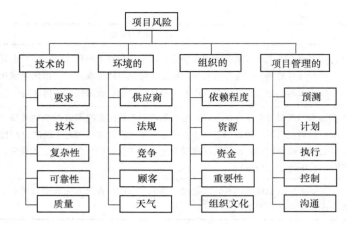

图 8-1 风险分解结构

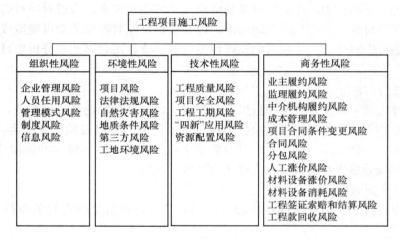

图 8-2 某施工项目的风险分解

（1）已识别风险清单；

（2）潜在应对措施清单；

（3）风险根本原因；

（4）风险类别更新。

8.2.3 风险评估

风险评估可以理解为对风险的估计与评价。

风险估计就是估计风险的性质、风险事件发生的概率及后果，比较而言，风险概率的不确定程度通常比风险后果更高。因此，针对事件影响因素的属性，选择适当的方法是提高风险估计工作质量的前提。风险事件造成的损失应从损失性质、损失范围和损失的时间分布三方面来衡量。风险估计包括主观的风险估计和客观的风险估计。客观的风险估计以大量的历史数据和资料为依据，主观风险估计则依据人的经验和判断。当项目管理人员依据自身经验预测风险事件的概率或概率分布时，称为主观概率。以事故统计为基础、采用数学解析法计算得到的概率是客观概率。在工程项目的风险分析与评估中，一般采用客观概率与主观概率相结合的方法。

风险评价是对各风险事件的后果进行评价，确定各事件的严重程度并排序。前一阶段的风险估计只对工程项目各个阶段的单一风险分别进行估计和量化，没有考虑到多种风险综合起来的总体影响，也没有考虑这些风险能否被项目主体所接受，而风险评价则要解决这些问题。风险评价还要考虑各种不同风险之间互相转化的条件，研究如何才能将威胁转化为机会，并进一步量化已识别风险的发生概率和后果，减少项目计量的不确定性。

风险评估是指将辩识出并经分类的风险据其权重大小予以排队，为有针对性、有重点地管理好风险提供科学依据。在风险评估阶段，可根据风险的发生概率以及发生后可能产生的影响大小，对已识别的风险进行分级。由于不可能在所有风险上都投入同样的精力，风险评估的目的就是为了分清风险的轻重缓急，以便为将来如何分配精力提供准则。

风险评估是对项目风险进行综合分析，并依据风险对项目目标的影响程度进行项目风险分级排序的过程。经过风险评估，可将风险分为一定的等级，对于不同等级的风险应给予不同程度的重视。尤其是对于比较严重的风险，应进一步分析，给出相应的控制措施；对于一般风险，应给予足够重视；对于轻微风险，给予一般管理即可。

1. 项目风险评估的依据

（1）已识别的风险。这是项目风险评估的基础。

（2）项目的进展情况。项目风险的不确定性，经常与其在项目生命周期中所处的不同阶段有关。在项目初期，项目风险症状往往表现不明显，随着项目的进展，项目风险会逐渐显现，发现风险的可能性也会增加，风险的不确定性一般随项目的进展逐渐降低。

（3）项目的性质。简单的项目风险程度低，复杂的或者高新技术的项目风险程度则较高。

（4）数据的准确性和可靠性。用于识别风险的信息来源必须加以评估，它的准确性和可靠性影响很大。

（5）风险的重要性水平。

（6）风险管理计划。

（7）假设。

2. 风险评估准则

（1）风险权衡准则

在客观存在着一些可接受的、不可避免的风险的情况下，风险权衡原则需要确定可接受风险的限度。最低合理可行原则的含义是：风险是存在的，不可能通过预防措施来彻底消除风险；而且，当系统的风险水平越低时，要进一步降低就越困难，其成本往往成指数曲线上升。因此，必须在风险水平和成本之间作出一个折中。应用最低合理可行原则，对系统的总体和个体风险进行评价，需要确定风险管理区上限和下限的风险值。

（2）风险回避准则

风险回避是风险评价最基本的准则。根据这一准则，人们对风险活动采取禁止或完全回避的态度。主动回避是指采取风险管理措施、改变行动方案以使风险程度降低到可接受的范围。被动回避是指放弃行动。

（3）风险处理成本最小原则

风险权衡准则的前提是客观存在着一些可接受的风险，包括小概率或小损失风险或付出较小的代价即可避免的风险。对于付出较小的代价即可避免的风险，当然希望风险处理成本越小越好，并且希望找到风险处理的最小值。然而，风险处理的最小成本只是理想状态，也是难以计算的。因此，可以认为若此风险的处理成本足够小，是可以接受此风险的。

（4）风险成本/效益比准则

人们只有在效益大大增加的情形下，才肯去花费风险处理成本，也就是不乐于接受风险。因为承担了风险，就应当有更高的利润。多大的风险对应于多大的效益，也就是风险处理成本应与风险收益相匹配。

（5）社会费用最小准则

这一指标体现了企业对社会应负的道义、责任。在企业进行经营活动时，企业承担了大量风险，并为此付出了较大的代价，同时，企业也将从中获得风险经营回报。因此，在考虑风险的社会费用时，也应与风险带来的社会效益一同考虑。

在项目中存在风险，则风险的存在或处理，就要花费一定的费用。这种风险费用包括直接的风险费用，也包括间接的风险费用。风险费用主要有：

1）风险处理费用。项目对风险的识别、估计、评价和处理均要花费一定的费用，还有一些因处理风险的时间机会损失、风险预备金的机会损失、为避免风险采取的行动造成的收入损失等。

2）风险存在引起的费用。风险存在需要开列一些费用，如项目储备基金、风险检测仪器或人员费用、潜在风险费用等。

3）风险损失费用。风险损失费用分直接与间接两种。直接损失费用包括：赔偿费、设备损失费、事故调查费用、事故应急措施费用等；间接损失包括返工造成的效率下降、项目时间拖长造成项目预期收益降低等。

4）个人费用与社会费用。在上述风险费用中有较大一部分是个人或项目必须承担的，也有一部分是必须由社会承担的。例如，公司职员因公伤残后，个人或公司要付出一定代价（个人的收入损失，公司的补偿金与医疗费），而社会也因需要向残疾人提供一系列的社会救助或公益事业而发生费用。

3. 项目风险定性分析

项目风险定性分析是运用概率和数理统计的方法评估已经识别出的风险发生的可能性及其影响，以及确定它们的重要性和优先级。

定性风险分析的目的是根据各类风险对项目目标的潜在影响，对风险进行排序，通过比较风险值确定项目总体风险级别，以指导风险应对计划制定和开展项目风险控制。

（1）风险定性分析的工具和方法

1）风险概率和影响评价

风险概率是指风险发生的可能性大小，风险影响是指风险一旦发生对项目目标（包括时间、成本、范围和质量）产生的影响程度。

通常情况下，可以通过面谈或会议的形式对已经识别的风险进行风险概率与影响评价，从事相关工作的是项目的组成成员或外部专家。需要借助现有信息、历史数据和经验，尤其是以前做过类似项目或相近项目发生的风险情况记录。另外，还需要依靠项目管理人员的经验判断和直觉。

通过专家的主观评价对每一项风险发生的概率和可能的影响给出一个相对的评价结果,风险概率与风险影响可以用如"极高、高、中、低、极低"等定性术语描述。风险可能性和风险影响可以采用表 8-6 和表 8-7 的描述和分级形式进行定性分析。需要管理的风险应该是有很大的影响并且发生的概率很高,或虽然风险影响不大但发生的概率很高,以及发生的概率很小但是却有很大影响的风险。

风险可能性的定性估计　　　　　　　　　　　　　　　　表 8-6

等级	评价	说明
A	几乎确定	在大多情况下,预期会发生
B	很可能	在大多情况下,可能会发生
C	可能	在某些时候会发生
D	不大可能	在某些时候可能会发生
E	罕见	只有在特殊情况下才会发生

风险后果或影响的定性估计　　　　　　　　　　　　　　表 8-7

等级	评价	举例说明
1	不重大	无伤害,低经济损失
2	次重大	急救措施,现场快速自救,中等经济损失
3	中等重大	需要医疗措施,靠外来帮助解决现场问题,高经济损失
4	重大	大面积损害,生产能力的损失,现场外的解救无负面影响,重大的经济损失
5	极其重大	死亡,现场外的危害性解救,有负面影响,巨大的经济损失

2) 风险概率和影响矩阵

风险概率和影响矩阵是将综合风险概率和风险影响综合起来,以此为依据建立一个对风险或风险情况评定等级的矩阵,从而更有效地通过定性的方法对风险进行排序,见表 8-8。其中,风险影响值 I 的确定见表 8-9,是评估风险对项目主要目标的影响,表中比例可根据具体项目以及组织的风险承受水平进行调整;同理可确定机会对目标的影响。每一风险按其发生概率及一旦发生所造成的影响评定级别。

风险和概率影响矩阵　　　　　　　　　　　　　　　　　表 8-8

一个具体风险的风险值,风险值＝风险概率 P×风险影响值 I					
	0.05	0.10	0.20	0.40	0.80
0.9	0.045	0.09	0.18	0.36	0.72
0.7	0.035	0.07	0.14	0.28	0.56
0.5	0.025	0.05	0.10	0.20	0.40
0.3	0.015	0.03	0.06	0.12	0.24
0.1	0.05	0.01	0.02	0.04	0.08

评估风险对主要项目目标产生的影响   表 8-9

项目目标	描述性和数值型尺度				
	非常低 0.05	低 0.1	中 0.2	高 0.4	非常高 0.8
成本	不明显的成本增加	成本增加小于5%	成本增加介于5%~10%	成本增加介于10%~20%	成本增加大于20%
进度	不明显的进度拖延	进度拖延小于5%	项目整体进度拖延介于5%~10%	项目整体进度拖延介于10%~20%	项目整体进度拖延大于20%
范围	范围减少几乎察觉不到	范围的次要部分受到影响	范围的主要部分受到影响	项目的减少不被业主接受	项目最终产品实际上没用
质量	质量等级降低几乎察觉不到	只有某些非常苛求的工作受到影响	质量的降低需得到业主的批准	质量的降低不被业主接受	项目最终产品实际上不能使用

3）风险数据质量评估

风险数据质量评估是评估有关风险数据对风险管理的效用程度。定性风险分析要求数据有较高的可信度和准确性，因此需要对风险数据的准确性、质量和可靠程度进行评估。它包括以下内容的检验：

检查人们对风险的理解程度；

关于风险的现有数据的准确性；

数据的质量；

数据的可靠性与完整性。

4）风险归类

根据已识别的项目风险，使用既定的项目风险分类标志，即可对识别出的项目风险进行分类，以便全面认识项目风险的各种属性。将风险按照风险来源、可能影响的范围或项目阶段、人员、场地或其他分类标准进行分类，以帮助项目管理人员分析出项目受不确定影响的区域，项目管理人员可以据此制定出应对风险的有效措施。

5）风险紧急程度评估

风险紧急程度评估主要用于制定风险应对措施的先后顺序，需要近期采取应对措施的风险可视为亟待解决的风险。实施风险应对措施所需要的时间、风险征兆、警告和风险都可作为风险优先级或紧迫性的指标。风险紧急程度评价也是制定完善的风险应对方案的一个重要技术方法和工具。

（2）项目风险定性分析的结果

定性风险分析成果主要是更新的风险登记册。

对风险登记册进行更新的内容包括：

1）项目风险的相对排序或优先级清单；

2）经过分类处理的风险；

3）需在近期采取应对措施的风险清单；

4）需进一步分析与应对的风险清单；

5）定性分析得出的风险变化趋势。

4. 项目风险定量分析

风险定量分析是指在风险定性分析后，对排序在前面的、具有潜在重大影响的项目风险再进行量化分析，定量评价风险概率和影响程度，以便综合分析项目风险的整体水平。

定量风险分析的目的是测定实现某一特定项目目标的概率和量化各风险对项目目标的影响程度，甄别出最需要关注的风险，决定项目可能需要的成本和时间的应急储备。

（1）风险定量分析的工具和技术

1）敏感性分析

敏感性分析研究在项目寿命周期内，当项目产量、产品价格、变动成本等因素以及项目的各种前提和假设发生变化时，相应的项目现金流净现值和内部收益率等性能的变化趋势和变化范围。敏感性分析有助于确定哪些风险对项目具有最大的潜在影响，它在所有其他不确定因素保持基准值的条件下，考察项目每项要素的不确定性对目标产生多大程度的影响。

敏感性分析是风险分析最简单的形式，在实践中，一般只用在那些对成本、时间和经济效益有较大影响以及项目比较敏感的变量上。

2）期望值法

期望值法是将目标变量设定为离散的随机变量，其取值是每种情况对应的损益值。项目风险期望损益值一般是将项目的风险概率与项目风险损益值相乘得到的。计算公式为：

$$EMV = \sum_{i=1}^{m} P_i X_i \tag{8-1}$$

式中　　EMV——每种情况下的期望损益值（Expected Monetary Value）；

　　　　P_i——第 i 个状态发生的概率；

　　　　X_i——该种情况在此状态下的损益值。

对上述公式得出的结果的判别标准是：期望损益值越大，项目的风险越小。

【例 8-1】某工程估算成本为 1.2 亿元，材料费占总价比重为 65%，预计工期为 24 个月。通过多方面了解项目环境条件以及可能参与各方的情况，经风险识别，认为该项目的主要风险有业主拖欠工程款、材料价格上涨、分包商违约、材料供应不及时而拖延工期等多项风险，对部分风险发生概率的估计见表 8-10。业主拖欠工程款损失按（总价/工期）（1+贷款利率）计算，贷款利率按 1% 计；根据材料对工期的影响估算平均每拖期 1d 的损失金额为 5 万元；根据分包工程性质及分包商素质估计分包商违约造成的经济损失及发生概率见表 8-11。试衡量各项风险损失和该项目总的风险损失。

各类风险的发生概率估计　　　　　　　　　　　　　表 8-10

风险类别	风险问题	概率分布（%）
业主拖欠工程款风险	按期付款	50
	拖期 1 月	20
	拖期 2 月	20
	拖期 3 月	10

续表

风险类别	风险问题	概率分布（%）
材料价格上涨风险	不上涨	20
	上涨 2%	50
	上涨 5%	20
	上涨 8%	10
材料供应不及时风险	及时供货	35
	拖期 1d	30
	拖期 2d	20
	拖期 3d	10
	拖期 4d	5

分包商违约风险　　　　　　　　　　　　　　　　　表 8-11

经济损失（万元）	概率分布（%）
0（无违约）	20
100	40
200	30
300	10

【解】首先，根据所收集的有关信息资料，根据各项风险的概率分布及其损失值，分别计算期望损失值；然后，再将各项风险期望损失汇总，即得该项目总的风险期望损失金额和总的风险期望损失金额占项目总价的比例。计算过程见表 8-12～表 8-16 所列。

业主拖欠工程款风险期望损失　　　　　　　　　　　表 8-12

风险问题	概率分布（%）	拖欠损失（万元）	期望损失（万元）
按期付款	50	0	0
拖期付款 1 月	20	505	101
拖期付款 2 月	20	1010	202
拖期付款 3 月	10	1515	151.5
合计	100	—	454.5

材料价格上涨风险期望损失　　　　　　　　　　　　表 8-13

风险问题	概率分布（%）	经济损失（万元）	期望损失（万元）
材料价格不上涨	20	0	0
材料价格上涨 2%	50	156	78
材料价格上涨 5%	20	390	78
材料价格上涨 8%	10	624	62.4
合计	100	—	218.4

分包商违约风险期望损失　　　　　　　　表 8-14

经济损失（万元）	概率分布（%）	期望损失（万元）
0（无违约）	20	0
100	40	40
200	30	60
300	10	30
合计	100	130

材料供应不及时风险期望损失　　　　　　表 8-15

风险问题	概率分布（%）	拖期损失（万元）	期望损失（万元）
材料及时供货	35	0	0
材料拖期 1 天	30	5	1.5
材料拖期 2 天	20	10	2
材料拖期 3 天	10	15	1.5
材料拖期 4 天	5	20	1
合计	100	—	6

项目风险期望损失汇总　　　　　　　　表 8-16

风险因素	期望损失（万元）	期望损失/总价（%）	期望损失/总期望损失（%）
业主拖欠工程款	454.5	3.79	56.19
材料价格上涨	218.4	1.82	27.00
分包商违约	130	1.08	16.07
材料供应不及时	6	0.05	0.74
合计	808.9	6.74	100

由计算可以看出，该项目总的风险（假定已包括了项目的全部风险）期望损失约为总价的 6.74%，所造成的总风险期望损失为 808.9 万元；从各风险因素期望损失占总期望损失的比重看，其中，业主拖欠工程款的风险损失占项目总风险的比重达到 56.19%，危害最大；材料价格上涨的风险占项目总风险的比重达到 27%；分包商违约占 16.07%，影响也不可忽视，都应是承包商风险防范的重点。

3）决策树法

决策树法是一种有效进行风险评价的定量方法，它根据项目风险的基本特点，在反映风险背景环境的同时，描述项目风险发生的概率、后果以及项目风险的发展动态。决策树法先找出风险的状态、风险发生的概率、风险的后果等因素，然后根据这些因素绘制出一个从左到右展开的树状图，主要有方块节点、圆形节点以及状态节点后的损益值。

4）蒙特卡罗（Monte Carlo）仿真法

在项目管理中最常见的模拟法是蒙特卡罗法，又称统计试验法或随机模拟法。在使用蒙特卡罗法进行项目风险量化分析时，其做法是随机从每个不确定风险因素中抽取样本，然后对整个项目进行计算，并将上述计算过程反复进行，以模拟各种不确定组合，从而获得不同组合下的多种结果。在此基础上，通过运用统计方法并处理上述这些结果，能够观察出项目变化的规律性。

除了上述方法外，还有层次分析法、要素加权平均法、不确定性分析法、模糊综合评价法等方法。

（2）项目风险定量分析的结果

项目风险定量分析的结果是进一步更新的风险登记册，包括以下内容：

1）不确定条件下的项目储备分析；

2）项目目标实现的概率；

3）量化的风险优先级清单；

4）定量分析得到的风险变化趋势。

8.2.4　工程项目风险应对和控制

工程项目的风险控制是指在风险分析完成后所有的风险处理工作，包括编制风险应对计划、拟订风险应对措施以及进行风险监控等。

1. 工程项目风险应对计划和措施

项目风险应对就是提出处置意见和办法以应对项目风险的过程，即针对风险识别和定性定量分析环节已确认的、一旦发生危害严重且出现概率很高的风险，制定风险应对计划文档的过程。

工程项目风险应对计划是项目计划的一部分，要与项目的各项计划相协调，以减少风险事件对项目其他目标和计划的不利影响。编制风险应对计划的过程中，要根据工程项目的实际情况，与项目参与各方一起研究如何进行项目风险的合理分配，研究和确定风险应对策略和措施。

（1）风险分配

由于工程项目管理的范围越来越大，风险的种类越来越多，项目风险分配的方式有了很大的改变。项目中的各类风险不再是由项目管理主体自行承担，而是合理分配给项目的各个参与方。对项目各方而言，它们参与项目的目的以及所愿意承担的风险的种类和程度都不相同，风险的分配不是在各方之间平均分配，而是视各参与方的能力将某类风险分配给最适合承担的一方，这也是风险分配的基本原则，有利于最大限度地发挥工程项目各个参与方的风险管理能力和风险控制的积极性。

风险分配通常是通过合同、招标文件、任务书等定义的，一般情况下，风险分配的责任人以及分配方法见表8-17所列。但在政府承担的相关风险责任中，不同国家政府的规定不同，如我国规定政府及中方机构不得对项目作任何形式的担保及承诺。

项目风险分配　　　　　　　　　　　　　　　　　　　　　　表8-17

风险类型	风险承担人
政治风险	项目东道国政府承担，为政治风险投保，引入多边机构降低政治风险
法律风险	项目东道国政府承担，相关机构的担保等
经济风险	项目建设和运营过程中由产供销共同承担市场风险，通过合同或协议以及金融衍生工具来转移和消除汇率及利率等风险
自然风险	项目法人或业主承担或通过合同转移风险、投保等
技术风险	项目法人或业主、工程承包公司等通过合同分担，部分项目中政府也参与分担

风险类型	风险承担人
行为风险	通过明确的合同或协议界定个人或组织的责任范围及行为后果
组织风险	主要由项目管理机构协调分散风险，通过明确的合同条款定义各参与方的责任与义务，或引入工程保证担保机制、保险等
信用风险	通过明确的合同条款定义各参与方的责任与义务并实行履约担保，或引入工程保证担保机制、保险等
商务风险	合同有关各方通过合同、协议、担保条款明确不确定因素变化后的处理方法，合同双方及政府共同分担，或实行保险、担保等，有时也通过仲裁等方式解决
其他风险	主要由项目法人或业主、项目管理机构、承包商共同承担，也可以通过与政府的特许权协议等解决

（2）风险应对策略和措施

如图 8-3 所示，通常的风险对策包括减轻风险、预防风险、转移风险、回避风险、自留风险及采取后备措施等。

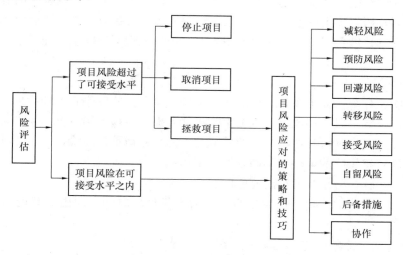

图 8-3　项目风险应对的方法

1）减轻风险

减轻风险的目的在于降低风险事件发生的可能性或减少风险的不利影响及不良后果。对于已知的风险，项目管理人员可以动用项目现有的资源减轻风险影响，这些资源包括有形的和无形的资源。对于可以预测和不可预测的风险，一般项目管理人员是难以控制其后果的，应采用各种手段尽可能使其变成已知风险，如采用实验方法来预测风险发生的概率及可能后果，或进行深入调查研究以减少其不确定性和潜在损失。

2）预防风险

风险的预防策略可以采用有形的或无形的手段。有形的预防手段通常采用工程法，无形的风险预防手段有教育法和程序法等。目前，在大型项目中还通过设计合理的组织结构形式以及通过项目融资过程中缔结的项目信用支持体系，有效利用项目各参与方的优势与影响，预先做好风险的防范工作，使风险因素在无形中消除或减轻。

工程法即以工程技术为手段、采取工程措施消除风险，如采用抗震技术消除或减少地震带来的风险等。工程法预防风险有多种措施：

①防止风险因素出现。在风险事件发生以前，采取一定措施，减少其出现的可能性，如采用植被、护壁、护坡、排降水的手段预防滑坡或塌方的风险。

②减少现存的风险因素。指对已经出现苗头的风险因素采取措施，降低形成风险事件的可能，如及时更换大容量的变压器可以减少施工现场用电负荷大引发的安全风险。

③将风险因素在时间和空间上分隔开。风险事件发生时，造成较大损失是由于人、财、物同一时间处于同一风险范围内，因此，将风险源与人、财、物在空间上隔离、在时间上错开，可以减少人员伤亡和财产损失。

教育法是指对相关人员进行风险意识和风险管理的教育，教育的内容包括各类有关的法规、规章、规范、标准、操作规程、风险知识、安全技能和安全态度等，目的是使有关人员了解项目面临的种种风险，了解控制这些风险的方法，避免任何个人的错误行为和疏忽大意给项目带来损失。

程序法即用规范化、制度化的方式从事工程项目管理活动，根据项目的客观规律制定各项管理计划及监督检查制度，并要求项目管理人员认真执行。程序法还要求对可能发生的风险做好预案，准备好可供选择的备用方案，一旦风险事件发生立即采用，防止产生更严重的后果。

3）转移风险

转移风险又称合伙分担风险，目的不是降低风险发生的概率和不利后果的影响，而是通过合同或协议等手段，在风险一旦发生时将部分损失转移给第三方。风险转移不是风险损失转嫁，而是利用项目其他参与方的优势和能力更好地承担风险，使工程项目的风险损失最小。实施转移风险的策略应遵循以下原则：

第一，必须让风险承担者得到相应的回报；

第二，对于具体的风险，仍应按照一般的风险分配原则，即由最有能力承担的一方承担。

风险转移的方式有分包、保险与担保等。

分包有时能够起到较好的风险转移作用，对于工程项目的承包方来说，并不是所有的工艺、技术都能做得尽善尽美，可以在允许的情况下将施工中没有把握的部分分包给更专业的施工队伍，更有利于项目质量和成本的控制。

保险也是转移风险的最常见方法，项目管理者只要向保险公司缴纳一定数额的保险费，在风险事件发生后就能获得补偿，从而将风险转移给保险公司。在国际工程项目中，不但项目业主为自身的风险投保，还要求承包商也向保险公司投保。另外，担保也被常常用来转移风险，即由银行、保险公司或其他金融机构为项目风险间接承担责任。

4）回避风险

回避风险是指当工程项目风险的潜在威胁过大、不利后果过于严重，又无其他策略可用时，中断风险来源，主动放弃项目或改变项目目标与行动方案，从而规避风险的一种策略。这是一种消极的策略，回避风险的同时也放弃了获利的机会，并且一般要付出较高的代价，所以采用回避策略应在项目前期具体活动尚未实施时进行。

5）自留风险

风险自留是项目管理方自行承担风险产生的不利后果，不予转移或分散。风险自留可以是主动的，也可以是被动的。项目管理方可以有意识地、有计划地采取风险防范措施，将风险留给自己承担，主动承受项目风险的可能后果；也可以在估计到风险事件造成的损失不大时，将项目损失列为项目的一种费用。当采取其他风险应对策略和措施的费用超过风险造成的损失时，可以采取风险自留的方法。

6）后备措施

后备措施主要有费用、进度和技术方面的措施。

费用方面主要是预先准备好一笔预算应急费，用于补偿由于差错、疏漏和不确定性造成的费用，一般要单独列出。预算应急费可以用于解决通货膨胀、价格波动、项目估算偏差较大等带来的问题。

进度后备措施的主要做法是，在拟订项目进度计划时，在关键线路上设置一段时差或机动时间，项目工序的不确定性越高、技术难度越大或工作定义越含糊，时差或机动时间也应越长。

技术方面的后备措施包括技术应急费和技术应急时间，专门用于应付项目的技术风险。技术应急费一般以预计的补救行动费用乘以其可能发生的概率计算；技术应急时间可以采用里程碑技术，对于技术风险较大的工序或活动设置成里程碑，强调其对后续工作及任务的重要性，引起项目管理人员重视。

（3）风险应对计划制定的成果

1）风险应对计划

风险应对计划应详细到可操作的层次。包括：

① 风险识别，风险特征描述，风险成因，影响项目的区块，可能如何影响项目的目标；

② 风险主体和责任分配；

③ 风险定性和定量分析的结果；

④ 针对每一项风险所制定的应对措施，如规避、转移、缓解、自留等；

⑤ 在应对策略实施后，预期的风险残留水平（风险概率及其影响程度）；

⑥ 事实选定的应对策略所需要的具体行动；

⑦ 风险应对措施的预算和时间；

⑧ 应急计划和反馈计划。

2）剩余风险

剩余风险是指在采取了规避、转移、缓解、自留等风险应对措施之后依然残留的风险，也包括可以被接受的小风险。

3）附加风险

对于因实施风险应对措施而直接导致的新的风险称为附加风险。它们也应该与主要风险一样来加以识别并计划应对措施。

4）合同协议

为避免或减轻风险，可以针对具体风险或项目修订保险、服务或其他必要的合同协议，明确各方对于某些特定的风险所应负的责任。

5）需要的应急储备量

是指为了把超越项目目标的风险降低到组织单位能够接受的水平内，需要多少缓冲和应急储备。

6）向其他过程的输入

多数的风险应对措施都涉及额外时间、费用或资源的消耗，并且需要对项目计划进行变更，组织单位需要确认花费相对于减低风险的水平是否值得。这些结论都必须反馈到其他各个相关的方面。

7）向修订项目计划的输入

风险应对计划的成果必须进入项目计划，从而确保其成为项目中有机的组成部分。

2. 工程项目风险控制

工程项目风险控制是为了改变项目管理组织所承受的风险程度，在风险事件发生时实施风险管理计划中预定的规避措施，并根据实际情况在有必要时重新进行风险分析，制定新的风险措施，最大限度地降低风险事故发生的概率和减小损失幅度的项目管理活动。工程项目风险控制主要贯穿在项目的进度控制、成本控制、质量控制、合同控制等过程中。

工程项目风险控制的主要工作包括：

（1）风险跟踪监控

随着项目的进展，风险监控活动开始进行，项目管理者监控可能造成风险变高或变低的因素。项目风险监控就是在整个项目生命周期内跟踪已经识别的风险，监视残余风险，识别新的风险，实施风险应对计划并评估其有效性的过程。风险监控在整个项目生命周期过程中，不断持续进行。

依据风险识别的结果，对风险因素进行跟踪，监控项目的进展和工程项目环境的变化，分析可能会产生的后果是否与预期的一致。风险监控的目的还在于核对风险应对策略和措施的实际效果，寻找计划改善和细化风险规避计划，以使将来的风险决策更有效，以便对新出现的风险、风险策略及措施效果不佳或风险性质随时间变化较大的风险进行控制。风险跟踪监控工作应及时、反复不断进行，这也有利于积累信息和资料，查找风险原因，有助于下一步的风险识别、估计和评价以及风险的量化工作越来越准确可靠。

风险控制的目的主要有：

1）风险应对计划或措施是否得到有效实施；

2）风险应对措施是否有效，是否需要制定新的应对方案和应对措施；

3）项目假设前提是否依然成立；

4）风险暴露水平与以前的状态相比是否发生变化，并作出"趋势"分析；

5）某一风险征兆是否已经发生；

6）适当的组织政策和管理程序是否得到了遵从；

7）是否有新的风险（即原先未识别的风险）发生或出现。

（2）风险计划的执行及完善

风险一经发生就要积极采取应对措施，及时控制风险的影响，防止风险蔓延，最大可能地降低损失。还应该按照工程中新出现的状况调整策略，依靠项目管理人员的风险管理和应对能力、风险管理经验来把握工程的总体情况，保证工程项目目标的最大程度实现。

8.3 施工项目风险管理

1. 施工项目的主要风险

任何一项工程从立项到各种分析研究、设计、计划都是基于对未知因素的预测，基于正常的组织、管理、技术条件，而在施工过程中这些预测的因素都有可能发生变化，使原定的方案受到干扰。施工项目风险是影响施工项目目标实现的、事先不能确定的、内外部的干扰因素及其发生的可能性。施工项目一般都规模大、工期长、关联单位多、与环境接口复杂，包含着大量的风险，其主要风险见表8-18所列。

施工项目主要风险 表8-18

分类依据	风险种类	内　容
合同工作	投标中主要风险	项目施工手续不全；发包人签约主体有瑕疵
	合同履行中主要风险	发包人不组织验收或验收未通过导致不能及时回款；拖延结算；工程款回收风险；签证与索赔风险；固定价格的风险；工期延误
	法律风险	围标与串标；非法转包；违法分包；工程质量缺陷；工程未经验收而使用；竣工时间引起的诉争；黑白合同
风险原因	自然风险	地震、洪水等自然力的不确定性变化给施工项目带来的风险；未预测到的施工项目的复杂水文地质条件、不利的现场条件、恶劣的地理环境等，使交通运输受阻，施工无法正常进行，造成人财损失等风险
	社会风险	社会治安状况、宗教信仰的影响、风俗习惯、人际关系及劳动者素质等形成的障碍或不利条件给项目施工带来的风险
	政治风险	国家政治方面的各种事件和原因给项目施工带来意外干扰的风险，如战争、政变、动乱、恐怖袭击、国际关系变化、政策多变、权力部门专制和腐败等；注册和审批；没收、禁运
	法律风险	法律不健全、有法不依、执法不严，相关法律内容变化给项目带来的风险；未能正确全面地理解有关法规，施工中发生触犯法律的行为被起诉和处罚的风险
	经济风险	项目所在国或地区的经济领域出现的或潜在的各种因素变化，如经济政策的变化、产业结构的调整、市场供求变化带来的风险。如汇率风险、金融风险
	管理风险	经营者因不能适应客观形势的变化，或因主观判断失误，或因对已发生的事件处理不当而带来的风险。包括财务风险、市场风险、投资风险、生产风险等
	技术风险	由于科技进步、技术结构及相关因素的变动给施工项目技术管理带来的风险；由于项目所处施工条件或项目复杂程度带来的风险；施工中采用新技术、新工艺、新材料、新设备带来的风险
行为主体	业主	经济实力不强，抵御施工项目风险能力差；经营状况恶化，支付能力差或撤走资金，改变投资方向或项目目标；缺乏诚信，不能履行合同，不能及时交付场地、供应材料、支付工程款；管理能力差，不能很好地与项目相关单位协调沟通，影响施工顺利进行；业主发出错误指令，干扰正常施工活动

分类依据	风险种类	内　　容
行为主体	承包商	企业经济实力差，财务状况恶化，无力采购和支付工资；对项目环境调查、预测不准确；错误理解业主意图和招标文件，投标报价失误；项目合同条款遗漏、表达不清，合同索赔管理工作不力；施工技术、方案不合理，施工工艺落后，施工安全措施不当；工程价款估算错误、结算错误；没有适合的项目管理人员和技术专家，技术、管理能力不足，造成失误，工程中断；没有认真履行合同和保证进度、质量、安全、成本目标的有效措施；项目管理人员对于施工技术复杂的项目缺少经验，控制风险能力差；项目组织结构不合理、不健全，纪律涣散，责任心差；项目经理缺乏权威，指挥不力；没有选择好合作伙伴（分包商、供应商），责任不明，产生合同纠纷和索赔
	监理工程师	起草错误的招标文件、合同条件；管理组织能力低，不能正确执行合同，下达错误指令，要求苛刻；缺乏职业道德和公正性
	其他方面	设计方面缺陷造成返工或延误工期；分包商、供应商违约，影响工程进度、质量和成本；中介人的资信、可靠性差，水平低难以胜任其职，或为获私利不择手段；权力部门（主管部门、城市公共部门：水、电）的不合理干预和个人需求；施工现场周边居民、单位的干预
对目标的影响	工期风险	造成局部或整个工程的工期延长，项目不能及时投产
	费用风险	包括报价风险、财务风险、利润降低、成本超支、投资追加、收入减少等
	质量风险	包括材料、工艺、工程不能通过验收，试生产不合格，工程质量评价为不合格
	信誉风险	造成对企业形象和信誉的损害
	安全风险	造成人身伤亡、工程或设备的损坏

2. 施工项目风险防范策略与措施

承包商在对施工项目进行风险识别和衡量之后，应根据施工项目风险的性质、发生概率和损失程度，以及承包商自身的状态和外部环境，针对各种风险采取不同的防范策略。常用的防范风险策略有回避风险、转移风险、自留风险、利用风险。

（1）回避风险

回避风险是指承包商设法远离、躲避可能发生风险的行为和环境，从而达到避免风险发生或遏制其发展的可能性的一种策略。积极回避风险策略是承担小风险回避大风险，损失一定小利益避免更大的损失。

1）选择风险小或适中的项目而回避风险大的项目，不参与存在致命风险或风险很大的工程项目投标，放弃明显亏损的项目、风险损失超过自己承受能力和把握不大的项目，降低风险损失严重性；

2）利用合同保护自己，公平合理的规定业主和承包商之间的风险分配，不承担应该由业主或其他方承担的风险，不与实力差、信誉不佳的分包商和材料、设备供应商合作，不委托道德水平低下或综合素质不高的中介组织或个人；

3）施工活动（方案、技术、材料）有多种选择时，面临不同风险，采用损失最小化方案，选择风险损失较小而收益较大的风险防范措施，必要时损失一定小利益避免更大的损失。

（2）转移风险

转移风险不是转嫁风险，并非给其他主体造成损失，而是承包商通过财务手段，寻求用外来资金补偿确实会发生或业已发生的风险，从而将自身面临的风险转移给其他主体承担，利用其他主体具有的优势有效控制风险，以保护自己的一种防范风险的策略。风险的转移，一般包括保险转移和非保险的合同转移。

1）通过与业主、分包商、材料设备供应商、设计方等非保险方签订合同（承包、分包、租赁）或协商等方式，明确规定双方工作范围和责任，以及工程技术的要求，从而将风险转移给对方，或由双方合理分担风险，以减少承包商的相关责任。

2）承包商通过购买保险，将施工项目的可保风险转移给保险公司承担，使自己免受损失。工程承包领域的主要险别有：

建筑工程一切险，包括建筑工程第三者责任险（亦称民事责任险）；

安装工程一切险，包括安装工程第三者责任险；

社会保险（包括人身意外伤害险）；

机动车辆险；

十年责任险（房屋建筑的主体工程）和两年责任险（细小工程）。

（3）自留风险

自留风险是指承包商以自身的风险准备金来承担风险的一种策略。与风险控制损失不同的是，风险自留的对策并不能改变风险的性质，即其发生的频率和损失的严重性。

1）增强全体人员的风险意识，进行风险防范措施的培训、教育和考核。

2）根据项目特点，对重要的风险因素进行随时监控，做到及早发现，有效控制。

3）制定完善的安全计划，针对性地预防风险，避免或减少损失发生；制定灾难性计划，为人们提供损失发生时必要的技术组织措施和紧急处理事故的程序；制定应急性计划，指导人们在事故发生后以最小的代价使施工活动恢复正常；评估及监控有关系统及安全装置，经常检查预防措施的落实情况。

4）将项目的各风险单位分离间隔，减少风险源影响的范围和损失，避免发生连锁反应或互相牵连波及，而使损失扩大。

5）通过增加风险单位达到共同分担集体风险的目的，减轻总体风险的压力；工程付款采用多种货币组合也可分散国际金融风险。

（4）利用风险

利用风险，是指对于风险与利润并存的投机风险，承包商在确认可行性和效益性的前提下，所采取的一种承担风险并排除（减小）风险损失而获取利润的策略。利用风险并不一定保证利用成功，它本身也是一种风险。

承包商采取利用风险策略，要求承包商有承担风险损失的经济实力，确认利用风险的利大于弊；事先制定利用风险的策略和实施步骤，并随时监测风险态势及其因素的变化，做好应变的紧急措施。

比较常见的如，承包商利用合同对方（业主、供应商、保险公司等）工作疏漏，或履约不力，或监理工程师在风险发生期间无法及时审核和确认等弱点，抓住机遇，做好索赔工作。也有承包商通过采取各种有效的风险控制措施，降低实际发生的风险费用，使其低于不可预见费，这样原来作为不可预见的费用的一部分将转变为利润。精通国际金融的承包商，在国际工程承包中，可利用不同国家及其货币的利息差、汇率差、时间差、不同计价方式等谋取获利机会，一旦成功，获利巨大，但是若造成损失也将是致命的，必须谨慎操作。

3. 施工项目各阶段风险管理要点

施工项目各阶段风险管理工作内容较多，主要工作要点包括：

（1）施工准备阶段

1）施工项目策划；

2）法律、法规、标准、规范的现行有效版本收集；

3）主要施工方案、计划、措施的讨论与评审；

4）建立健全项目部制度；

5）投标策略交底与合同交底；

6）供应商、分包商的评估和选择。

（2）施工生产阶段

1）施工人员的进场教育；

2）施工方案与技术交底；

3）按制度进行各类检查与监督；

4）关键过程与特殊过程控制；

5）对规范的理解、规范的变更；

6）采购与分包；

7）劳务管理；

8）项目质量管理与施工安全隐患、事故的预防控制；

9）业主与监理的监管行为及配合程度；

10）资料、原始记录。

（3）竣工验收阶段

1）预验收；

2）办理工程质量报验手续、工程移交手续；

3）确定参加验收的组织与人员；

4）资料移交；

5）问题整改；

6）工程竣工决算的编制和审批；

7）保修承诺。

（4）回访保修阶段

1）积极处理工程投诉；

2）各类保证金、抵押金的安全性和回收；

3）尾款回收。

8.4 工程项目保险与担保

8.4.1 工程项目保险

1. 工程保险的概念

工程保险是财产保险中的一个重要险种，是为工程建设风险转嫁需要而设计的综合性保险，它对工程在建设过程中，因保险责任范围内的自然灾害和意外事故造成被保险人的各种物质或利益损失提供经济赔偿。

2. 我国的工程保险

（1）工程保险险种

国内工程保险的险种见表 8-19，主要险种包括建筑工程一切险、安装工程一切险和机器损坏保险等。

建筑工程一切险简称建工险，承保土木建筑为主体的工程在整个建设期间由于自然灾害和意外事故造成的物质损失和费用，以及被保险人应依法承担的对第三者人身伤亡或财产损失的民事损害赔偿责任。

安装工程一切险简称安工险，承保新建、扩建或改造的工矿企业的机械设备或钢结构建筑物在安装期内因保险事故造成的物质损失和费用，以及对第三者的赔偿责任。

机器损坏保险专门承保各类已经安装完毕并投入运行的机械设备因人为的、物理性的或意外的原因造成的物质损失。

国内工程保险的险种   表 8-19

国内工程保险	主要险种	建筑工程一切险
		安装工程一切险
		机器损坏保险
	其他险种	锅炉及压力容器保险
		建筑工程机械保险
		电子设备保险
		冷藏库存物品变质保险
		机器损坏所致利润损失保险
		营运期土木工程保险
		核能保险
		海上工程保险
		船舶建造保险
		航天工程保险

（2）保险责任

我国保险公司目前的建筑工程一切险和安装工程一切险条款，与国际上通用的条款基本上是一致的，所负责的范围相当广泛，除了各项除外责任外，对所有不可预料的和突然事故引起的损失，都负赔偿责任。这里，除外责任是指根据法律或保险合同约定的保险责任以外的责任，亦即保险人不负赔偿责任的风险范围，在此风险范围内发生事故，造成保险标的损失和产生责任，由被保险人自己承担。建筑工程一切险的保险责任见表 8-20 所列。

建筑工程一切险的保险责任与除外责任　　　　　　表 8-20

		损失成因
可承保或条件承保的风险	自然灾害风险	地震、海啸、雷电、暴风、暴雨、冰雹、地崩、火山爆发等其他不可抗拒的自然力造成的风险
	意外事故风险	不可预料的以及无法控制并造成损失的突发性事件，如火灾和爆炸等导致的损失
	技术风险	工人经验不足、施工工艺不善、材料缺陷、设计错误等导致的损失
	道德风险	管理不善、安全措施不到位、劳资关系恶化、工地社会环境恶劣等造成的损失
除外责任		各种战争、核辐射、政府行为； 音速或超音速飞行器造成的冲击波等由政府或国家赔偿的损失； 价格波动、合同丧失、无形资产损失、市场变化等投机风险； 设计错误、现金、有价证券、领有执照的机动车辆、船舶、飞机等应由其他专门保险承保的风险； 渐变原因风险； 被保险人的故意行为和重大损失

安装工程保险责任范围同建筑工程保险相比有两个不同之处：

（1）安装工程保险对因设计错误、铸造或原材料缺陷或工艺不善引起的被保险财产本身的损失及置换、修理或矫正这些缺点所支付的费用不负责任，但由此引致其他被保险财产的损失，安装工程保险可以赔偿，赔偿之后有权向设备制造商追偿；建筑工程保险既不承保因设计错误等原因引起的保险财产本身的损失及费用，也不承保因此造成其他保险财产的损失和费用。

（2）安装工程保险对于因超负荷、超电压、碰线等电气原因造成电气设备或电气用具自身的损失不负责任，但对因上述原因造成其他保险财产损失予以赔偿；建筑工程保险对于上述原因造成的所有损失均不负责赔偿。

机器损坏险的保险责任范围见表 8-21 所列。

机器损坏险的保险责任与除外责任　　　　　　表 8-21

	损失成因
保险责任	（1）设计、制造或安装错误，铸造和原材料缺陷； （2）工人、技术人员操作失误、缺乏经验、技术不善、疏忽、过失、恶意行为（恶意行为不是被保险人授意）； （3）离心力引起的断裂； （4）超负荷、超电压、碰线、电弧、漏电、短路、大气放电、感应点及其他电气原因； （5）锅炉缺水； （6）物理性爆炸； （7）露装机器遭受暴风雨、严寒； （8）责任免除意外的其他不可预料和意外的事故

	损失成因
除外责任	（1）机器运行必然引起的后果，如自然磨损、氧化、腐蚀、锈蚀、锅垢等； （2）各种传送带、轮胎、可调换或替代的钻头、钻杆、刀具、玻璃、陶瓷、钢筛及操作中媒介物以及其他易损易耗品； （3）被保险人及其代表已经知道或该知道被保险机器及其附属设备在保险责任开始前存在的缺点或缺陷； （4）根据法律或契约由供货方、制造人、安装人或修理人负责的损失或费用； （5）由于公共设施部门的限制性供应及故意或非意外行为等原因引起的停电、停水、停气； （6）火灾、爆炸、地震、海啸、雷电、暴风雨、地面下沉及其他自然灾害； （7）飞机坠毁、飞机部件或飞行物坠落； （8）机动车碰撞； （9）水箱、水管爆裂； （10）被保险人及其代表故意行为或重大过失； （11）战争、社会暴动、行政行为、核污染等辐射性污染； （12）保险事故发生导致的各种间接损失或责任

8.4.2 工程项目保证担保

1. 担保及担保方式

担保是为了保证债务的履行，确保债权的实现，在债务人信用或特定财产之上设定的特殊的民事法律关系。

1995 年 6 月 30 日，我国颁布实施了《中华人民共和国担保法》，其中规定的担保方式一共有五种：保证、抵押、质押、留置和定金。这五种方式尽管都属于债权的担保，但它们的性质、特点、适用范围等各有不同。工程项目风险管理中采用保证担保方式是国际工程风险管理长期实践的结果，即以专业保证担保公司（或保险公司）履约担保书或银行保函方式进行工程担保，而不采用抵押、质押、留置、定金等方式。

保证担保，又称第三方担保，是指保证人和债权人约定，当债务人不能履行债务时，保证人按照约定履行债务或承担责任的行为。

抵押是指债务人或者第三人不转移对所拥有财产的占有，将该财产作为债权的担保。债务人不履行债务时，债权人有权依法从将该财产折价或者拍卖、变卖的价款中优先受偿。

质押是指债务人或者第三人将其质押物移交债权人占有，将该物作为债权的担保。债务人不履行债务时，债权人有权依法从将该物折价或者拍卖、变卖的价款中优先受偿。

留置是指债权人按照合同约定占有债务人的动产，债务人不履行债务时，债权人有权依法留置该财产，以该财产折价或者以拍卖、变卖该财产的价款优先受偿。

2. 工程保证担保

工程担保中大量采用的是第三方担保，即保证担保。

工程保证担保是建设工程合同中要求的担保，指保证人应工程合同一方（被保证人）的要求，向另一方（债权人）作出书面承诺，当被保证人不履行合同义务，使债权人遭受损失时，保证人在合同规定的期限与金额内代为履行义务的一种维护建筑市场秩序的工程风险保障机制。

工程保证担保在发达国家已有一百多年的历史，已经成为一种国际惯例。我国工程保证担保起步较晚。20世纪80年代改革开放初期，由于利用世界银行贷款进行经济建设，作为工程建设项目管理国际惯例的工程保证担保也被随之引入，主要应用于外资或一些合资的工程建设项目，担保的类别也十分有限，并缺乏专门的法律制约。建设工程中经常采用的担保种类有：投标担保、履约担保、支付担保、预付款担保、工程保修担保等。

（1）投标担保

投标担保，是指投标人向招标人提供的担保，保证投标人一旦中标即按中标通知书、投标文件和招标文件等有关规定与业主签订承包合同。

投标担保的主要目的是保护招标人不因中标人不签约而蒙受经济损失。投标担保要确保投标人在投标有效期内不要撤回投标书，以及投标人在中标后保证与业主签订合同并提供业主所要求的履约担保、预付款担保等。投标担保的另一个作用是，在一定程度上可以起筛选投标人的作用。

投标担保可以采用银行保函、担保公司担保书、同业担保书和投标保证金担保方式，多数采用银行投标保函和投标保证金担保方式，具体方式由招标人在招标文件中规定。

未能按照招标文件要求提供投标担保的投标，可被视为不响应招标而被拒绝。

根据《工程建设项目施工招标投标办法》规定，施工投标保证金的数额一般不得超过投标总价的2%，但最高不得超过80万元人民币。投标保证金有效期应当超出投标有效期三十天。投标人不按招标文件要求提交投标保证金的，该投标文件将被拒绝，作废标处理。

根据《工程建设项目勘察设计招标投标办法》规定，招标文件要求投标人提交投标保证金的，保证金数额一般不超过勘察设计费投标报价的2%，最多不超过10万元人民币。

政府采购项目，招标采购单位规定的投标保证金数额，不得超过采购项目概算的1%。

（2）履约担保

履约担保是指招标人在招标文件中规定的要求中标的投标人提交的保证履行合同义务和责任的担保。

履约担保是工程担保中最重要也是担保金额最大的工程担保，作用是保证承包商能够按照合同履约，使业主避免由于承包商违约，不能按合同约定的条款完成承包的工程而遭受经济损失。一旦承包人违约，担保人要代为履约或者赔偿经济损失。履约保证金额的大小取决于招标项目的类型与规模，但必须保证承包人违约时，发包人不受损失。如果承包商不能按合同要求完成工程且业主并无违约行为，担保人可以向承包商提供资金上的支持或技术上的服务，避免工程失败的恶果。

履约担保的有效期始于工程开工之日，终止日期则可以约定为工程竣工交付之日或者保修期满之日。如果确定履约担保的终止日期为工程竣工交付之日，则需要另外提供工程保修担保。

履约担保可以采用银行保函、履约担保书和履约保证金的形式，也可以采用同业担保的方式，即由实力强、信誉好的承包商为其提供履约担保，但应当遵守国家有关企业之间提供担保的规定，不允许两家企业互相担保或多家企业交叉互保。

在保修期内，工程保修担保可以采用预留保留金的方式。

在投标须知中，发包人要规定使用哪一种形式的履约担保。中标人应当按照招标文件中的规定提交履约担保。履约保证金不得超过中标合同金额的10%。

（3）支付担保

支付担保是中标人要求招标人提供的保证履行合同中约定的工程款支付义务的担保。

工程款支付担保的作用是通过对业主资信状况进行严格审查并落实各项担保措施，确保工程费用及时支付到位；一旦业主违约，付款担保人将代为履约。在国际上还有一种特殊的担保——付款担保，即在有分包人的情况下，业主要求承包人提供的保证向分包人付款的担保，即承包商向业主保证，将把业主支付的用于实施分包工程的工程款及时、足额地支付给分包人。发包人要求承包人提供保证向分包人付款的付款担保，可以保证工程款真正支付给实施工程的单位或个人，如果承包人不能及时、足额地将分包工程款支付给分包人，业主可以向担保人索赔，并可以直接向分包人付款。

支付担保通常采用银行保函、履约保证金或担保公司担保的形式。

（4）预付款担保

预付款担保是指承包人与发包人签订合同后领取预付款之前，为保证正确、合理使用发包人支付的预付款而提供的担保。

建设工程合同签订以后，发包人往往会支付给承包人一定比例的预付款，一般为合同金额的10%，如果发包人有要求，承包人应该向发包人提供预付款担保。

预付款担保的主要形式是银行保函。预付款担保的担保金额通常与发包人的预付款是等值的。预付款一般逐月从工程付款中扣除，预付款担保的担保金额也相应逐月减少。承包人在施工期间，应当定期从发包人处取得同意此保函减值的文件，并送交银行确认。承包人还清全部预付款后，发包人应退还预付款担保，承包人将其退回银行注销，解除担保责任。

（5）工程保修担保

在《建筑法》和《建设工程质量管理条例》中，对工程质量保修制度作了明确规定。最方便的方式是采用保修保证金的形式。实践中，质量保修书作为建设工程合同的附件，对保修的范围和内容、保修期限、保修责任等作出约定。

8.5 本 章 小 结

项目风险是指由于项目所处环境和条件的不确定性，项目的最终结果与项目干系人的期望产生背离，并给项目干系人带来损失的可能性。工程项目风险是所有影响工程项目目标实现的不确定因素的集合，是指在工程项目全寿命周期中各个阶段可能遭到的风险。

工程项目风险管理是指项目主体在工程项目的各个阶段，以风险识别、风险评估为基础，并采取必要的对策对项目风险实施有效控制，妥善处理风险事件造成的不利后果，以最少的成本保证项目总体目标实现的管理过程。工程项目风险管理具有全程管理、全员管理、全要素集成管理的特点，主要包括项目风险管理规划、项目风险识别、项目风险评估、项目风险控制等内容。

工程保险是为工程建设风险转嫁需要而设计的综合性保险，它对工程在建设过程中，因保险责任范围内的自然灾害和意外事故造成被保险人的各种物质或利益损失提供经济赔偿。我国的工程保险主要险种包括建筑工程一切险、安装工程一切险和机器损坏保险等。

工程保证担保是建设工程合同中要求的担保，指保证人应工程合同一方（被保证人）的要求，向另一方（债权人）作出书面承诺，当被保证人不履行合同义务，使债权人遭受损失时，保证人在合同规定的期限与金额内代为履行义务的一种维护建筑市场秩序的工程风险保障机制。

案例阅读：国际工程项目——成功与失败风险管理实例分析与对比

1. 成功案例：某公司实施伊朗某大坝项目

我国某公司在承包伊朗某大坝项目时，风险管理比较到位，成功地完成了项目并取得较好的经济和社会效益。

（1）合同管理

该公司深知合同签订、管理的重要性，专门成立了合同管理部，负责合同的签订和管理。在合同签订前，该公司认真研究并吃透了合同，针对原合同中的不合理条款据理力争，获得了有利的修改。在履行合同过程中，则坚决按照合同办事，因此，项目进行得非常顺利，这也为后来的成功索赔提供了条件。

（2）融资方案

为了避免利率波动带来的风险，该公司委托国内的专业银行作保值处理，避免由于利率波动带来风险。因为是出口信贷工程承包项目，该公司要求业主出资部分和还款均以美元支付，这既为我国创造了外汇收入，又有效地避免了汇率风险。

（3）工程保险

在工程实施过程中，对一些不可预见的风险，该公司通过在保险公司投保工程一切险，有效避免了工程实施过程中的不可预见风险，并且在投标报价中考虑了合同额的6％作为不可预见费。

（4）进度管理

在项目实施过程中，影响工程进度的主要是人、财、物三方面因素。对于物的管理，首先是选择最合理的配置，从而提高设备的效率；其次是对设备采用强制性的保养、维修，从而使得整个项目的设备完好率超过了90％，保证了工程进度。由于项目承包单位是成建制的单位，不存在内耗，因此对于人的管理难度相对小；同时，项目部建立了完善的管理制度，对员工、特别是当地员工都进行了严格的培训，保证了工程的进度。

（5）设备投入

项目部为了保证施工进度，向项目投入了近2亿元人民币的各类大型施工机械设备，其中包括：挖掘机14台、推土机12台、45t自卸汽车35台、25t自卸汽车10台、装卸机7台、钻机5台和振动碾6台等。现场进驻各类技术干部、工长和熟练工人约200人，雇用伊朗当地劳务550人。

（6）成本管理

对于成本管理，项目部牢牢抓住人、财、物这三个方面。在人的管理方面，我国承包商牢牢控制施工主线和关键项目，充分利用当地资源和施工力量，尽量减少中国人员。通过与当地分包商合作，减少中方投入约1200万～1500万美元。在资金管理方面，项目部每天清算一次收入支出，以便对成本以及现金流进行有效掌控。在物的管理方面，选择最合理的设备配置，加强有效保养、维修，提高设备的利用效率。项目部还特别重视物流工作，并聘用专门的物流人员，做到设备材料一到港就可以得到清关，并能很快应用在工程中，从而降低了设备材料仓储费用。

（7）质量管理

该项目合同采用 FIDIC 的 EPC 范本合同，项目的质量管理和控制主要依照该合同，并严格按照合同框架下的施工程序操作和施工。项目部从一开始就建立了完整的质量管理体制，将施工质量与效益直接挂钩，奖罚分明，有效地保证了施工质量。

（8）HSE（Health，Safety，Environment）

管理安全和文明施工有利于树立我国公司在当地的良好形象，因此该项目部格外重视，并自始至终加强安全教育，定期清理施工现场。同时，为了保证中方人员的安全，项目部还为中方人员购买了人身保险。

（9）沟通管理

为了加强对项目的统一领导和监管，协调好合作单位之间的利益关系，该公司成立了项目领导小组，由总公司、海外部、分包商和设计单位的领导组成，这也大大增强了该公司内部的沟通与交流。而对于当地雇员，则是先对其进行培训，使其能很快融入到项目中，同时也尊重对方，尊重对方的风俗习惯，以促进中伊双方人员之间的和谐。

（10）人员管理

项目上，中方人员主要是中、高层管理人员，以及各作业队主要工长和特殊技工。项目经理部实行聘任制，按项目的施工需要随进随出，实行动态管理。进入项目的国内人员必须经项目主要领导签字认可，实行一人多岗、一专多能，充分发挥每一个人的潜力，实行低基本工资加效益工资的分配制度。项目上，机械设备操作手、电工、焊工、修理工、杂工等普通工种则在当地聘用，由当地代理成批提供劳务，或项目部直接聘用管理。项目经理部对旗下的四个生产单位（即施工队）实行目标考核、独立核算，各队分配和各队产值、安全、质量、进度和效益挂钩，奖勤罚懒，拉开差距，鼓励职工多劳多得，总部及后勤人员的效益工资和工作目标及各队的完成情况挂钩。

（11）分包商管理

该项目由该公司下属全资公司某工程局为主进行施工，该工程局从投标阶段开始，即随同并配合总公司的编制，考察现场，参与同业主的合同谈判和施工控制网布置，编制详细的施工组织设计等工作，对于项目了解比较深入。该工程局从事国际工程承包业务的技术和管理实力比较雄厚，完全有能力完成受委托的主体工程施工任务。同时，该公司还从系统内抽调在土石坝施工方面具有丰富经验的专家现场督导，并从总部派出从事海外工程多年的人员负责项目的商务工作。其合作设计院是国家甲级勘测设计研究单位，具有很强的设计能力和丰富的设计经验。分包商也是通过该项目领导小组进行协调管理。

2. 失败案例：某联合体承建非洲公路项目

我国某工程联合体在承建非洲某公路项目时，由于风险管理不当，造成工程严重拖期，亏损严重，同时也影响了中国承包商的声誉。该项目业主是该国政府工程和能源部，出资方为非洲开发银行和该国政府，项目监理是英国监理公司。

在项目实施的四年多时间里，中方遇到了极大的困难，尽管投入了大量的人力、物力，但由于种种原因，合同于 2005 年 7 月到期后，实物工程量只完成了 35%。2005 年 8月，项目业主和监理工程师不顾中方的反对，单方面启动了延期罚款，金额每天高达

5000美元。为了防止国有资产的进一步流失，维护国家和企业的利益，我方承包商在我国驻该国大使馆和经商处的指导和支持下，积极开展外交活动。2006年2月，业主致函我方承包商同意延长3年工期，不再进行工期罚款，条件是我方承包商必须出具由当地银行开具的约1145万美元的无条件履约保函。由于保函金额过大，又无任何合同依据，且业主未对涉及工程实施的重大问题作出回复，为了保证公司资金安全，维护我方利益，中方不同意出具该保函，而用中国银行出具的400万美元的保函来代替。但是，由于政府对该项目的干预未得到项目业主的认可，2006年3月，业主在监理工程师和律师的怂恿下，不顾政府高层的调解，无视我方对继续实施本合同所做出的种种努力，以我方企业不能提供所要求的1145万美元履约保函的名义，致函终止了与中方公司的合同。针对这种情况，中方公司积极采取措施并委托律师，争取安全、妥善、有秩序地处理好善后事宜，力争把损失降至最低。

该项目的风险主要有：

（1）外部风险

项目所在地土地全部为私有，土地征用程序及纠纷问题极其复杂，地主阻工的事件经常发生，当地工会组织活动活跃；当地天气条件恶劣，可施工日很少，一年只有三分之一的可施工日；该国政府对环保有特殊规定，任何取土采砂场和采石场都必须事先进行相关环保评估并最终获得批准方可使用，而政府机构办事效率极低，这些都给项目的实施带来了不小的困难。

（2）承包商自身风险

在陌生的环境特别是当地恶劣的天气条件下，中方的施工、管理、人员和工程技术等不能适应该项目的实施。在项目实施之前，尽管我方承包商从投标到中标的过程还算顺利，但是其间蕴藏了很大的风险。业主委托一家对当地情况十分熟悉的英国监理公司起草该合同。该监理公司非常熟悉当地情况，将合同中几乎所有可能存在的对业主的风险全部转嫁给了承包商，包括雨季计算公式、料场情况、征地情况。我方公司在招投标前期做的工作不够充分，对招标文件的熟悉和研究不够深入，现场考察也未能做好，对项目风险的认识不足，低估了项目的难度和复杂性，对可能造成工期严重延误的风险并未做出有效的预测和预防，造成了投标失误，给项目的最终失败埋下了隐患。

随着项目的实施，该承包商也采取了一系列的措施，在一定程度上推动了项目的进展，但由于前期的风险识别和分析不足以及一些客观原因，这一系列措施并没有收到预期的效果。特别是由于合同条款先天就对我方承包商极其不利，造成了我方索赔工作成效甚微。另外，在项目执行过程中，由于我方承包商内部管理不善，野蛮使用设备，没有建立质量管理保证体系，现场人员素质不能满足项目的需要，现场的组织管理沿用国内模式，不适合该国的实际情况，对项目质量也产生了一定的影响。这一切都导致项目进度仍然严重滞后，成本大大超支，工程质量也不尽如人意。

该项目由某央企工程公司和省工程公司双方五五出资参与合作，项目组主要由该省公司人员组成。项目初期，设备、人员配置不到位，部分设备选型错误，中方人员低估了项目的复杂性和难度，当项目出现问题时又过于强调客观理由。现场人员素质不能满足项目的需要，现场的组织管理沿用国内模式。在一个以道路施工为主的工程项目中，道路工程师却严重不足甚至缺位，所造成的影响是可想而知的。在项目实施的四年间，该承包商竟三次调换办事处总经理和现场项目经理。在项目的后期，由于项目举步维艰，加上业主启动了惩罚程序，这使原本亏损巨大的该项目雪上加霜，项目组织也未采取积极措施稳定军心。由于看不到希望，现场中外职工情绪不稳，人心涣散，许多职工纷纷要求回国，当地劳工纷纷辞职，这对项目也产生了不小的负面影响。

由上可见，尽管该项目有许多不利的客观因素，但是项目失败的主要原因还是在于承包商的失误，而这些失误主要还是源于前期工作不够充分，特别是风险识别、分析管理过程不够科学。尽管在国际工程承包中价格因素极为重要而且由市场决定，但可以说，承包商风险管理（及随之的合同管理）的好坏直接关系到企业的盈亏。

（资料来源：搜狐财经 http：//www.sohu.com/a/216486964_168969）

思 考 与 练 习 题

1. 说明工程项目风险的分类。
2. 简述工程项目风险管理的工作内容。
3. 叙述风险管理规划、风险识别、风险定性分析、风险定量分析的方法与工具。
4. 简述工程项目风险的应对策略与措施。
5. 分析说明工程保险的主要险种和作用。
6. 简述对我国工程保证担保制度的理解，分析各类担保的作用。

9 工程项目信息及沟通管理

本章要点及学习目标：

了解工程项目信息的概念、形式、分类，工程项目信息管理的概念、任务、目的和工作过程。熟悉工程项目信息编码的原则、要求与方法，信息处理方法，工程项目文档资料编制要求、方法以及各参建单位档案资料管理的要求，工程项目报告及报告系统。掌握工程项目信息管理系统的功能，工程项目沟通的方式、渠道，沟通管理的过程以及实现有效沟通的途径、方法与工具，项目经理的沟通职责，沟通计划编制的相关要求等。

9.1 工程项目信息管理

9.1.1 工程项目信息与工程项目信息管理

1. 信息与工程项目信息

信息指的是用口头的方式、书面的方式或电子的方式传输（传达、传递）的知识、新闻，或可靠的或不可靠的情报。在管理科学领域中，通常被认为是一种已被加工或处理成特定形式的数据。这里的"数据"并不仅指数字，在信息管理中，数据作为一个专门术语，它包括数字、文字、图像和声音。例如，在施工方项目信息管理中，各种报表、成本分析的有关数字、进度分析的有关数字、质量分析的有关数字、各种来往的文件、设计图纸、施工摄影摄像资料和录音资料等都属于信息管理中的数据的范畴。

工程项目信息是以文字、数据、图纸、图表、录音、录像等形式描述的，能够反映项目建设过程中各项业务在空间上的分布和在时间上的变化程度，并对工程项目管理和项目目标的实现有价值的数据资料。

就工程项目而言，信息包括在项目决策过程、实施过程（设计准备、设计、施工和物资采购过程等）和运行过程中产生的信息，以及其他与项目建设有关的信息。工程项目的实施不仅需要人力资源和物质资源，信息也是项目实施的重要资源之一。

工程项目的信息可以按不同的标准分类和管理，见表 9-1 所列。施工项目的主要信息分类及内容见表 9-2 所列。

工程信息管理工作涉及多部门、多环节、多专业、多渠道，工程信息量大，来源广泛，形式多样。工程项目信息主要由下列形式构成。

（1）文字图形信息

文字图形信息包括勘察、测绘、设计图纸及说明书，计算书，合同，工作条例及规定，施工组织设计，情况报告，原始记录，统计图表、报表，信函等信息。

（2）语言信息

语言信息包括口头分配任务、下达指示、汇报、工作检查、介绍情况、谈判交涉、建议、批评、工作讨论和研究、会议等信息。

（3）新技术信息

新技术信息主要指通过网络、电话、计算机、电视、录像、录音、广播等现代化手段收集和处理的一部分信息。

工程项目信息分类　　　　　　　　　　　　　表 9-1

分类标准	信息类别	分类标准	信息类别
信息来源	内部信息	信息流向	自上而下的信息
	外部信息		自下而上的信息
管理层次	战略级信息		横向沟通的信息
	战术级信息		内部与外部沟通的信息
	作业（执行）级信息	产生阶段	决策过程的信息
信息性质	技术类信息		实施过程的信息
	管理类信息		运行过程的信息
	经济类信息	信息时态	历史性信息
	法规类信息		实时信息
	组织类信息		预测信息
	资源类信息	项目目标	成本控制信息
管理流程	计划信息		投资控制信息
	执行信息		质量控制信息
	检查信息		进度控制信息
	反馈信息		合同管理信息

施工项目信息的内容　　　　　　　　　　　　表 9-2

信息类别		内容
项目公共信息	政策法规信息	包括部门规章
	自然条件信息	
	市场信息	如材料设备的供应商及价格信息、新技术、新工艺
	其他公共信息	
项目个体信息	工程概况信息	
	商务信息	施工图预算、标书、合同、工程款索赔
	施工记录信息	施工日志、质量检查记录、材料设备进场及消耗记录
	技术管理信息	各种记录、施工组织设计、施工方案、技术交底、工程质量验收、设计变更、竣工验收资料与竣工图等
	进度控制信息	施工进度计划、WBS 作业包、WBS 界面文件
	质量控制信息	质量目标、质量体系，材料、成品、半成品、构配件、设备出厂质量证明或检（试）验报告及进场后的抽检复验报告
	成本控制信息	预算成本、责任目标成本、实际成本、降低成本计划、成本分析
	安全控制信息	安全管理制度及措施、安全交底、安全设施检查与验收、安全教育、安全事故调查与处理
	资源管理信息	劳动需要量计划，主要材料、构配件、成品、半成品需要量计划，机械、设备需要量计划，资金需要量计划
	行政管理及现场管理信息	来往函件、会议通知、会议纪要，施工现场管理制度，文明施工制度，防火、保安、卫生防疫、场容规章、现场评比记录
	竣工验收信息	建设工程档案验收许可证，工程结算，工程回访与保修

2. 信息管理与工程项目信息管理

信息管理（Information Management）属于管理活动的一部分，但信息管理不能简单理解为仅对产生的信息进行归档和一般的信息领域的行政事务管理。狭义的信息管理概念把信息管理局限于对信息本身的管理，指对信息的收集、整理、储存、传播和利用过程，也就是信息从分散到集中，从无序到有序，从存储到传播，从传播到利用的过程。广义的信息管理概念不仅是指对信息的管理，而且是对涉及信息活动的各种要素，如信息、人员、技术、机构等进行管理，实现各种资源的合理配置以满足社会对信息需求的过程。

工程项目信息管理，是指对建设工程项目信息进行的收集、整理、分析、处置、储存和使用等活动，是通过对各个系统、各项工作和各种数据的管理，使建设工程项目信息能方便和有效地获取、存储、存档、处理和交流。

随着建设项目规模越来越大，技术越来越复杂，施工组织分工越来越细，工程项目管理工作不仅对信息的及时性和准确性提出了更高的要求，而且对信息的需求量也大大增加，这些都对信息管理工作提出了更高的要求。只有采用电子计算机，才有可能高速度、高质量地处理大量的信息，并根据现代管理科学理论（如运筹学、网络计划技术、系统分析和模拟技术等）和计算机处理的结果，作出最优的决策，取得良好的经济效果。

9.1.2　工程项目信息管理的目的与任务

1. 工程项目信息管理的目的

工程项目信息管理的目的是根据项目信息的特点，通过对各个系统、各项工作和各种数据的管理，使项目的信息能方便和有效地获取、存储、存档、处理和交流，并有计划地组织信息沟通，以保证决策者能及时、准确地获得相应的信息。

项目信息管理旨在通过有效的项目信息传输的组织和控制（信息管理）为工程项目建设的增值服务。在建设工程项目管理过程中，做好信息管理不仅是方便建设项目施工、提高管理的效率和规范性，真正的目的是要通过有效的信息管理、优化资源配置，发挥信息沟通协调的优势，为项目建设的增值服务，也就是说，信息管理要能够为项目建设带来实实在在的效益。以计算机为基础的现代信息处理技术在项目管理中的应用，为大型项目信息管理系统的规划、设计和实施提供了全新的信息管理理念、技术支撑平台和全面解决方案。

2. 工程项目信息管理的任务

（1）编制建设工程项目信息管理规划；

（2）明确建设工程项目管理班子中信息管理部门的任务；

（3）编制和确定信息管理的工作流程；

（4）建立建设工程项目信息管理的处理平台；

（5）建立建设项目信息中心。

3. 信息管理部门的主要工作任务

项目管理班子中各个工作部门的管理工作都与信息处理有关，也都承担一定的信息管理任务，而信息管理部门是专门从事信息管理的工作部门，其主要工作任务如下：

（1）负责主持编制信息管理手册，在项目实施过程中进行信息管理手册必要的修改和补充，并检查和督促其执行；

（2）负责协调和组织项目管理班子中各个工作部门的信息处理工作；

（3）负责信息处理工作平台的建立和运行维护，按照项目实施、项目组织、项目管理工作过程建立项目管理信息系统流程，在实际工作中保证这个系统正常运行，并控制信息流；

（4）制定项目报告及各种资料的规定，与其他工作部门协同组织收集信息、处理信息和形成各种反映项目进展和项目目标控制的报表和报告；

（5）负责工程档案管理等。

针对不同项目的情况，项目信息管理组织机构的规划原则主要有：

（1）限额以上的大型项目在项目概念阶段的组织和资源规划中必须设立专门的信息管理机构，部门名称可以叫项目信息中心或项目信息办公室。

（2）成立以项目总经理为核心的项目信息管理系统建设领导小组，统一规划部署项目信息化工作，设立项目信息总监或项目总信息师。

（3）在项目的计划、财务、合同、物资、档案、质量、办公室等职能部门设立部门级项目信息员。

（4）单位从总预备费或办公管理费用中列支计算机网络、数据库、项目管理软件等采购费用。

9.1.3 工程项目信息管理的工作过程

项目信息管理系统有人工管理信息系统和计算机管理信息系统两种类型。项目信息管理的主要内容有项目信息收集、项目信息加工和项目信息传递等。

1. 工程项目信息的收集

工程项目信息的收集主要是指收集项目决策和实施过程中的原始数据。

（1）工程项目建设前期的信息收集

1）收集可行性研究报告及其有关资料

项目建议书、可行性研究报告、上级主管部门的批复、建设用地等的信息资料。

2）设计文件及有关资料的收集

社会调查情况、工程勘测调查情况、技术经济勘察调查情况等。

3）招标投标合同文件及其有关资料的收集

投标邀请书、投标须知、合同协议书、履约保函、招标图纸、补充文件、中标通知书等。

（2）施工期间的信息收集

1）收集业主提供的信息；

2）收集承建商的信息；

3）建设项目的施工现场记录；

4）收集工地会议记录。

（3）工程竣工阶段的信息收集

一部分在整个施工过程中积累而成；另一部分在竣工验收期间，根据积累的资料分析而成。

2. 工程项目信息的加工整理和存储

（1）信息处理

信息处理的要求是及时、准确、适用、经济，方法主要包括收集、加工、输入计算机、传输、存储、计算、检索、输出等。

（2）收集信息的分类

3. 工程项目信息的检索和传递

健全的检索系统可以使报表、文件、资料、人事和技术档案既保存完好，又查找方便。否则会使资料杂乱无章，无法利用。无论是存入档案库还是存入计算机存储器的信息、资料，为了查找的方便，在入库前都要拟订一套科学的查找方法和手段，做好编目分类工作。

信息传递是利用一定载体在项目信息管理工作的各部门、各单位之间传递，通过传递，形成各种信息流。畅通的信息流，将利用报表、图表、文字、记录、电信、各种收发文、会议、审批及计算机等传递手段，将项目信息输送到项目建设各方手中，成为工作的依据。

项目执行过程中，要收集关于项目进展情况的信息以及项目的完成情况，并且向项目利益相关者、项目组成员、管理层及其他相关方面作报告。还要在此基础上对项目未来的进展情况进行预测。项目进展情况报告一般包括项目范围、进度、费用、技术状态等方面的执行状态，以及对未来趋势的预测。

对项目计划的执行情况进行分析时，可以用到偏差分析、趋势分析和挣值分析等多种技术。偏差分析用来在项目进展过程中比较期望的项目计划结果和实际结果，以确定是否存在偏差。趋势分析用来确定随着时间的推移，项目的执行是否得到了提高，其方法是定期地分析项目结果。挣值（Earned Value）分析法是用三值指标来比较项目获得的成果和付出的代价，可以综合分析进度、费用以及项目的范围。

9.1.4 工程项目文档资料管理

1. 工程项目文档资料及管理的概念

工程项目文档资料是指建设项目在立项、设计、施工、监理和竣工活动中形成的具有归档保存价值的基建文件、监理文件、施工文件和竣工图的统称。

建设单位文件包括决策立项文件、征用土地拆迁文件、勘察设计文件、招投标文件、工程验收文件等。监理单位文件包括监理合同类文件、监理管理资料、监理工作记录、监理验收资料等。施工单位文件包括施工管理资料、施工技术资料、施工物质资料、施工测量记录、工程施工记录、施工验收资料等。竣工图是真实记录建设工程各种地下、地上建筑物竣工实际情况的技术文件，是对工程进行交工验收、维护、扩建、改建的依据，也是使用单位长期保存的资料；竣工图绘制工作应由建设单位完成，也可委托总承包单位、监理单位或设计单位完成。

工程文件和档案组成建设工程文件档案资料，工程项目文档资料包括各类文件、项目信件、设计图纸、合同书、会议纪要、各种报告、通知、记录、鉴证、单据、证明、书函等文字、数值、图表、图片及音像资料，其载体可为纸张、微缩胶卷、其他存储设备等。

文档资料特征主要有：

（1）分散性和复杂性；

（2）继承性和时效性；

（3）全面性和真实性；

（4）随机性；

（5）多专业性和综合性。

工程项目文档资料管理是指对作为信息载体的资料进行有序的收集、加工、分解、编目、存档，并为项目各参加者提供专用和常用信息的过程。文档系统是管理信息系统的基础，是管理信息系统有效率运行的前提条件。

2. 工程项目档案资料编制质量要求及组卷方法

（1）工程项目档案资料编制质量要求

1）真实地反映工程实际情况，具有永久和长期保存价值的文件材料必须完整、准确、系统，责任者的签章手续必须齐全。

2）工程档案资料必须使用原件；如有特殊原因不能使用原件的，应在复印机或抄件上加盖公章并注明原件存放处。

3）工程档案资料的签字必须使用档案规定用笔。

4）凡采用施工蓝图改绘竣工图的，必须使用新蓝图并反差明显，修改后的竣工图必须图面整洁，文字材料字迹工整、清楚。

5）工程档案资料的缩微制品，必须按国家缩微标准进行制作。

6）工程档案资料的照片（含底片）及声像档案，要求图像清晰，声音清楚，文字说明或内容准确。

（2）工程项目档案资料组卷方法

1）工程档案资料应按建设单位文件、工程监理文件、施工文件和竣工图分别进行组卷，施工文件、竣工图还应按专业分别组卷，以便于保管和利用。按建设程序可划分为工程准备阶段文件、监理文件、施工文件、竣工图、竣工验收文件五部分。

工程准备阶段文件可按单位工程、分部工程、专业、形成单位等组卷。

监理文件可按单位工程、分部工程、专业、阶段等组卷。

施工文件可按单位工程、分部工程、专业、阶段等组卷。

竣工图可按单位工程、专业等组卷，可分综合图卷、建筑、结构、给水排水、燃气、电气、通风与空调、电梯、工艺卷等，每一专业根据图纸多少可组成一卷或多卷。

竣工验收文件可按单位工程、专业等组卷。

2）遵循工程文件的自然形成规律，保持卷内文件的有机联系，便于档案保管和利用。一个项目由多个单位工程组成时，工程文件应按单位工程组卷。

3）卷内资料排列一般顺序为：封面、目录、文件部分、备考表、封底。

3. 工程建设各参建单位档案资料的管理

（1）通用规定

1）各单位填写的档案应以规范、合同、设计文件、质量验收统一标准为依据。

2）档案资料应随工程进度及时收集、整理，并应按专业归类，认真书写，字迹清楚，项目齐全、准确、真实、无未了事项，并应采用统一表格。

3）各单位技术负责人负责本单位工程档案资料的全过程组织工作并负责审核，各相关单位档案管理员负责档案资料的收集、整理工作。

4）对于涂改、伪造、随意抽撤或损毁、丢失档案资料等应进行处罚，情节严重的应依法追究法律责任。

（2）各参建单位档案资料的管理

1）建设单位的管理

① 在招标及与各参建单位签订合同时，应对工程文件的套数、费用、质量、移交时间提出明确要求。

② 收集和整理工程准备阶段、竣工验收阶段形成的文件，并立卷归档。

③ 组织、监督、检查各参建单位的工程文件的形成、积累和立卷归档工作，收集和汇总各参建单位立卷归档的工程档案。

④ 可委托承包单位组织工程档案编制工作。

⑤ 负责组织绘制竣工图，也可委托承包单位、设计单位或监理单位完成。

⑥ 在组织竣工验收前，应请当地城建档案管理部门对工程档案验收；未取得工程档案认可文件，不得组织竣工验收。

⑦ 对列入当地城建档案管理部门验收范围的工程，竣工验收 3 个月内向该部门移交符合规定的工程文件。

2）监理单位的管理

设专人负责监理资料收集、整理和归档。

按监理合同约定，受建设单位委托，对勘察、测绘、设计、施工单位的工程文件的形成、积累和立卷归档进行监督检查。

监理文件的套数、提交内容及时间按《建设工程文件归档规范（2019 年版）》GB/T 50328—2014 的要求，编制移交清单，双方签字盖章后及时移交建设单位。

3）施工单位的管理

① 实行技术负责人负责制，逐级建立、健全施工文件管理岗位责任制，配备专人负责施工资料管理。

② 总承包单位负责收集、汇总各分包单位形成的工程档案。

③ 可按合同约定，接受建设单位委托进行工程档案的组织、编制工作。

④ 按要求在竣工前将施工文件整理汇总完毕，再移交建设单位进行竣工验收。

4. 项目档案资料的归档、验收与移交

工程档案资料由建设单位进行验收，属于向地方城建档案部门报送工程档案资料的建设项目还应会同地方城建档案部门共同验收。为确保工程档案质量，各编制单位、地方城建档案管理部门、建设行政管理部门要对档案进行严格的检查验收。凡报送的工程档案资料，如验收不合格将其退回建设单位，由建设单位责成责任者重新编制，待达到要求后重新报送。

国家、省市重点建设项目或一些特大型、大型建设项目的预验收和验收，应由地方城建档案部门参加验收。

施工单位、监理单位等有关单位应在工程竣工验收前将工程档案资料按合同或协议规定的时间、套数移交给建设单位，办理移交手续。

地方城建档案管理部门进行档案预验收时，重点验收内容如下：

分类齐全、系统完整、内容真实，准确地反映工程建设活动和工程实际情况；

文件的形成、来源符合实际，签章手续完备；

文件材质、幅面、书写、绘图、用墨等符合要求；

工程档案已整理立卷，立卷符合规范规定；

竣工图绘制方法、图式及规格等符合专业技术要求，图面整洁，盖有竣工图章。

列入当地城建档案管理部门验收范围的工程，竣工验收通过后3个月内，建设单位将汇总的全部工程档案资料移交地方城建档案部门。移交时应办理移交手续，填写移交记录，双方签字盖章后交接。地方城建档案部门负责工程档案资料的最后验收，并对编制报送工程档案资料进行业务指导、督促和检查。

停建、缓建工程的工程档案暂由建设单位保管。

9.1.5 工程项目管理软件简介

1. 国外项目管理软件

国外的项目管理软件主要有微软公司的 Microsoft Project，Primavera 公司的 Primavera Project Planner、CA-Super Project，Scitor 公司的 Project Scheduler，Symantec 公司的 Time Line 等。

（1）Microsoft Project（简称 Project）

Project 已成为世界上应用最普遍的项目管理软件。Project 为普通工作人员或项目管理人员提供对于项目的整体规划和跟踪，并按照业务需求交付相应的结果。作为一个项目管理软件，Project 能够帮助单位协调商业计划、项目及资源，从而获得更好的商业业绩。

通过使用其灵活的报告和分析功能，可以利用可操作的信息来优化资源、安排工作优先顺序并协调项目与总体商业目标。

Project 主要功能包括项目范围管理、项目进度管理、项目资源管理、信息沟通管理和项目综合管理等。

（2）Primavera Project Planner（简称 P3）

P3 工程项目管理软件是美国 Primavera 公司的产品，是国际上最为流行的项目管理软件之一，并且已成为项目管理软件标准。该公司成立伊始，便推出了 P3。P3 的精髓是广义网络计划技术与目标管理的有机结合，P3 是全球用户最多的项目进度控制软件，尤其适用于大型项目和多项目的协同管理。

P3 的主要功能有：

1）项目团队遍布全球各地，通过多用户来支持项目文档安全模拟；

2）有效地控制大而复杂的项目；

3）平衡资源；

4）利用网络进行信息交换；

5）资源共享；

6）自动调整；

7）优化目标；

8）工作分解功能；

9）对工作进行处理；

10）数据接口功能。

（3）Primavera Project Planner for the Enterprise（简称 P3e）

P3e 是 Primavera 公司专门为企业开发的管理软件，致力于以下几个方面的任务：

1）通过提高项目管理能力提高企业经营能力；

2）使企业的各种资源高效率地、协调协同地有序进行配置；

3）将企业行为既按多个项目进行管理又能够全面共享整体资源；

4）建立标准的、精确的项目评价制度；

5）在企业内部围绕项目进行全盘计划、及时沟通、动态跟踪；

6）预警、中和、消除项目风险；

7）加工项目管理系统与企业其他管理系统整合；

8）利用 Internet 技术辅助实现深度的项目管理。

P3e 的功能特点包括：

1）P3e 是一个全面的、多工程进度计划和控制的项目管理软件；

2）可对整个工程的生命期进行管理；

3）完善的数据通信；

4）可集中控制资源；

5）事务管理和风险分析；

6）Primavera 进度报表生成器；

7）Primavera 决策分析工具。

2. 国内项目管理软件

（1）项目管理中心平台（LinkProject）

LinkProject 是梦龙科技有限公司研制的项目管理类软件之一。在大型关系数据库 SQL Server 和 Oracle 上构架起企业级的、包含现代项目管理知识九大体系在内的、具有高度灵活性和开放性的、以计划—协同—跟踪—控制—积累为主线的企业级工程项目管理平台软件，具有完善的宏观分析功能、规范项目管理和信息快速沟通共享功能。

（2）新中大工程项目管理软件（Psoft）

新中大工程项目管理软件，Project Management Software，简称 Psoft，是新中大公司针对现代项目管理模式吸取了 PMBOK、FIDIC 条款等来设计系统模块和流程，并结合中国企业的管理基础研究开发的一体化大型管理系统。新中大 Psoft 所体现的设计思想内涵是"现代工程、互动管理"。

Psoft 产品主要功能模块为项目管理、物资管理、协同办公管理、人力资源管理、客户关系管理、经理查询以及财务管理七大部分。

（3）其他

国内发展较早的项目管理软件主要有梦龙 LinkProject，后来梦龙被广联达收购合并开发广联达项目管理系统，其他国内开发的软件如北京视锐达 VisualProject、上海普华科技 PowerPip 和 PowerOn、大连同州电脑公司的工程项目管理软件、同济大学监理所的建设监理软件包 PMIS、水利部成都勘测设计研究院的建设监理软件包、中国航空建设发展总公司开发的 PMSS 项目管理支持系统软件等。

3. BIM 技术在项目管理中的应用

BIM（Building Information Modeling）技术是 Autodesk 公司在 2002 年率先提出的，目前已经在全球范围内得到业界的广泛认可，它可以帮助实现建筑信息的集成，从建筑的设计、施工、运行直至建筑全寿命周期的终结，各种信息始终整合于一个三维模型信息数据库中，设计团队、施工单位、设施运营部门和业主等各方人员可以基于 BIM 进行协同工作，有效提高工作效率、节约资源、降低成本，以实现可持续发展。

BIM的核心是通过建立虚拟的建筑工程三维模型，利用数字化技术，为这个模型提供完整的、与实际情况一致的建筑工程信息库。该信息库不仅包含描述建筑物构件的几何信息、专业属性及状态信息，还包含了非构件对象（如空间、运动行为）的状态信息。借助这个包含建筑工程信息的三维模型，大大提高了建筑工程的信息集成化程度，从而为建筑工程项目的相关利益方提供了一个工程信息交换和共享的平台。

BIM不仅可以在设计中应用，还可应用于建设工程项目的全寿命周期中；用BIM进行设计属于数字化设计；BIM的数据库是动态变化的，在应用过程中不断更新、丰富和充实；为项目参与各方提供了协同工作的平台。

在项目管理过程中，BIM包含的各种信息为工程项目各参与方提供了协调工作的基础。BIM为在项目建设的全生命周期中的协调管理提供了技术支持和新的管理工具，它能有效地支持决策制定，改善项目管理工作情况。将BIM这种数据化的工具用于项目的管理，对提高建筑质量、节约成本和缩短工期非常重要。

（1）质量管理

传统的表达建筑构件的方式是基于CAD绘制出的施工图纸，这种图纸存在局限性，可视化不强，信息不能共享。通过BIM，可以实现管理内容的可视化。通过BIM模型中对细节描述的清晰表达，在BIM模型与工程实体的不断对比与纠偏中，每一部分的施工质量都得到了最大程度的保证。通过BIM模型的可视化，统一了项目各参与方对同一项目的图纸和设计方案的认识，再通过高度协作，在相同的施工条件下，避免了人为因素的干扰，减少了工程质量差异。对于对施工工艺有严格要求的施工流程，项目各参与方可依据BIM模型中存储的信息，对实际的施工过程进行模拟，对用到的建筑材料信息和产品质量进行实时查询，实现标准操作流程的可视化。

（2）进度管理

BIM4D虚拟模型结合进度计划能模拟出工程项目进度情况，为工程进度控制提供依据。工程项目需要根据工程关键节点和总控工期规划工程进度，在进行规划时则需依据工程量清单。根据以往经验，这项工作主要为工程人员手工完成，工作烦琐且精度差。而利用BIM模型可以快捷地生成工程量清单且结果精度高，并可实时调整。结合相关的规范、规定可以编制出较准确的施工进度规划。与参建各方沟通后，可以建立建筑三维与时间轴组成的4D虚拟模型，提高了管理效率。

（3）成本管理

BIM模型是一种参数化模型，提供的工程算量准确，因此在建模的同时，各类构件就被赋予了材质、尺寸、性能、型号、材料等约束参数，BIM模型导出的工程量数据可以直接应用到工程概算、预算、决算中，为造价控制提供了可靠的依据。利用BIM模型自动生成数据，不仅速度快而且准确率高。BIM模型中具备实时和关联的特性，利用BIM技术的实时更新功能可以提高造价工程师从成本控制管理的工作效率，不仅将视线投向了工程项目本身，而且可以将管理视野覆盖工程的全生命周期。项目建设单位可以实现工程造价的动态管理，并可把控全局，从而进行有效的投资。

（4）安全文明管理

在项目中利用BIM建立三维模型让各分包管理人员提前对施工面的危险源进行判断，在危险源附近快速地进行防护设施模型的布置，比较直观地将安全死角进行提前排查。将防护设施模型布置给项目管理人员进行模型和仿真模拟交底，确保现场按照布置模型执行。利用 BIM 及相应灾害分析模拟软件，提前对灾害发生过程进行模拟，分析灾害发生的原因，制定相应措施避免灾害的再次发生，并编制人员疏散、救援的灾害应急预案。基于 BIM 技术将智能芯片植入项目现场劳务人员安全帽中，对其进出场控制、工作面布置等方面进行动态查询和调整，有利于安全文明管理。

9.2 工程项目沟通管理

成功的工程项目管理离不开有效的沟通与协调，有效的沟通管理有利于工程项目的顺利进行，有利于协调存在利益冲突的项目各方参与者取得共识和对项目的共同支持，在项目中共同取得成功，所以，项目沟通管理对项目来说至关重要。

项目沟通是工程项目中信息的交换和传递。有效的项目沟通，可以确保接受和传递的项目信息能够正确理解与被理解。

项目沟通包括发送者（信源）、接受者（信宿）、发送的内容（信息）和传递的渠道（信道）四个基本要素。

9.2.1 工程项目沟通管理及其过程

工程项目沟通管理是指对工程项目全过程各个阶段中各种形式和各种内容的沟通行为进行管理的过程，是为了确保工程项目的信息能够适当、合理地收集、传递、处理、储存和交流而实施的一系列过程。

1. 工程项目沟通管理的特征

（1）复杂性。从项目管理的角度看，工程项目沟通的对象众多并且复杂，有和项目利益直接相关的各方，如业主、承包商、监理单位、材料和设备供应商等之间的沟通，也有和项目间接相关的各方，如政府部门、媒体、社区等的沟通。这些需要沟通的对象之间的关系是通过协议、合同等缔结的一次性的临时关系，甚至是更为间接的关系，不存在归属关系，因而使得工程项目的沟通及沟通管理更为复杂。

（2）系统性。工程项目是复杂开放的系统，项目的沟通及沟通管理不仅应以项目利益最大化和项目总体目标的实现为目的，还要全面考虑工程项目对社会、环境的影响，这就决定了工程项目的沟通管理应从项目整体和项目影响范围的角度出发，要运用系统的思想和分析方法，进行全过程、全方位的管理。

2. 工程项目沟通管理的过程

（1）沟通计划编制。包括对工程项目各参与方的沟通需求进行分析，确定需沟通的内容、时间、方式、信息发送者和接收者等，制定出有针对性的项目沟通计划。项目沟通计划的编制要尽可能符合项目各主要利害关系者的需要，要结合组织结构形式的层次和信息传递特点，还要根据工程项目本身的工作分解结构（WBS）来进行。

（2）信息发送。信息发送是指项目团队将需要的项目信息在适当的时间、以合理的方式发送给适当的项目干系人，它包括实施沟通管理计划以及对突发的信息需求作出反应。要求依据项目沟通计划和项目的实际进展情况及时、有效地把信息传递给项目各有关方，在传递的过程中要采用适合的沟通技巧并辅之以有效的工具。项目信息的适当分发可以使项目干系人及时使用项目信息。

项目信息可以采用一系列不同的方法发送。这些方法包括项目会议、文件复印件的发布，共享网络电子信息库，传真，电子邮件，音响邮件，以及电视会议。

（3）执行情况报告。要求收集并加工项目执行情况的信息，比照原定计划发现问题，还要研究项目沟通中的障碍和信息传递的情况，改进沟通工作方法或修正原有计划，并把情况以报告形式提交。

关于项目的执行情况，可以以绩效报告的形式进行。绩效报告涉及绩效信息的收集和公布，以便向项目干系人提供如何利用有关资源来完成项目目标的信息。绩效报告一般应提供关于范围、进度计划、成本和质量的信息。内容包括：

1）状态报告。描述项目当前的状态，即描述设计、采购、施工等工作按照工作范围、进度、质量和费用目标当前所处的状态。

2）进度报告。描述项目团队已完成的工作。

3）预测。对未来项目的状况和进展作出预测。

4）变更请求。对项目执行情况的分析，常常产生对项目某些方面作出修改的要求。这些变更可由各类变更控制程序处理（如范围变更控制程序、进度变更控制程序）。

（4）收尾工作。在项目收尾时，要对文档进行整理，包括项目记录的收集，对符合最终规范的保证，对项目的成功、效果及取得的教训进行分析以及这些信息的存档以备将来使用。应记录与客户沟通过程中的反馈信息，进行经验教训的总结，为后续项目积累信息和数据。这也是沟通管理工作的最后一个步骤，做好这项工作，有利于沟通管理和项目管理水平的提高。

管理收尾活动不能等到项目结束才进行，项目的每个阶段都要进行适当的收尾，保证重要的、有价值的信息不流失。

9.2.2 工程项目沟通的种类

对于工程项目的任何一方参与者来说，都要进行内部沟通和外部沟通。

1. 内部沟通

内部沟通是组织系统内成员的互动和协调，是以实现组织目标为目的的沟通。组织系统内成员的沟通，主要包括：

（1）项目经理与业主的沟通

项目经理最重要的职责是保证业主满意，要取得成功，必须获得业主的支持。业主代表项目的所有者，而项目经理为业主管理项目，必须服从业主的决策、指令和对工程项目的干预。

1）项目经理必须重点研究业主的意图，研究项目目标，研究合同文件。

2）让业主一起投入项目全过程，随时向业主报告情况；妥善处理业主的干预，使业主理解项目及其管理过程，了解业主自身非程序干预的后果；考虑业主的期望、习惯和价值观念，以及业主对项目关注的焦点。

3）业主应将项目前期策划和决策过程向项目经理作全面的说明和解释，提供详细的资料。

4）项目经理应处理好业主所属企业的其他部门或合资者的关系。

（2）项目管理承包商与其他承包商的沟通

项目管理承包商是指技术力量较强、有丰富工程管理经验的项目管理公司，它负责对工程项目建设进行全面和全过程的项目管理。实际上，项目管理承包商是代表业主或是业主的延伸，代表的是业主的利益。项目管理承包商可以是独立的工程公司或项目管理公司，也可以是以合同形式联合组建的项目管理承包公司。

1）让各承包商理解项目目标、实施方案、各自工作任务及职责等，增加项目的透明度。

2）经常地解释目标、合同和计划，发布指令后要作出具体说明，防止误解或产生对抗情绪。

3）应经常强调自己是提供服务、帮助，强调各方面利益的一致性和项目的总目标。

4）在招标、签订合同、工程施工中应让承包商掌握信息、了解情况，以作出正确的决策。

5）应鼓励承包商将项目实施状况、实施结果及遇到的困难、提出的意见和建议等向管理者作汇报，增进相互理解。

6）平等地与各承包商进行协作。

（3）项目经理部内部的沟通

1）项目经理与技术专家应保持经常性沟通。

2）建立完备的项目管理系统，明确划分工作职责，设计完备的工作流程，明确规定项目中沟通方式、渠道和时间，使大家按程序和规则办事。

3）项目经理应注意激励各个成员的积极性。

4）建立公平、公正的考评工作业绩的方法、标准和可核实的目标管理的标准，对成员进行行业绩考评。

（4）项目经理与职能部门的沟通

1）项目经理必须依靠职能经理的合作和支持，彼此的沟通和协调是项目成功的关键。

2）项目经理必须与职能经理建立良好的工作关系。

3）项目经理与职能经理之间应有一个清楚便捷的信息沟通渠道。

4）项目经理与职能经理之间的基本矛盾是权力和地位，沟通时需注意方式。

5）项目经理与职能部门彼此的沟通工具是项目计划和项目手册。

2. 外部沟通

外部沟通是组织和相关环境的信息交换和协调，使得组织与环境之间保持动态平衡，并求得组织发展。

外部沟通与组织外部因素相关联，组织外部因素可以从宏观因素和中观因素两方面分析。其中，宏观环境可以分为政治法律环境、经济政策环境、社会文化环境、技术进步和技术政策环境以及自然环境五个方面；中观环境一般是指行业环境。

9.2.3 有效的工程项目沟通管理

1. 实现有效沟通的方法和途径

沟通的有效性，主要看发送者转交接收者态度的状态及其程度。人际沟通是否成功，取决于领导者（发信者）所要向下级人员提供的信息与下级人员通过理解而获得的意义是否相一致。为了增加沟通成功的可能性，必须保证领导者（发信者）提供的信息（下达的指令）与下级人员（接收者）对信息（指令）理解的最大程度的吻合性。

工程项目管理的有效沟通是指能够实现沟通的目的，使每项沟通内容都被沟通双方准确理解和最大程度地接收，以建设高起点、多层次、多渠道、全过程的沟通协调机制和诚实守信、互利共赢的项目沟通管理文化。实现有效沟通的方法和途径包括：

（1）重视沟通的培训工作。在工程项目启动时，就重视沟通的作用，可以对如何实现有效沟通进行相关的培训或作出统一的规定；在项目的各个阶段开始时，由于会出现项目参与方发生变动的情况，也要进行这项工作。

（2）有效利用多种沟通渠道。无论是组织的内部沟通还是外部沟通，都要重视和有效利用多种沟通渠道，综合利用各种正式沟通渠道和非正式沟通渠道的不同作用，提高信息沟通的整体效应。

（3）重视双向沟通。由于双向沟通的双方以协商和讨论的姿态相对，能够使双方的意见及时反馈给另一方，可以加深对沟通内容的进一步理解，并达成共识，使信息发送者了解实际情况，信息接收者反映具体困难，有助于问题的解决和项目最终目标的实现。

（4）重视良好项目文化的建设。建设良好的项目文化，有助于项目的不同利益方将各自的利益与项目总体利益统一，站在同样的起点和角度看待要解决的问题和发生的矛盾，对项目沟通形成正确的导向。良好的项目文化也可以从根本上减少项目中的内部和外部冲突，降低沟通的难度。

（5）重视沟通中的细节问题。很多沟通不力的情况都是由于细节问题造成的，有时文字上的模棱两可和针对性不强会造成理解上的误差，有时沟通中不必要的信息过多造成信息接收者负担过重而忽视所有信息的重要性，有时信息发送者言行不一或肢体语言及表情运用不好造成信息接收者反感或怀疑等。因此，沟通前要做好充分的准备工作，应做到重视语言简练、概念明确、信息必要及时、沟通过程中表情动作和语言文字相配合、沟通目的明确、沟通方式与信息接收者的背景环境吻合等细节问题，提高沟通的有效性。

（6）近期目标和长远目标相结合。沟通不仅仅是为了解决眼前的问题，更是要实现长远的目标。因此，沟通中不能为了急于解决眼下的矛盾而给将来埋下隐患，必须有长远的眼光和判断能力，甚至在必要时牺牲局部利益服从整体利益、牺牲短期效益求得组织长远发展。

（7）重视信息的反馈和跟踪。信息的反馈有时是滞后的、不直接的，对沟通内容的理解和指令的执行程度要在一个较长的时期内才能显现出来。项目管理人员要在信息沟通后进行跟踪，取得反馈，了解项目进展和沟通内容的落实情况。

（8）沟通中要善于采用激励手段。激励是调动团队成员积极性和培养创造精神的重要手段，在沟通中采用多元化的激励手段可以从根本上激发团队成员的工作热情，减少沟通障碍，加深相互了解，建设高效的项目团队。

（9）充分利用会议沟通的有效性。尽管沟通的方式众多并各具特点，但是在工程项目管理中会议沟通被认为是一种最普遍、最有效的沟通方式。有项目各方参加的沟通会议，可以在公开、公正的前提下通报情况、解决矛盾、达成共识，还有利于在正确的引导下形成优良的工作作风和项目整体文化。

（10）遵循进行建设性沟通的一般原则。进行建设性沟通要求不仅能实现有效的信息传递，还能通过沟通形成积极的人际关系，并且能切实解决实际问题。这要求沟通时要注意换位思考，沟通内容精确对称、对事不对人，沟通时主张尊重和认同对方。在外部沟通方面，应注意树立项目整体形象以争取各建设主管部门的支持和理解，以良好姿态面对社会公众及新闻媒体，建立友好、互信、配合、支持、公正、监督的工作体系，形成良好的项目管理工作外部氛围；在内部沟通方面，应以项目利益最大化为目标，把项目各利益相关主体紧密联系在一起，提高项目团队凝聚力。

2. 常用的沟通方法和工具

工程项目常用的沟通方法及工具见表 9-3。

工程项目常用的沟通方法和工具 表 9-3

沟通方法和工具	目的	时间	参与者
项目开工会	项目开工会的目的在于使业主及项目成员熟悉和了解项目目标、组织结构和责任分工，熟悉项目管理流程和协作规则	分别与业主、团队、供应商、分包商举行	业主、团队、供应商、分包商（分别）
项目状态审核会议	报告、检查项目各项工作的执行进度及状态，及时研究解决执行的偏差及存在的问题	按需要每周或每月指定的时间	业主、项目经理、项目组主要成员
项目例会	检查项目进展状况，及时研究解决执行偏差及存在的问题	根据需要确定	业主、项目经理、分包商或供应商
项目协调会	与业主确定设计条件和要求，解决设计中存在的问题	根据需要确定	业主、项目经理、设计经理
项目部内部会议	检查项目部各项工作进展情况，及时研究解决执行偏差及存在的问题	按需要每周、每月	项目经理及团队成员
专题性会议	主要处理一些技术性问题	根据需要确定	相关的专业技术负责人和工程师
与政府等外部的协调会	主要解决市政配套如供电、供水、供气等，政府审批等	根据需要确定	业主、项目经理及外部相关部门
项目网站	报告项目状态及项目里程碑进展状况，以及项目上相关的活动	每月或根据需要	所有项目干系人
电话（电视）会议	企业管理层审核项目状态，或者部门政策或流程进行调整等	根据需要确定	企业高层、项目经理、相关部门负责人
考察现场	讨论、确定和识别问题以及问题、阻碍的解决办法	根据需要确定	所有项目干系人
信函、联络单、备忘录、电子邮件等	项目活动、决策、问题及问题解决的文件记录	根据需要确定	所有项目干系人

9.3 本 章 小 结

工程项目信息是以文字、数据、图纸、图表、录音、录像等形式描述的，能够反映项目建设过程中各项业务在空间上的分布和在时间上的变化程度，并对工程项目管理和项目目标的实现有价值的数据资料。

工程项目信息管理，是指对建设工程项目信息进行的收集、整理、分析、处置、储存和使用等活动，是通过对各个系统、各项工作和各种数据的管理，使建设工程项目信息能方便和有效地获取、存储、存档、处理和交流。

项目信息管理系统有人工管理信息系统和计算机管理信息系统两种类型。项目信息管理的主要内容有项目信息收集、项目信息加工和项目信息传递等。工程项目信息的收集主要是指收集项目决策和实施过程中的原始数据。

工程项目文档资料是指建设项目在立项、设计、施工、监理和竣工活动中形成的具有归档保存价值的基建文件、监理文件、施工文件和竣工图的统称。工程项目档案资料编制应符合有关质量要求和组卷方法要求。工程建设各参建单位应做好对档案资料的管理工作。

工程项目管理信息系统即计算机辅助项目管理的信息系统，是以计算机为手段，运用信息系统的方法，对项目管理的各类信息进行收集、传递、处理、存储、分发的计算机辅助系统。

项目沟通是工程项目中信息的交换和传递。工程项目沟通管理是指对工程项目全过程各个阶段中各种形式和各种内容的沟通行为进行管理的过程，是为了确保工程项目的信息能够适当、合理地收集、传递、处理、储存和交流而实施的一系列过程。

思 考 与 练 习 题

1. 说明工程项目信息管理的工作过程。
2. 说明工程项目信息编码的原则、要求及方法。
3. 说明工程项目文档资料的编制要求与方法。
4. 简述工程项目各参建单位档案资料管理的要求。
5. 简述工程项目信息系统的功能。
6. 说明工程项目沟通的方式和渠道。
7. 说明工程项目沟通管理的过程以及实现有效沟通的途径、方法和工具。
8. 简要说明项目经理的沟通职责。
9. 说明沟通计划及其编制的工作步骤。

10 工程项目职业健康安全与环境管理

本章要点及学习目标：

了解工程项目职业健康及安全管理的目的、任务、特点和相关法律法规，我国的安全管理体制。熟悉安全管理的对象、项目各方生产责任以及安全管理机构、人员的职责，绿色施工的含义和管理要点。掌握危险性较大的分部分项工程安全管理的相关要求和施工项目安全管理的相关工作，文明施工及管理规定等。

10.1　工程项目职业健康安全与环境管理概述

职业健康安全与环境管理是工程项目管理的一项重要任务，是项目管理的工作内容之一。健康、安全与环境管理体系简称为 HSE 管理体系，HSE 是健康（Health）、安全（Safety）和环境（Environment）三位一体的管理体系。由于健康、安全与环境危害的管理在原则和效果上彼此相似，在实际过程中三者又有不可分割的联系，因此很自然地把健康（H）、安全（S）与环境（E）作为一个整体来管理。

职业健康安全是指影响工作场所内员工、临时工作人员、合同方人员、访问者和其他人员健康安全的条件和因素。职业健康安全管理体系是工程项目管理体系的组成部分，是组织对与其业务相关的职业健康风险的管理，它包括为制定、实施、实现、评审和保持职业健康安全方针所需的组织结构、计划活动、职责、惯例、程序、过程和资源。

环境是指组织运行活动的外部存在，包括空气、水、土地、自然资源、植物、动物、人以及它们之间的相互关系。环境管理体系是整个管理体系的一个组成部分，包括为制定、实施、实现、评审和保持环境方针所需的组织结构、计划活动、职责、惯例、程序、过程和资源。

1. 职业健康安全与环境管理的目的与任务

（1）职业健康安全与环境管理的目的

工程项目职业健康安全管理的目的是保护产品生产者和使用者的健康与安全。要控制影响工作场所内员工、临时工作人员、合同方人员、访问者和其他人员健康和安全的条件和因素，考虑和避免因使用不当对使用者造成的健康和安全的危害。

工程项目环境管理的目的是保护生态环境，使社会的经济发展与人类的生存环境相协调。要控制作业现场的各种粉尘、废水、废气、固体废弃物以及噪声、振动对环境的污染和危害，节约能源，避免资源的浪费。同时，环境管理在于增加环境意识，自觉遵守国家和地方政府制定的环境保护法律法规；规范环境行为，建立和保护环境管理体系，持续改进企业的环境行为，使作业环境与社区环境不断得到净化，实现企业和社会的可持续发展。

（2）职业健康安全与环境管理的任务

职业健康安全与环境管理的任务是指建设生产组织为达到建设工程的职业健康安全与环境管理的目的而指挥与控制组织的协调活动。它包括为制定、实施、实现、评审和保持职业健康安全方针所需的组织结构、策划活动、职责、惯例、程序、过程和资源。

建设工程项目各个阶段的职业健康安全与环境管理的主要任务是：

1）建设工程项目决策阶段

办理各种有关安全与环境保护方面的审批手续。

2）工程设计阶段

进行环境保护设施和安全设施的设计，防止因设计考虑不周而导致生产安全事故的发生或对环境造成的不良影响。

3）工程施工阶段

建设单位应当自开工报告批准之日起 15 日内，将保证安全施工的措施报送建设工程所在地的县级以上人民政府建设行政主管部门或其他有关部门备案。

分包单位应接受总包单位的安全生产管理，若分包单位不服从管理而导致安全生产事故的，分包单位承担主要责任。

施工单位应依法建立安全生产责任制度，采取安全生产保障措施和实施安全教育培训制度。

4）项目验收试运行阶段

项目竣工后，建设单位应向审批建设工程环境影响报告书、环境影响报告或者环境影响登记表的环境保护行政主管部门申请，对环保设施进行竣工验收。

2. 职业健康安全与环境管理的特点

由于建筑产品、生产的复杂性及受外部环境影响的因素多，因此职业健康安全与环境管理有以下特点：

（1）复杂性

建筑产品的固定性和生产的流动性及外部环境影响因素多，决定了职业健康安全与环境管理的复杂性。

建筑产品生产过程中生产人员、工具与设备流动性大，既在同一工地不同建筑之间流动，又在同一建筑不同建筑部位上流动；一个建筑工程项目完成后，还要向另一新项目流动。建设工程一方面涉及大量的露天作业，受到气候条件、工程地质和水文地质、地理条件和地域资源等不可控因素的影响；另一方面受工程规模、复杂程度、技术难度、作业环境和空间有限等复杂多变因素的影响，导致施工现场的职业健康安全与环境管理比较复杂。

（2）多变性

建筑产品的多样性和生产的单件性决定了职业健康安全与环境管理的多变性。

建筑产品的多样性决定了生产的单件性，每一个建筑产品都要根据其特定要求进行加工；由于在生产过程中实验性研究课题多，所碰到的新技术、新工艺、新设备、新材料等变化因素，以及施工作业人员文化素质低，并处在动态调整的不稳定状态中，给职业健康安全与环境管理带来不少难题，加大了施工现场的职业健康安全与环境管理难度。因此，每个建设工程项目都要根据其实际情况，制定职业健康安全与环境管理计划，不可相互套用。

（3）协调性

建筑产品生产过程的连续性和分工性决定了职业健康安全与环境管理的协调性。

建筑产品不能如其他许多工业产品一样可以分解为若干部分同时生产，而必须在同一固定场地按严格程序连续生产，上一道工序不完成，下一道工序不能进行，上一道工序生产的结果往往会被下一道工序所掩盖，而且每一道工序由不同的班组人员或单位来完成。项目建设涉及的单位多、专业多、界面多、材料多、工种多，职业健康安全与环境管理中要求各单位和各专业人员要横向配合和协调，共同注意产品生产过程接口部分的职业健康安全和环境管理的协调性。

（4）不符合性

建筑产品的委托性决定了职业健康安全与环境管理的不符合性。

建筑产品在建造前应确定业主，按建设单位特定的要求委托进行生产建造。而建设工程市场在供大于求的情况下，业主经常会压低标价，造成产品的生产单位对职业健康安全与环境管理的费用投入减少，不符合职业健康安全与环境管理有关规定的现象时有发生。这就要求建设单位和生产组织都必须重视对健康安全和环保的费用投入，一定要符合健康安全与环境管理的要求。

（5）持续性

建筑产品生产的阶段性决定了职业健康安全与环境管理的持续性。

项目建设一般具有建设周期长的特点，从前期决策、设计、施工直至竣工投产，诸多环节、工序环环相扣。这些阶段都要十分重视项目的安全和环境问题，持续不断地对项目各个阶段可能出现的安全和环境问题实施管理。项目实施中前一道工序的隐患，可能在后续的工序中暴露，酿成安全事故，一旦在某个阶段出现安全问题和环境问题就会造成投资的巨大浪费，甚至造成工程项目建设的夭折。

（6）经济性

建筑产品的时代性和社会性决定了职业健康安全与环境管理的多样性和经济性。

一方面，由于项目生产周期长，消耗的人力、物力和财力大，必然使施工单位考虑降低工程成本的因素多，从而一定程度上影响了职业健康安全与环境管理的费用支出，导致施工现场的健康安全问题和环境污染现象时有发生；另一方面，由于建筑产品的时代性、社会性与多样性，决定了管理者必须对职业健康安全与环境管理的经济性作出评估。

10.2　工程项目安全管理

10.2.1　安全管理体制与安全管理对象

安全生产要求生产过程中避免人身伤害、设备损坏及其他不可接受的损害风险（危险）。

不可接受的损害风险（危险）通常是指：超出了法律、法规和规章的要求，或超出了方针、目标和企业规定的其他要求，或超出了人们普遍接受（通常是隐含的）要求。

1. 安全生产管理体制

我国当前实行的是"企业负责、行业管理、国家监察、群众监督"的安全生产管理体制。

（1）企业负责

"企业负责"是指企业在其生产及经营活动中必须对本企业的安全生产负全面责任。企业对安全生产负责任的关键是要做到"三个到位"，即责任到位、投入到位、措施到位。

责任到位，就是企业全面落实各级安全生产责任制这一企业最基本的安全管理制度。具体要求是：把"管生产必须管安全""谁主管谁负责"作为安全生产的原则；明确企业法定代表人是安全生产的第一责任人，分管安全生产的副职应承担相应领导责任的安全生产领导责任制；同时，还应制定全员安全生产责任制，保证安全生产管理做到全面覆盖、责任落实到位。

投入到位，就是企业要确保对安全生产的资金投入。具体要求是：要保证安全生产目标管理的奖励基金、治理和整改重大事故隐患及职业危害的安全措施经费、进行安全生产技术开发和推广应用的科研经费、安全生产的宣传教育和培训经费等诸项费用的资金投入，专款专用，定期审查。

措施到位，就是企业要严格按照安全生产的法律、法规和方针政策，结合实际，制定安全生产规划并认真做好落实工作。具体要求是：企业在新建、改建、扩建工程的同时，劳动安全卫生设施必须与主体工程同时设计、同时施工、同时投入生产使用；企业必须设置安全生产管理机构，选派责任心强、有一定专业知识的人担任安全管理工作；企业应不断改善职工的劳动条件，制定防毒、防尘等措施，及时检查，消除安全隐患；企业应加强对职工的安全教育和培训，教育他们严格遵守国家和地方有关法律、法规，遵守企业的各项规章制度和操作规程，遵守劳动纪律，不违章作业并制止他人违章；企业应经常对职工进行安全生产知识和安全防护知识的培训，使他们熟练掌握岗位安全操作技术，提高职工自我保护和处理突发事故的能力。

（2）行业管理

"行业管理"是指各级行业主管部门对用人单位的劳动保护工作应加强指导，充分发挥行业主管部门对本行业劳动保护工作的管理作用。

（3）国家监察

"国家监察"是指各级政府部门对用人单位遵守劳动保护法律、法规的情况实施监督检查，并对用人单位违反劳动保护法律、法规的行为实施行政处罚。

（4）群众监督

"群众监督"是指要规定工会依法对用人单位的劳动保护工作实行监督，劳动者对违反劳动保护法律、法规和危害生命及身体健康的行为，有权提出批评、检举和控告。

2. 危险源与事故

危险源是可能导致人身伤害或疾病、财产损失、工作环境破坏或这些情况组合的危险因素和有害因素。危险因素是突发性和瞬间作用的因素，而有害因素强调在一定时期内的慢性损害和累积作用。

危险源是安全控制的主要对象。

通常有两类危险源，可能发生意外释放的能量的载体或危险物质称作第一类危险源，一般把产生能量的能量源或拥有能量的能量载体作为第一类危险源来处理，如"炸药"是能够产生能量的物质，"压力容器"是拥有能量的载体。造成约束、限制能量措施失效或破坏的各种不安全因素称作第二类危险源，如"电缆绝缘层""脚手架""起重机钢绳"

等，第二类危险源包括人的不安全行为、物的不安全状态和不良环境条件三个方面。

事故的发生是两类危险源共同作用的结果，第一类危险源是事故发生的前提，第二类危险源的出现是第一类危险源导致事故的必要条件。

第一类危险源是事故的主体，决定事故的严重程度，第二类危险源出现的难易，决定事故发生的可能性大小。

第一类危险源的控制方法主要包括：

（1）消除危险源、限制能量或危险物质、隔离等防止事故发生的方法；

（2）隔离、个体防护、设置薄弱环节使能量或危险物质按人们的意图释放、避难与援救措施等避免或减少事故损失的方法。

第二类危险源的控制方法主要包括：

（1）减少故障

通过增加安全系数、增加可靠性或设置安全监控系统等来减轻物的不安全状态，减少物的故障或事故的发生。

（2）故障—安全设计

1）故障—消极方案，即故障发生后，设备、系统处于最低能量状态，直到采取校正措施之前不能运转。

2）故障—积极方案，即故障发生后，在没有采取校正措施之前使系统、设备处于安全的能量状态之下。

3）故障—正常方案，即保证在采取校正行动之前，设备、系统正常发挥功能。

3．安全管理的对象

探求事故成因，人、物和环境因素的作用是事故的根本原因，因而也成为安全管理的对象。这三方面中，人的不安全行为和物的不安全状态是事故发生的直接原因。

（1）人

"人"指直接作业人员、管理人员及周围的其他人员等。

安全事故起源于人，人是施工生产过程的控制者。在施工中，即使"物""环境"的条件都很好，但若是人违反安全操作规程，就能直接形成事故隐患，从而导致事故的发生。同时，人的不安全行为还会直接造成"物"和"环境"的不安全状态，为另一些具有不安全行为的人提供了酿成事故的先决条件——隐患，当另一些人的不安全行为与"物"或"环境"的不安全状态交叉发生时，便产生了事故。所以，"人"是事故隐患产生的主要原因。

人的不安全行为，产生的原因是各种各样的，归纳起来主要有：

1）心理因素导致的不安全行为

这一类行为中多由麻痹侥幸、好胜逞强、逆反对抗、盲目从众、无知轻率及情绪干扰等心理因素而引发安全事故。

2）管理因素导致的不安全行为

这一类行为中，有的是领导为了抢进度强行违章指挥，或要求一些不熟练或技能水平低的作业者去干与自己职责范围无关的工作而导致事故发生；有的是还未对施工现场进行必要检查，作业者就贸然进入而导致事故发生；还有的是作业者之间缺乏配合与联系，交叉作业管理混乱而导致事故发生。

3）生理因素导致的不安全行为

这一类行为指作业者作业时由于生理上的不良状态而引起知觉和思考能力下降，从而导致事故的发生。生理上的不良状态主要包括身体不适、疲劳作业以及作业者身体上及智力上的缺陷等。

4）措施不当导致的不安全行为

这一类行为是指在施工生产过程中发生一些突发的异常情况时，作业者由于缺乏经验而采取一些不当的措施，导致事故的发生。

针对以上多种不安全行为，可以采取以下方法控制事故隐患的发生：

1）采取有效办法提高职工的安全意识。除常规教育以外，还可以采取如职工与管理人员相互监督、轮流当安全员以体会安全管理的重要性等形式。

2）注意观察职工的思想情绪变化，防止各种原因导致的作业时思想不集中、身体不适等安全隐患。

3）坚持使每一位职工真正做到"三不伤害"，即自己不伤害自己、自己不伤害他人、自己不被他人伤害。

4）把安全责任和各类经济指标挂钩，使管理人员和职工从"要我安全"向"我要安全"转变，自觉遵守安全操作规程。

人是生产和安全管理的主体，研究人在生产过程中保证自己与他人的安全和健康是安全管理的首要对象。

人安全的标志为安全、健康和卫生。

（2）物

"物"的一个含义是指施工人员所生产的产品——建筑物等；另一个含义指为了完成产品而投入生产的防护设施、电机设施、大中小型机械和劳动者手持的手动或电动机具等；"物"也包括施工生产过程中所使用的其他产品及信息系统。

"物"的隐患，从施工最终产品的角度考虑，是建筑物等本身的质量问题及其他问题可能会导致安全事故的发生；从投入生产的各类设施、机械、机具及其他产品的角度考虑，这一类"物"的先天性工程设计缺陷（物品本身的设计，使人在识别、判断和习惯动作等方面产生误操作）或质量问题都会成为安全隐患。

对"物"的隐患的控制，除了对施工产品的质量等方面进行控制以杜绝安全隐患外，还应采取下列措施控制隐患：

1）对隐患进行评估，找出哪些是本质性的，予以整改消除。

2）定期检查、保养机械、设备、机具等，使之始终处于正常工作状态，同时防止人为的破坏。

3）凡所购设备应研究安全对策，对易发生事故的部位加设安全装置及安全警告牌予以提示。

4）不使用质量低劣的机械、设备、机具等。

5）避免机械、设施、机具等的先天性工程设计缺陷，在设计时即排除诱发误操作的因素。

目前，企业对"物"的管理呈多头的形式，这种现象有时会使隐患不能及时排除。在实施中，应做到行政牵头、技术部门把关、安全部门检查督促、其他部门各负其责，互相配合互通信息。

物的安全标志为自己的安全和使用的安全。

（3）环境

"环境"指施工生产环境，包括自然环境和社会环境等。

生产环境受自然环境和社会环境的影响和约束，当生产环境适宜时，一般较少出现错误的作业行为；相反，当生产环境较差时，人会比较烦躁，头脑反应迟钝，工作容易出现差错。生产环境也会影响"物"的状态，随着科学技术的发展，部分精密仪器对环境的要求也越来越高，因而应通过控制自然环境和社会环境来消除生产环境中的安全隐患。

影响人的自然环境主要有雨、雪、雾、风、高温及冬期施工环境等，可以通过天气预报选择作业时间，同时采取一些防范措施，如高温季节加强通风，做好防暑降温工作，冬期注意防冻、保暖、防滑等。

影响人的社会环境主要指有毒有害气体、粉尘、噪声、不适当的光照等。不良的社会环境会使人中毒、动作失调、操作失误，导致职业病或安全事故的发生，影响人的身心健康及工作效率。对于社会环境，可以利用管理手段来逐步改进、完善，通过建立良好的管理制度，使环境中各项指标均控制在国家标准以内，为安全生产创造良好的条件。

企业对环境的管理，应做到安全部门中设专人管理，横向部门配合，施工现场应做好专项的安全技术交底。

环境的安全标志为自己不受污损和对人、对物不造成损害。

10.2.2　安全生产及安全管理基本术语

1. 安全生产

安全生产是指在劳动过程中，努力改善劳动条件，克服不安全因素，防止伤亡事故发生，使劳动在保护劳动者的安全、健康以及保证国家、人民财产安全的前提下进行。

2. 安全生产制度

安全生产制度是指建设施工单位保护劳动者在工程建设施工过程中的健康与安全，按照国家法律、法规、规章的要求，并根据本企业的实际情况，制定的有关安全生产的规章制度。

3. 安全生产管理

安全生产管理是指建设行政管理部门、建设工程安全监督机构、建筑施工企业及有关单位对建设工程生产过程中的安全进行计划、组织、指挥、控制、监督等一系列的管理活动。

4. 安全事故

安全事故是在人们有目的的活动过程中，发生了违背人们意愿的不幸事件，使其有目的的行动暂时或永久停止。

5. 安全评价

安全评价是采用系统科学的方法来辨别和分析系统中存在的危险，并根据其形成事故风险大小采取相应的安全措施以达到系统安全。

6. 安全生产责任制

安全生产责任制是指企业中各级领导、各个部门、各类人员所规定的在其各自职责范围内对安全生产应负责任的制度。

7. 安全目标管理

安全目标管理是根据建筑施工企业的总体规划要求，制定出在一定时期内安全生产方面要达到的预期目标，并组织实现此目标。

8. 安全技术措施

安全技术措施是指为防止工伤事故和职业病的危害从技术上采取的措施。在工程施工中，则是针对工程环境条件、劳动组织、作业方法、施工机械、供电设施等制定的确保安全施工的措施。安全技术措施也是建设工程项目管理实施规划或施工组织设计的重要组成部分。

9. 安全技术交底

安全技术交底是落实安全技术措施及安全管理事项的重要手段之一。重大安全技术措施及重要部位的安全技术措施由公司技术负责人向项目管理部技术负责人进行书面的安全技术交底，一般安全技术措施及施工现场应注意的安全事项由项目管理部技术负责人向施工作业班组、作业人员作出详细说明，并由双方签字认可。

10. 安全教育

安全教育是实现安全生产的一项重要基础工作，可以提高职工安全生产的自觉性、积极性和创造性，使其增强安全意识，掌握安全知识，提高职工自我保护能力，使安全规章制度得到贯彻执行。安全教育的主要内容包括安全生产思想、安全生产知识、安全技能、安全规程标准、安全法规、劳动保护和典型事例分析等。

11. 安全标志

安全标志由安全色、几何图形和符号构成，以此表达特定的安全信息，目的是引起人们对不安全因素的注意，预防发生事故。安全标志分为禁止标志、警告标志、指令标志、提示标志四类。

10.2.3 项目各方安全生产责任

根据我国《建设工程安全生产管理条例》，建设单位、勘察单位、设计单位、施工单位、工程监理单位及其他与建设工程安全生产有关的单位，必须遵守安全生产法律、法规的规定，保证建设工程安全生产，依法承担建设工程安全生产责任。

1. 建设单位的安全责任

（1）建设单位应当向施工单位提供施工现场及毗邻区域内供水、排水、供电、供气、供热、通信、广播电视等地下管线资料，气象和水文观测资料，相邻建筑物和构筑物、地下工程的有关资料，并保证资料的真实、准确、完整。

建设单位因建设工程需要，向有关部门或者单位查询前款规定的资料时，有关部门或者单位应当及时提供。

（2）建设单位不得对勘察、设计、施工、工程监理等单位提出不符合建设工程安全生产法律、法规和强制性标准规定的要求，不得压缩合同约定的工期。

（3）建设单位在编制工程概算时，应当确定建设工程安全作业环境及安全施工措施所需费用。

（4）建设单位不得明示或者暗示施工单位购买、租赁、使用不符合安全施工要求的安全防护用具、机械设备、施工机具及配件、消防设施和器材。

（5）建设单位在申请领取施工许可证时，应当提供建设工程有关安全施工措施的资料。

依法批准开工报告的建设工程，建设单位应当自开工报告批准之日起 15 日内，将保证安全施工的措施报送建设工程所在地的县级以上地方人民政府建设行政主管部门或者其他有关部门备案。

（6）建设单位应当将拆除工程发包给具有相应资质等级的施工单位。

建设单位应当在拆除工程施工 15 日前，将下列资料报送建设工程所在地的县级以上地方人民政府建设行政主管部门或者其他有关部门备案：

1）施工单位资质等级证明；

2）拟拆除建筑物、构筑物及可能危及毗邻建筑的说明；

3）拆除施工组织方案；

4）堆放、清除废弃物的措施。

实施爆破作业的，应当遵守国家有关民用爆炸物品管理的规定。

2. 勘察设计单位的安全责任

（1）勘察单位应当按照法律、法规和工程建设强制性标准进行勘察，提供的勘察文件应当真实、准确，满足建设工程安全生产的需要。

勘察单位在勘察作业时，应当严格执行操作规程，采取措施保证各类管线、设施和周边建筑物、构筑物的安全。

（2）设计单位应当按照法律、法规和工程建设强制性标准进行设计，防止因设计不合理导致生产安全事故的发生。

设计单位应当考虑施工安全操作和防护的需要，对涉及施工安全的重点部位和环节在设计文件中注明，并对防范生产安全事故提出指导意见。

采用新结构、新材料、新工艺的建设工程和特殊结构的建设工程，设计单位应当在设计中提出保障施工作业人员安全和预防生产安全事故的措施建议。

设计单位和注册建筑师等注册执业人员应当对其设计负责。

3. 监理单位的安全责任

（1）工程监理单位应当审查施工组织设计中的安全技术措施或者专项施工方案是否符合工程建设强制性标准。

（2）工程监理单位在实施监理过程中，发现存在安全事故隐患的，应当要求施工单位整改；情况严重的，应当要求施工单位暂时停止施工，并及时报告建设单位。施工单位拒不整改或者不停止施工的，工程监理单位应当及时向有关主管部门报告。

（3）工程监理单位和监理工程师应当按照法律、法规和工程建设强制性标准实施监理，并对建设工程安全生产承担监理责任。

4. 施工单位的安全责任

（1）施工单位从事建设工程的新建、扩建、改建和拆除等活动，应当具备国家规定的注册资本、专业技术人员、技术装备和安全生产等条件，依法取得相应等级的资质证书，并在其资质等级许可的范围内承揽工程。

（2）施工单位主要负责人依法对本单位的安全生产工作全面负责。施工单位应当建立健全安全生产责任制度和安全生产教育培训制度，制定安全生产规章制度和操作规程，保证本单位安全生产条件所需资金的投入，对所承担的建设工程进行定期和专项安全检查，并做好安全检查记录。

施工单位的项目负责人应当由取得相应执业资格的人员担任，对建设工程项目的安全施工负责，落实安全生产责任制度、安全生产规章制度和操作规程，确保安全生产费用的有效使用，并根据工程的特点组织制定安全施工措施，消除安全事故隐患，及时、如实报告生产安全事故。

（3）施工单位对列入建设工程概算的安全作业环境及安全施工措施所需费用，应当用于施工安全防护用具及设施的采购和更新、安全施工措施的落实、安全生产条件的改善，不得挪作他用。

（4）施工单位应当设立安全生产管理机构，配备专职安全生产管理人员。

专职安全生产管理人员负责对安全生产进行现场监督检查。发现安全事故隐患，应当及时向项目负责人和安全生产管理机构报告；对违章指挥、违章操作的，应当立即制止。

（5）建设工程实行施工总承包的，由总承包单位对施工现场的安全生产负总责。

总承包单位应当自行完成建设工程主体结构的施工。

总承包单位依法将建设工程分包给其他单位的，分包合同中应当明确各自的安全生产方面的权利、义务。总承包单位和分包单位对分包工程的安全生产承担连带责任。

分包单位应当服从总承包单位的安全生产管理，分包单位不服从管理导致生产安全事故的，由分包单位承担主要责任。

（6）垂直运输机械作业人员、安装拆卸工、爆破作业人员、起重信号工、登高架设作业人员等特种作业人员，必须按照国家有关规定经过专门的安全作业培训，并取得特种作业操作资格证书后，方可上岗作业。

（7）施工单位应当在施工组织设计中编制安全技术措施和施工现场临时用电方案，对下列达到一定规模的危险性较大的分部分项工程编制专项施工方案，并附具安全验算结果，经施工单位技术负责人、总监理工程师签字后实施，由专职安全生产管理人员进行现场监督：

1）基坑支护与降水工程；

2）土方开挖工程；

3）模板工程；

4）起重吊装工程；

5）脚手架工程；

6）拆除、爆破工程；

7）国务院建设行政主管部门或者其他有关部门规定的其他危险性较大的工程。

对上述所列工程中涉及深基坑、地下暗挖工程、高大模板工程的专项施工方案，施工单位还应当组织专家进行论证、审查。

关于"危险性较大工程"以及"达到一定规模的危险性较大工程"的标准及相关规定，见本章10.2.5。

（8）建设工程施工前，施工单位负责项目管理的技术人员应当对有关安全施工的技术要求向施工作业班组、作业人员作出详细说明，并由双方签字确认。

（9）施工单位应当在施工现场入口处、施工起重机械、临时用电设施、脚手架、出入通道口、楼梯口、电梯井口、孔洞口、桥梁口、隧道口、基坑边沿、爆破物及有害危险气体和液体存放处等危险部位，设置明显的安全警示标志。安全警示标志必须符合国家标准。

施工单位应当根据不同施工阶段和周围环境及季节、气候的变化，在施工现场采取相应的安全施工措施。施工现场暂时停止施工的，施工单位应当做好现场防护，所需费用由责任方承担，或者按照合同约定执行。

（10）施工单位应当将施工现场的办公、生活区与作业区分开设置，并保持安全距离；办公、生活区的选址应当符合安全性要求。职工的膳食、饮水、休息场所等应当符合卫生标准。施工单位不得在尚未竣工的建筑物内设置员工集体宿舍。

施工现场临时搭建的建筑物应当符合安全使用要求。施工现场使用的装配式活动房屋应当具有产品合格证。

（11）施工单位对因建设工程施工可能造成损害的毗邻建筑物、构筑物和地下管线等，应当采取专项防护措施。

施工单位应当遵守有关环境保护法律、法规的规定，在施工现场采取措施，防止或者减少粉尘、废气、废水、固体废物、噪声、振动和施工照明对人和环境的危害和污染。

在城市市区内的建设工程，施工单位应当对施工现场实行封闭围挡。

（12）施工单位应当在施工现场建立消防安全责任制度，确定消防安全责任人，制定用火、用电、使用易燃易爆材料等各项消防安全管理制度和操作规程，设置消防通道、消防水源，配备消防设施和灭火器材，并在施工现场入口处设置明显标志。

（13）施工单位应当向作业人员提供安全防护用具和安全防护服装，并书面告知危险岗位的操作规程和违章操作的危害。

作业人员有权对施工现场的作业条件、作业程序和作业方式中存在的安全问题提出批评、检举和控告，有权拒绝违章指挥和强令冒险作业。

在施工中发生危及人身安全的紧急情况时，作业人员有权立即停止作业或者在采取必要的应急措施后撤离危险区域。

（14）作业人员应当遵守安全施工的强制性标准、规章制度和操作规程，正确使用安全防护用具、机械设备等。

（15）施工单位采购、租赁的安全防护用具、机械设备、施工机具及配件，应当具有生产（制造）许可证、产品合格证，并在进入施工现场前进行查验。

施工现场的安全防护用具、机械设备、施工机具及配件必须由专人管理，定期进行检查、维修和保养，建立相应的资料档案，并按照国家有关规定及时报废。

（16）施工单位在使用施工起重机械和整体提升脚手架、模板等自升式架设设施前，应当组织有关单位进行验收，也可以委托具有相应资质的检验检测机构进行验收；使用承租的机械设备和施工机具及配件的，由施工总承包单位、分包单位、出租单位和安装单位共同进行验收。验收合格的方可使用。

《特种设备安全监察条例》规定的施工起重机械（起重机械，是指用于垂直升降或者垂直升降并水平移动重物的机电设备，其范围规定为额定起重量不小于0.5t的升降机；额定起重量不小于1t，且提升高度不小于2m的起重机和承重形式固定的电动捯链等），在验收前应当经有相应资质的检验检测机构监督检验合格。

施工单位应当自施工起重机械和整体提升脚手架、模板等自升式架设设施验收合格之日起 30 日内，向建设行政主管部门或者其他有关部门登记。登记标志应当置于或者附着于该设备的显著位置。

（17）施工单位的主要负责人、项目负责人、专职安全生产管理人员应当经建设行政主管部门或者其他有关部门考核合格后方可任职。

施工单位应当对管理人员和作业人员每年至少进行一次安全生产教育培训，其教育培训情况记入个人工作档案。安全生产教育培训考核不合格的人员，不得上岗。

（18）作业人员进入新的岗位或者新的施工现场前，应当接受安全生产教育培训。未经教育培训或者教育培训考核不合格的人员，不得上岗作业。

施工单位在采用新技术、新工艺、新设备、新材料时，应当对作业人员进行相应的安全生产教育培训。

（19）施工单位应当为施工现场从事危险作业的人员办理意外伤害保险。

意外伤害保险费由施工单位支付。实行施工总承包的，由总承包单位支付意外伤害保险费。意外伤害保险期限自建设工程开工之日起至竣工验收合格止。

5. 其他各方的安全责任

（1）为建设工程提供机械设备和配件的单位，应当按照安全施工的要求配备齐全有效的保险、限位等安全设施和装置。

（2）出租的机械设备和施工机具及配件，应当具有生产（制造）许可证、产品合格证。

出租单位应当对出租的机械设备和施工机具及配件的安全性能进行检测，在签订租赁协议时，应当出具检测合格证明。

禁止出租检测不合格的机械设备和施工机具及配件。

（3）在施工现场安装、拆卸施工起重机械和整体提升脚手架、模板等自升式架设设施，必须由具有相应资质的单位承担。

安装、拆卸施工起重机械和整体提升脚手架、模板等自升式架设设施，应当编制拆装方案、制定安全施工措施，并由专业技术人员现场监督。

施工起重机械和整体提升脚手架、模板等自升式架设设施安装完毕后，安装单位应当自检，出具自检合格证明，并向施工单位进行安全使用说明，办理验收手续并签字。

（4）施工起重机械和整体提升脚手架、模板等自升式架设设施的使用达到国家规定的检验检测期限的，必须经具有专业资质的检验检测机构检测。经检测不合格的，不得继续使用。

（5）检验检测机构对检测合格的施工起重机械和整体提升脚手架、模板等自升式架设设施，应当出具安全合格证明文件，并对检测结果负责。

10.2.4 安全生产管理机构及人员职责

建筑施工企业应当依法设置安全生产管理机构，在企业主要负责人的领导下开展本企业的安全生产管理工作。凡是从事土木工程、建筑工程、线路管道和设备安装及装修活动的建筑施工企业均应设置安全生产管理结构及配备安全生产专职管理人员。

安全生产管理机构是指建筑施工企业设置的负责安全生产管理工作的独立职能部门。

专职安全生产管理人员是指经建设主管部门或者其他有关部门安全生产考核合格取得安全生产考核合格证书，并在建筑施工企业及其项目从事安全生产管理工作的专职人员。

为规范建筑施工企业安全生产管理机构的设置，明确建筑施工企业和项目专职安全生产管理人员的配备标准，全面落实建筑施工企业安全生产主体责任，根据《中华人民共和国安全生产法》《建设工程安全生产管理条例》《安全生产许可证条例》及《建筑施工企业安全生产许可证管理规定》，住房和城乡建设部组织修订了《建筑施工企业安全生产管理机构设置及专职安全生产管理人员配备办法》（建质〔2008〕91号文件）。

1. 建筑施工安全生产管理机构的职责

（1）宣传和贯彻国家有关安全生产法律法规和标准；

（2）编制并适时更新安全生产管理制度并监督实施；

（3）组织或参与企业生产安全事故应急救援预案的编制及演练；

（4）组织开展安全教育培训与交流；

（5）协调配备项目专职安全生产管理人员；

（6）制定企业安全生产检查计划并组织实施；

（7）监督在建项目安全生产费用的使用；

（8）参与危险性较大工程安全专项施工方案专家论证会；

（9）通报在建项目违规违章查处情况；

（10）组织开展安全生产评优评先表彰工作；

（11）建立企业在建项目安全生产管理档案；

（12）考核评价分包企业安全生产业绩及项目安全生产管理情况；

（13）参加生产安全事故的调查和处理工作；

（14）企业明确的其他安全生产管理职责。

建筑施工企业应当在建设工程项目组建安全生产领导小组。建设工程实行施工总承包的，安全生产领导小组由总承包企业、专业承包企业和劳务分包企业项目经理、技术负责人和专职安全生产管理人员组成。

2. 安全生产领导小组的职责

（1）贯彻落实国家有关安全生产法律法规和标准；

（2）组织制定项目安全生产管理制度并监督实施；

（3）编制项目生产安全事故应急救援预案并组织演练；

（4）保证项目安全生产费用的有效使用；

（5）组织编制危险性较大工程安全专项施工方案；

（6）开展项目安全教育培训；

（7）组织实施项目安全检查和隐患排查；

（8）建立项目安全生产管理档案；

（9）及时、如实报告安全生产事故。

3. 项目专职安全生产管理人员的职责

（1）负责施工现场安全生产日常检查并做好检查记录；

（2）现场监督危险性较大工程安全专项施工方案实施情况；

（3）对作业人员违规违章行为有权予以纠正或查处；

（4）对施工现场存在的安全隐患有权责令立即整改；

（5）对于发现的重大安全隐患，有权向企业安全生产管理机构报告；

（6）依法报告生产安全事故情况。

建筑施工企业应当依法设置安全生产管理机构，在企业主要负责人的领导下开展本企业的安全生产管理工作。建筑施工企业应当实行建设工程项目专职安全生产管理人员委派制度。建设工程项目的专职安全生产管理人员应当定期将项目安全生产管理情况报告企业安全生产管理机构。

建筑施工企业应当在建设工程项目组建安全生产领导小组。建设工程实行施工总承包的，安全生产领导小组由总承包企业、专业承包企业和劳务分包企业项目经理、技术负责人和专职安全生产管理人员组成。专职安全生产管理人员的配备要求见表 10-1 所列。

建筑施工企业安全生产管理机构专职安全生产管理人员的配备应满足表 10-1 规定的配备标准要求，并应根据企业经营规模、设备管理和生产需要予以增加。

采用新技术、新工艺、新材料或致害因素多、施工作业难度大的工程项目，项目专职安全生产管理人员的数量应当根据施工实际情况，在表 10-1 规定的配备标准上增加。

施工作业班组可以设置兼职安全巡查员，对本班组的作业场所进行安全监督检查。建筑施工企业应当定期对兼职安全巡查员进行安全教育培训。

安全生产许可证颁发管理机关颁发安全生产许可证时，应当审查建筑施工企业安全生产管理机构设置及其专职安全生产管理人员的配备情况。

建设主管部门核发施工许可证或者核准开工报告时，应当审查该工程项目专职安全生产管理人员的配备情况。

建设主管部门应当监督检查建筑施工企业安全生产管理机构及其专职安全生产管理人员履责情况。

住房和城乡建设部发布的、于 2014 年 9 月 1 日起施行的《建筑施工企业主要负责人、项目负责人和专职安全生产管理人员安全生产管理规定》中，进一步规定了相关人员的安全责任，见表 10-2 所列。

专职安全生产管理人员配备要求　　　　　　　　　　　　　　表 10-1

建筑施工企业 安全生产管理机构	（1）建筑施工总承包资质序列企业：特级资质不少于 6 人；一级资质不少于 4 人；二级和二级以下资质企业不少于 3 人。 （2）建筑施工专业承包资质序列企业：一级资质不少于 3 人；二级和二级以下资质企业不少于 2 人。 （3）建筑施工劳务分包资质序列企业：不少于 2 人。 （4）建筑施工企业的分公司、区域公司等较大的分支机构（以下简称分支机构）应依据实际生产情况配备不少于 2 人的专职安全生产管理人员
总承包单位	（1）建筑工程、装修工程按照建筑面积配备： 1 万 m² 以下的工程不少于 1 人； 1 万～5 万 m² 的工程不少于 2 人； 5 万 m² 及以上的工程不少于 3 人，且按专业配备专职安全生产管理人员。 （2）土木工程、线路管道、设备安装工程按照工程合同价配备： 5000 万元以下的工程不少于 1 人； 5000 万～1 亿元的工程不少于 2 人； 1 亿元及以上的工程不少于 3 人，且按专业配备专职安全生产管理人员

分包单位	（1）专业承包单位应当配置至少1人，并根据所承担的分部分项工程的工程量和施工危险程度增加。 （2）劳务分包单位施工人员在50人以下的，应当配备1名专职安全生产管理人员；50～200人的，应当配备2名专职安全生产管理人员；200人及以上的，应当配备3名及以上专职安全生产管理人员，并根据所承担的分部分项工程施工危险实际情况增加，不得少于工程施工人员总人数的5‰

建筑施工企业相关人员安全责任　　　　　　　　　　　　　　　表 10-2

安全责任人	安全责任
主要负责人	（1）对本企业安全生产工作全面负责，应当建立健全企业安全生产管理体系，设置安全生产管理机构，配备专职安全生产管理人员，保证安全生产投入，督促检查本企业安全生产工作，及时消除安全事故隐患，落实安全生产责任。 （2）与项目负责人签订安全生产责任书，确定项目安全生产考核目标、奖惩措施，以及企业为项目提供的安全管理和技术保障措施。工程项目实行总承包的，总承包企业应当与分包企业签订安全生产协议，明确双方安全生产责任。 （3）按规定检查企业所承担的工程项目，考核项目负责人安全生产管理能力。发现项目负责人履职不到位的，应当责令其改正；必要时，调整项目负责人。检查情况应当记入企业和项目安全管理档案
项目负责人	（1）对本项目安全生产管理全面负责，应当建立项目安全生产管理体系，明确项目管理人员安全职责，落实安全生产管理制度，确保项目安全生产费用有效使用。 （2）按规定实施项目安全生产管理，监控危险性较大分部分项工程，及时排查处理施工现场安全事故隐患，隐患排查处理情况应当记入项目安全管理档案；发生事故时，应当按规定及时报告并开展现场救援。工程项目实行总承包的，总承包企业项目负责人应当定期考核分包企业安全生产管理情况
专职安全生产管理人员	（1）企业安全生产管理机构专职安全生产管理人员应当检查在建项目安全生产管理情况，重点检查项目负责人、项目专职安全生产管理人员履责情况，处理在建项目违规违章行为，并记入企业安全管理档案。 （2）项目专职安全生产管理人员应当每天在施工现场开展安全检查，现场监督危险性较大的分部分项工程安全专项施工方案实施。对检查中发现的安全事故隐患，应当立即处理；不能处理的，应当及时报告项目负责人和企业安全生产管理机构。项目负责人应当及时处理。检查及处理情况应当记入项目安全管理档案

10.2.5　危险性较大的分部分项工程安全管理

2018 年 3 月 8 日，住房和城乡建设部发布了《危险性较大的分部分项工程安全管理规定》。该规定共七章四十条。较原住房和城乡建设部发布的《危险性较大的分部分项工程安全管理办法》（建质〔2009〕87 号，已废除）有大幅增加。新规定执法范围更明确，对房屋建筑和市政基础设施工程中危险性较大的分部分项工程安全管理，明确了各方主体的责任及处罚办法。对建设单位、勘察单位、设计单位、施工单位、监理单位以及危大工程现场监测单位等责任划分更明确。

2018 年 5 月 17 日，为配合新规定的实施，住房和城乡建设部办公厅发布了《关于实施〈危险性较大的分部分项工程安全管理规定〉有关问题的通知》（建办质〔2018〕31 号），通知对危大工程范围、专项施工方案内容、专家论证会参会人员、专家论证内容、专项施工方案修改、监测方案内容、验收人员、专家条件和专家库管理等问题作了详细说明。

1. 危险性较大的分部分项工程范围

31 号文也对建质〔2009〕87 号文的附件一《危险性较大的分部分项工程范围》和附件二《超过一定规模的危险性较大的分部分项工程范围》进行了修订并重新发布。见表 10-3 所列。

危险性较大的及超过一定规模的危险性较大的分部分项工程范围　　　表 10-3

分部分项工程	危险性较大的分部分项工程范围	超过一定规模的危险性较大的分部分项工程范围
基坑工程	（1）开挖深度超过 3m（含 3m）的基坑（槽）的土方开挖、支护、降水工程。 （2）开挖深度虽未超过 3m，但地质条件、周围环境和地下管线复杂，或影响毗邻建、构筑物安全的基坑（槽）的土方开挖、支护、降水工程	开挖深度超过 5m（含 5m）的基坑（槽）的土方开挖、支护、降水工程
模板工程及支撑体系	（1）各类工具式模板工程：包括滑模、爬模、飞模、隧道模等工程。 （2）混凝土模板支撑工程：搭设高度 5m 及以上，或搭设跨度 10m 及以上，或施工总荷载（荷载效应基本组合的设计值，以下简称设计值）10kN/m² 及以上，或集中线荷载（设计值）15kN/m 及以上，或高度大于支撑水平投影宽度且相对独立无连系构件的混凝土模板支撑工程。 （3）承重支撑体系：用于钢结构安装等满堂支撑体系	（1）各类工具式模板工程：包括滑模、爬模、飞模、隧道模等工程。 （2）混凝土模板支撑工程：搭设高度 8m 及以上，或搭设跨度 18m 及以上，或施工总荷载（设计值）15kN/m² 及以上，或集中线荷载（设计值）20kN/m 及以上。 （3）承重支撑体系：用于钢结构安装等满堂支撑体系，承受单点集中荷载 7kN 及以上
起重吊装及起重机械安装拆卸工程	（1）采用非常规起重设备、方法，且单件起吊重量在 10kN 及以上的起重吊装工程。 （2）采用起重机械进行安装的工程。 （3）起重机械安装和拆卸工程	（1）采用非常规起重设备、方法，且单件起吊重量在 100kN 及以上的起重吊装工程。 （2）起重量 300kN 及以上，或搭设总高度 200m 及以上，或搭设基础标高在 200m 及以上的起重机械安装和拆卸工程
脚手架工程	（1）搭设高度 24m 及以上的落地式钢管脚手架工程（包括采光井、电梯井脚手架）。 （2）附着式升降脚手架工程。 （3）悬挑式脚手架工程。 （4）高处作业吊篮。 （5）卸料平台、操作平台工程。 （6）异形脚手架工程	（1）搭设高度 50m 及以上的落地式钢管脚手架工程。 （2）提升高度在 150m 及以上的附着式升降脚手架工程或附着式升降操作平台工程。 （3）分段架体搭设高度 20m 及以上的悬挑式脚手架工程

分部分项工程	危险性较大的分部分项工程范围	超过一定规模的危险性较大的分部分项工程范围
拆除工程	可能影响行人、交通、电力设施、通信设施或其他建、构筑物安全的拆除工程	（1）码头、桥梁、高架、烟囱、水塔或拆除中容易引起有毒有害气（液）体或粉尘扩散、易燃易爆事故发生的特殊建、构筑物的拆除工程。 （2）文物保护建筑、优秀历史建筑或历史文化风貌区影响范围内的拆除工程
暗挖工程	采用矿山法、盾构法、顶管法施工的隧道、洞室工程	采用矿山法、盾构法、顶管法施工的隧道、洞室工程
其他	（1）建筑幕墙安装工程。 （2）钢结构、网架和索膜结构安装工程。 （3）人工挖孔桩工程。 （4）水下作业工程。 （5）装配式建筑混凝土预制构件安装工程。 （6）采用新技术、新工艺、新材料、新设备可能影响工程施工安全，尚无国家、行业及地方技术标准的分部分项工程	（1）施工高度50m及以上的建筑幕墙安装工程。 （2）跨度36m及以上的钢结构安装工程，或跨度60m及以上的网架和索膜结构安装工程。 （3）开挖深度16m及以上的人工挖孔桩工程。 （4）水下作业工程。 （5）重量1000kN及以上的大型结构整体顶升、平移、转体等施工工艺。 （6）采用新技术、新工艺、新材料、新设备可能影响工程施工安全，尚无国家、行业及地方技术标准的分部分项工程

表 10-3 中，危险性较大的分部分项工程（一般简称"危大工程"），是指房屋建筑和市政基础设施工程在施工过程中，容易导致人员群死群伤或者造成重大经济损失或造成重大不良社会影响的分部分项工程。

2. 危险性较大的分部分项工程安全管理规定

（1）建设单位应当依法提供真实、准确、完整的工程地质、水文地质和工程周边环境等资料。设计单位应当在设计文件中注明涉及危大工程的重点部位和环节，提出保障工程周边环境安全和工程施工安全的意见，必要时进行专项设计。勘察单位应当根据工程实际及工程周边环境资料，在勘察文件中说明地质条件可能造成的工程风险。

（2）建设单位应当组织勘察、设计等单位在施工招标文件中列出危大工程清单，要求施工单位在投标时补充完善危大工程清单并明确相应的安全管理措施。建设单位应当按照施工合同约定及时支付危大工程施工技术措施费以及相应的安全防护文明施工措施费，保障危大工程施工安全。建设单位在申请办理安全监督手续时，应当提交危大工程清单及其安全管理措施等资料。

（3）施工单位应当在危大工程施工前组织工程技术人员编制专项施工方案。实行施工总承包的，专项施工方案应当由施工总承包单位组织编制。危大工程实行分包的，专项施工方案可以由相关专业分包单位组织编制。

危大工程专项施工方案的主要内容应当包括：

1）工程概况。危大工程概况和特点、施工平面布置、施工要求和技术保证条件。

2）编制依据。相关法律、法规、规范性文件、标准、规范及施工图设计文件、施工组织设计等。

3）施工计划。包括施工进度计划、材料与设备计划。

4）施工工艺技术。技术参数、工艺流程、施工方法、操作要求、检查要求等。

5）施工安全保证措施。组织保障措施、技术措施、监测监控措施等。

6）施工管理及作业人员配备和分工。施工管理人员、专职安全生产管理人员、特种作业人员、其他作业人员等。

7）验收要求。验收标准、验收程序、验收内容、验收人员等。

8）应急处置措施。

9）计算书及相关施工图纸。

（4）对于超过一定规模的危大工程，施工单位应当组织召开专家论证会对专项施工方案进行论证。实行施工总承包的，由施工总承包单位组织召开专家论证会。专家论证前，专项施工方案应当通过施工单位审核和总监理工程师审查。

1）对于超过一定规模的危大工程专项施工方案，专家论证的主要内容应当包括：

专项施工方案内容是否完整、可行；

专项施工方案计算书和验算依据、施工图是否符合有关标准规范；

专项施工方案是否满足现场实际情况，并能够确保施工安全。

2）超过一定规模的危大工程专项施工方案经专家论证后结论为"通过"的，施工单位可参考专家意见自行修改完善；结论为"修改后通过"的，专家意见要明确具体修改内容，施工单位应当按照专家意见进行修改，并履行有关审核和审查手续后方可实施，修改情况应及时告知专家。专项施工方案经论证不通过的，施工单位修改后应当按照要求重新组织专家论证。

（5）施工单位应当在施工现场显著位置公告危大工程名称、施工时间和具体责任人员，并在危险区域设置安全警示标志。

（6）专项施工方案实施前，编制人员或者项目技术负责人应当向施工现场管理人员进行方案交底。施工现场管理人员应当向作业人员进行安全技术交底，并由双方和项目专职安全生产管理人员共同签字确认。

（7）施工单位应当严格按照专项施工方案组织施工，不得擅自修改专项施工方案。因规划调整、设计变更等原因确需调整的，修改后的专项施工方案应当按照规定重新审核和论证。涉及资金或者工期调整的，建设单位应当按照约定予以调整。

（8）施工单位应当对危大工程施工作业人员进行登记，项目负责人应当在施工现场履职。项目专职安全生产管理人员应当对专项施工方案实施情况进行现场监督，对未按照专项施工方案施工的，应当要求立即整改，并及时报告项目负责人，项目负责人应当及时组织限期整改。

（9）施工单位应当按照规定对危大工程进行施工监测和安全巡视，发现危及人身安全的紧急情况，应当立即组织作业人员撤离危险区域。

（10）监理单位应当结合危大工程专项施工方案编制监理实施细则，并对危大工程施工实施专项巡视检查。监理单位发现施工单位未按照专项施工方案施工的，应当要求其进行整改；情节严重的，应当要求其暂停施工，并及时报告建设单位。施工单位项目技术负责人及总监理工程师签字确认后，方可进入下一道工序。

（11）危大工程验收合格后，施工单位应当在施工现场明显位置设置验收标识牌，公示验收时间及责任人员。

（12）危大工程发生险情或者事故时，施工单位应当立即采取应急处置措施，并报告工程所在地住房和城乡建设主管部门。建设、勘察、设计、监理等单位应当配合施工单位开展应急抢险工作。危大工程应急抢险结束后，建设单位应当组织勘察、设计、施工、监理等单位制定工程恢复方案，并对应急抢险工作进行后评估。

（13）施工、监理单位应当建立危大工程安全管理档案。施工单位应当将专项施工方案及审核、专家论证、交底、现场检查、验收及整改等相关资料纳入档案管理。监理单位应当将监理实施细则、专项施工方案审查、专项巡视检查、验收及整改等相关资料纳入档案管理。

10.2.6 工程项目实施阶段的安全管理

工程项目实施阶段的工作内容包括工程项目的施工、施工准备工作及生产准备工作等，这一阶段的安全管理主要指工程项目施工过程的安全控制及管理。

工程项目的施工，多数是露天高空作业，现场情况多变，加之多个工种立体交叉作业，使得施工活动危险性大，不安全因素多。种种原因使建筑业成为事故的多发行业。据统计，每年因工死亡人数仅次于矿山，居全国各行业第二位。因此，安全管理工作十分重要，它关系到每个劳动者的安危和国家财产的安全，关系到建筑施工企业劳动生产率的提高及企业的兴衰存亡。

1. 工程项目实施阶段安全管理的特点及原则

工程项目实施的安全管理是指在施工过程中运用现代的科学管理知识，消除施工中各种有害因素并防止危险、事故和损失的发生，保护劳动者在劳动过程中的安全健康，保护国家财产不受意外损失，保护好施工环境，促进施工的发展。

（1）工程项目实施中安全管理的特点

工程项目实施中安全管理的特点有：

1）安全管理的难度大、难点多。由于工程项目实施时高空作业、交叉作业、垂直运输及机械电气设备使用较多，施工环境复杂多变，产生安全事故的影响因素变得尤其复杂，造成安全管理的难度增大，安全事故引发点多，安全管理的难点增加。

2）安全管理中劳动保护地位重要。工程项目实施中劳动密集，手工作业多、交叉作业多、施工危险性大、涉及人员多，因此，通过劳动保护创造安全施工条件就变得非常重要。

3）施工现场是安全管理的重点。施工现场人员集中、物资集中、环境复杂，安全事故绝大多数发生在施工现场。

4）安全管理与企业发展密切相关。安全施工可以使施工程序、工艺、技术、操作等行为保持良好状态，促进产品质量的提高，树立企业的产品形象，从根本上保证企业的利益和推动企业的发展。

（2）工程项目实施中的安全管理原则

工程项目实施中的安全管理应遵循如下原则：

1）必须坚持安全与生产的辩证统一关系——生产必须安全，安全促进生产。

生产必须安全，是指在施工过程中，应尽可能为劳动者创造安全卫生的劳动条件，积极克服生产中的不安全、不卫生因素，防止伤亡事故和职业性毒害的发生，使劳动者在安全、卫生的条件下顺利地进行施工生产。安全促进生产，是指安全工作应紧紧围绕施工生产活动来进行，不仅要保障职工的生命安全和身体健康，而且要促进生产的发展。这一原则要求在施工生产活动中把安全工作放在首位，尤其当生产与安全发生矛盾时，生产要服从安全。

2）必须贯彻"安全第一、预防为主"的安全生产方针。

只有在保证安全的前提下，生产才能正常进行下去。所以，安全是一切经济部门和生产企业的头等大事，在工程项目实施中，要求组织者、指挥者、管理者和直接参与施工活动的人员始终把安全放在首位，牢固树立"安全第一"的思想。在众多的安全工作中，必须将"预防为主"作为主要任务予以统筹考虑。除了自然灾害造成的事故以外，任何建筑施工、工业生产事故都是可以预防的。所谓"预防"，就施工安全而言，是指预先分析危险点、危险源、危险场地，预测和评价危害程度，发现和掌握危险呈现的时间、过程和演变规律，采取科学的管理手段和防护技术措施，把危险消灭在转化成事故之前或控制事故发生的危害程度，达到最佳安全效果。

3）必须坚持安全生产的目标管理。

安全生产的目标管理是应用目标管理的原则进行现代化安全管理，是企业在某一时期内制定出旨在保证施工生产过程中职工的安全和健康的目标，以及为达到这一目标所进行的计划、组织、指挥、协调、控制等一系列工作的总称。进行安全生产的目标管理，应首先制定企业安全管理总目标，通过自上而下的层层分解，制定各级、各部门直到每个职工个人的安全目标，并依靠全体职工自下而上的努力，保证各自目标的实现，最终实现企业的安全总目标。明确的目标，使每个成员有努力的方向，有利于检查和考核，有利于减少企业内部矛盾、减少浪费。

4）必须坚持动态管理。

安全管理和一切与施工有关的人息息相关，涉及施工生产活动的方方面面，涉及全部生产过程、全部生产时间和一切变化着的生产因素，因此必须坚持全员、全过程、全方位、全天候的动态安全管理，随生产的变化调整安全管理工作，不断提高安全管理水平。

（3）工程项目实施中安全控制的方法

根据建筑业的特点，运用控制论原理，使施工生产过程各环节经常处于安全受控状态，保证安全施工，主要有以下控制方法：

1）预控，即施工作业前的预先控制。预先控制可分为"近期控制"和"远期控制"。近期控制是在施工前，对施工人员、施工设施、作业环境等不安全因素的事先控制。可采用以下形式：隐患通知单、施工交底会和班组施工准备会。远期控制是根据季节变化规律和人的心理情绪变化规律，搞好预防性的安全检查和安全教育。

2）自控，即施工人员的自我控制。通过安全教育和技术培训，提高施工人员的安全意识和自我保护能力，在施工作业中自觉遵守操作规程，从而减少违章作业，防止事故发生。

3）相互控制，即各种工作、各环节施工人员之间的相互控制。

4）联合控制，即对安全生产的各种间接因素的联合控制。

5）特种设备控制，即对塔式起重机、井架、脚手架等各种大型设备设施进行特殊的安全控制。

2. 工程伤亡事故的预防及处理

（1）伤亡事故的分类

国家标准《企业职工伤亡事故分类》GB 6441—1986（国家标准局 1986 年 5 月 31 日发布，1987 年 2 月 1 日起实施）将企业工伤事故分为 20 类：

1）物体打击；

2）车辆伤害；

3）机械伤害；

4）起重伤害；

5）触电；

6）淹溺；

7）灼烫；

8）火灾；

9）高处坠落；

10）坍塌；

11）冒顶；

12）透水；

13）放炮；

14）火药爆炸；

15）瓦斯爆炸；

16）容器爆炸；

17）锅炉爆炸；

18）其他爆炸；

19）中毒和窒息；

20）其他伤害。

（2）"五大伤害"事故及其预防

经统计，在 20 类伤亡事故中，高处坠落、触电、物体打击、机械伤害和坍塌事故死亡人数较多。这五类事故被称为建筑施工的"五大伤害"事故。

1）高处坠落

高处坠落是指自基准面 2m 以上的可能坠落，如在建筑物或构筑物结构范围以内的各种形式的洞口与临边性质的作业、悬空与攀登作业、操作平台作业与立体交叉作业，在主体结构以外的场地上和通道旁的各类洞、坑、沟、槽等作业，符合上述条件的，均视为高处作业。

预防高处坠落事故，应对"三宝"（安全帽、安全带、安全网）、"四口"（楼梯平台口、电梯井口、出入口、预留洞口）、"五临边"（深度超过 2m 的槽、坑、沟周边，无外脚手架的屋面和框架结构楼层周边，井字架、龙门架、外用电梯和脚手架两侧边，建筑物通道、上下跑道、斜道的两侧边，尚未安装栏板或栏杆的阳台、料台、挑平台的周边）及脚手架的搭拆严格把关，避免出现违章使用梯凳、个人违纪、高处作业不系安全带、上下不走规定通道、爬架子上下等情况；对垂直运输机械严格验收；消除麻痹思想，确保安全。

2）触电

触电事故产生的主要原因有违章操作，机械、设备及工具等漏电，电线老化破皮，用电安全技术措施不当等。

预防触电事故的关键是针对施工现场临时用电进行规范化管理。主要措施有：编制临时用电施工组织设计或安全用电技术措施和电气防火措施；落实安全用电技术措施，保证可靠的接地或接零；加强配电箱管理；安装漏电保护开关以避免触电等。

3）物体打击

物体打击主要发生在建筑施工立体交叉作业时，由于通道或架体无隔离封闭层，特别是脚手架、井字架缺少护栏、挡脚板，以及违章向下投掷物料所致。

预防物体打击，同样应对"三宝""四口""五临边"严格把关，并对脚手架、井字架、龙门架等把好验收关，高处作业中应防止乱堆、乱放、乱抛各类物体，还应采取必要防范措施避免因物体下落造成打击事故。

4）机械伤害

机械伤害事故的主要形成原因有由于机械故障、装置失灵、保养维修缺乏而造成的机械带病作业，垂直运输机械倒塌，操作者违章作业等。

预防机械伤害事故，主要措施有健全机械防护装置及安全装置；机械操作人员、指挥人员、司机等严格遵守操作规程，不得违章作业；所有机械设备、起重机具等均应经常检查、保养和维修，保证其灵敏可靠。

5）坍塌事故

坍塌事故主要包括墙体坍塌和土方坍塌。墙体坍塌是由于砖砌体承载力不足所致，土方坍塌经常发生在地质条件不好及深度较大的基坑、基槽、管沟、人工挖孔灌注桩的施工中。

对于墙体坍塌，预防措施主要是严格按施工规范和施工工艺标准施工，如保证砖的质量及砂浆的强度，保证砌体灰缝的砂浆饱满度，采取合理的组砌方式，不在墙上随意打洞，避免一次砌筑高度过大等。

对于土方坍塌，预防措施主要有：保证土方边坡稳定，如放足边坡或做好土壁支护工作；做好施工的排、降水工作；边坡两侧堆载不宜过大；开挖深度超过 2m 则必须设两边护身栏杆，夜间在危险处设红色标志灯；除设计允许外，挖土机械和车辆不得直接在支撑上行走，土方机械严禁在施工中碰撞支撑、立柱、井点管、挡墙、护坡桩等。

（3）工程伤亡事故的处理

1）处理的程序

施工生产场所，发生伤亡事故后，负伤人员或最先发现事故的人应立即报告项目领导。根据事故严重程度及现场情况上报上级业务系统，并及时填写伤亡事故表上报企业。

企业发生重伤和重大伤亡事故，必须立即将事故概况（伤亡人数，发生事故的时间、地点、原因等）用最快的办法分别报告企业主管部门、行业安全管理部门和当地劳动部门、公安部门、检察院及工会。发生重大伤亡事故，各有关部门接到报告后应立即转告各自的上级管理部门。其处理程序如下：

迅速抢救伤员，保护事故现场；

组织调查组；

现场勘察，包括做出笔录、实物拍照等；

分析事故原因，确定事故性质；

写出事故调查报告；

事故的审理和结案。

2）处理的要求

① 确定事故性质与责任

首先应确定是否为因工伤亡事故，一旦确定，应分析原因及由谁负责，落实到人头上。一般可分为直接责任者、主要责任者、重要责任者、领导责任者。

② 严肃处理事故责任者

对造成事故的责任者，根据情节和后果的轻重，分别进行教育、党纪和行政处罚、法律制裁等。

③ 稳定队伍情绪，妥善处理善后工作

一旦发生伤亡事故，首先应立即组织抢救伤员并发出停工令，组织大部分职（民）工撤离事故现场，防止事故扩大而增加损失；然后，有关负责人员及领导应立即研究应急措施，成立事故处理小组和行政生产管理小组，有秩序地开展工作——一方面查清事故原因、责任，提出安全改进措施，另一方面做好伤亡的医疗和抚恤等各项工作，还应及时组织安全教育、提高安全工作水平。

④ 认真落实防范措施

为了防止事故再次发生，要求编制有针对性、适用性和可操作性的防范措施，并指定每项措施的责任者和完成时限，还要及时检查验收，向上级有关部门汇报整改情况。

3. 施工企业安全生产管理

《施工企业安全生产管理规范》GB 50656—2011 可以作为规范施工企业安全生产管理的依据，以提高施工企业安全生产管理的水平，预防和减少建筑施工生产安全事故的发生。

施工企业的安全生产管理体系应根据企业安全管理目标、施工生产特点和规模建立完善，并应有效运行。

施工企业应依据企业的总体发展规划，制定企业年度及中长期安全管理目标。安全管理目标应包括生产安全事故控制指标、安全生产及文明施工管理目标。安全管理目标应分解到各管理层及相关职能部门和岗位，并应定期进行考核。施工企业各管理层及相关职能部门和岗位应根据分解的安全管理目标，配置相应的资源，并应有效管理。

（1）安全生产组织与责任体系

施工企业必须建立安全生产组织体系，明确企业安全生产的决策、管理、实施的机构或岗位。施工企业安全生产组织体系应包括各管理层的主要负责人，各相关职能部门及专职安全生产管理机构，相关岗位及专兼职安全管理人员。

施工企业应建立和健全与企业安全生产组织相对应的安全生产责任体系，并应明确各管理层、职能部门、岗位的安全生产责任。

施工企业安全生产责任体系应符合下列要求：

1）企业主要负责人应领导企业安全管理工作，组织制定企业中长期安全管理目标和制度，审议、决策重大安全事项。

2）各管理层主要负责人应明确并组织落实本管理层各职能部门和岗位的安全生产职责，实现本管理层的安全管理目标。

3）各管理层的职能部门及岗位应承担职能范围内与安全生产相关的职责，互相配合，实现相关安全管理目标，应包括下列主要职责：

技术管理部门（或岗位）负责安全生产的技术保障和改进；

施工管理部门（或岗位）负责生产计划、布置、实施的安全管理；

材料管理部门（或岗位）负责安全生产物资及劳动防护用品的安全管理；

动力设备管理部门（或岗位）负责施工临时用电及机具设备的安全管理；

专职安全生产管理机构（或岗位）负责安全管理的检查、处理；

其他管理部门（或岗位）分别负责人员配备、资金、教育培训、卫生防疫、消防等安全管理。

施工企业应依据职责落实各管理层、职能部门、岗位的安全生产责任。施工企业各管理层、职能部门、岗位的安全生产责任应形成责任书，并应经责任部门或责任人确认。责任书的内容应包括安全生产职责、目标、考核奖惩标准等。

（2）安全生产教育培训

施工企业安全生产教育培训应贯穿于生产经营的全过程，教育培训应包括计划编制、组织实施和人员持证审核等工作内容。施工企业安全生产教育培训计划应依据类型、对象、内容、时间安排、形式等需求进行编制。安全教育和培训的类型应包括各类上岗证书的初审、复审培训，三级教育（企业、项目、班组）、岗前教育、日常教育、年度继续教育。安全生产教育培训的对象应包括企业各管理层的负责人、管理人员、特殊工种以及新上岗、待岗复工、转岗、换岗的作业人员。

施工企业的从业人员上岗应符合下列要求：

1）企业主要负责人、项目负责人和专职安全生产管理人员必须经安全生产知识和管理能力考核合格，依法取得安全生产考核合格证书；

2）企业的各类管理人员必须具备与岗位相适应的安全生产知识和管理能力，依法取得必要的岗位资格证书；

3）特殊工种作业人员必须经安全技术理论和操作技能考核合格，依法取得建筑施工特种作业人员操作资格证书。

施工企业新上岗操作工人必须进行岗前教育培训，教育培训应包括下列内容：

1）安全生产法律法规和规章制度；

2）安全操作规程；

3）针对性的安全防范措施；

4）违章指挥、违章作业、违反劳动纪律产生的后果；

5）预防、减少安全风险以及紧急情况下应急救援的基本知识、方法和措施。

施工企业应结合季节施工要求及安全生产形势对从业人员进行日常安全生产教育

培训。

施工企业每年应按规定对所有从业人员进行安全生产继续教育，教育培训应包括下列内容：

1）新颁布的安全生产法律法规、安全技术标准规范和规范性文件；

2）先进的安全生产技术和管理经验；

3）典型事故案例分析。

对于施工现场相关人员应进行危险因素、防范措施以及事故应急措施告知，具体内容可参考表10-4。

（3）安全技术管理

1）施工企业安全技术管理应包括对安全生产技术措施的制订、实施、改进等管理。

2）施工企业各管理层的技术负责人应对管理范围的安全技术管理负责。

3）施工企业应定期进行技术分析，改造、淘汰落后的施工工艺、技术和设备，应推行先进、适用的工艺、技术和装备，并应完善安全生产作业条件。

危险因素、防范措施以及事故应急措施告知内容　　　　　表10-4

危险因素	防范措施以及事故应急措施告知内容
施工现场一般性危险	（1）进入施工现场必须戴好安全帽，扣好帽带，水上作业必须穿救生衣，正确使用其他个人劳动防护用品； （2）2m以上的高处、悬空作业、无安全设施的，必须戴好安全带，扣好保险钩； （3）按规定使用安全"三宝"，即安全帽、安全带、安全网； （4）新工人未经三级安全教育，复工换岗人员未经安全岗位教育，不得盲目上岗操作； （5）各种电动机械设备必须有可靠有效的安全接地和防雷装置，方能开动使用； （6）施工环境和作业对象情况不清，施工前无安全措施或安全技术交底不清，不盲目操作； （7）脚手架、吊篮、塔吊、井字架、龙门架、外用电梯、起重机械、电焊机、钢筋机械、木工平刨、圆盘锯、搅拌机、打桩机等设施设备和现浇混凝土模板支撑、搭设安装后，未经验收合格，不盲目操作； （8）作业场所安全防护措施不落实，安全隐患不排除，威胁人身和国家财产安全时，不盲目操作； （9）严禁赤脚或穿高跟鞋、拖鞋进入施工现场，高空作业不准穿硬底和带钉易滑的鞋靴； （10）施工现场危险区域应设警戒标志，夜间要设红灯示警
施工现场行走或上下的危险	（1）不准从正在起吊、运吊中的物件下通过； （2）不准从高处往下跳或奔跑作业； （3）不准在没有防护的临时施工作业平台上行走； （4）不准站在装载机挖斗、小推车等不稳定的物体上操作； （5）不得攀登起重臂、绳索、脚手架、井字架、龙门架和随同运料的吊盘及吊装物上下； （6）不准进入挂有"禁止出入"或设有危险警示标志的区域、场所； （7）不准在重要的运输通道或上下行走通道上逗留； （8）未经允许不准私自进入非本单位作业区域或管理区域，尤其是存有易燃易爆物品的场所； （9）严禁在无照明设施，无足够采光条件的区域、场所行走、逗留； （10）不准无关人员进入施工现场

危险因素	防范措施以及事故应急措施告知内容
触电伤害 的危险	（1）非电工严禁拆接电气线路、插头、插座、电气设备、电灯等； （2）使用电气设备前必须检查线路、插头、漏电保护器、断路器等装置是否完好； （3）电气线路或机具发生故障时，应找电工处理，非电工不得自行修理或排除故障； （4）使用振捣器等手持电动机械和其他电动机械从事湿作业时，要由电工接好电源，安装上漏电保护器，操作者必须穿戴好绝缘鞋、绝缘手套后再进行作业； （5）搬迁或移动电气设备必须先切断电源； （6）搬运钢筋、钢管及其他金属物时，严禁触碰到电线； （7）禁止在电线上晒衣服； （8）禁止使用照明器烘烤、取暖，禁止擅自使用电炉和其他电加热器； （9）在架空输电线路附近工作时，应停止输电，不能停电时，应有隔离措施，要保持安全距离，防止触碰； （10）电线必须架空，不得在地面、水中随意乱拖，若必须通过地面时应有过路保护，物料、车、人不准压踏碾磨电线
车辆伤害 的危险	（1）严禁未持证人员和不熟悉车辆性能者驾驶车辆； （2）应坚持做好例保工作，车辆制动器、喇叭、转向系统、灯光等影响安全的部件如有问题不准出车； （3）严禁翻斗车、自卸车车厢乘人，严禁人货混装，车辆载货应不超载、超高、超宽，捆扎应牢固可靠，应防止车内物体失稳跌落伤人； （4）乘坐车辆应坐在安全处，头、手、身不得露出车厢外，要避免车辆启动制动时跌倒； （5）车辆进出施工现场，在场内调头、倒车，在狭窄场地行驶时应有专人指挥； （6）现场行车进场要减速，并做到"四慢"，即：道路情况不明要慢，线路不良要慢，起步、会车、停车要慢，在狭路、桥梁弯路、坡路、岔道、行人拥挤地点及出入大门时要慢； （7）在邻近机动车道的作业区和脚手架等设施，以及在道路中的路障应加设安全色标、安全标志和防护措施，并要确保夜间有充足的照明； （8）装卸车作业时，若车辆停在坡道上，应在车轮两侧用楔形木块加以固定； （9）人员在场内机动车道应避免右侧行走，并做到不并排结队有碍交通，避让车辆时，应不避让于两车交会之中，不站于旁边有堆物无法退让的死角； （10）机动车辆不得牵引无制动装置的车辆，牵引物体时物体上不得有人，人不得进入正在牵引的物与车之间，坡道上牵引时，车和被牵引物下方不得有人作业和停留
机械伤害 的危险	（1）不懂电器和机械的人员严禁使用和摆弄机电设备； （2）机电设备应完好，必须有可靠有效的安全防护装置； （3）机电设备停电、停工休息时必须拉闸关机，按要求上锁； （4）机电设备应做到定人操作，定人保养、检查； （5）机电设备应做到定机管理、定期保养； （6）机电设备应做到定岗位和岗位职责； （7）机电设备不准带病运转； （8）机电设备不准超负荷运转； （9）机电设备不准在运转时维修保养； （10）机电设备运行时，操作人员不准将头、手、身伸入运转的机械行程范围内

续表

危险因素	防范措施以及事故应急措施告知内容
高处坠落、物体打击的危险	（1）高处作业人员必须着装整齐，严禁穿硬塑料底等易滑鞋、高跟鞋，工具应随手放入工具袋； （2）高处作业人员严禁相互打闹，以免失足发生坠落危险； （3）在进行攀登作业时，攀登用具结构必须牢固可靠，使用必须正确； （4）各类手持机具使用前应检查，确保安全牢靠，洞口临边作业应防止物件坠落； （5）施工人员应从规定的通道上下，不得攀爬脚手架、跨越梁板，在非规定通道进行攀登、行走； （6）进行悬空作业时，应有牢靠的立足点并正确系挂安全带，现场应视具体情况配置防护栏网、栏杆或其他安全设施； （7）高处作业时，所有物料应该堆放平稳，不可放置在临边或洞口附近，并不可妨碍通行； （8）高处拆除作业时，对拆卸下的物料、建筑垃圾都要加以清理和及时运走，不得在走道上任意乱置或向下丢弃，保持作业走道畅通； （9）高处作业时，不准往下或向上乱抛材料和工具等物件； （10）各施工作业场所内，凡有坠落可能的任何物料，都应先行撤除或加以固定，拆卸作业要在设有禁区、有人监护的条件下进行
起重吊装作业危险	（1）起重臂和吊起的重物下面有人停留或行走不准吊； （2）起重指挥应由经技术培训合格的专职人员担任，无指挥或信号不清不准吊； （3）钢筋、型钢、管材等细长和多根物件必须捆扎牢靠，多点起吊，单头"千斤"或捆扎不牢靠不准吊； （4）大模板外挂板不用卸甲不准吊； （5）吊砌块必须使用安全可靠的砌块夹具，预埋件等零星物件要用盛器堆放稳妥，叠放不齐不准吊； （6）梁板、预制箱梁等吊物上站人不准吊； （7）埋入地下或粘连、附着的物件不准吊； （8）多机作业，应保证所吊重物距离不小于3m，在同一轨道上多机作业，无安全措施不准吊； （9）六级以上强风区不准吊； （10）斜拉重物或超过机械允许荷载不准吊
气焊、电焊作业危险	（1）焊工必须持证上岗，无特种作业操作证的人员，不准进行焊、割作业； （2）凡属一、二、三级动火范围的焊、割作业，未经办理动火审批手续，不准进行焊、割； （3）焊工不了解焊、割现场周围情况，不得进行焊、割； （4）焊工不了解焊件内部是否安全时，不得进行焊、割； （5）各种装过可燃气体、易燃液体和有毒物质的容器，未经彻底清洗、排除危险之前，不准进行焊、割； （6）用可燃材料作保温层、冷却层、隔热设备的部位，或火星能飞溅到的地方，在未采取切实可靠的安全措施之前，不准焊、割； （7）有压力或密闭的管道、容器，不准焊、割； （8）焊、割部位附近有易燃易爆物品，在未作清理或未采取有效的安全措施之前，不准焊、割； （9）附近有与明火作业相抵触的工种在作业时，不准焊、割； （10）与外单位相连的部位，在没有弄清有无险情，或明知存在危险而未采取有效的措施之前，不准焊、割

4）施工企业应依据工程规模、类别、难易程度等，明确施工组织设计、专项施工方案（措施）的编制、审核和审批的内容、权限、程序及时限。施工企业应根据施工组织设计、专项施工方案（措施）的审核、审批权限，组织相关职能部门审核，技术负责人审批。审核、审批应有明确意见并签名盖章。编制、审批应在施工前完成。

5）施工企业应根据施工组织设计、专项安全施工方案（措施）编制和审批权限的设置，分级进行安全技术交底，编制人员应参与安全技术交底、验收和检查。

6）施工企业可结合生产实际制定企业内部安全技术标准和图集。

（4）安全技术交底

1）安全技术交底的要求

① 施工项目经理部必须实行逐级安全技术交底制度，纵向延伸到班组全体作业成员。

② 应充分考虑各分部分项工程施工中给作业人员带来的潜在危险因素和存在问题，技术交底必须具体、明确、针对性强。

③ 应优先采用新的安全技术措施。

④ 对于涉及"四新"项目或技术含量高、技术难度大的单项技术设计，必须经过两阶段技术交底，即初步设计技术交底和实施性施工图技术设计交底。

⑤ 应将工程概况、施工方法、安全技术措施等情况，向工地负责人、工长、班组长及全体职工进行详细交底。

⑥ 当有两个以上施工队或多工种交叉施工时，要根据工程进度情况定期或不定期地向有关施工队或班组进行书面交底。

⑦ 书面交底工作应逐级进行，详细注明交底的时间和内容，同时交底人和接受交底人要予以签名或盖章。

⑧ 安全技术交底书要按单位工程归放在一起，以备查验。

2）安全技术交底的内容

安全技术交底是一项技术性很强的工作，对于贯彻设计意图、严格实施技术方案、按图施工、循规操作、保证施工质量和施工安全至关重要。安全技术交底主要内容如下：

① 建设工程项目、单项工程和分部分项工程的概况、施工特点和施工安全要求；

② 确保施工安全的关键环节、危险部位、安全控制点及采取相应的技术、安全和管理措施；

③ 做好"四口""五临边"的防护设施，其中"四口"为通道口、楼梯口、电梯井口、预留洞口，"五临边"为未安装栏杆的阳台周边、无外架防护的周边、框架工程的楼层周边、卸料平台的外侧边和上下跑道、斜道的两侧边；

④ 项目管理人员应做好的安全管理事项和作业人员应注意的安全防范事项；

⑤ 各级管理人员应遵守的安全标准和安全操作规程；

⑥ 安全检查要求，注意及时发现和消除的安全隐患；

⑦ 对于出现异常征兆、事态或发生事故后应及时采取的避难和急救措施；

⑧ 对于安全技术交底未尽的其他事项的要求（即应按哪些标准、规定和制度执行）。

（5）施工现场安全生产管理的内容

1）制定项目安全管理目标，建立安全生产组织与责任体系，明确安全生产管理职责，实施责任考核；

2）配置满足安全生产、文明施工要求的费用、从业人员、设施、设备、劳动防护用品及相关的检测器具；

3）编制安全技术措施、方案、应急预案；

4）落实施工过程的安全生产措施，组织安全检查，整改安全隐患；

5）组织施工现场场容场貌、作业环境和生活设施安全文明达标；

6）确定消防安全责任人，制订用火、用电、使用易燃易爆材料等各项消防安全管理制度和操作规程，设置消防通道、消防水源，配备消防设施和灭火器材，并在施工现场入口处设置明显标志；

7）组织事故应急救援抢险；

8）对施工安全生产管理活动进行必要的记录，保存应有的资料。

10.3　工程项目职业健康管理

10.3.1　关于建设项目职业病防治防护的相关法律法规的规定

1.《中华人民共和国职业病防治法》的有关规定

《中华人民共和国职业病防治法》2001年10月27日于第九届全国人民代表大会常务委员会第二十四次会议通过；至2018年12月29日，《中华人民共和国职业病防治法》进行了四次修正。

根据《中华人民共和国职业病防治法》规定，职业病是指企业、事业单位和个体经济组织等用人单位的劳动者在职业活动中，因接触粉尘、放射性物质和其他有毒、有害因素而引起的疾病；职业病危害，是指对从事职业活动的劳动者可能导致职业病的各种危害。职业病危害因素包括：职业活动中存在的各种有害的化学、物理、生物因素以及在作业过程中产生的其他职业有害因素。

（1）职业病防治工作坚持预防为主、防治结合的方针，建立用人单位负责、行政机关监管、行业自律、职工参与和社会监督的机制，实行分类管理、综合治理。

（2）劳动者依法享有职业卫生保护的权利。

（3）用人单位应当为劳动者创造符合国家职业卫生标准和卫生要求的工作环境和条件，并采取措施保障劳动者获得职业卫生保护；应当建立、健全职业病防治责任制，加强对职业病防治的管理，提高职业病防治水平，对本单位产生的职业病危害承担责任。用人单位的主要负责人对本单位的职业病防治工作全面负责。用人单位必须依法参加工伤保险。

（4）新建、扩建、改建建设项目和技术改造、技术引进项目（以下统称建设项目）可能产生职业病危害的，建设单位在可行性论证阶段应当进行职业病危害预评价。

医疗机构建设项目可能产生放射性职业病危害的，建设单位应当向卫生行政部门提交放射性职业病危害预评价报告。未提交预评价报告或者预评价报告未经卫生行政部门审核同意的，不得开工建设。

职业病危害预评价报告应当对建设项目可能产生的职业病危害因素及其对工作场所和劳动者健康的影响作出评价，确定危害类别和职业病防护措施。

（5）建设项目的职业病防护设施所需费用应当纳入建设项目工程预算，并与主体工程同时设计,同时施工,同时投入生产和使用。建设项目的职业病防护设施设计应当符合国家职业卫生标准和卫生要求;其中,医疗机构放射性职业病危害严重的建设项目的防护设施设计,应当经卫生行政部门审查同意后,方可施工。

(6)建设项目在竣工验收前,建设单位应当进行职业病危害控制效果评价。医疗机构可能产生放射性职业病危害的建设项目竣工验收时,其放射性职业病防护设施经卫生行政部门验收合格后,方可投入使用;其他建设项目的职业病防护设施应当由建设单位负责依法组织验收,验收合格后,方可投入生产和使用。安全生产监督管理部门应当加强对建设单位组织的验收活动和验收结果的监督核查。

2.《建设项目职业病防护设施"三同时"监督管理办法》的有关规定

《建设项目职业病防护设施"三同时"监督管理办法》自2017年5月1日起施行,是为了预防、控制和消除建设项目可能产生的职业病危害,加强和规范建设项目职业病防护设施建设的监督管理而制定的。

该办法规定,可能产生职业病危害的建设项目,是指存在或者产生职业病危害因素分类目录所列职业病危害因素的建设项目。职业病防护设施,是指消除或者降低工作场所的职业病危害因素的浓度或者强度,预防和减少职业病危害因素对劳动者健康的损害或者影响,保护劳动者健康的设备、设施、装置、构(建)筑物等的总称。

(1)建设项目投资、管理的单位(建设单位)是建设项目职业病防护设施建设的责任主体。

(2)建设项目职业病防护设施必须与主体工程同时设计、同时施工、同时投入生产和使用(建设项目职业病防护设施"三同时")。建设单位应当优先采用有利于保护劳动者健康的新技术、新工艺、新设备和新材料,职业病防护设施所需费用应当纳入建设项目工程预算。

(3)建设单位对可能产生职业病危害的建设项目,应当进行职业病危害预评价、职业病防护设施设计、职业病危害控制效果评价及相应的评审,组织职业病防护设施验收,建立健全建设项目职业卫生管理制度与档案。

(4)国家根据建设项目可能产生职业病危害的风险程度,将建设项目分为职业病危害一般、较重和严重3个类别,并对职业病危害严重建设项目实施重点监督检查。

(5)对可能产生职业病危害的建设项目,建设单位应当在建设项目可行性论证阶段进行职业病危害预评价,编制预评价报告,不符合规定的,建设单位不得通过评审。

建设项目职业病危害预评价报告通过评审后,建设项目的生产规模、工艺等发生变更导致职业病危害风险发生重大变化的,建设单位应当对变更内容重新进行职业病危害预评价和评审。

(6)存在职业病危害的建设项目,建设单位应当在施工前按照职业病防治有关法律、法规、规章和标准的要求,进行职业病防护设施设计。

建设单位应当按照评审通过的设计和有关规定组织职业病防护设施的采购和施工。

建设项目职业病防护设施设计在完成评审后,建设项目的生产规模、工艺等发生变更导致职业病危害风险发生重大变化的,建设单位应当对变更的内容重新进行职业病防护设施设计和评审。

(7)建设项目投入生产或者使用前,建设单位应当依照职业病防治有关法律、法规、规章和标准要求，采取职业病危害防治管理措施。

（8）建设项目完工后，需要进行试运行的，其配套建设的职业病防护设施必须与主体工程同时投入试运行。建设单位在职业病防护设施验收前，应当编制验收方案。分期建设、分期投入生产或者使用的建设项目，其配套的职业病防护设施应当分期与建设项目同步进行验收。建设项目职业病防护设施未按照规定验收合格的，不得投入生产或者使用。

3.《职业健康促进技术导则》的有关规定

中华人民共和国国家职业卫生标准《职业健康促进技术导则》GBZ/T 297—2017 由国家卫生和计划生育委员会于 2017 年 9 月 30 日发布，自 2018 年 4 月 15 日起实施。该标准规定了开展职业健康促进的目的和基本原则、基本内容、步骤与方法及相关伦理，指导用人单位创建健康、安全和清洁的工作环境，将健康促进工作融入到管理体系和组织文化中，促进劳动者养成健康的工作和生活习惯，并使职业健康促进的积极影响延伸到社区。

开展职业健康促进应坚持领导层支持、员工参与、多部门合作、社会公平、可持续发展的基本原则。提出职业病危害因素控制的主要措施包括：

（1）消除或替代。采用先进的生产技术、工艺和材料从根本上消除或替代职业病危害因素，实现自动化操作。

（2）工程控制。采用防尘、防毒、减振降噪、防暑、防寒、防湿、防非电离及电离辐射等卫生工程技术措施，减少职业病危害因素的接触或降低工作场所职业病危害因素的浓度/强度。

（3）行政管理。通过建立和健全企业制度和政策，对员工进行操作规程培训，加强对机器设备和防护设施的维护，建立合理的工作作息制度，实施卫生保健措施，确保良好的管理效果。

（4）个体防护。当采取上述措施仍未达到控制效果时，为劳动者配备和使用符合要求的个体防护用品。

10.3.2　职业病的处理

1. 职业病报告

职业病报告实行以地方为主，逐级上报的办法。地方各级卫生行政部门指定相应的职业病防治机构或卫生防疫机构负责职业病统计和报告工作。

一切企业、事业单位发生的职业病，都应按规定要求向当地卫生监督机构报告，由卫生监督机构统一汇总上报。

2. 职业病处理

（1）职工被确诊患有职业病后，其所在单位应根据职业病诊断机构的意见，安排其医治或疗养。

（2）在医治或疗养后被确认不宜继续从事原有害作业或工作的，应自确认之日起的两个月内将其调离原工作岗位，另行安排工作；对于因工作需要暂不能调离的生产、工作的技术骨干，调离期限最长不得超过半年。

（3）患有职业病的职工变动工作单位时，其职业病待遇应由原单位负责或两个单位协调处理，双方商妥后方可办理调转手续，并将其健康档案、职业病诊断证明及职业病处理情况等材料全部移交新单位。调出、调入单位都应将情况报告所在地的劳动卫生职业病防治机构备案。

（4）职工到新单位后，新发生的职业病不论与现工作有无关系，其职业病待遇由新单位负责。劳动合同制工人、临时工终止或解除劳动合同后，在待业期间新发现的职业病，与上一个劳动合同期工作有关时，其职业病待遇由原终止或解除劳动合同的单位负责。如原单位已与其他单位合并，由合并后的单位负责；如原单位已撤销，应由原单位的上级主管机关负责。

10.4　工程项目环境管理与文明施工

10.4.1　文明施工

1. 文明施工的意义

文明施工是保持施工现场良好的作业环境、卫生环境和工作秩序的一种施工活动。文明施工包括很宽泛的内容，主要包括：规范施工现场的场容，保持作业环境的整洁卫生；科学组织施工，使生产有序进行；减少施工对周围居民和环境的影响；遵守施工现场文明施工的规定和要求，保证职工的安全和身体健康以及形成良好的职工风貌、企业文化等。

文明施工适应现代化施工的客观要求，能促进企业综合管理水平的提高，有利于员工的身心健康，有利于培养和提高施工队伍的整体素质，在施工现场有利于树立企业的良好形象。

2. 文明施工的管理组织和管理制度

（1）管理组织

施工现场应成立以项目经理为第一责任人的文明施工管理组织。分包单位应服从总包单位文明施工管理组织的统一管理，并接受监督检查。

（2）管理制度

各项施工现场管理制度应有文明施工的规定，包括个人岗位责任制、经济责任制、安全检查制度、持证上岗制度、奖惩制度、竞赛制度和各项专业管理制度等。

（3）文明施工的检查

加强和落实现场文明施工的检查、考核及奖惩管理，以促进文明施工管理工作。检查范围和内容应全面周到，包括生产区、生活区、场容场貌、周边环境及制度落实等内容，检查中发现的问题应采取整改措施。

3. 保存文明施工的文件和资料

（1）上级关于文明施工的标准、规定、法律、法规等；

（2）施工组织设计（方案）中对文明施工的管理规定，各阶段施工现场文明施工的措施；

（3）文明施工自检资料；

（4）文明施工教育、培训、考核计划的资料；

（5）文明施工活动各项记录资料。

4. 现场文明施工的基本要求

（1）施工现场必须设置明显的标牌，标明工程项目名称、建设单位、设计单位、施工单位、项目经理和施工现场总代表人的姓名、开工和竣工日期、施工许可证批准文号等。施工单位负责现场标牌的保护工作。

（2）施工现场的管理人员应佩戴证明其身份的证卡。

（3）应当按照施工总平面布置图设置各项临时设施。现场堆放的大宗材料、成品、半成品和机具设备不得侵占场内道路及安全防护等设施。

（4）施工现场的用电线路、用电设施的安装和使用必须符合安装规范和安全操作规程，并按照施工组织设计进行架设，严禁任意拉线接电。施工现场必须设有保证施工安全的夜间照明，危险潮湿场所的照明及手持照明灯具，必须采用符合安全要求的电压。

（5）施工机械应当按照施工总平面布置图规定的位置和线路设置，不得任意侵占场内道路，进场的施工机械必须经过安全检查，经检查合格后方能使用。施工机械操作人员必须按有关规定持证上岗，禁止无证人员操作。

（6）应保证施工现场道路畅通，排水系统处于良好的使用状态；保持场容场貌的整洁，随时清理建筑垃圾。

（7）施工现场的各种安全设施和劳动保护器具必须定期检查和维护，及时消除隐患，保证其安全有效。

（8）施工现场应当设置各类必要的职工生活设施，并符合卫生、通风、照明等要求。

（9）应当做好施工现场安全保卫工作，采取必要的防盗措施，在现场周边设立围护设施。

（10）应当严格依照《中华人民共和国消防条例》的规定，在施工现场建立和执行防火管理制度，设置符合消防要求的消防设施，并保持完好的备用状态。在容易发生火灾的地区施工，或者储存、使用易燃易爆器材时，应当采取特殊的消防安全措施。

（11）施工现场发生的工程建设重大事故的处理，依照《工程建设重大事故报告和调查程序规定》执行。

10.4.2　工程项目环境管理

1. 环境保护的目的、原则和内容

（1）环境保护的目的

1）保护和改善环境质量，从而保护人们的身心健康，防止人体在环境污染影响下产生遗传突变和退化。

2）合理开发和利用自然资源，减少或消除有害物质进入环境，加强生物多样性的保护，维护生物资源的生产能力，使之得以恢复。

（2）环境保护的原则

1）经济建设与环境保护协调发展的原则；

2）预防为主、防治结合、综合治理的原则；

3）依靠群众保护环境的原则；

4）环境经济责任原则，及污染者付费的原则。

（3）环境保护的内容

1）预防和治理由生产和生活活动所引起的环境污染；

2）防止由建设和开发活动引起的环境破坏；

3）保护有特殊价值的自然环境；

4）其他，如防止臭氧层破坏、防止气候变暖、国土整治、城乡规划、植树造林、控制水土流失和荒漠化等。

2. 施工现场环境保护的措施

施工现场环境保护是按照法律规定、各级主管部门和企业的要求，保护和改善作业现场的环境，控制现场的各种粉尘、废水、废气、固体废弃物，噪声、振动等对环境的污染和危害。

环境保护也是文明施工的重要内容之一。保护和改善施工环境是保证人们身体健康和社会文明的需要。采取专项措施防止粉尘、噪声和水源污染，保护好现场及其周围的环境，是保证职工和相关人员身体健康、体现社会文明的一项重要工作。

（1）施工现场空气污染的防治措施

大气污染物主要有气体状态污染物、粒子状态污染物。气体状态污染物如二氧化硫、氮氧化物、一氧化碳、苯、苯酚、汽油等；粒子状态污染物包括降尘和飘尘，飘尘又称为可吸入颗粒物，易随呼吸进入人体肺脏，危害人体健康。

工程施工工地对大气产生的主要污染物有锅炉、熔化炉、厨房烧煤产生的烟尘，建材破碎、筛分、碾磨、加料过程、装卸运输过程产生的粉尘，施工动力机械尾气排放等。

大气污染的防治，气态污染可采用吸收法、吸附法、催化法、燃烧法、冷凝法、生物法等治理技术；固态或液态粒子污染一般采用防尘技术在气体中除去或收集，如机械除尘装置、洗涤式除尘装置、过滤除尘装置和电除尘装置等。工地的烧煤茶炉、锅炉、炉灶等应选用装有上述除尘装置的设备。工地其他粉尘可用遮盖、淋水等措施防治。

施工现场空气污染的防治措施主要有：

1）严格控制施工现场和施工运输过程中的降尘和飘尘对周围大气的污染，可采用清扫、洒水、遮盖、密封等措施降低污染。

施工现场垃圾渣土要及时清理出现场；高大建筑物清理施工垃圾时，要采用封闭式的容器或者采取其他措施处理高空废弃物，严禁凌空随意抛撒；施工现场道路应指定专人定期洒水清扫，形成制度，防治道路扬尘；车辆开出工地要做到不带泥沙，基本做到不洒土、不扬尘，减少对周围环境污染；对于如水泥、粉煤灰、白灰等细颗粒散体材料的运输、储存要注意遮盖、密封，防止和减少飞尘，在容许设置搅拌站的工地，应将搅拌站封闭严密，并在进料仓上方安装除尘装置，采用可靠措施控制工地粉尘污染；拆除旧建筑物时，应适当洒水，防治扬尘等。

2）严格控制有毒有害气体的产生和排放，如禁止随意焚烧油毡、橡胶、塑料、皮革、树叶、枯草、各种包装物等废弃物品，尽量不使用有毒有害的涂料等化学物质。

3）所有机动车的尾气排放应符合国家现行标准。

4）严格控制工地茶炉和锅炉的烟尘排放。如工地茶炉应尽量采用电热水器，若只能使用烧煤茶炉和锅炉时，应选用消烟除尘型茶炉和锅炉，大灶应选用消烟节能回风锅炉，使烟尘降至允许排放范围为止。

（2）施工现场水污染的防治措施

施工现场的水污染主要是现场施工废水和固体废弃物随水流流入水体的污染废水，如泥浆、水泥、混凝土添加剂、油漆、有机容器、重金属、酸碱盐等。

施工过程中水污染的防治途径包括控制污水的排放，改革施工工艺、减少污水的产生，综合利用废水等。主要防治措施有：

1）禁止将有毒有害废弃物作土方回填。

2）施工现场搅拌站废水、现制水磨石的污水、电石的污水必须经沉淀池沉淀合格后再排放，最好将沉淀水用于工地洒水降尘或采取措施回收利用。

3）现场存放油料，必须对库房地面进行防渗处理，如采用防渗混凝土地面、铺油毡等措施；使用时，要采取防止油料跑、冒、漏的措施，以免污染水体。施工现场100人以上的临时食堂，污水排放时可设置简易有效的隔油池，定期清理，防止污染。

4）工地临时厕所可采用水冲式厕所，并有防蝇、灭蛆措施，防止污染水体和环境。

5）化学用品、外加剂等要妥善保管，库内存放，防止污染环境。

（3）施工现场防止噪声影响的措施

噪声按照振动性质可分为气体动力噪声、机械噪声、电磁性噪声。噪声按来源可分为交通噪声、工业噪声、建筑施工的噪声、社会生活噪声等。

噪声控制技术可从声源、传播途径、接收者防护等方面来考虑，主要包括：

1）从声源上降低噪声是防止噪声污染的最根本措施，正确选用噪声小的施工工艺，可减少噪声的强度。应尽量采用低噪声设备和工艺代替高噪声设备与工艺，如采用低噪声振捣器、风机、电动空压机、电锯等；也可以在声源处安装消声器消声，即在通风机、鼓风机、压缩机、燃气机、内燃机及各类排气放空装置等进出风管的适当位置设置消声器；同时，要注意严格控制人为噪声，夜间施工应减少指挥哨声、大声喊叫，要教育职工减少噪声，注意文明施工。

人口稠密区进行强噪声作业必须严格控制作业时间，晚10点到次日早6点之间停止强噪声作业。建筑施工场界噪声限值：夜间限值均为55dB，夜间不允许打桩施工；昼间噪声限值按照打桩、土石方、结构、装修分别为85dB、75dB、70dB、65dB。

2）传播途径控制可考虑吸声、隔声、消声、减振降噪等方法对产生噪声的施工机械采取控制措施，包括打桩锤的锤击声，以及其他以柴油机为动力的建筑机械、空压机、振动器等。可以利用吸声材料（大多由多孔材料制成）或由吸声结构形成的共振结构（金属或木质薄板钻孔制成的空腔体）吸收声能、降低噪声；应用隔声结构阻碍噪声向空间传播，将接收者与噪声声源分隔；利用消声器阻止噪声传播等；对由振动引起的噪声，可通过降低机械振动减小噪声。

3）接收者防护，有可能条件下将电锯、柴油发动机等尽量设置在离居民区较远的地点，降低扰民噪声。此外，让处于噪声环境下的人员使用耳塞、耳罩等防护用品，减少相关人员在噪声环境中的暴露时间，以减轻噪声对人体的危害。

（4）施工现场光污染的防治措施

尽量避免或减少施工过程中的光污染，现场夜间施工照明应尽量不照向居民，夜间室外照明灯加设灯罩，透光方向集中在施工范围。电焊作业采取遮挡措施，避免电焊弧光外泄。

（5）施工现场固体废物处理

固体废物是生产、建设、日常生活和其他活动中产生的固态、半固态废弃物质。固体废物处理的基本思想是采取资源化、减量化和无害化的处理，对固体废物进行综合利用，建立固体废物回收体系。

固体废物的主要处理和处置方法有物理处理、化学处理、生物处理、热处理、固化处理、回收利用及其他处置等。

施工工地上常见的固体废物包括建筑渣土、废弃的散装建筑材料、生活垃圾、设备和材料等的包装材料、粪便等。建筑渣土包括砖瓦、碎石、渣土、混凝土碎块、废钢铁、碎玻璃、废屑、废弃装饰材料等；废弃的散装建筑材料包括散装水泥、石灰等；生活垃圾，包括炊厨废物、丢弃食品、废纸、生活用具、玻璃和陶瓷碎片、废电池、废旧日用品、废塑料制品、煤灰渣、废交通工具等。建筑垃圾应有指定堆放地点，并随时进行清理。高空废弃物可使用密闭式的圆筒作为传送管道或者采用其他措施处理。提倡采用商品混凝土，减少建筑垃圾的数量。

（6）施工现场的卫生防疫措施

施工现场必须设置职工宿舍时，应尽量和建筑物分开。现场应准备必要的医务设施，在办公室内显著地点张贴急救车和有关医院电话号码。根据需要制定防暑降温措施，进行消毒、防病工作。

防疫管理的重点是食堂管理和现场卫生。食堂管理应当从组织施工时就进行策划。现场食堂应按现场就餐人数安排食堂面积、设施及炊事员和管理人员。食堂卫生必须符合《中华人民共和国食品卫生法》和其他有关卫生管理规定的要求。炊事人员应经定期体格检查合格后方可上岗、炊具应严格消毒、生熟食应分开。材料及半成品应经检验合格，方可采用。

3. 规范场容

场容是指施工现场、特别是主现场的现场面貌。包括入口、场内道路、堆场的整齐清洁，也应包括办公室内环境甚至包括现场人员的行为。

（1）现场的入口应设置大门，并标明消防入口。有横梁的大门高度应考虑起重机械的运入，也可设置成无横梁或横梁可取下的大门。入口大门以设立电动折叠门为宜。除国防及保密工程外，现场主入口处应有标牌，包括工程概况牌、安全纪律牌、防火须知牌、安全无重大事故牌、安全生产及文明施工牌、施工总平面图、项目经理部组织架构及主要管理人员名单图等。现场标牌由施工单位负责维护。

（2）要划分责任区，现场参与单位各自负责所管理的场区，划分的区域应随着施工单位和施工阶段的变化而改变。

（3）现场道路应尽量布置成环形，以便于出入。消防通道的宽度不小于 3.5m。现场道路应尽量利用已有道路，或根据永久道路的位置，先修路基作为临时道路以后再做路面。施工道路的布置要尽量避开后期工程，大门入口处的上空如有障碍应设高度标志，防止超高车辆碰撞。

（4）现场的临时围护包括周边围护和措施性围护。周边围护是指现场周围的围护，如市区工地的围护设施高度应不低于 1.8m，临街的脚手架也应当设置相应的围护措施。措施性围护是指对特殊地区的围护，如危险品库附近应有标志及围挡，起重机臂杆越过高压电缆应设置隔离棚。有的城市已规定塔式起重机越过场外地区时必须设安全棚。由于场外搭设安全棚和围护工作的困难，有的项目选用内爬式起重机进行施工。

（5）施工现场应有排水设施，做到场内不积水、不积泥浆，保证道路干燥坚实。工地地面应作硬化处理，以有效控制泥浆的污染。硬化处理就是在打桩开始前先做好混凝土地面，留出桩孔和泥浆流通渠道，并将施工机械设置在混凝土地面上工作。硬化处理一般是针对钻孔机打桩采用泥浆护壁的工程采取的。由于这种工程流出的泥浆不易控制，常常使工地及其周围产生泥浆污染。

4. 项目消防与保安

消防与保安是现场管理最具风险性的工作。一旦发生情况，后果十分严重。因此，落实责任是首要的问题。凡有总分包单位的工程，总包应负责全面管理，并与分包签订消防保卫的责任协议，明确双方的职责，分包单位必须接受总包单位的统一领导和监督检查。

（1）施工现场消防管理应注意现场的主导风向。特别是城市中受到建筑物的影响，各个地区风向有明显的区别。在安排疏散通道时，以安排在上风口为宜。

（2）室外消防道路的宽度不得小于 3.5m，消防宽度不能为环形，应在适当地点修建车辆回转场地。施工现场进水干管直径不应小于 100mm。现场消火栓的位置应在施工总平面图中作规划。消火栓处昼夜要设有明显标志，配备足够的水龙带，其周围 3m 内，不准存放任何物品。高度超过 24m 的工程应设置消防竖管，管径不得小于 65mm，并随楼层的升高每隔一层设一处消火栓口，配备水龙带。消防竖管位置应在施工立体组织设计中确定。

（3）现场应设立门卫，根据需要设置流动警卫。非施工人员不得擅自进入施工现场。由于建筑现场人员众多，入口处设置进场登记的方法很难达到控制无关人员进入的目的。因此，提倡采用施工现场工作人员佩戴证明其身份的证卡，并以不同的证卡标志各种人员。有条件时可采用进退场人员磁卡管理。在磁卡上记有所属单位、姓名、工作期限等信息。人员进退场时必须通过入口处划卡，这种方式除了防止无关人员的进场外，还可起到随时统计在场人员的作用。

（4）施工中需要进行爆破作业的，必须经上级主管部门审查同意，并持说明爆破器材的地点、品名、数量、用途、四邻距离的文件和安全操作规程，向所在地县、市公安局申请"爆破物品使用许可证"方可进行作业。

10.5 绿色施工管理

10.5.1 绿色建筑与绿色施工

1. 绿色建筑

国家标准《绿色建筑评价标准》GB/T 50378—2019 中对绿色建筑的定义是：在全寿命周期内，节约资源、保护环境、减少污染，为人们提供健康、适用、高效的使用空间，最大限度地实现人与自然和谐共生的高质量建筑。

从概念上来讲，绿色建筑主要包含了三点，一是节能，这里的节能是广义上的，包含节能、节地、节水、节材等，主要是强调减少各种资源的浪费；二是保护环境，强调的是减少环境污染，减少二氧化碳排放；三是满足人们使用上的要求，为人们提供"健康""适用"和"高效"的使用空间。"健康"代表以人为本，满足人们使用需求；"适用"代表节约资源，不奢侈浪费，不做豪华型建筑；"高效"则代表着资源能源的合理利用，同时减少二氧化碳排放和环境污染。绿色建筑代表了现代建筑的发展方向。与自然和谐共生是指与自然相依相存，注重人与天然环境的和谐。

节能、节地、节水、节材、保护环境五者之间的矛盾必须放在建筑全寿命周期内统筹考虑与正确处理，同时还应重视信息技术、智能技术和绿色建筑的新技术、新产品、新材料与新工艺的应用。在建筑全寿命周期中，能源的消耗可以分为以下四个阶段：

（1）设计耗能，指建筑在计划及实施过程中所耗费的能源；

（2）施工生产耗能，包括建筑使用的各种材料和设备的生产、加工、搬运等，以及施工全过程中所耗费的能源；

（3）使用能耗，建筑使用过程中包括采暖、空调、通风、照明、饮食、家用电器、热水供应等日常使用及建筑物日常维修管理所耗费的能源；

（4）解体及回收能耗，指建筑寿命结束拆除所耗费的能源及回收节能（负耗能）。

关注建筑的全寿命周期，意味着不仅在规划设计阶段充分考虑并利用环境因素，而且确保施工过程中对环境的影响最低，运营阶段能为人们提供健康、舒适、低耗、无害的活动空间，拆除后又对环境危害降到最低。绿色建筑要求在建筑全寿命周期内，节能、节地、节水、节材与保护环境，同时满足建筑功能。

住房和城乡建设部发布公告自 2019 年 8 月 1 日起实施、由中国建筑科学研究院有限公司牵头修订的国家标准《绿色建筑评价标准》（以下简称《标准》），已被住房和城乡建设部列为推动城市高质量发展的十项重点标准之一，作为规范和引领我国绿色建筑发展的根本性技术标准。自 2006 年由中国建研院主编的第一版发布以来，历经十多年的"3 版 2 修"，修订之后的《标准》总体上已经达到国际领先水平，初步形成了"领跑"世界绿色建筑标准的新格局。此次《标准》的修订，更新绿色建筑评价体系，体现"以人民为中心"的基本理念，创新地提出了以"安全耐久、服务便捷、舒适健康、环境宜居、资源节约"为基础的绿色建筑评价新体系；重新设定评价阶段，将绿色建筑评价设定为建设工程竣工验收后，并取消设计评价，代之以设计阶段预评价，以提高绿色建筑的运行实效为目标，引导绿色技术落地实施；绿色等级增加"基本级"，修订后的绿色建筑等级改变为 4 个等级，即基本级、一星级、二星级、三星级，与国际主要绿色建筑评价标准等级接轨；对二星级、三星级绿色建筑提出全装修要求，避免能源和材料浪费，减少室内装修污染及装修带来的环境污染，有效杜绝擅自改变房屋结构等"乱装修"现象；提升绿色建筑性能，对三星绿建提出更高要求，对三星级绿色建筑在建筑能耗、室内空气品质、暖通空调设备能效等级、卫生器具用水效率等方面提出了附加要求；鼓励绿色建筑实施，将运营管理相关内容作为加分项；合理设置评分条文，提高评价标准易用性；扩展绿色建筑内涵，提升绿色建筑质量水平。汲取建筑科技发展过程中产生的新技术、新理念，提升了绿色建筑在安全耐久、节约能源、健康宜居、适老适幼等方面的要求，鼓励新技术、新理念的应用，多途径、多角度提升建筑整体性能，全面推进绿色建筑高质量的发展。

2. 绿色施工

绿色施工是指工程建设中，在保证质量、安全等基本要求的前提下，通过科学管理和技术进步，最大限度地节约资源与减少对环境负面影响的施工活动，实现四节一环保（节能、节地、节水、节材和环境保护）。

另外，对绿色施工，也有这样的定义："通过切实有效的管理制度和绿色技术，最大限度地减少施工活动对环境的不利影响，减少资源与能源的消耗，实现可持续发展的施工。"

绿色施工是一种"以环境保护为核心的施工组织体系和施工方法"，绿色施工的内涵主要包括：

（1）尽可能采用绿色建材和设备；

（2）节约资源，降低消耗；

（3）清洁施工过程，控制环境污染；

（4）基于绿色理念，通过科技和管理进步的方法，对设计产品（即施工图纸）所确定的工程做法、设备和用材提出优化和完善的建议意见，促使施工过程安全文明，质量保证，促使实现建筑产品的安全性、可靠性、适用性和经济性。

绿色施工与绿色建筑互有关联又各自独立，绿色建筑不见得通过绿色施工才能完成，而绿色施工成果也不一定是绿色建筑。当然，绿色建筑能通过绿色施工完成最好。

为积极推进绿色施工发展，使绿色施工规范化、标准化，积极引导和推动建筑业走新型工业化道路，促进建筑业持续健康发展，建设部于 2007 年 9 月 10 日发布了《绿色施工导则》（建质〔2007〕223 号）。在我国经济快速发展的阶段，建筑业大量消耗资源能源，对环境有较大影响。我国政府在节能减排方面的态度很坚定，目标也很明确。建设部编制、出台《绿色施工导则》有其重要的社会背景和现实意义。推广绿色建筑，旨在开展绿色施工技术的基础性研究，探索实现绿色施工的方法和途径，为在建筑工程施工中推广绿色施工技术、推行绿色施工评价奠定基础，反映建筑领域可持续发展理念，积极引导，大力发展绿色施工，促进节能省地型住宅和公共建筑的发展。《绿色施工导则》推动作为大量消耗资源、影响环境的建筑业，全面实施绿色施工，承担起可持续发展的社会责任，将绿色的理念贯穿绿色建筑的全过程。

《绿色施工导则》作为绿色施工的指导性原则，共有六大块内容：总则，绿色施工原则，绿色施工总体框架，绿色施工要点，发展绿色施工的新技术、新设备、新材料、新工艺，绿色施工应用示范工程。在这六大块内容中，总则主要是考虑设计、施工一体化问题；施工原则强调的是对整个施工过程的控制；紧扣"四节一环保"内涵，根据绿色施工原则，结合工程施工实际情况，《绿色施工导则》提出了绿色施工的主要内容，根据其重要性，依次列为：施工管理、环境保护、节材与材料资源利用、节水与水资源利用、节能与能源利用、节地与施工用地保护六个方面，这六个方面构成了绿色施工总体框架，涵盖了绿色施工的基本指标，同时包含了施工策划、材料采购、现场施工、工程验收等各阶段的指标的子集。

工程施工对环境的集中性、持续性和突发性影响，决定了建筑业推进绿色施工的迫切性和必要性。切实推进绿色施工，使施工过程真正做到"四节一环保"对于促使环境友好，提升建筑业整体水平具有重要意义。绿色施工基于国家和社会的整体利益，着眼于微观行业实施控制的方法，所强调的"节约"，是建立在人类自然和社会环境基础上的节约，意在创造一种对人类自然和社会环境影响最小、利于资源高效利用和保护的全新施工体系。

绿色施工的提出，是对整个施工行业提出的一个革命性的变革要求，其影响范围之大、覆盖范围之广是空前的。施工企业会因推进绿色施工增加施工过程的难度，也会因施工措施费增大而使项目成本增加；但在宏观效果上，会因绿色施工推进，逐步显现环境污染减少、短缺资源得到有效保护和充分利用，进而为国家实现可持续发展和人类生存环境的有效改善作出应有的贡献。

10.5.2 绿色施工管理

1. 绿色施工管理要点与绿色施工项目

《绿色施工导则》（建质〔2007〕223号）提出了"绿色施工要点"，其中，将绿色施工管理分为组织管理、规划管理、实施管理、评价管理和人员安全与健康管理五个方面。绿色施工管理要点见表10-5所列。

绿色施工管理要点　　　　　　　　　　　　　　　　　　　表 10-5

绿色施工管理内容	管理要点
组织管理	1. 建立绿色施工管理体系，并制定相应的管理制度与目标。 2. 项目经理为绿色施工第一责任人，负责绿色施工的组织实施及目标实现，并指定绿色施工管理人员和监督人员
规划管理	1. 编制绿色施工方案。该方案应在施工组织设计中独立成章，并按有关规定进行审批。 2. 绿色施工方案应包括以下内容： （1）环境保护措施，制定环境管理计划及应急救援预案，采取有效措施，降低环境负荷，保护地下设施和文物等资源。 （2）节材措施，在保证工程安全与质量的前提下，制定节材措施。如进行施工方案的节材优化，建筑垃圾减量化，尽量利用可循环材料等。 （3）节水措施，根据工程所在地的水资源状况，制定节水措施。 （4）节能措施，进行施工节能策划，确定目标，制定节能措施。 （5）节地与施工用地保护措施，制定临时用地指标、施工总平面布置规划及临时用地节地措施等
实施管理	1. 绿色施工应对整个施工过程实施动态管理，加强对施工策划、施工准备、材料采购、现场施工、工程验收等各阶段的管理和监督。 2. 应结合工程项目的特点，有针对性地对绿色施工作相应的宣传，通过宣传营造绿色施工的氛围。 3. 定期对职工进行绿色施工知识培训，增强职工绿色施工意识
评价管理	1. 对照本导则的指标体系，结合工程特点，对绿色施工的效果及采用的新技术、新设备、新材料与新工艺，进行自评估。 2. 成立专家评估小组，对绿色施工方案、实施过程至项目竣工，进行综合评估
人员安全与健康管理	1. 制定施工防尘、防毒、防辐射等职业危害的措施，保障施工人员的长期职业健康。 2. 合理布置施工场地，保护生活及办公区不受施工活动的有害影响。施工现场建立卫生急救、保健防疫制度，在安全事故及疾病疫情出现时提供及时救助。 3. 提供卫生、健康的工作与生活环境，加强对施工人员的住宿、膳食、饮用水等生活与环境卫生等管理，明显改善施工人员的生活条件

2. 绿色施工项目

2013年1月1日，国务院办公厅以国办发〔2013〕1号转发国家发展改革委、住房和城乡建设部制定的《绿色建筑行动方案》。该《行动方案》分为充分认识开展绿色建筑行动的重要意义，指导思想、主要目标和基本原则，重点任务，保障措施4部分。重点任务是：切实抓好新建建筑节能工作，大力推进既有建筑节能改造，开展城镇供热系统改造，推进可再生能源建筑规模化应用，加强公共建筑节能管理，加快绿色建筑相关技术研发推广，大力发展绿色建材，推动建筑工业化，严格建筑拆除管理程序，推进建筑废弃物资源化利用。

住房和城乡建设部批准自 2011 年 10 月 1 日起实施的国家标准《建筑工程绿色施工评价标准》GB/T 50640—2010，旨在贯彻推广绿色施工的指导思想，对工业和民用建筑、构筑物现场施工的绿色施工评价办法进行规范。该标准于 2016 年 5 月 27 日在北京成立了修订编制组并成功召开了启动会暨第一次工作会议，起草了国家标准《建筑工程绿色施工评价标准（征求意见稿）》。已经向社会公开征求意见，至 2019 年 1 月 24 日意见反馈截止。征求意见稿指出，该标准适用于新建、扩建、改建及拆除等建筑工程绿色施工的评价。

绿色施工项目应符合以下规定：

（1）应建立健全的绿色施工管理体系和制度；

（2）应具有齐全的绿色施工策划文件；

（3）现场应设立清晰醒目的绿色施工宣传标识；

（4）应建立专业培训和岗位培训相结合的绿色施工培训制度，并有实施记录；

（5）应开展绿色施工批次和阶段评价，并记录完整，评价频次符合要求；

（6）在实施过程中，应注重采集和保存绿色施工典型图片或影像资料，覆盖面满足要求；

（7）应保存齐全的批次和阶段评价中持续改进的资料；

（8）应推广应用建筑业十项新技术，重视四新技术应用；

（9）签订分包或劳务合同时，应包含绿色施工指标要求。

发生下列 6 种事故之一，不得评为绿色施工合格项目：

（1）发生安全生产死亡责任事故；

（2）发生重大质量事故，并造成社会影响；

（3）发生群体传染病、食物中毒等责任事故；

（4）施工中因"环境保护与资源节约"问题被政府管理部门处罚；

（5）违反国家有关"环境保护与资源节约"的法律法规，造成社会影响；

（6）施工扰民造成社会影响。

绿色施工开展技术创新的主要方向包括：

（1）装配式施工技术；

（2）信息化、数字化施工技术；

（3）地下资源保护及地下空间开发利用技术；

（4）建材与施工机具绿色性能评价及选用技术；

（5）高强钢与预应力结构等新型结构施工技术；

（6）高性能及多功能混凝土技术；

（7）新型模架开发与应用技术；

（8）现场废弃物减排及回收再利用技术；

（9）人力资源保护及高效使用技术；

（10）其他先进施工技术。

3. 绿色施工管理各方职责

《建筑工程绿色施工规范》GB/T 50905—2014，自 2014 年 10 月 1 日起实施。该规范明确了项目管理各参与方在绿色施工方面的职责。

（1）建设单位应履行的职责

1）在编制工程概算和招标文件时，应明确绿色施工的要求，并提供包括场地、环境、工期、资金等方面的条件保障。

2）应向施工单位提供建设工程绿色施工的设计文件、产品要求等相关资料，保证资料的真实性和完整性。

3）应建立工程项目绿色施工的协调机制。

（2）设计单位应履行的职责

1）应按国家现行有关标准和建设单位的要求进行工程的绿色设计。

2）应协助、支持、配合施工单位做好建筑工程绿色施工的有关设计工作。

（3）监理单位应履行的职责

1）应对建筑工程绿色施工承担监理责任。

2）应审查绿色施工组织设计、绿色施工方案或绿色施工专项方案，并在实施过程中做好监督检查工作。

（4）施工单位应履行的职责

1）施工单位是建筑工程绿色施工的实施主体，应组织绿色施工的全面实施。

2）实行总承包管理的建设工程，总承包单位应对绿色施工负总责。

3）总承包单位应对专业承包单位的绿色施工实施管理，专业承包单位应对工程承包范围的绿色施工负责。

4）施工单位应建立以项目经理为第一责任人的绿色施工管理体系，制定绿色施工管理制度，负责绿色施工的组织实施，进行绿色施工教育培训，定期开展自检、联检和评价工作。

5）绿色施工组织设计、绿色施工方案或绿色施工专项方案编制前，应进行绿色施工影响因素分析，并据此制定实施对策和绿色施工评价方案。

4. 绿色施工组织设计、绿色施工方案或绿色施工专项方案的编制规定

工程项目参建各方应积极推进建筑工业化和信息化施工，应做好施工协同，加强施工管理，协商确定工期。施工单位应强化技术管理，应根据绿色施工要求，对传统施工工艺进行改进。

施工单位应按照国家法律、法规的有关要求，制定施工现场环境保护和人员安全等突发事件的应急预案。

施工单位应根据设计资料、场地条件、周边环境和绿色施工总体要求，明确绿色施工的目标、材料、方法和实施内容，并在图纸会审时提出需要设计单位配合的建议和意见。

施工单位应编制包含绿色施工管理和技术要求的工程绿色施工组织设计、绿色施工方案或绿色施工专项方案，并经审批通过后实施。绿色施工组织设计、绿色施工方案或绿色施工专项方案编制应符合下列规定：

（1）应考虑施工现场的自然与人文环境特点。

（2）应有减少资源浪费和环境污染的措施。

（3）应明确绿色施工的组织管理体系、技术要求和措施。

（4）应选用先进的产品、技术、设备、施工工艺和方法，利用规划区域内设施。

（5）应包含改善作业条件、降低劳动强度、节约人力资源等内容。

5. 绿色施工技术

建筑施工阶段是实现建筑全生命期绿色发展的重要环节，近年来各级住房和城乡建设行政主管部门相继出台了倡导和推动绿色施工发展的政策和标准。住房和城乡建设部也开展了一大批绿色施工科技工程示范，推动了绿色施工新技术的创新研发与应用，形成了一批较为成熟的绿色施工技术，取得了一定的社会、经济和环境效益。以此为基础，充分发挥示范工程的辐射带动作用，进一步鼓励建筑施工领域技术创新，推动建筑施工环节科技进步，指导施工企业利用技术创新最大限度地节能、节地、节水、节材，保护环境和减少污染，以实现建筑全生命期绿色发展目标。

2017 年 11 月，住房和城乡建设部印发了《建筑业 10 项新技术（2017 版）》，对解决我国建筑工程技术发展所面临的创新动力不足、新技术应用不足和建筑业转型升级的技术支撑不足等问题具有重要的推动作用，同时为全面提升建筑业技术水平、加快促进建筑产业升级、增强产业建造创新能力提供了重要技术指引。

10.6　本　章　小　结

健康、安全与环境管理体系简称为 HSE 管理体系，HSE 是健康（Health）、安全（Safety）和环境（Environment）三位一体的管理体系。

工程项目的职业健康安全管理的目的是保护产品生产者和使用者的健康与安全。

安全生产要求生产过程中避免人身伤害、设备损坏及其他不可接受的损害风险（危险）。我国当前实行的是"企业负责、行业管理、国家监察、群众监督"的安全生产管理体制。

建筑施工企业应当依法设置安全生产管理机构，在企业主要负责人的领导下开展本企业的安全生产管理工作。凡是从事土木工程、建筑工程、线路管道和设备安装及装修活动的建筑施工企业均应设置安全生产管理机构及配备安全生产专职管理人员。

危险性较大的分部分项工程是指房屋建筑和市政基础设施工程在施工过程中，容易导致人员群死群伤或者造成重大经济损失或造成重大不良社会影响的分部分项工程。

文明施工是保持施工现场良好的作业环境、卫生环境和工作秩序的一种施工活动。施工现场环境保护是按照法律规定、各级主管部门和企业的要求，保护和改善作业现场的环境，控制现场的各种粉尘、废水、废气、固体废弃物、噪声、振动等对环境的污染和危害。环境保护也是文明施工的重要内容之一。

绿色建筑是在全寿命周期内，节约资源、保护环境、减少污染，为人们提供健康、适用、高效的使用空间，最大限度地实现人与自然和谐共生的高质量建筑。绿色施工是指工程建设中，在保证质量、安全等基本要求的前提下，通过科学管理和技术进步，最大限度地节约资源与减少对环境负面影响的施工活动，实现四节一环保（节能、节地、节水、节材和环境保护）。

绿色施工管理分为组织管理、规划管理、实施管理、评价管理和人员安全与健康管理五个方面。

案例阅读：佛山市中医院医疗综合大楼工程

佛山市中医院医疗综合大楼工程系亚洲乃至全世界规模最大的、功能齐全和硬件设施先进的中医院医疗综合大楼，于2001年7月15日开工，是佛山市重点工程之一，也是佛山市2001年唯一被确定为建设部"十五"重点实施技术示范工程的建设项目。2006年9月13日竣工，获2007年度中国建筑工程鲁班奖。大楼总建筑面积114000m²，建筑高度89.1m，总造价约5亿元。地下2层，裙楼5层，主楼23层，为框架-剪力墙结构。

大楼裙楼外墙为干挂石材，在转角处采用整体带小圆角石材和空间曲面石材；主楼外墙主要为瓷砖、铝板、中空玻璃，在转角处采用整体90°阳角瓷砖。内装饰地面采用花岗石、防滑砖、橡胶地板；内墙干挂天然石材和抛光砖、PVC墙裙、防霉防菌涂料、乳胶漆、吸声墙面；吊顶采用铝合金板、石膏板等。

安装工程有建筑电气工程、建筑智能化工程、通风与空调工程、建筑给水排水及采暖工程、电梯安装工程等五个子工程，共包括电气动力系统、电气照明系统、防雷接地系统、计算机网络系统、综合布线系统、建筑设备监控系统、安全防范系统、火灾报警及消防联动系统、给水排水系统、中央空调系统、防排烟系统等24个子系统。

工程特点及难点主要有：

（1）该工程地质条件复杂，施工场地狭窄，周围建筑物对基坑支护变形要求极严，基坑支护难度极大。建筑物体形复杂，平面及空间多变化，大型复杂结构精确测量定位控制技术要求高。

（2）地下室底板由于受力的原因，底板标高及厚度变化较大，且地下室墙体长达423m，在采用预拌混凝土的情况下，大体积混凝土及长墙裂缝控制成为地下室施工的关键。

（3）以骨伤科治疗闻名的佛山市中医院，其医疗功能要求该工程必须具有相应的特殊处理，以满足医院的使用要求，因此对工程施工提出了更高要求。为了满足中医院医疗综合大楼的使用要求，施工时必须处理好医疗功能在建筑上的特殊要求。而且，除了大楼对工程内部环境的要求比普通工程的更高外，在施工的同时，医院的另外部分并未停止营业，因此，如何减少施工扰民，积极推行绿色施工，最大限度地减少对环境的影响，在工程建设中树立绿色榜样，积极推动绿色施工的开展，尽到社会责任和义务，追求经济效益和社会环保责任的统一，是本工程的难点之一。

（4）工程规模大，技术含量高，工期紧张，质量要求高（夺鲁班奖），工艺要求高（医疗功能对工程安装、装修等有特殊要求）。同时，分包单位多（20余个），需要协调的相关单位多，土建、钢结构、幕墙、给水排水、强弱电、空调、建筑智能化、门窗、二次装修等均纳入总包，组织工作难度大，质量控制困难。基于绿色施工与高质量控制的大型普通公共建筑施工总承包管理技术为施工企业提出了挑战。

佛山市中医院医疗综合大楼工程规模大，作为施工总承包方的广东省六建集团有限公司，受业主的委托，对众多科研、设计和施工分包单位进行全过程的管理。在传统"三控制、二管理、一协调"的基础上，建立了具体的"四控制、四管理、三协调"工程管理创新体系；在工程建设中以项目精神为核心，凝聚众多的分包单位，形成独具特色的项目精神；以"绿色施工与质量至上"的理念对科研、设计、施工分包单位进行统一协调，组织管理，有力地保证了整个项目的顺利实施，提升了项目的技术水平。公司作为工程施工总承包单位，除承担主体结构工程和装饰工程外，还负责暖通、电气、自控、热机、工艺等安装工程的总承包管理。总承包及各参建施工单位将技术推广工作落到实处，成立科技推广示范工程领导小组和工作小组，制定科技推广工作计划和质量技术保障措施，并认真组织实施。工程全面推广应用了"建筑业 10 项新技术（2005 版）"中的 10 项以及 19 个子项推广技术，另有 6 项自主创新技术。

现场文明施工，无重大安全事故，获得了"广东省双优样板工程"，共取得科技进步效益约 1002 万元，科技进步效益率达到 2.18%，获得了显著的经济和社会效益。

总承包管理目标围绕"绿色施工与质量至上"这一项目精神而制定。项目部成立总包管理办公室，配备齐全各专业工程师，编制《项目总包管理细则》，对工程进行基于"绿色施工与质量至上"的全方位、全过程管理。

建设过程的总体目标是"提高科技含量，提升施工标准，确保鲁班金奖"，质量目标、安全目标、环境管理目标、工期目标、科技创新目标、成本控制目标均严格围绕总体目标制定；加强周、月、季进度计划管理，严格控制质量管理，强调安全文明施工管理；成立安全管理小组；设立安全宣传栏、安全生产宣传标语、安全警示牌、安全防护通道等；加强安全文化建设，建立健全安全管理制度。

"绿色施工与质量至上"的项目精神，成为施工总承包管理核心，获得良好的经济效益和社会效益，并在国内首先创造了"基于项目精神和绿色施工的总承包管理"，为类似项目的施工管理提供了积极和有益的借鉴。

（资料来源："筑龙学社"相关文章 http：//www. zhulong. com/

基于绿色施工与高质量控制的大型普通公共建筑施工总承包管理技术 . http：//bbs. zhulong. com/102010 _ group _ 200519/detail20342146/

佛山市某医院医疗综合大楼工程质量情况汇报 . http：//bbs. zhulong. com/102010 _ group _ 200513/detail20344032/

施工新技术在佛山某医院医疗综合大楼工程中的推广应用 . http：//bbs. zhulong. com/102010 _ group _ 200513/detail20342147/)

思 考 与 练 习 题

1. 说明我国现行的安全生产管理体制。
2. 说明工程项目安全管理的对象及可能形成事故的原因。
3. 分析说明项目各方的安全生产责任。
4. 简述危险性较大的分部分项工程的管理规定。
5. 简述建筑施工"五大伤害事故"及其预防措施，以及工程伤亡事故的处理程序、要求。
6. 简述项目现场文明施工的基本要求和环境保护的措施。
7. 说明绿色施工组织设计、施工方案、施工专项方案的编制规定。

11 工程项目后期管理

本章要点及学习目标:

了解工程项目收尾管理的概念、基本要求。熟悉工程项目竣工验收的范围、内容,竣工资料管理的基本要求,工程项目管理考核评价的方式及指标,工程项目后评价的作用、原则、方法。掌握工程项目后评价的内容、工作程序以及后评价报告的组成。

11.1 工程项目收尾管理

11.1.1 工程项目收尾管理概述

1. 工程项目收尾管理的概念

工程项目收尾管理是指对工程项目的阶段验收、试运行、竣工验收、竣工结算、竣工决算、考核评价和回访保修等收尾工作进行的计划、组织和协调、控制等活动。

项目收尾管理是项目管理过程的终结阶段,当项目的阶段目标或最终目标已经实现,或者项目的目标不可能实现时,项目就进入了收尾工作过程。项目收尾阶段是项目产品投入使用,或者项目交付结果进入运营期的开始。项目没有完成最后的交接,必将严重影响今后的运营工作,项目的维修保养也无法进行,项目的商业目的不可能实现,因此,必须做好项目的收尾、交接工作。项目的成功收尾标志着项目计划任务的完成和预期成果的实现。没有这个阶段的工作,项目成果就不能正式投入使用,不能生产出预期的产品或服务;项目利益相关者也不能终止他们为完成项目所承担的责任和义务,也无法从项目的完成中获益。因此,做好项目结束阶段的工作对项目的各参与方来讲都是非常重要的。项目各方的利益在这一阶段相对也存在着较大的冲突,同时加上这一阶段的工作往往又是烦琐费时的,所以更需要特别强调其重要性。

2. 工程收尾阶段的特点

(1)在工作任务方面,项目收尾阶段,工程实体施工任务已经基本完成,剩余许多零碎的修补任务,虽然工程量不大,但是具有费时费力又容易被轻视和忽略的特点。

(2)在人员投入方面,项目进入收尾期后,项目成员的注意力常常已开始转移。监理单位的主要监理工作已完成,有时会由于对工程收尾阶段重视程度不够导致监理服务水平较施工阶段有所降低;施工单位在人力物力方面的主要力量已转移到新的工程项目上去,只保留了少量的力量进行工程的扫尾和清理。

(3)在业务和技术方面,施工技术指导工作已经不多,但有大量的资料综合、整理工作。

(4)在资金需求方面,进度款已按合同约定支付至上限,工程结算尚未完成,但各分包、劳务、供货商的催款力度加大,总包单位急需建设单位审定工程结算,并尽快支付工程结算款,收尾阶段参建各方矛盾凸显。

（5）在组织协调方面，建设单位需组织完成工程竣工验收，有些建设单位由于自身经验、前期管理不到位，有些项目专业分包多、甲供材料多、设计变更多，来自单位内部的营销、财务、成本、使用部门的工作量也增多，建设单位协调任务工作量较大。

3. 工程项目收尾的方式

项目的最后执行结果有两种状态：成功或失败。项目进入收尾阶段后，也可能以两种方式来结束项目：正常结束和非正常终止。

项目结束的原因通常包括：

（1）项目的目标已经成功地实现，项目的结果（产品或服务）已经可以交付给项目投资者或转移给其他第三方；

（2）项目严重地偏离了进度、成本或性能目标而且即使采取措施也无法实现预定的目标；

（3）项目投资者的战略发生了改变，该项目必须舍弃；

（4）项目无法继续获得足够的资源以保证项目的持续；

（5）项目外部环境发生剧烈变化，使项目失去继续进行的意义或根本无法持续下去，或因为政策、法律环境变化等无法控制的因素而被迫无限期地延长，项目工作开始放慢或已经停止；

（6）项目的关键成员成为不受欢迎的人或失去继续完成项目的资格，而又无法找到替代者。

项目实施过程中可能会出现以上这些情况中的一种或多种，而不可避免地导致项目结束。

项目可以以正常结束的方式进行收尾时，应对项目进行项目竣工验收和后评价，实现项目的移交和清算。当采用非正常终止方式对项目进行收尾时，要综合考虑影响终止项目的决定因素，制定并执行项目终止决策，处理好终止后的事务。

4. 工程项目收尾管理的基本要求

根据PMI（美国项目管理协会）的概念，项目收尾包括合同收尾和管理收尾两部分。合同收尾就是逐项核对是否完成了合同所有的要求，是否可以把项目结束掉，即通常所说的验收。管理收尾涉及为了使项目干系人对项目产品的验收正式化而进行的项目成果验证和归档，具体包括收集项目记录、确保产品满足商业需求、并将项目信息归档，还包括项目审计。项目验收要核查项目计划规定范围内的各项工作或活动是否已经全部完成，可交付成果是否令人满意，并将核查结果记录在验收文件中。如果项目没有全部完成而提前结束，则应查明有哪些工作已经完成，完成到了什么程度，哪些工作没有完成并将核查结果记录在案，形成文件。项目审计是正式评审项目进展和成果的一个好方法。项目审计的目的，是明确完成的项目实现了哪些收益，实际成果和计划中的预计成果比有哪些差异。

工程项目收尾管理的内容主要包括竣工收尾、验收、结算、决算、回访保修和管理考核评价等方面。工程项目收尾阶段的工作内容多，应制定涵盖各项工作的计划，并提出要求将其纳入项目管理体系进行运行控制。

（1）工程项目竣工收尾

工程在竣工验收前，项目经理部应检查合同约定的哪些工作内容已经完成，或完成到什么程度，将检查结果记录并形成文件；总分包之间还有哪些连带工作需要收尾接口，项目还有哪些工作需要沟通协调等，以保证竣工收尾顺利完成。

应注意的是，在施工后期到进入收尾的期间，管理人员和施工人员的安全思想放松，安全意识下降；作业人员点多面广比较分散，交叉作业多，具有不确定性、偶然性、隐蔽性，非施工性的不可控因素增多，是造成生产安全事故多发的阶段，要加强工程项目收尾阶段的安全管理，确保施工收尾阶段的安全生产。这个阶段主要的安全管理措施见表11-1。

施工收尾阶段的主要安全管理措施 表11-1

安全管理措施	做法与要求
梳理剩余工作量	各施工单位要组织各专业人员对剩余工作进行整理和核实，掌握作业环境情况，明确管理人员责任，落实安全技术措施，并对施工人员进行有针对性的安全教育和安全技术交底
危险源再度辨识	对于工程收尾这一特殊阶段，要求各单位组织专职安全员和各专业技术人员进行一次安全隐患大排查，根据工作内容及作业计划进行第二次危险源辨识，查找危险因素，及时发现可能发生工伤事故的苗头，采取防控措施
加强安全教育	要对管理人员进行责任心、安全意识教育和对全体施工人员进行安全教育。在工程收尾阶段，要消除部分管理人员认为工程已基本结束、紧张危险期也已过去，从而思想放松，纪律松弛，责任心懈怠，安全意识淡化的隐患，务必对管理人员加强教育、严肃纪律，增强安全意识和责任心，在思想上高度重视，在行为上严己律人。应召集全体施工人员进行严肃认真的安全教育，使他们增强安全意识，告知安全隐患。教他们正确利用"三宝"，确保操作质量，杜绝违章作业，时时处处确保不伤害自己、不伤害别人、不被别人伤害
重视安全方案和安全技术交底	根据作业内容、作业环境、危险源辨识等情况编制安全生产方案，指出不安全作业环境、危险部位、危险操作行为，预测危险程度，掌握事故隐患出现的时间、地点、过程和演变规律，制定科学的防护技术措施和管理手段，认真进行安全技术交底。增强操作人员的安全意识，了解安全隐患，正确操作，杜绝违章作业。不得因是工程收尾阶段就不编制安全生产方案，就省略安全技术交底
明确职责分工加强安全巡检	工程开工时管理人员一般按专业分工，在工程收尾阶段根据需要可按专业也可按区域进行分工。每个管理人员都必须十分清楚所负责的工作内容、作业环境、每项工作开始及完成时间、参加施工的人员数量以及采取的防护措施等。专职安全员和管理人员必须加强施工过程中安全巡检工作，查隐患、查违章、查防护、查操作。发现问题立刻整改，召开安全例会落实工作内容并总结施工过程中出现的安全问题，分析原因，提出预防措施，要求专职安全员、管理人员高度负责等
制订应急预案	对危险工种和危险作业必须制定应急预案，一旦发生事故，在医护人员到来之前现场施工人员就能够及时正确地做一些应急处理，事故发生后能够及时准确地通报情况，拨打急救电话，在医护人员到来前采取正确的保护措施
保证安全资金投入	收尾阶段有的设备损坏或不能正常使用，有的工作需要购置新的设备和安全防护监测设备才能完成。管理人员不得因是收尾阶段而凑合使用或索性不购置，必须确保安全资金足额投入

安全管理措施	做法与要求
非施工性不可控因素的预防	部分项目如技改项目与生产联系十分紧密，供电、供水、供气等系统必须停产一定时间才能完成施工。建设单位往往因生产需要而送电、送气、送水等增加了非施工性不可控因素，容易发生触电或燃气中毒等事故。为避免不可控因素带来的伤害，施工单位必须采取预防措施，在安排的停产时间内能一次性完成的工作必须一次全部完成，仅能完成部分专业项目的务必以文字告知建设、监理单位，必须将施工内容、停产时间、施工时间告知建设单位、监理单位以便安排停产、停电、停水、停气等事宜。施工期间建设单位必须安排专人进行安全监护，做好各生产系统协调工作，严禁在未做安全确认的情况下进行生产操作如送电、送气等
安全管理工作总结	认真总结、归纳经验和教训从而指导其他项目的施工，安全管理应贯穿施工全过程

（2）工程项目竣工验收

工程项目竣工收尾工作内容按计划完成后，除了承包人的自检评定外，应及时向发包人递交竣工工程申请验收报告，实行建设监理的项目，监理人还应当签署工程竣工审查意见。发包人应按竣工验收法规向参与项目各方发出竣工验收通知单，组织进行项目竣工验收。

竣工验收包括实体验收和工程资料的验收。

1）实体验收

建设单位应按照合同约定及现行工程质量验收标准，检查施工单位是否完成了全部施工内容，对涉及工程质量安全和使用功能的分部分项工程逐项检查，确保各工程符合质量验收标准。做好专业验收，包括规划、消防、人防、环保、建筑节能、室内环境、电梯、锅炉、档案预验收等。各专项验收完成后，组织各方验收，并邀请当地质量监督部门进行监督，完成验收备案工作。

2）资料验收

建设单位要严格按照《建筑工程资料管理规程》JGJ/T 185—2009及单位主管部门的要求，对施工、监理单位的资料进行检查，确保归档材料的齐全、真实、有效。尤其要重视竣工图纸的绘制，是否真实反映了工程实际现状。同时，收集整理本单位的项目管理资料，分类立卷，集中归档。

各单位为了维护自身利益，在一些争议问题协商解决无果时，经常诉诸法律手段维权。这就要求在签订合同时要约定详细、表述准确、无歧义；在合同实施过程中，对关键问题要保留相关证据材料，如工程照片、会议纪要或影像资料，一旦提交仲裁或诉讼，要能提供有力证据，维护自身的权益。

（3）工程项目竣工结算

工程项目竣工验收条件具备后，承包人应按合同约定和工程价款结算的规定，及时编制并向发包人递交项目竣工结算报告及完整的结算资料，经双方确认后，按有关规定办理项目竣工结算。办完竣工结算，承包人应履约按时移交工程成品，并建立交接记录，完善交工手续。

工程结算是建设单位和施工单位后期矛盾的聚焦点和关键点。工程结算工作的顺利与否，取决于建设工程合同签订内容的严密性与完整性，以及工程实施过程中的合同管理工作是否认真、严肃。结算工作关系到各方的利益，必须按照合同约定的结算原则，本着实事求是、公平合理的原则进行。

（4）工程项目竣工决算

工程项目竣工决算是由项目发包人（业主）编制的工程项目从筹建到竣工投产或使用全过程的全部实际支出费用的经济文件。竣工决算综合反映竣工项目建设成果和财务情况，是竣工验收报告的重要组成部分，按国家有关规定，所有新建、扩建、改建的项目竣工后都要编制竣工决算。

（5）工程项目回访保修

工程项目竣工验收后，承包人应按工程建设法律、法规的规定，履行工程质量保修义务，并采取适宜的回访方式为顾客提供售后服务。工程项目回访与质量保修制度应纳入承包人的质量管理体系，明确组织和人员的职责，提出服务工作计划，按管理程序进行控制。

（6）工程项目考核评价

工程项目结束后，应对工程项目管理的运行情况进行全面评价。工程项目考核评价是项目干系人对项目实施效果从不同角度进行的评价和总结。通过定量指标和定性指标的分析、比较，从不同的管理范围总结项目管理经验，找出差距，提出改进处理意见。

11.1.2 工程项目竣工及移交

工程项目收尾阶段，主要工作有竣工收尾、验收、结算、决算、回访保修和管理考核评价等。其中，工程竣工验收及工程竣工验收备案制度、工程保修及工程质量保修制度等有关内容已在第 5 章中介绍，竣工结算与决算等已在第 6 章介绍。

工程项目竣工是指承建单位按照设计施工图纸和承包合同的规定，已经完成了工程项目建设的全部施工活动，达到建设单位的使用要求。

工程项目竣工验收是指施工单位将竣工的工程项目及与该项目有关的资料移交给建设单位，并接受由建设单位组织的对工程建设质量和技术资料的一系列检验和接收工作的总称。

其中，工程项目竣工验收的交工主体是施工单位，验收主体是项目法人，竣工验收的客体，应是设计文件规定、施工合同约定的特定工程对象。

工程项目竣工验收是国家全面考核项目建设成果、检验项目决策、设计、施工、设备制造、管理水平、总结工程项目建设经验的重要环节，也是投资者全面检验项目目标实现程度、投资效果，并就工程投资、工程进度和工程质量进行审查和认可的关键环节。工程项目通过竣工验收之后，就标志着承包商已全面履行了合同义务，因而竣工验收是保证合同任务完成，提高质量水平的最后关口。

1. 建筑工程竣工验收的范围

（1）凡列入固定资产投资计划的新建、扩建、改建和迁建的建筑工程项目或单项工程按批准的设计文件规定的内容和施工图纸要求全部建成符合验收标准的，必须及时组织验收，办理固定资产移交手续。

（2）使用更新改造资金进行的基本建设或者属于基本建设性质的技术改造工程项目，也应按国家关于建设项目竣工验收规定，办理竣工验收手续。

（3）小型基本建设项目和技术改造项目的竣工验收，可根据有关部门（地区）的规定适当简化手续，但必须按规定办理竣工验收和固定资产交付生产手续。

对于某些特殊情况，工程施工虽未全部按设计要求完成，也应进行验收，具体情况如下：

（1）因少数非主要设备或某些特殊材料短期内不能解决，虽然工程内容尚未全部完成，但已可以投产或使用的工程项目。

（2）按规定的内容已完建，但因外部条件的制约，如流动资金不足，生产所需原材料不能满足等，而使已建成工程不能投入使用的项目。

（3）有些建设项目或单项工程，已形成部分生产能力或实际上生产单位已经使用，但近期内不能按原设计规模续建，应从实际情况出发，经主管部门批准后，可缩小规模对已完成的工程和设备组织竣工验收，移交固定资产。

2. 建筑工程竣工验收的内容

（1）项目建设总体完成情况；

（2）项目资金到位及使用情况；

（3）项目变更情况；

（4）施工和设备到位情况；

（5）执行法律、法规情况；

（6）投产或者投入使用准备情况；

（7）竣工决算情况；

（8）档案资料情况；

（9）项目管理情况以及其他需要验收的内容。

3. 建筑工程项目竣工验收的主要依据

（1）上级主管部门对该项目批准的各种文件。包括设计任务书或可行性研究报告，用地、征地、拆迁文件，初步设计文件等。

（2）工程设计文件。包括施工图纸及有关说明。

（3）合同文件。

（4）设备技术说明书。它是进行设备安装调试、检验、试车、验收和处理设备质量、技术等问题的重要依据。

（5）设计变更通知书。它是对施工图纸的修改和补充。

（6）国家和相关部门颁布的工程质量检验评定标准、施工（包括设备安装）验收规范。

（7）外资工程应依据我国有关规定提交竣工验收文件。

4. 竣工验收中遗留问题的处理

建设项目在竣工验收时不可能什么问题都已解决。因此，即使已达到竣工验收标准，办理了验收和移交固定资产手续的投资项目，可能还存在某些影响生产和使用的遗留问题。对这些遗留问题提出具体解决意见，限期落实完成。

常见的遗留问题主要有以下几方面：

（1）遗留的尾工工程

项目尾工工程是指主要建、构筑物等已施工完毕，施工人员、设备也已撤离施工现场，建设项目已处于试运行期（工程质量保修阶段）的因规划、设计等各种原因而遗留的部分不能完全满足营运要求或与标准化营运管理不匹配的尚未完工而需继续完成的工程。

1）属于承包合同范围内遗留的尾工工程，要求承包商在限定时间内扫尾完成。

2）属于承包合同之外的少量尾工工程，业主可以一次或分期划给生产单位包干实施。基本建设的投资仍由银行监督结转使用，但从包干投资划归生产单位起，大中型项目即从计划中销号，不再列为大中型工程收尾项目。

3）分期建设分期投产的工程项目，前一期工程验收时遗留的少量尾工工程，可以在建设后一期工程时一并组织实施。

（2）协作配套问题

1）投产后原材料、协作配套供应的物资等外部条件不落实或发生变化，验收交付使用后由业主和有关主管部门抓紧解决。

2）由于产品成本高、价格低，或产品销路不畅，验收投产后要发生亏损的工业项目，仍应按时组织验收。交付生产后，业主应采取抓好经营管理、提高生产技术水平、增收节支等措施解决亏损。

（3）"三废"治理

"三废"治理工程必须严格按照规定与主体工程同时建成交付使用。对于不符合要求的情况，验收委员会会同地方环保部门，根据"三废"危害程度予以区别对待：

1）危害严重的项目，"三废"治理未解决前不允许投料试车，否则要追究责任。

2）危害后果不很严重，为了迅速发挥投资效益，可以同意办理固定资产移交手续，但要安排足够的投资，限期完成治理工程。

（4）劳动保护措施

劳动保护措施必须严格按照规定与主体工程同时建成，同时交付使用。对竣工时遗留的或试车中发现必须新增的安全、卫生保护设施，要安排投资和材料限期完成。

（5）工艺技术和设备缺陷

对于工艺技术有问题、设备有缺陷的项目，除应追究有关方的经济责任和索赔外，可根据不同情况区别对待：

1）经过投料试车考核，证明设备性能确实达不到设计能力的项目，在索赔之后征得原批准单位同意，可在验收中根据实际情况重新核定设计能力。

2）经主管部门审查同意，继续作为投资项目调整、攻关，以期达到预期生产能力，或另行调整用途。

11.1.3 工程项目管理的考核评价

工程项目考核评价工作是项目管理活动中很重要的一个环节，它是对项目管理行为、项目管理效果以及项目管理目标实现程度的检验和评定，可以客观反映项目管理目标实现情况。通过考核评价工作，使得项目管理人员能够正确地认识自己的工作水平和业绩，并且能够进一步地总结经验，找出差距，制定措施，从而提高企业的项目管理水平和管理人员的素质。

1. 工程项目管理全面分析

（1）工程项目管理分析的概念与作用

工程项目管理分析是在综合考虑项目管理的内、外部因素的基础上，按照实事求是的原则对项目管理结果进行判别、验证，以便发现问题、肯定成绩，从而正确、客观地反映项目管理绩效的工作。根据工程项目管理分析范围的大小不同，工程项目管理分析可分为全面分析和单项分析两类。

工程项目管理分析的作用主要有：

1）确认工程项目管理目标实现的准确性、真实性，明确工程项目管理目标的实现水平，正确识别客观因素对项目管理目标实现的影响及其程度；

2）准确反映工程项目管理工作的客观实际，避免考核评价工作的失真，为工程项目管理考核、审计及评价工作提供切实可靠的事实依据；

3）找出工程项目管理工作的成绩、问题及差距，以便在今后的项目管理工作中借鉴。

（2）工程项目管理分析的内容

1）工程项目管理全面分析的内容

工程项目管理全面分析，是指以工程项目管理实施目标为依据，对工程项目实施效果的各个方面都作对比分析，从而综合评价施工项目的经济效益和管理效果。全面分析的评价指标见表 11-2 所列。

工程项目管理全面分析的评价指标   表 11-2

指标	要求或计算公式
质量指标	分析单位工程的质量等级
工期指标	分析实际工期与合同工期及定额工期的差异
利润	分析承包价格与实际成本的差异
产值利润率	分析利润与承包价格的比值
劳动生产率	劳动生产率＝工程承包价格/工程实际耗用工日数
劳动消耗指标	包括单方用工、劳动效率及节约工日 单方用工＝实际用工(工日)/建筑面积(m^2) 劳动效率＝预算用工(工日)/实际用工(工日)×100% 节约工日＝预算用工－实际用工
材料消耗指标	包括主要材料(钢材、木材、水泥等)的节约量及材料成本降低率 主要材料节约量＝预算用量－实际用量 材料成本降低率＝(承包价中的材料成本－实际材料成本)/承包价中的材料成本×100%
机械消耗指标	包括某种主要机械利用率和机械成本降低率 某种机械利用率＝实际台班数/预算台班数×100% 机械成本降低率＝(预算机械成本－实际机械成本)/预算机械成本×100%
成本指标	包括降低成本额和降低成本率 降低成本额＝承包成本－实际成本 降低成本率＝(承包成本－实际成本)/承包成本×100%

2）工程项目管理单项分析的内容

工程项目管理单项分析是对项目管理的某项或某几项指标进行解剖性具体分析，从而准确地确定项目在某一方面的绩效，找出项目管理好与差的具体原因，提出应该如何加强和改善的具体内容。单项分析主要是对工程质量、工期、工程成本、安全四大基本目标进行分析。

① 工程质量分析

工程质量分析是对照工程项目的设计文件和国家规定的工程质量检验评定标准,分析工程项目是否达到了合同约定的质量等级。应具体分析地基基础工程、主体结构工程、装修工程、屋面工程及水、暖、电、卫等各分部分项工程的质量情况,分析施工中出现的质量问题、发生的重大质量事故,分析施工质量控制计划的执行情况、各项保证工程质量措施的实施情况、质量管理责任制的落实情况等。

② 工期分析

工期分析是将工程项目的实际工期与计划工期及合同工期进行对比分析,看实际工期是否符合计划工期的要求。如果实际工期超出计划工期的范围,则看是否在合同工期范围内,根据实际工期、计划工期、合同工期的对比情况确定工期是提前还是拖后。进一步分析影响工期的原因,施工方案与施工方法是否先进合理,工期计划是否最优,劳动力的安排是否均衡,各种材料、半成品的供应能否保证,各项技术组织措施是否落实到位,施工中各有关单位是否协作配合等。

③ 工程成本分析

工程成本分析应在成本核算的基础上进行,主要是结合工程成本的形成过程和影响成本的因素,检查项目成本目标的完成情况,并作出实事求是的评价。成本分析是对项目成本管理工作的一次总检验,也是对项目管理经济效益的提前考查。成本分析可按成本项目的构成进行,如:人工费收支分析、材料费收支分析、机械使用费收支分析、其他各种费用收支情况分析、总收入与总支出对比分析、计划成本与实际成本对比分析等。

④ 安全分析

安全工作进行分析,就是针对项目实施过程中所发生的机械设备及人员的伤亡事故,检查项目安全生产责任制、安全教育、安全技术、安全检查等安全管理工作的执行情况,分析项目安全管理的效果。安全工作贯穿于施工生产的全过程,生产必须保证安全是任何一个建筑企业必须遵守的原则,安全是项目管理各项目标实现的根本保证。

2. 工程项目管理考核评价的方式

根据项目范围管理和组织实施方式的不同,应采取不同的项目考核评价方式,一般有年度考核评价、阶段考核评价和终结性考核评价三种方式。通常而言,建筑工程项目考核可按年度进行,也可按工程进度计划划分阶段进行,还可以综合以上两种方式,在按工程部位划分阶段进行考核中插入按自然时间划分阶段进行考核。工期超过两年以上的大型项目,可以实行年度考核评价。为了加强过程控制,避免考核评价期过长,应当在年度考核评价之中加入阶段考核评价。阶段的划分可以按用网络计划表示的工程进度计划的关键节点进行,也可以同时按自然时间划分阶段进行季度、年度考核评价。工程竣工验收后,应预留一段时间完成整理资料、疏散人员、退还机械、清理场地、结清账目等工作,然后再对项目管理进行全面的终结性考核评价。

项目终结性考核评价的内容应包括确认阶段考核评价的结果,确认项目管理的最终结果,确认该项目经理部是否具备"解体"的条件等工作。终结性考核评价不仅要注重项目后期工作的情况,而且应该全面考虑到项目前期、中期的阶段考核评价工作,应认真分析因果关系,使得考核评价工作形成一个完整的体系,从而对项目管理工作有一个整体性和全面性的结论。

3. 工程项目管理考核评价组织的建立

工程项目完成以后，企业应成立项目考核评价委员会。考核评价委员会应由企业主管领导和企业有关业务部门从事项目管理工作的人员组成，必要时也可聘请社团组织或大专院校的专家、学者参加，一般由5～7人组成，可以是企业的常设机构，也可以是一次性机构，由企业主管领导负责。在考核评价前，要明确组织分工，制定组织制度，熟悉考核评价工作标准，统一思想认识。

4. 工程项目管理考核评价程序

（1）制定考核评价方案，并报送企业法定代表人审核批准，然后才能执行。具体内容包括考核评价工作时间、具体要求、工作方法及结果处理。

（2）听取项目经理汇报。主要汇报项目管理工作的情况和项目目标实现的结果，并介绍所提供的资料。

（3）查看项目经理部的有关资料。对项目经理部提供的各种资料进行认真细致的审阅，分析其经验及问题。

（4）对项目管理层和劳务作业层进行调查。可采用交谈、座谈、约谈等方式，以便全面了解情况。

（5）考察已完工程。主要是考察工程质量和现场管理，进度与计划工期是否吻合，阶段性目标是否完成。

（6）对项目管理的实际运作水平进行考核评价。根据既定的评分方法和标准，依据调查了解的情况，对各定量指标进行评分，对定性指标确定评价结果，得出综合评分值和评价结论。

（7）提出考核评价报告。考核评价报告内容应全面、具体、实事求是，考核评价结论要明确，具有说服力，必要时对一些敏感性问题要补充说明。

（8）向被考核评价的项目经理部公布评价意见。

5. 工程项目管理考核评价资料

资料是进行项目考核评价的直接材料，为了使考核评价工作能够客观公正、顺利高效地进行，参与项目管理考核评价的双方都要积极配合，互相支持，及时主动地向考评对方提供必要的工作资料。

（1）项目经理部应向考核评价委员会提供的资料

1）"项目管理实施规划"，各种计划、方案及其完成情况；

2）项目实施过程中所发生的全部来往文件、函件、签证、记录、鉴定、证明；

3）各项技术经济指标的完成情况及分析资料；

4）项目管理的总结报告，包括技术、质量、成本、安全、分配、物资、设备、合同履约及思想政治工作等各项管理的总结；

5）项目实施过程中使用的各种合同、管理制度及工资奖金的发放标准。

（2）项目考核评价委员会应向项目经理部提供的资料

1）考核评价方案和程序，目的是让项目经理部对考核评价工作的总体安排做到心中有数；

2）考核评价指标、计分办法及有关说明，目的是让项目经理部清楚考核评价采用的定性与定量指标及评价方法，使考核评价工作公开透明；

3）考核评价依据，应说明考核评价工作所依据的规定、标准等；

4）考核评价结果，应以结论报告的形式提供给项目经理部，为企业奖评或项目奖评提供依据，也为项目经理部今后的工作提供借鉴经验。

其中，前三项是在考核评价前由项目考核评价委员会向项目经理部提供的资料，第四项是考核评价结束后向项目经理部提供的资料。

6. 工程项目管理考核评价指标

项目考核评价指标可以分为定量指标和定性指标两类，是对项目管理的实施效果作出客观、正确、科学分析和论证的依据。选择一组适用的指标对某一项目的管理目标进行定量或定性分析，是考核评价项目管理成果的需要。

（1）考核评价的定量指标

建筑工程项目考核评价的定量指标是指反映项目实施成果，可作量化比较分析的专业技术经济指标，主要包括工期、质量、成本、职业健康安全、环境保护等方面的指标。

1）工程质量指标

应按《建筑工程施工质量验收统一标准》GB 50300—2013 和建筑工程施工质量验收规范的具体要求和规定，进行项目的检查验收，根据验收情况评定分数。

2）工程成本指标

通常用成本降低额和成本降低率来表示。成本降低额是指工程实际成本比工程预算成本降低的绝对数额，是一个绝对评价指标；成本降低率是指工程成本降低额与工程预算成本的相对比率，是一个相对评价指标。这里的预算成本是指项目经理与承包人签订的责任成本。用成本降低率能够直观地反映成本降低的幅度，准确反映项目管理的实际效果。

3）工期指标

通常用实际工期与工期提前率来表示。实际工期是指工程项目从开工至竣工验收交付使用所经历的日历天数；工期提前量是指实际工期比合同工期提前的绝对天数；工期提前率是工期提前量与合同工期的比率。

4）安全指标

工程项目的安全问题是工程项目实施过程中的第一要务，在许多承包单位对工程项目效果的考核要求中，都有安全一票否决的内容。《建筑施工安全检查标准》JGJ 59—2011将工程安全标准分为优良、合格、不合格三个等级。当建筑施工安全检查评定的等级为不合格时，必须限期整改达到合格。具体等级是由评分计算的方式确定，评分涉及安全管理、文明工地、脚手架、基坑支护与模板工程、"三宝""四口"防护、施工用电、物料提升机与外用电梯、塔式起重机、起重机吊装、施工机具等项目。具体方法可按《建筑施工安全检查标准》JGJ 59—2011执行。《建筑施工安全检查标准》使建筑工程安全检查由传统的定性评价上升到定量评价，使安全检查进一步规范化、标准化。安全检查内容中包括保证项目和一般项目。《建筑施工安全检查标准》中各检查表、检查项目的构成见表11-3。

（2）考核评价的定性指标

工程项目考核评价的定性指标，是指综合评价或单项评价项目管理水平的非量化指标，且有可靠的论证依据和办法，对项目实施效果作出科学评价。如经营管理理念、项目管理策划、管理制度及方法、新工艺与新技术推广、社会效益及社会评价等方面的指标。

建筑施工安全各检查表、检查项目的构成　　　　　　　　表 11-3

检查表	检查项目
《建筑施工安全检查评分汇总表》	主要内容包括安全管理、文明施工、脚手架、基坑工程、模板支架、高处作业、施工用电、物料提升机与施工升降机、塔式起重机与起重吊装、施工机具 10 项，所示得分作为对一个施工现场安全生产情况的综合评价依据
《安全管理检查评分表》	检查评定保证项目应包括：安全生产责任制、施工组织设计及专项施工方案、安全技术交底、安全检查、安全教育、应急救援。一般项目应包括：分包单位安全管理、持证上岗、生产安全事故处理、安全标志
《文明施工检查评分表》	检查评定保证项目应包括：现场围挡、封闭管理、施工场地、材料管理、现场办公与住宿、现场防火。一般项目应包括：综合治理、公示标牌、生活设施、社区服务
脚手架检查评分表	分为《扣件式钢管脚手架检查评分表》《悬挑式脚手架检查评分表》《门式钢管脚手架检查评分表》《碗扣式钢管脚手架检查评分表》《承插型盘扣式钢管脚手架检查评分表》《满堂脚手架检查评分表》《高处作业吊篮检查评分表》《附着式升降脚手架检查评分表》等 8 种脚手架的安全检查评分表
《基坑工程检查评分表》	检查评定保证项目包括：施工方案、临边防护、基坑支护及支撑拆除、基坑降排水、坑边荷载。一般项目包括：上下通道、土方开挖、基坑工程监测、作业环境
《模板支架检查评分表》	检查评定保证项目包括：施工方案、立杆基础、支架稳定、施工荷载、交底与验收。一般项目包括：立杆设置、水平杆设置、支架拆除、支架材质
《高处作业检查评分表》	检查评定保证项目包括：安全帽、安全网、安全带、临边防护、洞口防护、通道口防护、攀登作业、悬空作业、移动式操作平台、物料平台、悬挑式钢平台
《施工用电检查评分表》	检查评定保证项目应包括：外电防护、接地与接零保护系统、配电线路、配电箱与开关箱。一般项目应包括：配电室与配电装置、现场照明、用电档案
《物料提升机检查评分表》	检查评定保证项目应包括：安全装置、防护设施、附墙架与缆风绳、钢丝绳、安拆、验收与使用。一般项目应包括：基础与导轨架、动力与传动、通信装置、卷扬机操作棚、避雷装置
《施工升降机检查评分表》	检查评定保证项目应包括：安全装置、限位装置、防护设施、附墙架、钢丝绳、滑轮与对重、安拆、验收与使用。一般项目应包括：导轨架、基础、电气安全、通信装置
《塔式起重机检查评分表》	检查评定保证项目应包括：载荷限制装置、行程限位装置、保护装置、吊钩、滑轮、卷筒与钢丝绳、多塔作业、安拆、验收与使用。一般项目应包括：附着、基础与轨道、结构设施、电气安全
《起重吊装安全检查评分表》	检查评定保证项目应包括：施工方案、起重机械、钢丝绳与地锚、索具、作业环境、作业人员。一般项目应包括：起重吊装、高处作业、构件码放、警戒监护
《施工机具检查评分表》	检查评定项目应包括：平刨、圆盘锯、手持电动工具、钢筋机械、电焊机、搅拌机、气瓶、翻斗车、潜水泵、振捣器、桩工机械

1）执行企业各项制度的情况

通过对项目经理部贯彻落实企业政策、制度、规定等方面的调查，评价项目经理部是否能够及时、准确、严格、持续地执行企业制度，是否有成效，能否做到令行禁止、积极配合。

2）项目管理资料的收集整理情况

项目管理资料是反映项目管理实施过程的基础性文件，通过考核项目管理资料的收集、整理情况，可以直观地看出工程项目管理日常工作的规范程度和完善程度。

3）思想工作方法与效果

主要考查思想政治工作是否有成效，是否适应和促进企业领导体制建设，是否提高了职工素质。

4）发包人及用户的评价

项目管理实施效果的最终评定人是发包人和用户，发包人及用户的评价是最有说服力的，发包人及用户对产品满意是项目管理成功的表现。

5）应用新技术、新材料、新设备、新工艺的情况

在项目管理活动中，积极主动地应用新材料、新技术、新设备、新工艺是推动建筑业发展的基础，是每一个项目管理者的基本职责。

6）采用的现代化管理方法和手段

新的管理方法和手段的应用可以极大地提高管理的效率，是否采用现代化管理方法和手段是检验管理水平高低的尺度。

7）环境保护

项目管理人员应提高环保意识，制定与落实有效的环保措施，减少甚至杜绝环境破坏和环境污染的发生，提高环境保护的效果。

7. 工程项目管理总结

工程项目管理总结是全面、系统反映项目管理实施情况的综合性文件。项目管理结束后，项目管理实施责任主体或项目经理部应进行项目管理总结。项目管理总结应在项目考核评价工作完成后编制。

工程项目管理总结的内容主要包括项目概况，组织机构、管理体系、管理控制程序，各项经济技术指标完成情况及考核评价，主要经验及问题处理，其他需要提供的资料等。

11.1.4　工程项目文件归档

1. 工程项目文件归档的含义

（1）建设、勘察、设计、施工、监理等单位对本单位在工程建设过程中形成的文件的管理并向本单位档案管理机构移交；

（2）勘察、设计、施工、监理等单位将本单位在工程建设过程中形成的文件向建设单位档案管理机构移交；

（3）建设单位向当地城建档案馆移交符合规定的工程档案。

2. 工程项目文件归档的作用

（1）作为建筑物使用过程中发生质量问题的原因分析和核查的依据；

（2）作为建筑物扩建、改建、翻修的依据；

（3）作为周边建筑物整体规划建设时或者类似建筑物异地再建时的参考；

（4）城市建设事业整体评价、研究、统计的主要依据；

（5）城市建设档案资料，是城市经济发展的重要文献。

3. 施工企业竣工资料的管理

（1）施工企业竣工资料管理的基本要求

1）施工项目竣工资料的管理要在企业总工程师的领导下，由归口管理部门负责日常业务工作，相关的职能部门，如工程、技术等部门要密切配合，督促、检查、指导各项目经理部工程竣工资料收集和整理的基础工作。

2）施工项目竣工资料的收集和整理，要在项目经理的领导下，由项目技术负责人牵头，安排内业技术员负责收集整理工作。施工现场的其他管理人员要按时交接资料，统一归口整理，保证竣工资料组卷的有效性。

3）施工项目实行总承包的，分包项目经理部负责收集、整理分包范围内工程竣工资料，交总包项目经理部汇总、整理。工程竣工验收时，由总包人向发包人移交完整、准确的工程竣工资料。

4）施工项目实行分别平行发包的，由各承包人项目经理部负责收集、整理所承包工程范围的工程竣工资料。工程竣工报验时，交发包人汇总、整理，或由发包人委托一个承包人进行汇总、整理，竣工验收时进行移交。

5）工程竣工资料应随着施工进度进行及时整理，应按系统和专业分类组卷。实行建设监理的工程，还应具备取得监理机构签署认可的报审资料。

6）项目经理部在进行工程竣工资料的整理组卷排列时，应达到完整性、准确性、系统性的统一，做到字迹清晰、项目齐全、内容完整。各种资料表式一律按各行业、各部门、各地区规定的统一表格使用。

7）整理竣工资料应依据国家有关法律法规、规范对工程档案和竣工资料的规定，符合现行建设工程施工及验收规范和质量标准对资料内容的要求，同时要遵守国家和地方档案管理部门和工程竣工备案部门对竣工资料移交的规定。

（2）施工项目竣工资料的分类

1）工程施工技术资料

主要内容包括：

施工技术准备文件；

施工现场准备文件；

地基处理记录；

工程图纸变更记录；

施工记录；

设备、产品检查安装记录；

预检记录；

工程质量事故处理记录；

室外工程施工技术资料；

工程竣工文件。

2）工程质量保证资料

工程质量保证资料是施工过程中全面反映工程质量控制和保证的证明资料，诸如原材料、构配件、器具及设备等质量证明，出厂合格证明，进场材料复试试验报告，隐蔽工程检查记录，施工试验报告等。根据行业和专业的特点不同，依据的施工及验收规范和质量检验标准不同，具体又分为土建工程、建筑给水排水及采暖工程、建筑电气安装工程、通风与空调工程、电梯安装工程、建筑智能化工程以及其他专业工程质量保证资料，可参见表 11-4。

各专业工程质量保证资料的主要内容　　　　　　　　　　表 11-4

专业工程	主要质量保证资料
土建工程	(1) 钢材出厂合格证、试验报告； (2) 焊接试（检）验报告、焊条（剂）合格证； (3) 水泥出厂合格证或试验报告； (4) 砖出厂合格证或试验报告； (5) 防水材料合格证或试验报告； (6) 构件合格证； (7) 混凝土试块试验报告； (8) 砂浆试块试验报告； (9) 土的试验、打（试）桩记录； (10) 地基验槽记录； (11) 结构吊装、结构验收记录； (12) 隐蔽工程验收记录； (13) 中间交接验收记录等
建筑采暖卫生与煤气工程	(1) 材料、设备出厂合格证； (2) 管道、设备强度、焊口检查和严密性试验记录； (3) 系统清洗记录； (4) 排水管灌水、通水、通球试验记录； (5) 卫生洁具盛水试验记录； (6) 锅炉、烘炉、煮炉设备试运转记录等
建筑电气安装	(1) 主要电气设备、材料合格证； (2) 电气设备试验、调整记录； (3) 绝缘、接地电阻测试记录； (4) 隐蔽工程验收记录等
通风与空调工程	(1) 材料、设备出厂合格证； (2) 空调调试报告； (3) 制冷系统检验、试验记录； (4) 隐蔽工程验收记录等
电梯安装工程	(1) 电梯及附件、材料合格证； (2) 绝缘、接地电阻测试记录； (3) 空、满、超载运行记录； (4) 调整试验报告等
建筑智能化工程	(1) 材料、设备出厂合格证、试验报告； (2) 隐蔽工程验收记录； (3) 系统功能与设备调试记录

3）工程检验评定资料

主要包括单位工程质量竣工验收记录、分部工程质量验收记录、分项工程质量验收记录、检验批质量验收记录等。

4）竣工图

竣工图是工程施工完毕的实际成果和反映，是建设工程竣工验收的重要备案资料。竣工图的编制整理、审核盖章、交接验收应按国家对竣工图的要求办理。承包人应根据施工合同的约定，提交合格的竣工图。

5）其他资料

建设工程施工合同；

施工图预算、竣工结算；

工程施工项目经理部及负责人名单；

引进技术和引进设备的图纸、文件的收集和整理；

地方行政法规、技术标准已有规定和施工合同约定的其他应交资料；

工程质量保修书；

施工项目管理总结。

对一项工程而言，建设、勘察、设计、施工、监理等单位应将工程文件的形成和积累纳入工程建设管理的各个环节和有关人员的职责范围。工程项目文档资料管理的要求以及各方职责参见第9章的内容。

11.2　工程项目后评价

11.2.1　工程项目后评价概述

国家标准《项目后评价实施指南》GB/T 30339—2013 将项目后评价定义为："对已结束项目的目标、执行过程、结果、效益、作用和影响等进行总结、分析和评估的活动。"

项目后评价是工程项目竣工投产、生产运营一段时间后，再对项目的立项决策、设计施工、竣工投产、生产运营等全过程进行系统评价的一种技术活动，是固定资产管理的一项重要内容，也是固定资产投资管理的最后一个环节。项目完成并移交（或转让）以后，应该及时进行项目的考核评价，通过建设项目后评价，可以达到肯定成绩、总结经验、研究问题、吸取教训、提出建议、改进工作、不断提高项目决策水平和投资效果的目的。

项目主体（法人或项目公司）应根据项目范围管理和组织实施方式的不同，分别采取不同的项目考核评价办法，特别应注意综合考虑项目的社会、经济及企业效益，客观全面地进行项目的考核评价。

1. 工程项目后评价的任务

根据项目后评价所要回答的问题以及项目自身的特点，项目后评价主要的研究任务是：

（1）评价项目目标的实现程度；

（2）评价项目的决策过程，主要评价决策所依据的资料和决策程序的规范性；

（3）评价项目具体实施过程；

（4）分析项目成功或失败的原因；

（5）评价项目的运行效益；

（6）分析项目的影响和可持续发展；

（7）综合评价项目的成功度。

2. 工程项目后评价的作用

项目后评价对提高工程项目决策水平、改进项目管理和提高投资效益等方面发挥着极其重要的作用。具体地说，项目后评价的作用主要表现在以下几个方面：

（1）有利于提高工程项目管理水平

后评价的过程也是一个学习的过程，通过项目后评价，对已经建成项目的实际情况进行分析研究，总结正反两方面的经验教训，提供给项目决策者和项目管理人员，这对于控制和调整同类建设项目具有重要作用。一个建设项目的成功与否，主要取决于立项决策是否正确。通过建立完善的项目后评价制度和科学的方法体系，一方面可以增强项目投资决策者、管理者、建设者的责任心和工作水平，另一方面可以通过项目后评价的反馈信息，公正客观地确定存在的问题并及时纠正，从而提高未来项目决策的水平。通过项目后评价，可以总结建设项目设计、施工以及引进技术和装备过程中的经验教训，从而有利于不断提高工程设计施工水平，提高引进技术和装备的成功率，对于控制工程造价将会起到积极的作用。项目经验教训的不断积累，也有利于指导未来项目的管理活动，从而提高工程项目全过程管理的水平。

（2）有利于提高生产能力和经济效益

建设项目投产后，经济效益好坏、何时能达到生产能力（或产生效益）等问题，是后评价十分关心的问题。进行的项目实施效果评价和影响评价，可以分析和研究项目投产初期和达产时期的实际情况，比较与预测情况的偏离程度，分析产生偏差的原因，提出切实可行的措施促使项目运营状态正常化，提高项目的经济效益和社会效益，使建成后的项目充分发挥作用。

（3）为国家投资计划、政策的制定提供依据。项目后评价能够发现宏观投资管理中的不足和某些不适合经济发展的技术经济政策，以及某些已经过时的指标参数，同时还可根据反馈的信息合理确定投资规模和投资流向，协调各产业、各部门之间及其内部的各种比例关系。此外，国家还可以充分地运用法律的、经济的、行政的手段，建立必要的法令、法规、各项制度和机构，完善和调整相关方针、政策和管理程序，促进投资管理的良性循环。

（4）为银行及金融部门及时调整信贷政策提供依据。通过开展项目后评价，能及时发现项目建设资金使用中存在的问题，检验项目是否达到商业完工标准，分析研究贷款项目成功或失败的原因，从而为调整信贷政策提供依据，并确保资金的按期回收。

3. 工程项目后评价的原则

（1）客观性原则

工程项目后评价是对工程项目投产后一段时间所发生的情况的一种总结评价。它分析研究的是项目的实际情况，所依据的数据资料是现实发生的真实数据或根据实际情况重新预测的数据，总结的是客观存在的经验教训，提出的是实际可行的对策措施。工程项目后评价的现实性决定了其评价结论的客观可靠性。

（2）独立性原则

后评价必须保证公正性和独立性，这是一条重要的原则。公正性标志着后评价及评价者的信誉，避免在发生问题、分析原因和作结论时避重就轻，受项目利益的束缚和局限，作出不客观的评价。独立性标志着后评价的合法性，后评价应从项目投资者和受援者或项目业主以外的第三者角度出发，独立地进行，特别是要避免项目决策者和管理者自己评价自己的情况发生。公正性和独立性应贯穿后评价的全过程，即从后评价项目的选定、计划的编制、任务的委托、评价者的组成，到评价过程和报告。

（3）针对性原则

后评价应针对项目的实际情况和具体特征，综合考虑级别、类型、规模、复杂程度等要素，确定评价程序和选择评价方法。

后评价的可信性取决于评价者的独立性和经验，取决于资料信息的可靠性和评价方法的实用性。工程项目后评价的内容具有全面性，即不仅要分析项目的投资过程，而且还要分析其生产经营过程；不仅要分析项目的投资经济效益，而且还要分析其社会效益、环境效益等。另外，它还要分析项目经营管理水平和项目发展的后劲和潜力。可信性的一个重要标志是应同时反映出项目的成功经验和失败教训，这就要求评价者具有广泛的阅历和丰富的经验。同时，要求项目执行者和管理者参与后评价，以利于收集资料和查明情况。为增强评价者的责任感和可信度，评价报告要注明评论者的名称或姓名。评价报告要说明所用资料的来源或出处，报告的分析和结论应有充分可靠的依据。评价报告还应说明评价所采用的方法。

（4）透明性原则

透明性是后评价的另一项重要原则。从可信性来看，要求后评价的透明度越大越好，因为后评价往往需要引起公众的关注，对投资决策活动及其效益和效果实施更有效的社会监督。从后评价成果的扩散和反馈的效果来看，成果及其扩散的透明度也是越大越好，使更多的人借鉴过去的经验教训。

（5）反馈性原则

工程项目后评价的目的，在于为以后的宏观决策、微观决策和建设提供依据和借鉴。项目后评价的结果需要反馈到决策部门，作为新项目的立项和评价基础，以及调整工程规划和政策的依据，这是后评价的最终目的。因此，后评价结论的扩散以及反馈机制、手段和方法成为后评价成败的关键环节之一。

4. 工程项目后评价的方法

（1）对比分析法

对比分析法是项目后评价的基本方法，它包括前后对比法与有无对比法。对比法是项目后评价的常用方法。

"前后对比"是指将项目实施之前与完成之后的情况加以对比，以确定项目作用与效益的一种对比方法。在项目后评价中，是指将项目前期可行性研究和评估的预测结论与项目的实际运行结果相比较，以发现变化和分析原因的方法。这种对比用于揭示计划、决策和实施的质量，是项目过程评价应遵循的原则。采用前后对比法，要注意前后数据的可比性。

"有无对比"是指将项目实际发生的情况与若无项目可能发生的情况进行对比，以度量项目的真实效益、影响和作用。对比的重点是要分清项目作用的影响与项目以外作用的影响。这种对比用于项目的效益评价和影响评价，是项目后评价的一个重要方法论原则。

该方法是通过项目实施所付出的资源代价与项目实施后产生的效果进行对比，以评价项目好坏的项目后评价的一个重要方法。采用有无对比法时，要注意的重点，一是要分清建设项目的作用和影响与建设项目以外的其他因素的作用和影响；二是要注意参照对比。

（2）逻辑框架法

逻辑框架法（Logical Framework Approach，LFA）是美国国际开发署在 1970 年开发并使用的一种设计、计划和评价工具，目前已有三分之二的国际组织把 LFA 作为援助项目的计划管理和后评价的主要方法。LFA 是一种概念化论述项目的方法，即用一张简单的框图来清晰地分析一个复杂项目的内涵和关系，将几个内容相关、必须同步考虑的动态因素组合起来，通过分析其相互之间的关系，从设计策划到目的目标等方面来评价一项活动或工作。在项目后评价中，通过应用逻辑框架法分析项目原定的预期目标、各种目标的层次、目标实现的程度和项目成败的原因，用以评价项目的效果、作用和影响。

（3）因素分析法

项目投资效果的各指标，往往都是由多种因素决定的，只有把综合性指标分解成原始因素，才能确定指标完成好坏的具体原因和症结所在。这种把综合指标分解成各个因素的方法，称为因素分析法。

因素分析的一般步骤是首先确定某项指标是由哪些因素组成的；其次，确定各个因素与指标的关系；最后，确定各个因素所占份额。如建设成本超支，就要核算清由于工程量突破预计工程量而造成的超支占多少份额，结算价格上升造成的超支占多少份额等。项目后评价人员应将各影响因素加以分析，寻找出主要影响因素，并具体分析各影响因素对主要技术经济指标的影响程度。

（4）统计调查和统计分析

统计调查是根据研究的目的和要求，采用科学的调查方法，有策划有组织地搜集被研究对象的原始资料的工作过程。统计调查是统计工作的基础，是统计整理和统计分析的前提。对统计调查的要求是，所搜集的资料必须准确、及时、全面。

统计分析是根据研究的目的和要求，采用各种分析方法，对研究的对象进行解剖、对比、分析和综合研究，以揭示事物的内在联系和发展变化的规律性。统计分析过程是揭示矛盾，找出原因，提出解决问题的方法的过程。

（5）成功度评价法

成功度评价法是以用逻辑框架法分析的项目目标的实现程度和经济效益分析的评价结论为基础，以项目的目标和效益为核心所进行的全面系统的评价。它依靠评价专家或专家组的经验，综合后评价各项指标的评价结果，对项目的成功程度作出定性的结论，也就是通常所称的打分的方法。

进行项目综合评价时，评价人员首先要根据具体项目的类型和特点，确定综合评价指标及其与项目相关的程度，把它们分为"重要""次重要"和"不重要"三类。对"不重要"的指标就不用测定，只需测定重要和次重要的项目内容，一般的项目实际需测定的指标在 10 项左右。

5. 后评价项目的自我评价与独立后评价

（1）后评价项目的自我评价

项目的自我评价是从项目业主或项目主管部门的角度对项目的实施进行全面的总结，

为开展项目独立后评价作准备的工作，是按项目后评价要求，收集资料、自我检查、对比分析、找出原因、提出建议，以总结项目经验教训为目的的一种技术经济活动。

项目的自我评价有别于竣工验收，一是评价的重点不同，竣工验收侧重于项目工程的质量、进度和造价方面；自我评价侧重于项目效益和影响方面，自我评价也需要了解工程方面的情况，但重点是分析原因，解决项目的效益和影响问题，为今后项目决策和管理提供借鉴。二是评价的目的不同，竣工验收的目的是为把项目形成的固定资产或服务正式移交给业主或客户，使之进入运营阶段，同时总结出项目建设中的经验教训；而自我评价的目的是为项目后评价服务，需要全面总结项目的执行、效益、作用和影响，为其他项目提供可以借鉴的经验教训。

（2）项目的独立后评价

项目的独立后评价是指由独立或相对独立的机构去完成项目后评价并及时报告评价的结果，以保证评价的客观公正性。

项目的独立后评价应在分析项目完工报告或项目自我评价报告或项目竣工验收报告的基础上，通过实地考察和调研，评价项目执行情况及其成果。项目独立后评价的报告内容应包括项目背景、实施评价、效果评价和结论建议等几部分。

11.2.2　工程项目后评价的基本内容

1. 项目目标评价

项目后评价要对照原定目标完成的主要指标，检查项目实际实现的情况和变化，分析实际发生改变的原因，以判断目标的实现程度。判别项目目标的指标应在项目立项时就确定了，一般包括宏观目标，即对地区、行业或国家经济、社会发展的总体影响和作用，建设项目的直接目的可能是解决特定的供需平衡，向社会提供某种产品或服务，指标一般可以量化，目标评价的另一项任务是要对项目原定决策目标的正确性、合理性和实践性进行分析评价。

项目目标实现程度从以下四个方面进行判断：

（1）项目工程（实物）建成。项目的建筑工程完工、设备安装调试完成、装置和设施经过试运行，具备竣工验收条件。

（2）项目技术和能力。装置、设施和设备的运行达到设计能力和技术指标，产品质量达到国家或企业标准。

（3）项目经济效益产生。项目财务和经济的预期目标，包括运营（销售）收入、成本、利税、收益率、利息备付率、偿债备付率等基本实现。

（4）项目影响产生。项目的经济、环境、社会效益目标基本实现，项目对产业布局、技术进步、国民经济、环境生态、社会发展的影响已经产生。

项目目标评价可包括项目管理目标评价和项目宏观目标评价两个层次。

2. 项目实施过程评价

对建设项目的立项决策、设计施工、竣工投产、生产运营等全过程进行系统分析，找出项目后评价与原预期效益之间的差异及其产生的原因，同时针对问题提出解决的办法。具体内容如图 11-1 所示。

项目的过程评价应对照立项评估或可行性研究报告时预计的情况和实际执行的过程，一般要分析：

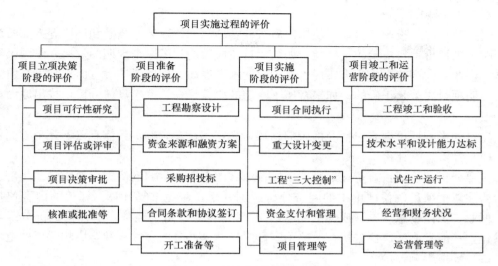

图 11-1　项目实施过程的评价

（1）项目的立项、准备和评估；

（2）项目内容和建设规模；

（3）工程进度和实施情况；

（4）配套设施和服务条件；

（5）受益者范围及其反应；

（6）项目的管理和机制；

（7）财务执行情况。

3. 项目效益评价

项目的效益评价即财务评价和经济评价，通过项目竣工投产后所产生的实际经济效益与可行性研究时所预测的经济效益相比较，对项目进行评价。对生产性建设项目，要运用投产运营后的实际资料，计算财务内部收益率、财务净现值、财务净现值率、投资利润率、投资利税率、贷款偿还期、国民经济内部收益率、经济净现值、经济净现值率等一系列后评价指标，然后与可行性研究阶段所预测的相应指标进行对比，从经济上分析项目投产运营后是否达到了预期效果。没有达到预期效果的，应分析原因，采取措施，提高经济效益。

要注意以下几点：

（1）项目评估采用的是预测值，项目后评价则对已发生的财务现金流量和经济流量作出新的预测。

（2）当财务现金流量来自财务报表时，对应收而未实际收到的债权和非货币资金都不可计为现金流入，只有当实际收到时才作为现金流入；同理，应付而实际未付的债务资金不能计为现金流出，只有当实际支付时才能作为现金流出。必要时，要对实际财务数据作出调整。

（3）实际发生的财务会计数据通常采用盈利能力指标，其优点是不含通货膨胀水分。因此，对项目后评价采用的财务数据要剔除物价上涨的因素，以实现前后的一致性和可比性。

4. 项目影响评价

通过项目竣工投产（营运、使用）后对社会的经济、政治、技术和环境等方面所产生的影响，来评价项目决策的正确性。如果项目建成后达到了原来预期的效果，对国民经济发展、产业结构调整、生产力布局、人民生活水平提高、环境保护等方面都带来有益的影响，说明项目决策是正确的；如果背离了既定的决策目标，就应具体分析，找出原因，引以为戒。

项目的影响评价内容包括经济影响、环境影响和社会影响，具体有以下几个方面：

（1）经济影响评价

主要分析评价项目对所在地区、所属行业和国家所产生的经济方面的影响。经济影响评价要注意把项目效益评价中的经济分析区别开来，避免重复计算。评价的内容包括分配、就业、国内资源成本（或换汇成本）、技术进步等。由于经济影响评价的部分因素难以量化，一般只能作定性分析，一些国家和组织把这部分内容并入社会影响评价的范畴。

（2）环境影响评价

环境影响后评价，是指编制环境影响报告书的建设项目在通过环境保护设施竣工验收且稳定运行一定时期后，对其实际产生的环境影响以及污染防治、生态保护和风险防范措施的有效性进行跟踪监测和验证评价，并提出补救方案或者改进措施，提高环境影响评价有效性的方法与制度。实施环境影响评价的依据是国家环保法的规定、国家和地方环境质量标准、污染物排放标准以及相关产业部门的环保规定。在审核已实施的环境评价报告和评价环境影响的同时，要对未来进行预测。对有可能产生突发性事故的项目，要有环境影响的风险分析。由于各国环保法的规定细则不尽相同，评价的内容也有所区别。项目的环境影响评价一般包括项目的污染控制、地区环境质量、自然资源利用和保护、区域生态平衡和环境管理等几个方面。

《建设项目环境影响后评价管理办法（试行）》经 2015 年 4 月 2 日环境保护部部务会议审议通过，2015 年 12 月 10 日中华人民共和国环境保护部令第 37 号公布。该办法共 15条，自 2016 年 1 月 1 日起施行。该办法规定，下列建设项目运行过程中产生不符合经审批的环境影响报告书情形的，应当开展环境影响后评价：

1）水利、水电、采掘、港口、铁路行业中实际环境影响程度和范围较大，且主要环境影响在项目建成运行一定时期后逐步显现的建设项目，以及其他行业中穿越重要生态环境敏感区的建设项目；

2）冶金、石化和化工行业中有重大环境风险，建设地点敏感，且持续排放重金属或者持久性有机污染物的建设项目；

3）审批环境影响报告书的环境保护主管部门认为应当开展环境影响后评价的其他建设项目。

建设项目环境影响后评价应当在建设项目正式投入生产或者运营后三至五年内开展。原审批环境影响报告书的环境保护主管部门也可以根据建设项目的环境影响和环境要素变化特征，确定开展环境影响后评价的时限。

建设单位或者生产经营单位可以对单个建设项目进行环境影响后评价，也可以对在同一行政区域、流域内存在叠加、累积环境影响的多个建设项目开展环境影响后评价。建设单位或者生产经营单位负责组织开展环境影响后评价工作，编制环境影响后评价文件，并对环境影响后评价结论负责。建设单位或者生产经营单位可以委托环境影响评价机构、工程设计单位、大专院校和相关评估机构等编制环境影响后评价文件。编制建设项目环境影响报告书的环境影响评价机构，原则上不得承担该建设项目环境影响后评价文件的编制工作。

建设项目环境影响后评价文件应当包括以下内容：

1）建设项目过程回顾。包括环境影响评价、环境保护措施落实、环境保护设施竣工验收、环境监测情况，以及公众意见收集调查情况等。

2）建设项目工程评价。包括项目地点、规模、生产工艺或者运行调度方式，环境污染或者生态影响的来源、影响方式、程度和范围等。

3）区域环境变化评价。包括建设项目周围区域环境敏感目标变化、污染源或者其他影响源变化、环境质量现状和变化趋势分析等。

4）环境保护措施有效性评估。包括环境影响报告书规定的污染防治、生态保护和风险防范措施是否适用、有效，能否达到国家或者地方相关法律、法规、标准的要求等。

5）环境影响预测验证。包括主要环境要素的预测影响与实际影响差异，原环境影响报告书内容和结论有无重大漏项或者明显错误，持久性、累积性和不确定性环境影响的表现等。

6）环境保护补救方案和改进措施。

7）环境影响后评价结论。

（3）社会影响评价

项目的社会影响评价是对项目在社会的经济、发展方面的有形或无形的效益和结果的一种分析。社会影响评价的主要内容是项目对当地经济和社会发展以及技术进步的影响，一般包含6个方面，包括项目对当地就业的影响，对当地收入分配的影响，对居民生活条件和生活质量的影响，受益者范围及其反映，各方面的参与情况，地区的发展等。社会评价影响的方法是定性和定量相结合，以定性为主，在诸要素评价分析的基础上进行综合评价。

5. 项目持续性评价

项目的持续性是指在项目的建设资金投入完成之后，项目的既定目标是否还能继续，项目是否可以持续地发展下去，接受投资的项目业主是否愿意并可能依靠自己的力量继续去实现既定目标，项目是否具有可重复性，即是否可以在未来以同样的方式建设同类项目。持续性评价一般可作为项目影响评价的一部分，但是世界银行和亚洲开发银行等组织把项目的可持续性视为其援助项目成败的关键之一，因此要求援助项目在评估和评价中进行单独的持续性分析和评价。

项目持续性的影响因素一般包括：本国政府的政策，管理、组织和地方参与，财务因素，社会文化因素，环境和生态因素，外部因素等。

11.2.3　项目后评价报告

项目后评价的主要内容及其评价结果均应在报告中反映，包括项目目标的实现程度、项目实施过程、项目效益、项目影响、项目可持续性的后评价及项目经验教训等。

其中，项目目标的实现程度一般分三个等级（成功、部分成功和不成功）进行评价，评价内容涉及宏观产业政策目标、财务目标、机构发展目标、实物目标、扶贫和其他社会目标、环境目标以及公共行业管理和私营行业发展等目标。项目的可持续性后评价可采用可持续、不可持续和尚不明确三个等级来评定。

项目后评价报告主要由四部分组成：概述、主报告、附件和附表等，见表11-5所列。

项目后评价报告的组成 　　　　　　　　　　　　　　　　　　　表 11-5

组成部分	构成要素	内容
报告概述	封面	要注明编号、密级、项目后评价者名称、日期等
	内页	涉外投资项目则需说明汇率、英文缩写、权重指标等
	目录	
	前言	
	项目基础数据	
	报告摘要	一般包括以下内容： (1) 项目目标和范围。　(2) 项目投资和融资。 (3) 项目的实施。　(4) 项目的运营和财务状况。 (5) 项目的机构和管理。　(6) 项目环境和社会影响。 (7) 项目的财务和经济评价。　(8) 项目的可持续性。 (9) 项目后评价结论。　(10) 反馈信息
主报告	项目背景	说明项目的目标和目的、项目建设内容、工期、资金来源与安排、项目后评价的有关情况（包括项目后评价的任务来源和要求，项目自我评价报告完成时间，后评价时间安排、执行者，后评价的依据、方法、时点等）
	实施评价	说明项目的设计、合同、组织管理、投资和融资、项目进度及其他情况，对照可行性研究评估找出重要变化，分析变化对项目效益影响的原因，讨论和评价这些因素及影响
	效果评价	对项目运营和管理、财务状况、经济效益、环境和社会效果、可持续发展等几方面进行分析，评价项目的实际成果和作用
	结论和建议	是项目独立后评价的最后一个部分，它包括项目的综合评价、评价结论、经验教训及建议对策等
附件	项目自我评价报告	
	借款国的评价报告摘要	
	联合融资者的评价意见	
	项目后评价专家组意见	
	其他相关文件和资料、地图等	
附表	项目综合评价汇总表（即项目成功度综合评价表）	
	项目后评价逻辑框架图	
	银行贷款/信贷相关表	
	项目进度，项目实施的主要指标表，项目运营的主要指标表	
	项目主要效益指标对比表	
	项目财务现金流量表	
	项目经济效益费用流量表	
	协议执行情况表	
	对照银行业务手册的违约情况表	

11.3 本 章 小 结

工程项目收尾管理是指对工程项目的阶段验收、试运行、竣工验收、竣工结算、竣工决算、考核评价和回访保修等收尾工作进行的计划、组织和协调、控制等活动。

工程项目竣工收尾，要加强安全管理，确保施工收尾阶段的安全生产。

工程项目竣工验收条件具备后，承包人应按合同约定和工程价款结算的规定，及时编制并向发包人递交项目竣工结算报告及完整的结算资料，经双方确认后，按有关规定办理项目竣工结算。办完竣工结算，承包人应履约按时移交工程成品，并建立交接记录，完善交工手续。

工程项目竣工决算是由项目发包人（业主）编制的工程项目从筹建到竣工投产或使用全过程的全部实际支出费用的经济文件。按国家有关规定，所有新建、扩建、改建的项目竣工后都要编制竣工决算。

工程项目竣工验收后，承包人应按工程建设法律、法规的规定，履行工程质量保修义务，并采取适宜的回访方式为顾客提供售后服务。工程项目回访与质量保修制度应纳入承包人的质量管理体系，明确组织和人员的职责，提出服务工作计划，按管理程序进行控制。

工程项目结束后，应对工程项目管理的运行情况进行全面评价。项目后评价是工程项目竣工投产、生产运营一段时间后，再对项目的立项决策、设计施工、竣工投产、生产运营等全过程进行系统评价的一种技术活动，是固定资产管理的一项重要内容，也是固定资产投资管理的最后一个环节。

思 考 与 练 习 题

1. 说明工程项目收尾管理的基本要求。
2. 说明工程竣工验收的范围和内容。
3. 简述竣工资料管理的基本要求以及施工企业竣工资料管理的基本要求。
4. 说明工程项目管理考核评价的主要指标。
5. 说明工程项目后评价的原则和方法。
6. 简述项目影响评价的内容。

12　广州大剧院项目全过程管理

12.1　项　目　概　况

广州大剧院是与国家大剧院、上海大剧院齐名的三大国家级剧院之一，被誉为华南最高艺术殿堂。广州大剧院由广州市投资 13.8 亿元人民币，历时 6 年精心完成。是目前华南地区最先进、最完善和最具规模的综合性艺术表演中心，其全新的运营管理模式也使之成为中国文化体制改革的前沿阵地。

第一位获得建筑界最高奖"普利兹克奖"的女建筑师——英国著名建筑大师扎哈·哈迪德女士为广州大剧院设计的"圆润双砾"，外形奇特，犹如两块被珠江水冲刷过的灵石。声学界最高奖"赛宾奖"得主，澳大利亚的著名声学大师马歇尔博士为广州大剧院设计的"双手环抱"式看台，延续了扎哈·哈迪德女士完全不对称的流线型设计的视觉美感，更以其精妙的结构，达到了 1.6s 的混响和全场无差异的完美音效，使广州大剧院的内部声学效果达到国际一流水准。两位国际顶尖大师的联袂创造，使广州大剧院这两块静卧珠江北岸的石头，成为两颗会唱歌的巨钻，熠熠生辉，璀璨夺目。广州大剧院配备了世界先进的全智能化舞台系统，各项机械系统和灯光系统十分完备，可满足各类演出的需求，被誉为"世界上不可多得的一流剧院"，给人以强大的震撼力。

广州大剧院工程，应用新技术的整体水平达到国内领先水平，工程应用了《建筑业10 项新技术》（2005 版）中的 11 项、28 小项，多项采用了绿色施工技术。同时，开发创新 7 项新技术，并获得国家级工法 1 项，专利 1 项。由于设计独特，该项目施工难度大，有的施工技术已达到国内或国际先进水平，荣膺全国第六批建筑业新技术应用示范工程；获得 2006 年度广东省建筑业新技术应用示范工程称号。

广州大剧院采用全新的运营管理模式，通过招标方式确定中国对外文化集团公司为全权负责大剧院运营的经营管理团队，通过专业化品牌运作和项目管理，努力打造立足珠三角、辐射粤港澳的华南地区国际文化中心，并成为云集海内外艺术家和制作人的亚洲创意文化产品制作中心与输出中心。

广州大剧院的建设，包括从组织可行性研究到竣工移交的全过程项目管理服务工作，由项目代建单位——广州市建筑集团下属的广东广建项目管理有限公司负责。

广州大剧院项目伊始，所有的建设设想还建立在一个设计概念上，要做好这个项目，管理团队无疑要有各方面的一流人才，由专业管理公司完成是最好的选择。根据广州市政府的要求，该项目采用代建制的形式，通过公开招标，广州市建筑集团有限公司中标，具体由广东广建项目管理有限公司全面负责此项目的代建工作。广州大剧院全过程代建工作，实际上是一个从无到有的过程，代建单位从开始就为自己设立了最高的目标，要做一流的项目，从项目策划和可行性研究入手，时刻兢兢业业，以具有前瞻性的周密的策划和专业化、精细化的管理，用每一步铺满汗水的努力，为广州大剧院展开了一幅壮观的蓝图。

广州大剧院的建设，代建单位从项目全寿命周期集成管理的角度进行了有益的尝试和积极的探索，在各方面的共同努力下，取得了较好的效果。作为项目全过程的组织和管理者，广州市建筑集团及广东广建项目管理有限公司意识到自身的责任，即作为从项目决策、投资、建设、运营和维护直到项目结束的全过程责任单位，必须以全局的眼光、先进的理念、专业的服务和科学规范的管理来实现项目的建设意图和最大价值，使项目取得良好的社会效益。

广州大剧院的代建项目管理工作，为广州市推行代建制总结并提供了一套科学合理、成熟规范的代建管理流程、制度和方法，为广州市推行代建制管理模式发挥了良好的示范作用。

代建工作从 2004 年 8 月开始，2005 年 1 月 18 日项目工程奠基，2010 年 4 月 9 日项目正式投入使用。

12.2　广州大剧院项目的可行性研究

广州大剧院项目总用地面积约 42000m²，总建筑面积约 80686m²。其中，地上建筑面积合计 49139m²，包括大剧场、多功能剧场和其他配套建筑；地下建筑面积合计 31547m²，包括舞台机械台下设备、公共配套设施用房、地下停车场、地下设备用房和与新中轴线地下交通连接及其他功能用房等。建筑物地上 7 层，地下局部 4 层。建筑占地面积约为 15960m²，建筑覆盖率 38%，容积率为 1.13；绿地面积 15100m²，绿化率 35.1%。室外停车场占地面积 1500m²，道路广场占地 10300m²。

广州大剧院可行性研究的内容包括：市场分析与需求预测；建设目标、规模和功能定位；选址、自然条件与建设条件；建筑方案；声学设计及音响方案；舞台方案、舞台机械设备、舞台灯光方案、智能系统；环境保护；节能措施与劳动安全卫生；组织架构及其管理模式；项目实施进度计划及招投标；投资估算；财务评价；社会评价；风险分析等。见表 12-1 所列。

广州大剧院项目可行性研究的内容 表 12-1

序号	内容	主要要求
1	市场分析与需求预测部分	首先，对国内外主要歌剧院进行分析，对其建设时间、建设地点、内设座位等进行了比较，对国内主要大城市（北京、上海及广州）演出市场的特点进行了分析，进而，对广州市的演出市场需求展开预测
2	项目建设目标、规模和功能定位部分	作为华南地区的最高艺术表演中心，广州大剧院位于广州新城市中心——珠江新城中心区南部，并即将成为广州新城中轴线和珠江岸线景观的重要组成部分，其建设目标是功能合理、设施完善、国际一流的文化艺术表演中心。本项目功能定位的核心是让歌剧和音乐演出能够在广州大剧院得到最好的效果。无论建筑、声学、舞台、音响和灯光以及体现风格上必须围绕这一核心，还要体现先进性和前瞻性

序号	内容	主要要求
3	建筑方案部分	广州大剧院规划建设 1800 座的大剧场和 400 座的多功能剧场及其他辅助设施与公共配套设施工程。大剧场应能满足大型歌剧、舞剧（含芭蕾舞）、大型交响乐、大型综合文艺演出的需要；多功能剧场应能满足国内外各类综合文艺演出、大型舞会、实验性话剧、先锋性话剧、中型会议活动、文化艺术作品展览、时装表演、新闻发布等活动使用的要求。大剧场及多功能剧场应满足世界优秀表演艺术团体的演出需要，提供优良的观演条件，为演出提供齐全的功能。广州大剧院按甲等剧场设计，主体结构耐久年限为 100 年，耐火等级不低于Ⅱ级
4	声学设计及音响方案部分	为了形成完美的视听效果，将声音逼真地传递给观众，广州大剧院在声学设计中强调以自然声为主，电声为辅，对环境噪声提出严格要求，为确保良好的音质创造条件，辅以扩声系统弥补个别演出类型的声音响度不足和放送效果
5	舞台方案、舞台机械设备、舞台灯光方案、智能系统部分	大剧院和多功能剧场根据各自的功能定位，应设置世界一流歌剧院所具备的舞台机械设备，满足欧美及国内各种高水平演出团体的演出。舞台机械设备在功能配置、技术水准、性能指标上要参照欧洲一流剧院和国内的顶级剧院，设备选型要选用质量可靠、技术先进、价格合理的产品。选择设备供应厂家将根据其技术力量及知名度，并通过公开招投标的方式来决定，体现"不求大而全，讲求科学、合理、可靠"的原则
6	公用工程方案部分，主要包括电气、给水排水、消防、通风与空调工程部分	全部生活和消防用水采用市政给水管网给水。生活污水经化粪池处理，厨房含油污水经除油处理，再与生活废水合流直接排入排水主干管，送至市政排水管网。广州大剧院的水消防系统采取了室内消火栓、自动喷水灭火系统、水幕系统以及大空间智能灭火装置。针对电气设备，在控制设备机房、发电机房、网络机房、电控柜室、录音室等设置 IG541 自动灭火系统。 根据广州大剧院建设项目用电负荷的性质和用电要求，按规定属一级负荷，由珠江新城供电部门从附近区域变电站引入两路电源，均以电缆方式引入本项目所设的变电所。设置两台 1000kVA 柴油发电机组作为应急电源。 除地下室和设备用房配置通风设施外，所有建筑物室内均设有空调设施，对空气进行调节，空调面积 20900m²。采用中央空调系统，对空气集中进行清洁、降温、输送和分配。冷热源在建筑物内地下室集中布置，冷冻站、热水炉、空调设施的设备用房设于远离大剧院和多功能剧场等建筑物的地下室内
7	环境保护部分	广州大剧院在施工建设过程中，污染源主要是施工机械产生的噪声、废气；土石方工程开挖引起的灰尘粉末飞扬、地下水的污染；施工队伍的生活污水排放、固体废弃物的清理；建筑材料安装、喷涂油漆带来的化学气体、放射性物质影响等。建成进入经营期之后，污染源主要是观众带来的固体废弃物和餐厅、咖啡茶座产生的生活垃圾、污水、废气；还有大型文化活动在剧场内外形成的噪声，音响、广播器材形成的电磁和次声波辐射，人流、车流造成的空气质量下降等。从设计开始就考虑防止污染的问题，针对不同的污染源采取不同的措施：对于生活污水和雨水，分别排入市政排水管道。在排入排水管道之前，餐厅废水将通过油脂分离房处理后，和生活污水一起排放到珠江新城污水管网，送猎德污水处理厂处理。对于固体废弃物的采集和处理方式为设置封闭式垃圾处理站。废气防治方面，各不同的区域根据人流和容量的不同特点，结合中央空调系统的合理配置，单设新风机组，可补充足量的新鲜空气；餐厅、咖啡厅、小卖部等地产生的油烟、废气经运水烟罩除油，再由离心风机经烟道高空排放。噪声防治首先对噪声源进行控制，对广州大剧院的各种机电设备选型时，考虑选择低噪声产品；在噪声的传播途径上，广州大剧院的内部功能分区上将音乐厅、演出区域和商业区域分布布置；在建筑物外部，以灌木、绿化草坪为主，在不遮挡剧院外观的前提下尽可能减少来自各方面噪声的干扰程度

序号	内容	主要要求
8	节能措施部分	大剧院大型的室内场馆大规模使用节能灯、LED灯具。鉴于大剧院各场馆同时开放使用的概率很低,建议照明可以设计为区域一般照明或局部照明,以便于照明的控制。建筑物内某些人流量较少(如地下停车场)或使用率较低的区域,建议使用声控/定时开关来控制照明。建筑内部的墙体和顶棚使用颜色较浅的涂料,地面多采用降噪性能好的装修材料
9	组织架构及其管理模式部分	从项目可行性研究,组织工程方案设计招标及初步设计(含概算)报批,到工程招标,工程概、预、结算编审,以及对实施过程合同管理等,必须由专业的、有丰富项目经验的公司承担,才能确保工程的投资、进度、质量得以很好的控制。广州大剧院项目建设社会影响大,涉及面广,投资巨大,专业性强,综合技术管理要求高,对工程的质量、投资、进度、安全文明生产管理亦提出较高要求。要使这项工程顺利建成,交付使用,采用"代建制"项目管理模式。根据本项目实际情况,由广州市发展改革委和广州市文化局,对项目代建单位进行统一管理和协调,由代建单位对项目的组织实施进行全过程管理和服务,确保项目按预定目标顺利建成并投入使用
10	社会评价	有利于增强广州的综合竞争力,整合文化资源,提升文化氛围及文化发展水平;有利于提升广州市民的文化素养和综合素质,对于彰显广州文化特色和品味,提升市民的自尊、自豪、自信,都有积极意义;有利于培育发展广州的文化产业
11	风险分析	经过风险识别,广州大剧院项目主要风险因素有市场风险、环境影响风险、工程风险、外部协助条件风险、技术风险、建设模式风险及社会影响风险

12.3 广州大剧院项目设计管理

12.3.1 广州大剧院项目设计

广州大剧院的设计以限制性国际邀请建筑设计竞赛的形式进行,广州市政府在2002年7月以限制性国际邀请建筑设计竞赛的形式邀请国内外9家具有丰富的相关工程设计经验和相应设计资质的著名建筑设计单位参加期限为100天的广州大剧院的设计竞赛。接受邀请的单位分别为(中国)北京市建筑设计研究院、(奥地利)CoopHimmelb(l)au事务所、(澳大利亚)考克斯事务所、(荷兰)OMA事务所、(日本)高松伸建筑设计事务所、(中国)华南理工大学建筑设计研究院、(美国)Gonzalez Hasbrouck事务所、(德国)GMP建筑设计事务所、(英国)扎哈·哈迪德事务所(排名不分先后)。同时,每家设计单位只允许报送一个设计方案。

为成功举办广州大剧院国际邀请建筑设计竞赛,经广州市政府批准,成立广州大剧院国际邀请建筑设计竞赛委员会,并由竞赛委员会负责本次国际邀请建筑设计竞赛的组织工作。竞赛组织单位为广州市城市规划局。竞赛委员会下设技术委员会和评审委员会。其中,技术委员会由12位规划、建筑、结构、声学、舞台工艺、设备、建筑经济等领域的知名专家组成,评审委员会由齐康院士、关肇邺院士、张锦秋院士、陈世民设计大师、许安之教授、莫天伟教授、王蒙徽局长共七位知名专家组成,齐康院士为评审委员会主席。

评审分为技术委员会和评审委员会两个层次进行,评审基本要求是:满足大剧院演出歌剧、舞剧及大型综合文艺演出等使用功能要求;充分考虑地域环境条件,反映时代精神，能够成为广州市的标志性文化建筑，体现其作为广州高雅艺术殿堂所应具有的文化内涵与艺术特质；技术先进，经济合理，有充分的可实施性；各项技术经济指标合理、准确，结构选型、材料应用及施工技术符合中国国情并适用于华南地区；工程造价估算不突破规定的工程总造价金额，同时兼顾生态思想和节能观念。

在对九个设计方案进行了初步审查后，2002年11月底至12月初，广州市规划局作为国际竞赛组织单位通过新闻媒体、广州市城市规划展览馆和市规划局网站等多种手段举行公众展示活动，展示的内容包括各参赛方案的模型、图纸和说明。这次公众展示活动受到了社会各界的广泛关注，共有2802人次前往广州市城市规划展览馆参观和投票，另外有近2万人点击网页进行投票。评审委员会在认真研究参赛方案文件、充分讨论比较的基础上，以无记名投票方式，于2002年11月28日选出2号、4号和5号三个优胜奖方案（不分名次）。得奖设计单位分别为（奥地利）CoopHimmelb（l）au事务所、（英国）扎哈·哈迪德事务所和（中国）北京市建筑设计研究院（排名不分先后）。经评审的2号、4号和5号方案在九个参赛方案中的综合素质最高，不仅体现了国际建筑领域的最新动向与走势，而且还显示出国内设计水平的提升与进步。投票过程由广州市公证处进行了公证。

广州市政府根据专家对三个优胜方案的评审意见、公众舆论，并结合三个优胜方案设计单位提供的工程造价、材料与设备、施工条件、完成设计的阶段与内容、设计周期及设计费用等因素进行综合评价，经过国际邀请建筑设计竞赛文件中要求的商务汇报和谈判环节，最终评选出扎哈·哈迪德事务所提交的"圆润双砾"作为中标方案。

12.3.2 广州大剧院项目设计管理

1. 广州大剧院项目设计管理工作的特点、定位与要点

广州大剧院作为广州市政府投资的具有标志性意义的大型演艺建筑，功能复杂，造型独特，特别强调使用效果，仅音质设计就要经过三个重要阶段：土建设计和施工、装饰设计和施工、竣工前后的中间试验和音质调试。各个阶段均有音质设计的侧重点，以保证最终的音质效果。广州大剧院专业工程多，除了建筑、结构、给水排水、电气专业设计外，还有智能化集成系统、环境绿化设计，以及歌剧院必需的舞台机械、灯光、音响、声学装修、声光系统控制、环回立体声系统、通风空调设计以及高新科技引入等。设计过程中，牵涉的政府职能部门、供应商、设计单位相当多，设计界面接口多，相互交叉的设计环节多。由于广州大剧院的造型奇特，采用了新技术、新材料、新工艺、新设备、新型结构体系，伴有超出现行规范规定或没有国内相应规范等一系列问题。

作为广州市标志性建筑，对设计水平和设计质量要求高。项目设计水平的优劣，会直接影响项目的质量、工期和效益。优秀的设计能给一个项目带来明显的经济效益和社会效益，特别是这样一个造型奇特、需要采用高新技术的项目，对提高建设工程项目的综合效益具有显著推动作用。

代建单位在接受代理任务时，建筑方案已由境外的设计公司中标，需选定进行初步设计和施工图设计的设计单位，从深化建筑设计方案开始，参与本项目的设计管理。设计管理工作包括设计招标管理、各专业设计管理、限额设计管理、设计进度管理等，协调解决设计过程中的各种问题。

为了保障建设工程顺利进行，代建单位（广州广建项目管理公司）从建设单位的角度出发，发挥具有大型项目设计组织协调管理经验的优势，在设计进度、设计质量及设计投

资三大方面对设计工作进行全面控制，确保设计总目标的实现。根据项目设计特点，为搞好设计管理工作，依托建筑集团总部的力量，抽调了具有丰富经验的注册建筑师、注册结构师、舞台设计技师以及专业水平高的专业技术人员，成立了高素质、高效率的设计管理工作组（设计管理部），全面负责项目设计管理工作，组织开展设计招标和建筑设计方案深化与报审，解决好创新设计报建，对设计全过程的投资、进度、质量进行全面控制，确保项目顺利进行。

在设计管理工作中，代建方提出的设计管理程序包括：承接任务后组建设计管理部，根据委托方和使用单位的要求，组织设计招标，拟订工程设计阶段的管理目标，提出编制设计要求，参与设计的委托工作，提供设计所需的基础资料，参与方案深化设计及审批，初步设计情况跟踪检查，初步设计审查，施工图设计情况跟踪检查，施工图审查，施工图会审，材料、设备采购，协助施工招标，让施工单位熟悉、了解工程特点和设计意图，贯彻关键工程部位的质量监控要求。

代建单位的工作并不是到委托设计任务就截止，相反，其在设计过程中还要起非常关键的作用。代建单位的设计管理人员必须参与到整个设计过程中来，包括在设计前明确提出设计功能要求，在设计中及时确认有关设计文件，及时决策，协调设计与施工、设计与采购等之间的关系、对设计方案进行合理的评价和优化等，努力将设计过程与项目的调配和建筑程序一体化地运作。

对本项目设计质量管理，根据项目建设要求和有关批文、资料明确深化设计的质量标准，协助项目委托人单位进行勘察、设计资质审查，优选勘察、设计单位，对项目委托人投资意图、所需功能和使用价值正确地分析、掌握和理解，始终用项目委托人所需功能和使用价值去检验设计成果，并将这些设计意图和要求转化为设计语言，确保本项目功能齐全、设施完善、技术先进、使用高效，以最短的工期完成广州大剧院工程项目。

对本项目设计进度管理，根据设计合同及设计工作计划要求，落实设计单位如期完成方案深化设计、初步设计、施工图设计，按时出图，确保进度目标的实现。

本工程技术先进，设备要求高，专业种类繁多，设计管理人员要配合设计人员在选用材料、构配件、器材、设备及型号、品种、质量、技术标准等方面做到既满足使用功能又投资合理。限额设计是设计投资管理的重要工具，对限额设计制定跟踪管理办法，对限额设计实施情况进行监督检查，对偏离控制基准的费用进行分析，对限额设计工程量清单之外的变更项目进行修改和补充。对工程实施中可能发生的变更，应尽量提前实现，对设计变更要组织评审，分析变更的原因及责任，尽可能把设计变更控制在设计初期阶段。对影响工程造价的重大设计变更，设计单位应采取先做预算后变更的办法解决，使工程造价得到有效控制。

广州大剧院项目工程庞大，专业性强，工种繁多，设计工作对施工进度、质量、投资等具有直接影响。专门成立相关的设计管理部门，负责与设计单位的联系，加强协调和管理，以适应本项目的实际需要，对于设计单位充分满足委托方和使用人的要求，提供专业化的设计服务，并严格按设计合同提供设计成果具有重要意义。

2. 项目各阶段的设计管理工作

（1）项目前期的设计管理

在项目前期，与项目委托人、营运单位一起共同聘请各专业的顾问专家组成顾问专家组，对国内外同类建筑如：英国皇家歌剧院、巴黎歌剧院、维也纳国家歌剧院、拉斯卡拉国家歌剧院、上海大剧院、（北京）世纪剧院、北京保利剧院、中国国家大剧院、深圳大剧院、杭州大剧院、广州星海音乐厅等的建造、使用、营运等方面进行调研，借鉴它们成功的经验，配合项目委托人在深化设计的前期，明确功能分区。建筑声学、舞台设备系统、音响灯光系统及智能控制系统对建筑、结构、机电、装修尤其是建筑声学装修设计影响很大，需在设计策划阶段及早介入。

根据目前国内建筑市场的情况和本项目的特殊性，通过设计招标方式与项目委托人共同选定实力最强的、质量最好的国内设计单位，共同完成设计任务。

在可行性研究、初步设计、施工图设计各阶段，加强与设计单位的联络和协调，处理设计过程中出现的设计配合问题，确保项目设计按批准的建设规模、功能、标准和工期顺利实施。

为了协调解决创新设计报建问题，协助项目委托人与有关审批部门加强联系，及时将其要求和批示意见落实到各专业设计中去，取得他们对本工程设计的理解和支持。对设计中超规范的部分，组织设计单位提出详细的说明并附有力的支持依据，力求取得审批部门的支持与帮助，使报建工作顺利进行。针对设计中不符合国家的工程建设强制性标准条文的问题，协助项目委托人组织各相关单位（包括审批部门）召开专题技术论证会，对问题进行充分论证并提出切实可行的处理意见，报建设行政主管部门审定，并作为审批的依据。

对工程红线范围内外所有列入项目投资范围内的公共项目设计进行组织联络和协调，包括设计单位与市政规划、设计项目与当地区域规划的组织协调，并会同设计单位一起组织设计优化和报批工作。

对涉及的有关技术（包括功能、造型、结构）、经济、标准等方面的方案进行比选，确保使用功能符合国际化水准，同时具有最先进的科技水平。

审查设计概算，从设计源头上确保投资控制在批准的初步概算内，实现使用功能和造价最佳配置。

（2）项目实施阶段的设计管理

在项目实施阶段，进行设计优化和深化等的协调，组织深化设计审查的论证和专业设计审查的论证，使工程项目满足功能齐全、设施完善、技术先进、使用高效的要求。建立与项目委托人、设计单位、监理单位、施工单位和国家有关行业及管理部门的沟通渠道，确定沟通方式。协调众多设计单位的一致性和互动性，协调设计界面的接口，协调主要设计单位与局部设计单位之间、市政管网与设备专业之间、各专业设计及室内外装修设计之间的配合；协调供货期长的材料、设备的供货计划与设计进度之间的配合。组织专家评审、设计会审，在批准的范围和规模内，使施工图预算不超过概算，并使设计进度和质量满足项目建设的需要。负责与设计、管线管理等有关单位的技术协调工作。对设计过程中可能出现的疏漏、缺陷，督促设计单位进行修改。尽早组织对新材料、新工艺、新技术的调研，为设计提供参数。及时处理设计变更问题，对施工过程中出现的交通、规划、周边环境以及工程设计与实际情况不符，发生重大设计变更时，编写书面技术经济变更方案，上报项目委托人审核。

12.4 广州大剧院项目的建设特点和管理目标

12.4.1 项目的建设特点

广州大剧院设计方案独特，项目的定位高，设计方案要高度整合都市界面、丰富都市景观，使建筑设计融汇于都市设计，以大尺度空间使建筑成为城市的公共艺术品。同时，方案在整体设计中充分考虑人的尺度，人与自然景观的关系，以及人的可达性。

广州大剧院以非对称、不规则但均衡的体型、富于表现力的节奏感，塑造一个独具个性的、可识别的艺术殿堂。其建筑特征及楼层主要功能分布，见表 12-2 所列。

广州大剧院建筑特征及主要功能分布   表 12-2

建筑高度		43.1m	
±0.000 相当于绝对标高		8.45m	
建筑类别		一类	
设计使用年限		100 年	
防火等级		一级	
抗震烈度		大剧院 8 度，其余 7 度	
结构安全等级		一级	
人防等级		六级	
基础形式		人工挖孔灌注桩及岩石抗拔锚杆	
主体结构类型		钢结构、钢筋混凝土框架结构	
总用地面积		42000m²	
建筑基底面积		15960m²	
总建筑面积		80686m²	
地下建筑面积		31547m²	
地上建筑面积		49139m²	
架空层面积		4932m²	
建筑层数	地下	大剧场地下局部 4 层，层高分别为：4.8m，3.2m，3.5m，6.5m 多功能剧场地下 1 层，层高为：4.8m	
	地上	大剧场地上 7 层，层高分别为：5m，6m，5m，3.5m，4.5m，4.5m，14.3m 多功能剧场地上 4 层，层高分别为：5m，5m，5m，3.5m	
主要功能设计	大剧场	−4 层	台下电气柜室、主台仓
		−3 层	台下电气柜室
		−2 层	主升降台配重机、排烟洞口、冰舞台板存放室
		−1 层	服装间、休息室、乐器储藏室、芭蕾舞台存放室、制作及修理间、脱衣室、检查穿衣室、化妆间、男（女）服装间
		首层	抢妆等候室、舞台、布景组装间、转播室、化妆间、道具室、候演区、钢琴房、剧团会议室、服装间、休息室、开放式空间、咖啡厅、音响信号室

主要功能设计	大剧场	2层	音响室、急救室、迟到观众休息区、光控室、声控室、衣帽室、舞台机械控制室、装卸区、侧舞台、主舞台、储藏室、培训教室、业务办公室、舞台监督室、茶水间、导演室、艺术总监办公室、医务室、信息处理中心、宣传广告室
		3层	音响室、耳光室、储藏室、休息厅、操作间、前厅、酒吧、厨房、多功能室、空中餐厅
		4层	储藏室、音响功放室、备用排练厅、控制室、备用录音室、歌舞剧排练厅、指导练习室、男（女）服装间、休息厅、芭蕾舞排练厅、休息区
		5层	追光室、后舞台台上设备室、琴房、乐队排练厅、培训课室
		6层	空调机房、调光硅柜室、工具房
		7层	舞台台上机械控制室
	多功能剧场	一1层	停车场、储藏室、消防水泵房
		首层	前厅、空调机房、储藏间、男（女）服装间、观众厅台仓、电控柜房、卸货平台、餐厅
		2层	存衣间、储藏间、观众休息区、观众厅、男（女）服装间、候演区
		3层	前厅、音响功放室、灯光控制室、观众厅、休息室、办公室
		4层	前厅、休息室、观众厅

广州大剧院的结构形式复杂，要将"圆润双砾"的非几何形体设计从图纸变成现实，就要克服前所未有的施工难题。仅大剧院的钢结构——三向斜交折板式网壳，就有 64 个面、41 个转角和 104 条棱线，外表面积 23180m²，屋盖投影长度为 135.9m，投影宽度为 128.5m，最高点标高为＋42.9m，以不规则折面形式向下弯折，周边支承于主体结构地下室顶板楼盖，每一个钢件都是分段铸造再运到现场拼接，每一个节点的制造、安装均要在空中准确三维定位，当时国内对如此复杂的钢结构还没有规范可循。

广州大剧院项目不仅建设规模大，而且涉及专业众多，工程技术特殊且复杂。其中，大剧院的初步设计方案、主要建筑功能，如空间模式、结构受力、声学设计、视线分析、抗震和减振降噪、主要设备和装修材料选型等，均需通过大量的技术调研、分析论证和审核报批等工作，相关科研立项在 2006 年有 2 项，2007 年有 10 项；相当部分专业，如钢结构、外帷幕、舞台机械、装修、座椅、外景观照明、智能化工程等，均需要经过工程招标、深化设计、专家论证和审核报批、组织施工等复杂的工作过程。参与单位多，技术和组织工作繁杂，各专业工作之间的相互影响较大，需要紧密配合，协调工作量大，重要方案的审批流程时间长、环节多、要求高，在相关报建和审批环节占用了较多时间。

广州大剧院的整体功能框架复杂多样，只有通过多种专业的分工和配合才能有效实现预期的建设目标，具体涉及的专业类型和专业范畴见表 12-3 所列。

广州大剧院建设的专业范畴　　　　　　　　　　　　　　　　　表 12-3

专业类型	专业范畴
建筑专业	针对建筑总体设计的深化及施工的组织，包括具体的建筑造型、功能分区、平面设计、立面设计、交通设计、人防设计、建筑材料选型等。根据专业分工和外包组织的情况，室内装饰、外帷幕系统等专业的设计与施工从建筑专业中独立出来

专业类型	专业范畴
结构专业	针对建筑结构体系的设计与施工,包括基础及地下室结构体系、基坑支护体系、主体钢筋混凝土结构体系、斜墙—斜柱、清水混凝土、外围护钢结构体系、结构分析、结构材料选型等
电气专业	针对变配电和供电系统的设计与施工,包括 10/0.4kV 变配电系统、备用应急发电机组、动力与照明配电系统、防雷与接地系统、室内外照明系统(室外泛光、景观照明、室内装修照明)等
弱电专业	针对智能化控制系统的设计与施工,包括楼宇自动化系统(BAS)、安保自动化系统(SAS)、通信自动化系统(CAS)、信息化应用系统、信息集成管理系统(IBMS)、应急指挥系统、总控中心机房工程
给水排水专业	针对给水排水系统的设计与施工,包括生活用水系统(冷水系统和热水系统)、纯净水供水系统、污水排水系统、雨水排水系统、空调冷凝水排放系统等
通风空调专业	针对通风和空调系统的设计与施工,包括公共场所的集中空调系统、局部区域(贵宾房、机房等)的独立空调系统、局部区域(车库、厕所和设备用房等)排风系统、防烟楼梯与前室等的加压送风系统、排烟系统和中央吸尘系统等
消防专业	针对消防系统的设计与施工,包括消防车道、防火防烟分区、安全疏散、消防控制中心、火灾自动报警系统和消防联动、消防灭火系统(消防水源、管路系统、消火栓系统、自动喷水灭火系统、大空间主动灭火系统、防护冷却用水幕系统、固定消防炮灭火系统、水喷雾自动灭火系统、IG541 气体灭火系统等)、防排烟系统等
建筑声学	针对声学系统的设计与施工,包括观众厅室内声学设计、通风空调系统噪声控制、建筑隔声、舞台机械设备噪声、地铁振动的处理等
舞台工艺	针对舞台系统的设计与施工,包括舞台机械系统、舞台灯光系统、舞台音响系统
室内装饰	针对建筑室内装饰的设计与施工,包括墙地面装饰、顶棚装饰、家具系统、座椅系统等
外帷幕体系	针对外帷幕(墙面、屋面)系统的设计与施工,包括石材帷幕系统、玻璃帷幕系统、防水和排水系统、保温与隔声系统等
园林绿化	针对室外环境工程的设计与施工,包括绿地系统(草地和树木等)、景观系统等
公共配套	针对室外公共设施的设计与施工,包括通道系统、市政配套、垃圾处理等
其他专业	针对以上未包括但专业性较强、需要独立研究和设计评审的专业,如各项技术咨询(声学模拟、视线分析、抗震试验等),以及其他由于专业性较强需要从以上各相关专业分化出来单独深化设计和组织施工的专业类型

广州大剧院项目从 1999 年立项,2003 年 10 月建筑设计中标,到 2004 年 5 月确定代建单位,2005 年 1 月工程奠基,2005 年 8 月正式开工,2006 年 8 月施工总承包方进场,2006 年机电安装单位进场,2007 年 9 月主体结构封顶,外帷幕 2008 年 4 月完工,装修 2008 年 9 月完工,室外环境工程 2008 年 9 月完工,2009 年 1 月集中供冷,2009 年 6 月开始建筑设备工程的安装及调试。其中涉及诸多的招标方案策划、招标、设计、施工和相关的方案调查、论证和审批等阶段的工作,各项工作千头万绪,衔接紧密,环环相扣,协调复杂,时间要求非常紧迫。按照代建单位参与管理的项目周期可以划分为前期工作阶段、招标工作阶段、设

计工作阶段和施工工作阶段，项目具体实施进程可参见表 12-4 所列。

广州大剧院项目实施过程划分　　　　　　　　　　　　　　表 12-4

序号	工作分类	工作名称
一	前期工作	
1		项目立项
2		确定中标建筑方案
3		确定项目代建单位
4		可行性研究
5		办理各项报批手续
6		三通一平与临建搭设
7		项目计划与开工准备
二	总体设计工作	（土建与机电工程专业）
8		建筑方案论证
9		确定深化设计单位
（1）		声学设计单位
（2）		舞台机械设计
（3）		视线设计模拟分析
10		初步设计(含声学模拟分析、视线分析、设计概算)
11		初步设计文件审查
12		施工图设计
13		施工图设计文件审查
三	深化设计工作	（特殊工程专业）
14		外帷幕系统设计
15		智能化系统设计
16		室内精装修设计
17		舞台音响系统设计
18		舞台灯光系统设计
19		景观照明系统设计
20		室外园林绿化设计
四	招标工作	
21		监理单位招标
22		舞台机械设计方案招标
23		舞台机械采购与施工招标

序号	工作分类	工作名称
24		施工总承包单位招标
25		建筑设备(通风空调、消防、电梯、给水排水等)施工招标
26		室外园林绿化设计与施工招标
27		室外公建设施(外水外电等)施工招标
28		外帷幕系统深化设计与施工招标
29		智能化系统设计与施工招标
30		室内精装修深化设计与施工招标
31		舞台音响系统设计与施工招标
32		舞台灯光系统设计与施工招标
33		景观照明系统设计与施工招标
34		座椅供货商招标
五	施工工作	
35		项目正式动工
36		基坑开挖
37		基础施工
38		舞台机械施工
39		工程总承包单位施工
(1)		多功能土建结构封顶、钢结构安装完工
(2)		大剧场土建结构完工
(3)		大剧场钢结构安装完工
40		机电安装工程施工
41		外帷幕工程施工
42		建筑智能化工程施工
43		精装修工程施工
44		暖通工程施工
45		消防工程施工
46		人防工程施工
47		防雷工程施工
48		标识系统施工
49		舞台和音响工程施工
50		节能工程施工

序号	工作分类	工作名称
51		室外环境工程施工
52		系统总体调试
六	竣工验收	
53		资料送审
54		现场验收
55		资料备案
56		工程决算
57		资料移交
58		产权移交

综前所述，广州大剧院项目作为大型演艺建筑，具有设计造型独特、专业工程多、技术复杂、建设标准要求高等特点。因此，带来施工上的巨大困难，为了更好地实现设计意图，必须组织施工单位进行施工技术上的创新和良好的施工组织。

广州大剧院除被列为2006年度广东省建筑业新技术应用示范工程外，还被选为2007年广州市全市工程质量现场会的代表项目，被评为2008年广州市结构优良样板工程，被列为全国第六批建筑业新技术应用示范工程。该项目采用了地基基础和地下空间技术、高性能混凝土技术、高效钢筋与预应力技术、新型模板及脚手架应用技术、钢结构技术、安装工程应用技术、建筑节能和环保应用技术、建筑防水新技术、施工过程监测和控制技术、建筑企业管理信息化技术、声学应用技术11个推广新技术项目；复杂结构清水混凝土施工、错洞倾斜钢筋混凝土剪力墙筒体施工、多维空间异形构件测量定位技术、空间异种钢箱形截面全位置焊接技术、复杂空间钢结构长期健康监测与监控技术等5个技术攻关和创新项目，其中，钢结构方面就有4个，在全国的建筑项目里都是非常罕见的。

项目代建单位的主要管理目标是确保投资控制在初步设计概算内，广州大剧院项目2003年10月建筑设计中标，2004年5月确定代建单位，2005年8月正式开工，在时间衔接上存在的最大问题是，从确定国内设计配合单位开始，所有的深化施工图设计工作都是在代建管理过程中确定的，随着工程设计和施工方案的逐步细化，产生相应工程范围的变化、技术标准和质量要求的变化、市场环境因素的变化等，造成投资控制面临相当大的困难。这就要求代建单位必须根据投资控制限额进行采购和工程发包，需要代建单位制定详细的投资控制计划，对不同开支科目制定具体的发包和结算管理办法，采取以总包为主、指定分包为辅，尽量减少直接分包的策略，对总分包进行合理的分界。同时，注重相关合同条款的拟订，借助于造价咨询机构的力量，预留一定的投资调节余量，尽量将超支的风险降到最低程度。同时，注重对工程变更的系统控制，针对变更责任进行跟踪监控，合理分清责任，有效保障自身权益。

本项目涉及各类组织、诸多环节和不同性质的工作，包括政府相关部门如发改委、文化局、财政局、建委、环保等的立项审批、设计和代建招标、资金安排、事项审批、工程监督等，到代建单位所开展的各类工程招标、项目调研、方案论证、项目管理等，再到各个参建单位如监理、设计、施工、供货等的生产活动，为了实现预期的项目管理目标，就必须考虑相关组织及其工作之间的影响关系，注重集成管理工作，并对其进行有效协调，从而保证项目的各项工作良好、有序地进行，代建单位招投标、系统整合、总体协调管理难度很大。

广州大剧院建成后如何经营管理，一直备受社会各界的高度重视，基于项目效益最大化的原则，这项工作应在设计单位进行方案优化前完成，在确定具体的运营模式及运营方案后，运营方应以使用者代表的身份参与项目建设，主要配合提供详尽的使用要求及功能数据，并参与设计方案论证和初步设计审查工作，使前期设计工作顺利进行，并全程跟踪和监控项目的进展情况。代建方积极与上级主管部门联系，商讨最佳的解决方案。2008年11月，广州市政府决定改变传统的事业单位管理模式，就广州大剧院探索实行专业化、市场化经营管理模式，采用邀请招标方式在全国选择经营者，并成立了广州大剧院经营管理招标工作领导小组，负责组织策划、监督协调招标工作。代建单位为此开展招标策划、市场调研等大量招标前期准备工作。按政府决定的"零编制、零补贴"招标方式选择经营管理单位。为了进行项目评估和成本测算，项目工作团队先后赴北京、上海、武汉、苏州、杭州、东莞、深圳等地考察，调查和提取了大量剧场资料、演艺市场运作数据进行分析，并根据广州大剧院的地理特点、环境状况、设施条件以及剧场定位、未来发展目标等，制定了《广州大剧院运营收支财务分析》，为这次招标工作提供了一份翔实的参考依据。

广州大剧院经营管理单位招标在广州建设工程交易中心进行了开标、评标工作。中国对外文化集团公司在广州大剧院面向社会选择经营者的过程中一举中标，获得为期五年的经营管理权。招标结果确定之后，代建单位参与了市政府相关部门成立的合同谈判小组，与中国对外文化集团公司开展了多轮的合同谈判会议。为使工作更加规范、合法、细致，谈判双方均邀请了律师团参与合同谈判全过程。经过友好磋商，双方就经营管理合同的经营目标、定位、要求等主要内容达成一致。根据双方合同约定，广州大剧院将会被打造成为继中国国家大剧院、上海大剧院之后的中国三大顶尖演出殿堂之一，陆续上演国际一流的高水准演出剧目；同时，将实行的专业化、市场化经营管理模式，可为政府节约大量经营投入，经济效益显著。

12.4.2　项目的管理目标

该项目采用委托代建的方式，划分为前期、中后期两个不同政府监控阶段，代建单位负责项目工程发包、装备采购、咨询委托等全面业务，从招标投标、订立合同到实施监控，行使工程建设全过程管理责任，建设规模大、标准高、建设期短，代建单位管理责任范畴大、管理单位多、管理复杂，其重点是做好全局统筹和居中协调，建设项目的各项任务和活动，建设管理的各个环节和职能之间是紧密联系和相互作用的，在建设项目分块开展计划与控制以前，必须针对项目目标、任务、活动、特征、程序、资源、组织、环境和方法等之间的逻辑关联和作用机理，建立起建设项目管理的系统框架，以明确研究的重点和核心，建立研究的思想和路线，指导研究范围和研究内容的划分与整合。

本项目的管理目标见表12-5所列。

广州大剧院项目管理目标 表 12-5

进度目标	确保 2004 年 10 月开工，2007 年交付使用（改变）
质量目标	确保省样板，争创鲁班奖
投资控制目标	确保投资控制在批准的初步设计概算内，争取有节余
安全生产目标	确保无重大安全事故，力争实现零事故发生
文明施工和环境保护目标	创建安全文明施工样板工地
管理服务目标	确保项目委托人满意
功能效果目标	确保建筑物满足高标准的使用功能
科技创新目标	积极开展科研工作，推广运用新技术

12.5 广州大剧院项目代建管理模式

12.5.1 代建管理模式分析

项目代建管理作为一项工程项目管理模式，主要是对非经营性政府投资项目，通过招标等方式，选择专业化的项目管理单位负责建设实施，严格控制项目投资、质量和工期，竣工验收后移交给使用单位。这种模式起源于美国，距今已有近百年历史，其具体应用模式也随着市场需求的不断变化而发展演变。目前，国际上广泛运用的项目代建模式主要是工程总承包和项目全过程委托管理模式。国内在政府投资项目中推行项目代建管理的基本思路主要来源于项目全过程委托管理模式。国务院在 2004 年 7 月颁布了《国务院关于投资体制改革的决定》，在国家政策的层面上明确了对非经营性政府投资项目推行"代建制"的决定，但在《国务院关于投资体制改革的决定》中仅仅是给出了推行"代建制"的宏观性、指导性的方针，没有对"代建制"的各项具体形式进行明确规定。各地政府在推行"代建制"的过程中，相继出台了各个地方的代建项目管理制度和实施办法，但由于各地对代建制的认识不尽相同，代建单位的职责、委托方式、代建单位介入阶段都存在一些差异，见表 12-6 所列。

我国各地推行"代建制"方法的差异比较 表 12-6

各地代建制管理办法	代建单位职责	代建单位委托方式	代建单位介入阶段	代建单位在工程合同中地位	代建模式
北京市政府投资建设项目代建制管理办法	代行项目建设的投资主体职责	市发展改革委招标	全过程或分阶段	负责工程合同的洽谈和签订	三方代建
武汉市非经营性政府投资项目实行代建制管理办法	项目实施和管理	市政府确定的有关责任单位	全过程或若干阶段	负责工程合同的洽谈与签订	三方代建
重庆市政府公益性项目建设管理代理制暂行办法	项目建设管理	使用单位	全过程或若干阶段	以项目单位的名义签订合同	指定代建

各地代建制管理办法	代建单位职责	代建单位委托方式	代建单位介入阶段	代建单位在工程合同中地位	代建模式
上海市市政工程建设管理推行代建制试行规定	工程项目管理	项目法人	全过程或若干阶段	负责合同管理，按照项目法人与设计、施工、材料供应单位所签订的合同，组织工程建设	委托代建
广州市政府投资建设项目代建制管理试行办法	项目建设管理	市发展改革委	全过程	以项目单位的名义签订合同	委托代建

12.5.2 广州大剧院项目代建管理的总体策划

广州大剧院项目管理总体策划的主要内容包括：目标策划、项目管理策划、组织策划、投资控制策划、招投标策划、设计策划、合同策划、前期工作策划、风险策划、财务策划、信息管理策划。项目管理总体策划的主要内容参见表12-7。

广州大剧院项目的代建项目管理模式综述　　　　　表12-7

1	项目名称	广州大剧院项目
2	项目概况	项目代建服务招标人：广州市文化局 使用单位：广州市文化局 建设地点：广州市珠江新城 J4 区 工程概况：总建筑面积约 80686m²（含连续墙），其中，地上建筑面积合计 49139m²，包括大剧场、多功能厅和其他配套建筑；地下建筑面积合计 31547m²。下部为钢筋混凝土结构，上部为钢结构及幕墙结构。 项目工期：广州大剧院项目从 1999 年立项，2003 年 10 月建筑设计中标，2004 年 5 月确定代建单位，2005 年 1 月工程奠基，2005 年 8 月正式开工，2006 年 8 月施工总承包方进场，2006 年机电安装单位进场，2007 年 9 月主体结构封顶，外帷幕 2008 年 4 月完工，装修 2008 年 9 月完工，室外环境工程 2008 年 9 月完工，2009 年 1 月集中供冷，2009 年 6 月开始建筑设备工程的安装及调试。 总投资：设计概算约 10 亿元，市财政投资
3	代建单位资质要求	独立企业法人；具有承接大型项目建设管理服务经验；具有房建总承包一级资质和建筑设计甲级资质；投标保证金 20 万元；不允许联合投标；其他有关业绩要求、财务状况和人员组成要求略
4	组织模式	

5	代建内容	在已选定建筑方案和国外设计单位的基础上，开展项目深化设计管理、可行性研究、项目建设策划、工程报建、初步设计报审、招标及设备采购管理、工程造价及进度管理、质量安全管理、合同管理、施工管理、信息管理、项目竣工验收、资产确权和缺陷责任期保修完善等工程项目建设全过程的所有管理服务工作
6	阶段划分	工作分解
6.1	前期工作	确定项目代建单位、可行性研究、办理各项报批手续、三通一平与临建搭设、项目计划与开工准备
6.2	招标工作	监理单位招标、施工总承包单位招标、建筑设备（通风空调、消防、电梯、给水排水等）施工招标、室外园林绿化设计与施工招标、室外公建设施（外水外电等）施工招标、舞台机械设计方案招标、舞台机械采购与施工招标、外帷幕系统深化设计与施工招标、智能化系统设计与施工招标、室内精装修深化设计与施工招标、舞台音响系统设计与施工招标、舞台灯光系统设计与施工招标、景观照明系统设计与施工招标、座椅供货商招标等
6.3	设计工作	建筑方案论证、确定深化设计单位和声学设计单位、视线设计模拟分析、初步设计、初步设计文件审查、施工图设计、施工图设计文件审查、室外园林绿化设计、舞台机械设计、外帷幕系统设计、智能化系统设计、室内精装修设计、舞台音响系统设计、舞台灯光系统设计、景观照明系统设计等
6.4	施工工作	项目正式动工、多功能土建结构施工、钢结构安装、大剧场土建结构施工、大剧场钢结构安装、机电安装工程施工、外帷幕工程施工、舞台机械工程施工、建筑智能化工程施工、精装修工程施工、舞台和音响工程施工、室外环境工程施工、系统总体调试等
6.5	验收工作	资料送审、现场验收、资料备案、工程决算、资料移交、产权移交
7	项目特点	建筑独特、建设规模大、标准高、建设期短、综合程度高、技术难度大、设计协调工作量大、管理难度高
8	管理目标	进度目标、质量目标、投资目标、安全目标、文明施工与环境保护目标、管理服务目标、功能效果目标、科技创新目标
9	管理重点	项目总体策划、项目协调管理、项目控制管理、设计管理工作、项目招标策划与组织、项目参与各方的职责分工
10	管理任务	主要工作
10.1	目标策划	项目概况、企业优势、管理目标及总体承诺
10.2	项目管理策划	项目整体特点及重点分析、代建管理的总体设想、项目考察、总体策划的主要内容
10.3	项目工期安排	项目工期的总体安排、项目工期分解及分阶段安排
10.4	项目前期工作管理	前期工作的目标、前期工作的内容与方法、前期工作的重点难点及针对性措施
10.5	工程总进度安排、疑难工程节点进度安排及控制措施	进度管理工作的目标、进度管理工作的分析与设想、项目建设总进度计划、进度管理工作的方法及措施、进度管理工作的重点难点及针对性措施
10.6	项目招标管理	招标承诺、招标管理工作的分析与设想、招标策划、招标工作内容及管理方法、招标管理的针对性措施
10.7	项目设计管理及优化设计的措施	设计管理的目标与承诺、设计管理工作的分析及总体设想、设计管理的工作内容及方法措施，新产品新工艺新技术管理、设计优化措施、设计信息管理

10.8	对工程质量的管理方法及措施	本项目的质量承诺、工程质量控制体系、本项目质量管理方法及针对性措施、质量管理措施、质量评定与验收、确保"鲁班奖"的质量控制措施
10.9	安全施工的管理方法及措施	项目安全管理目标、项目安全保证体系、项目安全管理方法及针对性措施、项目安全保证措施
10.10	项目文明环保施工的管理方法及措施	文明环保管理目标、文明施工及环保保证体系、文明施工及环保管理方法与针对性措施
10.11	竣工验收与移交管理方法及措施	竣工验收准备、组织现场竣工验收、项目资料验收、工程竣工结算、工程移交与保修管理方法及措施
10.12	项目投资管理目标及措施	项目投资管理目标、项目投资管理总计划、项目投资管理的方法及针对性措施、项目投资管理合理化建议
10.13	项目合同管理方法及措施	项目合同体系、合同管理原则与目标、合同管理的内容、项目合同管理办法及措施
10.14	项目信息管理方法及措施	档案资料管理目标、档案资料管理方法、针对"鲁班奖"的档案管理措施、信息管理目标、建立项目信息化管理平台、信息管理方法、与各相关方的信息沟通管理措施
10.15	项目财务管理方法及措施	项目财务管理目标、项目财务管理流程、项目财务管理方法、项目资金拨付、项目财务管理合理化建议
10.16	项目代建管理工作程序及工作制度	代建管理工作总程序、代建管理工作总制度、代建管理工作程序、代建管理工作流程
10.17	项目重点难点分析及合理化建议	项目管理重点分析、项目管理难点分析、对项目的合理化建议
10.18	诚信服务的内容及承诺	诚信服务的承诺、诚信服务的内容、诚信服务的措施
10.19	项目代建管理服务投入的设备及设施	项目管理主要设施、项目管理主要设备
10.20	项目风险管理	风险识别、风险应对计划、项目管理的主要风险防范及控制措施
10.21	项目后评价及总结	项目竣工后评价、项目竣工后的总结内容
11	管理重点	具体内容
11.1	项目管理总体策划	项目管理总体策划是项目管理的纲领性文件，总体策划的系统、条理、清晰、合理等是项目成功的首要保障
11.2	项目动态控制	动态控制是保证项目实施顺利的关键工作，重点在于三控制(投资控制、进度控制和质量控制)和三管理(设计管理、施工管理和技术管理)
11.3	项目招标策划与组织	发包模式确定、标段划分、招标方案制定、合同谈判及签订
11.4	项目参建各方职责划分	项目参与各方、各个专业、各项成果及工作界面的合理划分，明晰责权，加强协调
11.5	培训、交付、保修服务、项目移交管理规划	作为功能性较强、技术较先进、使用和管理要求较高的建筑，对于运营管理者和使用者的培训及全程参与十分重要

11.6	与项目委托人的沟通	对于代建管理责权的委托和监督，效果评价和纠纷处理等都需要双方建立密切、有效的沟通模式
12	管理难点	具体内容
12.1	开工前阶段难点	目标分解清晰和可控；在设计方案指导下明确各专业设计功能、标准和做法等；编制投资控制计划，制定控制措施加以落实；制定招标和合同管理策略，制定控制的重点与指标
12.2	界面划分和合同管理难点	对于建设组织方式和发包委托方式的确定，合同界面的划分，招标策划和合同条款制定等
12.3	策划、协调和控制的难点	对于代建项目策划、协调和控制是本项目的核心和难点所在
12.4	项目沟通难点	对项目诸多参与单位之间的良好沟通是保证项目顺利进行的关键
12.5	项目数据掌控难点	项目涉及事物繁杂多变，如何设置数据收集和汇总的具体措施，并据此把握项目进程十分重要
12.6	项目文档管理难点	工程文档量大面广，妥善的文档管理能够在对项目完整把握的基础上，起到增强动态控制能力和便于项目验收的作用
13	项目代建管理实施策略及合理化建议	

项目代建适用于不具备自行管理条件的行政事业单位的工程项目以及非经营性政府财政投资项目，其目的是将建设单位与使用单位相分离、决策权与管理权相分离，通过专业化的项目管理，提高政府投资建设项目的管理水平和投资效益。

12.6　广州大剧院项目风险管理

12.6.1　广州大剧院项目风险辨识

广州大剧院项目投资规模大、预算进行限额管理；建设周期长、有要求工期的限制，建筑造型复杂、施工难度大、质量要求十分严格，项目参与方众多、管理协调难度非常大，是一项极其复杂的系统工程。在工程项目的实施中，不可避免地会受到大量不确定因素的影响，风险管理是相当复杂的。广州大剧院建筑构造的前卫性和独特性，决定了结构、工艺、施工中必须大量采用新技术、新工艺、新材料、新设备，信息的不完整和信息的相对滞后，对存在的风险因素和性质的把握相当困难；另一方面，从项目风险管理的角度出发，对大型公共建设项目进行风险管理的工具、方法、手段处于起步和探索阶段，有章可循具操作性的管理办法和管理经验较少，无疑增大了风险管理的难度，限制了风险控制水平的提高。

广州建筑集团公司在常规性项目管理工作的基础上，高度重视大剧院项目实施全过程中不确定性因素和风险性问题的分析和管理工作，提出"基于风险管理的大型公共建设项目管理"的新理念，并在广州大剧院项目中积极进行理论探讨和管理实践。

广州大剧院项目的风险管理目标应该与项目管理目标相一致。项目管理目标包括费用目标、进度目标、质量目标和安全目标，任何可能影响项目在预算范围内按工期和质量顺利完成的不确定性因素统称之为工程风险因素，风险管理目标是采用风险管理的手段和措施，对风险因素进行分析和控制，以最经济的成本保障工程项目总目标最大限度地实现。从目标计划到目标实现的过程中，将风险管理与传统项目管理方法相结合，对影响目标实现的风险因素进行识别、估计和评价，并通过应对措施提前预防或纠偏，则项目的总目标和各分项阶段目标就能够得以顺利实现。

大剧院项目的风险管理组织，是由项目经理担任风险管理第一责任人，专人担任风险管理的负责人，并在项目管理组织中对应于项目及风险管理目标的管理职能，设置专人负责该部分的风险管理，即管理职责落实到岗位。由项目经理负责明确工程风险管理目标之后，由风险管理的负责人制定风险管理计划，负责计划的实施和落实。

代建单位，是从项目的可行性研究工作阶段开始介入的，因而能够有效地进行该项目建设全过程的动态风险管理工作，从项目代建策划开始，针对该项目提出了全新的风险管理理念和措施。

广州大剧院风险管理计划是工程风险管理组织进行风险管理的重要依据，是全部风险管理的基础环节，风险管理计划的实施和落实，在项目实施的过程中不断重复风险分析和风险响应的步骤，利用风险管理过程中的反馈机制实现动态工程风险管理的过程。动态风险管理应伴随项目的整个生命周期，从项目的发起、可行性研究开始，到项目建设的完成，乃至整个项目的运营阶段，贯穿于整个项目管理生命周期，并在风险管理过程中形成风险管理文档，为以后的风险管理工作提供历史数据。

工程风险辩识是风险管理流程中的第一步，也是最为重要和基础的环节，它的内容主要包括两部分：一是查找风险源及其产生条件；二是描述风险的特征及对项目产生的影响。广州大剧院项目主要和关键风险因素辩识结果见表 12-8 和表 12-9。

广州大剧院项目代建风险因素   表 12-8

风险因素分类		编号	影响项目目标的不确定因素或事件
环境风险	政治风险	1	政治环境风险：如政策变化、政府换届、决策机构的更换等
		2	政府机构风险：官僚主义，手续冗杂、工作效率低下、协调不力等
		3	政府管理风险：对项目的不合理干预，如决策失误、指挥不当、过分干预或限制等
		4	政府获准风险：如设计缺陷、环保缺陷、不符合政策导向、突破基建等
	经济风险	5	价格风险：国家经济政策变化和调整，如通货膨胀、大宗材料价格上涨等
		6	汇率风险：因汇率变化而造成的进口设备价格的上涨等
		7	利率风险：因利率调整而带来的融资成本的提高
	法律风险	8	法律条款风险：主要由法律体系不完善或法律变动带来的风险
		9	合同风险：因合同责任条款划分不明确，或违反合同引起的法律诉讼
	自然风险	10	不可抗力风险：如恶劣的自然灾害、流行性疾病等
		11	不可预见的场地地质条件：如淤泥土质、枯石、考古和文物保护导致的问题等
		12	不利的场地条件：如场地狭窄，水、电、路等基础设施供应不及时或不足等
		13	不利的周边运输条件

风险因素分类		编号	影响项目目标的不确定因素或事件
项目风险	项目风险	14	可行性研究风险：项目建设过程发现问题，或建成后未达到预期的社会效益和经济效益
		15	造价管理风险：招标投标工作的困难和延误；造价管理不科学、不严格，造成"三超"现象
		16	"四新"技术风险：设计规范、施工规范和标准从未涉及过，需要进行模拟计算和试验
		17	组织风险：业主选择的组织模式、承发包模式不适合该项目的工程特点；或组织机构能力不强，造成管理混乱、效率低下
项目相关方风险	业主风险	18	业主、运营单位的官僚主义作风严重，决策过程缓慢等
		19	业主、运营单位不合理的干预和要求等
		20	业主的履约能力发生重大问题，如资金不足、工程款支付不及时等
		21	代建单位项目管理经验不足等
		22	业主、代建单位关键技术管理人员发生变动等
	设计单位风险	23	组织风险：主要设计人员变动、设计单位管理效率低下、方案设计、施工图设计、深化设计之间配合不好
		24	工期风险：设计方案延迟，图纸供应不及时等
		25	质量风险：地质勘察失误、设计错误或缺陷，如设计变更范围较大、频繁、可施工性差、考虑因素不全面、引用标准不当、设计单位对类似项目的设计经验不足等
	施工单位风险	26	施工组织风险：内部组织结构不合理，权责定义不明确，协调沟通不畅；关键技术管理人员变动；分包商履约能力不足，主要体现在资金、技术等方面；工人素质低下、技术力量差等，劳动工资支付不及时、劳资双方发生争端或公然罢工；承包商与监理配合不力
		27	施工质量安全风险：施工方案不合理、不周全；技术管理力量不强、甚至落后；出现人员伤亡和质量事故
		28	施工进度风险：项目进度计划不合理、不周全；没有根据项目特点建立合理高效的工作流程；承包商应对特殊情况（如里程碑事件的变动）的能力不足，进度控制上严重失误
		29	施工成本风险：没有足够的流动资金支持完成项目；原材料价格的上涨；原材料或预制构配件采购的延误、关键设备或特殊的原材料获取困难，如需要进口、缺乏替代品；机械设备不能满足施工要求等所造成的工期延误及窝工，进而加大工程成本
	其他咨询单位风险	30	由于各咨询单位未能提供精心的服务，提供错误的建议所造成的损失，包括违反职业道德，索贿、受贿

广州大剧院项目的关键风险因素　　　　　　　　　　表 12-9

风险因素	风险因素的表现
技术风险因素	（1）建筑造型的独特性，存在超技术标准和规范问题、标准的差别协调问题等，需要大量的试验和专家论证； （2）技术标准和使用功能不明确、变动频繁； （3）应用不成熟的技术，缺乏足够的解决高难度问题的经验； （4）特殊构造的施工技术难度、完成效果、特殊材料、设备的组织、安装、施工技术水平等

风险因素	风险因素的表现
进度风险因素	影响本项目进度的不确定因素涉及面广，包括建设环境、项目业主、工程项目设计和工程项目施工等。本项目影响工期的主要因素有：施工期间可能出现的不利的气象、水文、地质条件等自然风险；因宏观经济的影响产生的资金支付困难，政策、法规的变化，大宗材料价格超常规的上涨，资源供应不顺畅等政治经济风险；项目管理组织不适当；项目前期办理各项报审、报批、报建的工作效率等项目法人、业主风险；设计错误和缺陷、设计变更频繁、设计图纸延误等设计风险；总承包商及各参建单位的实力和项目管理水平，各项资源的投入方面的风险
费用风险因素	本项目具有投资概算为限额的特点，项目设计阶段估算、概算、预算的调整，项目实施过程中的设计变更，材料设备价格的变动，项目资金的支付情况；合同条款的明晰程度等方面都是本项目费用的不确定因素，贯穿于工程建设的全过程，涉及多个方面
质量风险因素	建筑造型独特、结构形式复杂、施工难度显著，质量的不确定因素除了传统意义上的违反基本建设程序、地质勘察或地基处理失误、设计方案或设计计算错误、建筑材料不合格、施工及其管理失控等方面造成的质量风险以外，需要注重的主要因素有：一是因较多地采用建筑新技术而产生的项目质量问题；二是由于设计方案、详细设计、深化设计由多家设计单位完成而产生的设计质量缺陷；三是施工新技术对人员操作、材料加工、施工、安装方法和水平的高标准要求，大幅度增加了质量管理的难度；四是多专业的协调配合不力造成的质量问题和隐患
安全风险因素	主要包括：不可抗力，代建、监理、施工安全管理工作不到位，工人安全意识薄弱，安全措施投入不足，采用不成熟的施工技术等

12.6.2 广州大剧院风险因素的响应和控制

1. 主要风险控制措施

（1）争取政府支持，政府通过担保、承诺的形式承担一部分企业单位无法承担的风险。

（2）开展和重视项目的建筑工程一切险（包括物质损失和第三方责任保险），工人和技术管理人员的意外伤害保险等。要求各承包单位购买保险，以转移能够通过商业保险进行转移并且在经济上高效可行的风险。要求各承包单位出具担保，如银行出具的投标保函、履约的保函、预付款保函或者质量保证金等。

（3）加强风险的预控和预警工作。在工程实施过程中，由工程风险管理的负责人不断收集和分析各种信息和动态，捕捉风险的前奏信号，以便更好地准备和采取有效的风险对策，以抵抗可能发生的风险。

（4）加强合同的风险管理。工程合同既是项目管理的法律文件，也是项目全面风险管理的主要依据。代建公司将从项目委托人的利益出发，按照有关法律、法规编制各种工程承包招标文件和合同，风险分配在合同和招标文件中给予明确界定，力争平衡各种风险，最大限度地保护项目委托人的利益。

（5）工程索赔和反索赔的风险转化。作为代建公司将以工程利益为中心，利用合同条款成功地预防索赔、进行索赔和反索赔，不仅是减少工程风险的基本手段，也反映项目合同管理的水平。

（6）在风险发生时，及时采取措施以控制风险的影响。在风险状态下，依然必须保证工程的顺利实施，防止工程中断和成本超支，这样才能有机会对已发生和还可能发生的风险进行良好的控制，并争取获得风险的赔偿，如向保险单位、风险责任者提出索赔，以尽可能地减少风险的损失。

（7）采取先进的技术措施和完善的组织措施，以减小风险产生的可能性和可能产生的影响。如选择有弹性的、抗风险能力强的技术方案，进行预先的技术模拟试验，采用有效的管理组织形式，并在实施的过程中实行严密的控制，加强阶段控制和中间决策等。

（8）工程招标采用资格预审来寻找可靠的抗风险能力强、社会信誉好的合格承包单位，提高项目整体的抗风险能力。

2. 风险因素的应对

（1）技术风险因素的应对

在项目决策阶段，项目委托方、项目业主、大剧院建筑设计、建设、营运、各专业的专家、专业设备供应单位等，对项目的建设定位、使用功能、技术标准提前进行调研论证和技术储备，考察调研全国各城市已建、在建剧院的建设工作，以及有选择性地考察调研国外同类型歌剧院的建设。总结包括设计、施工、设备采购、营运等各方面的经验教训，学习各方在应对技术不确定性因素方面采取的措施，在本项目建设中提前制定有针对性措施加以防范，确保设计方案在满足国际高水平的歌剧、音乐剧、歌唱演出等使用功能的需求下，实现先进性、合理性、技术性、经济性、安全性等，为日后的设计进度、投资控制、施工质量以及减少管理失误、合理加快施工进度奠定良好的基础。

针对广州大剧院因建筑内部造型为不规则形状而引起的声学难题，代建单位在方案阶段，聘请国际声学大师和国内声学专家；初步设计阶段，由声学设计单位完成计算机模拟，可控制座位的大致方向；根据初步设计提供的视线要求，通过 1：20 缩尺模型测试，并组织各相关参建单位及声学专家进行论证；从设计提供参数、材料选定，到现场控制，实施过程层层检测、把关，解决声学技术难题，保证大剧院使用功能的顺利实现。

针对大剧院外围护结构为钢结构和幕墙结构的特点，对缺乏相应技术标准的专业工程部分、施工技术难题，组织相关专家提前进行技术攻关、研究论证，进行预先的技术模拟试验，充分做好技术储备。

（2）进度风险因素的应对

在项目前期阶段，充分发挥政府层面的宏观调控能力，充分整合社会各方面的资源，充分利用重点项目的"绿色通道"，以加快项目前期的各项报批、报审、报建工作。

在项目设计阶段，设计方案采用的是邀请招标，施工图设计是由国内设计单位负责完成，深化设计由专业施工单位进行设计，代建单位需要进行各方设计的配合和协调，建立工作沟通联系机制，确保信息对称和顺畅。在设计方案调整及确定的过程中，及时征询相关部门的意见，充分了解建设意图，确保方案能够实现建筑功能。同时，加强对各专业设计的协调、控制工作，确保各专业界面、接口的明晰、顺畅。

项目实施过程中，在招标文件和合同管理工作中，对工期的要求，包括里程碑节点工期，应有明确的时间目标和严格的约束条件。把工期风险进行有效分解，严格实施履约保证，针对本项目的竣工工期为要求工期，结合项目实施过程中可能存在的工期风险因素，在对设计、施工、材料设备采购、监理等工期管理的要求中，应设置针对赶工措施的管理办法、工期延误的保证措施及违约责任。

（3）投资风险因素的应对

在项目设计阶段，造价管理人员要对建设意图、建设规模、使用功能配置深刻理解，严格实施限额设计管理，在详细设计和深化设计中，严格实施多方案比选，对设备材料的技术经济指标要有充分的性价比调研依据。

在项目施工阶段，要预留合理额度的工程建设预备费用，并严格控制使用。在招标文件、合同中规定合理的计价方式和支付方式、设备材料价格的变动、工程价格的风险分配和履约保证。例如，对于建设期间大宗原材料涨价问题的风险分配，如双方约定采用固定单价的价格合同，则应在专用条款内约定合同价款包含的风险范围和风险费用的计算方法，在约定的风险范围内合同价款不再调整。风险范围以外的合同价款调整方法，应当在专用条款内约定。因此，如果业主招标时明确合同为固定单价的价格合同，但未明确风险包干范围，则中标后双方应在专用条款中约定该固定价款包含的价格风险范围以及超出此范围的处理方法。材料涨跌不以当事人的意志为转移，签约双方均无法预知合同履行过程中材料是涨还是跌，因此约定风险包干范围能保障承发包双方的利益。

（4）质量风险因素的应对

本项目采取了以下主要措施：一是组织措施上的保证，采用以钢结构为主的全国知名总承包公司作为项目的总承建商，在施工组织、施工技术方案、施工技术、施工管理和协调等各方面保持较高的水准，避免由此产生的质量问题；在分包公司的选择上也严格把关，要求是本专业业绩突出的企业。二是技术措施上的重视，严格审核施工技术方案，对于重大技术难点和技术重点，在施工单位提交方案的基础上组织专家学者进行反复研究和论证，确保技术上是可行的，经济上是合理的。三是管理措施上的严格，在合同上落实施工单位和监理公司的质量管理责任，责、权、利落实到公司、到岗位；对于质量隐患的排查和质量事故的预警和应急措施，在制度上要落实、在流程上要清晰、在操作上要可行、在岗位上要保证。四是经济措施的分明，本项目采用质量保证金制度，对因质量问题返工、停工所造成的损失，不仅由相关责任单位负责，而且采取一定的经济处罚措施，加大管理力度；同时，对质量管理上的良好表现及时予以鼓励和经济奖励。

（5）安全风险因素的应对措施

采取先进的技术措施和完善的组织措施。选择具有一定弹性的、抗风险能力强的技术方案，进行预先的技术模拟试验。投入一定费用，采取可靠的保护和安全措施，以减少安全方面风险因素产生的可能性和可能产生的影响。

安全风险的保险转移。在招标文件及合同中，要求各承包单位购买相关保险并提供担保，以转移部分安全风险，例如，强制购买工人高空作业的意外伤害险，有选择性地购买机械设备损坏险和机械设备利润损失险，业主或代建单位购买现场管理人员的人身意外伤害险、第三者责任险等。

严格安全教育。要求施工企业在进入现场前，教育员工必须熟悉安全操作规程，建立严格的奖惩措施，杜绝安全事故的发生。进入施工现场后，更要每天对现场安全操作进行检查考核，避免由于生产过程当中的安全因素造成责任事故和人身伤亡等重大风险。

12.7 广州大剧院项目质量管理

12.7.1 施工质量的目标

项目质量目标是一个重要的建设考核指标，代建单位追求卓越绩效管理理念，以顾客为导向，为达到"确保项目委托人满意"的目标，根据委托人提出的"确保工程质量达到优良工程要求，争创市样板工程"的质量要求，在质量、进度、投资、安全文明等方面制定了相应目标，并且在功能效果、科技创新方面提出了更高的要求，制定了总体质量目标：确保工程质量达到省样板工程（符合竣工备案制的有关规定）、争创"鲁班奖"工程；舞台、美术、建筑声学指标达到国家技术规范标准要求，且达到我国顶级舞台、美术、声学专家组主观和艺术要求；项目的功能和效果能体现设计意图，成为完美的广州市文化标志性建筑。

为确保工程的最终质量目标，代建单位在项目策划阶段即以"鲁班奖"为本项目的质量目标，从招标和合同上对所有相关单位做出要求和合同约束，对于设计单位和施工单位对项目质量的影响进行了充分考虑，对项目的质量总体目标进行了分解，提出了项目各个主要分部分项工程均达到质量优良的目标，并拟订了项目全过程各个阶段的质量目标，逐一落实实施。

12.7.2 项目质量管理体系和质量保证体系

根据项目的性质、特点和合同条件，代建单位严格按照法律、法规以及规范、标准的要求，进行项目质量管理策划。在组织结构上，建立由政府、社会、甲方、代建、设计、监理、总包、分包、专业分包等各方共同组成的综合、完整的项目质量管理体系和项目实施阶段的质量保证体系，并在程序、过程和资源等方面设立保证条件，确保体系持续的适宜性、充分性和有效性，如图 12-1 所示。

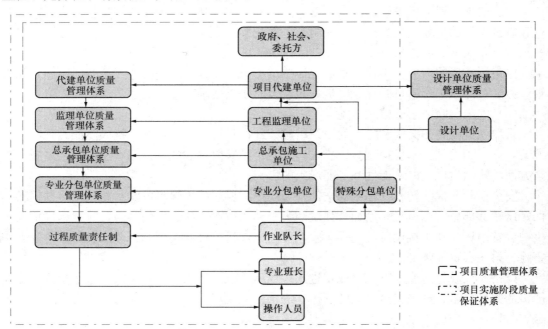

图 12-1　项目质量管理体系和项目实施阶段质量保证体系

12.7.3　项目质量管理的难点和重点

大剧院定位为"国内一流、国际先进的艺术殿堂"，要求具有良好的视听环境，营造高雅、舒适的氛围，这也为项目的质量设立了非常高的标准。对剧院而言，建筑声学设计至关重要。为确保突出的声学效果，广州大剧院在项目建设开始，就聘请澳大利亚马歇尔戴声学公司作为声学顾问。在视觉环境方面，在设计初期就已委托清华大学建筑设计研究院进行了观众厅视线模拟分析，并经过了专家评审。根据提交的报告结论：所有位置都能看到舞台台口全景，三类座位的指标达到国内先进水平。

追求最优的声学效果和视觉效果，也使得大剧院设计风格造型奇特。在设计上，以非对称、不规则但均衡的体形和楼座飘台交错重叠的设计塑造一个独具个性的、可识别的艺术殿堂，使其内部结构形式较传统歌剧院更为复杂，很多主体结构构件呈空间三维变化。施工中，为体现设计意图和风格，追求建筑物的无缝连接，采用了空中曲面定位、异种钢焊接、斜墙斜柱、全焊接建筑节点等高难技术，增加了工程的难度；观众厅、前厅、空中餐厅等部位采用GRG及实体面材等新型材料以实现无缝连接，建筑内外效果相互衬托；为降低噪声的影响，依托于珠江新城的区域优势，广州大剧院采用了集中供冷方案，制冷部分由珠江新城建设核心办公室负责统一建设。

设计和功能上的特点决定了项目施工难度大、技术复杂，项目质量管理的难点和重点突出，质量控制的关键部位和内容较多，见表12-10所列。在施工过程中，要针对施工单位的相关技术方案、解决措施、施工办法、质保措施等进行重点监控。

广州大剧院质量控制的关键内容　　　　　　　　　　　　　　　　表12-10

编号	质量控制关键内容	说明
1	深基坑处理	注意与舞台机械、预埋件工序配合好，保持尺寸准确
2	基础工程减声降噪测试	基础工程要考虑以后地铁运营时的振动影响，预先开展减声降噪的测试工作
3	高支模施工	分部位编制超高模板支撑施工方案，并组织专家论证，严格按专项施工方案组织施工。强化检查验收工作
4	大跨度不规则结构施工	观众席看台跨度大(32m)、形状不规则、平面标高不一致，施工质量需要较好控制
5	大跨度预应力梁施工	
6	大空间测量定位	
7	清水混凝土施工	专项配模设计，并对模板进行预拼，对板缝及对拉螺栓口进行专项处理。进行混凝土试配，并保证混凝土无色差。强化浇筑过程控制，确保内实外光。强化混凝土养护和成品保护
8	钢结构施工	全方位的焊接、异种钢焊接、测量定位(中心点不在实体上)、施工各个阶段应力应变控制
9	综合管线布排	不规则平面、错层结构综合管线的布排对设备吊装安装的要求高，工序应合理搭接、组装方案应合理
10	屋面虹吸排水系统施工	不规则屋面虹吸排水系统的功能要求与噪声控制要求高，噪声控制事先要做好模拟工作
11	机电设备噪声控制	噪声控制研究，检测厂家的消声器、隔声罩性能

编号	质量控制关键内容	说明
12	智能化系统集成	剧院建筑智能化系统集成与可靠性控制，包括业务系统、人群疏散系统、办公系统等，应实现系统可视化、平面化、操作系统低端化
13	石材饰面施工	
14	玻璃	

例如，工程结构为闭合型空间折板式空间单层网壳结构，主梁与主梁、主梁与次梁斜向刚接，由于本工程由非常多的面构成，在主梁相交处必然会产生较大且复杂的节点，而且此类节点数量较多，单个节点的外形尺寸较大，受力复杂，所以本工程设计采用了大型铸钢件。可是，大型铸钢件的加工同样也是一个大问题，在实施设计阶段就要落实加工的可行性，以免造成工期的延误。另外，由于本工程主梁和次梁均采用了大截面箱形梁，且单层网壳是由多个平面连成，每个面又由若干个连续的三角形构成，结构的平面内刚度非常大，这样的结构对于温度应力会非常敏感，所以，在结构的深化和优化过程以及结构施工过程中必须制定相应的措施来控制温度应力，确保结构安全。虽然各屋面分块为规则的相似或相等的三角形，但空间位置复杂，一般都非水平或竖直面，大部分为倾斜面，所以，倾斜面的材料吊装也是本工程的一个难点。铝合金固定座（T 码）是将屋面风载传递到檩条的受力配件，它的安装质量直接影响到屋面板的抗风性能。T 码的安装误差还会影响到屋面板的纵向自由伸缩，因此，T 码的安装又是本工程重点控制的一道关键工序。

本工程外观为独一无二的非规则几何体，造型独特，具有强烈的质感，由多功能剧场及歌剧院组成。多功能剧场分为 38 个面，歌剧院分为 63 个面，整体就像摆放在江边上的两块大石头。为体现这一建筑效果，完美实现建造师的设计意图，就必须保证每一施工工序的尺寸达到精确的水平，而所有施工尺寸确定的基础都来自于测量放线，由于外形不规则，所以测量放线的难度大，同样是本工程的一大难点。

总之，要保证大剧院的声学和视觉效果，必须解决技术、材料和工艺上的诸多难题，这对项目的质量管理提出了极高的要求和挑战。

12.7.4 质量管理措施

根据"管理预控、过程监控、目标总控、成品终控"的过程质量管理原则，在对质量目标进行分解、确定质量管理重点的基础上，事先分析可能在施工过程中出现的质量问题和存在的隐患，分析可能的原因并提出相应的对策，进行有效的预控，对项目质量风险实施主动控制，是质量管理的重要手段。同时，代建单位要求监理单位对总包等各单位施工组织设计的审查也是事前质量控制的重要措施。

广州大剧院质量管理的针对性措施主要有：

（1）保证工程勘察设计较高的整体水平。进行计划时，要对项目的工程结构、设备选型、工程概算等作多方论证、比较和筛选，使之达到高水平，为项目实施打下基础。

（2）发挥监理单位的管理潜力。对监理单位充分授权，发挥其主观能动性和管理潜能，强化建设项目全过程的组织、计划、协调和控制。

（3）重视项目各参与单位的质量保证能力。对于项目的设计者、监理人、承包商、供应商等，不仅审查各自的资质等级、业务范围，还要审查他们的质量能力及信誉，并考察以往的质量水平、技术水平和装备水平，绝不将工程任务委托给没有质量保证能力的单位或部门。

（4）集社会和行业的力量创质量精品。聘请工程质量技术专家为顾问，帮助审查工程难点、重点、关键点、施工方案、工艺方法、质量管理制度等，充分整合社会、行业的智慧和经验，共创精品项目。

（5）全面推行质量目标承包责任制。将质量目标分解并落实到具体人身上，实行分级管理、一级对一级负责的办法，采取责权利统一的承包方式，要求即使不是从事质量管理工作的人员也要以全员、全过程、全面质量管理的意识做好本职工作，做到最优质量、最低消耗、最佳服务，最终实现质量总目标。

12.8　广州大剧院项目进度管理

12.8.1　项目建设进度的总体安排

1. 进度计划编制方法

本项目建设周期短、专业工种多、施工难度大，为有效控制建设工期，确保按项目建设目标完成建设任务，项目建设进度计划的编制采用分级控制的方法。一级控制进度计划为全局性、宏观性的整体项目进度控制计划，由代建项目部负责编制并报省代建项目管理局审批；二级控制进度计划用于保证一级计划的实现，是各阶段具体的进度控制计划，由监理单位、设计单位、施工总承包单位根据项目建设总控进度计划编制，并上报代建项目部审批后实施。

2. 进度计划编制原则

本项目建设进度计划的编制原则包括：

（1）风险预测原则。在进度计划编制之前，请有关专家、技术和管理人员对项目可能出现的风险问题进行充分论证和评估。根据各种风险的可能出现阶段、影响程度、涉及范围，在编制各级进度计划时要求各单位合理预留机动时间，"先紧后松"，充分考虑不确定因素和施工难度对项目进度的影响；并有针对性地制定应急预案，当遇到不可预见因素发生时按应急预案处理，回避风险，降低不利因素影响，从而有效控制工程进度。

（2）统一标准原则。在合同中制定统一的工程进度计划编制办法，在办法里对工程进度计划编制的原则、内容、编写格式、表达方式、进度计划提交、更新的时间及工程进度计划编制使用的软件等作出统一规定，通过监理管理协调人转发给各施工承包商；对进度计划的内容也作出统一要求，并统一进度计划提交和更新的时间、统一软件和格式，便于进度计划网络编制主体间的传递、汇总、协调及修改；通过工作结构分解的统一规定对不同进度计划编制内容的粗细作出具体要求，通过作业分类码、作业代码及资源代码的统一规定，实现进度计划的汇总、协调和平衡。

（3）系统协调原则。影响进度的因素很多，对于重要性程度高的因素进行系统协调，在满足质量的前提下通盘考虑设计及材料（设备）供应进度、安全管理和对外沟通等工作的要求。如设计单位出现较多问题，往往容易使工期延长，甚至影响使用功能、加大投资，因此必须加强对设计工作的协调控制；针对本工程材料使用量大的特点，要求施工单位根据工程的实际需要情况制定采购材料供应计划，将材料供应进度控制纳入施工总体进度控制中；把加强安全管理作为确保工程进度的条件之一，重点落实检查基坑支护、临时用电、雨期安全用电、施工机械设备、高空作业、高支顶、食物卫生等特殊工作和危险作业是否按照安全措施和规程操作；项目由于自身的重要性，受关注程度高，各类审批的环节多，周期难以控制，与各方面的沟通协调非常重要。

12.8.2　施工进度控制的重点难点分析及针对性措施

1. 项目进度管理的重点难点与对策分析

很多影响因素，例如材料供应风险、天气的影响情况、资金投放情况等，直接影响着工程进度目标的实现。对本工程进度影响较大的因素进行初步分析，将可能出现的问题作为项目进度管理的重点，将影响程度严重、出现可能性大的问题作为管理的难点，并提出相应防范对策，以期降低风险的不利影响。这种分析和对策制定，将视工程需要而不断改进，实施项目建设全过程进度的动态管理。见表 12-11 所列。

广州大剧院项目进度影响及对策

表 12-11

序号	影响因素	影响程度	防范对策
1	资金投放不及时	(1) 影响材料设备进货。 (2) 影响施工效能	(1) 协助项目委托人提前制定资金申领、投放计划，确保及时到位。 (2) 及时审批工程款支付证明。 (3) 监督施工单位专款专用，不得拖欠材料款和工人工资
2	设计新工艺新技术应用不成熟、设计施工文件不及时	(1) 造成现场施工停顿。 (2) 影响后续招标	(1) 加强设计管理，特别是在设计前提资料、设计变更、深化设计等方面加强控制。 (2) 及时与设计沟通现场施工进度情况，加强协调
3	新产品、新技术、新工艺不成熟	(1) 造成现场施工停顿。 (2) 影响工程使用功能	(1) 在设计阶段切实对"三新"加强调研。 (2) 准备后补方案
4	施工单位自身能力不足或受三角债拖累	(1) 造成现场施工迟缓。 (2) 工程卷入债务纠纷	(1) 招标时加强对招标者的能力、资信调查。 (2) 法律顾问参与合同管理。 (3) 预设更换施工单位的管理办法
5	材料、设备供货不及时	(1) 造成现场施工停顿。 (2) 增加后续交叉施工难度	(1) 加强对供货商的合同制约。 (2) 尽早订货，规避市场需求高峰期。 (3) 启动预备供货渠道
6	项目委托人压缩工期	(1) 后续工作准备不足。 (2) 资源调配压力增大	(1) 计划坚持"先紧后松"原则。 (2) 计划有预见性，准备工作、资源调配计划有提前量
7	天气、潮汐	(1) 在屋面完成前，多数施工作业均受天气情况制约。 (2) 涨潮将增加地下结构的施工难度	(1) 因应季节安排计划，如避免雨季进行基坑施工。 (2) 天气晴好时，在所有作业面加大施工资源投入，以弥补坏天气造成的影响
8	重大疾病影响	造成现场施工停顿	重大疾病高发期做好防范措施

序号	影响因素	影响程度	防范对策
9	建筑声学效果测试不合要求	（1）造成现场停工。 （2）影响使用功能。 （3）增加投资	（1）在设计、监理、施工合同造价中提取5%～10%作为整改风险费用。 （2）计划安排时预留整改时间
10	关键设备故障	（1）造成现场停工。 （2）影响使用功能。 （3）增加投资	（1）在设计、监理、施工合同造价中提取5%～10%作为整改风险费用。 （2）计划安排时预留整改时间

2. 项目进度管理的针对性措施

（1）重视前期策划工作

项目前期牵涉的部门众多，成功的前期管理协调工作能够充分利用政府部门的宏观调控能力，能充分整合社会资源和参建单位的优势力量，为项目打好基础，使项目在顺畅的内外环境和良好的整体关系下顺利推进各项目标。

（2）控制设计的出图质量和进度

设计的出图质量和进度，是进行报建、施工招标和施工的重要前提。为此，专门调派对各专业有相当经验、协调能力强的管理人员，专门关注设计这方面的问题；建立设计协调工作网络，加强对设计的协调控制，为顺利施工提供良好的前提条件；要求设计单位派常驻工地代表，及时解决问题。

（3）进度计划实施的监测和调整实施程序化管理

总进度计划一旦制定并通过审批程序确定后，进度控制的重点就是检查、调整和协调。

各单位编制的工作进度计划经上报监理单位审批、项目经理部审定后，下达各单位实施，施工单位上报的施工进度计划一经审定下达执行原则上不应调整，以确保计划的严肃性。若因主客观原因造成工期滞后的，施工单位应积极采取措施，尽快赶上去。如形象进度与计划进度偏差较大，无法纠偏，可作适当调整，但必须以满足项目总建设进度计划为前提。施工单位调整后的施工进度计划必须上报监理单位审批、项目经理部审定方可实施。

项目进度监测和调整过程要求各单位进行程序化管理，以便于统一协调和控制，减少纠纷、提高管理效率，各层次解决各自的问题，但要着眼于全局，协调会上解决全局性的问题，但要兼顾局部。

（4）对材料、设备的供应提前调查、严格审查和管理

代建单位与甲方、使用单位共同提前考察设备及材料供应商及其所提供的产品，节约设计时间。施工中严格审核经项目监理单位审查的各承包商提供的材料、设备及所列的规格与数量、质量是否满足工程进度的要求；督促项目监理单位要求承包商施工机具按进场计划及时进场，配备足够的易损件和消耗材料，制定机械操作规程，严格管理，防止因施工设备故障造成的停工；根据建筑材料进场计划经项目监理单位督促承包商按时组织材料进场，避免出现停工待料现象。

（5）重视全局性的协调工作

在项目进度的管理中，协调是重要的手段。代建单位主要抓好几个方面的工作：协调好设计与供应的关系、协调好设计与施工的关系、协调好供应与施工的关系、协调好现场作业程序、协调好施工条件及其他保证措施等。

（6）实施动态的进度检查、考核和纠偏

工程进度是设计、供应、施工等多种因素的集合，但最终反映在工程建设形象进度上。进度检查和考核，以工程形象进度为立足点、以施工进度为主轴线进行，分两个方面：一是中间进度检查，即检查和评估设计出图、供应订货催交、施工现场进度计划的落实和执行情况；二是按月进行实际完成量的统计，发现偏差及时分析原因和纠偏。施工进度实施实行"三循环"的检查，以保证进度目标的实现。

（7）以合同手段和经济措施促进进度目标的实现

合同手段是指：在合同委托阶段把好资格审查关，在合同签约阶段认真审查有关进度的条件和条款，在合同执行阶段严格检查、及时协调，做好合同的阶段考核及相应的索赔工作。

将经济措施作为进度控制的有效手段，激发设计、承建商的积极性和创造性。主要有：严格控制工程款的拨付，进度款的拨付既要与实际完成情况相吻合，又要与工程实际内容相吻合；引入竞争机制，实行工程进度阶段目标考核奖励制度，里程碑目标在规定的时间内实现则予以相应的经济奖励并及时兑现。

（8）重视施工技术的优化和强化施工管理

在进度控制工作中，代建单位始终将技术和组织管理工作放在重要位置。一是重视优化施工技术方案，提高劳动生产率，坚持采用先进的技术和工艺，依靠技术进步加快施工进度；二是积极为承建商提供新技术信息和技术指导，组织专题技术研究，攻克技术难关，促进施工进度；三是认真做好技术交底和图纸会审等工作，使施工人员正确理解设计意图和技术要求，并尽可能消除设计存在的问题，避免频繁地修改设计，保证施工连续进行。

12.9 广州大剧院项目投资管理

代建单位承接任务时，哈迪德建筑设计师事务所的"圆润双砾"业已中标，后续工作要在此方案基础上进行深化，其投资规模也受此方案影响。在项目的深化设计与实施过程中，既要满足项目设计任务书提出的各项要求，又要使投资控制在批准的额度内，是项目管理者面临的首要问题。

12.9.1 投资管理目标及原则

1. 投资管理目标

本项目的投资管理目标是：确保投资控制在批准的初步设计概算内，争取有所节余。发挥具有大型项目管理经验的优势，在保证项目使用功能和使用效果的前提下，优化设计方案；在技术可行的条件下，进行技术创新，优化施工组织方案；同时，在招标程序、现场签证、工程结算等程序上严格把关，确保实现项目投资管理目标。

为实现总体目标，随着工程建设的进展，分阶段地建立投资管理阶段目标，在方案深化设计阶段、初步设计阶段、施工图设计阶段、工程招标与施工阶段，根据本项目所包括的各单位工程、分部分项工程，将阶段控制目标分解成若干个子目标，通过对各子目标的控制实现总的控制目标。

2. 投资管理原则

为实现投资管理目标，遵照以下投资管理原则：

（1）以设计阶段为投资管理重点

设计阶段往往影响项目投资的 70%～90%，因此，投资管理贯穿于大剧院建设全过程，而管理的关键就在设计阶段。

（2）坚持采取主动控制为主的管理原则

投资管理立足于事先采取主动控制措施，辅以被动控制措施，尽可能以预控为主，减少或避免投资目标值与实际值的偏离。

（3）采用技术与经济相结合的原则

项目管理全过程均要求造价、预算人员驻场审核，提出投资控制意见和措施，工程技术人员与预算人员、财会人员建立每天、每周的事务沟通机制，务求将技术与经济结合起来，通过技术比较、经济分析和效果评价，正确处理技术先进与经济合理的对立统一关系，力求在技术先进条件下的经济合理，在经济合理基础上的技术先进，把投资控制渗透到各项设计和施工技术措施中。

（4）坚持投资管理要与质量管理、进度管理同时进行的原则

广州大剧院投资管理是与质量管理、进度管理同时进行的，在实施投资管理的同时要保证质量和进度目标。在确定投资目标时，不仅使投资目标满足委托方的要求，还要使进度目标和质量目标也能满足委托方的需求；在进行投资管理过程中，要协调好投资与质量和进度的关系。如采用限额设计进行投资控制时，一方面要力争使实际的项目设计投资限定在投资额度内，同时又要保证项目的功能、使用要求和质量标准。

12.9.2 广州大剧院的投资管理模式及保证体系

1. 投资管理模式

（1）设置专门的投资管理机构

代建单位设置了计财部、采购部、设计管理部、施工管理部和综合部等部门，其中，计财部主管投资管理，其他部门配合。为实现投资管理的目标，根据项目建设各阶段控制的内容和特点明确各阶段投资管理的责任并作以下分工：

代建单位项目经理统筹，设计阶段的投资管理由设计管理部经理、计财部经理及属下主管负责，其余专业主管工程师配合；施工阶段的投资管理由计财部经理、施工管理部经理及属下主管工程师负责，其余专业主管工程师配合；竣工验收、决算阶段投资管理由计财部经理及属下主管负责，其余专业主管工程师配合。

主管广州大剧院项目的技术负责人、公司总经济师、财务负责人对代建项目部的投资管理工作进行监督并提供专业支持。

（2）投资管理人员参与项目管理高层议事和决策

引入投资管理人员参与项目管理高层议事和决策的机制，充分提升投资管理的战略地位，全面降低协调成本，有效控制投资。

（3）代建单位总体管理协调

采用代建单位管理协调一个总设计单位、一个施工总承包商、若干指定承包商、若干

供货商的管理模式，适合大剧院多专业的特殊要求，便于发挥代建单位专业管理能力，避免总承包发包合同额过大、专业性太强而增加的风险，使本项目得到专业的管理和服务。本项目工程专业性强，许多专业工程需由具有相应资质的专业施工单位承包，包括：钢结构工程、整体吊顶与墙体 GRG、舞台机械设备、机电设备安装工程、电梯安装、智能控制系统等。采用这种管理模式，专业化的施工队伍降低了施工成本，专业的管理服务加大了各专业协调配合，使土建、钢结构、整体墙体屋盖等主要标段的工程造价得到有效的控制，并从整体上加强控制的力度。

2. 投资控制保证体系

（1）在管理制度方面，代建单位制定了一系列的管理制度，包括《工程总承包管理制度》《设计施工图审核管理制度（日常设计管理工作，图纸会审，工程洽商）》《工程质量管理制度》《施工现场管理制度》《档案管理制度》《工程质量验收管理制度》《设计变更管理制度（设计变更和工程洽商经济性的审核和确认）》《招标工作管理办法》《工程会议制度》《工程管理月报制度》《协调应急处理制度》等，为投资控制提供了宏观上的保证。同时，根据代建单位架构，结合工程进展情况，投资控制的专业部门及时修订《乙供材料看样定板管理办法》和《工程计量与支付管理制度》等，积极加强内控建设。

（2）在组织上，建立投资管理责任体系，确定合理的工作流程，做到投资管理工作的程序化、业务的标准化。为便于计算机管理，要求做到数据资料的完整化和代码化。

（3）在技术上，重视设计多方案选择，严格监控各阶段设计和施工，在钢结构设计、基础隔震处理、清水混凝土、整体吊顶与墙体 GRG 等设计、施工环节聘请国内外专业团体和专家学者进行论证和评审。技术措施是降低投资的保证，在本项目施工实施阶段严格执行工程设计变更审核程序，审核设计变更在技术上的必要性与经济合理性。发生设计变更时，应充分运用技术经济比较分析，找出既保证质量、满足工期要求，又降低成本的最佳方案。

（4）在经济上，做好成本预测和各种计划成本的编制，为成本管理打下基础；对各种支出做好资金使用计划，并在施工中进行跟踪管理，严格控制各项开支；及时准确地记录、收集、整理、核算实际发生的成本，并对后期的成本作出分析与预测，动态比较项目投资的实际值和计划值，并建立节约投资奖励等措施；对各种变更，及时做好增减账；及时结算工程款。

（5）在合同管理方面，选用适合于本工程规模、性质和特点的合同结构模式，编制严谨细致的合同条款，在本项目合同的条文中细致地考虑一切影响成本、效益的因素，特别是潜在的风险因素，通过对引起成本变动风险因素的识别和分析，采取必要的风险对策。

坚持全过程的合同管理，严格采用合同措施控制项目成本，并贯彻在合同的整个生命期，包括从合同谈判到合同终结的整个过程。合同谈判是合同生命期的关键时刻，一方面综合考虑本建设项目自身特点、建筑市场竞争激烈程度和合同的风险程度等因素，以调整不可预见风险费，确定合理的合同价格；另一方面选择最具合同管理和合同谈判方面知识、经验和能力的人作为谈判人进行合同谈判。在投标书格式中增加了"关于修正不平衡报价的承诺书""投标报价承诺书""商务差异表"等多项内容，虽然增加了管理的难度，但对投资控制和资金的运作起到极大的推动作用。在合同执行期间，积极履行合同，减少设计变更，对出现的设计变更，按规定的程序办理，为正确处理可能发生的索赔提供依据，并密切关注对方合同执行的情况，以寻求向对方索赔的机会。同时，为优化合同信息，组织造价师、会计师、内审员、合同管理人员及财务管理人员对合同管理工作进行专题讨论，并根据投资控制的需要对合同进行重新分类，以利于合同管理。

12.9.3 广州大剧院的投资管理与协调方法

1. 招标阶段的投资控制管理与协调方法

招标阶段是本项目投资控制管理的一个重要过程，为做好本项目招标阶段的投资控制工作，特别加强了对以下环节的管理：

（1）资格审查

在招标前，对申请投标单位的概况、施工管理经验、信誉度、资金实力、以往工程实施业绩、管理水平、人力资源状况、代建合同相关条款的要求等进行严格细致的审查与考察，以保证参与投标单位的综合实力水平，使项目质量目标、工期目标、造价控制目标的实现更有保障。

（2）认真制定招标文件

1）确保招标文件的条款内容明确、合理、合法、文字周密、翔实、规范，注意多专业、多标段的交接点及交接面划分、配合及衔接，力求全面分解工作，明确到位，不出现真空地带。特别是认真制定招标文件的合同条款中涉及有关双方责任、工期、质量、验收、合同价款定价与支付、材料与设备供应、设计变更与现场签证、竣工结算方法和依据、争议、违约与索赔等影响工程造价控制的直接因素的内容。

2）工程量清单是编制招标工程标底价和投标报价的重要依据之一，也是支付工程进度款和办理竣工结算、调整工程量以及工程索赔的重要依据。工程量清单数据做到准确无误、无漏项、无重复，符合现行编制规定，并反复核对，确保清单各子项的准确性，以防止投标单位采用技巧性投标，造成施工阶段的索赔。

（3）合理制定投标限价

以投标限价作为各投标人报价的上限价，防范"围标抬标"，以限价下浮适当的百分率作为下限，防止恶性竞争，避免低于成本价中标，最终给承包商、委托人带来损失。在截标前将限价公开，以此引导各投标单位集中精力编制好投标文件，力求公平、公正、公开、科学、择优。

（4）材料设备招标

广州大剧院作为大型演艺建筑，对主要材料、舞台设备设施要求高，而材料设备的功能、进口还是国产、相关技术参数等对工程造价的影响很大。

对主要材料设备的采购采用两步招标法，分别进行技术招标和价格招标，不仅可以保证本项目选取材料设备的先进性、技术合理性，同时确保工程质量，而且更加贴近市场价格，直接为投资者节约投资。为此，密切关注国内外市场相关材料设备的技术参数和价格水平，根据经审批的投资额，制定招标材料和设备的技术指标、质量标准、价格档次、安装标准以及培训和保修条款，由供货商按要求报价竞标，择优选用，以固定单价合同方式根据投标单价签订合同。

（5）制定风险防范条款

本项目的建设过程存在许多风险和不确定性因素，比如第三者造成的停工风险（停水、停电）、不可抗力事件发生、投资环境恶化、材料设备供应中断等，这些因素给项目带来的风险会使项目投资额发生不正常变化。为了加强对不确定性投资的管理，在进行招标和合同签订时，特别注意制定报失、赔偿条款，认真界定不可抗力的范围，对于重大分解工程运用工程投保等措施以使风险降低到最低。

2. 施工阶段的投资控制管理与协调方法

施工阶段是形成工程项目实体的阶段，也是资金投放量最大的阶段，为严格控制资金的合理运用，达到预期的投资控制目标，必须对项目施工实施事前、事中、事后的全面控制。

（1）对施工阶段投资的事前控制

1）对设计图纸、设计要求、各专业施工承包合同涵盖的范围充分认识和正确理解，识别工程费用最容易突破的部分和环节，编制项目投资控制的敏感性模型，做到心中有数，从而明确投资控制的重点。

2）熟悉施工单位的投标报价书，对于采用综合单价包干的投标报价，审核其工程量清单的准确性，并预测工程量容易发生变动的项目，在施工过程中认真加强监测。

3）工程开工前，组织好图纸会审工作，尽量避免事后设计变更造成的返工损失。编制详细有效的建设项目管理方案和财务管理方案，根据以往类似工程实际执行情况和有关经济指标、完成情况的分析资料组织审核施工单位上报的施工组织设计和施工方案，对主要施工方案进行技术经济分析，积极推广使用先进的施工技术、工艺，降低施工成本。

4）按合同要求，及时协调处理各种影响施工事宜，使各专业工程施工单位均能如期收到设计文件，按期进场施工，避免工期和费用索赔。

5）开工前，根据工程投标文件及工程合同情况，与各专业工程施工单位明确工程计量、工程价款支付和工程变更费用等审批程序，规定使用表格的格式。

6）审核各专业工程施工单位提交的依据施工图计算的工程量清单及项目用款计划并做好汇编整理工作，报委托方审查作为工程资金投放计划的依据。

7）有效控制设计变更，严格制定设计变更、现场签证管理制度，明确项目管理架构变更签证的权限范围，实行分级控制、限额签证，减少设计变更的随意性。

（2）施工阶段投资的事中控制

1）代建单位现场管理人员、计量人员对工程量清单和合同文件规定的各项费用，以及批准的工程变更和索赔等及时计量。

2）工程价款支付程序化、规范化。根据工程的节点要求，编制工程总用款计划和实施过程中的年、季、月用款计划，报委托方审批；根据审批的工程施工进度计划，复核施工单位当月经验收合格的工程量月报和下月用款报表，作为每月应拨付工程款项的依据和下月的用款计划；根据工程合同、协议和约定的工程价款支付工作程序进行本项目的工程价款支付。

3）慎重处理变更工程量，未经确认的变更报价不得进行计量支付。对影响工程顺利进行的有关应急技术措施、应急施工配合、施工图在施工过程中的紧急修改等，首先要由施工单位向项目监理单位申报后报代建单位审批。

4）认真审查把好文件关，通过投资控制促进各项工作。

5）监督工程投资动态，统计工程进度情况。定期将实际投资与合同费用及资金计划进行比较，找出偏差原因，提出控制工程费用的方案措施。

6）按合同要求，及时联系、答复、解决施工单位提出的问题和要求，搞好与设计单位、材料设备供应单位的协调配合，避免造成违约和索赔。

7）及时汇编施工承包单位资料，编制各阶段性的用款计划送委托人审定，所有临时追加用款先由项目监理单位审核并书面提出追加理由经代建单位审核认可后，报委托人审定。

8）对施工单位在施工过程中出现的违约情况，会同项目监理单位，保留记录并及时对施工单位提出索赔，并办理有关事宜。

（3）施工阶段投资的事后控制

工程项目的竣工验收、工程竣工结算是投资控制的最后一个工作环节，是确定工程造价的最终手段。认真地审核竣工验收资料、工程竣工结算、进行反索赔是施工阶段投资的事后控制的重要环节。

1）认真审核工程竣工资料汇编情况；

2）准确审核竣工结算；

3）公正、合理地处理施工单位提出的索赔。

12.10　广州大剧院项目安全、文明施工管理

项目的安全与文明施工成果是工程项目管理水平的最终体现，工程安全生产管理必须坚持"安全第一，预防为主"的方针，建立健全安全生产责任制度和群防群治制度，依靠科学管理和技术进步，推动安全生产工作的开展，控制人身伤亡事故的发生。在项目组织的各个层次推广和倡导"安全文化"，包括项目委托人、设计单位、主要承包商、供货商和分包商。安全文化的出发点是零误差安全政策——绝不接受任何事故。

本项目安全文明施工管理的目标：确保工程无重大安全事故，确保现场安全文明施工达到"市级文明工地"标准，创建花园式工地及广州市安全生产样板工地。

12.10.1　安全施工的管理方法及措施

代建单位严格遵照安全法规、标准要求，按照市政府和行业管理的有关规定，确定项目安全施工管理的思路和重点，分析工程实施过程中的重大危险源和安全风险因素，并进一步制定安全管理方法和针对性措施：

1. 坚持"安全生产、预防为主"的方针，建立安全生产管理架构

贯彻"管生产必须管安全"的原则，成立有主要领导参加的"安全生产领导小组"，建立安全生产保证体系（图12-2），建立健全安全生产责任制并明确各单位的安全生产责任（图12-3），责任到人并层层签约，从而保证安全教育、安全管理规章制度的落实。

2. 重视质量安全管理，做好安全技术交底

本项目为超大规模的工程，结构会有高支模、超长、超高、超规范等情况出现，要慎重考虑施工和营运的安全，对于特殊部分超标准、超规范的，需要专家认证，必要时做专项安全试验，编制专项安全方案，确保万无一失。施工中的特殊问题和易发生危险部位所应采取的安全技术措施，做好细致及时、针对性强的安全技术交底工作。

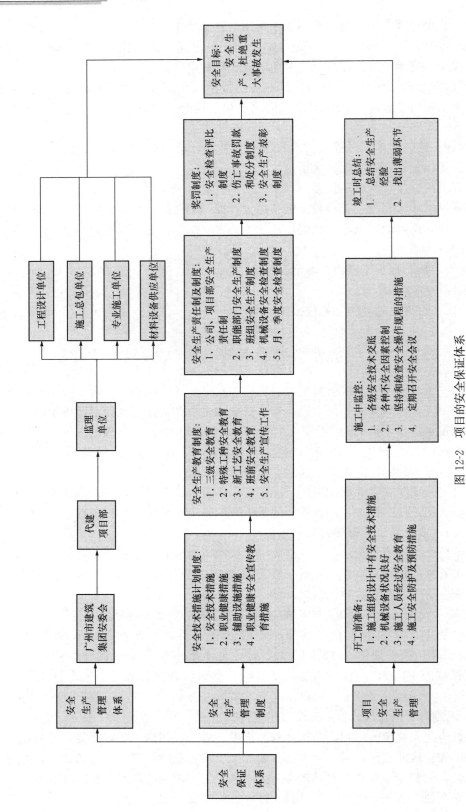

图 12-2 项目的安全保证体系

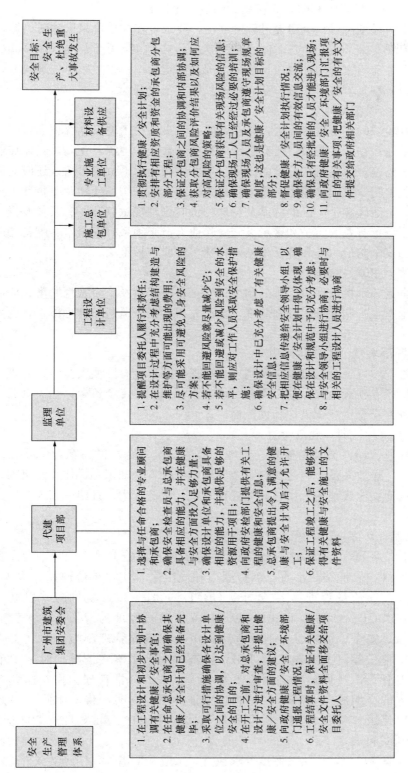

图12-3 项目安全生产管理体系中部分单位职责

3. 建立事故紧急处理机制和防重大疾病、防疫安全措施

为严防重大疾病和疫情对整个建设过程的冲击，要求各在场单位采取预防措施、做好预案准备，要求合理安排工人的作息时间，建立疾病报告制度，出现问题立即采取措施，并按规定及时向有关部门报告。针对项目实际情况，制定出一套事故紧急处理机制，以便在出现事故，特别是重大事故时，有一套成熟的反应、汇报及处理方案。

4. 规范施工单位现场管理

施工现场要有较浓的安全宣传气氛，以增强施工人员和民工的安全意识和遵守各类安全规章制度的自觉性；在开工前摸清所有管线的种类、数量、埋深及走向，具体作业时要有切实可行的保护措施，情况复杂危险的区域现场监护，确保不发生事故；还应对设备安全、用电安全、防火防爆、饮食卫生、季节性保护、个人防护用品使用及对特殊工种人员提出具体的要求；生活区和生产区的物品及特殊物资有管理规章制度、有人员专管；一切容易坠落的临边口设置有效的防护和警示设施，作业人员必须系好安全带、配备相应的符合技术安全标准的安全防护用具和劳保用品，特殊工种应审核上岗。

5. 建立健全各种相关的制度

建立健全安全资金审批及保险办理的制度、安全手册编制及安全教育制度、职业健康预防制度、安全隐患报告制度等一系列制度，建设完善的安全监督与管理体系，为安全生产提供有力保证。

6. 资金、资源落实到位，奖罚分明

工程实施的过程中，资金、资源落实到位，确保不因资金有限使安全生产管理停留在较低水平。安全生产专项资金要专款专用，明确禁止挪用安全专项资金，违者处罚。采用激励手段，调动各方安全生产积极性和创造性。

7. 重视安全教育和培训，规范行为

加强对所有项目管理人员及专职安全管理人员的安全教育，提高综合素质和安全意识，重视安全培训，作业人员上岗之前熟悉掌握本岗位的安全知识和操作注意事项，对无视安全制度、不遵守安全规范的人员教育与处罚并举，规范行为，杜绝一切人为因素的安全隐患。

12.10.2 文明、环保施工的管理方法及措施

为确保本工程文明施工、环境保护管理的目标实现，在施工过程中减少噪声和粉尘污染，净化城市空气，保护珠江水质，维护周边环境卫生，代建单位遵循"以人为本"的原则，在全面实施《质量管理体系 要求》GB/T 19001—2000 的同时，根据《环境管理系列标准汇编》GB/T 24000-ISO 14000，成立以项目经理为组长，技术负责人及生产、技术、质量、安全、消防、保卫等管理人员为成员的管理小组。建立文明施工监督网络，与施工单位签订文明施工责任书，检查文明施工落实情况。对施工单位要求设立文明施工专管员，具体负责文明施工及环境保护的日常管理工作。建立一个责任到岗、责任到人的文明施工及环境保护管理保证体系。同时，将文明施工目标进行分解，逐级下达，逐级签订责任制，层层严抓落实，使创建"市文明施工样板工地"活动扎实有效地开展起来。

对于施工和监理等单位，严格按制度要求执行，采取奖罚措施，用经济条件进行保证约束。

1. 文明环保管理制度

所有进场单位必须按广州建筑集团的文明环保管理制度执行，并在招标和合同中加以确认，督促施工单位保证施工场地及现场设施齐全，工地卫生清洁和内业资料完备。交工前清理现场应符合政府主管部门的有关规定，整个工程施工周期内均应达到行业文明工地的要求。根据《环境管理系列标准汇编》GB/T 24000-ISO 14000 建立和保持管理体系，在充分识别环境因素的基础上，主动采取有效措施，严格进行细节管理，要求施工单位实施"绿色生产"。

2. 项目文明施工及环保管理方法和针对性措施

(1) 文明施工保证措施

要求施工单位加强对管理人员、作业人员的文明施工教育，提高文明施工意识。制定项目经理部文明施工管理制度、定期检查制度、奖罚制度，实行周检、月检评分，奖优罚劣，用经济手段推动施工单位文明施工工作的深入开展。要求施工单位合理编制文明施工方案，大力开展预测、预防、预控活动，将施工过程中可能出现的影响文明施工的因素，最大限度地在施工前得到预防和纠正。做好施工现场的相关管理工作，管好一切影响环境和文明施工的因素。监督监理单位切实做好文明施工方面的监督、检查、巡视工作，发现有不符合上述要求的地方，立即要求施工单位整改。

(2) 环境保护措施

要求施工单位做好环境监测、监控措施，根据现场实际情况，核实、确定环境敏感点、环境保护目标和相应的环保规定的其他要求。根据施工各阶段的环境因素进行分析与预测，找出影响环境的重大因素，制定出可行的环保工作方案，并向建设管理单位报审。施工现场设环保负责人，组织每周对施工现场的环保工作进行一次检查并填写环保周报，对检查中发现的问题及时通知有关部门整改，重大问题及时报告。施工过程中对敏感点要定期进行监测，防止超标污染，如通过监测防止噪声、粉尘等超标。若发生污染事故，应视情况立即采取有效措施减少或消除污染影响。积极配合上级有关机构对环境保护检查和审核，并提交相关资料和证明文件。对审核中提出的不符合项及时做出整改计划。建立施工环保档案，将环保日常工作的自查记录和各主管部门检查、审核记录一并归档，工程完工后作为竣工环境审核的资料移交给甲方。要求施工单位采取有效的大气污染控制措施，做好路面卫生及固体废弃物控制措施，做好工地卫生防疫措施及管线、文物保护措施。

3. 企业形象策划（CI策划——Corporate Image）

广州大剧院作为广州的标志性建筑，且位于市中心，工地也会备受公众关注；另一方面，在社会利益考虑上，努力把广州建设成更适合人居城市，体现人文关怀和环保理念，建成花园式工地，统一形象基调，全力提升产品（整个项目）美誉度。因此，根据工程特点与要求，结合具体情况，统一管理，对施工单位进场作出CI要求，以维护广州大都市的形象。在形象设计标准中，对现场设计、视觉形象、用品及服装、宣传布置等方面都突出强调整个项目的整体划一性，以形成企业的品牌形象。

在媒介和公共关系等方面，项目经理部、总承包施工单位、监理单位和各相关专业单位，必须自始至终进行跟踪式的报道。一是做好施工阶段性的报道，包括工程的开工、在建进度、封顶、竣工等方面的报道；二是施工特点的报道，例如对本工程的进度、技术、质量、安全文明施工管理特色的报道。通过报道，使市民了解工程情况，提高项目的社会美誉度。

12.11 广州大剧院项目合同管理

代建单位接受政府主管部门委托，代表项目业主负责整个项目的管理工作，但具体工程业务需要通过工程采购发包给相关单位，以保证项目顺利实施。工程采购主要围绕合同进行，合同是买卖双方之间的法律文件，是对双方都具约束力的协议。合同可简可繁，应该与可交付成果和所需工作的简繁程度相适应，代建单位必须确保项目合同体系的建立和履行能够满足项目的具体需要。

广州大剧院项目涉及可行性研究、前期工作、工程勘察设计、物资采购、工程承包、工程监理、专项咨询等诸多工作，对应的合同管理工作涉及本工程建设的勘察设计合同、建设工程监理合同、建设工程施工合同（包括招标文件）、材料及设备采购合同、专项咨询合同等的合同条件设定、合同洽谈、合同订立、合同变更、合同解除、合同履行、合同终止以及合同争议和纠纷的解决等全过程的审查、监督、控制。

1. 项目合同体系

《广州市政府投资建设项目代建制管理试行办法》（穗发改投资〔2005〕30号）规定的代建项目的组织实施程序包括：由广州市投资主管部门牵头，组织项目业主委托专业化招标代理机构进行代建单位招标，由项目业主根据招标结果，以被代理人身份与作为代理人的代建单位签订代建合同。由代建单位会同项目业主组织编制工程可行性研究报告，经项目业主的行政主管部门报广州市发展改革委审批；由代建单位会同项目业主组织设计单位编制工程初步设计并按程序报审；由代建单位提供前期工作服务，其中涉及项目产权的手续应与项目业主一起办理；由代建单位代表项目业主组织实施项目建设，代建单位可以直接以招标人身份组织工程招标，以甲方身份签订和履行有关工程合同；项目竣工后，由项目业主主管部门或投资主管部门会同有关部门组织项目竣工验收，并由代建单位将全部资料、设施交付项目业主使用；工程质量保修期满、工程尾款支付完毕，代建工作结束。

以上规定所确立的项目代建的基本合同关系如图12-4所示。

2. 合同管理的内容

（1）招标阶段的合同管理内容

1）熟悉工程概况，理解项目委托人的意愿，编制招标文件时对工程的质量、进度、投资及与有关单位的协调关系进行明确的规定，以便于中标后有关合同的签订。

2）重视招标文件的完整性，如对索赔（费用和工期）规定提出的时限和条件，特别是工期的影响、有关工程材料进场检验的费用、变更工程的取费方法等均有明确界定。

（2）签约准备和签约阶段的合同管理内容

1）各种合同界面的责任划分，以"大合同覆盖小合同，总包合同覆盖分包合同"的形式，把可能出现的不可预见界面上的工作纳入合同范围内。

2）熟悉工程概况和掌握建设进度控制要求；施工质量目标、进度目标及投资控制目标的要求；大型材料和主要设备的档次及质量要求等。

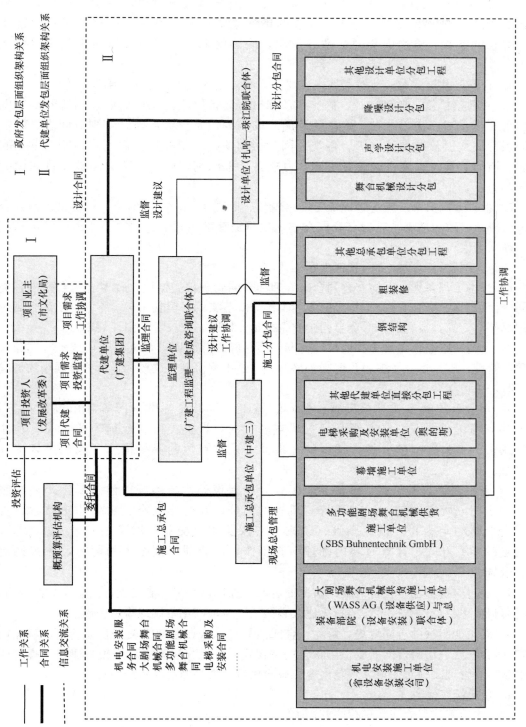

图 12-4　广州大剧院项目合同结构图

3）在招标过程中，对履约能力和履约信用进行审查，为合同履约提供有力的保障。

4）各类合同的订立，采用国家示范文本。由当事人双方协商确定的条款，以及专用条件的条款，以公平、公正、独立的工作原则订立。对于某些直接反映项目委托人要求的条款，将连同合同标准条件和合同协议书文件以附件的形式附入招标文件中。

5）合同条款订立时，注意条款内容的合法性、完备性和表述的准确性。

6）为勘察单位、监理单位、施工单位和材料设备供应商中标后的合同协商谈判做好组织工作，拟订谈判方案，确认使用的合同稿和谈判内容，确定谈判时间表，确定合同谈判底线以及谈判策略等。各类合同的协商谈判，围绕具体的条款，抓住重点的内容，有所侧重，有策略地进行协商，力求在公平原则的前提下努力维护项目建设的总体利益。

7）拟订合同文书。施工管理部与勘察单位、监理单位、施工单位、材料供应商在合同条款协商一致的基础上，拟订合同文书，项目经理部经理对合同文书作最后的审核把关，确认无误后签订合同。

（3）合同履行阶段的合同管理内容

1）对本工程各类合同建立合同台账管理和合同管理报表制度，针对合同台账内各类合同登记项目的性质与分类，将合同管理工作分解落实到各监管人员，不同性质的合同履约情况都有专人负责管理，保证合同按质、按量、按时、按投资控制计划履行。

2）定期检查监督各类合同的执行情况，项目经理和合同管理人员定期或不定期深入勘察、监理、施工单位了解履约情况。另外，通过工程协调会议形式，检查合同履约情况并及时解决可能遇到的困难。

3）采取有效的方式掌握勘察、监理、施工、材料设备供应商等各单位的动态，发现并有确切证据证明对方经营情况严重恶化的，严重丧失商业信誉的，或有其他丧失或可能丧失履行债务能力情况的，将及时采取有效的保护措施，保证项目按计划完成。

4）按约定验收及结算，做好验收工作，确保设计、施工等单位确实已严格按照合同约定完成所有的工作。对履行不适当的部分，及时要求有关单位作出整改，直至符合合同约定为止。设计图纸、勘察资料按要求提交后，以及工程竣工验收后，在约定的结算方式、计算时间内办理结算工作，使合同得到全面的履行，并按约定终止合同。

5）通过对各参建单位合同履约情况的定期检查监督，对可能发生合同争议和纠纷的，及时向有关单位提出积极可行的解决建议和措施，尽量避免争议纠纷的出现。

6）对可能出现的合同变更、解除，合同主管严格根据合同中关于合同变更、解除的约定，《合同法》中对合同变更、解除合同的规定，以及《建筑法》等相关建筑工程法律法规和行政管理文件对变更、解除内容的规定执行，维护建设项目的利益。

3. 合同管理程序

广州大剧院项目合同管理程序如图 12-5 所示。

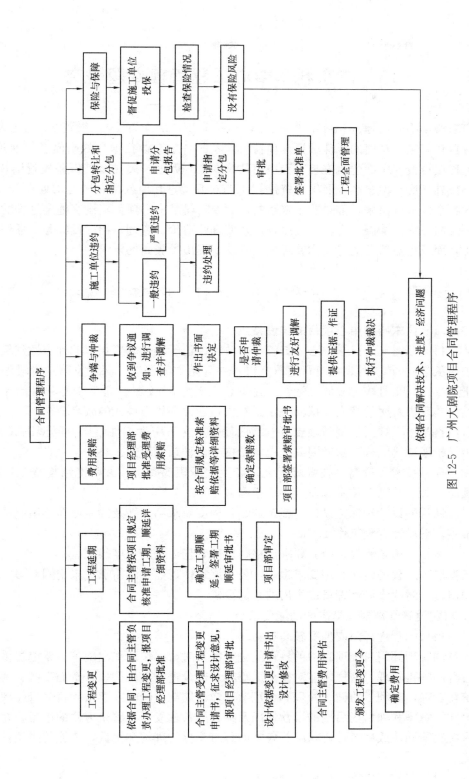

图 12-5 广州大剧院项目合同管理程序

13 广东科学中心工程管理专题研究

广东科学中心占地面积 45.39 万 m^2，建筑面积 12.87 万 m^2，投资 19 亿元人民币，是个有着较高施工难度的特殊项目，项目所涉及的各个专业技术含量高而且作业难度大。建设工程项目投资中，建筑安装工程费用估算 96315 万元、展品及其设备投资估算 63000 万元、户外环境和生态系统展项投资估算 12350 万元，其他各类费用也均处在较高水平，项目的各个部分单独来看都是非常复杂的。而要对科学中心项目建设实施全过程的项目管理，不仅需要提供的服务内容比较多，涉及监理、造价、咨询、招标投标等一系列项目建造过程，而且也对项目的建设和管理模式的功能提出了很高的要求。

13.1 广东科学中心项目管理模式的选择

13.1.1 广东科学中心项目的建设特点

从项目立项时起，科学中心已被省、市政府定位于建设成广州市的标志性建筑。科学中心项目从 2003 年 4 月完成可行性研究报告并开始方案评选、深化及第一阶段施工图设计，于 2007 年 11 月竣工开放试运营，建设总工期为 55 个月。科学中心项目的建设从项目伊始即体现出鲜明的特点，从而决定了对项目建设和管理模式的较高要求。

（1）科学中心项目造型新颖独特、结构复杂，含大跨度柔性结构、巨型钢框架结构、巨型钢管桁架悬挑结构、钢筋混凝土壳体结构等多种结构形式。

（2）项目技术含量高、技术难度大，涉及大体积混凝土、大跨度结构施工以及高支模、预应力等，对施工技术和质量要求很高。

（3）项目的设计和深化设计与施工的结合程度要求高、涉及的专业多、引起设计变更的因素多，对设计管理工作要求高。

（4）项目的工期和投资控制要求严格，施工管理工作的难度很大。

（5）展项工程的运作管理要求很高，要更好地体现业主的需求，未定因素多。

13.1.2 对建设和管理模式提出的功能要求

1. 对建设和管理模式提出的功能要求

（1）项目的管理部门应拥有较高权力

项目的管理部门对于项目中的各种问题要能及时、尽快地作出决策，要能提供项目建设全过程的项目管理，这样才能对整个工程项目建设进行整体构思、全面安排、协调运行和系统化管理，有利于协调、管理和缩短项目建设周期。同时，要求项目的管理部门要对项目的建设意图和项目在后期的运营使用及项目的长远发展有着全方位的思考，对整个工程的系统功能和建成后的运营状况等各方面都有充分的理解和把握，才能使得项目达到总体最优。

（2）设计与施工应能有机地结合起来

此类项目的特点是设计和施工过程深度交叉，要求能够尽可能体现出设计的优化潜能与施工方案的经济合理性，力求工程项目效益最大化；要求在设计阶段就积极引用新技术、新工艺，并考虑到施工的便于操作性，尽可能地在施工前发现图纸存在的问题，有利于保证工程质量，实现设计、采购、施工、试运行全过程的质量控制，能够在最大程度上消除质量不稳定因素；要求能够在保证工程质量的前提下，最大幅度地降低项目的全寿命期成本。

（3）承建单位应具有较高水平

项目的特点决定了项目的承建单位不仅要有较强的深化设计能力、设计和施工的协调以及参透业主意图的能力，还要有较强的土建、幕墙、钢结构、屋面网架等的专业施工能力。这些专业项目技术难度高、结构复杂，各个单项的投资都过亿元人民币，对施工能力、设备水平、管理能力都提出了很高的要求。

（4）应能最大限度利用社会上的科研力量

项目设计和施工的难度较高，充分利用大专院校和科研单位的力量可以对项目目标的实现起到保证作用。

（5）项目各个阶段的管理应能有机结合

由于项目本身的意义和最初对项目的设想，要求项目的前期策划、设计施工以及后期运营管理的各个阶段要有统一的理念和目标一致的管理手段。随着项目的进展，对项目建设的理解不断深入，整个建设过程应是一个不断优化、完善的过程。

2. 项目建设和管理过程中可能存在的问题

针对以上建设和管理的模式要求，也发现了存在的问题：

（1）科学中心项目涉及的专业工程多，深化设计、施工难度特大，加上各种因素错综复杂，很难找到一个集咨询、设计、施工、采购、管理等综合能力于一体的企业。当前阶段我国建筑企业多是施工总承包商，仅仅在施工方面有较大优势，在设计和管理方面的能力大有欠缺，能够承担项目管理的单位很少有能提供如此多服务并涉及全过程管理的人力和经验。

（2）大型建设项目设计方案和技术复杂，需要进行专业化管理，设计阶段是项目全过程中控制项目投资的关键阶段，也是项目功能优化组合的关键阶段。如果设计或深化设计过程仅仅遵循规范、惯例，将导致项目建成后才发现许多不尽人意之处。所以，能否做好设计和深化设计管理是能否更好地实现项目目标的关键，如果项目管理单位具有设计总体管理能力，则项目管理的绩效是最高的。而国内的企业更多具有丰富的项目管理经验和宏观控制能力，对大型项目的设计及深化设计的全面管理则缺乏足够的经验，往往也不具备业主的地位及权力，所以项目管理的过程实际在项目的实施阶段才能真正发挥作用。

（3）和业主相比，项目管理单位投入项目的时间较晚，即一般在项目已经进入设计阶段或更晚才接触项目，而又在项目交付使用时就基本退出项目，项目管理单位不能像业主一样把握项目，而只能维持项目策划、计划、实施的一般过程和手段。

13.1.3 广东科学中心的建设与管理模式

1. 项目策划阶段对建设与管理模式的设想

面对种种问题，在项目的策划阶段提出了这样的设想：

（1）应建设一个全过程团队，能全面而系统地管理项目，把项目最初的设想最大可能地变为现实。

（2）把全国最优秀的企业集中到这个项目上来，每个专业、每个阶段都要由最专业、最具信誉的企业来完成；要充分发挥各类企业的特长，把企业对项目的专业的管理能力和技术的实施能力运用到项目上，还要发挥大专院校和科研单位的作用，以"小业主"发动"大社会"，把这个项目做成精品。

（3）以项目全寿命期管理的思想来管理和建设项目，项目建设阶段的投资、质量、进度的控制应以项目全寿命周期利益最优为目标。

2. 广东科学中心的全寿命期管理模式

广东科学中心的建设管理思路明确后，主要通过以下各项工作逐步建立了全寿命期的管理模式：

（1）设立广东科学中心筹建办公室，作为项目的全过程管理部门，按照统一领导、分层管理、人员精简的原则设置组织机构。组织机构自上而下分为决策层、管理层、执行层、操作层，负责科学中心的建设工作，并为科学中心运营培养管理骨干。筹建办公室以招聘选拔的方式建立起来，成员不仅要在项目的施工阶段各负其责，在项目投入使用后他们也将是直接的管理和工作人员，由于他们对项目的熟悉和理解，科学中心在投入使用后会最大限度地发挥它的功用。

（2）项目采用业主发包，辅以"总承包服务管理及配合协调"模式，具体要求：

1）总包单位负责做好专业施工总体协调工作，侧重施工进度协调和安全文明施工管理；

2）专业施工单位直接与业主签订专业施工承包合同，承担专业工程施工任务；

3）监理单位依照合同、规范进行施工监理，同时对总包单位进行检查、监督和管理。

（3）用户提前进入项目，科学中心使用阶段的物业管理部门在施工阶段就进入项目现场，参与项目的方案优化过程，以不断优化的理念形成项目功能与未来使用要求的高度符合，提高使用效率、增加项目价值。

（4）对于项目具体目标如质量、投资、进度等的控制，要求局部服从整体、阶段最优服从全寿命期最优。而对于安全、文明施工等目标则严格控制，不仅实现项目的经济效益，更注重项目长远的社会效益，充分体现出项目全寿命期管理的优势。

3. 科学中心建设与管理模式的优势

科学中心建设与管理模式的优势主要在于：

（1）全寿命期管理模式能最好地实现项目的功能

项目的团队对项目实施全过程的控制，相比其他模式而言，能够最好地把握建设意图，对项目未来的发展有着最全面、最系统的规划，能够在项目的各阶段都充分考虑项目的整体目标最优而对阶段性目标的建立进行积极主动的优化。在项目的决策和实施阶段，从项目全寿命期的角度进行决策并取得良好的经济和社会效益的实例较多，这里举出几个典型的例证：

1）为了实现项目的长远目标，作了大量的科研投入，取得了较好的效果。如由广州大学等单位开展的"广东科学中心环境岩土工程研究与应用"的课题，结合广东科学中心、广州大学城、广州大学、外环路排水工程等工程建设中遇到的鱼塘淤泥处理、建筑废弃物处理、道路和建筑堆土处理、基坑开挖与稳定等问题，开展了局部环境岩土工程和区域环境岩土工程问题的研究。通过分析、论证，提出"吹砂填淤、填土挤淤、化淤为土、混土为料、因地制宜"的淤泥处理思想，通过科学调配大学城土方，为建设绿色的广东科学中心奠定了基础。为广州大学防洪排涝 9 号及 10 号河涌、人工湖、北亭河涌及市政道路的建设提出了相应的优化施工方案与淤泥处理措施，防止了淤泥滑动坍塌、挤淤断桩等环境岩土工程灾害的发生，有效解决了大学城建设建筑废料、垃圾及鱼塘淤泥处理的技术难题，缩短了建造工期，节约直接工程投资 8000 多万元，具有较大的社会及经济效益。

2）使用了隔震减震这项极具优势和潜力的新技术，可明显改善结构的抗震性能，大幅提高结构的安全性，有效保护室内设备仪器及建筑装饰物品等不受损坏，为将科学中心建设为"国内领先、国际一流"的标志性建筑奠定坚实的基础。经过几个月的研究、探索和实施，科学中心的隔震设计及施工圆满结束，达到了预期目标并取得了良好的社会效益及经济效益：①采用隔震技术，可以提高结构的抗震性能，有效实现"小震、中震不坏、大震可修"的设防目标，从而保证了建筑结构在遭受罕遇地震时的抗震安全性；②科学中心共使用橡胶垫 124 个，最大直径 1100mm，这是国内当时使用的最大橡胶隔震垫；③国际上首次实现了隔震技术在巨型钢结构中的应用。通过深入细致的科学研究，使得隔震技术在科学中心的成功应用，也是提升科学中心本身科技含量的有效措施，建成后可作为一项固定展品对青少年进行建筑新技术教育，具有一定的价值和社会意义。

3）使用了光纤光栅传感器这一近年来发展起来的新一代光纤传感技术。科学中心建设意义重大，对整个华南地区的科学普及、科技发展以及学术交流将起到领航的作用。因此，在使用过程中对科学中心独特的复杂的建筑结构进行健康诊断就显得十分必要。通过健康诊断，一方面可以评价建筑结构在遭受各种外荷载尤其是台风、地震、火灾等时的整体安全性，预示可能的结构损伤，从而保证建筑结构的使用安全；另一方面，可以评估建筑结构尤其是重要结构在经历了灾害性事件后的健康状况，及早发现和估计结构内部损伤的位置和程度，预测结构的性能变化和剩余寿命并作出维护决定，这对提高科学中心建筑结构的运营效率，保障人民生命财产安全具有极其重大的意义。

4）用户提前进入项目现场，不断优化方案。对方案的修正形成了未来更好、更全面的经济和社会效益，虽然目前的工程造价由于功能性的修正会有所提高，但可以减少将来交付使用后用户对展馆的修改，降低了使用费用和维护费用，有利于全寿命期成本的控制。同时，对项目的不断优化也提高了项目本身的价值。

（2）强化总包单位和监理单位的作用，优势互补

这种模式既便于业主直接管理，保证了业主在项目中的地位和作用，又可强化总包管理单位的作用，发挥总包管理单位项目管理、协调的能力，提高管理效率，同时可发挥其土建方面的专业特长，保证其所负责工程的质量。而优秀的专业承包单位将弥补总包单位不能在各个专业上面面俱到的缺点，可以把各专业内最好的企业集聚到这个项目上，使业主能最大限度地控制项目的总体质量，使整个项目的目标一直处于良好的受控状态。各企业的核心能力进行优势互补，将有助于项目获得成功，总承包商与分包商之间、参加项目的各个单位之间建立合作关系，相互信任、相互合作、利益共享、风险共担，形成"双赢"的局面。监理单位把监理实施过程看作是项目合同不断补充、完善的过程，使项目的工程质量、投资及其他目标管理与合同管理相统一，完成了大量的监督、控制、协调、协商、变更等管理工作。

（3）有利于队伍的建设和人才的培养

项目全寿命期管理的模式充分体现了集成管理的理念，有别于传统的管理模式，强调发挥集团优势、形成项目参与各方认同的管理理念和管理文化，这要求项目管理者具有超强的能力与综合素质，能够掌握和利用市场各种资源并对分包单位实施有效管理。在管理的全过程中，不仅可以集聚一批咨询、设计、物流和管理等各方面的伙伴，在与之合作的过程中还能够互相促进、不断健全和完善总集成的管理体系；不仅可以培养出在项目总策划、生产指挥、资源配置和现场调度监管等方面具有优势的综合性管理人才，还可以培育一批适应较高难度施工项目的合同管理、质量管理、投资管理以及安全管理等的务实型的专业人才。可以充分发挥"小业主、大社会"的设想，把先进的技术、队伍都集中在项目上，不仅可以突破项目技术上的核心问题，还可以取得技术开发的"集成效应"。

项目全寿命期管理在科学中心项目中被证明是一种可以与建筑高端市场相适应、可以在标志性建筑及重点公共设施工程中发挥其优势的管理模式。但是，也提出了此类大型项目中部分企业能力不足、资源调配能力不足、管理和专业人才能力不足的问题，有待于进行更深层次的研究。

13.2　广东科学中心项目进度管理

进度计划与控制是项目实施阶段的重要内容，直接影响到工期目标的实现和投资效益的发挥。大型项目的管理目标应是保障项目各个方面的工作有机地协调与配合，要求从项目的全局出发、以项目整体利益最大化为目标，对项目进行"全时空"的综合管理。项目的进度控制表面看是时间的控制，但是在大型项目中已经演化为对工期、质量、安全、经济效益等的综合控制，是一个复杂的系统工程，许多影响工程的动态因素如工程变更、材料价格变化等必然导致工期的变动。

13.2.1　广东科学中心项目进度控制的影响因素

在高质量的目标下，大型项目的进度控制非常复杂，难度也很大。所有大型项目实施中出现的影响进度的因素在广东科学中心项目实施过程中体现得更为突出。

1. 技术难度高，需要科研论证

对科学中心来说，设计方案独特形成了施工的高难度，不仅涉及专业多，且每个专业的作业难度都是罕见的。部分专业施工没有先例，需一边摸索一边作业；部分结构技术还需与大专院校、科研单位的深入研究后才能应用于实际。深化设计、科研论证所需时间超出了原预计时间，如主入口预应力单层钢球壳的深化设计和技术论证就用了半年时间，给后续专业工程的施工增加了一定的工期压力。

2. 交叉作业多，需要各工种配合

施工中遇到的突出问题是同时有多单位、多工种施工，并且各个工序、工种之间有穿插作业。因工期紧迫，合理的流水施工及工种、工序之间的穿插虽节省工期，也会体现较高的组织管理水平，但同时也存在作业面受到限制的问题，由此产生安全隐患而影响施工。不同的施工单位管理思路、方法有所不同，组织施工单位进行穿插施工的难度很大，配合不力将对施工进度产生不利的影响。

3. 协调工作量大，需要发挥各方力量

科学中心单靠计划不能解决实际中出现的所有问题。钢筋混凝土结构、预应力结构、钢结构、幕墙、机电安装等专业工程之间需要相互配合、相互衔接，组织管理难度大；加上建筑工程涵盖大跨度钢筋混凝土、钢结构以及壳体结构施工，涉及大体积混凝土、大跨度、高支模、预应力等复杂工艺技术，安全生产管理难度大。在这种情况下，协调不好将会造成施工秩序混乱，因此需要加大施工现场协调力度，发挥各方力量。

13.2.2 广东科学中心项目实施进度控制

科学中心属于特大型公共建筑工程，参建单位多，建设工期紧，制约因素多，进度管理工作量大且复杂。对施工进度的管理，要求总包单位根据业主对工期的硬性要求倒排施工总控计划，实施"利用时间、利用空间、立体交叉、见缝插针、全面开花"的策略，侧重从总控计划制定、调整及施工现场协调、监控两方面实施管理。

1. 编制施工进度总控计划

为对施工全过程作出战略性部署，要求总包单位根据专业工程施工合同，以整个工程为对象并综合考虑各方面的情况，编制施工进度总控计划；根据总控计划要求和现场实际，制定每周重要节点完工时间。为强化对施工总控进度的管理力度，要求各专业施工单位制定相应的各类进度计划。总包单位负责对各类进度计划进行审核，组织施工单位对进度计划进行协商、统筹。

2. 实施动态监控，做好总控计划管理工作

在进度计划执行中，要求总包单位跟踪检查、定期收集有关进度报表资料；根据施工节点工期要求，不定期实地检查工程进展情况；对实际进度与计划进度进行对比，分析产生偏差原因；定期编制每周进度分析报告，总结总控计划的实施情况并提出阻碍进度的各种问题，及时提请业主解决，做好总控计划管理工作。

3. 定期召开总包协调会，加大现场协调力度

要求总包单位一方面建立协调例会制度，解决施工中各专业施工单位的配合问题，重点解决立体交叉、工序配合、设计与施工矛盾等问题；另一方面加强现场协调力度，以落实总包协调会的内容为主，及时解决施工现场有关配合问题。

4. 定期组织劳动竞赛，确保关键节点如期完工

根据现场实际，定期组织两次劳动竞赛：为确保主体结构如期封顶，2005年11月开展了"奋战三个月，掀起第一次施工高潮"的劳动竞赛活动；为确保展项工程如期进场布展，2006年4月开展了"再战三个月，实现6.30工期目标，确保按期布展"的劳动竞赛活动。通过劳动竞赛，有力推动了科学中心工程建设进程，确保关键节点如期完工。

5. 制定总控进度计划强制性管理规定

为强化对施工总控计划的管理力度，制定了《广东科学中心工程项目总控进度计划强制性管理规定》。根据总控计划和现场实际，要求总包单位制定各施工单位每月每区域的节点工期，同时组织施工进度专项检查。对如期完成节点工期的施工单位予以奖励，对因自身原因未能如期完成节点工期或阻碍其他节点工期的施工单位予以处罚。

6. 编制建筑工程进度控制责任状

针对工程实际进度与预期目标存在很大差距的情况，以试开馆的工期目标为控制底线，结合施工存在的问题以及实际进展，要求总包单位重新调整各专业工程的节点工期计划，由此编制建筑工程进度控制责任状并组织实施监控。

7. 及时办理工作面移交，为各专业工程施工创造条件

随着机电、消防、弱电、外电、装修、展项、室外配套设施以及人工湖等专业工程的全面施工，逐渐形成多单位、多专业、多交叉、全方位的施工局面。因此，要求总包单位及时移交工作面，积极、主动地为各专业承包单位施工创造条件，保证各专业工程总体施工顺利推进。

13.3 广东科学中心项目投资控制

广东科学中心作为广东省和广州市政府投资兴建的集科学普及教育、国际学术交流、科技成果展示三大功能于一体的大型公共建筑和省重点工程，为确保投资控制目标并同时实现产品功能、提升产品价值，从政府主管部门到项目筹建办、从承建各方到各高校等社会资源，围绕项目立项、方案竞赛、设计、施工到交付使用各个环节，在明确投资目标和理念、有效应用先进管理方法的基础上开展了系统动态的投资控制并取得明显效果，充分展示出项目决策者、项目投资者和建设实施方的社会责任感和使命感。

13.3.1 投资控制目标及控制理念

1. 设置明确的投资控制目标

明确的投资目标是今后资金筹措和资金运作有序进行的保障。根据广东省发展改革委批复的可行性研究报告中的总投资估算值，广东科学中心投资控制总目标为 19 亿元人民币，其中，建筑部分约 10 亿元人民币、展项部分约 6 亿元人民币、户外环境部分约 3 亿元人民币。结合 2002 年 12 月 25 日省长办公会议决定事项通知及省政府工作会议纪要（103）的意见，科学中心由省财政根据项目进度分期拨款；其征地、"七通一平"等市政设施和周边环境建设工作及相关费用由广州市政府负责。

2. 树立先进的投资控制理念

（1）全方位控制思想

广东省政府从一开始就对这一项目的投资控制保持高度重视，成立了以副省长为组长、科技厅和建设厅等相关领导为成员的筹建领导小组。同时，在"小业主、大社会"的建设管理模式指导下，组建了由省科技厅与业内专业人士为成员的筹建办公室，并以此形成由广东省委、省政府、省科技厅、相关建设行政主管部门、行业协会、业主方、设计方、咨询机构、总承包服务方、施工方以及供货方等共同参与，全方位协同工作的高效控制机制，在筹建办公室坚强有力的现场指挥下，各专业部门展示出敬业、爱业、乐业、精业的良好素质，发扬极富感召力、团结战斗的团队精神，从影响投资的一个个设计数据的修正到一次次施工方案的调整，从一次次深入市场的调研到一次次各方协调会的讨论，在造价管理涉及的各项工作中体现出高度的主人翁意识和责任感。

（2）全过程控制思想

在项目建设立项阶段，认真编制可行性研究报告并充分考虑建设规模、建筑形式、建造技术、建设周期、设备材料、招标形式、风险管理等对项目投资的重大影响，不仅考察建设费用，还充分考虑将来运营的费用，从市场预测、投资估算、财务评价、社会效益评价、经济效益评价、风险管理等方面进行分析，避免投资决策的盲目性。

在设计阶段，充分重视实施期投资的可控空间最大阶段，借鉴国内外科学中心的建筑

设计经验，举办国际邀请竞赛，公开招标，将投资控制作为一项核心指标，从来自美国、英国、法国、德国、加拿大、比利时、澳大利亚、日本以及国内的 36 家设计单位中择优选择竞赛方案。同时，在方案设计、初步设计、技术设计、施工图设计各阶段积极推行限额设计，注重技术参数选定、专业设备选型以及设计方案优化，为实现投资控制目标在建设前期打下良好基础。

在招标投标阶段，严格遵守《中华人民共和国招标投标法》，加强资格预审、招标文件编制、合同条款和风险防范条款制定等招标投标各个重要环节的管理工作，设定合理的拦标限价，针对科学中心技术特别复杂的特殊性，采取技术标为主、经济标为辅的评标方法，取得显著效果。

在施工等项目实施后续阶段，加强事前、事中、事后的控制和监管。着重针对工程变更、进度款拨付、索赔处理等对投资控制力度影响大的方面进行程序化、规范化和制度化的管理。

（3）全要素控制思想

鉴于设计质量、施工质量、建设进度、安全、环境、风险、协调等因素均对投资控制产生影响，广东省科学中心在控制建设投资的同时，积极考虑进度成本、质量成本、安全与环境成本、管理成本等可控因素，从而实现多要素的集成管理。

13.3.2　投资控制管理模式及保证体系

1. 探索先进的投资控制管理模式

（1）通过聘请顾问公司、总承包服务公司、专家咨询委员会、律师事务所、会计事务所，充分整合社会资源，实现专业化管理。

（2）引入造价咨询公司参与高层决策的机制，充分提升造价咨询的战略地位，全面降低协调能耗，实现"绿色合作"，有效控制投资。

（3）采用总承包服务管理模式，避免了总承包发包时合同额过大而增加的风险，又使本项目得到专业的管理和服务。同时，本项目工程专业性强，许多专业工程需由具有相应施工承包资格和资质的专业施工单位承包，包括：钢结构工程、屋面系统、机电设备安装工程、电梯安装、智能控制工程、幕墙工程、变配电工程等。采用这种管理模式，专业化的施工队伍降低了施工成本，专业的管理服务加大了各专业协调配合，使土建、巨型钢结构、幕墙等主要标段的工程造价得到有效的控制，并从整体上带动控制的力度。

2. 完善投资控制保证体系

（1）在管理制度方面，广东科学中心制定了一系列完善的管理制度，包括《广东科学中心总包管理办法》《广东科学中心设备材料供应采购管理办法》《广东科学中心工程质量管理办法》《广东科学中心施工现场管理办法》《广东科学中心档案管理办法》等，为投资控制提供了宏观上的保证，同时根据筹建办组织架构和领导分工的变化，结合工程进展情况，投资控制的专业部门及时修订《资金支付管理办法》《支票、收据及财务印章管理办法》《乙供材料看样板管理办法》《货币资金管理办法》等，积极加强内控建设。

（2）在组织上，明确组织结构、投资者及其相关任务，投资控制专人负责，职能分工明确；在技术上，重视设计多方案选择，严格监控各阶段设计和施工，在巨型钢结构设计、地基处理方法、幕墙施工等环节特别聘请国内外专业团体和专家学者进行论证和评审；在经济上，动态比较项目投资的实际值和计划值，并建立节约投资奖励等措施。

（3）在合同管理方面，前后签订了大大小小的合同近 600 个，为制定完备的合同条款，在投标书格式中增加了"关于修正不平衡报价的承诺书""投标报价承诺书""商务差异表"等多项内容，虽然增加了管理的难度，但对投资控制和资金的运作起到极大的推动作用。同时，为优化合同信息，组织造价师、会计师、内审员、合同管理人员及财务管理人员对合同管理工作进行专题讨论，并根据投资控制的需要对合同进行重新分类，将开始的"建筑""综合""展项"三大类扩展为"建筑""展项""综合""发展""其他"五大类。

13.3.3 投资控制效果

首先，从 2003 年广东省发展改革委审批核定广东科学中心可行性研究报告中 19 亿元人民币投资估算的总控目标得到良好实现。第二，由于在建设周期全面充分运用各种动态调控技术和管理手段，总投资额略有节余。第三，通过投资的动态控制，在保证多方共赢，实现用户利益和设计者的设计理念，实现项目的社会效益和经济效益的前提下，广东科学中心的价值得到真正的提升。

13.4 广东科学中心质量管理的生态理念

广东科学中心是人与自然、科学与文明协调发展的展示窗口，是科学普及教育、科技成果展示和国际学术交流的大型场所。在遵循科学的建设程序兴建这项大型建筑的同时，追求绿色建筑，大力提倡建筑节能。关于工程质量管理方面，树立生态质量管理理念，将环境因素纳入质量管理活动，重视工程质量形成过程对生态环境的影响。科学中心内部有较大的室内空间，人流量大，功能复杂，造型奇特，采用多项新技术。在地基处理、巨型钢结构、抗震等多方面对生态质量管理进行了积极有益的探索。科学中心提出了明确的质量目标：达到省优良样板工程，获得"鲁班奖"和"詹天佑奖"，同时实现"建筑即展项"，让"国内领先、国际一流"不仅充分体现在展馆内的各个展览项目上，建筑本身的建设也应能成为建筑史上的一本教科书。

13.4.1 生态质量管理理念的提出

生态质量管理是指在保证最终产品的质量和数量的前提下，尽可能减少物质原料的投入，同时整个生命周期中产生的非预期产出在必须满足环境标准的前提下降至最低。建设广东科学中心之初就提出科学中心的主题是"自然·人类·科学·文明"，通过时空拓展、人机互动、智能模拟等高科技手段，展示科学知识、启迪科学方法，倡导环保和可持续发展理念。科学中心的外部空间环境设计要体现高科技、贯彻绿色生态理念。

在建筑工程项目上实施生态质量管理，首先应贯彻生态质量管理"5R1C"原则，即研究原则（Research），把环保纳入工程项目质量管理决策的要素之中；消减原则（Reduce），尽可能地减少投入生产流程的物质量，采用新技术、新工艺，节约资源，消除或减少有害废物排放；循环原则（Recycle），在生产过程中各种能源和原料尽可能再生利用或资源化；再利用原则（Reuse），即尽可能多次和以多种方式使用物品，通过再利用，防止物品过早成为垃圾；保护原则（Reserve），重视环境治理，加强环保宣传，树立"绿色企业""绿色工程"的良好形象；综合效益原则（Colligate Benefit），建设单位既要关注建设项目所带来的经济利润，又要重视建设过程中所产生的对生态环境的负效益，力争做到控制负产出以保护环境和利用负产出以节约资源，强调经济效益的同时能够兼顾环境利益，以实现经济利益和环境保护的共赢。更为重要的是，在具体实施中，将这些要求落实到项目建设的各个阶段与各项工作之中，真正取得最佳的综合效益。

13.4.2　强化全过程质量管理，树立生态质量管理理念

决策者、管理者和建设者们都深知本项目的重要作用和质量目标，在贯彻全过程质量管理的同时，树立生态质量管理理念。在项目质量形成过程的各个环节，不断强化生态质量意识，落实质量责任。可行性研究的质量影响决策质量和设计质量；而没有高质量的设计，不可能有高质量的工程；施工过程将设计图样转化为工程实体，形成实体质量；竣工验收检查评定项目质量能否达到设计规定的质量要求，不经验收阶段或草率验收是无法保证项目质量的。科学中心在整个质量管理活动中，突出生态质量指标和生态质量保证；重视生态技术、生态工艺在产品质量形成过程中的作用，将可持续发展理论具体地应用在工程项目的建设中；充分考虑对那些在建筑产品生命周期内影响建筑产品的建造以及使用效果，并对自然生态环境造成影响的因素进行辨识、评价、确认、控制，并进行持续的改进；尤其对地基处理、巨型钢结构、幕墙、抗震等关键部位和环节，深入分析，通过科学研究与试验，以先进科学的技术手段作保证，以取得良好的质量效果。

13.4.3　建立完善的质量保证体系，突出生态质量指标

在项目实施阶段，广东科学中心采用的是总承包服务管理与监理并行的管理模式，加上业主单位自身的质量管理职能，可以说有三重的监管。监理单位对日常质量管理负起责任；总承包服务管理单位则对容易出现问题的界面实施协调；业主在质量管理上主动参与，针对现场出现的情况及时处理。这种模式，对于及时发现和快速解决质量问题、区分和落实质量责任发挥了积极的作用。

在质量保证体系方面，针对不同阶段采取相应措施。在可行性研究阶段，即提出"广东科学中心的设计原则是充分利用基地四周良好的自然生态环境，注重建筑节能及室内外生态环境的协调，符合可持续发展"。在设计阶段，充分考虑外环境对科学中心的影响以及中心对外环境的影响，按清污分流原则，优化排水系统，应用低噪声设备，配套的餐厅使用清洁燃料，油烟经除油烟设施处理等。在实施阶段，制定了《广东科学中心工程质量管理办法》《广东科学中心施工现场管理办法》等文件，明确各参建单位的质量管理职能和具体要求。特别是在工程质量管理活动中贯彻生态质量观，注入"绿色意识"。

13.4.4　采取科学的质量管理方法，落实生态质量管理

工程质量不是靠检验检出来的，而是靠施工单位做出来的。在实施生态质量管理的同时，让直接参与施工的单位和人员充分认识到工程质量与其自身的利益也息息相关。靠质量树信誉，靠信誉拓市场，靠市场增效益，靠效益求发展，是企业生存和发展的基石和生命线。广东科学中心是广州标志性建筑，承揽本项目的施工单位，其质量业绩对其今后承揽其他建设任务无疑会增添砝码。通过开展 TQC 活动，增强施工人员的质量意识；通过开展劳动竞赛，调动工人们的积极性；通过推行 PDCA 循环，强化质量管理手段；积极采取预控措施，加强中间过程管理；树立生态质量管理思想，落实生态质量管理责任。

1. 工程实施阶段的质量管理方法

在工程实施阶段采用的质量管理一般方法。包括：

（1）健全各参建单位质量保证体系，认真落实事前控制和过程控制，重点加强施工验收规范中主控项目和保证项目有效管理，特别加强关键工序、薄弱环节的质量通病防治。

（2）实行工地例会制度，工程质量问题永远是例会的一项主题。例会不走过场，针对具体问题，采取切实可行的办法加以解决。

（3）严格执行施工准备阶段、施工阶段和验收阶段的检查、量测、试验、旁站等工作措施。

（4）坚持对施工方案、施工准备、工程材料与机电设备、施工资源和可能发生的意外干扰因素等进行预控。

（5）健全材料、设备的采购控制流程，要求施工单位严格按"看样定板"有关程序进行材料采购，从源头把好质量关。

（6）完善综合考评制度，针对工程进展的不同阶段，及时调整综合考评的评分项目和权重，提高考评的针对性，充分发挥综合考评对促进质量创新、施工进度、安全保障、环境保护的激励功能。

（7）加强现场巡视、专项检查和落实整改措施，在做好日常检查的同时，筹建办、省质监站、监理、总包等单位协同实施专项检查，并积极落实整改措施。

（8）加强科研管理和新工艺的采纳对工程质量的促进作用。设计方案在深化中不断演变，施工中出现越来越多的施工难点，施工单位、设计单位、科研单位密切配合，攻克一个又一个技术难题，实现质量目标。

（9）不断改进整改措施，凡是发现普遍共性质量问题和重要部位质量通病，必须停工整改，没有整改完毕不得复工。

（10）重要工序采用第三方检测，强化沉降观测，以确保整体质量。检测工作包括钢结构焊缝超声波探伤检测、钢结构涂层厚度检测、幕墙抗风柱焊缝检测等，检测内容有钢结构工厂焊缝检测与现场焊缝检测。

2. 质量控制的难点和重点

找准质量控制的难点与重点，采取相应的控制措施。科学中心建筑面积 12.87 万 m^2，建筑高度 43.2m，工程主体为大型钢结构。中心分为七个区，有现浇预应力钢筋混凝土框架—剪力墙结构、大跨预应力梁框架结构、钢网壳结构等，有球体混凝土浇筑、钢桁架和钢网架的吊装，3 万多块尺寸各异、总面积达 5 万 m^2 的幕墙安装等，这些都将成为工程的质量控制难点和重点。

（1）大空间结构，定位难。定位是保证质量的首要一环。钢结构和钢网架，施工高差达 41m，每一处节点的标高都不相同，同时需要与土建配合施工，与浇筑混凝土工序反复交叉。为此，采用全站仪、经纬仪和水准仪进行空间定位，在整个施工期间进行控制并检测，随时纠正误差，直至拼装连接合格。每一处节点的空间位置保证误差在最小允许范围之内。

（2）大型构件，吊装难。巨型钢结构，除了量多，单个构件的质量非常大，仅幕墙抗风柱总质量达 3000 多吨。施工单位会同总包、监理等单位，拟订专门的施工方案，设计了详细的吊装施工方法，对大型钢结构构件，进行验算以及模拟吊装过程，确保了吊装万无一失。

（3）巨型钢结构，焊接难。巨型钢结构焊接量大，焊缝要求高。仅就抗风柱的焊接来看，抗风柱为三角管桁架结构，拼装工艺难度大，节点复杂，相贯焊接十分困难。针对焊接工作量巨大、焊缝要求高、高空作业难的特点，施工中采用 CO_2 气体保护焊接方法；采用双数焊工对称焊接，以减小结构焊接后的变形和焊接后残余应力。球形钢结构的施工，为确保半球的支撑和稳定，施工单位在深化设计中请科研单位参与，解决设计问题，采用操作人员岗前培训、施工中加强检测等方法保证焊接质量。在施工人员顽强刻苦的实干加巧干的不懈努力下，2 万多米的焊缝全部合格。

（4）幕墙形状各异，下料难。科学中心造型奇特，外围是由 3 万多块形状各异、尺寸不一的四边形的玻璃幕墙、铝板幕墙组成。由于四边形是多曲渐变形的几何面，无法根据图纸尺寸直接下料。扭曲变形的 3 万多块形状各异不规则的四边形幕墙材料，在二维平面无法计算加工，许多单元无法从图纸中取得尺寸下料。施工单位采取从现场量度下料尺寸，然后利用三维建模，利用先进的数控机床下料加工，顺利解决了幕墙下料加工难的问题。不少面板是双曲面的，面板与龙骨的连接也是质量控制的重点，施工中采用了柔性连接技术，既解决了施工技术问题的难点，也保证了施工质量。

（5）钢网壳倾角多，施工难。网壳的每一个节点球的标高不一，主体各馆区管型钢桁架柱角度及尺寸都不一致，结构件复杂，厂内加工和现场施工难度大。针对钢网壳的每一个节点球的标高不一，倾角多，钢桁架柱角度及尺寸都不一致的施工难点，采用厂内加工和现场施工相结合的手段，控制住节点的坐标，以此为控制点，利用高支模的操作平台，将复杂的结构件依次相贯连通，完成焊接。

3. 在落实生态质量管理上充分发挥科研对工程质量的推动作用

科学中心的软弱地基处理就是一个典范。科学中心整体地势偏低，属河漫滩地貌，场地内分布许多鱼塘和河涌，地基承载力差，必须进行地基处理；且地面绝对标高为 5.10m 左右，设计要求的场地标高为 7.70m，需要大约 79 万 m^3 的土方进行回填。地基处理的效果不仅决定能否给科学中心的主体场馆提供坚实可靠的建设用地，承受巨型结构的荷载，同时也是建设项目能否顺利实施的前提条件。为此，组成了由广州大学教授为首的课题组，做了大量的调查研究，提出多种处理方案，通过技术经济比较、专家论证以及试验，最后决定采用动静结合排水固结法对软弱地基进行处理，即"吹砂填淤、动静结合、分区处理，少击多遍、逐级加能、双向排水"的施工工艺，取得了很好的效果。首先是施工进度得以保证，而且与整个大学城总体土方调配时间相吻合，得到 45 万 m^3 无偿调配的土方，一方面解决本项目需要的填土，节省了大量的资金，另一方面又解决了大学城土方外运的资源耗费，综合效益显著。其次，这种地基处理方法，与一般地基处理方法相比，节省了施工费用，地基处理效果好，使桩基础由原设计的 1500 根减少为 1100 根，可谓是"削减原则"的典型范例。再次，建设场地内的鱼塘与河涌，积聚了大量含有丰富有机物质的塘泥，呈流塑状，施工前必须清除。若采用挖除外运的方法，不仅增加费用，而且会造成环境污染。采用本地基处理方法时，将该部分塘泥全部挖除后，置于堆载土层上，减少了堆载的土方量，节约造价，并减少环境污染。这种塘泥含有丰富的有机物质，晒干以后进行简单处理可作为绿化工程的肥料使用，符合生态质量管理的"循环"与"再生利用"原则。

科学中心柔性抗震隔震垫的设计与施工，也是生态质量管理取得的显著成果。其一，在巨型钢结构中应用隔震垫技术，需要突破陈规，经详细设计、科学计算与相应试验，确定出设计方案，与原结构抗震相比，可显著减少采用结构抗震的用钢量。其二，制定严密的隔震垫生产与施工的质量保证措施。生产厂家生产的橡胶隔震垫，出厂前全部进行性能检验，以保证产品质量。安装过程要求其基座预留位置不得有丝毫差异。直径 1100mm 的铅芯叠层橡胶隔震支座下连接板多达 68 个锚栓，需要定位准确，大面积板面水平度要满足要求。这些施工难点，必须采取相应质量保证措施。从预埋件的测量定位开始，采用基准控制线进行引测，浇捣混凝土时采取特殊振捣方法，既保证混凝土密实，又不影响预埋件。期间不断复核连接板位置、标高及水平度，一步步地按照安装流程施工、并不断监测，直至安装完成。采用隔震技术，提高结构的抗震性能，实现"小震、中震不坏，大震可修"的设防目标，使建筑使用期间费用及资源投入减少；科学中心共使用橡胶隔震垫 124 个，最大直径 1100mm，这是国内当时使用的最大橡胶隔震垫，也是国际上首次实现了隔震技术在巨型钢结构中的应用。遵循了生态质量管理的"研究""消减"与"保护"原则，取得了良好的社会效益及经济效益。科学中心的建设，在许多方面都取得了建设经验，其中之一是生态质量管理方面，将质量管理水平提高到一个新的高度。

13.5　技术管理的系统思想

13.5.1　广东科学中心的技术特征

1. 建筑造型独特，技术含量高

广东科学中心是标志性建筑，采用国际设计方案竞赛方式，吸引国内外的建筑名师参与投标，建筑造型新颖、超前、解构，具有实验性质和创新精神，设计师的设计理念和效果，强调的是造型、外观和空间。科学中心的中标方案为"木棉航母"，选取富含广州地域特质的木棉花及饱含进取意蕴的舰船造型为创意源点，凸显科学中心的主题思想：主入口上方的大屋盖是极富动感的双曲面飞翼造型，巨大中庭上空为采光屋盖及遮阳片造型，屋盖的大跨度和双曲形给采光部分的设计实施带来了巨大难度；五个展区船形肢端结构设计，悬挑都达到了 30m 以上，立面也形成了直纹双曲面；主入口大厅局部球面外墙为单层球壳结构体系的点支撑式幕墙，整个体系呈 22.5°倾斜，象征地球的自转轴倾斜角度，作为结构的钢架分格也是与地球的经纬线划分一致；球幕影院的外覆盖层设计成实体的内球面，而外球面为经纬线形式结构分格的透明玻璃大球体。

2. 结构体系复杂，施工难度高

为了实现设计构思，工程中往往需要解决大量的关于结构、功能、材料、建筑物理、规范要求等方面的技术难题。科学中心的主体建筑为大型室内展馆，为大跨度结构，采用钢结构、钢筋混凝土结构和复合结构合理搭配的措施来满足建筑空间的要求，在设计方面需要解决的技术难点很多。科学中心处于沿海强风区，由于建筑体形复杂，其绕流和空气动力作用十分复杂，所以薄壳屋面对风荷载十分敏感，风荷载是结构安全性和适用性的控制荷载之一，而我国《建筑结构荷载规范》GB 50009—2012 对于这种复杂结构的体型系数和风振系数没有给出相应的数据和计算方法，且体型系数没有具体考虑建筑所处的周围环境、大气边界层、气流三维流动的影响，根据规范计算出的结构风荷载在总体上偏保守，在某些局部则不够安全。又如，屋面采用形状复杂的空间大跨钢网壳技术，形成两个方向长度均达 200m 左右、总体面积达 2.2 万 m^2 的超大网壳屋面。大跨度、大悬挑的钢网壳要求体现了结构力学应用的新高度，特别是屋盖曲面设计为不规则平移曲面，要求其母线和导线为变曲率不规则的样条曲线，曲面高差达 41m，其形状之复杂在国内没有先例。

3. 施工难度高，工期造价控制严格

复杂的建筑造型和结构形式会大大提高施工的难度，解决施工技术上的难题，是工程得以实现的重要保证。广东科学中心地属河漫滩地貌，覆盖有较厚的淤泥，软土层互层分布厚度高达 10～15m，土体强度及承载力较低，容易产生较大的不均匀沉降，首先必须对其进行处理。另一个主要问题是巨型钢结构节点的连接，它是保证大跨高层钢结构体系安全可靠的关键部位，对结构受力性能有着重要影响，杆件连接处易产生局部变形和应力集中现象，巨型柱与巨型梁、巨型支撑的连接以及柱脚处的连接比一般钢结构节点连接要复杂得多，因为施工工况复杂，需要在施工过程中掌握和监测各种工况下结构内力变化机理。还有一个突出问题是广东科学中心大型网壳结构施工，大量的复杂空间相贯圆钢管节点受力复杂，现行钢结构设计规范对之没有明确的计算方法，因此在设计时对计算做了一些简化，并采取在其中内置加强板的构造加强措施，但如何评价该措施对改善空间复杂交汇节点的受力性能还没有合理明确的依据，所以必须对其进行试验研究。施工过程中需要解决工程量大、工期短、大量非标准构件；大屋盖下部结构复杂，安装难度大；网壳曲面复杂，安装定位难度大；加工精度要求高，焊接工作量大、难，温度变形影响大等施工技术难题。

13.5.2 技术管理的系统思想

系统工程从总体优化出发，考虑功能、协调、规划、效率等组织管理问题和总体效果，大型公建项目任何一项新技术的应用，不仅要考虑技术本身的先进性和适用性，而且要综合考虑对质量、造价、工期的影响，以及经济效益和社会效益。系统工程解决工程技术问题时，广泛运用系统观点、现代科学理论和方法、数学方法、计算机技术等各种知识和传统工程技术相互渗透，从整体上研究由许多部分构成的系统具有各种不同目标之间的相互协调，最大限度地发挥系统各组成部分的功能并达到整体最优功能。

1. 高效有力的技术组织管理

通过有效的组织环节，把技术管理的计划和控制、系统分析、可靠性和质量保证、试验、操作实施等工作具体落实到各主管部门和相关单位。系统工程是集体创造性劳动的成果，系统管理者必须突破传统工程的技术管理方法，在技术工作的组织管理上成为具备战略意识的创新者。

传统的技术创新局限于封闭系统，试图在系统内部解决技术问题，通常的做法寄希望于设计单位的优化设计和施工单位的技术创新，大型工程项目的技术系统处在一个开放的经济、社会环境中，借助社会力量才会使系统更具生命力，"小业主、大社会"同样适合技术管理工作。科学中心的具体做法，一是聘请专家学者作为工程技术顾问，参与技术方案的论证和审核；二是对于技术难度很大、对工程推进和投资有重大影响的技术问题和技术方案，与相关科研院校合作，进行技术专题的科研攻关，科研院校在专业理论研究、试验方法和手段、人才和技术上具备优势，这是系统开放的要求，实践证明也是行之有效的方法。科学中心先后与广东省建筑科学研究院、华南理工大学、广州大学等科研单位合作，解决了饱和软土地基处理、建筑声学、幕墙与屋面的节能、巨型钢结构节点试验研究与性能优化、隔震减振、大跨度复杂空间结构施工安全监控、光纤健康监测技术、人工湖的生物水处理等技术难题，保证了"四新"技术在科学中心的广泛应用。

2. 重视效果的多方案系统分析

科学中心存在大量建筑技术和施工技术问题，可以通过系统工程中的系统分析方法，经多方案择优而确定，系统分析是对已提出方案的特征进行研究，对方案被采用时可能出现的情况进行分析和预测。系统分析中的"允许性分析"是指方案所利用资源是否在允许的范围内，包括人力、物力、财力、技术、经济和社会等方面能否容纳。科学中心饱和软土地基处理可采用的技术方案包括：动力（强夯）排水固结法、堆载预压固结法、真空预压固结法、干振碎石桩法等，在方案的比选中运用了系统分析的方法，"允许性分析"时对各方案的技术、工期、造价进行了综合研究，经过来自业主方、设计方、施工方、科研机构、高等院校等专家学者参与的多次技术讨论、分析以及论证会，同时应用技术经济效果评价方法，在充分考虑方案功能和投资费用的前提下，明确初步处理方案，并历经专家的头脑风暴法推出可行的优化方案，提出了采用"动静结合排水固结法"（动力排水固结法及堆载预压法）进行软土地基预处理的新方案以及分区处理的最优技术方案。在确定了动静结合排水固结法为科学中心地基处理实施方案后，先期选取适当面积进行地基处理试验，并通过试验、监测等，确定了适宜的施工工艺参数，并分别于 2004 年 8～10 月进行了总面积约为 169229m² 场地的动力排水固结法施工，2004 年 6 月至 2005 年 4 月进行了总面积约为 216776m² 场地的堆载预压法施工，并取得了成功。经工程检测处理后地基强度达到了预期效果，大大缩短了工期，使桩基础由原设计的 1500 根减少为 1100 根，节约投资 8000 多万元，推动了整个项目的有序进行，获得了良好的经济效益与社会效益。

系统分析中的"可行性分析"是指方案所代表的系统在环境中运行效果的分析，主要有"剩余功能""潜在问题""敏感性"等分析。科学中心软土地基处理的"可行性分析"也是相当成功的，十分巧妙地连接了工程中的几个要素，使该系统的"剩余功能"得到了充分运用（图 13-1）。由广州大学等单位开展的"广东科学中心环境岩土工程研究与应用"的课题，结合广东科学中心、广州大学城、广州大学、外环路排水工程等工程建设中

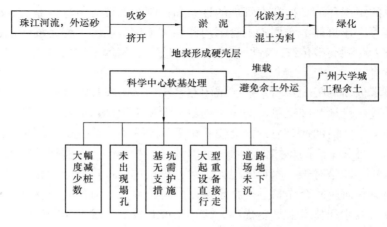

图 13-1　广东科学中心软基处理系统分析

遇到的鱼塘淤泥处理、建筑废弃物处理、道路和建筑堆土处理、基坑开挖与稳定等问题，开展了局部环境岩土工程和区域环境岩土工程问题的研究。通过分析、论证，提出"吹砂填淤、填土挤淤、化淤为土、混土为料、因地制宜"的淤泥处理思想。广东科学中心地势偏低，地面绝对标高约为 5.10～5.70m，按百年一遇洪潮设计要求的场地标高为 7.70～9.60m 高程，故此需要大量的土方进行回填。通过计算，共需填方 794000m³、湖面挖方 18500m³、填挖方合计 812500m³，土方量大。科学中心地处广州大学城西南角，建设期也正值广州大学城正在建设，整个大学城（即小谷围岛）在建设指挥部的统一部署下进行土方调配，需要在某一期限完成土方调配任务，恰恰因为地基处理取得良好效果，缩短工期后出现可进行由大学城无偿调配 45 万 m³ 土方的良好机会。一方面可解决科学中心需调入大量土方的难题，另一方面又可解决大学城土方外运的难题，不仅减少社会资源的浪费和环境污染，也为国家节省大量的建设资金，无形中提升了项目的价值。科学中心的地块多为鱼塘与河涌，施工前必须将场地表面积聚的大量呈流塑状含有丰富有机物质的塘泥清除，若采用挖除外运的方法，则会增加造价，并会造成环境污染，采用优化后的地基处理方案，形成的堆载土层使得简单处理后成为绿化土的塘泥有了安身之处。通过科学调配大学城土方，为建设绿色的广东科学中心奠定了基础，为广州大学防洪排涝 9 号和 10 号河涌、人工湖、北亭河涌及市政道路的建设提出了相应的优化施工方案与淤泥处理措施，防止了淤泥滑动坍塌、挤淤断桩等环境岩土工程灾害的发生，有效解决了大学城建设建筑废料、垃圾及鱼塘淤泥处理的技术难题。

3. 有效运用各种系统工程技术

广泛采用系统工程的各项管理技术对工程技术计划、实施过程进行监测、评价和控制，采用的系统工程技术主要有：系统模型技术、系统网络分析技术、系统优化技术、系统价值分析技术及系统预测技术等。运用系统价值分析技术，科学中心最终克服一切困难采用了隔震减震技术，取得了意想不到的经济效益和社会效益，为实现科学中心"国内领先、国际一流"的标志性建筑奠定了坚实的基础。隔震减震技术是一项造福人类，极具优势和潜力的新技术，1995 年以来在美国、日本已广泛应用于公共及民用建筑，从技术本身来看会增加工程造价，并且需要修改设计增加设计难度，科学中心在是否应该采用这项新技术上一开始存在很大分歧。根据系统价值分析原理，提高系统价值的途径之一是"稍微增加成本，大大提高功能"，使用隔震减震这项极具优势和潜力的新技术，可明显改善结构的抗震性能，大幅提高结构的安全性，有效保护室内设备仪器及建筑装饰物品等不受损坏，为将科学中心建设为"国内领先、国际一流"的标志性建筑奠定了坚实的基础。经过几个月的研究、探索和实施，科学中心的隔震设计及施工圆满结束，达到了预期目标并取得了良好的社会效益及经济效益：

（1）采用隔震技术，可以提高结构的抗震性能，有效实现"小震、中震不坏，大震可修"的设防目标，从而保证了建筑结构在遭受罕遇地震时的抗震安全性；

（2）科学中心共使用橡胶垫 124 个，最大直径 1100mm，这是国内当时使用的最大橡胶隔震垫，具有理论和实践的双重意义；

（3）国际上首次实现了隔震技术在巨型钢结构中的应用。隔震技术在科学中心的成功应用，也是提升科学中心本身科技含量的有效措施，建成后可作为一项固定展品对青少年进行建筑新技术教育，具有一定的价值和社会意义。

技术管理是大型复杂工程项目管理中的重要一环，是实现工程建设效益目标的基本保证；对系统工程理论及方法的应用，可以拓展人们的视野，认识技术管理中存在的复杂现象、复杂问题和复杂系统；基于系统工程提出的现代工程项目技术管理的行为和方法，强化和完善了广东科学中心的技术管理工作。

参 考 文 献

[1] 王雪青，杨秋波．工程项目管理［M］．北京：高等教育出版社，2011．

[2] 陆惠民，杨秋波，王延树．工程项目管理［M］．南京：东南大学出版社，2015．

[3] 丛培经，等．工程项目管理［M］．北京：中国建筑工业出版社，2017．

[4] 冯宁．工程项目管理［M］．郑州：郑州大学出版社，2017．

[5] 任宏，张巍．工程项目管理［M］．北京：高等教育出版社，2005．

[6] 成虎，陈群．工程项目管理［M］．北京：中国建筑工业出版社，2015．

[7] 王幼松，等．工程项目管理［M］．广州：华南理工大学出版社，2015．

[8] 项勇，王辉．工程项目管理［M］．北京：机械工业出版社，2017．

[9] 陈旭，闫文周．工程项目管理［M］．北京：化学工业出版社，2010．

[10] 陈勇，等．工程项目管理［M］．北京：清华大学出版社，2016．

[11] 郭峰，等．土木工程项目管理［M］．北京：冶金工业出版社，2013．

[12] 尹素花．建筑工程项目管理［M］．北京：北京理工大学出版社，2017．

[13] 全国一级建造师执业资格考试用书编写委员会．建设工程项目管理［M］．北京：中国建筑工业出版社，2019．

[14] 丁士昭．工程项目管理［M］．北京：中国建筑工业出版社，2014．

[15] 王红雨，周永．工程项目管理［M］．北京：化学工业出版社，2016．

[16] 王卓甫，杨高升．工程项目管理——原理与案例［M］．北京：水利水电出版社，2014．

[17] 齐宝库，等．工程项目管理［M］．北京：化学工业出版社，2016．

[18] 刘伊生．建设工程项目管理理论与实务［M］．北京：中国建筑工业出版社，2018．

[19] 于茜薇，张静．工程项目管理［M］．成都：四川大学出版社，2010．

[20] 全国咨询工程师（投资）职业资格考试参考教材编写委员会．工程项目组织与管理［M］．北京：中国统计出版社，2019．

[21] 王雪青．国际工程项目管理［M］．北京：中国建筑工业出版社，2000．

[22] 全国造价工程师职业资格考试培训教材编审委员会．建设工程造价管理［M］．北京：中国计划出版社，2019．

[23] 曲娜，等．工程项目投资控制［M］．北京：北京大学出版社，2013．

[24] 戚安邦．项目管理学［M］．天津：南开大学出版社，2016．

[25] 刘国靖，邓韬．21世纪新项目管理——理念、体系、流程、方法、实践［M］．北京：清华大学出版社，2003．

[26] 汪小金．理想的实现：项目管理方法与理念［M］．北京：人民出版社，2003．

[27] 王海滨，等．工程项目施工安全管理［M］．北京：中国建筑工业出版社，2013．

[28] 钟汉华．施工项目质量与安全管理［M］．北京：北京大学出版社，2012．

[29] 杨青．工程项目质量管理［M］．北京：机械工业出版社，2014．

[30] 全国建筑业企业项目经理培训教材编写委员会．施工项目质量与安全管理［M］．北京：化学工业出版社，2002．

[31] 卢谦．建设工程项目招标投标和进度管理［M］．北京：水利水电出版社，2013．

［32］　赵启雄．建筑工程施工组织与进度控制［M］．北京：科学出版社，2013．

［33］　广东省建设工程质量安全检测和鉴定协会．建设工程安全生产法规与管理［M］．北京：中国林业出版社，2017．

［34］　李忠富．建筑施工组织与管理［M］．北京：机械工业出版社，2013．

［35］　何伯森．工程项目管理的国际惯例［M］．北京：中国建筑工业出版社，2007．

［36］　陈伟珂．工程项目风险管理［M］．北京：人民交通出版社，2008．

［37］　吴芳，胡季英．工程项目采购管理［M］．北京：中国建筑工业出版社，2008．

［38］　李志生．建筑工程招投标实务与案例分析［M］．北京：机械工业出版社，2014．

［39］　许焕兴，赵莹华．工程招投标管理［M］．大连：东北财经大学出版社，2015．

［40］　骆汉宾．工程项目管理信息化［M］．北京：中国建筑工业出版社，2016．

［41］　中华人民共和国住房和城乡建设部．建设工程项目管理规范 GB/T 50326—2017［M］．北京：中国建筑工业出版社，2017．

［42］　（美）项目管理协会（Project Management Institute）．项目管理知识体系指南（PMBOK 指南）：第六版［M］．北京：电子工业出版社，2018．

［43］　广建项目管理公司．广州大剧院项目代建单位国内考察总结报告［R］．

［44］　梁丽，等．国家大剧院工程［J］．施工企业管理，2003，（7）：63．

［45］　柯凌．充满神秘色彩的"蛋壳"——记国家大剧院［J］．中华建设，2009，（07）：58-61．

［46］　杨贤龙．凝固的音乐——上海大剧院设计的美学分析与鉴赏［J］．美与时代，2007，（06）：70-72．

［47］　来洪云．解读杭州大剧院［J］．艺术科技，2003，（2）：22-26．

［48］　崔中芳．上海东方艺术中心设计介绍［J］．上海建筑科技，2002，（04）：7-9．

［49］　黄捷．楚歌乐舞，激情飞扬——武汉琴台大剧院设计［J］．新建筑，2008，（02）：47-50．

［50］　俞健．世界剧场建设状况概述［J］．艺术科技，2006，（3）：3-6．

［51］　陈福南，等．与科技同步的现代化剧场建设［J］．艺术科技，2005，（01）：7-11．

［52］　项端祈．剧院建筑的声学设计［J］．演艺设备与科技，2005，（1）：14-25．

［53］　倪明．广州歌剧院比"鸟巢"还难造［J］．广州日报，2007.11.08．

［54］　成城．舞台工艺与演出设备的标准［J］．艺术科技，2004，（1）：3-6．

［55］　SBS 提供．国内大剧院情况介绍．

［56］　李畅．谈谈剧场建造的选型和经营［J］．艺术科技，2004，（3）：3-9．

［57］　吴伟强．面向制造业企业的质量改进与顾客互动机制［D］．杭州：浙江大学管理学院，2001．

［58］　蒋尔雄，赵风光．数值逼近［M］．上海：复旦大学出版社，1996．

［59］　荣珍，郭鹏飞，李仙红．全寿命周期建设项目管理模式研究［J］．江苏建筑，2004（02）：55-56．

［60］　黄斐娜，王进．工程项目全寿命周期管理的整体构想［J］．铁路工程造价管理，2002（04）：15-17．

［61］　李建峰，王娇．建设项目全寿命期管理模式及其博弈分析［J］．山西建筑，2007，14：175-176．

［62］　王华，尹贻林，吕文学．现代建设项目全寿命期组织集成的实现问题［J］．工业工程，2005，008（2）：38-41．

［63］　赵强华，丁苑华，乔聪，等．大型建筑企业实施总承包、总集成管理模式下的人才需求和开发［J］．建筑施工，2006，（11）：91-92＋99．

［64］　中华人民共和国建设部关于加强大型公共建筑工程建设管理的若干意见［Z］．建质〔2007〕1 号．

［65］　尹贻林．建设工程项目价值管理［M］．天津：天津大学出版社，2006．

［66］　张彩江．复杂价值工程理论与新方法应用［M］．北京：科学出版社．2006．

［67］　张彩江．沈歧平．基于层次分析（AHP）的深层软基处理方案优化选择研究：一个案例［J］．系统工程，2006，24（9）：121-125．

［68］　方梅，等．建筑工程生态质量管理模式研究．武汉理工大学学报·信息与管理工程版，2006，6．

［69］ 广东科学中心建筑设计方案国际邀请赛技术文件.

［70］ 张季超，等. 饱和软土地基预处理技术试验、加固机理及设计方法研究.

［71］ 路宁，等. 遨游系统的海洋［M］. 上海：上海交通大学出版社，2006.

［72］ 吴广谋. 系统原理与方法［M］. 南京：东南大学出版社. 2005.

［73］ 张季超，等. 广东科学中心软弱地基处理方案分析与比较［C］. 地基基础技术发展（ISBN7-80198-033-6）. 北京：知识产权出版社，2004.